특별한 교육적 지원 요구 학생을 위한

여가 · 생활지도

조 인 수

대구대학교출판부

VOICEYE

- 본문 홀수면 상단에 위치한 보이스아이 심볼은 읽어주는 기능을 합니다.
- 대구대출판부에서 발행하는 도서는 대학출판부 중 유일하게 시각장애학생을 위해 읽어주는 책을 출판하고 있습니다.

머 리 말

최근 특수교육의 변화는 개인의 차이성·다양성·독특성에 바탕을 둔 개체의 병리적 현상보다 환경의 병리적 현상에 초점을 둔 생태학적 관점으로 초학문적 팀 접근을 통한 실질적 사회통합 교육에 역점이 두어지고 있다.

장애학생들의 실질적 사회통합을 위해서는 '사회적 적응기술' 향상이 특수교육의 궁극적인 목적이 되어야 한다. 최근 사회적 적응기술을 개념적·사회적·실제적 3개영역 16개 하위과제로 구분하여 개체의 특성에 따른 전환교육과제로 설정하여 지도하고 있는 실정이다.

사회적 적응기술은 모든 장애학생들 전환교육의 공통적 이슈가 되어야 한다. 사회적 기술 영역 중 일상생활활동, 건강 안전, 규칙·준법준수, 대인관계, 취업고용, 여가 활동, 자기결정, 주거, 이동 등 여러 가지가 있지만 본 책에서는 여가·생활지도와 자기결정 두 영역 중심으로 집필하였다. 최근에 와서는 주5일 수업제와 더불어 장애학생들의 여가생활지도에 관심이 모아지고, 자율행동 증진을 위한 자기결정·자기권리주장운동 등이 이슈화 되고 있어 이에 관한 내용을 중심으로 저의 연구실 박사과정 문하생들을 중심으로 원고를 구성하게 하여 출판부에서 발간하는 특수교육총서의 한 부분을 담당케 하였다.

본서의 구성 내용은 제1부 여가·생활지도(제1장 여가교육, 제2장 여가와 레크레이션, 제3장 전환교육과 여가 활동, 제4장 생활지도, 제5장 초학문놀이-중심중재, 제6장 특별활동과 재량활동지도, 제7장 부모교육) 제2부 전환교육과 자기결정(제8장 전환결과로서의 자기결정, 제9장 자기결정과 교육적 영향 요인, 제10장 전환서비스의 자기결정, 제11장 자율행동 증진, 제12장 자기권리주장 운동) 제3부 여가·생활지도프로그램과 실제(제13장 지역사회통합프로그램, 제14장 여가교육 프로그램, 제15장 생활자립훈련프로그램, 제16장 생활중심 진로교육 프로그램) 등 총 16장으로 구성되어 있다. 책의 구성 방향을 발달지체아들의 여가·생활지도를 위한 이론과 실제적 측면에 관한 내용을 전반적으로 언급하고자 하였으나 짧은 기간에 집필하다보니 여러 가지 아쉬움이 많다. 부족한 부분은 계속 보충해 나갈 생각이오니 많은 지도조언 바랍니다.

어쩔 수 없이 태어난 이들에게 온갖 지혜와·노력을 총동원하여 인격체로서 지도·지원되어야 함은 우리 모두의 사명일진대, 본서에서 언급된 내용이 미흡하지만 이들에게는 생활이 수단과 방법과 내용이 되어야 한다는 인식 차원에서 전환교육의 한 영역으로서 발달지체아들의 여가·생활지도와 자기결정훈련에 작은 보탬이 되었으면 한다.

이 기회에 본서가 출판되기까지 원고정리에 크게 힘써준 류현주박사. 박정식, 전보성박사. 이응훈, 조병균선생 그리고 원고정리와 교정에 힘써준 연구실의 김보혜, 최상일, 황지은 조교에게 고마움을 표한다.

또한 학교·가정 일에 항상 분주하게 살아가는 아내와 한철, 은영이에게도 따뜻한 정을 표하고 싶다.

특히 이 책을 맡아 출판해 주신 대구대학교출판부 직원선생님들의 노고에 감사드린다.

끝으로 이 책을 쓰면서 결과중심 전환교육 서적들이 많이 출판되어 장애학생들의 삶의 질 향상에 크게 도움이 되길 희망하며, 특별한 교육적 요구를 지닌 학생들의 전환교육에 실질적인 보탬이 되기를 기대한다

2006 년 3월 31일

저자씀

차 례

제 1 부 여가 · 생활지도

제2부 전환교육과 자기결정

제3부 여가 · 생활지도 프로그램과 실제

제 1 부

여가 · 생활지도

제1장 여가교육

본 장에서는 여가교육의 중요성, 여가교육의 모형, 여가교육 관련 법률, 정신지체 학생의 여가 활동 순으로 제시하였다.

1. 여가와 여가교육의 개념

1) 여가교육의 개념

여가(Leisure)의 어원은 라틴어의 'Licere'로 "일이나 직업으로부터 벗어나도록 허용된(to be free)"이란 뜻을 나타내는 말이다. 한편 고대 그리스시대에는 Leisure의 뜻으로 'Scole'란 말이 사용되었으며 Scole는 Leisure와 Education의 두 가지 의미로 사용되어 현재의 School 이란 말의 어원이 되고 있다.

사회학사전(David & Julia, 1991)에 의하면 Leisure란 ①일과 틀에 박힌 가사 의무로부터 벗어난 자유시간 그리고 회복, 기분전환, 취미, 레크리에이션 및 문화적 예술적인 추구를 위해 활용할 수 있는 시간, ②실질적으로 그러한 자유시간을 차지하는 활동으로 정의하고 있다.

여가를 정의할 때면 잉여시간, 레크리에이션, 휴양, 스포츠, 즐거움, 오락, 등 다양한 개념을 떠올리게 된다. 그만큼 여가에 대해 다양한 정의를 가지고 있으며 개념의 혼란을 초래할 수 있다. Kelly와 Freysinger(2000)는 여가가 시대, 계급적 직업에 따라 다르게 정의된다고 했다. 여가는 당연히 사회적, 경제적, 정치적인 배경에 따라 다르게 정의될 수 있다. 여가의 개념에 대해 학자들의 논의가 진행되고 있지만 현재까지 널리 인정되고 있는 개념은 크게 3가지로 압축될 수 있다. 첫번째로 인정되고 있는 여가의 개념은 '노동에서 벗어난 자유로운 시간'으로 정의 내리는 것이고, 두번째는 '자유시간에 행해지는 자발적인 활동'이다. 세번째로 인정되는 개념은 여가를 자유시간이나 활동의 개념으로 정의하는 것이 아니라 '자유로운 마음의 상태'로 정의 내리는 것이다(노용구, 2001). 이러한 학자들의 여가 개념을 4가지로 나누어 설명할 수 있다(권오중, 2001).

첫째, 시간으로서의 여가 : 여가는 하등의 구속을 받지 않는 자유로운 시간이라고 한다. 다시 말해서 자유로운 시간으로서의 여가를 말하고 있으며 이 견해는 현재까지도 지배적인 견해의 하나라고 할 수 있다.

둘째, 활동으로서의 여가 : 이 견해는 자유시간에 해당하는 자발적 활동을 뜻하며 이를 주장한 학자는 프랑스의 사회학자인 Dumazedier이다. Dumazedier(1967)는 "여가는 개인이 직장이나 가정, 사회에서 과해진 의무로부터 해방되었을 때 휴식을 위해서, 기분전환을 위해서, 또는 이득과는 무관한 지식이나 능력의 양성, 자발적인 사회참여, 자유로운 창조력의 발휘를 위해서 오직 자발적으로 행하는 활동 등의 총체이다"라고 하였다.

셋째, 의식 개념으로서의 여가 : 이 견해의 핵심은 여가를 시간적인 개념에서 벗어난 어떤 활동에서 오는 심적 태도나 정신상태를 말한 개념이라고 할 수 있다. Walter(1962)는 "여가를 기쁨, 즐거움 등의 감정이나 의식이 수반된 활동이다"라고 했다. 따라서 자유시간이 있다 하더라도 이 시간이 개인에게 게으름을 가져다주는 시간이고 하등의 즐거움이 따르지 않는 지루한 시간이라면 이를 여가라고 할 수 없다. 가령, 일이나 교육, 가사를 위한 시간이라도 개인이 즐거움을 느끼고, 기쁨이 따르는 활동이라면 여가의식으로서 간주 할 수 있는 것이다.

넷째, 가치개념으로서의 여가 : 이 견해에서는 여가를 시간, 활동, 마음가짐 등에 국한된 개념으로만 받아들일 수 없다고 본다. 왜냐하면 여가에서 자기개발 또는 자기 발전을 찾아야 한다는 것은 너무나 당연한 것이기 때문이다. Dumazedier(1968)는 여가의 3대 기능의 하나인 자기계발을 들고 있다. 그는 자기계발에 대하여 "여가는 자기 계발의 기능을 가짐으로서 기계적인 일상적 사고나 행동으로부터 개인을 해방시키고 보다 폭넓고 자유로운 사회적 활동에의 참가나 실무적 기술훈련 이상의 순수한 의미를 가진 육체, 감정, 이성의 도야를 가능케 한다." 라고 정의하였다.

위의 여가에 대한 여러 학자들의 개념을 고찰해 보았을 때 결국 여가란 "정신적, 육체적으로 자유로운 시간에 개인이 사회와 자기발전에 긍정적으로 영향을 끼칠 수 있는 행위를 하는 상태"라고 정의 내릴 수 있을 것이다.

여가가 많은 의미를 내포하고 있듯이 여가교육이라는 용어도 다양한 의미를 내포하고 있다. 여가교육은 광의의 개념과 협의의 개념으로 나눌 수 있다(노용구, 2001).

전통적인 여가교육은 레크리에이션 프로그램 혹은 방과 후의 교육 프로그램을 통해서 여가의 참여 기회를 제공하는 것으로 정의할 수 있다. 여기서 여가교육은 상식적인 접근을 통한 여가 시간의 행동 참여와 여가시간에 대한 현명한 사용이 여가교육의 중심 내용이 된다. 이러한 개념을 북미의 '여가를 위한 교육'으로 나타내며 이를 광의의 여가교육이라고 한다. 협의의 여가교육은 치료레크리에이션 서비스의 하나로 여가 태도, 여가 각성, 사회적 기술, 의사 결정 능력, 그리고 여가 자원의 활용에 초점을 두고 행하는 하나의 교수기법으로 정의된다. 즉 여가에 대해서 어려움을 가지고 있는 참여 대상에게 치료의 수단으로서 행하는 인지적인 전문 교육을 말한다. 의도적으로 여가에 대한 태도와 기술을 향상시키기 위한 목적의 여가교육은 체계적이어야 하고, 전문 지식과 학습 도구가 필요하다. 이러한 과정이 과거에는 '여가 상담'이라는 형태로 행해졌으나 요즘에는 여가교육으로 통합해서 사용하고 있다.

여가교육은 여가와 관련된 다양한 영역(개인, 환경, 사회)에 대한 지식의 습득과 개발을 통하여 인간의 총체적인 발달을 촉진할 수 있도록 도움을 주는 것이라고 할 수 있다(윤재섭, 2002).

여가교육은 여가의 사용, 여가 활동 기술 습득, 사회가술, 우정, 자기존중, 의사소통, 근육기능, 개인적 자립심(돈과 시간의 관리), 육체적 건강, 선택 자기결정과 문제 해결력, 지역사회에서 독립적인 성인생활로의 전환 그리고 사회통합을 포함하고 있다. 여가교육은 정신지체아에게 여가 자원, 여가 기술 발달, 여가 생활방식을 터득하게 해주는 효과적인 수단이 된다. 이 글에서 사용되는 여가교육의 개념은 협의의 여가교육을 의미한다.

2) 여가교육의 중요성

여가교육의 중요성은 여러 학자들에 의해 강조되어 효율적인 여가교육을 위한 제모형들이 제시되었다. 그리고 학자마다 여가교육은 다양한 측면에서 교육적 효과에 대한 연구 결과들을 발표했다. 여러 학자들의 견해들을 간단히 제시하면 다음과 같다.

Collard(1981)에 의하면 여가교육은 개인의 사회적 기술을 발전시켜서 취업을 용이하게 하고 학습기능을 증진시키고 지역사회에서의 통합을 가능하게 할 뿐 아니라 독립적으로 살아가게 하는 기능을 한다. 그리고 개인의 자아 개념을 확립하게 하고 삶의 질을 높이며 인지적인 면과 사회적인 영역, 신체적인 면에 도움을 준다. 또한 여가교육은 정신지체 학생에게 학습에 대한 동기를 부여하고 동기 유발된 학생들은 학교에서 다른 교과목을 학습하는데 많은 도움을 준다.

결론적으로 잘 계획된 여가교육 프로그램은 일반적인 행동적인 면과 인지적인 측면의 발전에 도움이 된다고 볼 수 있다. Bullock(1992)도 여가교육은 학업적 성취뿐만 아니라 자기결정과 사회적 기술을 증가시킨다고 했고, Schleien과 Ray(1997)는 활동적인 여가생활 방식은 학교에서 성인으로 전환하는 학생들의 삶의 질에 긍정적 영향을 미친다고 했다. 그들이 사회의 한 구성원으로서 나름대로의 역할을 하기 위해서는 전환의 목표를 세워야 한다고 했다.

Bedini, Bullock와 Driscoll(1993)에 따르면 정신지체 청소년에 대한 연구에서 여가교육의 참여 결과로서 여가에 대한 인식, 활동에 대한 시작, 참여 그리고 여가의 이해를 들고 있다. 여가교육은 여가의 행복감을 잠재적으로 증진시키고 학교에서 성인 생활로 성공적으로 전환하는데 공헌한다는 것이다. 그들의 연구에서 여가교육은 정신지체 학생이 중등학교를 마치고 성인생활에 적응하는데 있어서 성공적으로 전환하도록 하는 중요한 요소라는 것을 입증했다

여가교육은 개인의 전 연령층에 걸쳐서 장애의 정도에 관계없이 다양한 환경에서 긍정적 교육적 효과를 얻을 수 있다(Angular, 1987 : Bedini, Bullock & Driscoll, 1993 : Dattilo & Peter, 1991 : Kelley, 1992 : Lanagan & Dattilo, 1989 : Zoerink, 1988).

여가교육이 전 연령층에 있어서 긍정적 교육적 효과가 있다는 연구는 다음과 같다. 먼저 성인에게 여가교육을 실시한 결과를 보면 실험 집단과 비교 집단은 리더쉽에 차이가 있었다고 보고했으며, Zoerink와 Lanener(1991)도 정신병을 가진 12명의 성인에게 여가교육을 실시했는데 여가태도, 여가 만족감이 증가하였다고 보고하였다. 또한 Zoerink(1988)는 14세에서 21세인 4명의 이분척수 장애아들에게 여가교육을 실시한 결과 여가 태도와 만족감이 증가하였다고 했다. 그리고 또 Searle과 Miernan, Wehman(1981)의 연구에서도 그룹홈에 거주하고 있는 중등도(moderate) 정신지체 학생에게 여가교육을 실시하여 나이에 적합한 여가 기술을 습득하고 문제 행동을 감소시켰다고 했다.

Williams 와 Dattilo(1997)의 연구에서는 청년기의 정신지체인에게 8주간 여가교육을 실시했는데 자기결정과 사회적 상호작용 기술이 긍정적으로 증가했음을 밝

히고 있다.

이처럼 Bedini, Bullock와 Driscoll (1993), Lanagan과 Dattilo(1989)의 연구결과 그리고 Searle과 Miernan, Wehman(1981)의 연구결과 등으로 살펴보았을 때 여가교육은 정신지체 학생에게 유익한 교육적 효과를 제공해 준다.

2. 여가교육모형

지난 30년간 많은 형태의 여가교육모형이 여러 학자들에 의해 제시되었다. 이들 모형의 초점은 주로 개인이 참가하는 여가 활동과 여가에 대한 정보를 제공하는 것에 두고 있다. 지금까지 연구에서 모형화 된 여러 가지 여가교육모형을 제시해 보면 다음과 같다.

여기는 편의상 비장애인을 대상으로 한 여가교육모형과 정신지체인을 대상으로 하는 여가교육모형으로 나누어 설명하면 다음과 같다.

Mundy는 여가교육모형을 학교중심모형(Curriculum or School- based Models)과 체제접근모형(System Approach Model)으로 분류했다(Mundy, 1998). 첫째, 학교 중심 모형은 학교 체제를 위해서 개발된 것이다. 여기에는 범위와 계열 모형(Scope and Sequence Model), 여가교육 증진프로젝트(Leisure Education Advancement Project), 여가교육과정 등이 포함된다. 둘째, 체제접근모형은 여가정보서비스모형(Leisure Information Service), Mundy(1998)의 시스템 모형, Peterson(2000)의 여가능력 모형(Leisure Ability Model)이 있다.

Mundy의 구분과 상관없이 정신지체 학생을 위한 여가모형은 여가각성 교육 프로그램(Wake Leisure Education Program)과 학교 - 지역사회 연계 여가교육 프로그램(School - Community Leisure Link)이 있다.

이들 모형들은 레크리에이션과 여가 서비스 체제에 사용하기 위해 구체적으로 개발한 것이다(Mundy, 1998). 각 모형의 특징을 살펴보면 같다.

1) 일반인을 대상으로 하는 여가교육모형

(1) 교과 과정 모형(Curriculum or School- based Models)

① 범위와 계열 모형(Scope and Sequence Model)

범위와 계열 모형은 미국 플로리다 주립대학교 여가 서비스 교수진과 대학원생들 그리고 플로리다 주 교육청이 공동으로 개발하였다.

이 모형은 6개의 목록 아래 시차별로 배열된 107개의 목표로 구성되어 있다. 6개의 목록은 자아 각성, 여가 각성, 태도, 의사결정, 사회적 상호작용, 여가 활동 기술이다(Mundy, 1975). 범위와 계열 모형은 교수 설계에 도움이 되도록 개발된 것이다. 교수 설계접근은 포괄적인 교육 프로그램을 형성하기 위하여 가장 먼저 최종 목표나 행동에 해당되는 프로그램 목적을 식별할 것을 요구한다. 최종 목표란 개인이 교수 과정의 결과로 표명하게 될 행동을 의미한다(Mundy, 1998).

범위와 계열 모형은 유치원 이전부터 퇴직 시기까지의 여가교육 프로그램을 위한 광범위한 목표를 발달 단계에 따라 제시하며 수평으로 언급한 6가지의 범주와 수직으로 성취해야할 목표들의 하위 영역을 제시하고 있다.

<표 1.1> 여가교육 범위와 계열 모형의 일부

초점	연령 주기	자아 각성	여가 각성	태도	의사 결정	사회적 상호작용	여가 활동 기술
자기 이해와 여가	Level Ⅲ 7-9	개인 생활과 관련성과 인식	가치가 어떻게 여가 경험에 영향, 반영 그리고 결정에 영향을 미치는가를 인식	개인 생활에 있어 가치의 역할을 이해	개인적 가치체계와 여가 선택의 연계성	-	개인적 여가 기술 및 경험 사정에 기초한 대안 수립을 계획
		개인적 욕구의 의식증가와 여가와 관련성	여가 경험의 개인적 본질을 이해	여가 관련된 개인의 태도에 대한 이해	개인적 여가 목표와 관련된 여가 의사 결정	상호작용의 스타일에 영향을 주는 정서적, 사회적 요인을 확인	개인적 여가 기술 및 경험 사정에 기초한 대안 수립을 위한 계획
		개인과 타인, 전체로서 사회 기준과의 관련성에 대한 확인	여가 경험에 관련된 기준을 개발	판단을 하고 기준을 설정하는 개인능력을 이해	생활의 능률성, 만족, 삶의 질과 관련된 개인적 기준의 결정	여가에 있어서 개인적 사회적 상호작용패턴의 장.·단기 영향을 측정	선호 여가 경험에 있어 능력을 배양
	Level Ⅳ	현재, 미래 생활양식에 대한 여가의 역할을 분석	개인의 계속적인 생활주기와 여가와의 관계를 인식	여가 경험을 통해 얻는 태도, 가능성, 발달의 인식	여가 서비스 및 제품의 선정, 이용의 건전한 기준을 적용	개인의 사회적 능력의 사정에 기초한 대안을 위한 계획 수립	이월 가치를 지닌 여가 경험과 깊이를 탐색

Mundy, J(1975). " Education for Leisure", Indicators of Change in the Recreation Environment : A National Symposium, HPER Series No, 6(College Park : Pensyvaia State University,), p 27-30

범위와 계열 모형은 교육 체제 속에서의 시기뿐만 아니라 생애에 걸친 전 시기를 포괄하고 있다. 또한 일련의 목표들은 일반적으로 학령의 아동, 성인이나 퇴직자 등과 같은 대상에게도 적절하다. 그러나 어떤 것들은 발달상으로나 지적으로 적절하지 않은 것들도 있다는 것을 알 수 있다. 특정한 발달 단계에 따라 개인이나 집단의 욕구, 흥미거리, 발달 수준에 맞게 목표와 시연 방법, 소양의 수준과 난이도를 선정하고 계획을 구성해야 할 것이다. 이 모형은 여가를 위한 교육 과정을 촉진하기 위한 지침서, 도구 그리고 촉매제로 사용하기 위해서 개발한 것이다(Mundy, 1998). 그러므로 모형의 활용은 개별적인 욕구에 따라 적절한 목표를 선정하고 적절한 학습 전략과 활동을 부가적으로 개발하는데 초점이 있다. 또한 이 모형의 특징은 여가교육을 평생, 계속적인 과정으로 보고 있기 때문에 구체적인 단계에 초점을 두고 있기도 하지만 생에 걸쳐 달성하는 데 중요하고 일반적인 목표를 제시하고 있다는 것을 알 수 있다.

② 여가교육 증진 프로젝트(Leisure Education Advancement Project)

가장 포괄적인 교과 과정 모형에 해당하는 이 모형은 1975년 Nation Recreation and Park가 Association(NRPA)의 Society of Park & Recreation Educators(SPRE)에서 여가교육 증진 프로젝트(LEAP)의 자료를 개발하였다(Mundy, 1998). 이 자료 개발의 목적은 여가교육의 구성 요소를 세부적으로 기술하는 것이다.

LEAP 교과 과정 모형에서 취해진 접근법은 여가에 대한 긍정적인 태도를 개발하는 것이다. 즉 교과 과정 내용은 여가 활동 기술을 개발하려는 교사를 단순히 도와주는 것 이상의 역할을 한다는 것이다. 내용은 사람들이 여가 현상을 이해하고 여가 가치를 개발하는 것을 도와주는 방향으로 형성된 것이다(Edginton, Compton & Hanson, 1992). LEAP 접근법은 여가가 개인의 삶에 있어서 중요한 것이 되었을 때 개인은 만족스런 여가 경험을 가지기 위해 기술, 능력과 태도를 개발할 필요가 있다는 중심 전제 위에 이루어졌다. 다시 말해 LEAP 교과 과정 내용은 단순히 기술 개발을 위한 지침이라기보다는 오히려 여가에 대한 이해뿐만 아니라 만족스런 여가 경험을 통하여 삶의 질을 고양시키기 위해 필요한 모형이라고 할 수 있다.

LEAP 교과 과정은 기존의 학교 교육 과정에 적용하기 위해 고안된 것이다. 의도는 부가적인 내용 영역을 제공하는 것이 아니라 도달 목표 8가지 기본적인 여가 목적 성취를 위하여 기존의 교육 과정을 보완하고 강화한 것이다. 교육 과정 개발의 지침이 될 도달 목표의 내용을 보면 다음과 같다.

첫째, 학생들이 대부분 생에 있어서 경험은 여가 경험이 될 수 있다는 것을 이해할 것이다. 학생들은 적극적이거나 소극적이고, 혼자 혹은 여럿이 함께 하기도

하고, 신체적, 정신적, 계획적, 즉흥적, 예견하거나 반성적일 수 있다.

둘째, 학생은 여가뿐만 아니라 노동을 반드시 가장 중요한 자기 가치와 존엄성의 출처라고 여겨야 한다는 것을 이해한다. 또한 여가는 삶의 질, 심지어 실제적인 생존에도 영향을 미친다.

셋째, 학생은 자연과 신체적인 환경, 사회 제도의 역동적인 상호작용과 개인의 생활양식이 여가 기회, 여가 선택, 그리고 행동에 대한 영향을 이해한다.

넷째, 학생은 지역 사회, 주, 국가에서 활용할 수 있는 여가 자원을 파악하고, 이해하고, 평가할 수 있다. 학생은 개인들이 이러한 자원들을 활용할 수 있는 다양한 모형에 대한 이해력을 개발해야 한다.

다섯째, 학생은 여가 경험은 좋거나 나쁜 것은 아니다. 주어지는 가치는 개인적, 사회적 판단의 문제라는 것을 이해한다. 학생들의 여가 경험은 학생들 자신이 적절하다고 느껴지는 것을 선택하거나 사회가 제한하고 있다는 것을 인식하게 된다.

여섯째, 학생은 개인의 신체적 여건을 초월하지만 정서와 영적인 수준을 바탕으로 경험하게 되는 여가 경험의 무형의 특질을 이해한다.

일곱째, 학생들은 각 개인의 여가 활용이 인간, 사회, 건축, 그리고 자연 환경의 결과라는 것을 이해하고 평가한다. 학생은 각 개인이 궁극적으로 자기 자신의 여가뿐만 아니라 여가 기회를 제시하는 지역 사회에 영향을 미치는 것에 대한 책임이 있다는 것을 인식하게 된다.

여덟째, 학생은 여가뿐만 아니라 노동, 가족, 그리고 다른 사회적 역할이 개인의 성장과 만족을 보장하기 위한 생애 계획을 개발하는데 도움이 될 수 있다 (NPRA, 1977).

교과 과정은 8개의 달성 목표 진술에 초점이 주어져 있고, 교사, 지역사회 여가 서비스 프로그램 제작자, 치료 레크리에이션 전문가, 여가 상담원, 청소년 봉사자들이 어떤 방법으로 여가 개발의 촉진을 위해 교과 내용을 활용할 수 있는가에 대한 세부적인 설명을 제시하고 있다. 각각의 달성 목표 진술에는 일반적인 목표에 뒷받침이 되는 배경 정보를 제공하는 상응 이론이 있다. 덧붙여 관찰할 수 있는 행동을 정확하게 서술하고 있다. 그래서 촉진자가 참가의 결과와 객관적인 성취 결과를 측정할 수 있다. 더욱이 교과 내용 자료는 촉진자가 관찰할 수 있는 행동을 하나씩 나누어 세분할 수 있는 초점을 제공하고 있다. 이것은 학생 참여자들이 진술한 목표를 성취할 수 있게 해 준다. 한편 교과 내용이 초급, 중급, 고급 수준을 제공하여 과제에 대해 상세한 설명이 제공된다. 촉진자는 여가 개발의 촉진에 사용할 많은 달성 목표 진술문을 선정해야 한다는 것을 알고 있어야 하며 시계열상의 순서에 따라 제시될 자료를 제공하여야 할 책임은 없다.

③ 여가교육 과정 모형(Leisure Education Curricula)

이스라엘의 교육과정개발위원회(National Curricula Development Commission, 1994)가 개발한 모형이다. 이 교과 과정의 출발점은 지혜로운 여가 시간의 활용을 개발하고 신장시키는 것이다. 이 모형을 활용하기 원하는 대상은 학교 교사, 유치원 교사, 교육자, 학급 담당교사, 비형식 기관의 상담자 등이다. 이 모형은 학교와 학교 밖의 어떤 기관에서 여가교육을 교육 내용으로 포함시키려는 의도로 만든 것이다(Ruskin & Silvan, 1995).

교육 체제 속에서 여가교육의 전체적인 목적은 개인, 가족, 지역 사회, 그리고 사회가 여가 시간의 지혜로운 사용을 통하여 바람직한 삶의 질을 성취할 수 있도록 도와주는 것이다. 이것은 가치와 신체적, 정서적, 지적, 사회적 요인들을 현재의 교육 목표와 문화유산과 관련지어 따로 떼어 내거나 조합시켜 개발과 신장을 힘으로써 달성할 수가 있다. 이와 같은 목적을 달성하기 위해서 구체적인 목표를 세워야 한다. 교육의 목표는 세 가지로 나누어진다. 구체적인 교육의 목표는 지식의 이해와 각성 영역에 있어서 목표, 행동과 습관과 기술 영역에 있어서 목표, 정서와 가치 지향적 태도 영역에 있어 목표로 구성되어 있다.

여가교육과정에 의하면 개인은 현재 자신에게 적절한 다양한 여가 활동뿐만 아니라 성인으로써 자신의 욕구에 부응하는 기틀을 마련할 수 있는 활동을 경험해야 한다는 것이다. 여가교육은 형식과 비형식 교육의 모든 단계에서 연구와 활동, 그리고 경험을 통합한 것이다(Ruskin & Silvan, 1995). 여가교육은 교육 체제에서 독립적인 교과로 다루어져야 할 뿐만 아니라 전체 학교 교육과정의 일부로 다른 교과에 섞여져야 한다는 것을 주장하고 있다.

(2) 시스템 기획 모형

① 여가 정보 서비스 시스템 모형(Leisure Information Service System Model)

1975년 미국교육청의 후원을 얻어 공동으로, LIS(Leisure Information Service)는 지체 장애 아동의 여가교육을 위한 시스템을 준비하였다(Edginton, Compton & Hanson, 1992).

이 시스템 모형은 4가지 기본적인 관점을 중점적으로 다루고 있다.

첫째, 자아실현의 도구로서 레크리에이션 활동의 활용

둘째, 지체 장애 청소년들이 자유 재량의 시간에 대한 가치를 깨달을 수 있게 하기 위하여 자유 재량 시간 동안이나 그 시간의 활용을 통해 활동의 탐색, 오리엔테이션, 그리고 기술 개발이 포함된 프로그램 계획의 개발.

셋째, 지체 장애 청소년들이 그들의 요구에 맞는 레크리에이션 활동에 참여할 수 있도록 교육적, 지역 사회, 그리고 인적 자원을 활용할 수 있는 프로그램 계획의 개발.

넷째, 자유 재량 시간의 잠재적 가치에 노출되거나 그 속에서 훈련을 통해 지체 장애인과 일반인들 모두에 대한 태도 변화이다(Leisure Information Service, 1976).

LIS의 연구 결과 시스템 모형 교육과정 개발은 다음과 같은 몇 개의 중요한 과제에 초점이 주어졌다.

첫째, 교육자, 레크리에이션 지도자들이 논의한 것처럼 여가에 대한 교육이 가치 있고 적절한 목적이라는 진술에 대한 이론적 근거를 분석.

둘째, 지체 장애인을 위한 여가 시간 교육과 관련된 지난 10년 간 개발되었던 자료와 기법들의 분석.

셋째, 여가교육의 사정을 위해 활용되었던 도구의 분석, 준거지향과 규준지향 검사를 고려.

넷째, 지체 장애인을 위한 여가교육을 위한 시스템 모형의 개발이 그것이다. LIS가 사용했던 시스템 접근법은 여가교육을 다양한 구성요소를 갖고 광범위한 노력이 필요한 것으로 보았다(Edginton, Compton & Hanson, 1992).

LIS가 개발한 전체 교과 과정은 능력에 바탕을 두고 개발되었다. 주요 프로그램 영역은 각성과 이해, 사정과 기획, 활동 탐색으로 구성되어 있다. 이들 각각의 주요 프로그램 영역들은 두 가지 요소로 나누어진다. 첫 번째 프로그램 영역인 각성과 이해는 여가 의사 결정에 참여할 수 있는 능력을 반영한 범주의 내용으로 나누어지고 두 번째 프로그램 영역의 요소는 평생 여가 목표의 설정을 위한 능력 개발에 초점을 두고 있다. 세 번째 프로그램 영역의 요소는 기술 개발과 실제적인 적용에 관한 내용으로 나누어져 있다. 이와 같은 분류는 개별 학생들이 가정, 학교, 그리고 지역 사회 속에서 여가 활동에 참여하는 것에 도움을 준다(Edginton, Compton & Hanson, 1992). LIS가 사용한 접근법은 여가교육을 다양한 구성 요소를 갖고 많은 노력을 하여야 하는 것으로 보았다(Love, 1985). LIS모형은 분명한 방향성, 이론적 체계, 그리고 개인의 요구와 능력에 바탕을 두며 목표 사정을 통한 프로그램을 실행하였으며 그 내용도 매우 세분화되어서 실행에 많은 도움이 되었다(Stumbo, 1992). 그러나 이 모형의 제한점은 구성 요소의 구분이 명확하지 않을 뿐만 아니라 구성 요소간의 상호 작용이 일어날 가능성을 고려하지 않고 있다고 할 수 있다. 그럼에도 불구하고 체계적인 여가교육 모형에 기틀이 되었다는 사실은 주목할 만하다.

② Mundy의 시스템 모형

Mundy는 하나의 실행 모형을 만들기 위해 여가교육을 위한 두 가지 모형을 도입하였다. 소개된 첫 번째 모형은 범위와 계열 모형(Scope and Sequence Model)이며 이 모형에 대한 한계점 즉 프로그램 조직화에 따르는 어려움 때문에 두 번째 모형인 시스템 접근 모형을 개발하게 되었다.

첫번째 모형 범위와 계열 모형은 6가지 내용의 범주 자아 각성, 여가 각성, 태도, 의사결정, 사회적 상호작용, 여가 활동 기술을 활용하여 개념을 형성했다(Love, 1985). 이와 같은 범주의 모든 내용들은 전 생애의 발달의 연속선을 따라 설명되어진다. 각각의 삶의 단계에서 성취되어야할 목표들에 대한 점진적인 단계를 표명하고 있다. 이 모형은 제시되는 각각의 목표에 따른 하나의 순수한 발달적 접근법이다. 이 목표는 개인들이 여가를 즐기는 동안 삶의 질을 높이고, 여가 속에서 기회, 잠재력, 그리고 도전을 이해하고, 개인적으로 삶의 질과 사회구조 안에서의 여가에 의한 영향에 대해 이해하고 여가 선택의 폭을 넓힐 수 있는 지식, 기술, 이해를 할 수 있다는 것을 언급하고 있다(Stumbo & Thompson, 1986).

두번째 모형 시스템 접근 모형(System Approach Model)은 시스템 디자인과 분석에 바탕을 두고 있다. 이 모형은 최초의 "내용"모형중의 하나가 된 상호 의존적 프로그램 구성 부분의 도식적 연결망을 통하여 설명된다. 이 모형은 투입과 과정, 산출 세 가지 내용으로 구성되며 구성 부분들을 몇 개의 하부 구성 부분으로 나누어진다. 여가교육의 최종 결과를 성취할 수 있도록 학습 경험을 디자인할 수 있는 여가 서비스 인력이 투입되는 과정에 있어서는 여가 각성, 여가 기술, 자기 각성, 사회적 상호작용의 하위 영역들이 상호작용 하여 의사 결정이 이루어질 수 있도록 연결되어 있다. 그 결과 여가 동안 삶의 질을 향상시키기 위하여 여가의 지식과 경험을 활용하는 능력, 여가 동안 삶의 질을 향상시킬 수 있는 의사 결정을 내리기 위해 자신에 관한 지식을 활용할 수 있는 능력, 현실적인 계획을 통해 질적인 목적을 성취하기 위한 방향으로 자신의 여가 경험을 만들어 갈 수 있는 능력, 여가 목적에 부합되게 여가 동안 다른 사람들과 상호작용 하거나 사귈 수 있는 능력이 산출된다.

이 모형은 의사 결정에 초점을 두고 있으며 이 모형의 본질은 여가 인식과 자아 인식을 높이고 삶의 질을 증진시키는데 있다.

이 두 가지 모형을 통하여 Mundy는 목적들을 세분화할 수 있고 이를 프로그램 개발의 바탕으로 이용할 수 있는 "여가교육 목적의 집단들(Clusters)"이라는 개념을 도입하게 되었다(Stumbo, 1992). 이 같은 개념의 도입으로 시스템 접근 모델은 가장 잘 알려진 모형이 되었고 Mundy의 모형은 가장 폭넓게 사용되었다.

13년간 이 모형을 사용하면서 수정과 추가, 삭제를 해왔다. 최초의 시스템 모형은(1987)은 위에서 언급한 5가지 구성요소(여가 각성, 여가 기술, 자기 각성, 사회적 상호작용. 의사결정)로 이루어져 있었으나 최근 모형(1998)에서는 4개의 구성요소인 여가 각성, 자아 각성, 여가 기술, 여가 자원으로 변화되었다. 의사 결정과 사회적 상호작용에 해당하는 이전의 구성요소는 프로그램 하위구성요소로서 여가 기술에 포함되게 된 것이 큰 변화라 할 수 있다. 그림으로 나타내면 아래 그림과 같다.

Mundy의 업적은 장애 또는 비장애인 모두에게 여가교육은 적절하다는 해석을 가능하게 하였고 그리고 최초의 발달적 생애적 접근법이었다(Stumbo, 1992). Mundy 모형의 의의는 여가교육과정의 구성 요소를 분석한 최초의 도식적(schematic)모형을 제시했다는데 있다(Edginton et al, 1992). 이 모형이 갖는 의미는 삶의 추구에 있어 자아 각성과 기술 개발은 여가 각성과 사회적 상호작용이 어우러지는 상호작용적 접근에 있다. 이와 같은 접근법은 여가교육의 전 과정을 총체적인 관점에서 다루고 있다(Love 1985). Mundy 모형의 커다란 특징은 기존 모형의 역동성을 전제로 보다 개인적 삶과 생활양식, 환경 등의 총체적 관점에서 여가를 바라보게 되었다는 것이다.

<표 1.2> 여가교육 프로그램 구성영역과 하위요소

여가 각성		자아 각성	
여가의 정의	개인의 삶의 관련성	흥밋거리	능력
인식된 자유	개인 생활양식과 관련성	가치	욕구
내적 동기	삶의 질과 관련성	태도	여가 기대
자신이 선별한 경험	시간에 관련성	동기	목적
자기 책임		만족	결과
여가 경험		여가 제한 요소	
여가 기술		**여가 자원**	
의사결정	여가 활동 기술	인력	장소
문제해결	사회적 상호작용	제품	지역사회
가치 명료화	행동 변화 기법	장비	환경
기획	평가		

Mundy, J(1998). Leisure Education : Theory and Practice. Champaign, IL Sagamore Publishing, p 6

③ Peterson의 여가 능력 모형(Leisure Ability Model)

Peterson과 Gunn의 모형은 1977년 처음으로 문서화되었다. 그 이후 계속해서 수정이 이루어졌다. 여가교육 내용 모형은 치료 레크리에이션 모형 또는 여가 능력 모형으로 치료 레크리에이션 서비스 모형 속에는 치료 서비스와 여가교육 서비스, 레크리에이션 참여 서비스로 구성되어 있는데 여가교육 서비스의 구성 영역인 것이다. 세 가지 구성요소 모두는 만족스런 생활양식의 개발과 표현을 촉진시키기 위한 것이다(Peterson & Steven, 1986). 치료 서비스는 여가 참여와 생활양식 형성에 선행되거나 필수적인 부분에 해당하는 기능적인 행동 영역을 다루고 있다. 레크리에이션 참여 서비스는 조직적인 서비스 전달 체계 속에서 자기표현 즐거움 그리고 만족을 위한 기회를 개인에게 제공하려고 노력하는 과정이다.

치료 레크리에이션 서비스 모형 중 여가교육 구성부분이 여가교육 모형으로 발달한 것이다. 이 모형은 4가지 즉 여가 인식, 사회적 상호작용. 여가 활동 기술. 여가 자원으로 구성요소로 이루어져 있다.

기술된 여섯 가지 여가교육 모형을 비교 고찰해 보면 다음과 같다.

위의 모형들의 공통된 관점은 여가와 관련된 지식과 기술의 습득이 여가교육에 근간을 이룬다. 따라서 이들 모형은 삶의 질의 향상과 자아실현을 목표로 한 생활유형의 구축을 위해 교육적인 기법을 통하여 기초적인 지식과 기술 습득을 도와주는데 초점을 두고 있다. 그러나 구체적인 구성부분이나 실제적인 내용에 있어서 독특한 특징과 제한점을 가지고 있음을 알 수 있다. 이미 기술한 내용을 종합하여 아래 표와 같이 나타내었다(윤재섭, 2002).

선행 연구된 대표적 모형의 분석을 통해서 특징과 제한점 및 모형에서 주어진 시각을 분석하였다. 이러한 기술과 분석은 많은 시사점을 준다(2002, 윤재섭).

첫째, 여가에 대한 개념과 교과 과정 그리고 여가를 위한 교육의 적용에 대한 우선적인 이해가 촉구된다.

둘째, 삶의 질과 사회적 안녕을 위한 제도적 장치로서 여가의 제 요소를 활용해야 한다.

셋째, 가정, 학교, 지역 사회, 국가가 모든 자원을 활용하여 프로그램 개발을 적극 지원해야 한다.

넷째, 여가는 이제 사회 구성원 모두, 즉 건강한 사람과 다소 기능이 저하된 사람들 그리고 제한적 환경에 있는 사람 등 사회 구성원에게 제공되어야 한다.

다섯째, 여가교육은 평생 학습으로 이루어져야 한다. 그리고 적절한 여가교육의 범위에 대한 설정이 요구된다.

여섯째, 여가를 위한 학습 환경 조성이 필요하다.

일곱째, 우리가 처해 있는 가정, 지역 사회, 회사, 그리고 산업체 모두가 여가교육 학습의 장이 되어야 한다.

여덟째, 공교육인 학교 교육과정 안에 여가교육 내용이 삽입되어져야 하며 교육자들에게 여가 개념과 여가교육의 필요성에 대한 계몽과 홍보를 위한 분위기를 조성해야 할 것이다.

아홉째, 가정, 학교, 지역 사회, 그리고 각종 사회 단체 및 이익 단체들은 여가교육의 연구 개발에 대한 적극적인 지원과 아울러 우리 실정에 맞는 교육 프로그램 개발을 위한 재정적인 뒷받침이 이루어져야 할 것이다.

열째, 여가교육을 전문으로 하는 교육 기관의 설립과 관련 전문가의 양성이 절실히 요망된다.

이러한 관점에서 여가 서비스 분야에 있어 새로운 변화가 필요하다는 것을 알 수 있다. 치료 레크리에이션 뿐만 아니라 여타 분야에서 여가교육에 대한 관심은 계속해서 증가 할 것이다. 이러한 시대적 요청에 의해서 여가교육의 내용과 모형의 필요성에 대한 인식의 전환이 요구된다. Love(1985)는 여가교육은 여가에 대한 문제를 줄이기 위해 고안된 하나의 방법이라고 하였다. 여가를 위한 교육은 가정, 학교, 지역 사회 모두의 책임으로 볼 수 있다(Edginton, Compton & Hanson, 1992).

<표 1.3> 여가교육 모형의 비교

모형 명칭	모형 구분	구성요소	특징	제한점
범위와 계열 모형	교과 과정	자아 각성 여가 각성 태도 의사결정 사회적 상호작용 여가 활동 기술	6개 목록 -107개 목록 평생과정을 전제 교수설계를 위해 제작	발달 단계, 지적 수준에 적합하지 않은 목적 제시
여가 증진 프로젝트 (LEAP)	교과 과정	8가지 도달 목표	단계별 교과제시 여가 영역과 가치를 내용 개발과 통합한 가시적 결과로 인정 실천적이다	학교 교육 중심
여가교육 교과 과정 (LEC)	교과 ·과정	지식과 이해와 각성 영역의 목표 행동과 습관과 기술 영역의 목표 정서와 가치 지향적 태도 영역의 목표	구체적인 목표설정 실천 전략 수립 독립 과목과 전체 교과목에 포함되어 있다. 형식과 비형식 기관에 적용	실행을 위한 전문성이 요구됨
여가 정보 서비스 시스템 (LIS)	시스템 기획	각성과 이해 사정과 기획 활동 탐색	지체장애아를 위한 시스템 모형 능력에 다른 내용 설정 목표의 세분화 시도 체계적인 연구의 기틀 마련 최초의 시스템 모형	구성요소 구분이 불명확함 요소간의 상호작용을 고려하지 않음
Mundy의 시스템 모형	시스템 기획	여가 각성 자아 각성 여가 기술 여가 자원	최초의 도식적 모형 상호작용적 접근 Clusters 개념 도입 의사결정 강조 발달, 생애적 접근법 일반화 모형	실행을 위한 전문성이 요구됨
Peterson의 여가 능력 모델	시스템 기획	여가 각성 사회적 상호작용 여가 활동 기술 여가 자원	여가 능력 철학 여가교육 내용 모형 실행을 위한 전문성 요구 일반화 모형	여가 활동 개념의 지나친 단순화 실행이 어려움

2) 정신지체 학생의 여가교육모형

Driscoll과 Bullock, Bedini(1991)은 여가각성교육 프로그램(Wake Leisure Education Program)을 개발하였다. 그들은 새로운 영역의 여가교육 모델을 개발하였는데 여가교육 전문가들과 특수교육 교사들이 학교 체제 속에서 실시할 수 있는 형태의 여가교육 프로그램을 개발하였다.

여가 각성 교육 프로그램의 교육과정은 여가 선택, 여가 생활 독립, 여가 계획, 여가 장애 극복을 주제로 다루고 있다. 이러한 주제에 대한 하위영역으로 여가인식, 여가를 통한 자아인식, 여가 기회, 지역사회의 여가 자원 인식, 여가 제약, 개인적 자원과 책임, 여가 계획, 야외활동 계획, 야외활동, 야외활동 평가, 미래 계획 평가 등을 제시하고 있다. 각 하위영역은 목적과 학습지가 있으며 역할 놀이로 구성되어있다. 나이와 개인의 능력에 적절한 여가에 대한 흥미와 개인의 여가 환경을 검토하고 여가 계획을 세우고 여가 노트를 작성하는 활동이 포함되어 있다(노용구, 1999). 여기서 제시된 여가 활동 프로그램은 여가각성교육 모형을 이론적 배경으로 하였다.

학교 - 지역사회 연계 여가교육 프로그램(School - Community Leisure Link)은 Bullock과 Morris, Mahon, Jones(1992)에 의해 개발되었으며 여가 각성 교육 프로그램을 발전시킨 형태이다.

학교 - 지역사회 연계 여가교육 프로그램의 목적은 학교와 가정에서 정신지체 학생의 독립적 여가 기능을 촉진시키는데 있다. 이 여가 프로그램을 통해 정신지체 학생들에게 여가에 대해 인식과 여가 기술을 익히며 여가 활동에 참여할 수 있는 동기를 유발하는데 있다. 이 여가교육 프로그램은 여가 인식, 여가 자원, 의사소통 기술, 자기 결정, 여가 계획, 여가 활동 기술 등 6개의 구성요소로 이루어져 있다.

여가 인식은 여가에 대한 개념을 이해하고 개인이 여가에 대한 흥미를 탐색하고 여가가 일상생활에서 주는 만족감을 자각하도록 설계되어 있다.

여가 자원은 정신지체 학생들이 학교와 지역사회에서 여가에 참여할 수 있는 여가의 기회를 인식하게 하고, 여가 활동에 참여할 장소를 선택할 수 있고 개인의 여가 장벽에 대해 자각하고 방법을 모색하도록 사고하는 능력을 길러주도록 설계되어 있다.

의사소통 기술은 정신지체 학생이 다양한 여가 활동에 참여했을 때 다른 사람들과 대화하고 자신을 표현할 수 있는 능력을 발전시키도록 설계되어 있다.

자기결정은 학생들이 자신이 흥미를 가지고 있는 여가 활동을 독립적으로 선택할 수 있도록 설계되어 있다.

여가 계획은 정신지체 학생들이 스스로 여가 계획을 세우고 어떻게 수행할 것인지 사고하도록 설계되어 있다.

여가 활동 기술은 정신지체 학생이 가정과 지역사회에서 그들의 나이에 적합한 여가 활동에 참여하기 위해 필요한 기술을 습득할 수 있도록 설계되어 있다.

각 구성요소의 하위 프로그램은 목적, 교수 전략, 수업용 교구에 대한 설명이 포함되어있다. 각 활동은 토론, 학습지, 게임, 역할 놀이, 공작 활동 등으로 구성되어있다.

이상의 여가교육 모형을 비교 고찰해 보면 공통된 점은 여가와 관련된 지식과 기술의 습득이 여가교육에 근간을 이루고 있으며 삶의 질 향상과 자아실현을 목표로 한 생활유형의 구축을 위해 교육적인 기법을 통하여 기초적인 지식과 기술 습득을 도와주는데 초점을 두고 있다. 그러나 구체적인 구성부분이나 실제적인 내용에 있어서 독특한 특징과 제한점을 가지고 있음을 알 수 있다. 윤재섭(2002)은 이러한 특징과 제한점을 다음과 같이 기술하고 있다.

첫째, 여가에 대한 개념과 교과 과정 그리고 여가를 위한 교육의 적용에 대한 우선적인 이해가 촉구된다.

둘째, 삶의 질과 사회적 안녕을 위한 제도적 장치로서 여가의 제 요소를 활용해야 한다.

셋째, 가정, 학교, 지역사회, 국가가 모든 자원을 활용하여 프로그램 개발을 적극 지원해야 한다.

넷째, 여가는 이제 사회 구성원인 건강한 사람과 다소 기능이 저하된 사람들 그리고 제한적 환경에 있는 사람들 모두에게 제공되어야 한다.

다섯째, 여가교육은 평생 학습으로 이루어져야 하고 적절한 여가교육의 범위에 대한 설정이 요구된다.

여섯째, 여가를 위한 학습 환경 조성이 필요하다. 우리가 처해 있는 가정, 지역사회, 회사, 그리고 산업체 모두가 여가교육 학습의 장이 되어야 한다.

일곱째, 공교육인 학교 교육 과정 안에 여가교육 내용이 삽입되어져야 하며 교육자들에게 여가 개념과 여가교육의 필요성에 대한 계몽과 홍보를 위한 분위기를 조성해야 한다.

여덟째, 가정, 학교, 지역사회, 그리고 각종 사회 단체 및 이익 단체들은 여가교육의 연구 개발에 대한 적극적인 지원과 아울러 우리 실정에 맞는 교육 프로그램 개발을 위한 재정적인 뒷받침이 이루어져야 한다.

아홉째, 여가교육을 전문으로 하는 교육 기관의 설립과 관련 전문가의 양성이 절실히 요망된다.

이러한 관점에서 여가 서비스 분야에 있어 새로운 변화가 필요하다는 것을 알 수 있다. 치료 레크리에이션 뿐만 아니라 다른 분야에서 여가교육에 대한 관심은 계속해서 증가 할 것이다. 이러한 시대적 요청에 의해서 여가교육의 내용과 모형의 필요성에 대한 인식의 전환이 요구된다. Love(1985)는 여가교육을 여가에 대한 문제를 줄이기 위해 고안된 하나의 방법이라고 하였다. 여가를 위한 교육은 가정, 학교, 지역사회 모두의 공동 책임이다(Edginton, Compton & Hanson, 1992).

3. 여가교육 관련 법률

여가 레크리에이션에 대한 교수 기술 그리고 프로그램의 필요에 대한 인식(Schleien,, Kiernan, & Wehman, 1981; Voeltz, Wuerch, & Wilcox, 1982)과 정신지체인을 위한 여가교육과정은 1970년 이후에 개발되어져 왔다(Bender & Valletutti, 1976; Dattilo, 1991; Ray, 1994; Rynders & Schleien, 1991; Schleien, Mayer et al., 1995; Wehman & Schleien, 1981; Wessel, 1976; Wietherald & Peters, 1986).

여가교육의 중요성에 대해 처음으로 언급한 법률은 전장애아교육법(Education for All Handicapped Children Act, P.L. 94-142, 1975)이다. 이 법에서 여가와 레크리에이션을 관련 서비스로 법에 명시하고 있다.

1990년 장애아 교육법(Individual with Disabilities Education Act, P.L. 101-476)에서도 14가지의 관련서비스를 제시했는데 레크리에이션은 아홉번째에 해당된다. 14가지의 관련서비스의 내용은 감각교육, 상담서비스, 조기 진단, 의학적 서비스, 작업치료, 부모상담과 교육, 신체적인 치료교육, 심리상담 서비스, 레크리에이션, 재활상담, 학교 보건교육, 언어치료, 직업교육, 이동 등이다

그리고 이 장애아 교육법에서 제시된 레크리에이션 서비스에는 다음의 4가지를 포함할 것을 법률로 정하고 있다. 첫째, 레크리에이션과 여가교육의 목적에 대한 사정 둘째, 여가교육 셋째, 치료레크리에이션 넷째, 학교 레크리에이션과 지역사회 기관 등이다.

첫째, 레크리에이션과 여가교육 목적에 대한 사정은 장애학생의 여가와 레크리에이션에 대한 태도, 기능의 정도, 현재 능력에서 장점과 현재 상태를 나타내는 절차이다. 이때 사정은 학생의 신체적 특성에 따른 기능, 인지, 사회적인 사교성, 개인의 정서상태 영역까지 측정하여 IEP(Individual Education Program)를 작성하고 여가에 대한 정보를 제공하는데 쓰인다.

둘째, 여가교육은 여가에 대한 긍정적인 태도의 발전을 통해서 여가생활 양식과 여가 활동에 대한 지도, 여가 활동에 참여하도록 유도하는 내용 등이 포함되어야 한다. 그리고 장애학생의 여가기술을 개발하고 여가자원에 대한 지식과 레크리에이션이 주는 잇점을 인식시켜 주는 교육내용이 포함되어야 한다.

셋째, 치료레크리에이션은 사정, 계획 혹은 처방단계, 실행, 평가의 과정을 통

하여 장애학생의 여가 욕구를 충족시켜주는 체계적인 문제해결 절차로 정의 내릴 수 있다. 이러한 내용을 포함하고 있어야 한다.

넷째, 장애 학생이 학교에서 레크리에이션에 대한 기술을 배우지만 지역사회의 기관에서도 레크리에이션 기술을 습득해서 지역사회 여가프로그램에 참가하여 즐거움을 느끼고 사회적 상호작용과 자기 표현능력의 개발을 위한 기능을 증진시켜 지역사회에 적응할 수 있는 내용을 포함시켜야 한다.

장애학생에게 여가교육에 대한 중요성을 인식시키고 분리에서부터 통합된 레크리에이션 프로그램에로의 이동을 가능케 하는데 연방법률이 획기적인 계기를 마련해 주었다. 여가, 레크리에이션과 관련된 법률을 살펴보면 다음 표 1.4와 같다.

<표 1.4> 여가교육, 레크리에이션 관련 법률

연도	법 률	주요 내용
1968년	건축법 (Architectural Barriers Act P.L. 90-480)	신체적 장애를 가진 사람이 이용하기에 편리하고 레크리에이션 활동을 촉진시킬 수 있는 건물을 짓는다.
1973년	재활법 (Rehabilitation Act P.L.93-112)	레크리에이션 프로그램서 장애인 차별을 금지하는데 기초가 된 법률이다. 즉 장애인도 시민의 권리를 가지고 있으므로 장애인을 차별할 수 없다
1975년	전장애아교육법 (Education for All Handicapped children Act P.L. 94-142)	공교육에 있어서 레크리에이션을 "관련 서비스"로 정의 내리고 있다. 장애인에게 무상으로 공교육을 제공할 것과 IEP속에 레크리에이션을 "관련서비스"로 포함시키고 있다.
1986년	전장애아교육법 개정안 (Education for All Handicapped Act Amendment P.L. 99-457)	3세-5세의 유아뿐 아니라 취학전 장애인의 가족에게도 조기 중재 프로그램을 제공할 것과 조기중재 프로그램에 레크리에이션 서비스를 제공하도록 했다.
1990년	장애아교육법 (Individual with Disabilities Education Act P.L. 101-476)	치료 레크리에이션을 전환교육의 "관련서비스"로 정의 내렸다. 중등교육 이후의 공교육 IEP 속에 전환교육을 포함시킬 것을 명령하고 전환서비스에서 독립생활, 지역사회참여를 전환서비스로 정의 내렸다. 그리고 IEP의 한 부분에 여가교육을 포함 시킬 것을 요구했다.

연도	법 률	주요 내용
1990년	미국 장애인법 (Americans with Disabilities Act P.L. 101-336)	취업, 공공 서비스, 공공 편의시설 이용, 전기통신, 이동수단을 시민의 권리로 확대했다. 정신지체인에게 일자리를 제공할 것과 공공 교통수단을 이용할 때는 접근하기에 용이하게 고안된 도구를 제공할 것과 공공 편의시설 이용에는 차별하지 않고 이용하기 쉽게 했으며 레크리에이션 영역도 포함시키도록 했다. 전화에는 난청과 언어장애를 가진 개인에게 의사 전달이 가능하도록 중계하게 했다.
1994년	초 중등교육법 (Elementary and Secondary Education Act P.L. 101-382)	장애인을 두고 있는 가족에게 통합된 서비스를 이용하게 지원하도록 했다.
1997년	장애아교육법 (Individual with Disabilities Education Act P.L. 105-17)	IEP 속에 전환교육을 포함시킬 것을 명령하고 IEP의 한 부분에 여가교육을 포함 시킬것을 요구했다. 전환서비스 개념 속에 여가 레크리에이션 포함시킬 것을 요구했다.

Shleien, S. J., & Tipton Ray, M., & Green, F. P(1997) *Community recreation and people with disabilities.* Paul H. Brookes Publishing Co, p. 5.

4. 정신지체 학생의 여가 활동

이 절에서는 정신지체 학생의 여가 활동의 중요성, 정신지체 학생의 여가 활동 실태, 여가 활동의 유형, 학교에서 실시할 수 있는 여가 활동 프로그램, 여가 활동 프로그램 구성 시 제한점 등을 중심으로 살펴보고자 한다.

1) 정신지체 학생 여가 활동의 중요성

여가 활동(leisure activity)은 일이나 학업과 직접 관련되지 않는 자유로운 시간에 일어나는 모든 활동을 의미하며 음악, 미술, 관람, 공예, 야외활동 등을 포함하는 개념이다.

최근 우리나라 정신지체 학생들의 여가 활동은 TV시청, 라디오 듣기, 비디오 감상 등과 같은 소극적이고 단순한 활동을 하는 것으로 연구 결과 밝혀졌다. 과거 특수학교 교육과정은 학업적인 능력에 비중을 두고 있었으므로 여가 기술을 가르치려는 시도는 전혀 이루어지지 않았고, 현재 학교 현장에서는 여가 활동에 대한 교육이 적절하게 이루어지고 있지 않다. 그러나 여가 활동이 주는 교육적인 효과는 여러 연구에 의해 다양하게 제시되고 있다.

정신지체 학생들은 시간을 유용하게 관리하는 능력이 부족하여 자유시간에 공간을 응시하거나 목적 없이 돌아다니고 심지어 자학적인 행동으로 시간을 보내기도 하며 그렇기 때문에 그들은 비장애인에 비해 무의미한 시간을 보내는 것으로 보고되고 있다(Coyne & Rion, 1980 : Hweard & Orlansky, 1984). 정신지체 학생은 비 장애학생에 비해 실패감을 더 많이 경험하고 자아 개념과 동기수준이 낮아 사회적 상호작용의 결핍을 보이기 때문에(Cromwell, 1959, Porter, Collins & Mclver, 1965), 인지적 요구가 적은 여가 활동은 이들에게 유용한 강화로써 제공되며 성공감을 제공할 수 있는 기회가 주어지게 되므로 긍정적 자아 개념과 자신감을 갖게 한다.

여가 활동의 긍정적인 효과에 대해 많은 연구자들이 언급하고 있다. 여러 학자들이 밝히고 있는 정신지체 학생 여가 활동의 기대효과와 중요성에 관한 내용을 요약 제시하면 표 1.5와 같다

<표 1.5> 정신지체 학생 여가 활동의 기대효과

연구자	제시한 내용
Hughes와 Fullwood (1985)	사회적 상호작용의 증가, 대인관계의 향상, 언어 발달, 운동 기술, 인지 능력 향상, 자아 개념 발달로 여가 활동의 교육적 가치를 강조하였다.
Moon과 Bunker(1987)	여가 활동의 효과를 정상화 촉진, 시설 수용의 방지, 부적절한 행동의 감소, 기타 영역의 기술 증가 등 4가지로 제시하였다.
Haggard와 Williams (1991)	여가 활동은 자기 자신을 확인하고 상대방의 감정을 이해하는 능력, 대인관계에 대한 영향을 준다.
Csikszenmihalyi 와 kleiber (1991)	여가 활동은 개인의 재능, 능력, 잠재력을 탐색하는 기회를 제공한다.
Csikszentmihalyi 와 kleiber (1991)	여가의 정신적 효과에 대한 연구에 있어서 여가는 개인이 자기실현의 경험을 갖게 해 준다
Colemas (1993)	여가는 스트레스를 줄여서 질병을 줄임으로서 정신적 육체적 건강을 유지하는데 도움이 된다.
Heyne과 Green (1994)	사회적 기술의 소유는 많은 이익을 주는데 그들이 사회적 고립과 소외감에서 느끼는 감정을 예방한다.
Heyne 과 Green (1994)	상대방과의 감정을 공유하고 유대감을 느끼며 우정을 키워갈 수 있다

연구자	제시한 내용
Heyne, Schleien McAvoy(1993)	가벼운 말 건네기, 인사하기, 줄서기, 도움 청하기, 대화하기, 상대방의 말 듣기와 같은 여가 기술의 습득을 통해서 사회 기술의 획득된다.
Weissinger(1995)	여가 활동은 육체적 정신적으로 부정적 영향을 주는 약물남용, 흡연, 소외감과 같은 것을 감소시키는 효과가 있다.
Heyne과 Schlein(1996)	여가 활동에 참여함으로서 개인적 성장과 부차적인 다른 영역의 발달을 돕는다.
Karate(1996)	여가 활동은 육체적 건강을 증진시키고, 학생들이 긴장을 풀고 심신의 조화로운 발달을 돕고 정신적 침착함을 고양시킨다.
Walters(1997)	여가 활동에 참여함으로서 자기- 존중을 증진시키고, 자신을 이해하고 목표에 도달하는 것을 도와준다.
Heyne, Schleien 과 Rynders(1997)	여가 활동은 ① 자기 존중과 자기 확신이 길러진다. ② 사회적 관계 형성과 우정을 키워갈 수 있는 용기를 준다. ③ 대· 소 근육의 발달을 돕는다. ④ 육체적 건강 증진 ⑤ 창의성이 길러지고 자기-표현력이 길러진다. ⑥ 독립적 기능의 증가 ⑦ 부차적 기술들(의사소통, 대인관계, 이동, 자금 관리, 자립)의 발달 ⑧ 삶에 있어서 전반적인 질을 증진시켜 준다.
Schleien, 과 Meyer(1998).	여가 목록에서 만족감이 없다면 장애인은 종종 소외와 사회적 이탈을 느끼게 된다.

Schleien 등(1995)은 삶의 질과 관련해서 여가 활동의 중요성을 다음과 같이 제시했다.

첫째, 여가 활동의 참여는 다른 영역의 교육 과정 기술들의 향상을 가져온다. 여가 활동 안에는 사회성 기술, 의사소통기술, 대근육 및 소근육 운동 등이 다양하게 포함되어 있다. 따라서 여가 활동을 통해서 다른 영역의 교육 과정 기술들을 연습할 수 있는 기회가 제공된다. 또한 여가 활동은 대체로 흥미와 즐거움을 주는 활동으로 학습자는 보다 재미있게 기술을 연습하게 되며, 여러 기술들이 보다 자연스러운 상황 속에서 학습될 수 있다.

둘째, 여가기술의 향상은 문제행동이 감소하게 해 준다. 특히 문제행동의 원인이 무료함에 의한 것이거나 자학적인 경우, 학생이 좋아하는 여가 활동을 찾아내어 지도함으로 학생의 문제행동은 감소하고, 학생의 태도나 행동이 사회적으로 용납된다. 그리고 학생은 의미 있는 새로운 기술을 습득하게 된다. 이런 의미에서 여가 활동의 교수를 통한 문제 행동의 감소는 단순한 문제 행동의 감소를 위한 처치보다 더 적극적인 교수 전략이라 할 수 있다(Meyer & Evans, 1989).

셋째, 여가시간을 유용하게 사용하면 장애인들을 지역사회 밖으로 분리되지 않고 성공적인 지역사회 안에서의 삶을 살아 갈 수 있다. 어려서부터 여가 활동을 배운다면 다른 사람들의 도움이 없이 독립적이고 즐겁게 지역사회 내의 활동에 참여할 기회를 갖게 될 것이다(Schleien & Ray, 1988).

많은 학자들이 여가 활동의 긍정적 효과에 대해 제안했는데 특수교육 전문가들이 정신지체 학생에게 필수적으로 요구되는 능력과 일치하고 있다.

위의 내용을 정리해보면 다음과 같다.

첫째, 여가 활동은 자기 만족감을 길러주고 자아개념을 확립하게 해준다. 인지적인 요구가 적은 여가 활동에 참여함으로서 즐거움을 느낄 때 거듭된 실패의 경험으로부터 성공감을 경험하게 해주고, 소외감과 긴장이 이완되고 스트레스가 해소되는 효과가 있다. 그러한 정신적인 안정감은 자기 만족감을 길러주고 자아개념을 확립하는데 도움을 준다.

둘째, 여가 활동은 운동 기능을 발달하게 해준다. 여러 가지 여가 활동 중에서 손으로 만들기를 통해서 소근육 운동이 발달하고 운동 경기에 참여함으로서 대근육 운동이 발달하고 체력이 길러진다.

셋째, 여가 활동은 문제행동을 감소하게 하는데 효과가 있다. 시간을 적절하게 이용함으로서 자해적인 행동 즉 손톱 물어뜯기, 머리 부딪히기, 몸 흔들기, 물건 부수기, 아무거나 입안에 넣고 씹는 행위 등을 줄일 수 있다.

넷째, 여가 활동은 사회적 기술이 발달하는데 강력한 효과가 있다. 인사하기, 대화의 기술 습득이 이루어지고 자기 표현력이 길러짐으로서 친구 사귀기가 가능하고 사회적응능력이 길러진다.

다섯째, 여가 활동은 대인관계 기술이 발달하는데 도움을 준다. 여가 활동에 참여하면서 또래들과 어울리고 상대방의 감정과 공유하게 되면서 자연스럽게 원만한 대인관계를 형성할 수 있는 능력이 길러진다.

여섯째, 여가 활동은 삶의 전반적인 질을 높여준다. 여가 활동을 통해서 스트레스가 해소되고 심각한 우울증도 치료되는 효과를 줌으로서 심리적인 안정을 준다. 여가 활동에 참여함으로서 즐거움을 느끼고 행복감을 느끼게 된다.

일곱째, 여가 활동은 부차적인 기술의 발달을 돕는다. 부차적인 기술은 정신지체학생에게 필수적인 의사소통, 이동, 자금관리, 자립, 독립적인 일상생활 등이다.

2) 정신지체 학생의 여가 활동 실태

정신지체 학생의 여가 활동에 대한 연구는 1990년대 기능적 생활 중심 교육과정, 지역사회로의 통합이 강조되고 최근 삶의 질을 향상시키는 요소로서 여가 활동 프로그램에 대한 기초 자료로서 연구되고 있다.

가장 최근의 연구를 살펴보면, 여가 활동의 중요성에도 불구하고 장애 학생들이 참여하는 여가 활동은 TV보기, 라디오 듣기, 비디오 감상, 실내 오락, 대화하기, 종교 활동이 주류를 이루고 있으며, 전반적인 여가 활동의 참여 정도에 있어서는 청각 장애 학생이 가장 높고, 정적인 여가 활동은 지체장애, 시각 장애 학생의 참여도가 높은 반면에 정신지체 학생은 TV시청을 제외한 모든 유형의 여가 활동에서 참여도가 낮다(최태수, 2001).

정신지체 청소년의 여가 활동과 건강 생활에 대한 의식 및 실태 조사(윤상섭, 1998)에서 첫째, 여가 활동의 영역 및 만족도에 관한 조사에서 여가의 개념에 대해서 남학생은 '휴식을 취하는 것', 여학생은 '자기 마음대로 적당히 시간을 보내는 것'으로 인식하는 응답이 많았다. 여가 생활에 대한 학교 교육의 만족도와 학교 교육이 여가 생활에 기여한 만족도에 대해서는 남녀, 학년별 모두 보통이 가장 많았다. 문화 및 예술 여가 활동(외식, 친구 및 친지방문, 종교 및 사회봉사, 연극, 영화, TV 및 비디오 시청, 문예활동 즉 시, 수필, 편지 쓰기, 독서, 도서관 이용, 기타 휴식 즉 명상, 낮잠, 낙서, 잡담)중에서는 'TV시청 및 비디오 시청'이 절대적으로 많았고, 그 다음은 '친구 및 친지 방문'으로 조사되었다. 문화 및 예술 여가 활동의 목적은 대부분이 '놀거나 즐기기 위해'라고 응답했다. 이는 학생들에게 다양한 여가 활동의 기회를 부여하고 구체적이고 실질적인 여가 활동의 지도가 요구되어 지고 있음을 의미한다. 휴일의 이용은 남녀 모두 'TV시청'이 가장 많다.

둘째, 여가 활동의 필요한 요건에 대한 조사에서 문화 및 예술 여가 활동의 불만족한 이유에 대해서는 '참여할 수 있는 적당한 활동이 없어서' 라는 응답이 가장 많다. 이는 장애인을 위한 여가 활동 프로그램의 부재 때문이라고 할 수 있다.

셋째, 스포츠 여가 활동의 영역 및 만족도에 대한 조사에서 스포츠 여가 활동의 참가율은 남녀 모두 '부정기적으로 하고 있다'는 응답이 많고 대부분 참가율이 낮은 편이다. 정신지체 청소년들이 스포츠 여가 활동 참여시에 운동을 하는 횟수는 남녀 모두 '1-2회'로 낮고 스포츠 여가 활동의 시기는 대부분 '휴일 또는 주말'을 이용하고 있다. 남녀 모두 문화 및 예술 여가 활동보다 스포츠 여가 활동시간을 적게 사용하는 것으로 조사결과 나타났다. 정신지체 청소년들은 스포츠 여가 활동시 참여종목이 남자는 '등산'을 가장 선호하며, 여자는 '조깅'과 '운동경기 관람'을 선호한다. 스포츠 여가 활동시 해보고 싶은 종목에 대한 선호도는 남녀 모두 '수영' 종목을 선호하고, 정신지체 청소년의 여가 활동시 동반자로는 남녀 모두 '가족'이 가장 많다. 그 이유로는 가정과 학교 외에서 장애인을 위한 스포츠 여가 활동 프로그램이 제한되어 있기 때문이라 볼 수 있겠다.

넷째, 스포츠 여가 활동의 필요한 요건에 대한 조사에서 정신지체 청소년들은 스포츠 여가 활동의 장소를 남녀 대부분이 '집 주변'(정원, 골목, 공터, 약수터, 자연공원 등)이 많다. 장애인을 위한 스포츠 여가 활동의 공간부족으로 인하여 다양한 스포츠 여가 활동의 욕구를 충족시킬 수 없는 것이다. 문화체육부 조사에서 십대 청소년들이 체육 활동의 불참 이유를 학업이 바쁘거나 시간이 없어서라고 54.4%가 응답하였으나 정신지체 청소년들은 스포츠 여가 활동에 불참하는 이유를 남녀 모두 주위 '시설 부족'을 큰 이유로 지적하고 있다.

정신지체아 여가 활동 실태조사에서 정신지체인 자녀의 여가 활동이 필요하다고 부모의 91%가 인식하고 있었고, 그 이유는 비장애인과의 교류를 위한 사회통합, 심신의 휴식을 위해서라는 응답이 많았으며, 정신지체인의 75.6%가 여가 활동을 잘하지 못하고 있다는 결과가 나왔다(조현희, 1996).

정신지체 학생의 여가교육 프로그램 실태에 관한 연구에서는 학교에서 실시하고 있는 여가교육 프로그램은 특별활동과 스카우트 활동이 있으며, 비장애 학생과의 통합 환경을 제공하지 않고 있다. 또한 지역사회에서 실시하고 있는 여가교육 프로그램은 장애인 복지관의 캠프, 주말학교와 교회에서 실시하는 주일 학교 프로그램 등으로 비장애 학생과의 통합 교육이 이루어지고 있다(최진희, 1994).

위에서 살펴본 바와 같이 우리나라 정신지체 학생의 여가 활동 실태는 다음과 같이 요약할 수 있다.

첫째, 정신지체 학생은 다른 장애 영역의 학생들과 비교해 보았을 때 TV시청을 제외한 모든 유형의 여가 활동에서 참여도가 낮다.

둘째, 스포츠 여가 활동보다는 문화 및 예술 여가 활동 시간을 더 많이 사용하는 것으로 조사되었다. 주말과 휴일에는 대부분의 시간을 TV시청 및 비디오 시청과 같은 소극적인 활동으로 여가를 보낸다.

셋째, 여가 활동의 필요한 요건에 대한 조사에서 장애인을 위한 여가교육 프로그램의 부재라고 조사되었으며, 스포츠 여가 활동의 필요한 요건 조사에서도 시설 부족을 가장 큰 이유로 지적하고 있다.

결론적으로 정신지체 학생의 여가 실태에 대한 조사에서 정신지체 학생들은 매우 소극적으로 여가 시간을 보내고 있으며 교육적 사회적 여건의 부족이 여가 활동을 저해하는 가장 큰 원인으로 조사되었다. 그렇다면 학교에서 우선 할 수 있는 여가 활동에는 어떤 것이 있으며 어떤 프로그램이 제공되어야 하는지 살펴보고자 한다.

3) 여가 활동의 유형

여가 활동(leisure activity)이란 일이나 학업과 직접 관련되지 않은 자유로운 시간에 일어나는 모든 활동을 의미하며 음악, 미술, 관람, 공예, 게임, 클럽 활동, 캠프, 야외활동, 교회 활동 등을 포함하는 개념이다. 이러한 여가 활동의 유형과 활동 내용도 학자에 따라 다양하게 분류하고 있다(최태수, 2001).

기능적 면에 있어서 다음과 같이 분류할 수 있다(구복자, 1984).

첫째, 향락적인 여가 활동 : 휴양이나 기분 전환의 목적으로 여가를 보내는 것을 말한다.

둘째, 창조적인 여가 활동 : 보다 적극적이며 능동적인 유형으로서 자기 실현적인 의미를 내포하고 있다.

Parker(1976)는 적극적인 여가 활동 형태(예, 체능계통의 몸소 하는 활동)와 소극적 여가 활동 형태(운동 관람, TV나 라디오 시청)로 분류하였다.

이종길(1992) 등은 여가 활동 유형별 만족도의 변화에 대한 분석에서 여가를 행위자의 여가 형태를 기준으로 능동적 여가 활동으로 스포츠, 문화예술 활동을 수동적 여가 활동으로 독서, 영화 관람, 음악 감상, 낮잠으로 분류했다.

여가 활동과 여가 만족의 관계에서 여가 활동 유형을 스포츠 활동, 취미 교양 활동, 감상 관람 활동, 놀이 오락 활동 등 4개 유형으로 분류된다(임번장, 1995).

특수학교 학생의 여가 활동 참여 실태는 대략 다음과 같이 분류할 수 있다(최태수, 2001).

첫째, 오락, 사교 활동 : 컴퓨터 게임, 전자 오락, 장기, 바둑, 오목, 카드놀이, 생일 파티, 종교 활동, 대화하기.

둘째, 취미, 교양 활동 : 독서, 채집, 수예, 재봉, 목공, 공예, 집안 꾸미기, 수집, 음식 만들기, 라디오 듣기, TV보기.

셋째, 감상, 관람활동 : 음악회, 스포츠, 미술관, 박물관, 관람, 연극, 영화, 비디오 감상, 쇼핑.

넷째, 건강, 스포츠 활동 : 축구, 농구, 배구, 야구, 수영, 테니스, 탁구, 줄넘기, 훌라후프, 등산, 낚시, 산책, 하이킹, 태권도.

다섯째, 행락, 관광활동 : 고적 답사, 여행, 야외 (유원지, 동물원)나들이.

그러나 이렇게 많은 여가 활동 중에서도 정신지체 학생에게 더 유용한 활동이 있다. 정신지체 학생이 여가 활동에 참여하기에 적절한 활동에 대해 MCARC 정보지(Montgomery Country Association for Retarded Citizen sheet, 1984)에서 다음 표와 같이 제시했다.

<표 1.6> 정신지체 청소년에게 가능한 여가 활동의 분류

활동 분류	활동 내용
개인적	라디오 청취, TV시청, 슬라이드 보기, 피아노, 피리, 기타 악기 연주, 펜팔, 독서, 그림 그리기, 만들기
사회적	소풍, 무용, 교회활동, 합창단, 모임.
예술, 공예 활동	양초 공예, 케익 만들기, 비누 공예, 염색, 가죽 공예, 뜨개질, 가죽 공예, 목공예, 보석 공예.
게임, 스포츠	공굴리기/잡기, 자전거 타기, 볼링, 야구, 축구, 조깅, 모형 비행기 날리기, 스케이트, 스키, 탁구, 하이킹 등.
테이블 게임	책상에 앉아서 하는 게임들 : 레고, 장기, 바둑.
지역사회	쇼핑, 이웃집 방문, 박물관, 동물원, 극장 가기 등
취미	우표 수집, 사진/엽서 모으기, 애완동물 기르기.

4) 학교에서 할 수 있는 여가교육 프로그램

학교에서의 교육시간 중 직접적인 여가 교수에 쓰여진 시간은 다른 교과 영역에 비해 상대적으로 적으며 대개 체육과 미술, 음악 그리고 특별 활동 그리고 학교 재량 활동에 의해 실시되고 있다. 미국의 경우 PL 94 - 142에서 여가교육을 학교 교육 과정에 포함시킬 것을 법률화하고 있다. Overs(1971)는 학교 교육 과정에 여가 활동 시간의 포함을 주장하면서 정신지체 학생이 학교 교육 과정을 통해 지속적이고 체계적인 여가교육을 받아야할 것을 강조하고 있다.

Ford(1984) 등은 특수교육교사가 장애 학생의 여가 활동을 학교 외의 담당자 - 복지관, 레크리에이션 협회, 스카우트 등에게 책임을 전가한다고 지적하면서 담임교사가 IEP의 내용에 여가 활동을 포함시키고 여가교육이 학교 생활 중과 방과후에도 수행되도록 직접적인 교수 활동을 담당해야 한다고 강조했다(최진희, 1994).

Falvey와 Coots(1989)는 장애인의 여가 영역 교육과정 개발의 근거를 12가지로 논했다. 주요 내용으로는 첫째, 여가 활동은 일반인과 함께 어울릴 수 있는 활동으로 중도 장애인도 정상적인 여가 활동에 참여하고 기술을 습득할 기회를 제공한다. 둘째, 무의미한 시간을 줄이며, 셋째, 여가 활동은 다양한 환경에서 실시하므로 이웃, 지역사회에 대한 기회를 증가시킨다. 또한 여가 활동은 모든 연령의 사람들에게 신체적·정서적으로 유익하며, 창의적인 활동을 촉진한다. 그리고 장애인과 일반인 사이의 상호작용, 사회성, 의사소통 등의 관련 행동을 학습할 기회를 제공한다. 여가 활동은 부적절한 행동을 감소시킬 수 있으며 (Schleien, & Ray, 1988), 직업기회를 증가시키고 부모, 교사, 지역사회의 협력을 촉진한다. 또한 여가 활동을 통해서 장애인 자신은 즐거움을 얻고, 장애인의 부모, 형제, 자매, 양육자들에게 활력소가 될 수 있다. 끝으로 여가 활동은 중도 장애인에게 우정을 개발할 수 있는 기회를 제공할 수 있는 교육 영역이다(임신자, 1997).

그렇다면 여가교육을 어떻게 학교 교육 과정 내에서 실시할 수 있는지 두 가지 방법에서 생각할 수 있다.

첫째, 독립된 과목으로 고안되어 독립적으로 진행하는 것으로 일반 과목(국어, 수학)처럼 여가교육이라는 과목을 설정하거나, 특별 활동, 클럽 활동, 야외활동, 소풍, 오락, 학교 행사와 같이 활동할 수 있다.

둘째, 기존 교육 과정의 모든 과목에 여가교육 단원을 주입할 수 있다.

이상과 같이 여가교육은 특수교육 교사가 전체 교과목 내에 포함시킬 수 있으며 또한 독립된 교과목으로 제시 할 수 있다. 특수교육 교사가 여가교육을 교과목 내에서 실시할 때는 IEP의 한 부분으로 고안되어 체계적인 개발 및 실시가 필요하며 이를 위해 여가교육에 대한 기초적인 지식이 요구되고 독립된 활동으로서의 여가교육을 실시할 때는 특수교사 뿐 아니라 특수교육 행정가 및 학교의 모든 교원과 지역 사회 요원들이 상호 협조적인 준비가 요구된다. 정신지체 학생에게 여가교육을 통한 효과를 극대화 할 수 있다(최진희, 1994).

5) 여가 활동 선정 단계

Ford 등(1984)은 여가 활동 선정을 위한 방법을 7단계로 제시했으며 Schleien 등(1995)은 5단계로 제시했다. Schleien 등(1995)의 5단계는 Ford 등(1984)의 7단계와 중복되므로 Ford 등(1984)의 내용을 중심으로 정리하면 다음과 같다(임신자, 1997).

(1) 1단계 : 여가 활동 목록 작성

학생이 수행 가능한 여가 활동을 조사하는 단계로 학생, 부모, 환경 목록을 각각 작성하면 보다 정확한 자료를 얻을 수 있다. 학생 목록의 경우 자신이 직접 목록을 작성하거나 면접, 관찰 등을 통해서 자료를 얻을 수 있으며 부모의 목록 역시 면접이나 질문지를 이용할 수 있다. 환경 목록의 경우는 가정, 학교, 직장, 지역 사회, 여가 서비스가 제공되는 지역 사회 환경에 대하여 각각의 하위 환경에서 학생이 할 수 있는 활동들의 목록을 작성하는 것이다.

(2) 2단계 : 여가 활동 정보 요약

앞의 단계에서 수집된 자료를 정리하는 단계로 환경 목록에서 사용된 다섯 가지 환경과 그 하위 환경에서 나타난 활동, 또한 그 활동의 수행정도, 그리고 정보를 얻는 방법에 대해 기록하여 정리한다.

(3) 3단계 : 여가 활동 우선 순위

여가 활동의 우선 순위를 정할 때는 다음의 3가지 사항을 참고로 하는 것이 중요하다. 첫째, 이전의 개별화 계획에 포함된 활동은 무엇인가? 둘째, 각 활동들의 장점과 단점은 무엇인가? 셋째, 왜 이 활동을 선정하였는가? 이 세 가지 내용과 함께 앞에서 논의한 여가 활동 시 고려 점을 숙지한다면 보다 적절한 여가 활동의 우선 순위를 선정할 수 있을 것이다.

(4) 4단계 : 차이 분석

차이 분석 단계에서는 동일한 환경에서 일어나는 활동에 대해서 비장애 학생과 장애 학생의 기술 목록을 각각 따로 작성하여 둘의 차이를 분석하는 것이다. 즉, 일반 학생과 장애 학생 모두가 가지고 있는 기술, 일반 학생만 가지고 있는 기술, 장애 학생만이 가지고 있는 기술을 구별하는 것이다.

(5) 5단계 : 부분적 참여와 개별적 변형(individualized adaptation)의 사용

차이 분석을 통해 나타난 결과를 보고 필요한 부분들은 개별화된 변형을 이용하므로 학생들이 활동에 완전히 참여하지는 못하더라도 부분적으로 참여하도록 한다. 이를 통해서 장애 학생의 경우 활동에 필요한 모든 기술을 수행하지 못하므로 활동에서 완전히 제외되는 것을 줄일 수 있다. 여기서 개별화된 변형이란 장애가 심할 경우 자신의 생활 연령에 적절하며 기능적인 활동에 최소한 부분적으로 참여 할 수 있도록 개인의 능력에 맞추는 방법으로 보조 도구 사용, 개별적인 보조자의 도움, 기술 계열 수정, 규칙 수정, 사회적 태도 수정을 통해서 여가 활동에 참여하도록 하는 것을 말한다.

(6) 6단계 : 개별화된 교육 목표 수립

앞의 단계들을 통해서 얻어진 결과를 가지고 개별화 계획을 세우는 단계이다. 이 단계에서는 교육 환경, 활동, 평가 절차와 평가 기준, 기간, 장 단기 목표를 포함하여 개별화 계획을 작성한다.

(7) 7단계 : 교육 프로그램 작성

여가 활동을 선정할 때는 우선 여러 가지 여가 활동 중에서 앞에서 언급한 것처럼 정신지체학생에게 적합한 여가 활동의 목록을 작성해 보고 각각의 여가 활동에 대한 정보를 정리해 본다. 그 다음에는 여가 활동을 할 때 어떤 것부터 먼저 실시해 보아야 할지 순서를 정한다. 그 다음은 여가 활동에 있어서 일반 학생과 장애 학생이 각각 어떤 한 가지 여가 활동을 할 때 필요로 하는 기술을 기록하고 그 차이점을 분석해 본다. 그 후에 장애가 심한 학생일 경우 보조자의 도움을 받아 부분적으로 참여하게 하거나 개별화된 수정을 통해 여가 활동에 참석하도록 계획을 세운다. 그 다음 단계는 각 여가 활동에 대한 개별화된 목표를 세운 뒤 프로그램을 작성한다.

6) 여가교육 프로그램 구성 시 고려 할 점

여가 활동이 선정되면 여가교육 프로그램을 구성하는데 효과적인 프로그램 실시를 위해 고려해야 할 점이 있다(최진희, 1994). 이러한 지침들을 Dattilo와 Peter(1991)는 4개 요소로 Ford 등(1984)은 19개 요소, Wehman과 Schleien(1981)은 6개 지침, Wurch와 Voeltz(1980)는 10개 요소, Light(1989)는 4개 요소로 제시했다. 이상의 요소들을 종합해 볼 때 다음의 15개 지침으로 제시할 수 있다.

(1) 참여학생의 선호도

어떤 여가 활동을 어디서 누구와 함께 하는가를 결정하는데 있어 참여자인 학생의 욕구를 반영하는 것이 가장 중요하다. 이는 참여자의 동기유발 문제와 관련되며 관심 있는 활동은 오래 지속되고 지역 사회로의 전이가 가능하기 때문이다(Hillman, 1980).

(2) 생활 연령에 적절한 여가 기술

비슷한 생활 연령의 일반 또래 집단이 참여하는 여가 활동을 고려하여 장애학생의 여가 활동이 선정되어야 할 것이다(Wehman & Schleien, 1980).

Sheridan과 Springfield(1987)는 정신지체 청소년에게 있어서 생활 연령에 적절한 활동은 첫째, 정상화의 기회제공 둘째, 인지발달 기회의 제공 셋째, 적절한 의사소통 기술 발날, 넷쌔 사회성 기술 향상, 다싯째 개인직인 즐거움 제공과 같은 긍정적인 효과를 제공한다고 주장하면서 생활연령에 적절한 여가 기술을 강조했다.

(3) 일반학생 또래의 참여

정신지체 학생에게 있어 만족스런 삶을 방해하는 주요한 장애는 사회적 상호작용 기술과 관련된 것이다. Handleman 과 Harris(1986)는 정신지체인의 주요한 문제 영역 2가지를 인간 관계 형성과 사회성 발달로 보았으며 이러한 사회성 기술의 결여는 여가 활동 참여 동안에 특히 두드러진다고 한다(Marlowe,1979). 이에 Hitzhusen(1975)은 정신지체 청소년에게 같은 또래의 일반 학생에게 수용되고 사회적 상호작용 기술을 획득할 기회를 제공하는 게임을 지지함으로써 여가 프로그램에 일반학생 또래와 함께 참여할 것을 강조했다.

(4) 신체적 발달에의 기여

여가 활동이나 환경의 일반적인 신체건강 유지와 향상에 얼마나 기여하는가를 고려할 필요가 있다. 신체의 건강이 유지되고 발달된다면 삶의 다른 측면도 따라서 향상될 수 있다. Coyne(1980)은 장애 학생이 신체적으로 더 활동적이 될수록 부정적인 사회적 낙인은 최소화되고, 비만, 빈약한 근육 등으로 인한 신체적 질병도 감소되며 다양한 환경을 통한 모든 수행이 증가할 것이라고 설명했다.

(5) 여가교육의 종적(longitudinal) 연계성

장애 학생이 배우는 여가교육의 내용이 학생의 연령이 증가함에 따라 적절하고 깊이 있는 내용으로 계속 연계되어 반복학습 하는 것이 중요하다(Coyne, 1980). 반복을 통한 여가 기술은 잘 습득 될 수 있으며 실생활로의 전이가 가능하기 때문이다(Ford 등, 1984).

(6) 참여하는 사람의 수

다양한 사람을 참여시키는 여가 활동 및 환경에 적합한 기술과 혼자 하는 환경 기술 모두를 습득하는 것이 중요하다. 이는 다양한 상황에서 여가 활동을 수행하기 위함이다.

장애 학생을 위한 여가교육 프로그램은 한 사람, 두 사람, 세 사람 이상, 대그룹과 같이 다양한 배치를 갖는 여가 활동에 참여하도록 고안되어야 한다.

(7) 부모의 요구 및 가정환경

정신지체 학생의 자유 시간은 주로 가정환경에서 일어나기 때문에 여가교육 프로그램에 부모와 가족의 참여가 중요하다(Stein, 1981). 부모의 욕구, 가족 구성원의 태도, 형제나 친척의 존재 등이 장애 학생이 여가 활동의 다양성과 독립성에 영향을 미친다.

(8) 계절적인 요인

여가 활동은 계절적인 이점을 살리는 환경에서 가능하도록 준비되어야 하며 지역 기후 조건을 고려해야 한다. 장애 학생을 위한 여가 프로그램을 담당하는 학교 행정가 및 전문가들은 많은 기술들이 기후조건 때문에 특정 계절에 효과적으로 습득할 수 있으며(예 : 해변 가의 수영, 정원 가꾸기), 참여하는 활동 빈도가 증가한다는 것(예 : 야외축제 참여, 자전거 타기)을 인지해야 한다(Ford, 1984).

(9) 여가 자원에 대한 지식 및 활용

여가 자원에 대한 지식 및 활용은 여가교육 구성요소 중 한 부분으로 Overs, Taylor와 Adkins(1974)에 의하면, 적절한 여가 활동 선정에 있어 어려움은 여가 자원에 대한 지식의 결여에서 기인한다고 한다. 여가 자원에 대한 지식과 이러한 자원을 활용하는 능력은 독립적인 여가 생활을 구축하는데 중요한 요인이 된다. (Peterson & Gunn, 1984). 지역 사회 여가 자원에 대한 지식을 얻는 것 외에도, 지역 사회에 능동적인 참여를 고무하는 여가 자원의 활용 또한 매우 중요하다 (Richler, 1984).

(10) 학생 이동의 문제(transportation)

여가 환경에 도착하는데 필요한 시간, 거리, 사용되는 교통수단의 종류, 장애 학생 이동시 포함되는 편의 시설과 관련된 문제이다. Hughes 등(1985)은 장애인이 지역 사회의 여가 프로그램에 참여하지 못하는 가장 큰 이유는 교통의 문제에 있다고 보고, 교통 수단의 비치가 지역 사회에서 여가 활동을 제공하는데 우선적으로 고려해야할 점이라고 주장했다.

(11) 비용(cost)

특정 여가 활동과 환경이 선택되기 이전에 비용 문제는 신중히 고려되어야 한다. 여가 기술을 습득하는데 요구되는 비용의 문제뿐 아니라 습득된 여가 활동을 즐기고 유지하는데 필요한 비용을 반드시 검토해야 할 것이다.

(12) 부분적인 참여의 원칙(principle of partial participation)

장애 학생은 독립적으로 여가 기술 과정을 완전히 수행할 수 없다고 가정되기 때문에 광범위한 여가 환경과 활동에서 제외되는 경우가 많다. 장애 학생은 비장애 학생과 같이 유능한 수준으로 특정 여가 활동의 완전한 과정을 수행하는데 어려움이 있지만, 이들이 적어도 부분적으로 참여 할 수 있게 활동이 조직된다면 많은 기술의 획득에 참여 할 수 있다(Baumgart, Brown, Pumpian, Nisbert, Ford, Sweet, Messina, & Schroeder, 1982). 장애 청소년이 여가 활동에 부분적으로 참여 할 수 있도록 그들에게 적합한 개별화된 수정이 요구된다.

(13) 개별화된 변형(individualized adaptation)

현존하는 많은 여가 활동이 일반학생의 수행을 기준으로 하여서 게임을 할 능력과 기술이 부족한 장애인에게 적합하지 않으므로(Hughes, 1985), 활동의 규칙, 태도, 가치, 자료 사용, 기준 등이 장애인에게 적합하도록 조정하여 제공될 수 있다.

(14) 특별지도(specialized supervision)의 필요성에 대한 우려

장애 학생이라는 이유로 특별한 감독과 지원이 요구된다고 생각하여 일반학생과 함께 할 수 있는 많은 여가 활동과 환경에서도 제외되는 경우가 많다. 이러한 부정적인 영향을 최소화하고 개별화를 증진시키기 위해 여가교육 담당자는 가능한 한 일반 학생에게 제공되는 것과 비슷한 특별지도의 양과 종류로 장애 학생을 가르쳐야 한다. 또한 지도의 종류 및 정도는 특정학생의 개별 욕구에 근거해야 하며, 장애학생을 위해 고도의 특별화된 환경을 창조하는 것보다 비장애 학생이 사용하는 기존의 것을 적용하고 수정하는 것이 바람직하다.

(15) 관련 서비스 담당자와의 협력

학교에서 여가교육을 실시하는 특수교사는 관련 서비스 담당자들 즉 작업치료사, 물리치료사, 언어치료사, 심리학자, 사회사업가와 함께 여가교육의 우선적인 내용을 선정하고 교과과정을 개발해야 한다.

이상으로 여가교육 프로그램을 계획, 실시하는데 있어서 고려해야 할 요소를 살펴보았다.

제2장 여가와 레크리에이션

본 장에서는 여가와 레크레이션의 관계, 치료 레크리에이션에 관한 내용을 중심으로 제시하였다.

1. 여가와 레크리에이션의 관계

1) 레크리에이션의 개념

영어 recreation은 두 가지 라틴어로부터 어원을 찾을 수 있다. 먼저 recreatio는 "새롭게 하는 것(to refresh)"을 의미한다. 또 recreare는 "회복하는 것(to restore)"을 의미한다. 그래서 대부분의 사전적인 정의는 자신을 회복하거나 새롭게 하는 것과 관련된 개념으로 유래한다.

recreation의 발음에 있어서 리크리에이션(recreation)이라고 발음하는 것과 레크리에이션(recreation)이라고 발음하는 것은 다르다. 전자는 개조, 재창조, 새롭게 만든다(making a new)라는 뜻이며 후자는 오락, 위안, 취미, 기분전환, 영어로 play, diversion, refreshment after toil 이라는 뜻을 가지고 있다. 레크리에이션이라고 해서 오락, 기분전환만을 뜻하고 창조적인 것과 무관하다는 것은 아니다. 그래서 레크리에이션이란 어떠한 활동을 즐김으로써 창조적인 결과를 얻어야하는 만큼 상호관계를 가질 수밖에 없기 때문에 동시에 두 가지 뜻을 지니고 있는 것이다. 그렇다면 왜 현재에 리크리에이션이라고 하지 않고 레크리에이션이라고 하는지 그 이유는 다음과 같다. 레크리에이션은 결과적으로 창조적이고 건설적인 면을 가지고 있는 것은 사실이지만 실재로 레크리에이션에 참여하는 사람들 대부분은 그 동기에 있어서 창조적이든 아니든 결과적인 것과는 상관없이 재미있는 활동을 즐겨보고 자기의 취미를 만족시켜 스트레스를 풀며, 심신을 후련하게 하고자 하는 데서 그 동기를 찾고 있기 때문이라고 볼 수 있다. Butler(1950)에 의하면 "레크리에이션은 성취한 어떤 결과보다도 현재 활동을 하고 있는 그 자체에 흥미를 가지는 것이며 참다운 레크리에이션의 요소는 최종적 결과보다도 어떠한 활동을 하고 있는 그 자체에 있는 것이다" 라고 하였다.

Kraus(1978)는 레크리에이션이 여가를 활용하는 과정에서 자발적으로 선택된 활동 또는 경험으로 구성되어 있다고 주장하면서 만족감, 즐거움, 창조적 풍족감과 같이 활동에 의해서 얻어지는 경험적 측면과 심리적 상태를 강조하였다. 즉 레크리에이션은 신체적, 정신적, 사회적으로 자발적 참가를 요구하는 폭넓은 활동으로서 개인적인 만족을 성취하는데 목적이 있다는 것이다.

레크리에이션을 정의하는 것은 매우 어려운 일이며 레크리에이션의 사용된 시대나 사회의 영향과 변화에 따라 달라질 수 있다. 학자들의 다양한 정의에 있어서 레크리에이션의 본질적인 요소를 설명하면 다음과 같다.

첫째, 할만한 가치가 있는 것이어야 한다.

둘째, 사회적으로 인정받을 수 있는 활동이어야 한다.

셋째, 여가 시간에 행해져야 한다.

넷째, 희열과 만족을 느껴야 한다.

다섯째, 자발적으로 행해져야 한다.

레크리에이션이란 여가의 사용방식, 즉 활동에 관계된 용어로 종종 여가와 비슷한 의미로 사용하고 있으나 레크리에이션은 일종의 활동이지 단독의 형태를 가지고 있지 않으며(이천희, 1996) 여가 활동 모두를 포함하는 것임을 말한다.

요약하자면 레크리에이션이란 여가시간에 할만한 가치가 있고 사회적으로 인정받을 수 있는 활동에 자발적으로 참여하며 그 활동에서 희열과 만족을 느끼는 것이라 하겠다.

2) 여가와 레크리에이션의 관계

여가의 개념이 시대적, 문화적, 사회적 배경에 따라 다양한 관점에서 규정되고 있을 뿐 아니라 또 한편에서는 레크리에이션의 개념 정의와 불명확하게 혼용되고 있으므로 여가와 레크리에이션의 관계를 규명할 필요가 있다(임수원 외 2인, 2001). 아래 <그림 2.1>은 여가와 레크리에이션의 관계를 나타내 주고 있다.

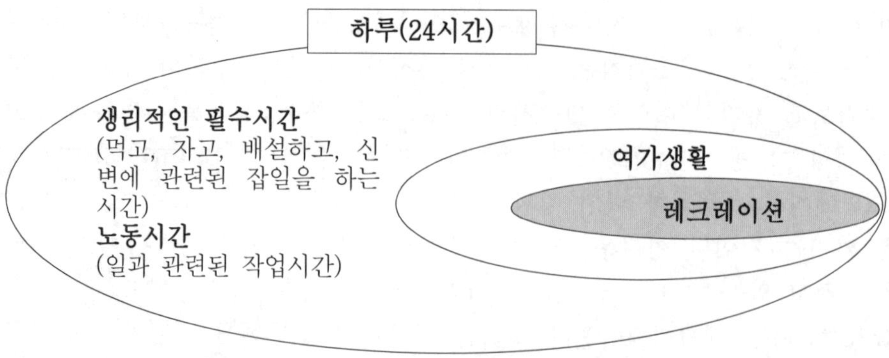

<그림 2.1> 여가와 레크리에이션과의 관계

J. Kelly(1972)는 여가와 레크리에이션의 차이점을 아래 <표 2.1>와 같이 명확하게 제시하고 있다(임수원 외 2인, 2001).

<표 2.1> 여가와 레크리에이션의 차이점

여 가	레크리에이션
포괄적 활동범주	한정적 활동범주
비조직적	조직적
개인적 목적우세	사회적 목적 우세
자유시간	자유시간내의 활동
자유. 내적 만족	재생. 사회편익 강조

위의 <표 2.1>에서 볼 때 여가는 포괄적이고 비조직적인데 비해 레크리에이션은 활동범주가 한정적이지만 사회적인 목적을 위해 더 조직화된 활동이다. 여가가 개인적이면서 내적 만족을 추구하는데 비해 레크리에이션은 사회적 목적을 추구한다. 또 여가가 일로부터 벗어난 자유시간이나 마음의 상태를 의미하는데 비해 레크리에이션은 자유로운 시간의 공간에서 의도적으로 참여하는 특정 활동을 가리킨다. 어떤 여가는 자신이나 사회에 파괴적인 것이 될 수 있지만 레크리에이션은 항상 하고자하는 의도가 이로운 것이다. 그리고 레크리에이션은 여가보다 더 큰 사회적 책임을 수반한다. 이것은 지역사회의 안녕(well - being)과 관련이 있다. 레크리에이션은 사회의 선을 위한 기능에 역점을 두고 있으며 사회적 통제의 틀 속에 존재한다. 이러한 측면에서 볼 때 레크리에이션 조직, 서비스, 그리고 활동을 위한 하나의 구조, 즉 사회제도로 간주될 수 있다(Torkildsen, 1986).

2. 치료 레크리에이션

여기서는 치료 레크리에이션의 정의, 치료 레크리에이션의 대상과 목적, 치료 레크리에이션 모델, 치료 레크리에이션의 과정을 중심으로 살펴보고자 한다.

1) 치료 레크리에이션의 정의

레크리에이션은 많은 형태로 분류되는데 가장 큰 범주가 지역사회 복지에 목적을 둔 지역사회 레크리에이션(community recreation)과 여가·스포츠 문화 정착을 위해 실시하는 야외 레크리에이션(outdoor recreation), 상업적 이윤에 목적이 있는 상업 레크리에이션(commercial recreation)이 있으며 치료적 효과를 얻기 위해 실시하는 치료 레크리에이션(therapeutic recreation)이 있다.

치료 레크리에이션이라는 용어는 1950년대까지도 일반적으로 사용되지 않았다. 그 이전에는 병원 레크리에이션(hospital recreation), 의료 레크리에이션(medical recreation), 레크리에이션 치료(recreation therapy), 질병과 장애가 있는 사람을 위한 레크리에이션(recreation for the ill and handicapped)이란 용어로 사용되었다. 그 후 치료레크리에이션은 점차 발전을 이루었고 1969년 현장을 주도하고 있는 전문가들에 의해 다음과 같이 정의되었다. “치료 레크리에이션이란 신체적, 정신적, 정서적, 사회적 행동을 바람직하게 변화시키고 개인의 성장과 발전을 증진시키기 위하여 레크리에이션 서비스를 활용하는 의도적인 개입 과정이다” 그 후에도 많은 학자들이 용어에 대한 정의를 내렸는데 다음과 같다

Frey와 Peters(1972)는 치료 레크리에이션은 레크리에이션 경험을 통해서 바람직한 결과를 얻기 위해서 행해지는 의도적인 노력이라고 정의했다. O’Morrow (1980)는 치료 레크리에이션은 특별한 문제를 가지고 있는 사람들의 행동을 변화시키기 위해서 사용되는 레크리에이션의 경험 과정이다 라고 정의했다. Austin

(1982)은 치료 레크리에이션은 레크리에이션과 여가 활동을 통해 문제를 방어 또는 해결하도록 돕거나 클라이언트의 성장을 돕기 위한 계획적이고 의도적인 개입이다 라고 정의했다. Kraus(1983)는 치료 레크리에이션은 질병과 장애로 고통받고 있는 사람의 욕구를 충족시킬 수 있도록 계획된 특별한 활동으로서 레크리에이션을 제공하는 전문적인 서비스라고 정의했다. Carter, Van Andel과 Robb(1985)는 치료 레크리에이션은 개인의 성장과 발전의 도모를 위해 신체적, 정서적, 사회적 행위의 변화와 그 안에서의 특수한 목적을 위한 레크리에이션의 전문화된 적용을 말한다. 치료 레크리에이션은 특별한 목적을 성취하기 위한 레크리에이션 활동이나 경험의 체계적인 과정으로 불리기도 한다. O’Morrow 와 Reynolds(1989)는 치료 레크리에이션의 독특한 기능은 건강의 유지 또는 회복에 도움을 주는 여가 활동과 여가 경험의 수행에서 클라이언트를 돕는 것이다 라고 정의했다.

여러 학자들의 정의를 정리해 보았을 때 결론적으로 치료 레크리에이션의 정의는 신체적, 정신적, 정서적, 사회적으로 결함을 가지고 있는 개인에게 특수한 목적을 달성하기 위한 계획된 여가 활동과 레크리에이션의 개입을 통해 바람직한 여가 생활 양식을 가질 수 있게 해주는 과정이라고 할 수 있겠다.

2) 치료 레크리에이션의 대상과 목적

치료 레크리에이션의 일차적인 대상은 신체적, 정신적, 사회적 제한을 가지고 있는 사람들이다. 신체적 정신적, 사회적 조건 면에서 여가 기능에 제한을 갖고 있는 사람들은 치료 레크리에이션 서비스에서 큰 이득을 볼 수 있다. 그래서 클라이언트의 범주는 일반적으로 의학적, 정신과적 대상에만 제한 받지 않는다. 정신지체아, 정서장애아, 신체적, 감각적 손상자와 급성, 만성적 질병인, 약물 남용자 등은 치료 레크리에이션 서비스를 받아야할 사람들이다. 치료 레크리에이션 대상자가 광범위하다는 것은 치료 레크리에이션 자체가 재활과 치료의 기능을 충분히 하고 있음을 반증한다.

치료 레크리에이션의 목적은 신체적, 정신적, 사회적 제한을 가지고 있는 사람들에게 적합한 여가 생활 방식(leisure life style)의 개발, 유지, 표현을 보다 쉽게 하여 여가 능력을 구축하는 일이다. 여기에서 여가 생활 방식이란 Peterson(1981)은 매일 매일 행동에 있어서 여가와 관련된 태도, 인식, 활동을 전체 삶 속에 나타내는 것이다 라고 정의했다. 현 시대에 있어서 삶의 질은 자기개발과 자기표현을 위한 여가 경험과 레크리에이션 참여 기회와 연관되어 있다. 그러나 장애를 가진 사람들은 장애로 인한 한계성과 사회의 구조적 모순 때문에 여가 활동과 레크리에이션의 참여에 제외되어 왔다. 장애를 가진 사람들을 위한 적절한 여가 생활 스타일의 개발, 유지, 표현을 촉진시키는 것은 인간욕구의 영역이므로 전문적 서비스를 필요로 한다.

3) 치료 레크리에이션 서비스 모델

여러 가지 모델 중에서 대표적인 몇 가지에 대해 설명하고 Peterson 과 Gunn이 발전시킨 여가 능력 접근법에 대해서 자세히 알아보기로 한다.

먼저 치료 레크리에이션 서비스 모델은 Peterson과 Gunn(1972, 1973)에 의해 개발된 것으로 치료 레크리에이션의 원리를 이론화한 중요한 모델이다. Peterson 과 Gunn 은 여가 능력 접근법(Leisure Ability Approach)에 입각에서 아래 그림과 같은 모델을 제시했다. Peterson과 Gunn의 '여가 능력 모델(leisure ability model)'은 치료 레크리에이션 연속체 모델이라고 불리는 것으로 미국 치료 레크리에이션협회에서는 이 접근법을 1981년 공식적으로 치료 레크리에이션 서비스 모델로 채택했다. 이 모델에서는 치료 레크리에이션 서비스 개념 속에 여가교육이 치료 레크리에이션의 핵심 영역으로 자리잡고 있다. 즉 치료 레크리에이션 모델 속에는 여가교육을 중심으로 치료와 레크리에이션 참여라는 두 영역이 들어 있다. 이 세 가지 서비스의 최종적인 목표는 장애 및 전반적인 생활 영역에서 기능상의 제한을 경험하고 있는 개인의 여가 생활 양식을 개선하고 유지시키는데 있다.

둘째, 건강 유지 증진 모델(The Health Protection / Health Promotion Model)은 미국 인디에나 주립대학의 Austin(1991)에 의해 주창된 모델로서 미국 ATRA(American Therapeutic Recreation Association)을 중심으로 응용된 모델이다. 이 모델에서 치료 레크리에이션의 목적은 두 가지로 정의하고 있다 첫 번째가 주로 건강 예방을 위해 치료 레크리에이션을 수행해야 한다는 것이다. 두 번째는 치료레크리에이션이 단순히 건강을 지키는 소극적인 데서 벗어나 현재의 건강 상태를 한 단계 높일 수 있다는 것이다. 건강 유지 증진 모델에 있어서 치료 레크리에이션 개입은 처방적 활동(prescriptive activities), 레크리에이션(recreation), 여가(leisure)로 나누어진다.

셋째는 치료 레크리에이션 서비스 제공 모델과 치료 레크리에이션 결과 모델(TR Service Delivery Model & TR Outcome Model)이다. Van Andel(1995)의 치료 레크리에이션 서비스 제공 모델은 진단 요구 사정 단계 (diagnosis needs assessment), 치료 재활 단계(treatment rehabilitation), 교육 단계(education), 예방 건강 증진 단계(prevention health promotion)로 구성되어 있다. 치료 레크리에이션 결과 모델은 기능적인 능력 잠재성 (functional capacity), 건강 상태 웰니스(health status wellness), 삶의 질(quality of life)등의 세 개의 요소로 구성되어 있다. 이 모델은 치료 레크리에이션 전문가가 삶의 질을 향상시키는 통합되어진 육체적 정신적 접근을 하는 동안 참여 대상의 건강 상태와 기능적 능력에 관한 치료 레크리에이션 서비스의 영향을 설명할 수 있게 한다.

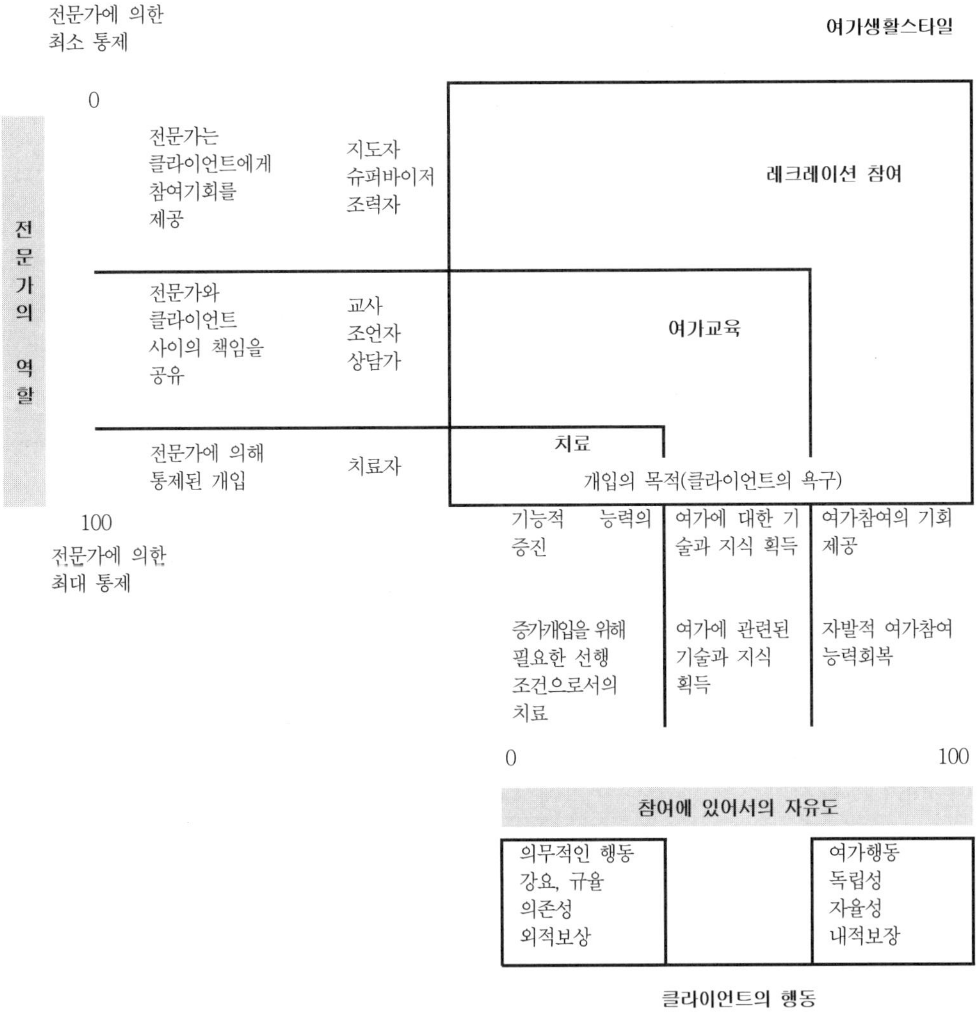

<그림 2.2> Peterson과 Gunn의 여가 능력 모형(치료 레크리에이션 모델)

위의 그림은 여러 가지 치료 레크리에이션 서비스를 나타내고 있으며, 프로그램을 계획하고 실행하는데 있어서 필요한 모든 내용을 포함하고 있다. 클라이언트의 참여 자유도는 치료 서비스 범주에서는 전문가에 의해 통제가 되며, 클라이언트의 행동도 의무적이며, 강요나 규율 그리고 타인에게 의존하게 되고 상이나 칭찬 등의 외적인 보상에 의존하게 된다.

여가교육 서비스 범주에서는 전문가와 클라이언트가 함께 책임을 공유하게 된다. 레크리에이션 참여 서비스 범주에 있어서 클라이언트 참여도는 클라이언트의 행동이 전문가에 의해 통제되기보다는 클라이언트 자신의 독립성과 자율성에 의하며 차원이 높은 내적인 보상에 의존하게 된다.

4) 여가 능력 모델의 서비스 영역

여가 능력 모델(leisure ability model)의 서비스 영역을 살펴보면 치료 서비스, 여가교육 서비스, 레크리에이션 참여 서비스 영역이 있다. 영역별로 자세히 알아보기 전에 치료 레크리에이션 서비스의 기법을 전반적으로 살펴보면 다음과 같다.

첫째, 치료 서비스는 부족한 능력(사회, 심리, 신체, 정서)개발에 목적을 둔 다양한 프로그램을 실시하는 서비스이다.

치료 서비스의 목적은 체력 향상, 신체 기능 증진, 신체 발달 자극, 현 수준의 신체 기능 유지, 인지 기능 증진, 인지 발달 자극, 사회적 상호작용 기술 증진, 언어와 자기 표현 증진, 정서 반응 자극, 적절한 정서 표현 촉진, 이상 행동과 버릇 감소, 독립성과 의사 결정 능력 증진, 개인 감정 인식 증진에 있다.

둘째, 여가교육 서비스는 클라이언트에게 가장 적합한 여가인식과 관련지식, 태도 또는 기술 등을 교육하는 서비스이다.

여가교육 서비스의 목적은 여가에 대한 중요성 인식, 놀이와 여가에 관련된 자기 인식 개발, 개인 여가 태도와 가치 탐구, 여가 문제 해결 능력 개발, 여가 자원과 여가 사용에 대한 지식 획득, 지역 사회 레크리에이션 프로그램으로 통합, 여가 기회 지식 확대, 개인의 여가 철학의 개발 원조, 새로운 여가 기술 영역 참여 제공, 여가 기술의 향상에 있다.

셋째, 레크리에이션 참여 서비스는 클라이언트가 즐거움이나 자기표현을 위해 구조화된 집단 레크리에이션 경험에 참여할 수 있도록 기회를 제공하는 서비스이다.

레크리에이션 참여 서비스의 목적은 획득된 여가 기술 관여 촉진, 여가에서 자기 표현 촉진, 사회적 상호작용 기회 제공, 다른 치료 프로그램의 강화와 지지 기회 제공, 창조적이고 자기 절제된 여가 참여 기회 제공, 즐거움과 만족감의 기회 제공에 있다.

여가 능력 모델의 3가지 영역에 대해 구체적으로 알아보면 다음과 같다.

첫째, 치료 서비스 : 치료 서비스의 목적은 기능적, 행동적 영역의 개선이다.

개선할 행동적 영역은 신체, 정신, 사회, 정서적인 결함이다. 치료 서비스에 사용하는 치료라는 용어는 치료(treatment), 재활(rehabilitation, habilitation), 요법(therapy) 등 다양한 방식으로 표현하며 이는 병리현상을 다루는 의학적 치료를 뜻하는 것이 아니라 병리현상에 의하여 발생하는 신체적, 정신적, 사회적, 정서적인 행동이나 기능을 회복시키는 의미로 사용된다는 것이다. 치료 레크리에이션에서 치료는 병리현상 그 자체에 초점을 두는 것이 아니라 병리현상에 의해 발생된 기능 손상과 한계 상황이 얼마나 여가 기능에 영향을 미치고 있는가에 관심을 둔다. 많은 클라이언트가 임상 세팅에서 여가 요소와 관련된 기능적 문제들을 가지고 있는데 영역별로 나누어 보면 클라이언트가 정서장애인 경우에는 현실 감각 유지, 적합한 정서 표현, 적합한 사회적 상호작용에 문제점을 가지고 있으며 클라이언트가 정신지체인 경우에는 운동성 발달, 사회성 발달, 주의집중에 문제점을 가지고 있다. 클라이언트가 지체부자유인 경우에는 근력, 신체 균형, 협응성 등에 문제점을 가지고 있다. 여기에서 치료 레크리에이션 전문가는 치료사 역할을 하며 클라이언트의 1차적 장애 요인에 의해 발생하는 2차적 장애 요인을 예방하는 것을 염두에 두어야하며 다양한 치료 레크리에이션 개입 기술과 전략을 적합하게 사용하여 궁극적인 목적을 성취할 수 있는 전문가이어야 한다.

둘째, 여가교육 서비스 : 치료 서비스가 의료 모델을 사용하고 있는데 반해 여가교육 서비스는 교육 모델을 사용하고 있다. 여가교육 서비스 범주에서는 치료 레크리에이션 전문가가 교사, 조언자, 상담가로서의 역할을 하게 되며 여가교육은 광범위한 서비스 영역으로서 여가 관련 기술, 태도, 지식의 습득과 발전이 주요한 초점이 된다. 여가교육은 일생 동안 참여하게 될 여가 활동에 필요한 기술을 익히게 하며, 여가 활동과 다양한 자료에 대한 인식의 개발을 전달하는 역할을 한다. 여가교육은 개인이 여가를 올바로 인지하고 독립적으로 여가 생활을 누릴 수 있도록 도와주는 교육인 것이다. 이러한 여가교육의 구성요소는 여가 인식(leisure awareness) 사회적 상호작용 기술(social interaction skills) 여가 활동 기술(leisure activity skills) 여가 자원(leisure resources)으로 이루어져 있다.

여가교육 구성 요소 네 가지를 간단하게 정리해 보면 다음과 같다.

여가 인식(leisure awareness) : 여가 생활 양식과 참여에 있어서 여가 환경의 가치, 참여촉진을 위한 의식적인 의사 결정 과정을 인식하는 것은 중요하다. 여가 인식을 위해서는 여가에 대한 지식, 자기 각성, 여가와 놀이에 대한 태도, 여가 참여와 의사결정 기술 등이 적절한 여가 생활 스타일의 발전과 표현을 위해 필수적이라고 할 수 있다. 여가 인식을 발달시키기 위해서 사용되는 다양한 기술을 보면 집단 토론, 주제 놀이, 자기 표현 활동, 여가 정보 교환, 미니 강연회 등 다양한 시청각 기법을 사용한다.

사회적 상호작용 기술(social interaction skills) : 사회적 상호작용 기술은 일대일, 소집단, 대집단이 있으며 협력과 경쟁 기법을 사용한다. 일대일은 보트를 둘이 저으며 이야기하기, 주제 토론하기, 일대일 스포츠 경기 등이 있다. 소집단은 3 - 10명이며 모든 구성원이 참여할 수 있는 가장 적합한 구성인원이다. 카드놀이, 역할놀이, 다트놀이, 스퀘어 댄스 등이 있다. 대집단은 10명 이상으로 구성되며 구성원 모두가 상호 교류하는 효과를 기대하기는 어렵다. 소풍, 콘서트 관람하기, 영화보기 등이 있다.

여가 활동 기술(leisure activity skills) : 이 구성 요소는 단순히 여가 기술 습득에 초점을 두는 것이 아니라 다양한 여가 기술 중 자기에게 적합한 것을 선택하고 그 선택된 여가 기술을 통하여 자신의 잠재력을 발휘하도록 하는 것이다. 레크리에이션 범주는 둘로 나뉘는데 전통형과 비전통형 레크리에이션이다. 전통형 레크리에이션은 구조화된 틀 안에서 즐기게 되어 있는 형태로서 많은 사람들이 인식하고 있는 레크리에이션이다 스포츠, 음악감상, 영화관람, 소풍 등을 들 수 있다. 비전통형 레크리에이션은 구조화된 틀 안에서 즐기는 것 외에 레크리에이션 형태를 의미한다. 장보기, 간식 먹기, 식물 키우기, 애완용 동물 기르기 등이다.

여가 자원(leisure resources) : 여가 자원 구성 부분은 여가교육 범주에 있어 중요한 영역이다. 여가 자원에 대한 지식과 자원을 활용하는 능력은 여가 생활양식의 확립과 표현에 있어서 중요한 요인이 된다. 치료 레크리에이션 전문가는 클라이언트에게 가장 적합한 여가를 처방해 주기 위해서 다음과 같은 5가지 영역을 근거로 정보를 습득하고 이용해야 한다. 그 영역은 활동 기회 여부, 개인적 자원, 가족 자원, 지역 사회 자원, 국가와 지방 자원 등이 있다.

셋째, 레크리에이션 참여는 즐거움과 자기 만족을 위해서 레크리에이션 경험에 참여할 기회를 제공하는 것이며 참여 후에 지속적인 활동을 할 수 있도록 돕는 영역이다.

다음은 여가교육의 구성 요소에 포함되는 내용을 그림으로 나타내면 그림 2.3과 같다.

여가 인식 1.1 여가의 지식 1.2 자아각성 1.3 여가와 놀이 태도 1.4 관련 참여와 의사 - 결정기술 1.0	**사회적 상호작용 기술** 2.1 의사소통 기술 2.2 관계 형성 기술 2.3 자기 표현 기술 2.0
여가 자원 4.1 활동기회 4.2 개인적 자원 4.3 가족과 가정 자원 4.4 지역사회 자원 4.5 지방과 전국 자원 4.0	**여가 활동 기술** 3.1 전통적 3.2 비전통적 3.0

<그림 2.3> 여가교육 내용 모형

다음의 내용들은 제시된 모형에 따른 하위 구성요소 내용의 예이다.

<표 2.2> 여가교육 하위 구성요소

여가 인식	1.1 여가에 대한 지식	여가 개념과 삶의 질과 여가의 관련성 여가 행동과 다른 행동과의 차이점 여가 참여의 편익과 얻을 수 있는 결과 여가 참여의 장애물 여가 참여의 형태 새로운 기술을 학습하고 새로운 사람을 만나고 이벤트를 경험하는 맥락으로서 여가 여가 생활양식의 개념 여가, 노동과 다른 책무들의 균형 여가 생활양식을 위한 개인적인 책임에 대한 개념
	1.2 자기 각성	여가 참여에 영향을 주는 실제적으로 인식하고 있는 능력과 기술 여가 행동에 영향을 주는 실제적으로 인식하고 있는 한계 여가 행동에 대한 장애나 질병이 미치는 효과 과거 여가와 놀이의 유형과 활동 미래 발견과 참여를 위한 영역들 여가를 통하여 개발하려는 목표 영역들 개인적인 여가 참여에 있어 가족과 친구가 미치는 영향

여가 인식	1.3 여가와 놀이 태도	여가와 관련된 과거, 현재, 미래의 사회적 태도 여가에 관한 개인의 개인적인 신념과 가치의 출처 태도와 행동의 관련성 현재의 생활과 관련된 이전의 여가 태도에 대한 적절성 여가 태도와 가치 그리고 여가 만족과의 관련성 현재와 미래의 여가 생활양식에 있어 여가 태도의 영향 생애를 통하여 여가에 관한 태도의 진화과정
	1.4. 여가 참여와 의사결정 기술	여가 참여에 관한 의사 결정 기술 여가 기획 기술 이상적으로 활용하기 위한 문제 해결 기법 장기적인 대처와 적응 전략 여가 참여를 위한 선택 사영 창출과 평가하기 의식적인 기획과 의사결정을 통해 스트레스 줄이고 관리하기
사회적 상호 작용 기술	2.1 의사 소통 기술	자기주장 기술 교섭, 의견 불일치, 갈등과 협상 대화할 수 있는 기술 적극적인 경청 기술과 반응행동 정보 탐색과 정보 제공 기술 공감과 전체적인 것을 파악하는 기술
	2.2 관계 형성 기술	여가 파트너를 찾기 위해 인사하고 대화를 시작하는 기술 우정 개발 기술 자기 노출과 사적인 문제 협동과 경쟁 기술 사회적 연결망의 개발과 유지하기 우호적인 사회적 지지(타인에게 관심과 염려 표현하기)
	2.3 자기 표현 기술	정중함, 에티켓, 매너를 포함한 기술(순서 기다리기, 나누기) 위생, 건강과 의상 갖추는 기술 적절한 옷과 입기 자조(self-care)에 대한 책임
여가 활동 기술	3.1 전통적 여가 기술 (일반적으로 구분된 레크레이션 형태의 범주)	스포츠, 댄스, 수중 물과 관련된 활동 음악, 공예, 미술, 기타 표현적인 예술 드라마, 취미
	3.2 비전통적 여가 기술 (성인 여가 참여의 범주)	사회적 상호작용, 쇼핑, 관람과 감상, 집안정리, 지도력과 지역사회 봉사, 동·식물관리, 건강관리, 자기 개발, 교육, 이완과 명상, 인지적 정신적 활동, 음식준비, 컴퓨터와 인터넷 활용, 여행, 집안관리, 친밀감 및 성적 관련행동, 가족, 친구와 상호작용, 전화, E-mail 아무것도 안하기, 물질사용 - 알코올, 약 담배.

여가 자원	4.1 활동 기회	잠재적인 참여를 위한 활동과 이벤트 선호하는 활동의 선별
	4.2 개인적 자원	여가 참여에 영향을 주는 개인적인 능력과 자원 여가를 위해 활용할 수 있는 재정적인 자원 다른 활동 기능으로 전환할 수 있는 활동기능
	4.3 가족과 가정 자원	가족 구성원의 여가 흥밋거리를 파악 여가를 위해 활용할 수 있는 생활 환경 속의 자원
	4.4 지역 사회 자원	레크리에이션 활동과 이벤트를 제공하는 공공 및 상업기관 사설클럽 시설, 봉사, 그리고 다른 활동 정보를 파악 사회 봉사 기회 참가를 위한 활용 가능한 수송방법의 파악
	4.5 시, 도, 국가적 자원	시, 도, 전국 단위의 독특한 자원을 파악하고 이용.

5) 치료레크리에이션 과정

치료레크리에이션과정은 사정(assessment), 계획(planning), 실행(implement), 평가(evolution)의 단계로 구성되어 있다.

첫째, 사정(assessment) 단계: 클라이언트의 건강 상태, 욕구, 장점을 정확하게 파악해서 클라이언트의 계획 단계의 방향을 정한다.

둘째, 계획(planning) 단계: 서정 단계에서 클라이언트의 장점이 확인되면 계획 단계에서는 욕구의 우선 순위를 정하고, 일반적 목적과 구체적 목표를 세우고 프로그램, 전략, 접근법을 구체화하고 평가하는 방법을 정한다.

셋째, 실행(implement) 단계: 치료 레크리에이션 전문가와 클라이언트가 함께 세운 개별 프로그램을 실제로 시행한다. 프로그램은 클라이언트의 욕구, 능력, 준비 정도에 따라 시행한다.

넷째, 평가(evolution) 단계 : 계획된 목표가 잘 시행되었는지 파악하는 단계이다. 평가의 일반적 방법은 진행 노트를 살펴보고 클라이언트와 면접을 하는 것이다.

제3장 전환교육과 여가 활동

이 장에서는 전환교육과 여가 활동, 여가교육과 사회적 기술에 대해 제시하였다.

1. 전환교육과 여가 활동

1) 전환교육의 관점 변화

전환교육은 장애학생을 위한 진로교육의 총체적인 서비스 활동이다(조인수, 2002). 특별히 장애학생의 진로교육을 전환교육이라고 칭하는 것은 장애학생들이 갖는 특성 때문에 그들의 진로가 매우 취약하므로 이를 보다 강화하기 위한 시도로 보여진다.

전환에 대한 개념은 몇 해 동안 다양한 정의가 내려졌지만 특수교육 및 재활서비스국(The Office of Special Education and Rehabilitative Services-OSERS)의 차관인 Will(1984)은 전환교육은 "학교에서 직업생활로의 전환이란 고용으로 이끄는 다양한 서비스와 경험을 포함한 결과 위주의 과정이다"라고 정의했다. 그리고 전환교육의 논점을 학교와 성인 지역사회 서비스와 연계시켜 프로그램 서비스 영역 안으로 확장시키는 전환교육을 주도했다. 즉 Will은 "고용을 유도하는 서비스와 다양한 경험을 제공하는 성과 중심의 과정"이라고 규정지었다.

Wehman, Kregel & Barcus(1985)는 전환교육을 다음과 같이 정의하고 있다.

> "전환교육은 특수교육기관이나 성인직업재활전문가에 의해 시작될 수 있는데 3년 내지 5년 이내에 학교를 졸업하거나 떠나게 될 장애 학생에게 취업이나 직업훈련을 시행하기 위하여 세밀히 계획된 과정이다(Wehman, Kregel & Barcus 1985)."

Will의 전환교육 모형에 의하면 전환교육은 학교로부터 작업장으로의 중증 장애인들의 이동을 촉진하기 위하여 지원서비스를 확대하는 것으로 정의되며, 장애인의 성공적인 고용이 이루어지도록 하기 위해 질 높은 중증교육프로그램, 일반적인 서비스, 시간 제한적인 취업서비스, 계속적인 취업서비스, 그리고 성인 취업의 형태를 강조하고 있다.

Wehman의 전환교육 모형은 경쟁고용, 분리된 작업장 및 보호 작업장이라는 세 가지 배치 유형을 제시했다. 부모, 학생, 학교 및 기관직원들의 지원과 더불어 개별화된 전환교육은 학교로부터 작업으로의 전환을 보장해 준다고 주장했다.

그러나 Halpern(1985)은 전환교육의 주요 결과는 고용이라는 Will의 주장에 대해 의문을 제기하고 전환의 목적은 학생들이 지역사회에서 성공적으로 생활하도록 준비시키는 것이라고 주장했다. 이것은 고용 이외의 질적인 가정환경과 만족한 사회적 조직망의 확립이 이루어져야한다는 의미가 된다.

Halpern(1985)의 전환교육 모형은 Will의 모형으로부터 도출된 일반적 서비스, 시간 제한적 서비스 및 계속적인 서비스 세 가지 지원이 포함된다. 그러나 이 모형은 작업 프로그램의 내용을 제한하지 않으며, 가정과 사회기술프로그램 등을 포함한다. 이러한 모든 영역에서 성공이 이루어져야만 성공적인 지역사회로의 적응이 이루어진다는 주장이다. Halpern은 고용, 가정환경 및 사회적 조직망이라는 세 개의 영역으로 일반화되지 않기 때문에 다른 영역들도 중요하다고 주장하고 있다. Halpern에 의하면 장애아동의 지역사회로의 적응은 사회 내에서 함께 살아갈 수 있는 기술과 거주 및 취업이 되어야만 가능한 것으로 보았다. Halpern은 사회 내에서 다른 사람과 함께 살아가기 위해서 사회기술과 대인관계 기술이 전환교육에서 가장 중요한 요소로 믿었다.

1990년에 제정된 미국 장애아 교육법은 전환교육서비스를 "장애 아동의 교육적 욕구에 맞는 결과 중심의 교육과정으로써, 장애아동이 학교에서 직업 훈련, 지원고용을 포함하는 통합된 직업 적응, 계속적인 성인 교육과 서비스, 독립적인 생활, 통합된 사회생활 등을 포함하는 성인사회로 잘 적응하도록 돕는 종합적인 교육활동(IDEA, P.L. 101-476)으로 정의하였다.

Clark(2000)은 장애 학생들이 현재 가치와 장래의 잠재력을 가지고 있어서 적절한 교육적 중재가 이루어져야 한다는 개념에서 전환교육과 서비스를 이해해야 한다고 주장하였다. 고용과 중등교육 이후의 교육에 독립생활, 지역사회 참여, 사회적 및 대인관계를 포함해야 하며 전환결과를 고용에 두기보다는 직업 전 학교에서의 각 과정의 전환도 중요함을 강조하는 포괄적인 의미에서 전환교육을 이해해야 한다고 강조했다.

전환교육은 장애인들이 학교 교육을 마치고 가능한 한 생산적이고 자립하는 성인 생활을 영위하도록 하는데 필요한 모든 교육 프로그램과 관련 서비스를 제공하는 교육과정이라고 할 수 있다. 즉 장애학생들이 성공적인 사회생활을 할 수 있는 능력을 교육하기 위하여 특수교육, 그리고 사회적 통합으로 나누어 교육 프로그램을 구성하며, 일반 교과중심보다는 기능적인 교과학습과 직업과 생활기능 중심의 교육프로그램을 제공하려는 것이다.

전환교육은 장애아들이 학교에서부터 실제 성인사회에 나아가서 최대한 직업적으로 재활하며 독립적인 주거생활을 영위하며 그리고 통합적인 사회생활을 하는데 필요한 모든 훈련 프로그램과 지원 서비스를 제공하는 것에 궁극적인 목표를 두고 있다. 전환전문가들과 IDEA에서는 정신지체 학생이 성인의 영역을 준비하기 위한 과정에 대해 진술하고 있다. 이 영역 중에는 고용과 중등학교 이후 교육, 독립생활, 지역사회 참여, 레크리에이션 등이 포함되어 있다(Schleien & Ray, 1997). 그리고 여가와 치료레크리에이션은 충분한 증거가 되고 있음을 제시하고 있다. 레크리에이션과 여가는 삶의 질에 있어서 육체적, 정신적 건강에 있어서 여러 가지 이익을 제공하고 있다(Michaelis 1991). 레크리에이션과 여가교육은 성인의 생활을 누리는 여러 가지 영역을 성공적으로 이끌어가기 위한 부차적 기술의 발전을 촉진시키는 유용한 기술이 된다(Schleien, Ray & Green 1997).

이상에서 살펴본 것과 같이 전환교육의 개념에 대한 관점에 변화가 있었다. Will(1984)이나 Wehman, Kregel와 Barcus(1985)의 정의에서 전환교육의 목적을 성과중심의 과정인 고용에 두고 있는 반면 Halpern과 Clark(2000)은 전환교육을 학교에서 성인생활로 접근하는 포괄적인 입장에서 보고 있다. Halpern(1995)의 전환교육 모형에서는 전환의 목표를 고용보다는 지역사회로의 적응으로 보았으며 장애인의 지역사회 적응은 사회 내에서 다른 사람과 더불어 살아갈 수 있는 거주 취업에 능숙해야만 가능한 것으로 보았다. 또한 지역사회에서 살아가기 위해서 사회기술과 대인관계기술을 가장 중요한 요소로 보았다. 그리고 취업, 중등학교 이후의 교육에 참여, 가정의 유지, 지역사회의 적절한 참여, 만족스러운 사회적 대인관계 유지 등을 강조하고 있다. 그러므로 Halpern(1985) 이 강조하고 있는 사회적 대인관계 기술을 익히기 위해서는 정신지체아에게 여가교육과 레크리에이션은 필수적이라고 할 수 있다. 그리고 Sitlington, Clark, 와 Kolstoe(2000)등이 제시한 전환교육 모형에서 보면 여가교육이 중요한 영역으로 취급되고 있다.

2) 전환교육 결과로서 여가·레크리에이션

Sitlington, Clark와 Kolstoe(2000)가 제시한 포괄적인 전환교육 및 서비스 모형에서 학생들이 하나의 교육단계에서 다음 단계로 이동할 때 그들의 전환 진출 시기(transition exit period)에 전환교육 및 전환 서비스를 제공하기 위해서 교육 및 서비스 체계에서 여가교육을 강조하고 있다. 특히 이 모형은 인생에 있어서 전환기가 한 두번만 있는 것이 아니라 종적·횡적 전환을 여러 번 경험한다는 인식과 더불어 성공적인 전환은 영·유아기부터 시작해서 생의 모든 연속적인 단계를 포함한다고 언급하고 있다. 각 단계마다 일련의 진출시기가 있어서 가족과 교사가 단기계획을 세울 때 목표를 세워야 함을 강조하고 있다. 이 전환교육 모형에서는 장애 학생이 직업 적응과 자립적인 생활을 위해 필요한 전환교육의 요소를 9개의 지식과 기술영역으로 제시하고 있다. 지식과 기술영역은 발달단계에 걸쳐 생의 전반적인 영역에서 요구되는 것들에 성공적으로 대처하는데 중요하다고 믿는 기술과 성취분야를 말한다. 9개의 지식과 기술 영역에서는 의사소통과 학업성취, 자기 결정, 대인 관계, 통합된 지역 사회 참여, 건강과 건강관리, 독립적/ 상호의존적 일상생활, 여가와 레크리에이션, 후속교육과 훈련기술 등이 포함되어 있다. 지식과 기술 영역에 있어서 여가와 레크리에이션의 내용을 구체적으로 살펴보면 다음과 같다.

전환교육의 결과로서 여가교육은 전환교육 학자들의 강조하는 입장에 따라 다양하게 제시되고 있다.

먼저 특수교육 및 재활서비스국(OSERS)의 차관인 Will(1984)은 전환교육을 “학교에서 직업 생활에의 전환은 고용으로 이끄는 다양한 서비스와 경험을 포함한 결과 위주의 과정이다”라고 하면서 그의 전환 모형(Will’ Three Step Transition Model)을 고용에 초점을 두고 3가지 서비스 요소로서 일반적인 서비스(no special service), 시간 제한적 서비스(time limited service), 지속적 서비스(ongoing service)로 제시했다.

Will의 전환교육모형에 의하면 중증장애인들의 학교로부터 작업장으로의 이동을 촉진하기 위하여 지원 서비스를 확대하고 있다. 장애인의 성공적인 고용이 이루어지도록 질 높은 중증 장애인의 교육 프로그램, 일반적인 서비스, 시간 제한적인 취업 서비스, 계속적인 취업 서비스, 그리고 성인 취업 서비스의 다섯 가지 형태를 모형화하고 있다.

한편 Wehman, Kregel 과 Barcus(1985)는 직업 서비스를 지향하는 전환 지향 모델을 개발했다. 이 모형의 세 단계는 중등학교 직업 교육 프로그램에 초점이 두어져 있다(조인수, 2002). 첫 단계인 투입과 기초 단계에서는 학생에게 실제적으로 필요한 교육과정, 지역사회 중심 서비스를 제공한다. 둘째 단계인 직업 전환 과정에서는 모든 장애학생이 개별화된 전환 계획을 개발하고 제공하는 과정이다.

마지막 단계인 전환 과정의 결과는 두 단계를 거친 장애학생이 취업하여 실제로 일자리에 배치되어 적응하는 단계로 취업을 들고 있다.

Halpern(1985)은 지역사회 적응모형(Independent Living and Community Adaptation)을 제시했는데 이는 Will의 전환교육모형을 보완·확대한 것으로 지역사회 적응을 통한 성인 생활의 자립에 주안점을 둔 것이다. 전환교육의 일차적인 목적을 달성하기 위하여 직업 교육과 훈련에 중점을 두고 취업 목적을 달성하고자 했으나 취업률의 결과는 예상보다 저조하였다. 그래서 장애인이 학교에서 성인 사회로의 성공적인 전환을 위해서는 취업을 위한 준비, 질적인 주거환경, 그리고 사회·대인관계 기술이 함께 갖추어져야 하기 때문에 전환교육의 범위를 확대하였다(조인수, 2002).

Halpern의 전환교육모형의 첫 번째 구성요소는 취업 영역이며, 두 번째 요소는 주거 환경이다. 장애학생에게 제공되어야 할 주거 환경은 주거 지역에 접근할 수 있는 지역사회 서비스와 레크리에이션 활용 기회 가능 여부 및 이웃관계, 안전 등이 고려된 질적인 주거 환경이다. 세 번째 요소는 사회·대인관계 기술이다. 이 영역은 일상적인 의사소통 기술, 가족 지원, 우정, 친밀한 관계와 인간관계 기술영역이다(조인수, 2002).

Brolin(1993)도 생활중심 진로교육 전환 모형을 제시했는데 여기서 여가교육을 중요한 영역으로 다루고 있다. 그에 의하면 전환교육은 직업 준비만이 아니라 보다 전인적 접근(whole person approach)에 의해야 하며 장애학생이 성인으로 성공하기 위해 필요한 22가지의 능력을 제시했다.

생활중심 진로교육(Life-Centered Career Education)의 폭넓은 관점은 프로그램을 일상생활 기능(daily living skills), 대인·사회적 기능(personal social skills), 직업지도와 준비(occupational guidance & preparation)등 세 개의 영역으로 나누고 장애학생이 익혀야 할 22개의 주요 수행 능력에 따른 97개의 과제를 제시했다. 생활중심 진로교육과정을 구성하고 있는 3개의 영역 중에서 일상생활 기능의 9개 하위영역 가운데 오락과 여가 활동이 한 부분을 차지하고 있다.

오락과 여가 활동의 하위영역으로는 6개의 하위 기능으로 구성되어 있는데 단체 활동에 적극적으로 참여하기, 지역사회의 자원 알기, 오락과 여가의 가치 이해하기, 지역사회에서 레크리에이션 시설물 이용하기, 여가 활동을 선정하고 계획하기, 휴가계획 세우기 등이 그것이다. 하위 기능에 대해 구체적으로 살펴보면 다음과 같다.

첫째, 단체 활동에 적극적으로 참여하기

단체 활동에 적절히 참여하기 위해서는 개개인의 신체적인 건강 상태, 단체 구성원과 상호작용하는 능력에 달려 있다. 그러므로 교사는 양자의 목표에 기여할 수 있는 단체 활동이나 게임을 계획하고 적용해야 한다. 학생들의 신체적인 특징은 고려되어야 하지만 신체적인 제한이 특별한 활동에 참여하는 것을 막아서는 안 된다. 지역사회에서 단체 활동에 참석하기, 선택한 활동에서 능력 보여주기, 활동에서 사용되는 도구의 적절한 다루기는 다른 영역의 교육 목표에도 포함된다.

둘째, 지역사회의 자원 알기

교사는 학생들에게 지역에 소재하고 있는 기관, 학교 및 교회에서 이용할 수 있는 사회적인 모임이나 행사, 시설물을 가르치는 데서 시작해야 한다. 다음 단계는 학부형, 레크리에이션 지도자와 함께 교육해야 한다. 학생들은 자신이 참여할 수 있는 레크리에이션 활동의 범위에 대한 이해력을 발전시키고 지역사회에서 자신들이 이용할 수 있는 시설물과 자원에 대한 인식도 발달시킬 수 있다. 이러한 지도를 통해 학생들은 자신이 참여할 수 있는 레크리에이션 활동 범위에 대한 이해력을 발달시킬 수 있고 지역사회에서 지신들이 이용할 수 있는 시설물과 자원에 대한 인식도 높아질 수 있게 된다.

셋째, 레크리에이션의 가치 이해하기

레크리에이션 가치를 이해하는 것은 자기인식의 발달과 관련이 있다. 이것은 삶의 전반적인 발달에 있어서 레크리에이션의 역할을 이해하고 독립적인 삶을 살아가는데 한 개인이 매일 겪게 되는 스트레스에서 벗어나 균형을 맞추는 기능을 할 수 있다. 학생들은 효과적으로 여가 시간을 이용하고 클럽이나 취미 활동에 참여함으로써 내재화 할 수 있다. 그러므로 학부모와 교사 레크리에이션 지도자 사이의 조화된 노력이 필요하다.

넷째, 지역사회에서 레크리에이션 시설물 이용하기

레크리에이션 시설물과 기구를 이용하는 방법과 기술을 배우는 것은 중요하다. 일차적인 목적은 학생들이 직접 시설을 관찰하면서 방법을 익혀야 할 것이고 이차적인 목표는 지역사회에서 시설로 접근하기 위해 이동과 관련된 기술도 익혀야 할 것이다.

다섯째, 여가 활동을 선정하고 계획하기

레크리에이션 활동, 여가와 관련된 교육은 현장경험이 필수적이다. 이러한 경험은 학생들에게 여가 계획을 세울 수 있는 능력을 키워야 한다. 계획에는 비용, 위치, 이동, 신체적인 요구 사항, 도구의 활동과 참여자의 수 등과 같은 요소가 포함된다.

여섯째, 휴가 계획 세우기

부모들이 휴가를 갈 때 자녀들을 데리고 갈 수 있다. 정신지체아는 가족 휴가를 언제 떠나야 하는가, 어디로 가야 하는가, 왜 거기에 가야하는가, 그곳에 도착했을 때 우리는 무엇을 할 것인가, 비용은 얼마나 들까, 휴가를 위해 충분한 돈은 있는가와 같은 질문을 가지고 고심할 수 있다. 휴가 계획에 도움이 되는 정보의 자원을 확인하는 것도 목표가 될 수 있다.

위에서 밝힌 바와 같이 장애인에게 바람직하다고 인식되고 있는 Brolin의 생활중심 진로교육에서는 여가교육이 중요한 부분으로 다루어지고 있다. 생활중심 진로 교육과정은 단순히 직업교육(occupational education)을 의미하는 것이 아니며, 이것은 삶의 모든 역할과 환경, 사건들에 대해 인간을 성장시키고 개발시키는데 초점을 맞춘 교육이다. 이 생활중심 진로교육은 오락과 여가 활동이 꼭 포함되어야 한다.

Brolin의 생활중심 진로교육모형은 장애학생의 직업을 준비하는데 특수 학교, 직업 교육, 직업재활 시설, 학부모와 지역사회의 관련 기관이 서로 연계가 이루어지도록 구성하여 제시하면서 제한된 시간서비스를 선택하기보다는 포괄적인 접근을 하고 있다.

Sitlington, Clark와 Kolstoe(2000)의 포괄적 전환교육 모형(Comprehensive Transition Education Model)에서는 학생들이 하나의 교육 단계에서 다음 단계로 이동할 때 그들의 전환 진출 시기(transition exit period), 전환교육 및 전환 서비스를 제공하기 위해서 필요한 교육 및 서비스 체계에 대해 설명하고 있다. 특히 이 모형은 인생에 있어서 전환기가 한번만 있는 것이 아니라 많은 전환기가 있다는 인식과 더불어 성공적인 전환은 영·유아기부터 시작해서 생의 모든 연속적인 단계를 포함한다고 언급하고 있다. 그리고 하나의 성공적인 전환이 그 이후의 전환을 성공적으로 이끌 가능성이 높다는 가정을 하고 있다. 각 단계마다 일련의 진출 시기가 있어서 가족과 교사가 단기 계획을 세울 때 목표를 세울 것을 강조하고 있다.

이 포괄적인 전환교육 모형에서는 장애학생이 직업 적응과 자립적인 생활을 위해 필요한 전환교육의 요소를 9개의 지식과 기술 영역으로 제시하고 있다. 지식과 기술 영역은 발달 단계에 걸쳐 생의 전반적인 영역에서 요구되는 것들에 성공적으로 대처하는데 중요하다고 믿는 기술과 성취 분야를 말한다. 9개의 지식과 기술 영역에서는 의사소통과 학업 성취, 자기결정, 대인관계, 통합된 지역사회 참여, 건강과 건강관리, 독립적/상호의존적 일상생활, 여가와 레크리에이션, 후속 교육과 훈련 기술 등이 포함되어 있다.

최근 발표된 Clark(2001)의 생활통합 전환교육 모형(Living Inclusion Transition Model)은 고용 및 독립생활과 지역사회 적응을 위한 대안적 모형이다(조인수,

2002). 생활통합 전환교육모형은 전환이 삶에서 여러 번 주어지며 삶의 연속적인 발달 단계(영 유아 및 가정 훈련, 유아 및 가정 훈련, 초등학교, 중학교, 고등학교, 중등 교육 이후의 교육)별로 주어지는 교육과정들을 지역사회 통합을 고려하여 관련 기관 및 전문가, 부모, 학생, 교사간의 협력을 통해 전환교육 방안이 마련되고 전문가의 융통성 있는 배치를 통한 서비스 지원형태(일반적 서비스, 시간제한적 서비스, 계속적인 서비스)가 제공된다. 생활통합 전환교육모형의 성취 영역은 의사소통과 학업성취, 자기 결정, 대인관계, 통합된 지역사회 참여, 건강과 신체 관리, 독립적/상호의존적 일상생활, 고용, 후속 교육 및 훈련, 여가 및 레크리에이션 등을 중심으로 개인의 욕구와 능력에 따른 개개 학생을 위한 구체적인 전환 계획을 세우기 위해 설정되어야 한다(조인수, 2002). 생활통합 전환교육의 모형에서는 전환교육 목적 중의 하나로서 여가, 레크리에이션을 직접적으로 제시하고 있다.

위의 전환교육모형의 발전 과정을 요약해 보면 Will(1984)의 3단계 전환 모형, Wehman, Kregel과 Barcus(1985)이 직업지향 전환모형은 초기의 전환교육에 기초를 두고 있으며 취업에 강조점을 두었다. 반면 Halpern(1985)의 지역사회 적응 모형, Brolin(1993)의 생활중심 진로교육 전환 모형, Sitlington, Clark과 Kolstoe(2000)의 포괄적인 전환교육모형, 생활통합 전환교육 모형(2001)은 취업뿐만 아니라 주거, 독립적인 일상생활, 지역사회 참여, 의사소통, 여가 등 전환교육의 범위를 확대한 포괄적인 입장에서 보고 있다.

가정과 학교 및 지역사회 활동에 참여하는데 있어 장애인도 일반인과 같이 여가와 레크리에이션, 놀이에 참여하고자 하는 동일한 욕구와 권리를 가지고 있다. 그럼에도 불구하고 학교에서 고용 또는 진로에의 중점을 두는 전환 프로그램에서는 휴식과 레크리에이션 및 여가 시간을 만족스럽게 제공하지 못하고 있다. 그러므로 학교 현장에서 장애학생을 위한 가능한 여러 가지 여가 활동에 대한 인식과 프로그램 개발을 확대하고, 확대해야 하며 여가를 즐길 기회에 대한 그들의 필요와 권리, 활동에 연결시키는 기술, 사회적 기대치, 여가 환경에 대한 교육이 적절히 제공되어야 한다(Clark, 2000 유애란 재인용).

정신지체 아동이 또래로부터 거부되는 이유는 매우 다양하지만, 가장 보편적으로 나타나는 원인은 공격성과 일탈행동, 낮은 학력수준, 부적절한 대인관계 기술 때문인 것으로 밝혀지고 있다(Tayer, Asher, & williams, 1987 : Coie, Dodge, & Kupersmidt, 1990). 고등학교를 졸업한 이후에 있어서는 실제 많은 장애인이 원만하지 못한 대인관계, 여가 기능, 독립생활 기능의 부족으로 일자리를 잃는 경우가 많은 것으로 밝혀지고 있으며, 중등학교 이후의 취업에 대한 실패의 비율이 높은 것으로 조사되고 있다. 현재 국내·외 중등학교 이후 장애인들에 대한 추후 조사 결과를 살펴보면, 특수교육을 받은 학생들은 학교에서 성인생활로 전환하는데 있어 낮은 취업률과 많은 어려움을 겪고 있으며(Edgar, 1987 ; Wagner, 1989), 우리나라의 특수학교 고등부 졸업생 진로 현황에 대한 연구에 의하면 졸업자수 1947명에 전공과 495명(25.4%), 대학진학이 121명(6.2%)이고, 취업자 수가 497명(25%)이며, 미취업자수가 834명(43%)이었다(한국 특수교육 총연합회, 2001).

실제 많은 장애인이 원만하지 못한 대인관계, 여가 활동 기능, 독립생활 기능의 부족으로 일자리를 잃는 경우가 많은 것으로 밝혀지고 있다. 그것은 중등학교 이후의 취업에 대한 실패의 비율이 높은 것으로 조사되고 취업에 실패하는 근본적 원인에 대한 추적 연구에서 사회 부적응과 원만한 대인관계의 결핍으로 밝혀지고 있다. 그러므로 여가교육은 원만한 대인관계와 사회적 기술을 기르는데 적절하고 효과적인 방법으로 인식됨으로서 정신지체학생에게 여가교육이 절실히 필요하다고 할 수 있다.

2. 여가교육과 사회적 기술

사회적 기술은 사회적 능력과 함께 사회적 상호작용을 촉진시킬 수 있는 주요한 요인이다. 사회적 능력은 사회적 행동의 결과를 평가하는 의미가 있다면 사회적 기술은 그 능력을 구성하는 구체적인 행동적 요소다. 그래서 사회적 행동의 하위영역으로 사회적 능력(social competence)이라는 영역이 규정되고, 사회적 능력의 하위개념으로 적응행동(adaptive behavior)과 사회적 기술(social skill)이 있다. 사회적 기술에는 개인간의 상호작용행동, 자기관여행동, 학습관련기술, 주장, 또래수용, 의사소통기술 등과 같은 구체적인 행동 하위요소들이 포함된다(Greshman & Elliott 1987).

사회적 기술에 대한 정의는 연구자들의 관점과 문화적 배경에 따라 그 의미가 매우 다양하게 규정되고 있다. 긍정적 감정과 부정적 감정의 표현에 초점을 두는 정의가 있다. 이것을 구체적으로 보면 첫째, 아동이 다른 아동과 상호작용하면서 나타내는 행위나 행동에 강조점을 두는 견해가 있다. 이때 행동에 초점을 둘 때는 사회적 기술의 존재여부를 보다 정확하게 사정하고 평가하게 된다. 둘째, 사회적 기술이 요구되거나 사용되는 특정상황에 초점을 두는 견해이다. 이 경우 아동들은 어떤 기술이 성공적인 사회적 상호작용에 요구되는지 구별할 수 있도록 구체적 사회적 기술이 요구되는 상황의 결정적 특성을 유연하게 인식할 수 있어야 한다. 셋째, 주어진 사회적 기술과 그 사회적 기술이 사용되는 것과 관련된 결과간의 관계에 집중하는 견해이다(Greshman, 1986).

많은 학자들이 사회적 기술에 대한 정의를 내리고 있는데 구체적으로 살펴보면 Hops와 Cobb(1973)는 사회적 기술은 개인적인 상호작용 기술과 과업과 관련된 기술로 구분할 수 있으며, 개인적인 상호작용 기술은 돕기, 나눠주기, 웃기, 인사하기, 상대방에게 긍정적으로 말하기, 공격성 조절과 같은 행위를 말하며 과업과 관련된 기술은 참여하기, 교사의 요구에 순응하기, 활동을 지속적으로 수행하기, 학구적인 질문에 올바르게 대답하는 것과 같은 행위라고 하였다.

결과에 초점을 두는 사회적 기술의 정의 가운데는 Morgan(1980)이 대표적이다. 그는 사회적 기술이란 "다른 사람과 긍정적인 상호작용을 주도하고 유지하는 능력 뿐만 아니라 다른 사람과 상호작용하기 위해 목표를 성취하는 능력"이라고 하였다.

Walker(1988)는 사회성 기술을 다른 사람과 관계를 주도하고 긍정적 관계를 유지하는 것과 지시에 따르고 적절한 방법으로 필요한 것을 요구하는 능력, 그리고 또래에게 수용되고 학급 생활에 성공적으로 적응할 수 있는 기본적 상호작용기술, 대화 기술, 친구 사귀기 기술 등과 사회적 환경에 효과적으로 대처하고 적응하는 것으로 생각했다. 그리고 Odom(1992)은 사회적 기술은 분석과 관찰이 가능하고 행동을 지적할 수 있고, 사회적 상호작용을 주도하고 유지하며, 사회적 능력을 측정할 수 있는 요인으로 보았다. 사회적 기술은 사회적 주도(타인에 대한 주의집중 행동, 사회적 상호작용을 하려는 행동)와 유지반응(사회적 상호작용을 유지하려는 행동), 사회적 문제해결 기술(대인관계의 갈등 상황을 이해하고 해결하는 것), 친 사회적 기술(공유하기, 친구 도와주기, 애정표현), 사회적 화술(언어적, 비언어적인 몸짓에 반응, 상대와 상호작용의 관계를 성립, 유지하는 것)의 구성 요소를 포함한다고 하였다.

사회성 기술을 또래 수용도나 인기도, 한 개인의 행동에 대한 타인의 판단, 또래 수용도 및 타인의 판단과 일치하려는 사회적 행동이라고 보고있는 Greshman과 Elliott(1984,1987)는 사회적 능력의 구성 요소를 적응 행동과 사회적 기술로 보고 독립적인 행동, 육체적 발달, 개인적인 책임, 자기 지시적 행동, 경제적 직업행동, 기능적 교수 기술 등은 적응 행동의 요소로 보았고, 사회적 기술은 자신과 관련된 행동, 학업관련 행동, 또래 수용, 대화 기술, 자기 주장의 요인들이 포함된다고 하였다. 또한 김향지(1996)는 적응 행동이 자부심과 독립적 기능에 초점을 두는데 비해 사회적 기술은 타인과의 상호작용기능과 사회적 수용에 초점을 둔다고 하면서 사회적 기술을 아동이 또래와 성공적으로 상호작용 할 수 있고 주어진 환경에 대하여 균형과 조화를 유지하면서 적응해 가는 능력의 요소로 보고 있다. 그리고 사회적 기술은 아동의 또래 친구와의 원만한 상호작용을 촉진시키는 하나의 요인으로서 중요한 역할을 담당하고, 더 나아가서는 자신이 소속되어 있는 사회 환경에 적절히 적응하여 사람들과 협력적인 관계를 맺으면서 생활하는데 중요한 요소가 된다고 했다.

위에서 살펴본 것처럼 사회적 기술은 무척 다양하게 언급되고 있는데 견해를 종합해보면 사회적 기술은 관점에 따라 다르게 정의될 수 있다. 개인이 상호작용하면서 나타내는 행위에 초점을 두거나 사회성 기술이 요구되는 특정 상황에 두거나, 사회적 기술이 사용된 후의 결과에 초점을 둘 수 있으나 사회적 기술의 정의는 한 개인이 사회적으로 원만한 대인관계를 유지하고 적응하여, 독립적으로 살아가기 위해 필요한 사회적으로 승인된 행동기술이라고 할 수 있다.

인간은 누구나 타인과 상호작용하면서 살아가야 되고 그러기 위해 사회적 기술이 필요하다 그러나 대부분의 정신지체아는 사회적 기술에 많은 문제점을 가지고 있으며 그런 이유로 원만한 대인관계를 형성하기 어렵다.

정신지체 학생의 교육적 성공을 위해서는 무엇보다도 이들의 사회적 기술을 향상시키는 것이 중심 과제가 되어야 할 것이다. 사회적 기술의 지도 방법은 교과 지도 방법과 기본적으로 같으나 행동 관리 문제가 곧 사회적 기술 문제이며, 이러한 사회적 기술은 학습된 행동이고 학습될 수 있다는 기본 가정(Sugai, 1990)에서 본다면 충분히 성공적인 사회적 기술 지도가 이루어질 수 있다.

정신지체 학생의 여가교육과 사회적 기술의 관련성을 구체적으로 살펴보면 가장 최근의 정의인 미국 정신지체 협회(AAMR, 1992, 2002)는 정신지체란 현재 기능에 실질적 제한성이 있는 것을 지칭하며 유의하게 평균 이하인 지적 기능과 동시에 그와 관련된 적응기술의 하위 10개 영역에서 제한성이 두 가지 혹은 그 이상의 실제 적응기술 영역에서 존재하는 것으로 정의하여 사회적 기술에 대한 적응기술을 매우 중요하게 취급하고 있다. 실제 적응 기술 영역은 의사소통, 자기 관리, 가정 생활, 사회적 기술, 지역사회 활동, 자기 지시, 건강과 안전, 기능적 교과학습, 여가, 직업기술 등이다. 또한 2002년 정의에서는 개념적, 실제적, 사회적 기술 3개 영역의 16개 하위과제에서도 여가 활동의 중요성이 지적되고 있다.

최근 정신지체아들에게 지적문제와 더불어 적응행동 기술을 정신지체아 교육의 주요 과제로 다루고 있다.

일반학생들은 일상생활에 있어서 역할에 맞게 행동할 줄 안다. 그리고 사회적으로 승인된 방식으로 행동하며 또래 집단 활동에 참여하여 집단 구성원의 한 사람으로 인정받아 일상생활을 원만하게 영위할 수 있다. 그러나 정신지체 학생들은 이들은 신체적 성장, 사회적 기술, 대인관계 등과 관련된 능력의 결함으로 또래 집단에 잘 어울리지 못하거나 어울려 보려고 노력하지만 다른 사람의 요구가 무엇인지 잘 모르고 그들의 기대에 맞게 행동하지 못하기 때문에 사회화 과정에 실패하게 된다. 이와 같은 사회적 과정의 실패가 되풀이됨으로서 정신지체 학생은 사회적 상황에서 도피하고 자신감을 잃게 됨으로 고립된 생활을 하게 되는 것이다. 이러한 정신지체 학생의 고립과 도피는 또래 비장애학생들과의 사회적 관계를 차단함으로서 사회화 과정에 순환적 악영향을 미칠 뿐만 아니라 또래 학생들과의 관계에서 학습될 수 있는 여러 다른 발달 영역까지 부적응문제를 야기하게 된다.

사회적 적응행동에 결함을 가진 학생들은 같은 생활 연령의 다른 사람들의 기분과 태도를 부적절하게 판단하며, 사회적 상황에 민감하지 못하거나 부적절한 사회적 행동을 나타내며, 부적절한 행동을 나타내어 다른 사람들이 싫어하고 사회적 상호작용을 시도할 때도 무시당하는 경우가 많다(신현기, 1992). 정신지체아들은 그들의 또래로부터 고립되는 경향이 있으며, 친구가 거의 없고, 같은 또래의 정상아들에 비해 적응행동이 뒤떨어지고 그만큼 또래들과 어울리지 못하며 소외되고, 집단 활동에도 쉽게 적응하지 못하며, 더 나아가 이상 성격을 형성하고 문제 행동을 일으키게 되고(Axline, 1969), 가족 사회에서나 동년배 집단 사회, 학교, 지역사회 등에서 부적응 현상을 일으켜 심한 고립상태에 놓이게 되어 심각한 정서적·행동적 문제를 초래하게 되는데 이것은 인지 능력의 결함으로 인해 초래되는 문제보다 더욱 심각한 문제를 야기할 수 있다(여광응, 1997).

요약컨데, 정신지체 학생들은 지적인 기능의 저하와 더불어 신체적 성장, 사회적 기술, 대인관계 등과 관련된 능력의 결함으로 또래 집단에 잘 어울리지 못하고 고립되는 경향이 강하다. 어울려 보려고 노력하지만 다른 사람의 요구가 무엇인지 잘 모르기 때문에 그들의 기대에 맞게 행동하지 못하기 때문에 사회화 과정에 실패한다. 여가교육은 이러한 거듭된 실패의 경험으로 자신감을 잃은 정신지체학생에게 자아 개념을 발달시키고, 사회적 상호작용을 증진시키는 효과가 있다(Huges & Fullwood, 1985).

정신지체 학생에게 여가 경험은 만족감을 제공해 준다(Bedini, Bullock & Driscoll, 1993). 따라서 그들의 나이에 적합한 여가 기술을 습득했을 때 그들의 일생을 살아가는 동안 여가 기술을 유용하게 사용할 수 있다(Schleien, Heyne, Meyer & Brandt, 1995 ; Stumbo, 1992).

여가 기술을 익히는 과정에서 가벼운 말 건네기, 인사하기, 줄서기, 도움 청하기, 대화하기, 상대방의 말 듣기 등은 사회적 기술의 발달을 돕는다(Schleien, Heyne & McAvoy, 1993). 이러한 사회적 기술의 소유는 많은 이익을 주는데 정신지체아들이 사회적 고립과 소외감에서 느끼는 감정을 예방할 수 있다(Heyne & Green, 1994).

정신지체 학생에게 학업적인 인지능력을 가르치려는 노력에 비해 여가 기술을 가르치려는 시도는 별로 하지 않고 있다. 정신지체 학생은 체계적인 교수가 이루어지지 않으면 만족한 여가 기술을 습득하기 어렵기 때문에 정신지체 학생에게도 여가 시간을 조직화하여 가르칠 필요가 있다(McCormick & Dattilo, 1992).

정신지체 학생들에게 체계적인 여가교육을 시행하면 대인관계 및 사회적 기술이 향상될 수 있을 것이다.

제4장 생활지도

이 장에서는 생활지도 방략과 발달장애아 문제 행동 지도에 대한 내용들을 중심으로 제시하였다.

1. 생활지도 방략

1) 생활지도의 의의

생활지도는 장애인 자신의 안정감, 지혜, 역량, 지침 등을 마련할 수 있게 해주는데 있다. 그러므로 생활지도는 한 가지 사태에만 국한된 것이 아니라 생활의 모든 면을 포함한다. 생활지도를 각 개인이 일상생활에서 해결해야 할 여러 가지 문제를 자력으로 해결할 수 있도록 지도하기 위한 조직적 봉사활동이라고 본다면 첫째, 생활지도는 학습자의 각종 문제해결을 증대시킴에 있으며 둘째, 여러 가지 방법 및 심리검사 자료들을 활용한다. 셋째, 학급, 학년, 학교 내에 생활지도를 위한 효과적인 조직체가 있어야 한다.

한편, 생활지도의 목표는 각 개인이 자기의 문제를 자기 스스로 해결할 수 있는 능력과 새로운 사태의 적응력을 길러 주는 데 둔다. 생활지도의 초점은 문제 자체가 아니라 개인이며, 개인의 자율적 성장을 촉진시키는 데 있다. 즉, 자기 자신의 이해, 적응능력의 발전, 과학적·비판적 사고력의 함양을 통한 문제해결력의 증대이다.

생활지도의 궁극적 목표는 지·덕·체를 겸비한 자신감과 자율적 능력을 가진 인간을 창조하는 데 있다. 결국 지도자는 개체가 당면한 여러 가지 문제를 해결하도록 돕고 전인적인 인간으로서의 완성을 위한 전문적·조직적인 봉사를 위해 ① 자기실현을 돕고, ② 자주적 인간완성, ③ 행복한 삶을 영위해 나갈 수 있는 유연성 있는 적응능력 배양, ④ 전인적 조화로운 인격의 완성, ⑤ 사회의 봉사자가 되어 기쁨을 느끼게 도와주어야 한다.

정신지체아의 교육은 원칙적으로 생활을 위한(목적), 생활에 의한(방법), 생활의(내용) 교육이 그 원칙임에 틀림없다. 많은 학자들은 정신지체인의 생활능력을 신장시키는 것이 정신지체아 교육의 본질이라고 주장하고 있다(Zunker, 1990).

생활지도가 각 아동의 소질, 환경문제, 진로 등을 이해하고 그에 알맞게 그 가능성을 최대한으로 실현시키기 위한 원조를 중심으로 한다면 정신지체아 지도방법은 생활지도가 아니면 안된다는 결론을 얻게 된다.

정신지체아의 요구와 특성을 감안한다면 교과중심의 지적학습보다 일상생활능력을 기르는 생활지도가 더 중시되어야 한다.

사실 정신지체아 교육은 생활이 곧 학습이요, 학습이 곧 생활인 것으로 생활지도나 학습지도를 엄밀히 구별하기가 어려운 것이 그 특수성이라 할 수 있다.

(1) 생활지도의 원리와 영역

생활지도의 일반적 원리를 항목별로 요약해서 소개하고자 한다.

첫째, 생활지도는 각 개인의 가치와 존엄성을 얻는데 기초를 둔다.

둘째, 각 개인의 전인적 발달은 생활지도의 중요한 목표이다.

셋째, 생활지도는 전체적 교육프로그램이 통합적 부분을 형성한다.

넷째, 생활지도는 전체 학생이 대상이 된다. 생활지도의 대상은 일부 비적응아에 한정된 것이 아니라 정상아를 포함한 모든 아동과 학생이어야 한다.

다섯째, counseling이 생활지도 활동에 중심이 된다.

여섯째, 생활지도는 하나의 학습과정이다.

일곱째, 생활지도는 치료보다 예방이 원칙이다.

생활지도에서 다루는 일반적인 영역은 ① 교육지도(educational guidance) ② 직업지도(vocational guidance) ③ 인성(정서적)지도(personal-emotional guidance) ④ 사회성지도(social guidance) ⑤ 가정문제지도(family guidance) ⑥ 건강지도(health guidance) ⑦ 여가선용지도(leisure-time guidance) ⑧ 종교 도덕성지도(religious-moral guidance) 등 8가지로 구분할 수 있다.

(2) 정신지체아의 생활지도

① 올바른 습관의 형성

특히 정신지체인의 생활지도는 지도자의 태도에 따라 좌우되는데, 교사 및 부모는 학생들과 사물 및 대상에 대한 관심(關心)과 무관심(無關心)의 상태에 따라 그들의 습관이나 행동이 달라지게 되어 있다.

습관은 인간이 성장해 가면서 자연법칙과 조화를 이루면서, 개인의 효과성과 대인관계의 효과성을 개발하는 데 점진적이고 순차적이며 완전히 통합된 접근방식을 제공해 준다. 정신지체인의 습관형성은 교육자들의 관심과 무관심의 정도에 따라 달라지게 되어 있다. 습관은 개체의 의존적 단계에서 출발하여 독립적 단계로, 그리고 상호의존적 단계로 점진적으로 나아가게 지도되어야 한다.

성숙의 연속선상에서 볼 때, 정신지체인들은 개인적·정서적 안정을 통한, 사회의 적응으로, 경제적 안정을 이루는 것이 1차적 목표라고 볼 때, 어린 시기의 의존적 단계는 상대방이 주체가 되는 패러다임이고, 독립적 단계는 내가 주체가 되어야 한다.

이제까지는 독립적 성숙을 위해 여러 가지 조치들이 강구되어 왔지만, 앞으로는 상호의존적 단계로 "우리"가 주체가 되는 형태로 지도·육성되어야 한다.

상호의존적 단계는 독립적 단계에 있는 사람들만이 할 수 있는 선택이다. 만약 지적으로 상호의존적인 사람은 다른 사람의 가장 좋은 생각을 내 자신의 생각에 다 결합시킬 필요가 있음을 안다. 결국 상호의존적인 습관의 개발은 새로운 형태의 더 큰 가치를 만드는 시너지(Syncrgy) 효과를 창출할 수 있는 기회를 확인시키는데 있다.

② 사회적 관계유지와 자아정체감 확립

정신지체아 생활지도는 그들의 특성을 타인으로부터 조력 받는 조성작용으로서 의미와 사회화과정으로서의 역할을 충분히 실천·제공해 주어야 할 전문가와 지도환경이 필요하다.

장애아가 가정이나 학교, 사회의 일부로서 생활속에 존재하기 때문에 가정, 학교, 지역사회는 정신지체아동과 상호의존적·사회적 관계에 있게 된다.

가정 및 학교, 지역사회는 한 아동의 건전한 성장, 발달을 위해서 그들이 할 수 있는 최선의 환경을 제공해 주어야 한다.

정신지체인의 기능적 생활능력은 시설에서 보다 경험적 사회생활을 통해서 더 발달한다는 생각은 여러 학자들의 공통된 견해이다(Larson & Lakin, 1989).

모든 사람은 그들의 능력에 토대해서 새로운 기술과 그들의 욕구와 흥미를 충족시키고자 학습한다. 개인은 사회에 참여함으로써 사회기능을 배우게 되므로 개인의 원망에 아주 민감히 반응하는, 주택, 사회적 관계, 여가나 레크리에이션 활동 등에서 가치있는 결과를 실현하였음을 확인할 수 있는(성공감, 만족감) 것들에 초점이 주어져야 한다.

최근 정신지체인들을 재활 독립시키려는 수준이 높아지고, 학교 및 사회의 재구조를 통한 완전통합에 힘쓰고 있는 이 때, 스스로 자기문제를 결정할 수 있게 하는 데 제반 조치들이 강구되고 있다.

모든 사람에게 개인적으로 안전한 생활을 하게 하는 열쇠는 사회적 관계 유지에 있다. 특히 가족관계, 학교 교사와 동료학생 등 인적관계는 매우 중요하다. 특히 정신지체 성인에게는 지속적으로 가족에 포함되어야 한다. 이는 가족들이 보호하고, 모니터하고, 개인적으로 권리를 주장함으로써 사회 속에 정신지체인의 생활이 포함되게 함은 매우 중요하다(Lutfiyya, 1991).

그 외 이웃주민, 학교, 직장동료와 같이 학습이나 일을 하면서 타인과 사회적 관계를 이루어가야 한다.

사회에 기여하는 구성원으로서 의미있는 참여는 생활의 장에 고용구성원이 되게 참여시키는 것이다. 그들의 요구와 발달가능성을 기초로 지역사회에 기여하는 직업인이 되게 함은 국가사회적인 계속적 서비스제공과 임금노동을 통한 생산적인 근로자로서 육성, 진정한 사회통합을 위한 지원고용체제의 유지에 있다.

모든 인간의 삶의 질을 개선하기 위해서는 기본적인 건강과 안전을 위한 안정감, 인생의 방향을 인도해 주는 지침, 지혜, 선택과 결정을 위한 수단으로서의 역량을 키워주어야 한다(Covey. 1989). 정신지체인 역시 이 네 가지 요소가 상호 의존적이었을 때 독립적인 능력을 갖게 되고, 상호의존적이고 원만한 대인관계를 위한 튼튼한 기초를 갖게 된다.

자아정체감 확립을 위해서는 장애 그 자체가 인간의 가치를 상실하게 한다는 생각은 갖지 않게 할 필요가 있다. "작은 것이 더 아름답다"는 개념 확립과 더불어 모든 대상에 대한 긍정적인 관심을 갖게 하여 가치의 영역을 확충시킬 필요가 있다. 그리고 대부분의 생활은 사회구조 자체의 모순에 의한 것이지 장애의 부정적인 영향임을 불식시켜야 한다.

또한 자기의 능력에 대한 상(像)을 설정하게 한 다음 절대적 가치를 부여하여 가능성에 대한 신념을 갖도록 하는데 있다.

③ 경험주의적 방법

정신지체아의 일반적 특성이라고 할 수 있는 추상화·일반화 능력의 미발달과 정신구조의 미분화와 응용·종합능력의 결여 등으로 인하여 정신지체아의 생활지도는 생활적, 경험적, 작업적이어야 한다.

□ 생활적 :

- 어른들에 의해 가공되어진 방법이 아니고, 아동의 본래적인 흥미나 요구에 근거한 자연적인 생활이어야 한다.
- 어른이나 지도자들로부터 강요된 수동적인 생활이 아니고 전심전력을 다할

수 있는 생활이 되어야 하며,

· 가정이나 사회의 실생활과 떠난 모방적 생활이 아니고, 현실의 생활과 연속된 실제적 생활이어야 한다.

· 장래 생활과 관계있는 자주적인 생활능력을 획득하게 하는 생활교육이어야 하고, 학교생활 자체를 극력 생활화하고 현실도가 높은 생활장을 용의하게 해야 한다.

□ 경험적 :

· 타인의 활동이나 경험을 견문하는 것보다 자기의 주체적 활동을 통해서 하는 경험

· 문자나 기호를 통해서 하는 경험보다는 감성적 경험

· 한 감각을 통한 경험보다는 오감을 통한 경험

· 추상물이나 추상화된 사태에 대한 경험보다는 구체물이나 구체적 사태에 대한 신기싱 경험

· 모형이나 양식화된 사태에 대한 경험보다는 실물이나 실태에 대한 경험이어야 한다.

□ 작업적 :

· 신체적 활동에 의한 욕구나 흥미의 충족, 자연물이나 구체물과의 직접적 접촉을 통한 경험학습, 자연적인 운동에 의한 신체적 기능훈련

· 목적적 자기활동으로, 목표도달이 쉽게 확인되기 때문에 강한 목표의식을 갖게 되고, 과거의 실패경험을 해소하며, 과제 해결의욕, 활동의욕, 생활의욕, 성취감을 높인다.

· 작업을 통해 협동활동 및 관계가 쉽게 이루어지고, 협동작업을 통해서 사회에의 적용성을 높인다.

· 생활활동으로서의 의미는 신변생활을 처리하는 데에 많은 작업이 필요하며, 일상생활에 불가결한 작업을 실천케하여 생활능력을 높인다.

· 노동의 실천을 통해서 직업생활에의 적응능력을 높여 사회의 생활유통기구 등을 이해시킨다.

(3) 생활자립훈련과 지도

독립적 생활영위를 위한 개인 잠재능력의 최대개발이라는 목적을 달성하기 위

해서는 다음의 몇 가지 구체적 지도가 필요하다.

첫째, 신변처리 및 생활자립 기능의 습득이다.

정신지체아들에게 생활자립기능을 습득시키기 위해서는 체계적이고 효율적인 지도가 필요하다. 지도내용은 운동·감각, 지각, 개념, 인지영역 순으로 확대됨은 당연하고, 먼저 생활자극에 대한 변별훈련을 통한 선택적 주의집중력을 키워 나가는 일이 일차적이다. 생활자극들은 먼저 구체적인 과제로부터 추상적인 과제로 점진적으로 지도되어야 한다.

· 생활자극 즉 구체적이고 입체적인 자료를 활용한 시각변별기능을 높이기 위해서는 ①크기, ②모양, ③방향(전도), ④방향(역전 : 위, 아래), ⑤색상, ⑥내부차이 등의 차원에 대한 훈련을 먼저 하고, 추상적인 자료에 의한 시각변별기능을 강화하는 ⑦그림에 의한 차이 변별(큰 차이, 다사유사, 거의유사), ⑧기하도형, ⑨문자, ⑩낱말 순으로 이루어져야 한다.

· 시청각에 대한 변별훈련 후 주의집중행동을 개선시켜야만 생활자립기능의 습득이 쉬워지고, 기타 생활지도(문제행동지도)가 용이하다.

정신지체아들의 주의집중관련 변인에는 지능, 지각환경을 비롯한 상황유인 변인들이 많지만, 일반적인 지도과정에서는 ①관련자극의 선택(선택자극의 중요성 인식, 관련자극의 강도증가, 촉감과 운동지각 이용, 감각적 단서와 선행경험의 이용, 자극의 수와 복잡성, 신기성, 친밀성, 일상적 생활의 자료제시), ②주의이동(주의선택 통로의 제한, 소요시간의 조정), ③주의집중시간의 증대(성취과제 설명, 활동중단 빈도조절, 기간의 증대·강화), ④연속적 주의행동 개선(완만한 연속과제에서 연속항목으로 제시, 군 단위화, 시연), ⑤부가전략(개별화 교수, 변별능력 내에서의 지속의 필요, 인지적 수정, 약물복용, 식이요법 등)이 필요하다.

둘째, 생활지도는 한 개의 독립된 교육프로그램이 아니라, 제 영역과 통합을 이루는 전인적 발달을 강조해야 한다.

특히 정신지체아의 생활훈련은 의료, 교육, 심리, 사회, 직업적 재활을 위한 전인적 훈련이 되도록 기본적인 역할을 한다. 생활지도훈련은 타 학습영역의 발달을 높이는데 기본적인 조건이 되어야 하고, 조기교육으로부터 이루어진 생활훈련은 장애인들이 적절한 취업을 도와 사회생활통합에 필수적인 작용이 되어야 한다.

생활지도는 먼저 인성적응훈련, 생활훈련(직업전훈련), 장애보상기능훈련, 직업훈련 등이 반드시 포함되어야 한다.

참고로 생활자립훈련프로그램의 하위영역별 지도내용을 소개하면 다음 <표 4.1>과 같다.

정신지체 생활지도는 기능(활동) 중심의 지도과정으로 구조화되어야 한다.

① 의식화(제재확인, 준비) 혹은 과제 파악(중심과제 파악, 본질적인 요소의 확인)

② 목표확인(요소적인 활동의 결정, 구체적인 기능의 확인) 혹은 예상수립(구체적인 활동예상의 수립)

③ 활동화(예비활동, 문제발견)

④ 문제의 초점화(발견된 문제의 해결)

⑤ 습숙화(문제의 실증적 해결, 기능의 발휘)

⑥ 정리 및 발전(검토와 발전)

<표 4.1> 생활중심 자립훈련 프로그램 하위영역과 지도내용

영역	하위영역	지도내용
Ⅰ. 자립기능	1) 의복의 입고 벗기와 손질	① 혼자서 옷입기 ②적절한 의복입기 ③ 의복의 손질(세탁기, 건조기 사용, 의복세탁, 옷개기, 다리미, 드라이크리닝, 의복수선)
	2) 용의 단정	① 차림새 단정 ② 손톱과 손청결 ③ 얼굴 청결 ④ 입냄새 제거 ⑤ 치아의 청결 ⑥ 몸냄새의 통제 ⑦ 머리 청결 ⑧ 보장구 사용 ⑨ 손수건·화장지 사용
Ⅱ. 개인·대인관계행동	1) 정서	① 언어나 행동으로 표현 ② 감정의 조절 ③ 적당한 휴식
	2) 타인 지향 행동	① 다른 사람의 표정 읽기 ② 여러 가지 목소리 이해 ③ 제스츄어 이해 ④ 사회적 예의범절 익히기 ⑤ 의존·요구 안하기
	3) 동기유발	① 노력과 강화의 연결 ② 좋아하는 강화제 말하기
	4) 사회지향행동	① 행동과 결과 알기 ② 사회규범에 따른 성적 행동하기
Ⅲ. 정보처리	1) 시각	① 시각적 주의 ② 추시 ③ 도형과 소지의 변별 ④ 시각적 완성 ⑤ 비계열적인 시각적 기억 ⑥ 계열적인 시각적 기억 ⑦ 시각적 연합
	2) 청각	① 청각적 주의 ② 청각 변별 ③ 청각적 기억 ④ 청각적 연합
	3) 촉각	① 촉각에 의한 사물의 구별 ② 손의 촉각 느끼기 ③ 온도의 구별 ④ 여러 가지 냄새 맡기
	4) 언어이해	① 전치사의 이해 ② 비교형용사의 이해 ③ 견본과의 대응 ④ 물체의 이류와 동류 이해 (그림, 도형의 변별, 문자의 변별, 단어의 변별)
Ⅳ. 학습·대안전략	1) 단기기억	① 시계열적인 시각적 치환 ② 지시순종
	2) 교수기법	① 보조해 주면서 사물조립 ② 모방통한 사물조립 ③ 언어지시에 따른 사물조립
	3) 반응의 일반화와 대처 행동	① 훈련대상자에게 반응 일반화 ② 장면에 대한 반응 일반화 ③ 대처행동(과제, 문제정의, 해결법 이용, 대처행동)

V. 직업 전 기능	1) 시각· 운동협응	① 눈과 손의 목표에 대한 추종 ② 작은 근육운동의 협응(사물쥐기, 구슬, 구멍에 막대 끼우기, 원붙이기, 연필 쥐고 사용하기, 가위질) ③ 그리기 ④ 견본의 묘사
	2) 시각변별과 분류	① 형태에 의한 분류 ② 색상에 의한 분류 ③ 크기에 의한 분류
	3) 수기능	① 숫자의 이름 말하기 ② 숫자 쓰기 ③ 구체물의 갯수 세기 ④ 숫자와 물건의 갯수, 숫자와 그 읽는 법 연결짓기
	4) 조립기능	① 조립기능(조합, 접기, 레벨 붙이기, 이음매 조립, 언어 지시로 물체조립)

2) 생활지도의 일반적 방법

생활지도는 개별지도(individual guidance)와 집단지도(group gui- dance)의 방법으로 크게 구분되며 학교에서의 생활지도활동은 크게 나누어 ①학생이해(조사)활동(student inventory service), ②정보활동(information service), ③카운슬링활동(counseling service), ④정치활동(placement service), ⑤추후활동(follow-up service) 등으로 구분할 수 있다.

(1) 개별지도

정신지체아는 개인차가 심하기 때문에 철저한 개별지도가 필요하다. 각 지도자는 개개 아동을 잘 이해하는데 힘써야 한다. 그 아동의 특성, 장애정도, 능력, 환경, 욕구 등을 잘 이해하고 그에 알맞은 내용과 방법으로 실천적으로 지도되어야 한다.

개별지도의 유의 사항으로는 ①애정으로 허용적 분위기에서 지도해야 한다. ②교사에 대한 친밀감과 신뢰감 형성 ③개인별 관찰기록부의 누가적 활용 ④반복연습지도 ⑤실천적이고 그들이 이해할 수 있는 방법이어야 한다.

(2) 집단지도

집단의 역동적 기능이 인간형성에 크게 작용한다. 정신지체아에 있어서 집단은 매우 좋은 지도자이며 치료자이기도 하다. 이들도 같은 또래의 정신지체아 집단에 들어가게 되면 평소에 말을 잘 듣지 않던 아이가 말을 잘 듣게 되고 난폭하고 공격적인 아이는 그 행동이 집단 내에서 잘 수용되지 않기 때문에 자연히 행동이 개선되고 매사에 소극적인 외톨이도 집단의 자극에 의하여 자발적인 의욕이 싹트게 된다. 그래서 새로운 행동양식을 몸에 배도록 하는 데는 가정에서의 개별지도 보다 학교나 시설에서의 집단적인 리더가 더 효과적이다.

인간은 사회적 접촉에 의해 그 성장이 촉진된다. 정신지체아는 사회적 접촉의 장애 때문에 그들의 성장은 더욱 늦어진다고 볼 수 있다. 정신지체아라도 어릴 때부터 광범위한 사회적 접촉의 기회만 많이 주어지면 상징적 모방이나 자극에 의하여 비교적 일찍부터 자립이 가능하게 된다는 사실을 잊어서는 안 된다.

집단지도란 장(場)의 분위기 조성이 매우 중요하므로 상황유인의 범주들을 충분히 고려해야 한다.

① 소집단을 통한 동질집단의 지도를 한다.
② 집단가운데에서 리더를 두는 게 좋다.
③ 리더는 역할을 자주 바꾸어 주어야 한다.
④ 심리적 안정과 이유를 빨리 시킨다.
⑤ 부단한 촉진자극과 개인의 인격을 절대 존중해야 한다.
⑥ 집단의 응집력을 높이기 위한 방법과 '우리'라는 생활감정을 길러야 한다.
⑦ 집단놀이를 통한 자기표현의 기회를 신장시킨다.

3) 내용별 지도

(1) 신변자립 및 기본 생활습관의 지도

기본적 생활습관이란, 좁은 의미로서는 식사, 배설, 수면, 의복, 청결 등 생리적, 신체적인 것에 관한 생활습관을 말하는 것이며, 광의로는 사회생활에 필요한 기본적 생활습관까지 포함하는 것으로서 훈련적인 성격을 말하는 것이라 하겠다.

중증장애아일수록 기본 생활습관의 지도에 더욱 치중해야하며, 이를 학교교육으로 받아들여 계획적으로 반복, 훈련시켜야 한다.

이를 위해서는 필요감을 일으킬 수 있는 장의 설정에 유의해야 하고 꾸준히 지도하며 세분화된 단계적 지도가 필요하다. 그리고 실제적, 동작적 지도와 아울러 실천적 지도가 필요하며 가정의 협력이 절실하게 요구된다.

(2) 성격의 지도

정신지체아가 일반아와 다른 점은 지적 조건에도 상당히 있지만 보다 더 중요하게 다루어져야 하는 것은 정신지체아동 개인의 성격 및 정서에 대한 이차적 영향이 더욱 심각하며 모든 행동이나 표현의 동인이 되고 효과적인 적응 및 지도에 많은 문제거리를 제기한다.

정신지체아동의 성격은 일반아동의 성격과 다름을 보이는데 그 이유를 살펴보면, 첫째, 그들은 다른 사람이 적극적으로 거부하지는 않는다 하더라도 정신지체아는 사회적으로 고립되기 쉽고, 둘째, 정신지체아라는 호칭이 그들로 하여금 자신을 더욱 의식하게 되고, 그로 인해 다른 이들이 그들을 다르게 취급하기 쉬우며, 셋째, 가정에 정신지체아의 존재가 스트레스와 긴장을 야기시켜 지체아의 정서불안을 초래하며, 넷째, 대부분 사람들에 비해 정신지체아는 더 많은 좌절과 실패를 경험한다는 점이며 다섯째, 많은 정신지체아에게서 발견되는 두뇌손상이 정서문제 및 이상행동을 야기시킬 가능성이 높고, 여섯째, 정신지체아는 자신의 성격, 동기에 대한 통찰력 결여로 스스로 변화를 위한 노력이 어렵고 일곱째, 문화실조로 많은 지체아가 정서불안을 일으키기 쉬운 불리한 환경에서 많이 발생한다는 점을 들 수 있다.

이러한 이유들로 정상아동보다 이들 사이에서 일반적으로 발견되는 많은 성격 특징이 있는 데 다음과 같다.

첫째, 정신지체아는 실패한 것을 기대하기 쉬워 성공을 위해 노력하기보다는 실패를 회피하며 자신의 생각, 결정보다는 타인에게 의존하기 쉽다.

둘째, 이들은 전반적으로 무력감을 느끼기 쉬우며 자신이 운명의 주체가 아니란 감정을 갖고 있다.

셋째, 사회적 고립으로 인해 많은 사회적 상호작용을 하는 특별전략이 채택될 필요가 있다.

넷째, 프로이드 학파의 해석에 의하면 자아개념이 결핍되어 있어 그들은 근심을 줄이기 위해 억압, 부정같은 원시적 방어 메카니즘에 의존하기 쉽다고 한다.

다섯째, 그들은 다른 사람에게 정상임을 증명하려 애쓴다.

정신지체아의 비뚤어진 성격은 일차적, 본질적 특성이라기 보다는 환경적 요인에 의한 이차적 영향이 크다는 사실을 주목하지 않을 수 없다. 부모 형제로부터 도외시되거나 거부, 소외되고 또래나 사회인으로부터 조소, 멸시당하고 교사로부터 무시, 소외되어 욕구불만, 열등감, 소외감으로 그 성격이 비뚤어지기 쉽기 때문이다.

정신지체아 성격의 바람직한 파악은 투사적인 방법으로 특성을 잘 파악해야 한다. 그리고 대인관계 확대에 힘쓰고 적극성을 길러야 한다. 또한 자유로운 집단활동의 기회를 자주 갖게 하고 지나친 동정과 허용은 삼가해야 한다.

(3) 건강안전 생활지도

신체적 발달에 있어서는 큰 지체가 없다하더라도 그 기능면에서는 열악한 것이 사실이다. 즉, 운동기능도 뒤떨어지고, 외부로부터의 자극과 영향에 대한 저항력도 열악하여 병에 걸리기 쉽고 한번 걸리면 회복도 늦기 때문에 이들의 건강증진을 위해 매우 신경써야 한다.

정신지체아 건강위생지도를 위해서는 개별적 양호가 필요하고 체형의 교정에 힘써야 한다. 그리고 신체 각 부의 기능훈련에 힘써야 하며 올바른 식사지도에 유의해야 한다.

정신지체아는 위험을 감지하는 힘이 약하여 어느 정도 위험한가, 사태에 대한 판단력이 열악하기 때문에 자기보호가 어렵다. 작업이나 놀이시 도구의 사용 등에 안전교육이 중시되어야 한다.

안전지도는 현장에서 행동적 지도이어야 하고 도구의 사용훈련이 필요하며, 경험적 시도와 지나친 불안이나 경계심을 피해야 한다.

(4) 행동이상아 지도

정신지체아의 뇌기능 저하는 다음에 2차, 3차의 다른 장애를 수반하게 된다. 그래서 신체성장이나 운동능력, 지적활동, 인격, 행동, 학습, 사회생활 등의 모든 영역에서 일반아와는 다른 특성을 가지고 있다.

이러한 정신지체아의 일반적 특성에 관한 지금까지의 많은 선행 연구 중 특히 Frankel은 충동성, 정서불안정, 무기력, 운동기능 열악, 주의산만, 과잉의존, 호기심 결핍, 감각결함, 지각장애, 개념형성장애, 언어장애, 사회적 무능으로 제시하며, 이들 특성 가운데 신경적 손상이나 적절한 훈련경험의 부적에 기인한 지능지체인 것도 발견된다고 시사했거니와, 이들의 행동이상을 가져올 수 있는 심리, 사회 정서적, 성격행동적 특성을 보면 다음과 같다.

① 심리적 특성

- 지각의 미분화: 대상물의 형태 지각의 결함, 청각, 중량감각, 피부감각 및 평형감각 등의 이상
- 정신구조의 경직성: 임기응변으로 상황변화에 적응곤란 및 고정적 사고나 방법에 고집하는 경향
- 추상화 일반화의 곤란성

· 기억흔적의 불안정성
· 통찰력의 편협성: 행위의 목표와 수단과의 관계상황을 냉정히 통찰하는 것이 곤란, 비암시성이 강하며, 생활공간과 시간적 넓이도 곤란하다.
· 경험에의 내발적 충동의 희박성
· 행동의 이상성(외인성 정신지체가 주로 해당됨): 언어 중추장애, 내분비 이상 또는 대사장애, 뇌병변으로 인한 성격행동

② 사회 정서적인 특성

의사교환능력 부족, 집단참여능력 부족(대인관계), 이동능력, 자기 지향력, 자기 일처리 능력으로 작업능력이 제일 격차가 적음(Doll)

Dunn은 지능과 사회적응력간에 높은 상관관계에서 일반학급에 있는 정신지체아는 정상아로부터 거절되거나 무시당하고 「일반학급에 있는 IQ 50~75」의 아동은 특수학급에 있는 아동보다 실패에 대한 공포를 더 많이 보인다고 했다.

③ 성격 행동적 특성

지적 무능, 주의 집중력의 결여, 충동성, 공격성, 정서적 부적응, 정서적 혼란(정서적 불안정), 외부자극에 대한 지각의 불완전 '정서의 결여', '의존심' 등을 들 수 있다.

또한 정신지체아의 이상특성으로 규명되고 있는 경성(rigidity) 또는 행동성격상의 완고성(perseveration)에 관한 정의적 측면에서 Lewin, Kounin, Goldstin, Wener, Zigler 등 연구가 발표되었는데 특히 Lewin의 견해에 의하면 정신지체아는 내부적인 개별적 역학 부위가 두터운 경계로 구획되어 있어 정상아와 달리 지적 열약 뿐 아니라 성격구조 전체의 미분화 특성을 나타내는 결과라고 밝히고 있다.

정신지체아의 특이한 행동패턴을 두 가지로 요약하면, 우선 과거의 실패경험 장면에 처하면 욕구불만에 대한 참을성이 매우 부족하여 쉽게 좌절해 버리거나, 때로는 거부하고 공격적인 반응과 같은 양상을 띄게 된다. 그리고 심한 부적 자아개념을 갖고 있어 이들의 학습태도는 부정적이고 자신을 실패와 관련지워 지각해버리기 때문에 학습의 과정마저도 곤란하게 되는 경우가 많아 이들의 특이한 행동패턴을 교육과정구성에 반듯이 고려해야 한다는 점이다. 또한 정신지체아에 있어 지적장애, 뇌염후유증, 간질 등에 의한 성격의 이상성 또는 신경증적 불안, 공포, 흥분 등은 환경과의 관련을 통해 일차적으로 행동이나 정서에 나타나게 되며, 이런 이상성은 어릴 때부터 이차적인 행동 및 정서적 특성으로 나타나게 된다.

Goldstein은 Lewin이나 Kouin이 정신지체아의 특성으로 들고있는 경성(硬性)을 사람이 적당한 방식으로 환경에 적응해 갈 수 없을 때 생기는 것이라 하여 파국적 상태에 있어 자아방위의 수단이란 견해를 밝히며 이 경우 경성이 바로 이차적 행동기제에 해당되는 것이다.

이와 같은 심리적 기제에 의해 형성된 정신지체아의 이차적 심리특성에는 소극적 도피적 특성(非社會的 行動), 반항적, 공격적 특성(反社會的 行動), 신경증적 사회생활 능력이나 사회적 적응성의 열등은 특히 성인기의 정신지체아를 판별하는 경우에 매우 중요한 요건이 된다.

Quay와 Werry(1979)의 분류에 의하면

① 행동이상(Conduct Disorder): 싸움, 폭행, 신경질, 반항, 불복종, 자신과 타인의 자산파괴, 건방짐, 반항적, 비협동적, 분열방해, 부정적, 지시거절, 난폭하고 시끄러움, 과시, 과민성, 과동행동, 모독적, 입버릇 나쁨, 무책임한 행동, 절도, 희롱, 실수불인정, 타인비방, 이기적.

② 사회화된 공격성(Socialized-Aggression). 나쁜 친구사귐, 집단절도, 비행친구에의 충성심, 도당에 가입, 야간외출, 무단결석, 무단외박.

③ 불안위축(Anxiety-Withdrawal): 걱정, 공포, 초조, 수줍음, 소심증, 친구 못사귐, 우울, 슬픔, 분열, 과민성, 쉽게 당황함, 열등의식, 무가치의식, 쉽게 좌절, 무관심, 함묵증, 자주울음.

④ 미성숙(Immaturity): 주의집중이 짧다. 집중력이 약함, 백일몽, 방심상태, 쉽게 추종, 수동적, 독창력 부족, 게으름, 흥미결여, 지루함, 완성전 실패, 인내부족, 지저분함, 단정치 못함 등의 4가지로 분류된다.

4) 교재교구 선택과 지도의 예

(1) 신변생활지도

생활지도 방법에 있어 교재교구를 선택하고 활용하는데 유의해야 할 사항으로 몇 가지 구체적인 예를 들어 설명하고자 한다.

① 기능적인 훈련과 함께 태도 면에서의 습관형성

일반적으로 신변생활에 대한 내용 특히 기본적인 생활의 버릇 길들이기는 매일 반복 지도에 의해 그것이 습관화되어 간다고 보지만 여기서 중요한 것은 의식화의 문제이다. 예를 들어 의복을 입고 벗는 일에 있어서도 그것이 되는지 안

되는지의 기술적인 문제도 있지만 아동 자신의 의욕과 태도육성이 자립을 위해 무엇보다도 중요하다. 다시 말해서 처음에는 시키기 때문에 하는 단계에서 "무엇 무엇 때문에 하자." 하는 의식의 이해가 수반되어 처음 태도로서 정착되어지는 것이다. 그리고 "아침에 세수를 하지 않으면 기분이 상쾌하지 못하다." 라든지 "학교에 가려면 옷을 갈아입고 단정히 해야 한다." 는 등의 의식을 할 수 있게 되어 자기 일은 자기 스스로 하는 자주적 자발적인 행동이 이루어짐으로써 신변 생활에 대한 자립의 의미도 깊어지는 것이다. 그러기 위해서는 일과를 나누어서 하루 생활의 흐름속에서 순서에 따라 자기의 행동을 해나간다든지 기대를 가지고 생활해 나가도록 지도해야 한다. 또 "무엇 무엇을 하고 싶다. 그러기 위해서는 ……." 라는 등의 목적의식을 가지고 행동하게 하는 장면설정의 연구와 어린이들의 자발적인 행동을 유발시키는 재료의 준비가 필요하게 된다. 의복의 입고 벗기에서도 입고 벗는 것만을 목적으로 시간을 설정하는 것보다는 등교하면 학교에서 입는 옷으로 바꾸어 입는다든지 체육이나 작업을 하기 위해 옷을 갈아입는 장면을 설정하여 생활과 결부된 장에서의 지도훈련이 되도록 하는 것이 좋다.

어떤 특수학교에서는 중학생의 교복에 넥타이를 착용시키고 있는데 입학 초에는 전원이 집안 식구들에게 넥타이를 매어 달라고 하지만 빠르면 4~5일, 늦어도 3주 내에 혼자서 맬 수 있게 된다. 여기서 넥타이를 매는 것도 그들이 가지고 있는 "나는 중학생이다." 라고 하는 자랑스러운 마음가짐과 매일의 등교시에 거울 앞에서 열심히 넥타이와 씨름한 성과라고 하겠다. 또한 웃옷을 입고 있는 동안에 넥타이의 길이를 잘 조절하지 못한다든지 길고 짧은 것에 신경을 안 쓰던 것에 관해 익히게 된다. 어린이들 자신의 필요에 의해서 하고 싶은 마음을 가지게 되면 다소 복잡한 조작을 요하는 것도 비교적 단시일에 습득하게 되는 것이다. 이와 같이 태도화되고 습관화되어 가기 위해서는 필요감이 생기도록 활동의욕을 제시하면서 그것이 원활히 전개되어 갈 수 있도록 방법을 연구해 가는 것이 필요하다.

② 능력과 특성에 맞는 소재와 도구

첫째, 취급하기 쉬운 것을 선택한다. 가능한 한 다른 사람의 손을 빌리지 않고도 자기 일을 자신이 할 수 있도록 하기 위해서는 큰마음 먹고 도와주지 않는 것이 필요하다. 어린이의 경우 그 발달이 늦어지는 것과 어떤 일이든지 해도 잘 되지 않는다는 이유로 주위 사람들이 과잉간섭을 많이 하고 독립심을 너무 재촉함으로써 모르는 사이에 의존심을 키우는 결과가 되기도 한다. 그렇기 때문에 주위 사람들이 되도록 도와주지 않고 그들 자신의 힘으로 처리할 수 있도록 하는 것은 어린이의 자립습관을 길러 준다는 입장에서 볼 때 크게 도움이 된다고 할 수 있다.

그러나 자기의 일은 자기가 처리한다는 것도 능력적인 면이 충분하지 못한 경우가 있기 때문에 하려고만 하면 자기 스스로 할 수 있다는 마음부터 먼저 저항 없이 받아들일 수 있도록 준비해 둠으로써 무리없이 자기에게 익숙해질 수 있도록 해 주는 것이 필요하다. 저학년의 한 예로서 작은 단추가 몇 개 달린 오버를 입도록 할 경우에 혼자서 입는 데 시간이 걸리므로, 일일이 도움을 구하고 또 입고 벗는 일이 언제나 느리게 이루어졌다. 그렇기 때문에 취급하기 쉬운 큰 단추로 바꾸어 주었더니 자기 혼자 처리하게 되었고 입는 시간이 단축되어 선생님과 집안 식구들에게 칭찬을 받게 되어 완전히 자신감을 갖게 되었다. 또 입고 벗는 지도에는 옷의 형태와 단추의 크기 위치 등을 고려해 줌으로써 그 단계의 어린이에게 가장 적합한 것을 주어 스스로의 손으로 쉽게 할 수 있도록 해야 한다. 단추 끼우기와 같은 적은 일이라도 스스로 해결하게 되면 의존하는 마음가짐에서 독립심이 싹트도록 변화시키는 중요한 계기가 되는 것이다.

둘째, 취급하기 쉽도록 연구해서 개조한다. 스스로 하려고 하는 시작단계를 다른 사람이 도와주지 않아도 될 수 있도록 하려면 기성품이라도 연구 개조해서 취급하기 쉽도록 해 주어야 한다. 예를 들면, 마비가 있든지 손가락의 힘이 약해서 스푼이 쉽게 쥐어지지 않기 때문에 음식물을 흘리는 어린이에게는 스푼의 손잡이를 굵게 해서 잡기 쉽게 한다든지 또, 주의가 충분히 가지 않는 어린이에게는 의복 안과 밖을 틀리지 않고 식별할 수 있도록 표를 해 주는 것이 좋겠다. 또 배설지도에서는 다음과 같은 사례도 있다. 학교의 수세식 화장실에서 사용 후 물을 흘려 보내지 않는 어린이가 있어서 조사해 보니 수세장치가 버튼 식으로 되어 있기 때문에 그 어린이의 손가락 힘으로는 버튼을 누를 수 없다는 사실을 알았다. 그래서 나무판자를 이용한 장치로 작은 힘으로도 취급하기 쉽게 해 주었더니 용변 후 물로 씻지 않는 횟수가 줄어들었다. 그러나 이것도 가끔 판자가 빠져나가 없어질 때가 있기 때문에 이번에는 수도꼭지 식으로 바꾸어 주었더니 물을 흘려서 변기를 씻어 내리게 되었다.

일방적으로 시킨다 하더라도 되지 않을 일을 시키게 되면 오히려 좌절감을 맛보게 하는 것 외에 하려고 하는 마음마저도 감퇴시켜 버리게 되는 것이다. 자주성을 크게 북돋우려면 때로는 실패하면서도 그것을 넘어서서 성공감을 맛보게 하는 경험도 중요하다. 현존의 상태만 생각해서 언제나 취급하기 쉬운 것, 조작하기 쉬운 것에만 시종하지 말고 그것을 하나의 단계로 생각하고 요구수준을 높임으로써 경험을 넓혀 주는 것이 바람직하다.

셋째, 순서와 영역의 지도를 말한다. 신변자립을 위한 지도에서 어린이의 능력에 맞도록 도구와 재료를 선택하는 것도 중요하지만, 기술적인 방법을 중심으로 어린이 자신이 할 수 있도록 힘을 길러 주는 것이 필요하다. 따라서 도구와 소재의 순서를 정해주든지 요령을 가르쳐 주는 것이 바람직하다.

◦ 처음에는 쉬운 방법으로 시키고 차츰 어려운 도구와 일반적인 방법으로 바꾸어 간다.

예를 들어 의복의 정리와 보자기 싸는 문제를 생각해 보자. 벗은 옷을 갠다든지 정돈해 둔다고 하는 것은 옷 입고 벗기의 중요한 버릇이 되겠지만, 그것이 갑자기 되지는 않는다. 그러므로 다음과 같은 지도순서를 생각해 볼 수 있다.

· 상자를 마련해서 그곳에다 벗어둔 흐트러진 옷을 집어넣게 한다.
· 벗은 옷을 대충 정리해서 상자에 넣는다.
· 차곡차곡 옷을 개어서 넣는다.
· 보자기에 싸는 것처럼 바르게 개어서 넣는다.

보자기에 싸는 문제에 대해서는,

· 처음에는 잡아매지 못하거나 어느쪽 끝을 잡아서 매면 좋은가를 모르는 경우가 있고, 또는 잡아맬 때 끈의 취급이 잘 안 되기 때문에 색깔이 다른 보조끈을 사방 구석쪽에 붙여서 사용한다.
· 보조끈 대신에 서로 잡아매는 것끼리 같은 표를 한 것을 사용한다.
· 보통의 보자기를 사용한다.

이와 같이 매는 것을 지도해 가는 중에 보자기를 쌀 수 있게 되며 이것이 끈을 매는 지도로 발전해 간다. 또 결식용의 작업복 취급에 있어서도
· 끈을 길게 해서 앞에서 묶도록 한다.
· 고무로 하고 아랫끈만 묶도록 한다.
· 위에도 끈으로 해서 먼저 묶어 덮어쓰고 아랫끈을 묶는다.

이러한 단계를 거쳐서 뒤쪽을 묶는 기술을 습득해 간다. 이처럼 쉬운 것에서 어려운 것으로 또 어린이의 능력을 고려해서 만들어진 지도단계를 밟아가면서 점차로 일반적인 방법을 몸에 붙여갈 수 있게 하는 교재·교구의 준비가 요구된다.

◦ 요령을 가르친다.

예를 들어 옷을 개는 지도를 할 경우 블라우스 같은 것은 갤 수 있어도 점퍼, 스커트 같은 것이 되면 좁은 책상 위에서는 어렵다. 이럴 때에는 선 자세로 턱을 이용해서 하라는 한마디의 요령을 가르쳐 주면 의외로 빨리 할 수 있게 되고, 어린이도 만족해 한다. 또 스웨터를 벗을 때는 먼저 머리쪽을 벗고 다음에 한쪽 손으로 소매 끝을 잡고, 교대로 손을 빼 나가게 하는 방법을 가르치면 벗은 것이 뒤집어지지도 않고 어린이 자신의 옷 입고 벗기가 한층 쉬워지게 된다. 이와 같이 어린이가 어떤 일을 잘 처리하지 못할 때 어째서 그것을 할 수 없는가를 생각해 보게 되면 아주 간단한 요령이 머리 속에 떠오르게 된다. 그러한 요령을 알려줌으로써 지금까지 되지 않았던 일을 할 수 있는 계기가 되고 또 어린이에게 난관이 없어짐으로써 자신이 하려고 하는 의욕을 가지게 되는 것이다.

◦ 처음부터 바른 순서로 바르게 취급하는 방법을 가르친다.

지능이 낮은 어린이는 고집이 세고 한 가지 형을 몸에 붙이면 다른 것으로 쉽게 이행되지 않고 또 도중에서 다른 방법을 사용하면 혼란을 일으키는 때가 가끔 있다. 따라서 교재를 제시하는 경우, 실제로 손발을 움직인다든가 행동화해 나가는 것 같은 취급법이 바람직하지만 이때는 반드시 처음부터 바른 취급과 순서로 나타내는 것이 중요하다. 식사하기 전에 손을 씻는 간단한 예를 보더라도 먼저 씻는다는 동작이 청결이라는 관념과 연관되어 있는지를 알아보고 다음에는 바르게 씻는 법이 익숙한가를 잘 관찰해 봐야 한다. 손을 잘 씻었는데, 또 더러워졌다고 부모나 교사는 어린이를 나무란다. 그러나 이 때에 씻는다는 것이 아니고 단순히 손을 물에다 적시는 것이 더러운 것을 깨끗이 한다는 것을 어린이가 알도록 하지 않으면 의미가 없다. 그래서 손을 씻는다는 동작을 분석해서 손바닥, 손등, 손가락, 손가락 사이끝과 같은 순서를 명시하여 어디를 어떻게 씻어야 바르게 씻는 것인가의 방법에 대한 지도와 함께 청결의 관념을 기르지 않으면 안된다. 그리고, 그것을 항상 확인함으로써 그 의식을 강화하여 좋은 태도와 습관으로 몸에 붙여 나가도록 해야 한다.

(2) 집단행동의 지도

집단참가의 지도에서는 먼저 집단생활에 참가하기 위한 장을 마련해 주고 아동으로 하여금 여러 사람이 함께 생활하거나 놀이를 할 때의 즐거움과 재미를 느끼도록 해 주어야 한다. 그렇게 하는 가운데 자기와 타인과의 관계라든가 규칙과 약속을 이행하는 것, 다른 사람과 사귀는 법, 역할 분담 등이 형성되게끔 어린이를 다루는 것이 바람직하다. 이러한 지도를 위해서는 어린이들의 생활면에서 놀이와 게임이 그들의 흥미와 즐거움을 북돋우는 활동이기 때문에 의도적으로 활용해 보는 것이 좋겠다. 따라서 여기서는 주로 놀이에 대하여 생각해 보고자 한다.

어린이들이 놀이를 통하여 집단생활에 참가해 가는 과정을 보면 처음에는 혼자 놀면서 자기 곁에서 놀이를 하고 있는 다른 어린이가 있어도 별다른 관심없이 제멋대로 놀다가도 어느 때쯤 되어서는 관심을 가지고 만진다든지 물건을 뺏는다든지 하게 된다. 이러한 때에는 어른이나 자기보다 나이가 많은 어린이가 중개역할을 해서 놀아준다든가 또는 될 수 있는 대로 어린이들이 서로 접할 수 있는 기회를 많게 한다든지 해서 친구라는 의식을 가지도록 해 줄 필요가 있다. 친구라는 의식을 가지게 되면 차례를 정해서 놀이를 할 수 있게 되고, 한 단계 더 나아가 자기 역할을 다하고 있다는 것을 알게 되면 공동제작, 집단놀이 등의 여러 가지 형태로 발전해 나가게 된다. 한 가지 놀이법의 예를 들어보면 장난감 기차를 가지고 논다고 생각해 볼 때 처음에는 단순히 기차를 움직이기만 하던 것이 차츰 어떤 것을 가지고 선로를 만들거나 역을 만들기도 하며, 기차가 가는 것처럼 흉내를 내 보기도 한다. 이러한 때에 어떤 기차 모양의 완구를 주는가에 따라 교재·교구로서의 가치가 결정된다. 적목식의 기차가 좋은가 아니면 실물과 닮은 기차가 좋은가는 어린이의 상태와 노는 장소에 따라 틀리겠지만, 어린이의 의욕과 이해력에 가장 좋은 자극을 줄 수 있는 것이 적절한 교재라고 말할 수 있다. 그러면 놀이지도에 대해서 생각해 보기로 한다.

① 놀이의 기초

◦ 흩어진 두 사람 짝지우기

혼자 노는 것은 되나 제멋대로 놀고 있어서 다른 아이들에게 관심을 나타내지 않는다거나 장난감이나 공을 혼자 움켜잡고 있어 어린이들끼리 놀도록 하려고 해도 잘 안될 때는 어른이 두 어린이의 교량역할을 해 주는 것이 필요하다. 이때 어른이 먼저 한 어린이와 공을 주고받는 놀이를 하고 다음에 어른과 다른 어린이가 공을 주고받는 등의 놀이를 이해시킨 뒤에 차츰 어린이들끼리 놀이를 하도록 하면 된다. 이 밖에도 교사가 두 어린이와 함께 달리기를 한다든지 모래사장 같은 곳에서 준비된 통에 한 어린이는 공을 갖다 넣고 또한 어린이는 모래를 날라다 넣는 일을 하는 등 아주 단순한 놀이를 통해서 서로를 의식시키는 결과를 가져오도록 한다.

◦ 여러 아이가 같은 일을 함으로써 친구 의식을 갖도록 한다.

점토, 그림, 물놀이, 모래놀이 등 각자가 제멋대로 노는 경우에도 차츰 기분이 유쾌해지면 서로가 이름을 부르는 경우를 볼 수 있다. 내성적인 어린이도 분위기에 휩쓸려서 다른 아이들의 일에 응한다든지, 자기가 먼저 일을 하자고 말한다든지, 자기도 모르게 같이 있는 친구 중 누구와 손을 잡고 싶어하는 것, 누구하고 같이 일을 하자고 하는 등의 마음이 생기는 경우가 있다. 포크댄스, 행진, 체조, 유희, 노래, 리듬놀이 등의 지도도 이러한 목적에 부합되는 것이다.

◦ 여러 아이들이 차례에 따라서 하게 된다.

내가 먼저 하고 싶다는 생각을 참으면서 기다린다고 하는 것은 자신을 통제하기 위한 훈련이 되기도 하고, 또 기다리고 있는 동안에 다른 아이들이 하는 것을 봄으로써 더욱 관심을 높이는 일도 된다. 그러나 차례를 기다리게 하는 시간이 어린이의 발달단계와 개인의 상태를 고려해 볼 때 너무 길어서 흥미를 잃게 하는 경우가 없도록 해야 하며, 기다리는 시간에도 역할과 동작을 부여한다든지 해서 싫증이 나지 않도록 해야 한다.

◦ 역 할

어린이가 차에 타는 일과 미는 일, 물을 긷는 일과 운반하는 일, 구멍을 파는 일과 진흙을 운반하는 일 등 역할에 따라 놀게 됨으로써 단순한 일로부터 놀이나 유희로 발전해 나가게 되면, 초기적인 단계에서는 차에 타는 일을 좋아하는 어린이와 미는 일을 좋아하는 어린이를 짝지워 주면 한쪽 어린이가 다른 어린이에게 할 일을 시키는 경우를 가끔 볼 수 있다. 그러나 이것이 역할이라는 것을 자각해서 하는 것은 아니므로 지도자가 지시하여 역할을 교체시킨다든가, 좀 더 빨리 싣고 오면 좋겠다. 좀 더 많이 가지고 오면 좋겠다는 등 각자가 일을 잘 설명하여 자기가 해야 할 일을 스스로 깨닫도록 하는 것이 중요하다. 어린이끼리 의논해서 역할을 정하는 것은 매우 어렵겠지만 차츰 그러한 방향으로 지도해 나가야 한다. 술래잡기, 줄넘기, 그 외의 여러 가지 놀이에 의해서 자기역할을 다하는 지도가 이루어질 수 있다.

② 놀이의 구조화

위와 같은 기초 위해서 우리는 어린이를 집단에 참가시키는 한 방법으로 놀이를 통한 지도를 하고 있지만, 학급과 같은 규모가 조금 큰 집단에서는 공동제작, 리듬놀이, 집단놀이 등이 집단행동의 지도에 대단히 효과적이다.

◦ 공동제작

공동제작의 일 중에는 그 제재와 지도의 목표에 따라 이해하기 쉬운 것과 어려운 것이 있다. 예를 들면 각자가 마음대로 만든 것을 모아서 하나의 작품으로 구성하는 일은 비교적 쉬운 일이지만 서로 이야기하며 역할을 분담해서 진행시키는 것은 상당히 어려운 일이다. 한편 차츰 완성되어가는 작품을 통하여 한층 더 흥미가 깊어지고 서로의 교제도 강하게 할 수 있으며 또 누구는 색칠을 잘한다든가, 자르는 일을 잘한다든가의 기술을 통한 결과력도 생길 것이다.

각자가 만든 것을 모아 하나의 작품으로 구성하는 예를 들어보자.

- 각자가 꽃을 만들어 그것을 모아 꽃밭을 만든다. 작은 새나 벌레를 만들어 나무에 앉은 모양을 만든다. 포도를 만들어 포도넝쿨을 만든다.
- 각자가 부분적인 것을 만들어 하나의 완성된 것으로 구성한다. 나뭇잎을 만들어 나무에 붙인다. 잉어 비늘을 만들어 붙여 모아 큰 잉어를 만든다.
- 각자가 필요한 것을 분담해서 만든다. 동물원을 만들려고 하는 경우 각자가 동물을 만들어 모으는 것도 한 가지 방법이 되지만 또 한 걸음 나아간 단계에서는 여러 사람이 동물원을 만들려는 의도를 가지고 사전에 서로 이야기하고 역할을 정한다든지 해서 작업에 들어가게 하며 제작과정에서도 논의해 가면서 만들어 가도록 지도해 나가는 것이 좋다.

각자가 만든 것과 이것을 모아 구성한 것 사이에는 상당히 틀린 점이 있다는 것을 처음부터 어느 정도 잘 아는 어린이도 있고, 이렇게 만드는 과정에서 알게 되는 어린이도 있으며, 여기서 이러한 것을 이해하는 단계와 흥미를 갖게 되는 방법 등의 변화도 볼 수 있다.

◦ 리듬놀이

리듬놀이는 리드미컬하게 몸을 움직인다든지 소리를 듣는다든지 해서 즐기는 가운데 감각적인 훈련을 하는 것이 본래의 목적이기 때문에 음악적인 요소가 많이 포함되어 있지만 친구와 같이 어울리는 일이 한층 더 즐거운 것이 된다. 이러한 분위기 속에서 간단한 약속을 지키는 것, 서로 협력하는 것, 순번을 기다리는 것, 자기의 역할과 자기의 그룹을 의식하는 것 등을 지도하는 일은 집단참가를 위해 대단히 효과적이다. 예를 들면, 합주에서 초기단계에는 여럿이 함께 같은 속도로 두들기던 것이 차츰 수준이 높아져 파트로 나눈다든지, 변화를 만든다든지 해서 보다 좋은 표현을 하려고 노력함으로써 친구끼리라는 의식도 높아져 가게 된다. 이 외에도 여러 사람이 행진곡에 맞춰 걷는다든지 손을 잡고 두 파트로 갈라져 노래하다가 지명당한 친구를 한 사람씩 끌어내 오는 놀이 등도 있다.

◦ 집단놀이

아주 단순한 놀이라도 어떤 규칙과 약속이 있지만, 집단놀이가 되면 여러 가지의 규칙이 따르게 되며 놀이가 고도화되면 규칙도 또한 복잡하게 된다. 우리가 별 것 아니라고 생각하는 일도 어린이에게는 의외로 어렵기도 하고 또 어떤 경우에는 어째서 이런 일도 모르는가 하고 이상하게 생각되는 일도 있다. 예를 들면, 달리기에서 정해진 코스로 달음박질한다는 것이 어린이에게는 어려우며, 고리던지기에서도 선이 그어진 곳에서 고리를 던진다는 것을 잘 모르며, 고리를 거는 막대기 가까이까지 가서 고리를 던지고 오는 일들이 가끔 있다. 이러한 경우 고리를 던지는 장소를 분명히 하기 위해서는 선을 굵게 한다든지 그래도 모를 때는 적목 등을 길게 늘어놓고 던지게 하는 등 조금만 연구해서 하게 되면 쉽게도 되고 그렇지 않으면 어렵게도 되기 때문에 어린이의 능력과 흥미에 맞게 규칙과 방법을 연구해 나감으로써 어린이들은 즐기면서 집단의 일원으로서 활동을 높여가는 일이 되며 또 지능의 개발이라든가 사회에서의 규칙 이해에 관련지워 갈 수 있다고 생각된다. 다음의 아주 가까운 놀이를 예로 들어 생각해 본다.

"예"의 대답 : 어린이는 즐거운 음악에 맞추어 몸을 움직이는 것을 매우 유쾌하게 생각한다. 먼저 선생님과 어린이들이 손을 잡고 큰 원을 만들어 음악에 맞춰 걸어 본다. 적당한 곳에서 음악을 중지하고, 그에 따라서 걷는 것도 중시한다. 그 순간 "○○야!" 하고 어린이의 이름을 부른다. 부름을 받는 어린이는 "예"하고 대답을 하며 원의 중심방향으로 한 걸음 나오고 이 때, 여럿이 손뼉을 쳐준다. 여기서 음악이 멈추는 시간과 자기의 이름을 불러 주리라는 기대가 어린이에게 있어서는 놀이의 요소가 된다. 이 놀이는 "자기 이름을 안다(부름을 받으면 대답한다)." 와 같은 대인관계의 기본인 자타의 구별을 지도하는 기회도 된다. 또 "음악이 나오면 걷는다. 멈추면 선다." "이름이 불리운 어린이는 '예'하고 대답하고 한 걸음 나온다.", "다른 어린이는 손뼉을 친다."와 같이 아주 간단한 규칙에 따라 놀이를 계속해 간다. 이러한 경험은 한 걸음 나아가 물건과 결부시켜 의자뺏기놀이로 발전해 간다든지 규칙을 복잡하게 하면서 규칙에 따라 놀이를 한다는 의식화의 초기적 단계가 싹트게 된다.

모래놀이 : 모래놀이는 촉감을 즐기면서 자유롭게 만들거나 흐트러지게 할 수도 있고, 혼자 놀이도 되는 즐거운 것이다. 또 모래를 쌓아올리는 일은 지능적으

로도 별로 어려움이 없으므로 2~3명이 짝을 지워 협력하면서 산을 만드는 놀이도 할 수 있다. 그리고 이러한 소박한 협력에서 출발하여 점차 역할을 분담해서 노는 즐거움도 느끼게 된다. 또 삽, 물통 등을 도입함으로써 도구의 사용법이라든가 도구의 편리함을 알게 되고, 도구를 빌리고 빌려주는 일을 통해서 의사교환의 학습장으로 될 수도 있다.

2. 정신지체아 문제 행동 지도

1) 정신지체아의 문제 행동

정신지체인의 심리적 일반특성은 ①지각의 미분화, ②정신구조의 경직성, ③추상화·일반화의 곤란성, ④기억, ⑤통찰력의 편협성, ⑥경험에서의 내발적 충동의 희박성, ⑦행동의 이상성 등을 들 수 있다. 성격행동적 특성을 요약하면, ①지적 무능, ②주의력의 결핍, ③충동성, ④반항적·공격적 특성, ⑤정서적 부적응과 혼란, ⑥정서적 불안정과 외부자극에 대한 지각의 불완전, ⑦정서의 결여, ⑧의존심, ⑨경성(rigidity) 또는 행동성격상의 완고성(perseveration) 등을 들 수 있다. 이들 특성으로 인해 과거의 실패경험 장면에 처하면 욕구불만에 대한 참을성이 매우 부족하여 쉽게 좌절해 버리거나, 때로는 거부하고 공격적인 반응양상을 많이 띄게 한다. 또한 이들은 심한 부적 자아개념을 갖고 있어 이들의 학습태도는 부정적이고 자신을 실패와 관련 지워 지각해 버리게 됨으로 생활지도에 있어 이런 특성들에 따른 지도에 특히 유의해야 한다.

(1) 도벽과 방화

이것은 물품에 대한 자타의 소유의식이 분명치 않아 갖고 싶은 것이 있으면 유아적인 단순한 방법으로 가져오는 경우가 많다. 성인의 입장에서 도벽이라고 보지만 사실 따지고 보면 도둑질이 아니라 수집에 가까운 것, 주워 모으려는데 가까운 것, 단순한 생리적 소유력에 의한 것이 대부분이다. 정상아에게 보기 드문 이질적 행동을 도벽이라고 속단한다거나 그것으로 죄인시하여 아동을 지나치게 질책하는 것은 현명한 방법이 못된다.

생리적, 소유욕 충족을 위해 행해지는 행동들은 그들의 본능적 욕구를 감안하여 충분히 고려 지도되어야 한다. 정상아 같으면 자기억제가 될 것인데 자기통제가 잘 안되는 이들의 특수성을 고려한 지도가 연구되어야 할 것이다.

그리고 타인의 꾐에 빠져서 훔치거나, 지나친 부모의 억압으로 인해서 생기는 경우도 있다.

방화는 대개 절도 폭력, 공격에 따른 반 사회행동을 동반하는 일이 많은데, 방화사건 속에는 그들이 가족, 이웃, 사회로부터 버림을 당하게 되고 권태와 학대를 받고 욕구불만과 열등감이 생겨 가족과 이웃 사회에 대한 반항과 복수에 의해 저질러지는 경우가 많다.

(2) 성범죄와 비행

그 원인은 충동적이거나 성에 관한 지식의 결여, 정신발달의 미숙에서 오는 성적 욕구 처리의 서투름, 미분화에 의한 원시적인 반응이나, 대상적 기제에 의해서 일어난다고 볼 수 있으며, 정신지체인의 독특한 성행동은 아니지만, 이들 집단에서 자주 발견되는 성적 행동문제를 열거하면(Monat; 1982, Hurley & Souner, 1983) 과도한 마스터베이션, 동성 및 이성간의 마스터베이션, 동물과 성교, 동성애, 근친상간, 아동성적학대, 음란행동, 강간, 원하지 않은 임신, 노출, 대중앞에서 옷벗기와 공개적 마스터베이션 등이다. 학교현장에서 자주 발견되는 예는 성기만지기, 마스터베이션, 강간이 가장 많은 비율이고, 이성의 신체접촉, 냄새맡기, 키스, 치마들추기, 이성의 속옷에 흥미, 유방만지기, 포르노잡지 보기, 낙서, 훔쳐보기, 성기노출 등을 들 수 있다.

대상자로는 경도보다 중등도 정신지체아가 성적행동에 문제를 많이 나타낸다. 연령별로 보면, 나이 어린 소녀가 많고, 강간에 있어 거의 미수에 그치며, 윤간범보다 단독범이 대부분을 차지하며, 방법에 있어서는 단순하며 졸렬하다. 특히 성기만지기, 마스터베이션, 성기노출, 이성의 신체만지기 등은 특별한 지도가 필요하며, 아동교육시 부모의 협력을 통한 성교육을 함께 하는 것이 바람직하다. 정신지체인의 생활환경 유형검토와 더불어 성병, 매춘, 성적착취 및 악용의 위험성을 인식시켜야 한다. 중도정신지체인의 경우, 낮은 언어능력수준 때문에 그림, 슬라이드, 인공보조기 등을 사용해서 지도하는 것이 효과적이다. 또한 성에 대한 관심이나 표현이 시작될 때 자연스럽게 포착해서 성교육을 해야 한다. 성교육자 자신이 성에 대한 정보학습이 필요하고, 성에 대해 편안하게 받아들이되 개방하며, 보다 솔직하게 대응할 수 있어야 한다.

(3) 싸움과 울음

정신지체아는 싸움은 잦으나 난폭한 성격은 별로 없으므로, 원인을 잘 살펴 지나치게 문제시 하지 말고 자기억제의 생활태도를 기르는 지도가 필요하다.

잘 우는 아동의 지도는 무관심하게 내버려두거나 적당히 꾸짖어 울어도 자신에게 별 이익이 없음을 체감시키도록 지도함이 필요하다.

(4) 고립과 함묵

고립아의 경우는 능력이 낮거나 흥미의 범위가 좁아 고립되는 경우 능력, 흥미를 고려한 요구수준으로 끌어들여야 하되 사회적 적응을 서둘러 무리하게 강요하면 역효과를 낼 우려가 있으므로 유의해야 한다.

함묵아의 경우 함묵은 발음기관의 이상이 있거나 심한 지적장애로 인해 말할 수 없거나 또는 열등감, 소심, 공포 등 정서장애로 인해 말하지 않는 경우인데, 기관고장의 경우 의료적 특수대책이 필요하나 정서장애의 경우는 적절한 심리요법으로 효과적인 치료교정이 가능하다. 이들에게 교사의 따뜻한 접촉과 정서안정이 필요하며 아동의 특성과 취미, 흥미 등을 고려한 학습, 작업, 놀이가 되게 하여 성취감을 맛보게 하고 자신감을 회복시키며 따뜻한 우정을 증진시키는 학습 전체적 생활지도를 겸해야 한다.

(5) 분열증과 발작

분열증은 사회적 접촉, 정서적 표현이 없고, 흥미 관심의 범위가 좁으며 망상과 환각에 사로잡힌다. 정신지체아 가운데 이 분열증을 가지고 있는 아동이 더러 있는데, 이것은 정신지체아의 상태위에 분열증을 아울러 가지고 있는 것으로 보여지는데, 접지성(接枝性)분열증이라고 한다. 이것은 보통의 정신지체아의 집단에 넣으면 상호 의사소통이 잘 안되기 때문에 이상경향이 증대하여 집단에의 적응이 잘 안될 우려가 있다. 이들은 주로 의료적 치료와 심리치료를 적용하게 된다. 이들은 보통의 분열증보다 자기의 세계에 오랫동안 머물러 있지 못하기 때문에 어느 정도 현실과의 접촉을 가질 수 있다. 비교적 다루어 나가기가 쉽고 치료도 가능하다고 한다. 이들의 분열적 행동에 대해서 이를 억제하려는 것은 무리이며 역효과를 가져올 우려가 있으니 위험하지 않는 범위 내에서 자기의 세계에서 즐기도록 하면서 치료대책을 강구해야 한다.

정신지체아 가운데는 간질발작을 하는 아동이 더러 있다. 경한 것은 본인도 잘 모르게 발작을 하는 경우가 있는데 이러한 경한 증상을 가진 이는 비교적 많다고 한다. 이것은 선천적인 것과 후천적인 것이 있는데 후천성은 어떤 원인에 의하여 뇌에 상처를 입은 것이 주된 원인이 된다. 간질은 보통 사람보다 자극이 많을 뿐이지 큰 병이라고는 할 수 없다. 그러나 그 결과 성격상의 문제로서 폭발성, 고집성 때문에 생활지도가 어려워진다. 이들의 치료는 발작을 억제하는 약물요법(藥物療法)이 있기는 하나, 근본적 치료는 어려울 것 같다.

아동을 반듯이 눕힌 다음 그 어깨를 발로 버티고 두손을 깍지끼고 턱을 잡아 당긴다. 그러면 즉시 경련이 진정된다. 혀를 잘못 깨물면 출혈할 수 있기 때문에 손수건을 입에 물리는 것이 안전하다.

이 때 주위 사람들의 소란스럽게 떠들면 자극이 커져 발작이 심해진다. 이러한 발작을 상기 구급방법으로 예방할 수 있으나 이들에게는 평소부터 자극을 줄이고 심신의 안정을 기하도록 해야 한다.

이 밖에도 가출의 문제 등 여러 가지 문제 행동을 얼마든지 들 수 있으나, 이러한 각양각색의 문제 행동들의 발생원인과 치료 지도요령에 대해서 대략 다음과 같이 요약할 수 있나.

① 기질적(氣質的), 생리적(生理的) 원인이 주가 되는 것(간질을 겸한 충동적, 폭발적 행동 등).

② 심리적, 인간관계적 원인이 주가 되는 것(가정에서의 과보호로 인한 의존적 경향, 학습 단체에서의 승인의 결여로 인한 비뚤어지거나 내향적 경향 등).

③ 이질적, 심리적 원인이 중복되는 것(간질의 발작적 행동, 주위 사람들에게 추종적 태도, 폭발적 행동의 증대 등).

치료에 있어서는 이질적, 생리적 요인에 의한 것은 의학적 치료에 맡기지 않을 수 없으며, 심리적 인간관계에 기인한 것은 심리치료를 해야 하고, 이질적, 심리적인 것은 의료와 심리치료를 병행해야 하는 것이 원칙이다.

2) 문제행동 수정의 실제

(1) 자해행동 감소

사례 1 머리박기 자해 행동

① 표적 행동

아동이 자기자극형의 머리박기를 되풀이한다.

② 목 표

아동의 머리박기 자해행동 감소를 위해 문제행동을 유지시키는 강화자를 소거한다.

③ 계획 및 준비

가) 문제행동을 유지시키는 요인을 분석한다.
나) 분석된 요인에 대한 강도를 평가한다.
다) 사전 중재절차를 계획· 준비한다.

④ 적용기법

정적 강화 소멸 타임-아웃기법

⑤ 적용절차

가) 머리박기 자해행동이 일어날 때마다 얼굴에 물안개를 뿌린다.
나) 물안개를 얼굴과 머리부분에 뿌린 후 머리를 박도록 한 번 허락한다.
다) 다시 머리를 박으면 물안개를 얼굴에 뿌리고 아동을 의자에 앉은 자세로 하여 교사는 아동의 두팔을 교차시켜 잡은 채로 뒤로 돌아가 교사의 얼굴이 보이지 않도록 하여 1분간의 타임-아웃을 시행한다.
라) 1분 후 아동의 팔을 놓고 정상위치로 하여 타임아웃을 해제한다.
마) 아동이 머리박기를 반복하면 그 때마다 똑같은 절차를 적용한다.

⑥ 확장응용

가) 아동에 따라 얼굴에 얼음 마사지를 응용할 수 있다.

나) 초기 단계의 경우에는 과잉교정을 응용할 수 있다.
다) 심한 자기 자극적 단계에서는 헬멧을 씌우는 타임-아웃을 병행할 수 있다.

⑦ 수행평가
가) 아동이 얼굴에 오는 물안개를 아주 싫어하는가?
나) 혐오강화 타임-아웃에 의해 자해행동이 줄어드는가?
다) 아동의 다른 대안적 활동시간이 늘어났는가?

사례 2 얼굴 할퀴기

① 표적행동
5세 유아가 자기 자신을 손으로 할퀸다.

② 목 표
유아의 자해행동 감소를 위해 문제행동을 유지시키는 강화자 일체를 소멸하고 필요시 신체 제한 부적강화를 수반한다.

③ 계획 및 준비
가) 유아와 관계하는 모든 관련인들이 유아의 상해행동 발생시 관심을 철저히 중단하도록 사전에 상세히 계획 훈련한다.
나) 상해행동 이외에 대안적 다른 행동에 대해 강화하도록 주지한다.

④ 적용기법
가) 교사는 아동 쪽으로 눈을 주지 않고 그 자리에서 떠난다.
나) 자리를 떠날 때 먼저 아동에게 등을 보이고 돌아서서 고개를 숙여 눈을 바닥으로 본다.
다) 아동의 자해행동이 끝났을 때 말없이 일상의 생활로 돌아간다.
라) 아동 행동에 대하여 어떤 언급도 하지 않는다.
마) 즉시 인형 혹은 다른 소근육 운동 장난감을 제공해 준다.
바) 아동의 할퀴기 자해행동 이외 어떤 활동이든 음식물 혹은 사회적 강화 대상이 된다.

⑤ 확장응용 :안대사용 신체제한 수반강화

아동의 할퀴기 혹은 기타 손으로 하는 자해행동이 적극적 무시에도 불구하고 3분 이상 지속적으로 수행되어 위험하게 되면 안대를 사용한 신체적 제한을 수반 강화로 사용한다.

가) 위험을 막기 위해 신체적 제한을 수반강화로 사용시 여전히 교사는 아동과의 눈맞춤은 적극적으로 피한다.

나) 표정과 행동은 엄하고 단호하며 신속하게 한다.

다) 신체제한 기법은,

· 아동을 의자에 앉힌 채로 교사가 아동의 등뒤에서 안대로 눈을 가린다.

· 눈을 가린 후 신속하게 교사는 아동의 두 팔을 의자 뒤로 하여 아동의 두 팔을 모아 잡고 최고 30초 까지 교사가 아동을 타임-아웃한다.

· 교사는 타임-아웃 실행시 어떤 말소리도 내지 않는다.

· 30초가 지나면 눈맞춤 없이 뒤에서 안대를 풀어준다.

· 3분 이내에 다른 행동을 정적 강화로 자극한다.

⑥ 수행평가

가) 강화 소멸기법이 다른 행동 강화와 함께 사용되었는가?

나) 아동의 할퀴기 행동은 소거되기 전에 일시 자해행동 상승현상이 있은 후 점진적으로 소거되었는가?

다) 만약이라도 프로그램 수행 중 아동의 할퀴기 행동에 관심을 표시한 사람은 없었는가?

라) 실제 아동의 할퀴기 자해행동은 감소되었는가?

사례 3 머리 때리기

① 표적행동

아동이 오른손바닥으로 머리 때리기를 습관적으로 행한다.

② 목 표

아동의 머리 때리기 자해행동을 줄이기 위해 보호기구 사용으로 감각자극을 소멸시킨다.

③ 계획준비

가) 머리 부딪히기에 따른 감각소멸 기구(예: 천 턱받이, 헬멧, 고무장갑 등)를 준비한다.

나) 다른 행동으로 강화할 적절한 행동을 목록화하여 준비한다.

다) 필요시 사용가능한 타임-아웃 의자와 장소를 계획· 준비한다.

라) 모든 관련 교사 및 학부모가 똑같은 수행을 하도록 주지한다.

④ 적용기법

보호기구 사용 및 타임-아웃, 음식물 강화 중다기법

⑤ 적용절차

가) 아동의 머리 때리기가 발생하면 손에 얇은 고무장갑을 끼운다.

나) 머리에는 끈 달린 겨울 털모자를 귀와 얼굴까지 내려 덮고 끈은 목을 휘감아 뒤로 묶어준다.

다) 머리와 손에 감각 소멸 보호기구를 한 채로 타임-아웃 의자에 앉힌다.

라) 자신을 자해하는 어떤 행동도 없이 30초간 앉아 있는다.

마) 타임-아웃 30초간 기간 동안 자해행동이 없을 때는 아동의 입에 15초마다 한 번씩 음식물 강화를 넣어준다.

바) 일상활동시 적절한 다른 행동에 차별강화한다.

⑥ 확장응용

가) 머리를 부딪히는 자해행동에는 마루바닥 및 벽을 매트로 덮은 특정 타임-아웃 장소를 준비한 후 아동의 이 매트 방식에서 타임-아웃하게 한다.

나) 머리 때리기 자해행동의 경우, 천 턱받이로 얼굴과 머리 등을 씌운 후 타임-아웃 할 수 있다.

다) 아주 심한 경우, 손이 머리로 가지 않을 때까지 매일 일정 시간 헬멧을 씌워 놓는다. 벗겨 주었을 때 다시 자해하면, 되풀이해서 착용하게 한다.

⑦ 수행평가

가) 아동의 적절한 행동이 즉시 강화 되었는가?

나) 프로그램 수행에 참여하는 모든 사람이 똑같은 절차를 일관성 있게 수행하였는가?

다) 감각소멸 보호기구 사용시 아동이 잘못 다루어지는 불쾌한 때는 없었는가?

라) 음식물 강화는 아동이 선호하는 것으로 준비되었는가?
마) 아동의 머리박기 자해행동은 명백하게 감소되었는가?

사례 4 얼굴 때리기

① 표적행동
아동이 오른 손바닥으로 오른쪽 얼굴을 때려서 언제나 멍이 들어있다.

② 목　표
얼굴 때리기 표적행동 감소를 위해 혐오자극을 준다.

③ 계획 준비
가) 혐오적 조건화에 필요한 암모니아 캡슐 등을 준비한다.
나) 관련된 다른 교사 및 스텝들과 협조하여 누구나 똑같은 방법을 사용할 수 있도록 계획한다.
다) 아동이 암모니아수에 어떤 신체적 알레르기 반응이 있는지를 확인한다.
라) 아동의 후각적 이상 여부를 확인한다.

④ 적용기법
냄새가 있는 암모니아 유관강화기법

⑤ 적용절차
가) 아동이 얼굴 때리기를 할 때마다 유관 강화로 암모니아 캡슐을 아동의 코 앞에 갖다 댄다.
나) 아동이 때리기를 멈추면 암모니아를 제거해 준다.
다) 교사는 포켓에 암모니아 캡슐을 항상 보이지 않게 준비해 두었다가 때리기 행동 발생시 즉시 사용한다.
라) 다른 관련 스텝들도 똑같이 하도록 한다.
마) 대안적 적응행동을 강화한다.

⑥ 확장응용
가) 얼굴 때리기와 같은 자해를 하는 아동이 냄새에 민감하지 않을 경우 구연

산을 입안에 뿌리고 다른 대안 행동을 강화한다.

나) 아주 신맛이 나는 레몬쥬스 혹은 사과식초 등의 혐오적인 맛을 느끼도록 입안에 뿌려 준다.

다) 얼굴 때리기가 일어날 때마다 "안돼" 혹은 "하지마" 등의 특정 명령어를 단호하게 말하면서 손목을 2~3초간 눌러준다.

라) 중증의 경우, 유도전류 혐오적 조건화 기법이 사용될 수 있다. 즉, 유도전류 조건화는 보통 손전등 밧데리 3개 정도의 전력을 사용하는 미세 쇼크로 이루어지므로 혼수상태를 가져올 수도 있는 전기충격법과는 다르다.

유도전류의 혐오적 조건화는 쇼크 막대를 손에 쥐게 하거나, 작은 수신용 옷을 입히고 원격 조정기로 쇼크를 조절함으로써 이루어진다. 이 때 주어지는 쇼크의 강도는 펀치에 비길만 하나 펀치의 고통만큼 지속성은 없다.

⑦ 수행평가

가) 혐오자극이 때리기 자해에 뒤이어 일관성 있게 이루어졌는가?

나) 다른 관련 교사나 스텝들이 혐오 강화를 지나쳐 버린 적은 없는가?

다) 아동의 얼굴 때리기 자해행동은 명백히 감소되었는가?

라) 아동의 존엄성이 다쳐진 일은 없었는가?

사례 5 손 물어뜯기 행동의 감소

① 표적행동

유치부 장애유아가 손을 물어뜯는다.

② 목　표

유아의 손 물어뜯기 자해행동을 줄이기 위해 과잉자극을 준다.

③ 계획 준비

가) 과잉교정에 필요한 구강소독제와 유아용 치약 등을 준비한다.

나) 아동의 신체 건강상의 문제점 여부를 사전에 확인한다.

다) 가정의 학부모와 연계한 프로그램이 되도록 계획한다.

④ 적용기법

가) 유아가 손을 물어뜯는 순간 교사는 아동의 물어뜯는 손을 잡고 일으켜 세운다.

나) 만약 잘 걷지 못하는 경우에는 부축하거나 휠체어에 옮겨 태운다.

다) 세면대로 유아를 데리고 가서 물어 뜯긴 부분을 2분간 물에 담근다.

라) 다시 2분간 수건에 손을 반복해서 닦게 한다.

마) 다음 2분간 구강소독제로 입을 헹구어 낸다.

바) 다음 2분간 치약으로 이를 닦게 한다.

사) 다시 2분간 손을 씻고 닦는다.

⑤ 확장응용

가) 얼굴 때리기 경우에는 매번 30초간 교사가 아동의 팔을 앞뒤로 반복해서 흔들어 주는 과잉교정을 응용할 수 있다.

나) 머리 부딪히기의 경우, 과잉교정은 :

- 아동의 머리를 오른쪽으로 15초
- 아동의 머리를 왼쪽으로 15초
- 아동의 머리를 뒤쪽으로 15초를 움직여주고
- "하지마" 라는 말로 촉구한다.
- 저항할 때는 저항없이 15초가 지날 때가지 한 가지 자세만 유지한다.

⑥ 수행평가

가) 아동이 저항없이 수응하였는가?

나) 아동의 과잉교정시 절차는 일관성이 유지되었는가?

다) 아동의 손 물어뜯기 자해행동은 감소되었는가?

라) 학부모와 교사는 학교와 가정에서 똑같은 절차를 수행 할 수 있었는가 ?

(2) 공격행동 감소

사례 1 공격행동의 감소

① 표적행동

아동이 원하는 것을 얻지 못하면 주위 사람들에게 물건을 던지거나 상해를 가

한다.

② 목 표

아동의 공격행동 감소를 위해 타임아웃 자극을 준다.

③ 계획 및 준비

가) 타임 아웃 적용표를 준비한다.

나) 타임 아웃은 18개월에서 10세 사이 아동에게 적절한 방법이므로 아동의 연령대를 확인한다.

다) 타임아웃과 아동의 표적행동이 일관성 있게 짝지어지도록 계획한다.

라) 타임아웃 시행에 따른 장소, 시간, 사전 설명 등을 계획하고 반드시 일관성 있게 적용되도록 준비한다.

마) 타임 아웃은 심각한 행동에만 적용되므로 표적행동에 합당한 방법인가를 사전 검토한다.

바) 어둡거나 무섭고, 위험한 혹은 지저분한 장소는 선택하지 않는다.

④ 적용할 특정 방법

3분 타임 아웃

⑤ 적용절차

가) "철수야 친구에게 위험한 물건을 던졌구나. 행동 규칙을 어긴 것이다. 넌 타임 아웃 장소로 가서 3분간 앉아 있어야 한다." 등의 말로 아동의 부적응행동과 그 결과를 명확히 알린다.

나) 아동은 3분간 지정된 타임아웃 의자에 앉아 있는다.

다) 만약 아동이 말을 듣지 않으면, 2분 연장한다.

라) 아동이 계속 순응하지 않으면, 단호한 태도로 타임아웃 장소만을 응시하여 아동을 데려간다.

마) 아동이 정해진 시간 이전에 일어서면 시간을 다시 재고 다시 앉힌다.

바) 타임아웃 시간이 끝나면 아동은 제자리로 돌아온다.

사) 교사는 다음에 제시된 타임아웃 적응표에 기록을 남긴다.

⑥ 확장응용

가) 벌은 즉시 일관되게 적용하되 아동과의 어떤 대화도 나누지 않는다.

나) 타임아웃이 끝난 뒤 이전의 환경으로 되돌아가는 것을 일단 허락한 뒤 반복 타임아웃으로 바른 행동을 배울 기회를 제공한다.
다) 타임아웃 후에는 의도적 긍정 반응을 강화함으로써 아동이 만약에라도 관심을 끌기 위해 부적행동을 할 필요가 없음을 확인시킨다.

⑦ 수행평가
가) 규칙이 일관되게 적용되어 공격행동이 줄어들었는가?
나) 타임아웃 동안 최소 눈맞춤, 최소 개입으로 타임아웃이 관심 끌기로 연결이 되지 않도록 조치하였는가?
다) 아동은 타임아웃을 정말 싫어했으며 TV, 라디오 혹은 다른 시각적 자극물은 가까이에 없었는가?
라) 아동 자신이 왜 자기가 타임아웃이 되었는가를 알고 있었는가?

사례 2 인형극 역할놀이를 통한 공격행동의 감소

① 표적행동
남자 아동이 이유없이 여아만을 때리는 공격행동을 한다.

② 목 표
여아에 대한 감정표현을 바르게 할 수 있는 자극을 준다.

③ 계획 및 준비
가) 이성에 대한 관심의 표현 여부를 확인한다.
나) 가정에 여자형제 없이 남자형제만 있는지를 알아본다.
다) 가정에서 아버지가 어머니를 대하는 태도가 어떤 영향을 미치는지의 여부를 알아본다.
라) 남아와 여아인형을 준비한다.

④ 적용할 특정 방법
인형극 역할놀이 기법

⑤ 적용절차

가) 교사는 머리를 두 갈래 땋아 내린 중간 크기의 여아인형과 같은 크기의 남아인형을 양손에 잡고 약 2분간 심하게 다투게 한다.

나) 아동이 싸움을 구경하는 동안 여아인형이 남아인형의 주먹에 맞아 넘어지게 한다.

다) 넘어진 인형을 아동이 가서 일으켜 세우도록 한다.

라) 아동이 여아인형에게 "아프겠구나"하는 말을 하게 한다.

마) 적절한 표현이 불가능한 아동은 손으로 위로의 표시를 하도록 촉구한다.

바) 여아인형을 "쉬어라"하고 바닥에 가만히 뉘어 두도록 촉구한다.

사) 아동에게 누가 때리고 누가 맞았는지, 그리고 누가 우는 인형을 달래준 사람인지 말해 보도록 하여 감정을 말로 표현하도록 한다.

⑥ 확장응용

가) 손인형을 사용하여 언어표현 기법을 익히도록 한다.

나) 인형이 매를 맞거나 넘어질 때 아동이 보호자 역할을 하도록 한다.

다) 다른 아동들과 더불어 서로 공격하는 극놀이를 해 보도록 한다.

라) 엄마, 아빠를 관련지어 자연스러운 역할놀이를 시도해 본다.

⑦ 수행평가

가) 아동이 흥미있게 참여하는가?

나) 아동이 우는 인형을 보고 어떤 위로를 나타내는가?

다) 아동이 언어적 표현은 했는가?

(3) 공격성 행동 통제방법

① 아동의 신체적 공격을 또 다른 신체적 벌로 강화하지 않는다.

가) 눈에는 눈, 이에는 이로 대응하는 불합리한 양상을 피한다.

나) 공격적인 TV 프로그램 및 비디오 등을 피한다.

다) 공격형(권총, 자동소총 등) 무기를 장난감으로 제공하지 않는다.

라) 협동적 게임놀이에 교사와 함께 참여한다.

마) 아동의 공격행위의 근원이 때로 자신이 받았던 벌이나 자기가 본 것을 모델로 한다는 사실을 기억한다.

② 공격성의 자연감소 유발 방법을 적용한다.

가) 공격적 행동에 불쾌한 경험을 짝지운다.

나) 친구를 때릴 때마다 더 강한 불쾌감이 주어진다면 보다 조심스럽게 자기를 표현하게 된다.

다) 일상활동에서 어떤 작은 공격성은 자신에게 더 큰 손해를 끼치게 됨을 이해시킨다.

라) 예를 들어, 출입문을 먼저 빠져나가기 위해 다른 아동을 밀쳤다가 즉시 타임아웃 시키고, 어떤 관심도 주지 않는다.

③ 화내는 정도를 신체적으로 제한해 준다.

가) 아동이 적의를 나타내기 시작하면 일단 교사는 실질적 신체 위협이 없는 두 팔에 의한 단호한 자세와 표정에 의한 예방적 자극을 준다.

나) 아동의 신체적 공격이 예상되면 즉시 아동의 팔을 잡고 자기자리나 혹은 타임아웃 장소로 데려간다. 팔을 잡는 요령은,

- 부드럽지만 힘을 주어 왼손바닥이 아동의 손목 아래로 가도록 단호하게 잡는다.
- 교사의 오른손은 아동의 팔꿈치를 꽉 잡는다.
- 반드시 아동의 손바닥이 아래로 가도록 손목을 잡아야 힘을 쓰는 것을 예방할 수 있다.

④ 원상회복 과잉교정을 통해 아동 스스로 결과를 느끼게 한다.

가) 예를 들어, 마루바닥에 그릇을 집어던져 깨어지거나 내용물이 쏟아졌다면 교정적 과잉교정을 실행하게 한다.

나) 그릇을 던지지 않는 것이 훨씬 좋다고 느끼도록 과다한 교정작업 자극을 제공한다.

⑤ 자기 느낌이나 요구에 대한 적절한 주장 훈련을 실행한다.

적절히 표현할 줄 모르기 때문에 상황에 직면하였을 때 위축 혹은 공격을 나타내지 않도록 감정을 명칭으로 혹은 말로 표현하게 한다.

예) · 순자가 나를 돌아보지 않아 화가 난다.

· 실망, 좌절, 분노, 낙심, 슬픔 등의 명칭을 습득시킨다.

3. 감정과 일치하는 대화로서 생활지도

정신지체아의 올바른 생활지도는 교사의 언행과 반응에서 싹트게 된다. 교사의 대화가 정신지체아동의 생활에 많은 촉진적 영향을 줄 수 있다. 교사의 반응과 느낌이 아이들에게 어떻게 전달되느냐 하는 문제는 어른들에게는 중요하지 않을 수도 있지만, 정신지체아들에게는 대단히 중요하다. 교사들은 부정적인 비촉진 언어자극을 피하고, 새로운 긍정적인 심화적 언어촉진 자극(행동, 느낌, 결과서술)을 익혀 아동의 심리에 쉽게 접근해야 한다.

올바른 대화로서 생활지도를 하기 위해서는 다음의 요소들이 고려되어야 한다.

- 경건한 말의 사용과 거추장스럽지 않은 목표설정
- 수용과 인정
- 낙인과 무능력
- 즉시성, 부드러움
- 적절한 정정과 지도방향 제시
- 일관성 있는 지도
- 대화의 간결성
- 교사의 질문과 발문의 중시
- 성급한 도움과 멸시는 금물
- 평가적인 칭찬은 바람직하지 않으며, 창조적인 칭찬이어야 한다.
- 감추어진 장점을 두둔해 주기
- 대화의 청사진을 마음에 두기
- 대화가 아닌 자발성 대화 등이 필요하다.

감정과 일치하는 대화만이 생활지도교육을 변형시킬 수 있다. 이는 바로 가르침 장식이 될 뿐 아니라 진정한 변수이다. 아직까지 우리 장애아들을 위해서 인격을 풍부히 하고 생활을 고상하게 하기 위한 적절한 대화가 강력하게 시도되지 못한 것이 사실이다.

비행기 조종사나 건축가, 의사들과 같이 엄밀한 직업훈련을 받지 못했다. 어떻게 해서든지 복잡한 인간관계를 잘 알아 가지고 생활지도 교육에 임해야 한다. 이를 위해 정신지체아들에게 ①부단한 동기를 주고, ②자율성을 촉진하고, ③자존심을 북돋아 주고, ④자신을 갖게 하고, ⑤불안감과 공포심을 줄이며, 좌절감을 감소시키고, ⑥분노를 가라앉히고, ⑦갈등을 줄이도록 노력해야 할 것이다.

정신지체아 올바른 생활지도를 위해서는 대화의 고도능력을 필요로 한다. 유능한 교사는 의미론에서 민감해야 하고, 교과에 따라 교수법이 달라야 한다는 것을 알아야 하며, 정신지체아들의 감정을 이해하고, 사물을 설명하는 데는 적당한 언어적 촉진자극을 사용해야 함이 필수적이다.

정신지체교사는 어떤 경우라도 비난과 수치를 주는 언어는 피하고, 모욕과 협박을 말아야 하며, 바람직하지 못한 대화나 난폭한 수사를 쓰지 않아야 한다. 감정과 일치하는 대화는 노력의 결과이다. 지식의 연습과 자기수양이 있어야 되는 것이다. 따라서 감정과 일치하는 대화는 자연적으로 이루어지는 것이 아니고, 모든 기술과 같이 연습을 요하고, 모든 예술처럼 선택적이다. 무관한 사이에서는 아무말이라도 할 수 있다는 주장은 위로는 될 수 있을지언정 진실은 아니다. 그것은 마치 신체가 건강할 때 무엇이나 - 독약까지를 삼켜도 해롭지 않다고 믿는 것과 같다.

"교사는 인위적이면서도 효과적일 수는 없다. 과장만큼 자신을 실패시키는 것은 없다. 가면적인 존경이나 관심은 언젠가는 반드시 폭로되고 만다. 진실성이 없는 기술은 곧 정체가 드러난다." 교사와 정신지체간의 관계에는 감정의 일치, 느낌의 전달 외에는 아무런 대안이 없을 것이다.

제5장 초학문 놀이-중심 중재

유아 중재에서 놀이 교과과정 이용은 새로운 개념이 아니지만, 장애 유아를 위한 놀이 중재는 최근의 개념이다. 그리고 초학문 스탭핑 과정(transdisciplinary staffing process)과 놀이-중심 교과과정의 결합은 보다 급진적인 개념이다.

초학문놀이중심중재(TPBI: Transdisciplinary Play-Based Intervention)는 영아에서 6세 아동, 그리고 장애 아동, 위험에 처한 아동을 위한 모든 발달 영역(인지, 사회-정서, 의사소통과 언어, 감각운동 영역)에서 부모나 보호자를 포함한 초학문 팀이 실행하도록 Linder(1993)가 개발한 도구이다. 부모나 보호자를 포함한 초학문 팀 구성원들은 개별 아동의 요구와 발달을 위한 가족 목적에 의해 결정된다. 그러나 대부분의 경우, 인지, 사회-정서, 의사소통과 언어, 감각운동 영역의 전문가들이 팀에 포함된다. TPBI는 놀이 재료들과 기회들이 있는 모든 놀이 환경에서 실행될 수 있다.

TPBI는 아동의 일상과 가족의 일상으로 통합될 수 있는 중재에 효과적인 접근이다(Linder, 1993). TPBI는 유연하고, 총체적이며, 역동적인 과정이다.

TPBI의 목표는 발달 과정을 강조하고, 인지, 사회-정서, 의사소통과 언어, 감각운동 영역에서 기능적 기술들을 증가시키는 것이다. 목적은 위의 영역들을 연관시키고 통합 교과과정으로 중재 전략들을 통합시키는 것이다.

1. TPBI의 개관

초학문 놀이 중심 중재(Transdisciplinary Play-Based Intervention; TPBI)는 개별화된 교과과정과 의미있는 교과과정이 개발될 수 있는 즐거운 과정에 아동을 참여시킨다. 부모, 양육자, 그리고 다른 촉진 성인들에게 중재 지침과 제안들을 제공하기 위해 고안되어진 TPBI는 유아에서 6세까지 아동들에게 효과적이다. TPBI는 아동의 현재 기술들이 일관성있고 질적으로 정상이라는 것을 보장하고, 그리고 인지, 사회-정서, 의사소통과 언어, 감각운동 영역에서 더 높은 발달 수준을 촉진한다.

1) TPBI의 소개

TPBI는 TPBA(Transdisciplinary Play-Based Assessment)의 자연스러운 확장이다. 사정 과정처럼, TPBI는 유연성이 있고 총체적이며 역동적이다. TPBA(Linder, 1993)에서 각 발달 영역을 위해 제공된 관찰 지침에 근거한 TPBI는 아동의 발달 기술들, 기초 발달 과정들, 학습 유형, 그리고 상호작용 패턴들에 대한 이해로 시작한다. 아동의 홍미에 대한 지식과 발달에 관한 가족의 목적과 결합되어진 이런 정보는, 중재 계획을 세우기 위해 부모와 다양한 분야의 대표자들을 포함하는 팀에 의해 사용된다.

TPBA와 TPBI 과정은 본래 순환적이다. TPBA의 결과물들은 바로 TPBI 전략과 교과과정으로 유도된다. 중재 과정 속에서 계속된 관찰 정보를 통합하는 것은 계속적인 목표 수정을 초래하고, 결과적으로 개별아동과 작업하기 위한 전략의 지속적인 수정을 초래한다. 아동의 자연스러운 환경 속에서 행해지는 이런 순환적인 사정-중재 과정은 아동과 가족이 함께 작업하는데 있어 역동적이고 반응적 접근을 초래한다.

TPBI의 목표는 발달 과정을 강화시키고, 인지, 사회-정서, 의사소통과 언어, 그리고 감각운동 영역 전반에 걸친 기능적 기술을 증가시키는 것이다. 그 목표는 영역들을 관련시키고, 중재 전략들을 포괄적인 교과과정 속에 통합하는 것이다. 예를 들어, 팀 계획 논의 동안, 극 놀이(인지 영역)에서 행동과 사고들을 계열화하고 조직하는 아동의 능력은 아동의 일련의 의사소통 행동(의사소통과 언어 영역)과 또래들과 차례 지키기와 모방(사회정서 영역)과 관련될 수 있다. 다음으로, 소근육 운동 기술을(감각운동 영역) 사용하기 위해 아동이 필요로 하는 안정성은 아동의 극 놀이 기술과 사회적 상호작용에 관련된다. 초학문 과정은 팀이 아동의 능력과 불능의 상호 관련된 특징을 반영하는 전략들을 개발하도록 자극한다.

TPBI는 아동과 가족의 일과 속에 통합될 수 있는 중재로 효과적인 접근법이다. 유연한 과정인 TPBI 지침은 집에서부터 영아와 걸음마기 유아, 또는 유아원 프로그램으로 옮아갈 수 있으며, 대부분의 경우 특별한 장난감이나 놀이 재료의 구입을 필요로 하지 않는다. TPBI는 아동이 매일 놀이 상호작용을 위한 놀이 재료와 기회들로 직면하는 가정 내 항목들과 상황들을 사용하도록 자극한다.

TPBI는 아동의 성장과 발달에 관련된 이론에 근거를 둔다. ① 아동들은 그들의 환경에 맞춰 행동하고 참여함으로써 배운다(Piaget, 1962) ② 아동들은 의사소통과 문제 해결을 포함하는 사회적인 상호작용을 통해 배운다(Vygotsky, 1962, 1978) ③ 기술들은 증진에서 획득된다(Fischer, 1980) ④ 놀이는 아동의 내적 세계로의 창을 제공한다(Freud, 1958,1973) ⑤ 성인의 입장에서 아동의 자율성을 격려하고 반응하는 것이 발달의 핵심이다(Erikson, 1950) ⑥ 아동들은 그들이 감탄하고 좋아하는 것을 관찰함으로써 배운다(Bandura, 1977, 1986) ⑦ 정서는 학습에 영향을 주고 증가시킨다(Campos, Caplovitz, Goldmith, & Stenberg, 1983) ⑧ 아동의 사고와 행동의 질, 양, 유동성, 용도, 조직, 일반화, 그리고 목적은 기능에 중요하다(Lewis& Star, 1979). 이런 이론들은 아동 중심이고 가족 중심이며, 또래 지향적이고, 발달적으로 적절하며, 유쾌한 놀이 상호작용에 근거를 둔 중재 철학에 기여한다.

사정에서 중재로 전환할 때, TPBI는 아동의 개별화 가족 서비스 계획(IFSP)이나 개별화 교육 프로그램에서 특징 지워진 목표를 고려할 필요가 있다. 이 목표로부터, 특정한 전략들이 팀에 의해 개발된다. 이런 전략들은 아동 일과의 일부분으로 작용하도록 고안된다.

TPBI는 아동의 요구 또는 센터의 필요에 따라 수정될 수 있는 두 가지의 유익한 양식을 가진다. 놀이를 위한 팀 아이디어(TIP) 용지와 놀이외 팀 사정(TAP) 용지라 불리는 이런 양식들은 중재 목표를 충족시키는 아이디어를 산출하거나 아동의 진보를 점검하는데 사용될 수 있다.

TPBI는 그 과정의 이론적, 철학적 근거와 조화되는 모든 교과과정 모델에 통합될 수 있다. Linder(1993)는 TPBI 모델을 이야기책 교과과정과 함께 사용할 것을 제안한다. 그러나 TPBI는 다른 가정 중심과 센터 중심 교과과정 접근에 통합될 수도 있다.

TPBI는 전문가들과 부모로 구성된 팀의 의사소통과 문제 해결력을 필요로 한다. 팀 구성 과정이 항상 쉬운 것은 아니지만, 약술된 절차는 더 강한 팀 의사소통을 개발하게 팀을 돕고, 계획과 중재 과정에서 부모 참여 확장을 도와줄 것이다. 결국 협동적 팀의 노력은 통합된 치료 모델을 통해 이행되어져서, 팀 구성원들 사이에 계속적인 의사소통을 위한 메커니즘을 제공하여 결과적으로 더 효과적인 중재를 제공한다.

TPBI 과정은 유아와 6세 사이의 발달 기능을 가진 아동들에게 사용될 수 있다. TPBI는 장애를 가진 아동들, 위험에 처한 아동들, 그리고 장애가 없는 아동들을 위해 고안되었다.

중재 과정은 부모나 양육자를 포함하는 초학문적 팀에 의해 이행되도록 되어 있다. 아동의 팀 구성은 발달을 위한 아동의 개별 욕구와 가족의 목적에 의해 결정된다. 그러나 대부분의 경우, 인지, 사회-정서, 의사소통과 언어, 그리고 감각운동 분야의 대표자들이 팀에 포함된다.

TPBI 지침은 각 팀 구성원들이 모든 영역의 목적과 발달 수준에 익숙해질 것을 제안하는데, 이런 접근은 팀이 한 특정 영역에서의 아동의 욕구보다는 그 아동 전체를 고려하는 것을 가능케 해주기 때문이다.

부모나 보호자의 역할은 TPBA 과정에 그들이 참여하는 것에서 연장된다. 아동의 우선 보호자는 부모이다. 그러나 일부 아동들의 보호는 조부모나 양부모, 또는 다른 개인에 의해 이루어지기도 한다. 그런 경우에, 보호자는 TPBA와 TPBI 과정 둘 다에 참여해야 한다. 중재 팀의 구성원으로서, 부모나 보호자들은 TIP 용지의 개발과 그 양식에서 추출된 중재 전략 이행에 참여한다. 일부 부모나 보호자들은 가정 중심 중재 결과로써 TAP 용지를 마무리하는 쪽을 선택할 수도 있다. 또 다른 일부는 가정 방문자가 그 과정의 해당 부분을 완성하는 것을 선호할 수 도 있다. 가족 참여 범위는 항상 그들의 결정에 달려 있다.

TPBI는 놀이 재료와 기회가 준비되어 있다면, 거의 모든 환경에서 이행될 수 있다. Linder(1993)에 의하면, 놀이 환경에 관한 논의는 가정, 영아와 걸음마기 유아, 그리고 유아원과 유치원, 센터 중심 프로그램에 초점을 둔다.

TPBI는 프로그램적 결정이 가족과 함께 만들어질 때 시작하는 계속적인 계획 과정이다. TPBA가 마무리된 후에, 팀은 아동이 각 영역에서 기능수준과 아동이 가장 잘 상호작용하고 학습하는 방법을 결정한다. 그런 다음, TPBI 계획인자(planner)는 아동의 발달을 향상시키거나 촉진시키는 놀이 재료와 기회들의 특별한 유형과 중재를 위한 원리들을 확인하는데 사용될 수 있다. TPBI 계획인자의 제안들은 TPBA 관찰들에서 관찰된 최고 수준의 수행과 결정된 준비 영역들이 연결될 수 있다. 이런 제안들은 문제 해결을 위한 근거와, 가정 또는 학교 환경에서 유용하게 사용될 다른 대안을 만들기 위한 근거로 사용된다.

목적들이 아동을 위해 작성되었기 때문에, 이런 목적들에 상응하는 중재에 대한 대안적 접근은 가정과 학교를 위한 TIP 용지에 작성된다. 이것은 가정 놀이 환경과 상호작용 기회에 참여하려는 가족의 욕구와 필요를 충족시키는데 적합하다. 예를 들어, 만약 부모나 보호자들이 식사 시간, 쇼핑 시간, TV 시청 시간, 취침 시간이 그들이 아동과 상호작용하기에 자연스러운 때라고 지적한다면, 언어 목표에 관련된 상호작용을 위한 제안들은 이런 시간 속으로 통합된다. 예를 들어, 그들은 이런 똑같은 언어 목표들을 감각 놀이 센터, 극 놀이 영역, 간식 시간, 전체 운동 놀이에 통합하려는 제안을 할 수 있다.

중재 프로그램이 이행될 때, 과정은 TAP용지 사용을 통해 점검된다. 관찰 간격은 팀과 부모나 보호자에 의해 결정된다. 이 양식들은 관찰하는 부모, 보호자, 팀 구성원들이 정해진 날의 다양한 시간대에 걸쳐 개별 목적에 관한 아동의 진보를 문서화하도록 한다. 그런 다음, 이 정보는 아동의 진보 정도를 결정하기 위해 팀에 의해 논의될 수 있다. 만약 아동이 목적을 달성했고, 정해진 날, 환경들, 그리고 사람들 간의 과정들과 기술들을 일반화시키고 있다면, 아동의 현재 기능 수준을 충족시키기 위해 새로운 목적들이 작성될 수 있다. 만약 목적이 이루어지지 않고 있다면, 팀은 그 목적이 그 아동에게 적절한지와 진보를 촉진시키기 위해 다른 중재 전략들이 시도되어야 하는지를 논의해야 한다. 따라서, TPBI 과정은 프로그램에서 각 아동을 위한 중재의 효과를 계속적으로 평가한다. TPBA를 이용하는 주기적 재평가는 중재 전후 비교를 위해 행해질 수 있다.

TPBI의 또 다른 측면은 교과과정 개발 과정을 포함한다. 양식들은 놀이 중심 이야기 책 교과과정의 팀 계획을 위해 포함된다. 새로운 계획 용지가 아동의 문화적, 발달적 욕구와 흥미에 근거하여 개발되었기 때문에, 팀은 향후 아동 그룹들에게 사용되고 적용될 수 있는 개별화된 교과과정을 개발한다. 따라서, TPBI는 특정 아동들과 그들의 가족들과 함께 작업하는 팀들을 위한 개별화된 계획 과정이다. 그 과정은 중재 과정에서 각 참여자들의 독특한 욕구들을 충족시키기에 적합하다.

2) 전통적 중재와 TPBI의 비교

(1) 전통적 중재

전통적 중재 모델의 특징은 중재가 특정 기술에 "작용하는" 많은 관련성 없는 활동들로 이루어진 교사 중심적이다. 아동들은 종종 그룹으로 배정되어 특정 과제를 수행하라는 말을 듣는다. 교사는 성공적 수행을 위한 지시, 수정, 칭찬을 제공한다. 그룹들이 클 경우에 아동들은 그들이 수행할 순서를 기다려야 한다. 영역들은 특정한 방법으로 사용되어져야 하는 재료들로 정리되어 있다. 작업용지, 퍼즐, 구슬 꿰기, 종이와 색칠하기 활동들이 일반적인 활동들이다. 치료는 교실 밖에서 이루어진다.

①교사 중심 환경

전통적 중재 모델에서의 환경은 얼핏 보면 TPBI 환경과 비슷해 보일지도 모른다. 장난감들과 재료들도 비슷해 보일수도 있다. 그러나 장난감들과 재료들의 배열, 효율성, 용도는 매우 다르다. 선택의 기회, 다양성, 반복, 아동 중심 상호작용이 제한받는다.

전통적 접근의 단점 중 하나는 아동들이 무엇을 해야 하고, 어떻게 해야 하는지에 관해 항상 지시받는다는 것이다. 선택을 하고 활동을 계획할 기회를 부여받지 못하는 아동들은 솔선하는 방법을 배우지 못한다. 아동들은 그들 자신의 놀이 활동을 계획하는 법과 그들 자신의 흥미와 발달 요구에 맞도록 재료와 경험들을 독창적으로 수정할 수 있는 방법을 알 필요가 있다. 그러나 전통적 모델에서의 환경은 아동이 특정 결과를 달성하도록 구조화되어 있다. 아동이 학습하는 내용은 통제되고, 장난감들과 재료들은 명확한 목적을 가진 아동들을 위해 준비된다. 교실은 보통 큰 그룹 영역과 테이블 작업을 위한 소그룹 영역으로 정돈된다. 장난감 영역들은 교실에서 별개의 장소로 제한된다.

②기술 유도 교과과정

대부분의 전통적 중재 프로그램에서 학습하는 내용은 다양한 사정 도구들에서 수행하지 못한 항목들로부터 유도된다. 예를 들어, "세 가지 색 알기" 항목을 수행하지 못한 아동은 이 항목(세 가지 색)을 배우게 된다. 색 활동들이 준비되어서 아동이 세 가지 색을 인식할 수 있을 때까지 색들이 제시되고, 문제 제기되며, 연습된다. 색상 인지는 그 아동들에게 문제시되지 않는다. 교과과정 내의 활동들은 사정 확인 목록에서 특정 기술들을 다루는 활동 카드나 책들로부터 유도된다. 활동들은 언어, 운동, 인지 기술들의 범주 내에서 계획된다. 기능성, 영역들 간의 상호 관련성, 또는 아동의 흥미는 거의 고려되지 않는다. 중증 장애를 가진 아동들을 위한 많은 교과과정은 과제들을 여러 단계로 나누므로 각 활동은 최종적으로 형성되는 행동이 유도되는 일련의 작은 활동들이다.

③포괄적인 교육 목표

장애가 없는 아동들을 위해 고안된 전형적인 유아원 수업은 아동 그룹들에게 다양한 활동들을 제공할지도 모르지만 특정 목표나 목적을 갖고 있지는 않다. "정규 교육" 유아원 모델에서의 활동들은 대개 교사 중심적이다. 아동들은 다양한 센터나 활동들을 통해 순환될지도 모른다. 정규 유아원 환경의 교사는 보다 포괄적인 교육 목표를 갖고 있고 아동들이 다양한 활동에 노출됨으로써 배우게 될 것이라고 믿는다. 결과적으로, 아동이 각 활동으로부터 이끌어내는 이점은 운에 맡겨진다. 그런 접근은 전형적으로 발달하고 있는 아동에게 기여할지도 모르지만, 장애를 가진 아동의 요구는 그런 상황 속에서는 간과될지도 모른다. 각 아동의 독특한 능력과 잠재성을 다루는 개별 수정과 촉진 기법들은 각 아동의 발달적, 교육적, 치료적 진보를 향상시키기 위해 요구된다.

④성인 주도 상호작용

전통적 중재 모델에서 성인들은 지시적이다. 그들은 아동들에게 무엇을 어떻게 해야 하는지를 말한다. 그들은 많은 "폐쇄적" 질문(하나의 옳은 답을 가진 질문들)을 한다. 성인 주도 상호작용의 결과로써, 아동들이 이용할 수 있는 언어 기회들은 그들이 지시적 요구들에 반응하는 기회들로 제한되어지므로 잠재적 언어 사용이 제한받고 있다. 성인들은 아동들이 교실 안에 있는 곳과 시간 내 주어진 순간에 하고 있는 일을 통제한다. 관심이 어떤 항목을 향하도록 지도되고, 관심을 위해 경쟁할 수 있는 재료들로부터 멀어지도록 한다. 통제의 상실은 학습이 일어나지 않고 있다는 것을 의미하므로 행동 관리는 중요하다. 각 놀이자(player)가 규정된 역할을 맡으면서, 교실에는 뚜렷한 분류체계가 있다. 아동의 역할은 교실에서 성인의 요구에 수동적으로 반응하는 것이다.

⑤격리된 치료

치료 또한 지시되며, 특별한 반응을 이끌어 내도록 고안된 더 많은 장난감들과 재료들이 있는 교실 밖의 특별한 치료 환경에서 이루어진다. 치료 목표와 과정들은 뚜렷한 실재로 보여지지만, 교실 교과과정 속으로 통합되지 않는다. 치료 방법들은 또한 치료 교실에서만 성공적이고 아동의 실제 생활 활동 속에서 행동 변화로 옮아 갈 수 없는 비기능적 접근을 강조한다. 예를 들어, 언어 치료사는 거울과 강화를 사용해서 아동들이 단어에서 적절한 소리를 내도록 할 수 있지만, 그 아동이 치료 교실을 떠나자마자, 조음 실수는 다시 일어 날 수 있다. 작업 치료사는 공치기와 자극적인 행동들을 사용하여 근력을 증가시킬 수 있지만, 아동이 교실로 되돌아 올 때 쯤, 아동의 근력은 다시 줄어들 것이다. 소근육 운동 과제를 수행하기 위해 테이블에 앉을 때, 근력 저하는 양손을 함께 성공적으로 사용할 필요가 있는 아동의 안정성을 다시 방해한다.

(2) TPBI의 장점

전통적 중재 모델과 TPBI 사이의 차이점은 여섯 개의 단어로 요약된다- 아동 동기 유발(child-motivating), 아동 지향적(child-directed), 개별화(individualized), 상호작용 중심(interaction-focused), 통합(integrated), 그리고 총체적(holistic). 이런 핵심 단어들은 TPBI 접근의 장점들을 설명한다.

①아동 동기 유발 환경

TPBI 환경은 아동들의 흥미를 만족시키기에 적합하다. 주제별로 관련된 내용 영역들은 개념들을 강화시키고 놀이의 동기 유발을 극대화한다. 동기 유발 재료들은 탐구를 촉진하도록 자기-동기 부여를 한다. 교과과정 내용, 재료, 놀이 기회들은 문화적 배경과 아동들의 흥미 범주안에서 고안될 것이다.

②아동-중심 교과과정

TPBI 접근은 교과과정과 놀이 환경에서 아동을 중심으로 이루어진다. 아동의 시도와 참여에 대한 유인은 해당 놀이 활동 내에 존재한다. 아동이 시도하도록 동기를 부여하는 것은 아동 자신이 가지고 놀이하는 장난감, 재료, 활동들을 선택할 때, 거의 문제를 일으키지 않는다. 놀이는 모든 연령의 아동들에게 있어 가장 많은 동기를 부여하는 계획이다. 아동에게 동기 부여하는 것은 집중된 관심, 탐구, 문제 해결력을 보장해 주고, 아동이 더 높은 수준에서 탐구하고 개념화하는 것을 촉진한다. 완전한 동기 부여, 즉, 아동의 목표-지향과 지속성은 장기간의 성공에 중요하며, 아동이 목표를 선택하고 그것을 추구하도록 해줌으로써 촉진될 수 있다. 문제 해결력은 똑같은 재료에 대한 다양한 접근들이 이루어질 때 향상될 수 있다. TPBI 접근에서 수행하려는 동기는 외부로 부터가 아니라 내부로 부터(내적 보상 대 외적 보상) 많이 생긴다.

물론 일정한 기간 후에, 성인은 아동이 다른 활동에 참여하도록 하거나 적절한 방법으로 놀게 하기 위해 새로운 놀이영역으로 이동하기를 원할 때도 있다. 아동의 흥미와 동기는 아동이 초점을 옮기고 원하도록 자극하는데 사용된다. 성인은 동기 부여 놀이 대상을 새로운 영역으로 옮기거나, 아동이 흥미를 가지는 다른 것들을 끌어 들이고, 그 아동들을 위해 모델을 제시하거나, 다른 유인 방법을 사용해도 된다. 핵심 포인트는 아동의 흥미를 끌어서 아동의 내적 동기 부여 시스템을 통해 행동 수정을 격려하고, 필요할 때만 외적 지원을 사용한다는 것이다. 이것은 성인이 통제하는 교과과정에 대한 전통적인 접근법과 큰 대조를 이룬다.

③개별화된 목적들

비록 대부분의 중재 프로그램들이 개별화되었다고 할지라도 이런 목표들 중 많은 것들은 서류를 위한 관료적 소재가 된다. 정규 교육 유아원 프로그램에서는, 확인된 특별한 욕구를 가진 아동들만 교육 목적을 가진다. TPBI 과정에서는 목표의 개발은 모든 아동들에게 적합하다. 목표들은 단지 작성되는 것이 아니라 교과과정 속에 통합된다. 필요할 때 목적들을 수정하거나 재작성하며, 교실에서

TPBA 관찰 과정을 계속함으로써 개별화 과정은 확대된다.

TPBI의 또 다른 특징은 작성된 목표들이 기술들 뿐 아니라 기초 발달 과정에도 관련된다는 것이다. 예를 들어, 아동이 "세 가지 행동들을 차례로 연결하기"란 목표를 갖고 있을지도 모른다. 이 목표는 그 아동이 참여하는 모든 놀이 활동에서 다루어질 수 있다. 만약 그 아동이 모든 놀이 활동에서 세 가지 행동들을 차례로 연결하게 된다면, 아동은 또한 자신의 관심 영역과 문제 해결력을 증가시키게 될 것이다. 아동은 의견을 말할 부가적 행동들을 하기 때문에 언어 또한 증가될 것이다. 증가된 행동들을 연습하고 추가시킴으로써 소근육 운동 기술 또한 증가될 것이다. 놀이 연속이 더 길어지고 더 다양해질수록 그 활동들은 더 많은 또래 상호작용을 이끌어낼 것이다. 그러므로 학습 과정들에 관련된 개별 목표들을 개발하는 것은 모든 발달 영역에 걸쳐 증가된 기술 습득의 잠재력을 높여준다.

④상호작용 중심 활동들

TPBI 접근법에서, 성인의 관계는 전통적 모델에서 보다 덜 분류적이고 더 상호적이다. 성인들은 아이들과 함께 활동적으로 놀고 실험한다. 촉진의 직접적인 지도와 기술의 기능적 사용이 고립된 기술 실행을 대신한다. 실행은 바람직한 활동들과 결과들을 반복함으로써 나타난다.- 바람직한 결과를 보는 기쁨을 위한 유쾌한 반복이다. 아동들과 성인들 간의 의사소통은 그 교과과정에서 중심이 된다. 아동의 언어와 의사소통 노력들이 중요할 뿐 아니라, 아동들과 성인들, 그리고 아동들과 다른 아동들 사이의 의사소통이 가장 중요하다. 아동이 만들어내는 언어 뿐 아니라, 상호작용에서 나타난 의사소통의 질과 양을 강조한다. 성인들과 아동들 사이의 상호작용은 전형적인 프로그램들에서 발견되는 것들만큼이나 다른 특징이 있다. 성인은 단어나 구를 만들어 내는 것 뿐 아니라, 대화의 아동 시도와 유지를 격려하기 위한 의사소통 전략들을 사용한다.

⑤통합 치료

많은 전통적 중재 모델에서 개별 치료에 참여하기 위해 그룹에서부터 떨어져 나온다. 치료사는 치료 중에 일어나고 있는 일에 대해 교사진들과 의사소통을 해도 되고 안 해도 된다. 결과적으로 아동은 비기능적 환경 속에서 기술을 연습하고, 그 기술을 다른 환경으로 전이하는데 어려움을 겪는다. 또한 그 아동과 상호작용하는 사람들은 아동들이 그 기술들을 다양한 환경으로 일반화하는데 도와줄 치료 기법들을 배우지 않는다. TPBI는 계속적인 팀 훈련을 위한 체제를 제공한다. 각 팀 구성원은 개별 아동들에 대한 토론을 통해, 중재에서의 지식과 기술들을 계속 얻는다.

⑥총체적 접근

TPBI는 중재에 대한 총체적 접근이다. 중재의 발달적, 교육적, 치료적 측면들은 상호 관련적이고 상승 작용하는 것으로 보인다. 고립적으로 하나의 발달 영역에 관심을 두는 것은 총체적 접근보다 덜 효과적이고, 사실상, 아동의 전체 발달에 유해할 지도 모른다. 예를 들어, 인지 수준과 의사소통의 사회적 맥락에 대해 고려하지 않고 언어를 "학습하는(working)" 것이 아동이 수행하고 질문하는데 특정 반응을 하도록 자극될 지도 모르지만, 다른 아동들이나 성인들은 적절하고 기능적으로 언어를 사용하지 못한다. 이런 이유 때문에, 전문가들과 부모로 구성된 팀을 계속해서 참여시키고 투입하는 것이 그 아동을 위한 초학문적 전체 프로그램의 개발과 이행에 중요하다. 부모와의 지속적인 의사소통과 문제해결은 프로그램의 효율성에 필수적이다. 초학문적 팀에 부모를 통합하는 것은 가정과 학교에서 프로그램의 기능성을 보장한다.

⑦통합 교실

통합의 또 다른 측면은 다양한 발달 수준과 능력을 가진 아동들을 교실에 포함하는 것이 중요하다. 모든 아동들이 역할 모델들과 놀이 동료들을 제공하는 또래들을 가지고 있다는 것이 중요하다. 나이가 많고 더 높은 기능을 하는 또래들은 극 놀이에서 연속된 사건들을 실연하는 것과 같은 ①높은 수준의 인지 기술 ②협동해서 함께 노는 사회 기술 ③대화를 하는 언어 기술 ④장애물 코스를 통과해 움직이는 운동 기술들을 보여줌으로써, "놀이 촉진자"로 행동한다. 성인들이 아무리 열심히 노력한다 할지라도 그들은 덩치가 큰 아동들이 아니므로 감탄받는 또래들을 대신할 수 없다.

2. TPBI의 이론

1) 놀이 중심 중재 지지 이론

많은 사람들의 이론적 연구가 놀이 중심 중재를 지원한다. 이러한 개인들의 이론에 대한 깊이 있는 분석은 여기서 시도되지는 않지만 다양한 이론의 측면들이 놀이 중심 사정과 중재 접근에 어떻게 기여하는가에 대한 간단한 설명이 제시된다.

(1) 피아제 이론

인지 발달에 대한 피아제 이론들은 중재에서 놀이 중심 접근과 조화를 이룬다(Piaget, 1962). 피아제가 강조하길, 아동들은 사람들과 상호작용함으로써 배운다. 삐아제는 아동의 학습을 유도 해내고 규칙화하는 데 있어 아동의 역할을 강조했고 아동의 세계는 성인의 세계와 질적으로 다르다는 것을 인정했다. 비록 감각 인식이 성인의 것과 비슷할지라도, 보고, 듣고, 만지는 것에 대한 아동의 해석과 이해는 성인과는 크게 다를지도 모른다. 그러므로 교육에 있어 아동 중심 접근의 중요성이 수반된다. 성인의 역할은 아동의 세계 이해를 관찰하고 반응하는 것이다. 피아제는, 추구하는 행동에 관련된 탐구와 사고를 성인이 방향을 잡아주도록 하면서, 자기 주도 행동을 중요한 것으로 여겼다. 그는 의미있는 맥락 속에서 완성된 행동과 탐구는 아동에 의해 더 잘 받아들여지고 적용될 수 있다고 판단했다(Ginsburg & Opper, 1988). 피아제는 초반기의 가장 의미있는 활동들 중 하나인 놀이를 학습을 위한 실험으로 여겼다.

(2) 기술 이론

Kurt Fischer의 기술 이론(Fischer, 1980)은 삐아제의 인지 발달 이론 토대 위에 이루어졌다. 그러나 삐아제의 단계 개념과는 달리, Fischer는, 아동은 학습을 위한 토대를 세우는 기술들의 점진적인 습득을 통해 배운다고 가정한다. 기술 결합, 대체, 그리고 상호 대응은 더 효과적이고 일반화되며 높은 수준의 기술 발달을 허용한다. 놀이를 통한 실험은 이런 변화를 촉진시킨다.

(3) 변증법적 이론

Vygotsky는 발달기 아동에게 있어 사회 환경의 중요성을 주장했던 또 다른 이론가이다. 그는 언어 발달에서, 아동의 사적인 말 즉, 혼잣말의 역할을 가정했다. 사회적 상호작용은 아동이 언어를 듣고 단어들과 연관된 의미들을 익히도록 해준다. 사회-문화적 맥락은 놀이에서 극대화된다. Vygotsky(1962, 1978)가 주목한 것처럼 아동이 놀이에 참여할 때, 그들은 적정 수준에 근접하여 기능하고 있다. 그러나 성인이나 더 능숙한 또래들과의 놀이에서 의사소통하는 것은 증가된 문제 해결과 표현 기술들의 향상을 초래한다.

(4) 프로이드 이론

Sigmund Freud(1973, 1974)는 아동 발달에 관한 전문가는 아니었다. 그럼에도 불구하고 그는 발달은 일련의 예상 가능한 단계로 진행되고 초기 정신적 외상은 발달에서 장애나 일탈로 나타날 수 있다는 초기의 이론 설립자였다. 프로이드의 관점에서, 무의식적인 갈등은 심리학적 기능에서 가장 많은 생략을 이끌어 내는 메카니즘이다. 그러나 놀이 사정과 중재는 그의 딸, 안나 프로이드(1958, 1973)의 연구로부터 보다 직접적으로 유도된다. 아동의 내부 세계 이해를 위한 그녀의 평생에 걸친 헌신은 치료, 가족, 교육 환경에 있어 놀이 중심 사정의 중요성을 확립하는 이론을 세우도록 했다. 그녀의 방법은 자연스런 환경에서의 관찰이었다. 그녀의 관찰 자료를 통해 알 수 있듯이, 그녀는 교육자들과 정신 건강 전문가들, 그리고 부모에게 계속 영향을 주는 발달 지체와 일탈에 관한 이론을 정립했다. 그녀는 놀이가 아동의 자연스러운 매개물로 인식하면서 놀이의 중요성을 격찬했다.

(5) 심리학적 이론

Erikson의 이론은 아동의 상호 관계의 특징에 초점을 맞추면서, 발달 심리학적 특성을 강조한다. 그는 아동에 대한 성인의 반응과 아동의 자율성과 자기 시도 격려의 중요성을 강조했다. Erikson에게 있어, 놀이는 역할과 사회 규칙들을 배우고, 문화와 사회에 관한 더 많은 것들을 실행하기 위한 초기 비공식적 단계로서 기능한다(Erikson, 1950).

(6) 사회학습 이론

Albert Bandura의 사회 학습 이론(1977, 1986)은 관찰 학습과 모델링의 중요성을 강조한다. 학습은 실제로 행동을 실행함으로써 규정적으로, 그리고 다른 누군가를 관찰함으로써 대리로 일어난다. 다른 사람을 관찰함으로써, 어린이들은 규칙, 기술, 전략, 신념, 태도들을 이해하면서 지식을 얻게 된다. 아동들은 따뜻하고 힘 있는 사람들과 바람직한 대상과 특징을 갖고 있는 사람들을 기꺼이 모방한다. 다른 사람들의 정서 반응을 모델링하는 것은 아동이 느낌과 특별한 행동이나 사건들을 결합하는 중요한 수단이다. Bandura는 또한 3자 상호성 즉, 행동들, 개인 요소들, 그리고 환경적 변화들 사이의 상호작용을 강조했다.

(7) 조직 이론

Joseph Campos와 그의 공동 연구자들은 인지와 정서 발달을 상호 의존하는 것으로 간주하는 정서 발달의 조직 이론(Barrett & Campos, 1987; Campos, Caploveitz, Lamb, Goldmith, & Stenberg, 1983)을 인지해 왔다. 정서 반응은 학습 결과와 후속 학습 경험을 위한 기초, 두 가지 모두에 영향을 미친다. 아동의 정서가 부모와 다른 사람들의 행동을 조정하고, 부모와 다른 사람의 정서가 아동의 행동과 반응에 상호 영향을 미치며, 또한 정서는 사회적 맥락 안에서 행동을 조직하는 것을 돕는다. 또한 정서는 자기 인식, 자아감, 자기 통제 놀이에서 생기는 모든 요소들의 발달에도 영향을 준다.

(8) 돌출 반응 이론

Lewis와 Starr(1979)은 발달 영역들을 통합하고, 발달 진보에 상응하는 학습 특징을 설명하는 인간 발달의 모델을 제안했다. 반응의 돌출적 특성은 습득, 이용, 정서적 어조, 일반화, 조직적 특성, 정보 이용 의도의 질, 양, 속도(p,657)을 포함한다. 놀이 중심 접근에 이 이론을 적용하는 것은 이러한 변하기 쉬운 것들 전반에 걸쳐 발달의 촉진을 격려해서, 중재 모델을 기술 습득에서부터 증가된 발달적 정교함으로 확장시킨다.

2) 놀이 중심 중재의 철학

위에서 언급된 개인들의 이론적 연구들로부터, 중재에 대한 놀이 중심 접근을 위한 개념적 틀, 즉 철학이 설명될 수 있다. 이 놀이 중심 철학은 다음의 이론들로 설명된다.

첫째, 놀이 중심 중재는 유아와 초년기 아동의 발달에 관해 알려진 것, 아동이 다른 사람들과 어떻게 상호작용하는가, 그리고 아동들이 즐기는 활동들을 포함하는 초년기의 핵심 요소들을 이용한다.

초기 중재에 대한 접근은 아동의 초년기의 중요한 요소들에 의해 형성되는 전략들을 통합시켜야 한다. 우리는 유아에 관해 무엇을 알고 있는가? 우리는 유아가 사람들, 대상물들, 그리고 사건들과 활기차고 즐거운 방식으로 상호작용하기를 좋아한다는 것을 알고 있다. 우리는 유아가 모든 감각 체제를 사용하여 환경에 참여하고 탐구하는 것을 좋아한다는 걸 알고 있다. 우리는 유아가 다양한 면들의 환경에 익숙해짐에 따라, 새로운 기술을 익히고 대상물, 사람들, 사건들에 대한 통제력을 발휘하는데 더 많은 양의 에너지가 소모된다는 것을 알고 있다. 초년기는 탐험, 발견, 실행, 투쟁, 실패, 도전, 창조, 숙달, 상상, 그리고 이런 경험들에 동반되는 모든 범위의 정서들에 의해 특징 지워진다.

둘째, 놀이 중심 중재는 아동이 매일 직면하는 발달적 요구에 반응한다.

어린 아동의 생활은 매일 새로운 발달적 도전들을 제시한다. 각각의 새로운 도전에 아동이 어떻게 반응하는가는 아동의 생활 속에 있는 가족과 다른 사람들이 이런 요구들에 어떻게 반응하는가에 부분적으로 영향을 받는다. 정서, 지도의 정도, 기대, 참여의 수준과 형태는 아동의 반응에 영향을 준다(Mahoney & Powell, 1988). 아동의 행위와 행동들이 격려, 강화, 무시, 차단되거나 하는 것은 또한 아동의 다음 반응에 영향을 준다(Norris & Hoffman, 1990). 유아의 중재 프로그램은 아동의 발달을 증진시키기 위해 체계적인 방법으로 이런 반응 요소들을 설명해야 한다.

셋째, 놀이 중심 중재는 아동과 가족에게 즐거운 과정이다.

강한 정서를 포함하는 상호작용과 활동들은 기억 속에 더 오래 유지된다(Barrett & Compos, 1987). 긍정적인 면을 부여하면서, 정서적 중요성은 조기 중재에서 분명 바람직하다. 결과적으로 정의상 긍정적인 정서(Garvey, 1977)가 들어있는 놀이를 통합하는 접근은 놀이에서 얻어진 기술들에서 주목하고 그것들을 유지하도록 한다. 근본적으로 놀이를 사용한 유쾌한 중재에 가족을 참여시키는 것은 부모와 아동 간 상호작용을 유발하고 즐거운 상호작용 기술들을 유지하도록 자극해야 한다.

넷째, 놀이 중심 중재는 가족이 이행하는데 강제하지 않으며 편안하다.

강제적이고, 다루기 어렵고 불쾌하다고 느껴지거나 가족의 일상 생활 속으로 통합하기 어려운 중재 접근들은 편안하고 자연스러운 접근들 만큼 지속적인 토대 위에서 이행될 것 같지 않다. 아동들과 놀거나 즐겁게 상호작용하는 것은 부모들의 생활의 일부분이다. 대부분의 부모들은 더 많은 시간 동안 아동과 놀고 싶어 하고 놀이에서 발달을 촉진시키는 방법을 배움에 있어 도움을 기꺼이 받아들인다(Linder & Chitwood, 1984). 가족이 아동 발달에 중요한 역할을 하기 때문에(Bronfenbrenner, 1979, 1989), 가족 구성원들이 채택하기 쉬운 중재 접근을 인식하는 것이 필수적이다.

다섯째, 놀이 중심 중재는 언어와 가족의 차이를 존중하고 그것에 반응한다.

다양한 문화에서 온 부모들은, 비록 즐거운 상호작용과 놀이에 대한 접근의 양이 다르다 할지라도, 아동들과 함께 노는 것을 즐거워한다. 예를 들어, 아동-구성 놀이 대 성인-구성 놀이의 양과 내용, 놀이 스타일은 다양할지도 모른다 (Schwartzman, 1978). 영아, 걸음마기 유아, 그리고 취학 전 아동들은 그들 가족 내의 고유한 가치관, 신념들, 그리고 전통들에 의해 크게 영향을 받는다. 중재 요원은 다양한 가족들과 특정한 가족 구성원들에게 적절한 상호작용 스타일, 놀이 방식, 놀이의 문화적 내용에 민감해야 한다. 중재 실행은 가족들의 관심, 우선 순위, 요구들을 설명하기 위해 개별화 되어져야 한다(Lynch & Hanson, 1992).

언어는 의사소통 기술 뿐 아니라(Goldstein & Gallagher, 1992; Scales, Almy, Nicolopoulou, & Ervin-Tripp, 1991) 아동의 인지, 사회 발달에 중요한 문화의 양상이다. 놀이 중심 중재는 의사소통과 언어 체계가 아동에게 기능적인 것이라면 어떤 것을 사용해서는지 아동이 놀이 수행을 하도록 한다. 비록 아동의 놀이가 모국어를 사용하지 않고 촉진될 수 있다 할지라도, 개념 발달과 사회적 상호작용들은 공통 언어를 사용함으로써 가장 잘 자극될 수 있다. 놀이 상호작용의 이득을 극대화하기 위해선 2개 국어를 하는 전문가, 통역가, 2개 국어를 하는 부모나 자원봉사자들의 참여가 추천된다(VarHoorn, Nourot, Scales, & Alward, 1993). 그러나 심지어 그런 2개 국어를 하는 성인들이 없어도, 놀이는 성인이 아동의 생각을 관찰하고 따르며, 상호작용적 교환에 참여하고, 더 높은 수준의 행동들을 모델링하도록 해 주며, 아동들이 이용할 수 있는 모든 범위의 언어 기술들을 사용하도록 자극한다.

여섯째, 놀이 중심 중재는 여러 환경과 분야들에 적용할 수 있다.

초학문적이거나 또는 중재팀의 모든 구성원들에 의해 사용되는 접근은 유연성 있고 적용할 수 있어야 한다(Bricker & Cripe, 1992). 부모를 팀 구성원으로 통합하는 접근은 다른 중재 환경에서 뿐만 아니라, 집과 공동체에서도 사용될 수 있는 전략들에 기초해야 한다(Sparadline & Siegel, 1982).

일곱째, 놀이 중심 중재는 점차 복잡해지는 발달 과정의 기술들을 증진시키는데 사용될 수 있다.

조기 중재의 우선 목표들 중 하나는 아동이 발달 기술과 과정들을 습득하고 사용하도록 촉진하는 것이다(Linder, 1983). 조기 중재 프로그램에서 이행되는 전략들은 발달적으로 적절해야 하고, 아동의 학습, 지식이나 기술의 적용, 또는 환경 속에서 사람, 대상물, 사건들과의 상호작용을 향상시켜야 한다.

3) 초학문 과정

초학문 접근은 관련서비스를 아동의 일상 속에서 일어나는 자연스러운 사건 속으로 통합하기에 적합하다. 초학문 접근에서, 아동을 살피는 전문가들은 팀으로 함께 작업할 뿐 아니라 그들 각 분야에 관한 지식을 공유한다. 특수 교육, 유아 특수 교육, 간호, 약학, 작업 요법, 물리 요법, 언어 요법을 포함하는 많은 분야에 걸친 전문가들은 초학문 개념을 승인해 왔다(Bennett, 1982; Campbell, 1987; Dunn, 1991; Garland, McGonigel, Frank, & Buck, 1989; Hutchison, 1987; Linder, 1990; Orelove & Sobsey, 1991; Rainforth, York, & Macdonald, 1992). 수 많은 전문가 단체들은 서비스를 제공하는데 있어 협력적이고 통합적인 모델을 지지하는 토의 자료를 작성해 왔다. 언어 학습 장애에 관한 미국언어청각협회(1991), 미국작업치료협회(1989), 미국물리치료협회(1990), 그리고 중증 장애인 협회(1986)는 많은 초학문 실행 원칙들을 승인해 왔다. 게다가, 철학적 지지, 법적 명령과 선례, 그리고 "추천된 실행"의 증거는 초학문적 접근의 이용을 정당화한다. 다음의 토론은 중재에 대한 대안적 접근을 언급하고, 많은 전문가들이 초학문 중재 접근을 승인하게 만드는 요소들을 개관하며, 초학문적 팀 구성원과 역할 분담의 중요성을 설명하고, 초학문적 접근에 동반될 수 있는 도전들을 강조한다.

(1) 중재에 대한 대안적 접근

단일 학문, 다중 학문, 학제간 학문 인원 구성 패턴은 모든 아동들에게 서비스되는 프로그램에 사용되고 있다. 단일 학문 접근은 주로 교육이나 특정 치료를 위해 한 분야의 요원들에 의해서만 아동이 관찰되도록 한다. 아동을 관찰하는 개별 인원들은 그들의 중재에 관해 서로 의사소통을 하지 않는다. 다중 학문 접근은 아동과 독립적으로 작업하는 다양한 분야의 몇몇 팀 구성원들로 구성된다. 팀 구성원들 간의 의사소통은 스텝 회의에서 개별 결과나 권고 사항을 공유하는 것에 제한되어 있다. 아동은 개별 치료사들에 의해 독립적으로 관찰될 것이고 권고 사항들은 이행을 위해 교육자들에게 주어질 수 있다(Hart, 1977). 권고 사항들은 수 없이 많고, 전문 용어들로 복잡하며, 아동의 능력, 결함, 그리고 중재 요구에 관해 모순된 견해를 제공할 수 도 있다(Hart, 1977; Peterson, 1980). 학제간 학문 팀 접근은 다중 학문 팀 접근보다 프로그램 의사결정에 관해 더 많은 의사소통을 포함하지만, 프로그램 이행은 단절된 상황하에서의 개별 분야에 근거를 두고 있다(Garland 등, 1989). 치료자들은 아동들에게 직접적인 치료를 제공하고 그들의 중재영역에서 나온 결과물들에 책임이 있다.

(2) 중재에서 초학문 접근으로의 진전

몇 가지 요소들이 단일 학문, 다중 학문, 학제간 학문 모델에서, 분야들 간의 정보와 기술 공유로 특징 지워지는 초학문 접근으로의 변화에 영향을 끼쳤다.

(3) 기능적 기술 사정 강조

숫자들과 표식들만 있을 뿐 교사나 가족들을 위한 실질적인 제안이 없는 검사도구의 사용과 단절된 기술의 사정으로부터 벗어나려는 움직임이 있어 왔다 (York, Rainforth, & Giangreco, 1990). 이러한 검사도구들은 전통적으로 특정 분야를 대표하는 팀 구성원들에 의해 행해졌다. 기능적이고 실질적이며 통합된 사정 접근을 위한 연구는 전문가들과 가족들의 협력적인 노력을 포함하는 기능적 환경과 덜 제한적인 환경 하에서 아동들을 사정하려는 변화를 이끌어 냈다(Linder, 1993). 아동을 위한 보다 통합적이고 기능적인 프로그램에 대한 요구는 당연한 결과이다.

(4) 확대된 가족 참여

사정, 프로그램 계획, 이행, 그리고 평가에 있어 보다 의미있는 방식으로 가족들을 참여시키는 것은 부모들로 하여금 보다 가족 중심적이고 기능적인 사정과 중재 계획을 바라게 하는 결과를 초래했다. PL 94-142, 1975년 전장애아 교육법의 이행으로, 부모들은 아동의 개별화 프로그램을 찬성하고 IEP에 기여하고, 그것을 재고할 권리를 얻었다. PL99-457, 1986년 장애인 교육법 권고안은 부모들의 권리와 역할들을 확장시켰다. 유아나 걸음마기 아동들을 위한 서비스는 개별화 가족 서비스 계획(IFSP)의 개발을 요구하고, 아동과 가족들을 위한 프로그램에 관련된 의사 결정에 대해 대폭적인 양의 통제권을 부모에게 준다. PL101-476, 1990년 장애인 교육법 개정안은 이 법률의 이름을 IDEA로 바꾸었고, 의미있는 부모 참여와 특수교육, 그리고 최소 제한적 환경 하에서 관련 서비스를 제공하라고 요구한다.

(5) 통합 교육 기회

IDEA의 결과로 초래된 것으로서, 모든 장애 아동들을 정규 프로그램에 포함시키려는 증가된 노력과 그 결과 집중된 치료 서비스 감소는 교실 중심 중재를 고찰하는 결과를 수반했다. 법에 정의된 것처럼, 관련 서비스들은 "장애아가 특수교육에서 이득을 얻고 돕도록 필요한 것 대로"(PL94-142, 20 U.S.C. 1401) 제공되어야 한다. 교육을 지원하는 관련 서비스에서 중점은, 아동의 교육 프로그램 참여가 향상되는 방식으로 치료가 제공되어야 한다는 것을 함축하는 것으로 해석되어져 왔다. 직접적이고 단절된 치료는 교육 프로그램에서 반드시 성공을 증진시키지는 않는다(Rainforth 등, 1992). 게다가 스텝핑 패턴과 어려운 병참학(logistics)의 한계 때문에, 직접적인 치료는 포괄적인 환경에서 종종 비실용적일 수 있다(Orelove & Sobsey, 1991; Rainforth 등, 1992).

(6) 통합 치료적 접근의 이점

전문가들은 집, 학교, 아동 일과의 다양한 활동 속에서 치료를 통합하는 것의 이점들을 인식하고 있다. 통합된 치료 접근은 아동들의 상호 관련된 요구들을 설명해 준다. 각 발달 영역은 다른 것에 직접적인 영향을 준다. 예를 들어, 운동 기술은 사회 기술의 인식과 표현 뿐 아니라, 아동이 이해하는 언어와 의사소통될 수 있는 생각에 영향을 준다. 다음으로 사회적 기술은 아동의 인지 능력, 다른 사람과의 상호작용과 의사소통, 상호작용하는 운동 기술 표현의 습득에 영향을 준다. 모든 영역을 아동 일과의 다양한 맥락에 통합함으로써, 기능적 환경 속에서 기술의 일반화가 자극되고, 치료는 교육 프로그램과 "경쟁할" 필요가 없으며, 중재의 능률성과 효율성이 높아진다(Rainforth 등, 1992).

(7) 강점과 창조성의 결합

문제 해결, 수행, 그리고 지원은 부모를 팀의 일원으로 포함하는 초학문 접근에 의해 향상될 수 있다. 몇 몇 사람들이 다양한 환경에서의 학습과 발달을 촉진시키는 생각을 유도해 내기 위해 함께 일함으로써 창조적이고 초학문 활동을 야기하는 기회는 확대된다. 팀 구성원들이 프로그램을 만들고, 모니터하고 평가함으로써, 전체적인 중재 프로그램 이행이 더 쉽게 일어날 수 있다. 게다가, 팀 구성원들은 중재 계획의 실현을 보장하는데 있어 서로에게 지원자로서 행동한다.

(8) 초학문 팀 구성원

초학문 팀의 구성원은 서비스 받는 아동의 요구에 따라 다르지만 몇 몇 일반적인 특징들로 설명될 수 있다. 핵심 팀은 개별 아동과 가족들의 중재 계획 개발과 이행에 책임있는 사람들로 구성된다. 핵심 팀은 가족 구성원, 교육자(일반 혹은 특수 교육자), 발달 전문가, 의사소통 전문가, 그리고 작업 치료사들로 구성된다. 부가적인 서비스를 필요로 하는 아동의 경우, 핵심 팀은 위의 구성원들과 더불어 물리 치료사, 간호사, 시각 또는 청취 전문가, 그리고 보조 교사(Giangreco & Eichnger, 1990), 사회복지사나 서비스 협력자도 또한 핵심 팀의 일원이 될 수 있다. 핵심 팀의 구성원은 아동의 요구가 변함에 따라 변화될 수 있다.

Orelove와 Sobsey(1991)은 위에 언급된 인원은 가끔씩 조언을 필요로 할지도 모르는 모든 학생들을 위해 이용되는 지원 팀도 논의한다. 핵심 팀은 해당 아동을 위한 프로그램을 계획하고 평가하기 위해 정규적으로 만나고, 반면에 지원팀 구성원들은 필요할 때 팀과 만난다. 앞에서 언급된 것처럼, 모임이 계속되는 사정, 계획, 모니터, 문제 해결, 훈련, 팀지원이 중요하기 때문에, 핵심 팀은 정규적으로 만나야 한다.

(9) 역할 개방의 중요성

초학문 모델은 발달과 교육을 지원하기 위한 지표의 통합을 포함한다. 통합된 치료는 각 팀 구성원들이 다른 영역에 대해 서로 알 것을 요구한다. 그러므로 역할 개방은 초학문 접근의 중요한 특징으로 여겨진다. 역할 개방은 정보와 기술을 한 분야에서 또 다른 분야로 옮기는 과정이다. 각 분야는 전통적으로 배타적 영역으로 보여지는 지식과 기술의 본체를 갖고 있다. 사전 훈련은 단절되거나 직접적인 치료 접근에서 특정 영역 지식과 기술의 적용을 전형적으로 강화시킨다. 그러나 초학문 모델은 모든 영역의 중재를 통합하는 모든 분야의 대표자들과 함께 전체적인 접근의 이행을 강조한다. 이 목표를 달성하기 위해서, 각 팀 구성원들은 프로그램 권고에 효과적으로 대처할 수 있도록 다른 분야에 대해서도 충분히 알 필요가 있다. 초학문 팀 접근에 익숙하지 않은 많은 팀 구성원들은 역할 개방에 의해 위협받는다고 느끼고, 그들이 자신의 책임이라고 보는 것을 다른 팀 구성원이 떠맡도록 하는데 주저한다. 역할 개방이 책임을 양도하는 것을 의미하지 않는다는 것을 인식하는 것이 중요하다. 계속되는 관리와 조언은 간접적인 치료를 효과적으로 만드는데 필수적이다. Lyon과 Lyon(1980)이 정의한 것처럼, 역할 개방은 개념과 실행, 전략과 접근에 관련된 보다 특정한 정보 기술, 그리고 수행과 능력에 관한 일반적인 정보를 공유하고, 다른 팀 구성원들에게 독특한 실행과 방법을 가르치는 것을 포함한다. Woodrutt와 McGonigel(1988)은 초학문적 모드로 이동하고, 분야 간 경계를 넘어서는 이 과정을 역할 전이(role transition)이라 부른다. 전이 과정은 역할 개방에 덧붙여, 역할 연장(role extension), 역할 보충(role enrichment), 역할 확장(role expansion), 역할 교환(role exchange), 그리고 역할 지원(role support)을 포함하는 몇 가지 단계를 포함하고 있다.

3. TPBI의 구성 요소와 실행 과정

1) TPBI의 구성 요소

TPBI는 4가지 영역으로 나누어진 TPBI 계획인자(TPBI Planner), 그리고 중재 활동을 계획하고, 아동 진보를 평가하며, 주제 프로그램을 개발하기 위해 사용되는 3개의 작업용지(worksheets)로 구성된다.

(1) TPBI 계획인자

TPBI 계획인자는 인지, 사회-정서, 의사소통과 언어, 감각운동의 4가지 영역으로 나누어진다. 이 영역들은 TPBA(Transdisciplinary Play-Based Assessment)를 실행하기 위해 사용한 관찰 지침을 따른다. 각 영역마다 관찰 지침 개요, 중재 함축, 발달 수준, 중재 지침, 놀이 재료들과 기회들, 예제로 구성되어 있다. TPBI 계획인자의 중심인 놀이와 재미있는 활동은 가족의 참여와 아동의 동기 부여로 설계되어진다. 그래서 가족과 아동은 치료에 참여하는 것을 느끼지 못하며, 교과과정은 기능적이고 효과적 중재 기법들을 많이 포함한다.

<그림 5.1> TPBI 과정의 연결된 구성 요소

(2) TIP 용지(Team Ideas for Play(TIP) Sheet)

중재 지침은 가족 목적과 목표들로 연결되고, 중재 계획으로 조직화되며, 그리고 그것은 TIP용지에 기록된다. 또한 그것은 계속적인 평가에 사용된다. 평가 과정은 TAP(Team Assessment of Play)에 사용된다. TIP용지와 TAP용지를 시작할 때, 적절한 곳에 동그라미를 한다. TIP는 아동의 이름, 생년월일, 나이, 현재 날짜, 중재 위치를 포함하는 정보 확인하기, 그리고 가족이 직접 작성한 가족의 목적, 그리고 가족의 목적을 고려해서 팀의 다양한 전문가들이 의견을 피력한 우선된 목표들, 그리고 목표들의 이유를 설명한 준비된 것과 근거(Retionale/Thing I'm Ready For), 그리고 아동 일과의 중요한 시기를 기록하는 환경, 그리고 환경과 목표들을 연결하는 활동을 기록하는 TPBI 계획인자 활동들로 구성된다. 그리고 뒷면에는 중재 활동들을 촉진하기 위한 권고 사항을 기록하는 준비하기, 그리고 아동이 선택된 활동들에 참여하는 것과 다른 사람과의 상호작용을 격려하는 전략들을 기록하는 단서들과 촉진 자극(cues and prompts), 그리고 장난감과 장비들의 수정과 대안적 환경 준비를 기록하는 조정(adaptations), 그리고 영아는 매달, 유아는 2달마다, 유아원 아동은 분기별로 관찰 업데이트를 기록하는 평가 스케줄, 그리고 다른 주의 요구(state requirement)와 팀 구성원의 이름과 역할을 기록하는 팀 구성원들로 구성되어 있다.

(3) TAP용지(Team Assessment of Play Sheet)

평가 스케줄을 실행하기 위해서, TIP용지는 TAP를 만들기 위해 수정된다. 이것은 TIP용지의 사진 복사로 만들어진다. TAP용지는 한 명의 구성원에 의해 마무리된다. TAP용지는 모니터링을 위한 방법을 제공하지만 모든 형식적인 사정을 제공하진 않기 때문에, 팀 구성원들은 관찰 의무를 순환하길 원한다. 이것은 초학문 과정을 강화시킨다. 부모는 그들이 바란다면, 관찰에 참여하여야 한다. TAP를 마무리하는 사람에 대한 결정은 팀 계획하기 모임에서 만들어 질 수 있다. 관찰 스케줄은 프로그램 모임 동안 결정되어지고 TIP 용지에 기록된다. 차후 팀 모임에서, 구성원들은 가정과 학교를 위한 TAP 용지의 기록을 비교하고 IFSP와 IEP를 수정한다.

(4) 주제 용지(Theme Sheet)

초학문 놀이-중심 중재는 어떤 교과과정도 통합될 수 있지만, 주제 교과과정과 이야기책 교과과정이 권고된다. 계획 용지는 팀 구성원이 모든 발달 영역에서 중재 아이디어를 통합하는 활동들을 만들도록 돕는다. 일주일 동안 센터들로 통합될 수 있는 다양한 활동, 재료들, 그리고 놀이 기회들을 브레인스토밍함으로써, 팀은계획 용지를 개발한다. 개별 아동의 목표는 이런 놀이활동에서 다루어진다.

2) TPBI 실행 과정 단계

Ⅰ단계: 이용 가능한 사정 자료 재조사
Ⅱ단계: 가족 목적과 프로그램 계획 목표 만들기
Ⅲ단계: TIP 용지 완성하기
Ⅳ단계: 아동의 개별 TIP 용지를 센터의 일상 프로그램에 통합하기
Ⅴ단계: 중재 이행하기
Ⅵ단계: 계속적인 평가 이행하기

(1) Ⅰ단계: 이용할 수 있는 사정 자료 검토

만약 시간이 된다면, 스텝핑 과정(staffing process) 동안, TPBI의 첫 세 단계를 포함하는 프로그램 계획이 행해진다. 그러나 종종 이것은 시간 제약 때문에 불가

능하고, 가정과 학교용 TIP용지를 개발하기 위해서 또 다른 모임이 열리는 것이 권고된다. 가정 TIP용지는 또한 가정 방문에서 비공식적으로 사용되어질 수도 있다. 계획 모임은 보통 약 1시간을 필요로 하고 아동의 프로그램에 능동적으로 참여할 모든 부분들을 포함해야 한다.

많은 아동들의 부모는 전시간제나 파트 타임제로 일한다. 이런 아동들은 종종 각 아동 보호 센터나 다른 형태의 아동 보호 센터에서 매일 일정한 시간을 보낸다. 만약 중재가 계획된 아동이 아동 보호 센터에서 하루의 중요한 부분을 보낸다면, 프로그램 이행 안에 아동 보호 제공자를 포함하는 공급들이 이루어져야 한다. 가족의 요구에 따라, 육아 담당자는 계획 모임에 포함되거나, 팀 구성원은 아동 보호 시간에 놀이 중재 아이디어를 포함하는 선택 사항들을 만들기를 바랄지도 모른다. TIP용지는 아동 보호 제공자를 위해 개발될 수도 있다. 프로그램 계획이 다음 모임에서 있을 때, 팀이나 가정 방문자는 프로그램 계획을 시작하기 전에 미리 수집된 사정 자료들을 검토해야 한다. 만약 팀이 TPBA를 이행했다면, 이 과정은 발날사, 영역들 간 TPBA에서 아동의 수행에 대한 관찰, 그리고 중재와 관련된 권고 사항들을 포함하는 보고서를 적는 것으로 끝날 것이다. 또한 4가지 영역들을 위해 완성된 TPBA 요약 용지(summary sheets)는 팀에게 유용하다. 모든 유용한 사정 자료들도 사용된다. 이런 것들은 TPBA 회기 이행 전에 부모들에 의해 완성된 발달 조사표(Linder, 1993), TPBA 작업 용지로 비공식적인 관찰, 관련되어져 온 다른 사정 도구들로 부터의 결과를 포함한다. 다른 주나 지방은 표준화된 도구, 부모 요구 목록, 또는 다른 특정 도구의 사용을 요구할 지도 모른다. 이런 정보의 검토는 중재 프로그램에서 아동이 준비된 것들을 결정하는 논리적 단계로 이끌어 줄 것이다. 이 모임의 성과와 TPBI 과정의 다음 단계는 아동과 가족을 위한 IFSP 또는 IEP의 계속적인 점검이다.

TPBA에 참여했던 가족들은 아동의 IFSP나 IEP를 계획하고 결정을 내릴 때 능동적으로 참여한다. 만약 특정 관심이 위에서 토론된 사정 자료의 검토에서 인식된다면, TPBA 비디오테입은 학습 스타일과 의사소통 전략에 초점을 두고 우선된 목표 확인을 돕도록 다시 조사될 것이다.

(2) II 단계: 가족 목적과 프로그램 계획 목표 만들기

모든 이용 가능한 사정 자료가 검토된 후에, 팀은 가족 목적과 프로그램 계획 목표를 만들 준비를 한다. 지금까지, 부모들은 TPBA 과정에서 능동적인 참여자였기 때문에, 팀 구성원들은 부모들이 그들 아동을 위한 목적으로 무엇을 고려하는지에 대해 몇 가지 생각을 갖고 있다. 팀의 다양한 전문가들은 그들의 특정 전문 분야와 아동에 대한 관찰에 근거한 목표들을 생각하고 있을 지도 모른다. 그러나 다른 목표들이 토론되기 전에 가족 구성원들이 선택했던 목적을 말하는 것이 중요하다. 가족 목적과 TIP의 우선된 목표 순서 사이에 분명한 관련이 있으므로 이것은 중요하다.

팀이 여전히 중재 계획의 토론 단계에 있을 때, TIP 용지에 옮기기 전에 임시 계획에 관하여 필기하기 위해 다른 종이가 사용될 것을 추천한다. 팀의 한 구성원이 필기하도록 지정되어야 한다. 그 사람은 가족 목적과 우선된 목표의 목록 둘 다를 만들 것이다. 토론을 시작하기 위해, 팀은 TPBA 요약 용지의 준비된 것(원래 요구)과 강점을 다시 살펴보고 싶을지도 모른다. 가족의 생활 유형, 아동을 포함하는 일과, 그리고 그들의 흥미를 고려해야 하는 가족에게 중요한 순서로 기록된다.

가족이 그들의 생각을 제시할 때, 다른 팀 구성원들은 관찰과 권고로 토론을 보충해야 한다. 만약 토론하는 동안, 어떤 지점에서 설명이나 조언이 필요하다면, 팀은 TPBA 비디오테입의 해당 부분을 재검토할 수 있다. 가족의 목적과 다른 팀 구성원들의 추천으로부터, 아동을 위한 특정 목표들이 개발된다. 팀 리더는 이런 목적들이 겨냥되어야 하는 적절한 시간 틀을 팀이 기억하도록 해야 한다. 전형적으로 6-12달 계획 기간이 사용된다. 프로그램이 계속 아동의 변하는 요구에 반응하도록 하기 위해, 재검토와 업데이트가 영아를 위해서는 매달, 걸음마기 유아를 위해서는 2달에 한 번, 그리고 취학 전 아동을 위해서는 3달에 한 번 완성되어야 한다. 8-10개의 목적들이 필기하는 구성원의 종이에 적혀진 후, 팀은 이전에 적은 가족 목적을 반드시 주목하면서 가장 중요한 항목들을 선택하고 중요한 순서에 따라 그것들을 분류해야 한다. TPBA 요약 용지 상의 모든 인식된 요구를 위한 목적들을 쓸 필요는 없고, 부모들은 그들 자신의 TIP 용지 상의 극소수 목적들에 초점을 두기를 원할지도 모른다. 아래에 설명된 것처럼, TIP 용지의 다른 부분은 팀 구성원들이 장점과 기술들을 확립한 전략들을 계획하도록 해 준다.

(3) Ⅲ단계: TIP 용지 완성하기

팀이 아동을 위한 우선순위 목표를 매길 때, 아동이 매일 시간을 보내는 환경(집, 학교)을 기입할 하나의 공백을 TIP 용지에 마련해야 한다. 각 TIP 용지마다, 작성하는 팀 구성원은 그 양식의 여섯 부분을 완성해야 한다.

첫째, 아동의 이름, 생일, 나이, 현재 날짜, 중재 장소를 포함하는 정보 인식하기가 각 양식의 맨 위에 들어간다.

둘째, 각 구성원들의 이름과 역할이 각 TIP 용지의 밑에 기입된다.

셋째, 가족 목적이 순서대로, 그리고 가족들이 이해할 수 있는 말로 그 양식에 기록되어야 한다. 가족이 선택한 언어를 사용하는 것은 특수 용어를 제거하고, 부모들의 관심이 중요하다는 것을 부모들이 알게 해준다.

넷째, 우선순위가 매겨진 목표들이 각 TIP 용지의 첫 난에 들어간다. 이런 목표들은 학습의 객관적인 측정을 고려하고 일어나고 있거나 일어나고 있지 않는 것에 관한 동의를 확립하기 위해 행동 전문 용어로 설명된다(Popovich, 1981).

다섯째, 쉽게 이행하기 위해, 그 목적이 왜 선택되었는지와 그것이 왜 아동에게 도움이 될지에 관하여 그 목표들이 다시 설명되고 "근거/내가 준비한 것(Rationale/Thing I'm ready for)"라고 이름 붙여진 난에 기록된다. 이 난은 아동을 위해 계획되고 있는 프로그램에 대비하여 현재의 행동과 이유에 대한 간단한 설명이 있는 TIP 용지를 제공한다.

여섯째, 우선 가정 TIP 용지에 집중하고 그런 다음 학교 TIP 용지에 집중하여, 가족과 다른 팀 구성원들은 가족과 함께하는 아동의 일과 중 핵심 기간을 인식한다. 이것들은 TIP 용지의 가로축에 쓰여진다. 학교 TIP 용지는 시간상의 문제로, 부모들이 참석하지 않는 다음 모임에서 완성될 수 있다. 그러나 가족이 다양한 치료와 교육 기법들이 교실에서 어떻게 통합되는지 살펴보는 것은 도움이 된다.

팀은 이제 각 TIP 용지가 사진 복사 되는 동안 쉰다. 이 사진 복사는 나중에 TAP 용지로 사용하기 위해 따로 남겨 둔다.

모임이 다시 시작될 때, 팀은 TIP 용지로 계속 작업한다. 아동의 목적에 대해 더 많이 토론한 후에 팀은 아동의 욕구를 설명하고 아동의 정규 일과에 맞는 놀이와 즐거운 상호작용들에 대한 아이디어를 낸다. TPBI 계획인자의 틀은 사정 결과를 중재 지침과 조화시키는 것을 쉽게 만들어 준다. 공식화된 TPBA 요약 용지상에 있는 요구는 관찰 지침 범주에 부합된다.

TPBI 계획인자의 특별한 부분들을 그 모임 동안 언급되고 계획인자에 익숙하지 않은 팀 구성원들과 토론할 수 있다.

마지막으로 완성된 TIP 용지는 평가 스케줄이다. 팀은 집과 학교에서 계속되는 사정이 얼마나 자주 행해질 것인가에 대해 동의한다.

(4) Ⅳ단계: 아동의 개별 TIP 용지를 센터의 일상 프로그램에 통합하기

개별 TIP 용지 계획을 아동의 그룹 학습 환경(영아나 걸음마기 아동 프로그램, 유아원, 유치원)에 성공적으로 통합하는 것은 TPBI 이행에 중요하다. 이 이행 과정은 아동들을 위해 계획되고, 확장된 교실 활동의 맥락에서 수행되어야 한다.

(5) Ⅴ단계: 중재 이행

TPBI의 역동적인 특성과 유연성으로 인해, 명백한 일련의 이행 단계들이 여기에서 제공되지는 않는다. 대신 초학문 방식으로 일하며, 팀은 TPBI 계획인자의 활동들을 아동의 생활에 통합하기 위해 협력한다. 아동의 TIP 용지를 완성한 후, 팀 구성원들은 대상, 사건, 사람들과의 상호작용을 촉진시키기 위해 어떤 수준에서 놀이에 참여할지를 결정하고, 환경을 준비하며, 아동-시도 활동들을 통합함으로써 아동의 놀이를 확장할 계획을 세운다.

①중재 수준 결정하기

성인은 어떤 수준의 중재(언제, 어떻게 개입하는가)가 아동에게 필요한지 결정해야 한다. 이 결정은 아동에 대한 계속적인 관찰을 필요로 한다. 일반적인 규칙은 능동적인 탐구와 실험이 일어나고 있을 때 성인들은 아동의 놀이에 끼어들지 말아야 한다는 것이다. 유사하게, 성인은 눈에 띄지 않고 놀이의 흐름을 깨뜨리지 않게 촉진할 수 있을 때만 개입해야 한다. 그러나 만약 아동이 전혀 놀이를 하고 있지 않거나 낮은 수준의 놀이만 보이거나 동일한 놀이 행동을 반복한다면, 성인은 아동의 놀이를 수정하거나 자극하기 위해 개입할 수 있다. 성인은 새로운 행동을 모델로 제시하거나, 새로운 재료를 소개하거나, 아동의 현재 활동을 확장시켜 보여 줄 수 있다.

②환경 준비하기

Peters, Neisworth 그리고 Yawkey(1985)은 교사라는 인물은 이용 가능한 재료들을 만들고 그런 다음 아동이 재료들을 선택해서 독립적으로 발견하고 배우게 해줌으로써 자유 발견(free discovery)을 통합시키는 사람으로 평한다. 교사가 단지 특정 재료만을 이용하게 하는 촉진된 발견(prompted discovery); 그리고 교사가 아동의 관찰을 안내하고 질문하며 문제를 제기하는 직접적인 발견(directed discovery). 후자가 훨씬 더 지배적인 중재이고 아마도 취학 전 아동들에게 더 적합하다.

③성인-아동 상호작용 향상시키기

중재 환경이 확립되고, 환경 내 아동의 역할이 확정된 후, 아동과의 상호작용에서 성인의 역할은 중요하다. 아동의 생활 속에서 성인들에 의해 사용되는 촉진 전략들은 탐구, 문제 해결, 다른 인지 능력들, 의사소통과 언어 기술들, 감각 운동 발달, 그리고 사회 능력을 자극한다.

성인-아동 상호작용을 확인하기 위한 수많은 연구들이 행해져 왔다. Stallings (1975)의 연구는, 비록 일대일 상호작용이 아동의 과제 지속성을 증가시켰지만 아동과의 상호작용 유형이 중요한 요소라는 것을 알아냈다. 언어적인 반응 교수, 비설교적 교수는 아동들에게 있어 과제 지속성, 독립성, 발성, 협력, 그리고 자존감의 결과를 초래했다. Fagot(1973)과 Hamilton과 Gordon(1978)은 또한 덜 비평적이고 더 지원적인 제안을 하는 덜 지시적이고, 더 반응적인 교수는 더 높은 과제 지속성과 수행을 초래한다는 것을 알아냈다.

아동의 의사소통과 상호작용 능력을 높이는 것은 조기 중재와 취학 전 프로그램의 초점이다(Miller, 1989; Roberts, Bailey, & Nychka, 1991; Warren & Kaiser, 1986). 성인이 의사소통을 촉진하기 위해 사용하는 전략들은 중재 이행의 필수적인 부분이어야 한다.

(6) Ⅵ단계; 계속적인 평가 이행하기

아동의 중재 계획이 각 환경에 따라 완성된 TIP 용지에 근거하여 이행된 후에, 계속적인 프로그램 점검이 중요하다. 앞에 언급된 것처럼, 가족과 다른 팀 구성원들은 추가적인 진보 관찰이 얼마나 자주 이루어져야 하는지를 결정한다. 집과 센터나 학교에서 아동을 관찰하는 것은 새로운 기술들이 여러 환경들 간에 일반화되고 있는지에 대해 생각하게 한다. 그러나 일부 가족들은 가정 방문을 불편하게 느끼고 자료 수집에 참여하기를 원하지 않는다. 만약, 이런 경우라면, 팀은 센터 중심 관찰에 의존하고, 어떤 기술들이, 누구와 함께, 어떤 맥락에서, 집에서 사용되고 있는지를 확인할 때 부모들에게 질문을 한다.

초학문 놀이 중심 사정은 아동의 진보를 평가할 때 공식적 비공식적 수단 둘 다를 제공한다. 예를 들어, 아동 보육 센터나 유아원에서의 아동의 하루가 끝나는 것은 팀 구성원들이 그 날의 활동과 다음날을 위해 계획된 활동들에 대해 부모와 양육자들과 함께 일화 같은 정보를 공유하는 기회를 제공해 준다. 하루가 끝났을 때 부모와 양육자들과 대화하는 것은 부모들이 집에서 할 수 있는 활동들을 팀이 부모들과 공유할 수 있게 해준다. 메모는 아동이 그날 학교에서 했던 특별한 일들에 대한 메시지를 적어서 집에 보내진다. 이것은 부모들이 아동과 이야기하고, 일어났던 일들을 생각나게 하는 단어들을 떠올리게 해준다. 심지어 장애가 없는 아동들도 "오늘 학교에서 뭐했니?" 라고 질문 받을 때 "아무것도 안했어" 라고 대답한다 메모는 차이를 메우고 그날에 대해 아동과의 토론을 자극하도록 돕는다.

센터 중심 프로그램에서, 모든 아동을 위한 TIP(Team Idea for Play)와 TAP(Team Assessment of Play) 용지는 교실 공책에 적혀질 수 있다. 선택한 날에, 책임이 있는 팀 구성원들은 아동의 행동을 TIP 용지에 관찰하고 기록한다. 관찰자들은 그룹 내에서 선택된 아동들을 관찰하거나 아동이 여러 센터를 이동할 때 한 아동을 관찰할 수 있다. 계속적인 기록을 위해 비디오테입이 만들어질 수 있고, 관찰자는 아동의 가장 높은 수준의 수행이나 센터에 상응하는 입장에서 행동에 대한 실제적인 판단과 기반 상의 목적을 기록한다. 요구되는 실제 판단이나 표본 행동 특이성의 정도는 팀과 기관에 의해 결정될 수 있다.

TAP 용지를 완성함으로써, 팀은 아동 진보를 점검하고 다양한 센터와 재료들, 기법들의 효과성을 평가할 수 있다. 만약 아동들이 특정 영역들을 선택하지 않거나 더 낮은 수준의 행동을 보이거나, 그들의 상호작용과 행동에서 일관적이지 않다면, 팀은 환경과 촉진자극을 수정해야 한다. TAP 용지에서 얻은 정보는 비공식적으로 부모와 공유되고 팀 모임에서 토론된다. 아동들의 교육목적은 이 때 수정되고, 만약 필요하다면 아동에게 사용된 프로그램이나 중재 기법을 변화시킬 수도 있다. 기록, 전화, 부모나 보호자들 간의 비공식적인 모임은 의사소통을 개방하고, 아동의 진보에 대한 토론을 지속적인 과정의 일부분으로 유지하는데 필수적이다.

TPBI는 TPBA(Transdisciplinary Play-Based Assessment)의 자연스러운 확장이다. 그러므로 TPBI를 실행하기 앞서 TPBA의 주의 깊은 실행이 우선되어야 한다. 그리고 TPBI는 자연적이고 유연하고 총체적인 과정이다. 실행 과정에서 가족의 목적과 아동의 요구에 따라 팀 구성원의 목표는 수정할 수 있다. 그러므로 TPBI 실행으로 가족의 목적과 아동의 요구를 가장 잘 반영한다.

제6장 특별활동과 재량활동 지도

이 장에서는 정신지체 특수학교의 특별활동과 재량활동지도에 관한 내용을 중점적으로 살펴보고자 한다.

1. 특별활동 지도

여기서는 정신지체 특수학교에서 실시되고 있는 특별활동의 특성과 특별활동의 내용, 방법, 평가에 대하여 알아보고, 특별활동을 운영하는데 있어 그 방향과 절차, 유형, 편제, 시간운영의 방안을 제시해 보고자 한다.

1) 정신지체학교 특별활동

(1) 특별활동의 특성

특별활동의 일반적 정의는 교과와 상호 보완적 관련 속에서 학생의 심신을 조화롭게 발달시키기 위하여 실시하는 교과 이외의 활동이다. 특별 활동은 근본적으로 집단 활동의 성격을 지니고 있으나, 집단에 소속한 개인의 개성, 자율성, 창의성도 아울러 고양하려는 교육적 노력을 포함한다(교육부, 1997).

특별활동은 교과와 함께 교육과정의 한 축으로 자리잡아 왔으며 교과와 상호 보완적인 관계 속에 있다. 무엇보다 특별활동은 다양한 집단을 편성하여 다양한 체험을 할 수 있도록 한다는데 정신지체 학생의 교육에 의의가 크며, 학생들의 미래 성인기에 직면하게 되는 요구들이 직업, 가정, 여가생활, 지역사회 참여, 건강, 개인적 책임과 사회적 관계라는 6가지 영역(Cronin & Patton, 1993)이라고 볼 때 정신지체학교 특별활동의 중요성은 더욱 강조된다.

국가 수준 교육 과정에 제시된 특별활동의 성격으로 미루어 보아 특별활동은 대개 다음과 같은 특성을 지니고 있다고 볼 수 있다(교육부, 1999).

첫째, 특별활동은 교육과정의 한 영역으로서 교과 활동과는 상호 보완적인 관계에 있다.

교과 학습 내용이 특별활동의 실제 상황에 적용될 수 있고, 특별활동을 통해 교과에 대한 흥미를 느끼게 하여 교과에 대한 학습 동기를 유발할 수도 있다. 또, 교과활동을 통하여 달성하기 어려운 목표를 특별 활동을 통하여 성취할 수도 있다. 특별활동은 학생들의 자율적인 활동, 구체적인 체험 활동 성격으로서 학생들에게 자신감이나 성취감을 높이게 할 수 있는 인간적인 활동이라고 할 수 있다.

둘째, 특별활동은 학생들의 자발적이고 자율적인 활동을 중시한다.

교과활동과는 달리 특별활동은 활동의 계획, 조직, 운영, 평가가 학생들의 자율적이고 자치적인 활동에 의해 이루어질 것을 전제로 한다. 이 과정에서 교사는 가능한 한 안내자, 보조자, 조력자로서의 역할을 하도록 해야 할 것이다.

셋째, 특별활동은 집단을 단위로 하는 활동이다.

특별활동은 개별적인 활동이 아니라 집단 활동을 통하여 심신의 조화로운 발달을 꾀한다. 그러나 특별활동에 있어서의 집단 활동은 집단 활동 그 자체가 목적이라기보다는 집단 내의 구성원간의 인간 관계를 중시하고, 타인과 더불어 사는 삶의 주체로서의 성숙을 위한 활동에 유의한다고 볼 수 있다.

넷째, 특별활동은 그 운영에 있어서 융통성을 가진다.

특별활동은 학생과 교사가 주체를 자유롭게 선정하여 장소, 시간, 방법에 구애받음이 없이 탄력적으로 운영할 수 있다. 또, 집단 편성도 학년별, 학기별, 분기별로 필요와 여건에 따라 학급 단위, 학년 단위, 전교 단위, 지역 단위 등으로 다양하게 구성하여 운영할 수 있는 점이 교과 활동과는 다른 점이다.

(2) 특별활동의 내용

① 내용 체계

특별활동의 내용 체계는 특별 활동의 본질적인 특성을 부각시킬 수 있는 목표 및 내용 중심으로 자치 활동, 적응 활동, 계발 활동, 봉사 활동, 행사 활동의 5개 영역으로 설정하고, 각 영역에 따른 내용이 하위 활동으로 구분, 제시되어 있다.

교육부에서 제시하는 그 구체적인 영역들과 내용 체계는 다음과 같다.

<표 6.1> 특별활동의 내용 체계

영역	활 동		
자치 활동	· 협의 활동 · 민주 시민 활동	· 역할 분담 활동	
적응 활동	· 기본 생활 습관 형성 활동 · 진로 활동	· 친교 활동 · 정체성 확립 활동	· 상담 활동
계발 활동	· 학술 문예 활동 · 여가 문화 활동	· 보건 체육 활동 · 정보 통신 활동	· 실습 노작 활동 · 청소년 단체 활동
봉사 활동	· 일손 돕기 활동 · 자선 구호 활동	· 위문 활동 · 환경·시설 보전 활동	· 캠페인 활동
행사 활동	· 의식 행사 활동 · 수련 활동	· 학예 행사 활동 · 안전 구호 활동	· 보건 체육 행사 활동 · 교류 활동

제 7차 교육과정에서 민주 시민 활동, 정체성 확립 활동, 정보 통신 활동, 수련 활동, 교류 활동 등이 신설되었다. 또, 계발 활동은 교과 이외의 교육 활동 중에서 학생의 소질, 적성, 특기를 계발하고 신장시키기 위한 모든 활동을 말하며 종래의 클럽활동과 그 성격이 달라졌다.

각 영역별 활동 내용면에서 인간 교육의 실현에 강조점을 두고 학생들의 인간, 자연, 사회, 문화와의 접촉을 확대, 강화할 수 있는 활동 및 프로그램을 학교 실정에 알맞게 선정하여 융통성있게 운영할 수 있도록 제시하였다.

이러한 5개 활동 영역들과 하위 활동이 구분 제시됨으로써 정신지체 학생들에게 접근할 수 있는 프로그램들을 교사들이 다양하게 구성할 수 있는 근거를 마련하였다는데 의의가 있을 것이다.

② 영역별 구체적 내용

□ 자치 활동

자치 활동은 협의활동, 민주 시민 활동, 역할 분담 활동, 그 밖의 필요한 활동으로 그 영역이 나누어지며 그에 따른 구체적 활동 내용은 다음과 같다.

<표 6.2> 자치활동의 영역 및 활동 내용

영 역	활 동 내 용
협의 활동	·학급회 조직 및 운영 ·학급 전반에 필요한 사항 협의 ·학생회 조직 및 운영 ·학교 생활에 필요한 사항 협의 등
민주 시민 활동	·애향반 활동 ·모의 의회 ·토론회 ·대화의 광장 등
역할 분담 활동	·1인 1역 활동 ·학급 부서 활동 ·운영 위원 활동 등
그 밖의 필요한 활동	·각 학교별로 선정

□ 적응 활동

적응 활동은 기본 생활 습관 형성 활동, 친교 활동, 상담 활동, 진로 활동, 정체성 확립 활동, 그 밖의 필요한 활동으로 나누어지며 그에 따른 구체적 활동 내용은 다음과 같다.

<표 6.3> 적응 활동의 영역 및 활동 내용

영 역	활 동 내 용
기본 생활 습관 형성 활동	·예절 ·준법 ·질서 ·절제 ·청결 ·정리 정돈 ·근검 절약 등
친교 활동	·축하회 ·위로회 ·친목회 ·사제 동행 등
상담 활동	·학습 ·건강 ·교우 ·클럽 선택 ·여가 활용 ·개인 문제 상담 등
진로 활동	·직업 세계의 이해 ·진로 인식, 진로 탐색 등
정체성 확립 활동	·자기 이해 ·진로 인식, 진로 탐색 등
그 밖의 필요한 활동	·각 학교별로 선정

□ 계발 활동

계발 활동의 영역은 학술 문예 활동, 보건 체육 활동, 실습 노작 활동, 여가 문화 활동, 정보 통신 활동, 청소년 단체 활동, 그 밖의 필요한 활동으로 나누어지며 그에 따른 활동 내용은 다음과 같다.

<표 6.4> 계발 활동의 영역 및 활동 내용

영 역	활 동 내 용
학술 문예 활동	문예, 연극, 방송, 음악, 미술, 전통 예술, 외국어, 회화, 과학 탐구, 사회 등
보건 체육 활동	육상, 구기, 수영, 체조, 무용, 민속 놀이, 씨름, 태권도 등
실습 노작 활동	사육·재배, 조경, 목공예, 제도, 설계, 조리, 수예, 재봉 등
여가 문화 활동	등산, 사진, 독서, 영화, 꽃꽂이, 원예, 기악, 서예, 바둑, 장기 등
정보 통신 활동	컴퓨터 동신, 인터넷, 신문 활용 학습, 국제 이해 활동 등
청소년 단체 활동	소년 소녀단, 청소년 연맹, 적십자, 우주 정보 소년단, 해양 소년단 등
그 밖의 필요한 활동	·각 학교별로 선정

□ 봉사 활동

봉사 활동의 영역은 일손 돕기 활동, 위문 활동, 캠페인 활동, 자선 구호 활동, 환경·시설 보전 활동, 그 밖의 필요한 활동으로 나누어지며 그에 따른 활동 내용은 다음과 같다.

<표 6.5> 봉사 활동의 영역 및 활동 내용

영 역	활 동 내 용
일손 돕기 활동	·복지 시설 일손 돕기 ·공공 시설 일손 돕기 ·농·어촌 일손 돕기 ·병원 일손 돕기 ·학교 내 일손 돕기 등
위문 활동	·고아원 위문 ·장애인 위문 ·양로원 위문 ·병약자 위문 ·부대 위문 등
캠페인 활동	·공공 질서 확립 캠페인 ·교통 안전 캠페인 ·학교 주변 정화 캠페인 ·환경 보전 캠페인 등
자선 구호 활동	·재해 구호 ·불우 이웃 돕기 ·국제 협력과 난민 구호 등
환경·시설 보전 활동	·깨끗한 환경 만들기 ·자연 보호 ·문화재 보호 등
그 밖의 필요한 활동	·각 학교별로 선정

□ 행사 활동

행사 활동의 영역은 의식 행사 활동, 학예 행사 활동, 보건 체육 행사 활동, 수련 활동, 안전 구호 활동, 교류 활동, 그 밖의 필요한 활동으로 나누어지며 그에 따른 활동 내용은 다음과 같다.

<표 6.6> 행사 활동의 영역 및 활동 내용

영 역	활 동 내 용
의식 행사 활동	·경축일 ·기념일 ·조회 ·입학식 ·졸업식 ·시업식 ·종업식 등
학예 행사 활동	·전시회 ·발표회 ·감상회 ·학예회 ·경연대회 ·실기 대회 등
보건 체육 행사 활동	·신체 검사 ·건강진단 ·예방 접종 ·체육대회 ·친선 경기 대회 등
수련 활동	·소풍 ·수학 여행 ·문화재·명승지 답사 ·학술 조사 ·해외 여행 ·등산·등반 ·야영 ·하이킹 ·탐사 활동 ·극기 훈련 등
안전 구호 활동	·안전 생활 훈련·대피 방호 훈련 ·재해 구조 활동 등
교류 활동	·자매 결연 활동·도시·농촌 교류 ·국제 교류 활동 등
그 밖의 필요한 활동	·각 학교별로 선정

지금까지 제시한 5개 영역 구체적 내용은 국가 수준에서 제시한 예시적 기준이므로, 지역의 특성과 학교 실정을 고려하여 활동 내용을 선정하여 운영할 수 있다. 따라서 정신지체 학교에서는 5개 영역 활동을 창의적으로 다양하게 설정하여 운영할 수 있다. 이 5대 영역은 그 편성과 운영에 있어서도 활동집단, 활동 장소, 활동 시기, 지도자 등을 다양하게 운영할 수 있다는 장점도 있다.

(3) 특별활동의 방법

특별활동은 교과에 비하여 각 단위 학교와 교사의 재량의 폭이 넓다. 따라서 특별 활동의 실천과 지도는 각 지역, 학교의 특색과 실정, 교사의 창의적인 발상으로 여러 가지 방법을 구사할 수 있다.

특별활동 교사용 지도서에 따르면 각 영역별 구체적 지도 방법은 다음과 같다.

① 자치 활동

자치 활동의 지도는 내용과 방법에서 학생들의 발달 수준을 충분히 고려하여 학생의 자주성과 자율성을 중시하는 운영이 되도록 한다.

학생들이 협의하거나 실천해야 할 주제나 역할은 가능한 한 학생들의 생활 또는 흥미와 밀접하게 관련되는 것들 중에서 선정하여 협의 활동 지도에 있어 학생들로 하여금 의견을 민주적으로 수렴하고, 결정된 사항은 자발적으로 실천하도록 지도한다.

자치 활동을 운영할 때 사전·사후 지도를 철저히 함은 물론, 수시로 학생들과 평가 분석의 기회를 가진다.

자치 활동의 지도 방법을 예시로 제시하면 다음과 같다.

<표 6.7> 자치 활동의 지도 방법

적용 학년		수준별 지도 단계	지도 내용	운영 과정
초등부	중학부			
저학년	1학년	교사지도, 학생 참여	자치 활동의 기본 능력	계획
중학년	2학년	교사·학생 협력	자치 활동의 운영 경험	실천
고학년	3학년	학생 주도	조직적·체계적 자치 활동	정리

② 적응 활동

적응 활동은 집단 속에서 더불어 살아가는 개인으로서의 자기 발견과 성장에 중점을 두고 지도하며 교과 활동과 생활 지도 뿐만 아니라 특별활동의 다른 영역과도 통합적으로 운영한다. 학생의 발달 단계에 맞게 적응 활동의 교육 과정을 편성, 운영하고 지도한다.

적응활동의 지도 방법을 예시로 제시하면 다음과 같다.

<표 6.8> 적응 활동의 지도 방법

적용 학년		지도 방법	지도 내용	운영 과정
초등부	중학부			
저학년	1학년	교사의 도움	환경에 대한 순응적 적응	계획
중학년	2학년	교사·학생 협력	환경에 대한 대응적 적응	실천
고학년	3학년	학생 주도	환경에 대한 창조적 적응	정리

③ 계발 활동

계발 활동은 자아 실현의 기초를 닦을 수 있는 활동 중심으로 전환한다. 계획, 운영, 평가의 전 과정에서 학생의 의사를 충분히 존중하며 활동 시간, 활동 내용, 활동 지도 등의 면에서 학생의 특성을 고려하여 융통성 있게 운영한다.

계발활동 지도 방법의 예시는 다음과 같다.

<표 6.9> 계발 활동의 지도 방법

목표 설정	지도 계획 수립	부서 설치 및 편성	활동 전개	평가
계발 활동 목표 설정	◦연간 지도 계획 수립 ·활동 목표 ·활동 내용 ·활동의 조직 ·지도상의 유의점 ·평가의 관점 ·자료, 작품 처리 ◦ 차시별 계획	◦부서 설치, 운영, 방법 및 운영 시간 결정 ◦입부 지도 ◦학생 희망 조사 및 편성	① 준비 ② 탐색 ③ 지도 ④ 정착 ⑤ 심화	계발활동 평가

④ 봉사 활동

봉사 활동의 참된 의미와 가치를 인식시키고, 학생들이 자발적으로 참여할 수 있도록 사전 교육을 실시하며 충분한 정보를 수집하고 면밀한 계획을 세워 추진한다.

활동의 전 과정이 교육적 의미를 가질 수 있도록 활동의 과정 및 결과에 대한 사후 평가를 실시하고 이를 반영한다.

지역 사회, 유관 기관 및 봉사 단체와 긴밀한 협조 체제를 유지하여 효율적인 봉사활동이 이루어지도록 하고 봉사 활동 시 학생들이 안전에 유의하여 사고에 대비한다.

봉사활동의 지도 방법 예시는 다음과 같다.

<표 6.10> 봉사 활동의 지도 방법

단계	진행 과정	주 요 내 용
준비 단계	봉사 활동 예비 조사	·봉사 활동 대상 조사 ·봉사 활동 내용 조사 ·봉사 대상 기관 협조 요청
	봉사 활동 계획 수립	·목표 설정 ·활동 계획 수립 ·평가 계획
	사전 교육 실시	·봉사 활동 전 지도 교사 연구 ·봉사 활동 전 학생 교육
실행 단계	현장 교육 실시	·현장 상황 설명 ·활동상의 유의점
	봉사 활동 실천	·역할 분담 ·실천 활동
	봉사 활동 지도 감독	·진행 지도 감독 ·유사시의 대책
반성 단계	봉사 활동 기록 유지	·활동 내용 기록 ·활동 결과의 기록
	반성 토의	·활동 내용 결과에 대한 반성 협의
	인정, 격려	·활동 결과에 대한 인정 및 격려

⑤ 행사 활동

학교에 부여된 재량권을 발휘하여 탄력적으로 운영해야 하며 가능한 한 학생들 스스로 계획을 수립하여 참여하고 평가해 보는 과정에서 행사의 중요성을 알고, 학교와 지역 사회 공동체 일원으로서의 기본 자질과 태도를 갖게 한다.

사전·당일·사후 계획을 세밀히 수립하여 교육적인 행사 활동이 될 수 있게 한다. 학생의 발달 단계에 알맞은 행사 활동 내용을 선정하여 실시하여야 한다.

행사활동의 지도 방법 예시는 다음과 같다.

<표 6.11> 행사 활동의 지도 방법

<table>
<tr><th colspan="2">운영 단계</th><th>활동 내용</th><th>지도 요소</th></tr>
<tr><td rowspan="2">사전 준비</td><td>계획</td><td>·행사명
·행사 기간
·소요 시간
·행사 장소
·행사 대상, 참가 범위, 인원수
·준비물, 시설
·사전 협의
·지도 교사
·프로그램
·소요 예산</td><td rowspan="2">·행사의 의의
·행사의 목표
·행사의 내용
·운영 방법(협의 과정, 역할 분담
·기대하는 교육 효과</td></tr>
<tr><td>준비</td><td>·행사 프로그램 작성, 초청장, 안내장 발송
·행사장 준비: 안내, 좌석 배치, 정리 정돈
·행사 진행시의 연락망, 지휘 계통
·우천, 일기, 불순, 기타 사정에 따른 대책
·사전 연습, 미비점 보완, 지도 조언</td></tr>
<tr><td>행사 활동</td><td>시행</td><td>·운영 계획에 따른 행사 진행
·적극적인 참여와 질서 지키기
·협업과 분업: 역할 분담, 협동 실천
·문제 학생의 참여 문제
·지도 조언</td><td>·질서, 성실, 책임 의식 고취
·자발적인 참여
·협동, 봉사의 정신
·공동체 의식, 소속감</td></tr>
<tr><td>사후 지도</td><td>반성</td><td>·사후 지도 프로그램 작성
·소감문 쓰기, 전시회, 반성회
·자기 표현의 기회 제공 및 확대
·목표 달성도 평가</td><td>·인간 관계의 변화
·가치 의식의 내면화
·반성, 평가, 생활 개선</td></tr>
</table>

특별활동 지도 방법은 각 영역에 따라 다양할 수 있다. 자치 활동은 학생들의 자주성과 자율성을 중시해야 하며, 적응 활동은 사회 속 개인으로서 자기 발견과 성장에 중점을 두고 지도해야 할 것이다. 계발 활동은 학생의 개성과 특기를 살릴 수 있도록 활동 중심으로 운영해야 하며 봉사 활동은 학생들의 자발적 참여가 중요하다. 행사 활동은 학교의 재량권을 발휘하여 탄력적 운영을 하며, 학생들 스스로 계획, 참여, 평가하는 과정을 거칠 수 있도록 해야 할 것이다.

(4) 특별활동의 평가

특별활동의 평가는 학생의 전인격적인 측면을 강조하기 때문에 학생들의 태도나 행동 변화에 주된 관심을 두고 평가한다. 또한 개인의 진보와 함께 집단 활동도 평가의 대상이 되며 활동 과정에 대한 평가를 더 중요시한다. 이러한 특별 활동의 평가 요소들을 만족시키기 위해서는 다양한 평가 방법이 요구되는데, 관찰법, 질문지법, 자기 평가, 상호 평가 등의 수행평가 방법들이 사용될 수 있다.

① 특별활동 평가의 지침

제 7차 교육과정의 특별활동 교육과정의 평가에 대한 기본 지침은 다음과 같다.

첫째, 특별활동은 영역별로 담임 또는 담당 교사가 수시로 평가하되, 담임 교사가 종합한다.

둘째, 특별활동의 평가는 다음과 같은 점에 유의하여 학교와 지역 사회의 실정, 교육 목표에 비추어 적합하도록 고안하여 실시한다.

· 학생 자신에 의한 평가, 학생 상호간의 평가를 고려하여 교사가 평가한다.
· 관찰 기록과 질문지를 활용하는 등 다양한 방법으로 평가한다.
· 활동 기록, 작품 분석, 포트폴리오 등과 같은 수행 평가 방법을 활용한다.
· 각 영역별로 평가 관점을 마련하여 평가 척도를 작성, 활용한다.
· 참여도, 협력도, 열성도 및 특별한 활동 실적 등이 골고루 반영되게 한다.
· 교육 목표의 설정, 평가 장면의 선정, 평가 도구의 제작, 평가의 실시 및 결과 처리, 평가 결과의 해석 및 활용의 절차를 고려한다.

셋째, 평가의 결과는 평소의 활동 상황을 누가 기록한 자료를 토대로 활동 실적, 진보의 정도, 행동의 변화, 특기 사항을 종합하여 문장으로 기록한다.

넷째, 특별활동 평가는 학생을 비교하는 상대 평가가 아닌, 학생 각자의 성취도나 변화를 진단하는 절대 평가가 되도록 한다.

다섯째, 특별활동의 평가는 총괄 평가적 성격보다는 형성 평가적 성격을 지녀야 한다. 평가 결과는 학생의 계속적 진보와 계발을 돕는 자료로 활용되어야 한다.

여섯째, 특별활동 평가에 있어서 학생 개개인의 발달, 변화, 성취를 평가함과 아울러 학급 또는 학교 차원에서 전체 집단의 성장, 발달, 변화 등도 평가하여 지도 자료로 활용한다.

일곱째, 특별활동의 평가는 학생에 대한 평가와 더불어 특별활동 프로그램에 대한 평가도 함께 실시되어야 한다. 프로그램 평가는 활동 내용의 타당성, 운영 계획의 현실성, 담당 교사의 준비성과 열성 등이 포함되어야 한다. 특별 활동 프로그램에 대한 평가 결과는 해당 학급 또는 학교의 후속 특별 활동 계획 수립 및 운영 개선에 활용한다.

② 특별활동 평가의 방법과 절차

특별활동의 평가는 활동의 결과보다는 과정을 중시하고, 학생들의 태도나 행동의 변화를 대상으로 하기 때문에 비교적 주관적이고 실질적인 방법이 많이 활용된다.

특별활동에 활용할 수 있는 평가 방법을 예시하면 다음과 같다.

<표 6.12> 특별활동의 평가 방법

구 분	평가 방법	평 가 요 령
관찰법	일화 기록	학생의 활동 상황을 자유로이 기록
	체크항목	활동에의 참가 태도, 실천 상황을 미리 준비된 항목에 의거 체크
	평정 척도	평정 척도
질문지법	의식, 태도 조사	활동에의 생각, 흥미, 관심, 태도 등을 설문식으로 조사
	자기 평가	활동에의 참가 태도, 행동의 정착도를 스스로 반성 평가
	상호 평가	학생 상호간의 집단 생활에의 참가 태도, 공동 산출물에 대한 기여 정도 평가
학생기록 작품분석 (평정법)	활동의 기록 분석법	활동의 계획이나 활동 과정의 실제를 기록하도록 한 것을 분석
	작품 평가	개인 혹은 집단으로 작품을 만드는 과정이나 결과를 평가
	작문, 일기	활동의 계획, 실시 등에 대한 의견, 활동 참가 후의 감상을 글로 쓰거나 일기로 기록한 것을 분석
교사 협의, 의견 교환	학년 협의 전교 협의	정보 교환 및 반성 평가

특별활동의 5개 영역인 자치 활동, 적응 활동, 계발 활동, 봉사 활동, 행사 활동을 다음과 같은 절차로 평가한다.

첫째, 성격, 목표, 내용을 고려하여 목표를 설정한다.

둘째, 질문지, 필답, 관찰, 평정 척도 등을 이용하여 평가 장면을 선정한다.

셋째, 타당성, 신뢰성 있는 평가 도구를 제작한다.

넷째, 활동 카드에 누가 기록하여 평가 실시 및 결과를 처리한다.

다섯째, 평가 기록 카드를 작성하여 평가 결과를 해석 및 활용한다.

특별활동 평가는 학생들의 발달을 태도나 행동 변화에 중점을 두고 평가해야 하며, 각 개인이 자신의 발달을 스스로 점검하고 자신과 집단 전체의 발전을 함께 할 수 있도록 해야 할 것이다. 평가의 방법은 관찰법, 질문지법, 포트폴리오, 협의 및 의견 교환 등 다양하게 활용할 수 있으며 누가 기록하여 그 결과를 해석 및 활용할 수 있도록 해야 할 것이다.

2) 특별활동의 운영

(1) 특별활동 운영의 기본 방향

특수학교 교육 과정의 편성·운영 지침에 따르면 정신지체 학교의 특별활동은 다음과 같이 운영될 수 있다.

성신지체 학교는 당해 학교의 여건과 학생들의 장애 유형에 따른 특성과 장애 정도, 그리고 생활 연령 등을 고려하여 초·중·고등부별로 특별활동 프로그램을 다양하게 개발, 운영하도록 한다. 정신지체 학생의 장애 정도에 따라 5개 특별활동 영역 중에서 활동이 어려운 영역이 있으므로 학교 재량으로 초·중·고등부별로 특정의 특별활동 영역을 중심으로 편성·운영할 수도 있다. 예를 들면, 초등부는 적응 활동을 중심으로 편성하고, 자기 계발 활동은 중·고등부에서만 편성·운영할 수도 있다.

각 영역별 활동 시간을 배정하는데 있어서는 영역간의 균형이 유지될 수 있도록 유의하여야 한다. 만약, 주당 평균 2시간을 자치 활동에 1시간, 계발 활동에 1시간으로 나누어 배정하였다면 나머지의 적응 활동, 봉사 활동, 행사활동의 시간은 별도로 확보하여야 한다.

특히, 특별활동은 교육 과정 시간 배당 기준에 배당된 시간보다는 더 많은 시간을 확보하여야 학교의 필요, 학생의 희망, 요구 등에 따른 학습자 중심의 교육을 다양하게 운영할 수 있다. 특별 활동의 시간 운영은 고정된 시간표에 의한 획일적이고 경직화된 운영이 아니라 활동 영역, 활동 주제, 활동 내용이나 운영 방식 등에 따라 통합하거나 분할하는 등 융통성 있고 탄력적으로 운영하여야 한다.

일반 학교에서 특별활동의 운영 기본 방향은 다음과 같다.

첫째, 특별활동의 목표, 내용, 방법, 평가가 일관성 있게 실천되도록 한다.

둘째, 특별활동의 연간 계획에 의거 각 영역별로 연간 지도 계획을 수립하여 체계적으로 운영되도록 한다.

셋째, 활동 내용을 학생 중심으로 계획, 운영, 평가될 수 있도록 하여 교사 위주의 고정적, 획일적인 운영이 되지 않도록 한다.

넷째, 다양한 학습 주체와 체험 위주의 활동 내용으로 자발적이며 자율적인 활동이 되도록 한다.

다섯째, 특별활동 교육 과정 시간은 다양한 시간 운영으로 융통성 있게 운영한다.

여섯째, 학교의 실정을 고려하여 지역 사회의 인적, 물적 자원을 최대한 확보하여 학습 활동에 활용한다.

일곱째, 특별활동의 조직 단위는 학습의 내용, 학습의 양, 학습의 장소를 고려하여 소집단, 학급, 학년, 지역 사회 등 다양한 형태의 단위로 조직한다.

(2) 특별활동 편성 운영 절차

교육부에 따르면 특별활동 교육과정 편성·운영 작업은 다음과 같은 절차를 거치게 된다.

① 상위 교육과정과 편성·운영 지침 분석

국가수준 교육과정과 특별활동 교육과정 편성·운영 지침을 분석한 다음, 시·도 및 지역 교육청의 교육 지표와 중점 과제 분석, 단위 학교 교육의 목표와 학교 전통 및 특색을 분석한다.

② 편성·운영 계획 수립을 위한 기초 조사

특별활동 교육과정 실행에 대한 분석 및 평가를 하고, 학교의 여건, 학생과 학부모의 실태, 지역 사회의 특성 조사, 교원, 학생, 학부모의 요구 조사, 교원 현황 및 실태 분석을 한다.

③ 편성·운영 계획 수립

편성·운영 계획 수립은 다음과 같은 내용을 포함한다.

첫째, 학생 발달 단계에 맞는 활동 내용 선정 및 시간 배당을 한다.

둘째, 교육 활동 시간과 교육 내용의 개요를 확정한다.

셋째, 특별활동의 융통성 있는 시간 확보 계획을 세운다.

넷째, 특별활동의 연간 프로그램 작성하고 활동 영역과 활동 내용 요소를 체계화 한다.

다섯째, 지도 교사 배정 및 집단 편성을 한다.
여섯째, 시간 운영 계획 및 장소 선정을 한다.
일곱째, 교육 자료 확보 및 활동 방법을 구체화한다.
여덟째, 수익자 부담의 활동 내용 계획을 세운다.
아홉째, 평가 계획을 수립한다.

④ 학교 교육 과정 위원회 심의 확정

위의 절차들은 대부분 동시에 이루어지므로 단위 학교에서는 다음과 같은 변인들에 관한 자율성 창의성을 발휘하여 의사 결정을 내려 다양한 운영이 이루어지도록 한다.

(3) 특별활동 편성·운영 관련 변인

특별활동을 편성·운영함에 있어서 교육부에서 제시하는 고려하여야 할 주요 변인으로는 활동 영역 및 내용, 지역 및 학교의 여건과 실정, 학생 및 학부모의 요구, 지도 시기, 집단 조직, 교수 조직, 활동 장소, 활동 방법 등을 들 수 있으며, 이들은 하위 요소들에 따라서 다시 특별활동은 다양한 모습으로 나타나게 되는데, 지역과 학교의 독특한 교육 문화 풍토를 고려하여 특색있고 융통성 있게 운영하는 것이 무엇보다도 중요하다.

<표 6.13> 관련 변인에 따른 편성 · 운영 유형

변 인	유 형
활동 영역 및 내용	자치 활동, 적응 활동, 계발 활동, 봉사 활동, 행사 활동
지역 및 학교의 여건, 설정	학교 전통, 교육 문화 풍토, 기타
학생 및 학부모 요구	특기 신장, 예절 교육, 봉사 정신, 기타
활동 시기	정일제, 전일제, 격주, 주말, 월 집중, 계절 집중, 방학, 기타
집단 조직	소집단, 학급, 학년, 학교, 지역 단위
교수 조직	담임, 자원 인사, 지역 인사, 강사 초빙, 보조 교사, 명예 교사
활동 장소	교내, 지역 시설, 지역 행사장, 명승지, 기타
활동 방법	현장 활동, 체험 활동, 토론 활동, 기타
평가 활동	학생 평가, 프로그램 평가 등

이상의 변인들은 '무엇을 할 것인가'와 '어떻게 할 것인가'가 관련된 변인으로서, 각급 학교에서는 이들 변인들을 상호 결합하여 융통성 있게 운영할 수 있는 학교 특별 활동 교육 과정을 편성·운영하고 평가하여야 한다.

(4) 특별활동 편제

특별활동은 교과, 재량 활동과 함께 정신지체 학교 교육 과정(기본 교육 과정)의 한 영역이다. 특별 활동은 자치 활동, 적응 활동, 계발 활동, 봉사 활동, 행사 활동으로 5개 하위 영역으로 편성되어 있다.

시간 배당은 초등부의 경우 연간 수업 시수는 34~68시간이며 중학부와 고등부의 연간 수업 시수는 68시간으로 되어 있다. 이를 주당 평균 시간으로 보면 초등부의 경우는 1~2시간, 중학부 고등부의 경우는 2시간으로 되어 있다.

(5) 특별활동 시간 운영

특별활동의 시간 운영은 고정 운영, 연속 운영, 분산 운영, 집중 운영의 다양한 방안이 있으나, 이는 특별 활동의 각 영역, 활동 주체의 특성, 계절이나 기후, 학급·학년의 과제, 학생의 흥미와 요구, 학교의 설정 등에 따라 달라질 수 있는 것이므로, 어느 한 특정한 방안만이 효과적이라고 할 수는 없다. 자치 활동과 적응 활동의 활동 영역에 따라서는 분산 운영이 효과적이기도 하나, 계발 활동에서는 연속 운영이 효과적일 수도 있다. 봉사 활동이나 행사 활동의 경우, 집중 운영 방안을 구체적으로 수립해 볼 수도 있다(교육부, 1999).

특별활동을 운영하는 방법은 다음과 같이 학교에 따라서 다양하게 이루어질 수 있다.

① 정일제 운영
· 매주 한 시간씩 지정된 요일과 시간에 고정적으로 실시
· 희망자가 많은 클럽은 학생의 능력과 수준에 따라 Ⅰ·Ⅱ반으로 구분
· 학생과 교사의 희망, 학교 실정에 알맞은 부서 조직

② 격주제 운영
· 격주로 연속 실시
· 일과표를 격주로 달리 작성

③ 전일제 운영

· 매월 제 4주 토요일에 실시

· 지역 사회 시설, 인적 자원, 장소의 최대한 활용

· 우천시의 계획을 별도로 수립, 학습의 직접 체험 활동 강조

특별활동 운영은 학생들의 특성과 연령을 고려하여 운영하며, 5개 영역 중 중점영역을 정하여 편성·운영할 수 있다. 시간 배정을 균형있게 하여, 시간 운영을 탄력적으로 실시한다. 그리고 상위 교육과정의 편성·운영 지침을 분석하고, 계획을 수립하기 위한 기초 조사를 실시한 다음 편성·운영 계획을 수립한다.

학교의 재량권을 발휘하여 적절한 계획을 수립하고 학생, 학부모, 교사, 지역사회의 여건을 고려하여 다양한 방식으로 운영해야 할 것이다.

특별활동은 교과 학습을 보완하여 학생들이 다양한 체험을 하고 집단 속에서 개인의 발전을 도모하는데 그 의의가 크다. 자치활동, 적응활동, 계발활동, 봉사활동, 행사활동의 내용을 적절하게 선정하여 다양한 교수-학습 방법을 통해 학생들이 교과학습 이외의 것들을 경험하게 하며 학생들의 전인적인 발달을 평가할 수 있도록 해야 할 것이다.

그러기 위해 특별활동 운영은 각 학교의 실정과 지역 사회의 여건을 고려하여 융통성 있고 탄력적 운영이 되어야 할 것이다.

2. 재량활동 지도

1) 특수학교 교육과정의 재량활동

(1) 재량활동 확대·신설의 배경

제7차 교육과정에서는 자율과 창의에 바탕을 둔 학습자 중심 교육 과정을 표방함으로써 다가올 21세기의 정보화, 세계화 시대에 살아갈 우리 학생들에게 다양성을 계발시키고, 창의적이고 쓸모 있는 지식을 생산할 수 있도록 하는 학습자 각자의 의미 있는 학습 활동을 강조하고 있다. 한편 이러한 교육 과제를 실천하는데 적절한 것이 '재량활동'이라 할 수 있다.

재량활동은 교육 과정 운영의 분권화, 자율화, 지역화를 추구하는 제7차 교육과정의 정신을 구현하기 위한 교육 활동으로써 제6차 교육과정의 '학교 재량 시

간'을 확대 신설한 영역이다. 지금까지의 '만들어진 교육 과정'의 운영에 안주하던 학교 교육 과정의 현실을 과감히 탈피하여 지역이나 학교의 실정에 알맞은 학교 현장에서의 '만들어 가는 교육 과정'으로 나아가게 하는 교두보적인 역할을 담당하고 있다고 볼 수 있다.

이와 같은 재량활동과 함께 창의적인 교육 활동을 전개할 수 있는 선택의 권한이나 실질적인 재량권이 학교에 주어짐으로써 이제는 과거의 고정된 관념이나 사고에서 벗어나 각 학교의 특수성이 반영된 의미 있고 창조되는 학교 교육 과정을 실현해야 할 것이다.

재량활동은 학생의 자기 주도적 학습 능력의 신장에 역점을 두고 국민 공통 기본 교과와 특별활동과의 관련된 지도를 통하여 기초·기본 교육의 충실과 기본 생활 습관의 형성을 도모하고 지역과 학교의 실정, 학습자의 요구에 알맞은 교육 실천 방안을 특색 있게 마련하는 창의적 교육 활동으로 다음과 같은 교육적 의의를 갖고 있다.

첫째, 학생들의 다양한 요구·흥미·적성을 수용하는 새로운 영역과 내용을 설정하여 학생들이 학교 생활에 대하여 홍미와 관심을 가지고 다양한 자기 주도적 학습 활동을 경험하게 한다.

둘째, 급변하는 시대적 변화와 쉼없이 쏟아지는 지식 정보 및 다양한 국가 사회적 요구를 학교 교육과정 속에 끌어들여 편성·운영함으로써 종전의 시책 따로 교육 과정 따로의 파행된 교육과정을 정상적인 교육 과정으로 나아가게 한다.

셋째, 종래의 획일적이고 경직된 학교 교육의 모습에서 벗어나 지역 사회와 학교의 실정에 적합한 학교 교육과정을 편성·운영할 수 있는 재량권이 학교에 부여되고, 확대되어 나가게 된다.

넷째, 창의적인 교육과정 운영을 위한 교사의 재량권이 확대되어 담당 교과 외에 특별히 관심 있게 연구한 영역이나 연구하고 있는 영역의 학습내용을 프로그램으로 선정하고 이를 지도함으로써 교사의 전문성을 신장하고, 각 학교는 물론 학급 나름대로의 특색 있는 교육 과정을 운영하게 된다.

다섯째, 교과 외의 다양한 교육 활동을 통하여 조사, 수집, 노작, 견학, 현장, 답사 등과 같은 직접적인 체험 활동이 통합적으로 이루어지도록 하고, 이를 통해서 문제를 자기 주도적으로 해결할 수 있는 능력과 자연 체험활동을 통한 호연지기 등을 기르게 된다.

여섯째, 교과와 특별 활동의 상호 보완을 통하여 학습하는 방법의 학습, 주제 탐구 학습, 소집단 공동 학습 등이 통합적으로 이루어질 수 있게 된다.

일곱째, 사고력이나 발표력 신장 등의 프로그램을 학교 나름대로 창의적으로 운영할 수도 있고, 기초·기본 교육을 충실히 하거나 기본 생활 습관을 형성시킬 수 있는 기회를 마련할 수도 있게 된다.

이와 같이 재량 활동은 과거의 획일화되고 틀에 박힌 교육 과정이 아니라 학교의 특수성과 교사의 전문성을 발휘하여 나름대로 만들어 가는 교육 과정으로 나아가는 효과적인 교육 활동이 된다.

(2) 재량활동 영역

제7차 교육과정의 기본 정신이 교과와 특별 활동을 포함한 학교 생활 전영역에 걸쳐 학생들의 기초·기본 교육의 충실 및 기본 생활 습관의 형성과 함께 문제를 스스로 해결할 수 있는 자기 주도적 능력과 앞으로의 시대를 주도적으로 이끌어 가기 위한 민주 시민으로서의 자질과 품위를 육성하는데 있으며, 재량활동의 근본 취지가 학교의 특수성에 기반을 둔 학교 나름대로의 독특한 활동을 재량껏 해보자는 데 있는 만큼 학교는 기초 조사 및 실태 조사를 토대로 교사 및 학생, 학부모의 요구를 충분히 반영한 재량활동 영역을 선정하고 운영해야 할 것이다.

재량활동 시간에 포함될 수 있는 내용은 교육 과정 편제에 제시된 교과의 심화·보충 활동 영역과 학교 교육과정 운영의 전영역을 포괄하는 창의적 활동 영역이 있다. 각 학교에서 재량활동 편성·운영시 어떤 영역을 설정해서 어떤 내용을 운영하느냐에 따라 학교 교육과정 운영의 성공과 실패가 좌우될 만큼 재량활동의 편성·운영은 학교 교육 과정 운영에 매우 중요한 위치를 차지하고 있다고 할 수 있으므로 다음과 같은 사항을 충분히 고려하여야 할 것이다.

첫째, 활동 영역을 선정할 때는 당해 학교에서 가장 절실하게 요구되는 것으로 하며, 교육적으로 기대할 수 있는지, 실천 가능성이 있는지, 지속적으로 운영할 수 있는 내용인지를 검토해야 하고,

둘째, 국가 사회적 요구와 시대적 요구를 충분히 반영한 것으로 그 내용 운영 방법이 학생의 발달 단계에 적합하며, 체험적인 것인지를 충분히 검토해야 한다.

셋째, 학교 외에 가정이나 학교의 다른 교과 활동과 특별활동의 수업에서 쉽게 다룰 수 있는 단순 반복적인 내용이나 중복되는 내용은 선정에서 반드시 제외해야 하고,

넷째, 활동 내용이 학습자에게 성취감과 흥미를 줄 수 있는 창의적인 방법으로 운영할 수 있는 내용이어야 한다.

경상북도교육청에서는 초등학교 교과 재량활동을 활성화하기 위해서는 어떻게 접근하여야 할 지 그 시사점을 다음과 같이 제시하고 있다.

첫째, 교과나 특별 활동의 학습 단위 시간이나 장소, 학습 자료의 부족 등으로 충분히 경험하지 못한 다양한 학습 활동, 예컨대 현장 학습, 체험 학습, 보고서 작성 등의 창의적인 교과 재량 활동으로 전개하고,

둘째, 획일적인 국가 수준의 교육을 탈피하여 교과 내용 가운데 교사나 아동이 특별히 관심을 갖는 요소를 선정하여 심화·보충 활동을 하도록 한다.

(3) 재량활동의 편성 원칙

재량활동은 학교의 특색 있는 교육적인 문화 풍토에 알맞게 창의적인 교육 활동을 다양하게 운영함으로써 교육의 궁극적 목적인 인간 교육을 실현하고자 하는 것이다.

교육부가 제시한 교육과정 편성의 원칙을 분석하여 재량활동 시간 교육과정 편성에 적용할 원칙을 살펴보면 표 6.14와 같다.

<표 6.14> 교육과정 편성 원칙

순 서	내 용
① 실태 및 지침 분석 시사점 추출	학생들의 특성과 흥미, 부모 및 지역의 특성과 요구, 학교의 여건 등 실태를 분석하고 시사점 추출
② 목표 설정	국가 수준 교육과정과 시·도 교육청 편성·운영 지침의 목표를 토대
③ 내용 체계 구성	국가 수준 내용과 시·도 교육의 중점 과제 등 학교 분량(시간)과 학습 시기, 학생의 발달 수준 차원에서 재구성
④ 내용 구성, 요소	시사점을 고려하여 학습 분량(시간)을 구체적으로 책정하여 내용을 구성
⑤ 학습 목표	대단원 목표와 소단원 학습 목표를 상세하게 진술
⑥ 지도 및 평가	내용 지도, 수업 방법, 실천 동기 차원에서 실제 방안과 평가 기준 순으로 진술

2) 재량활동의 교수-학습내용

재량활동은 크게 교과 재량활동, 창의적 재량활동의 2개 영역으로 나누어진다. 교과 재량활동은 기본교과 또는 국민 공통 기본교과 및 치료교육활동의 심화·보충 학습과 선택 과목 학습을 위한 것이며, 창의적 재량활동은 학교의 독특한 교육적 필요, 학생의 요구 등에 따른 범교과 학습과 자기주도적 학습을 위한 것이다.

재량활동 시간에 다룰 교수-학습 내용은 무엇보다 지역과 학교 실정에 알맞은 특색 있고 창의적인 교육 프로그램을 편성하여 재량활동 교육과정에 반영할 시사점을 추출하며 무엇에 중점을 두어야 할 것인가를 먼저 검토해야 한다.

재량활동 시간에 다룰 수 있는 학습 내용을 영역별로 살펴보면 <표 6.15>와 같다.

<표 6.15> 재량활동 학습내용

영역	하위영역	하위 활동	활동 내용(예시)	비 고
재량 활동	교과 재량활동	교과 및 치료 교육활동의 보충·심화학습	·수준별 교육과정 운영 교과의 보충·심화학습 ·그 외 교과 또는 치료교육활동의 보충·심화학습	
		선택과목 학습	·중학부– 한문 등 선택과목의 학습 ·고등부– 선택중심 교육과정의 선택과 과목	시각장애 청각장애 지체부자유 학교
재량 활동	창의적 재량활동	범교과 학습	·민주시민교육, 인성교육, 한경교육, 경제교육, 보건교육, 안전교육, 성교육, 소비자교육, 진로교육, 정보화교육 등 ·학교, 지역, 학생·학부모의 요구를 반영한 범교과 학습	
		자기주도적 학습 및 자율적 교육활동	· 주제탐구 활동 · 소집단 공동 연구 · 체험학습 · 학교행사 관련 활동 · 특정 행사 관련 활동	시각장애 청각장애 지체부자유 학교

재량활동 시간은 교과 및 특별활동과 상호 보완적 관계를 가지며, 창의적인 교육활동을 포괄하는 선택활동이라 할 수 있다. 특히 재량활동은 학생들의 자율적이고 협동적인 참여에 의해 계획되고 주도되는 학습활동이라 하겠는데, 영역별 교수-학습 내용에 대해 살펴보면 다음과 같다.

(1) 교과 재량 활동의 내용

① 국민 공통 기본 교과의 심화·보충 학습

제7차 교육 과정의 교과 수업 시수는 제6차에 비해 전반적으로 감축되었다. 이는 지금까지의 학교 교육이 교과 교육 중심의 틀 안에 안주하면서 전국적으로 획일화된 단순한 지식과 기능을 익히는 교육 활동에서 이제는 개인의 다양성을 계발시키고, 독창적이고 새로운 지식 가치를 생산하는 교육 활동을 교과 외의 학습 영역에서도 학교와 교사, 학생 나름대로 전개해 나갈 수 있도록 함으로써 미래의 열린 세계를 주도적으로 이끌어 나갈 수 있는 자기 주도적 능력을 길러 주어야 한다는데 그 의미가 있다.

이와 관련하여 교과 재량 활동은 국민 공통 기본 교과에 대한 심화·보충 학습 활동을 재량 활동 시간 등에 증배 배당하여 교과 학습과 관련된 학습자 개개인의 특성을 계발 심화시키고, 한편으로는 보충 학습 활동의 기회도 제공하여 창의성 교육과 기초·기본 교육을 충실히 하여 교육 본연의 모습을 찾도록 하자는 데 있다.

② 인정 도서 개발에 의한 교과 심화·보충 학습

원래 선택 교과 학습은 초등학교 재량활동 하위 영역에는 포함되지 않지만, 제6차 교육 과정의 학교 재량 시간 운영을 위해 경상북도교육청에서 개발한 교과 관련 인정 도서가 있으므로, 이를 교과 재량활동과 연계하여 운영 실시할 수 있다고 보고 대상에 포함시킨다. 교과 재량활동에서의 선택 교과 학습은 10개 국민 공통 기본 교과에 관련되거나, 그 외에 한 걸음 더 나아가는 교과 학습 경험의 기회를 제공하고, 학생들의 학습권을 가능한 한 스스로 행사하기 위한 것이다.

그러나, 학교에서 선택 교과 학습 활동으로 인하여 학습자의 학습 부담을 가중시킬 경우 재량활동 본래의 취지는 상실될 수 있으므로 경상북도교육청에서 개발한 2개 이상의 인정 도서 학습 과정(컴퓨터, 영어, 한자 등)을 개설하고, 학습자가 스스로 선택할 수 있도록 배려해 줌으로써 학습자의 학습 주도권을 최대한 고려해야 할 것이다.

(2) 창의적 재량활동

① 범교과 활동

현재 범교과 활동 영역으로 예시된 것은 교과 교육 과정과 교과서에 반영되어 있는 내용으로 일차적으로 교과 교육 과정에서 다루어지는 것들이다. 그러나, 그 중에서도 국가 사회적 및 시대적 요구의 중요성에 비추어 보아 교과 학습 외에 별도의 시간을 확보해서 지도해야 할 것으로 판단될 경우 창의적 재량 활동으로 편성·운영해야 할 것이다. 아울러 범교과 활동 영역과 그 하위 교육 내용의 선택에서는 학교와 교사, 그리고 학생의 선택권도 부여해야 할 것이다.

범교과 활동 영역으로는 민주 시민 교육, 인성 교육, 통일 교육, 한국 문화 정체성 교육, 세계화 교육, 환경 교육, 안전·보건·성교육, 경제 및 소비자 교육, 해양 교육, 정보화 교육, 진로 및 근로 정신 함양 교육 등이 있다.

② 자기 주도적 활동

자기 주도적 학습은 제7차 교육 과정에서 전체적으로 강조되고 있다. 일반적으로 초등학교에서의 자기 주도적 학습 활동의 기본은 학습하는 방법과 관련된 기능, 지식, 태도 등의 습득이며 학교는 자기 주도적 학습 활동을 촉진하고 조성하기 위한 환경과 자원을 마련해 주어야 할 것이다. 즉 학습의 독립성을 강조하고, 내재적 학습 동기와 적극적으로 정보를 탐구하며 자기 평가적 성향을 유지하면서 지적인 능력을 개발하도록 해야 할 것이다.

자기 주도적 학습 능력을 구현하기 위한 접근 방식은 학년(급)에 따라 다소 다를 것이다. 초등 저학년 수준에서는 자기 스스로의 학습 능력의 기반을 다지기 위해 기초 기능, 즉 의사 전달 기능, 독해 기능, 셈하기를 중심으로 하는 학습 방법적 접근을 취하는 것이 바람직할 것이며, 학년이 올라가면서 교과 활동과 선택 교과 활동에 관한 자기 결정권과 주도권을 확대하는 것이 바람직할 것이다. 특히 학습자의 자기 주도성을 기르기 위해서는 주제 탐구 활동과 학교장과 교사, 학생이 주도적으로 전개하는 자율 활동을 중점적으로 운영하여야 할 것이다.

주제 탐구의 내용은 매우 다양하다. 먼저 교과와 관련된 것으로써 교과 교육 과정에 포함되어 있는 내용 가운데서 보다 깊이 탐구해야 할 필요가 있는 내용을 탐구 주제로 선정하여 해당 내용에 대한 심화 학습의 기회를 학생 스스로 가질 수 있도록 한다. 또한 범교과 활동 내용에서도 주제 탐구 활동을 전개할 수도 있고, 나아가 학교나 교사, 학생의 특수한 영역이나 관심 영역에 기반을 둔 주제에 대한 특색 있는 연구 활동을 전개할 수도 있을 것이다.

학교 및 교사의 특성화 프로그램 활동 영역에서는 학교장 주도의 학교 특성화

교육 프로그램, 교사 특기 중심의 교육 프로그램 등을 다양한 방법으로 운영할 수 있다. 이 영역에서 이루어질 수 있는 활동들의 예를 한 두 가지 소개하면 다음과 같다.

□ 공동체 의식 함양을 위한 집단 활동

이 활동은 특별 활동의 심화·보충 활동과 연계되는 활동으로 제6차의 '책가방 없는 날' 운영과 같은 형식으로 운영될 수 있다. 학교의 연중 활동 계획 수립에 의한 운영이 되어야 하겠지만, 집단 활동을 할 경우 학생들의 자발적인 참여와 자율적인 활동을 위해 교사는 학생 리더에게 권한을 많이 주어야 한다.

학년이나 학급별 수준을 고려한 다양한 활동이 이루어지게 하되, 이 때 교사의 활동은 실행 단계를 파악하고 집단 활동의 목표 성취에 접근하는 활동이 이루어질 수 있도록 문제 해결을 도와주는 단계에 주안점을 두어야 한다. 특히 집단 활동에서 이탈 소외되는 소수의 학생들을 배려하여 집단 속에서 함께 활동할 수 있도록 지도해야 한다.

□ 현장 체험 학습 활동

현장 체험 학습은 학생들에게 매우 인기 있으며, 학습의 내면화와 교육 과정의 지역화를 구현하는데 매우 바람직한 교육적 효과가 있는 활동 영역이다. 그러나, 학교의 여러 가지 여건상 쉽게 이루어질 수 없는 학습 활동의 영역도 많이 있는 게 현실이다. '공동체 의식 함양을 위한 집단 활동'이 주로 교내 활동과 학교 주변 및 학구내 활동을 중심으로 이루어진다면, '현장 체험 학습 활동'은 대체로 원거리 이동을 수반하는 학습 활동이 위주가 되므로 여러 가지 세심한 배려와 그에 따른 교사들의 사전 준비 활동과 대외적인 주선 활동이 수반되고, 한편 아동들에게 있어서도 여러 가지 사전 사후 활동이 필요하므로 대체로 많은 활동 시간이 배당되는 활동이지만 현장 체험 학습의 의의는 다음과 같은 긍정적인 면이 많다.

- 사전 준비 활동을 통한 여러 가지 관련 학습 활동을 할 수 있다.
- 여러 가지 사회적 상황을 직접 접하고 판단하고 행동할 수 있는 능력과 태도를 기를 수 있다.
- 지역 사회의 문화를 직접 접하고 이해하여 지역 사회에 대한 사랑과 자긍심을 기를 수 있다.
- 교과서 등에 의한 선행 학습 경험을 재구성하는 다양한 계기를 마련해 줄 수 있는 학습 방법이다.
- 일상 생활에 필요한 기본적인 예절과 도덕 규범 등을 체험하고 익힐 수 있는 종합적인 학습 기회가 마련된다.

특별활동의 심화·보충 활동 영역면을 살펴보면, 재량활동과 특별활동의 편제가 뚜렷이 구분되어 있음에도 불구하고 현재 학교에서 이루어지고 있는 재량 활동의 내용들이 특별활동과 거의 구분되지 않는 부분들이 많이 있는 게 현실이다. 그러므로 재량활동 편성·운영시 특별활동과 연계해서 전개하는 것도 한 가지 방법이 될 수 있다. 즉 특별활동 5개 영역의 여러 가지 하위 영역 중에서 학습자 주도적 활동이나 직접적인 체험 활동이 가능한 활동 내용들을 재량활동에 편성·운영할 수 있을 것이다.

그 중 자치 활동은 협의활동, 역할 분담 활동, 민주 시민 활동 등을 들 수 있고, 적응 활동으로는 기본 생활 습관 형성 활동, 친교 활동, 상담 활동, 진로 활동, 정체성 확립 활동 등을 들 수 있다.

계발 활동으로는 학술 문예 활동, 보건 활동, 실습 노작 활동, 여가 문화 활동, 정보 통신 활동이 있고, 봉사활동으로는 일손 돕기 활동, 위문 활동, 캠페인 활동, 자선 구호 활동, 환경·시설 보전 활동이 있다. 행사활동으로는 의식 행사 활동, 학예 행사 활동, 수런 활동, 교류 활동 등이 있으며, 재량활동에 연계한 특별활동의 영역 및 내용을 살펴보면 <표 6.16>과 같다.

<표 6.16> 재량활동에 연계한 특별 활동의 영역 및 내용

영 역	내 용
자치 활동	민주 시민 활동(토론회, 모의 회의, 등)
적응 활동	기본 생활 습관 형성 활동(질서, 청결, 정리 정돈 등) 친교 활동(축하회, 사제 동행 등) 진로 활동(직업 세계의 이해, 진로 설계 등)
계발 활동	학습 문예 활동(문예, 연극, 전통 예술, 사회 조사 등) 보건 체육 활동(민속놀이 등) 실습 노작 활동(조리, 수예, 재봉 등) 여가 문화 활동(등산, 꽃꽂이 등) 정보 통신 활동(인터넷, 신문활용학습, 국제이해활동 등) 청소년 단체 활동(청소년연맹, 적십자, 해양소년단 등)
봉사 활동	일손 돕기 활동(복지 시설 일손 돕기, 농어촌 일손 돕기 등) 위문 활동(양로원 위문, 장애인 위문 등) 캠페인 활동(교통 안전 캠페인, 환경 보전 캠페인 등) 자선 구호 활동(불우 이웃 돕기 등) 환경·시설 보전 활동(자연 보호, 문화재 보호 등)
행사 활동	의식 행사 활동(경축일, 기념일 등) 학예 행사 활동(전시회, 발표회, 학예회 등) 보건 체육 행사 활동(신체 검사, 친선 경기 대회 등) 수련 활동(명승지 답사, 학술 조사, 국토순례, 극기훈련 등)

(3) 재량활동의 평가

재량활동 평가에 활용할 수 있는 수행 평가 방법으로는 서술형(주관식) 검사, 논술형 검사, 구술 시험, 찬반 토론법, 실기 시험, 면접법, 자기 평가, 연구 보고서, 포트폴리오(portfolio) 등을 들 수 있다.

① 서술형 검사

흔히 주관식 검사라고 하는 것으로 문제의 답을 선택하는 것이 아니라, 학생들이 직접 서술(구성)하는 검사 형태이다. 보통은 모범 답안을 상정하고 있는 경우가 대부분이나 학생들이 단순히 암기하고 있는 수준이 아니라 문제 해결의 과정을 제대로 이해하고 있는지를 파악하기 위한 경우가 대부분이다.

② 찬반 토론법

찬성과 반대 의견을 토론하기 위해 사전에 준비한 자료의 다양성이나 충실성, 그리고 토론 내용의 충실성과 논리성, 반대 의견을 존중하는 태도, 토론 진행 방법 등을 총체적으로 평가하는 방법이다.

③ 논술형 검사

서술형 검사에 속하지만 특별히 상정하고 있는 정답이 없는 상태에서 개인 나름의 생각이나 주장을 창의적이고 논리적이면서도 설득력 있게 조직하여 작성해야 함을 강조한다는 점에서 서로 구별된다.

④ 포트폴리오(portfolio)

자신이 만든 작품 등을 지속적으로 모아 둔 파일을 통하여 발전된 모습을 평가하는 방식이다. 학생이 활동한 기록이나 작품을 통해 장점이나 약점, 성실성 여부, 잠재 가능성 등을 쉽게 파악할 수 있을 뿐만 아니라 앞으로의 발전 방향에 대한 조언을 할 수 있다. 이 평가 방법은 수행 평가에서 가장 핵심이 되는 평가 방법으로써 학생들을 방해하지 않으면서 학생의 미래 성장을 위해 무엇이 요구되는지를 전체적으로 판단 내리기 위해 사용될 수 있다. 또한 이 방법은 아동에게 그들 스스로에 대한 판단을 내릴 수 있는 기초를 제공해 주며 교사에게는 평가 과정에서 유용한 정보를 제공해 준다.

⑤ 구술 시험

가장 오래된 수행 평가의 한 형태로서, 학생들로 하여금 특정 교육 내용이나 주제에 대해서 자신의 의견이나 생각을 발표하도록 하여 학생의 준비도, 이해력, 표현력, 판단력, 의사 소통 능력 등을 직접 평가하기 위한 방법이다.

⑥ 관찰법

학생을 이해하고 평가하기 위한 가장 보편적인 방법 중의 하나이다. 객관적이고 정확한 관찰을 위해서는 관찰 대상을 있는 그대로 기술하는 일화 기록법이나, 체크항목나 평정 척도 등을 이용하기도 하고, 경우에 따라서는 비디오 녹화를 한 후 분석하기도 한다.

이상에서 제시된 평가 방법들을 토대로 재량 활동에서 활용할 수 있는 방법들을 몇 가지 정리하면 다음 <표 6.17>과 같다.

<표 6.17> 재량활동에 활용되는 다양한 평가 방법

구분	평 가 방 법
활동 상황의 관찰	◦일화 기록(학생의 활농 상황을 자유로이 기록)
	◦체크항목(활동에의 참가 태도 및 실천 상황을 체크)
	◦평정척도(활동 상황을 일정한 척도에 비추어 기록)
질문지를 활용한 조사	◦자기 평가(학생 각자의 활동에의 생각, 흥미, 관심, 태도 등을 설문식으로 조사하는 반성적 평가)
학생의 기록, 작품	◦포트폴리오(학생들이 자신의 작품을 지속적으로 모은 작품집을 통해 발전된 모습을 평가하는 것)
	◦작문, 일기(활동의 계획, 실시에 대한 의견, 활동 후의 소감 등)

이러한 평가 방법들은 일회로 이루어지는 것이 아니라, 여러 차례의 평가로 학생 개개인의 상황이나 진보의 정도를 지속적으로 파악하는 것이 중요하다. 아울러 평소의 활동 상황을 누가 기록한 자료를 토대로 활동의 실적, 진보의 정도, 행동의 변화, 특기 사항 등을 종합하여 평가한 결과를 문장으로 기록하는 방식을 취하는 것이 바람직하다.

(4) 재량 활동의 운영 과제

① 재량활동 운영의 기본 방향

재량활동 교육 프로그램은 기본적으로 학교가 창의성을 발휘하여 특색 있게 작성할 수 있도록 학교장에게 재량권을 주기 때문에 '무엇을' '어떻게' 할 것인가의 문제는 민주적인 의사 결정의 과정에 따라 학교장의 교육 철학과 교육적인 판단에 맡겨야 한다.

재량활동 시간의 운영은 국가에서 고시한 특수학교 교육과정 기준과 시·도 지침에 따르되, 첫째, 교육과정 편제에 제시된 교과 및 특별활동의 보충·심화 과정 시간 둘째, 학교의 독특한 교육적 필요, 학생의 요구 등에 따른 창의적인 교육활동 시간으로 활용할 수 있게 하여야 한다.

재량활동 시간의 교육 내용을 선정할 때는 교육적으로 실천 가능한 것이어야 하며, 지속적으로 운영할 수 있는가를 판단해야 한다. 특히 재량활동 시간을 통하여 실험, 관찰, 토론, 견학, 자유 탐구 활동 등과 같은 직접적인 체험 활동이 많이 이루어질 수 있도록 다양한 프로그램을 학교에서 개발하여야 한다. 이렇듯 창의적이고 융통성 있는 운영을 제시하면 <표 6.18>과 같다.

<표 6.18> 재량활동 운영 방안

시간 운영	시간 설정, 시간량, 연속, 집중, 분산(정일제, 격주제, 전일제)
장소 활용	학교, 지역 사회, 기타 장소 및 시설의 최대 활용
교사 조직	지도 교사 배정, 지역 자원 인사 및 학부모 활용
주제 선정	교과, 특별 활동의 보충·심화, 창의적인 활동(다양한 활동)
집단 편성	학급, 학급군, 학년, 학년군, 전교 단위, 능력별, 활동 주제별, 지역별 소집단(다양한 조직)

② 재량활동의 편제

국가수준 교육과정에 제시된 특수학교 교육과정의 편제를 살펴보면, 정신지체, 정서장애 학교는 유치부 및 기본 교육과정으로, 시각·청각장애, 지체부자유 학교는 유치부 및 국민 공통 기본 교육과정과 고등부 선택 중심 교육과정으로 구성되어 있다. 재량활동은 교육과정의 한 영역으로 교과, 치료교육활동, 특별활동과 함께 하나의 영역으로 편제되어 있으며, 재량활동은 크게 교과 재량 활동과 창의적 재량활동으로 구분된다.

③ 운영 지침

재량활동은 학교의 특색 있는 교육적인 문화 풍토에 알맞게 창의적인 교육 활동을 다양하게 운영함으로써 교육의 궁극적인 목적인 인간 교육을 실현하고자 하는 것으로 재량 활동과 관련된 편성·운영 지침은 다음과 같다.

첫째, 재량활동에서 교과 재량 활동은 국민 공통 기본 교과의 심화·보충 학습을 위한 것이며 창의적 재량 활동은 학교의 독특한 교육적 필요나 국가 사회적 및 시대적 요구, 학생 등의 요구에 따른 범교과 학습과 자기주도적 학습을 위한 것이다.

둘째, 재량활동은 학교의 실정에 따라 융통성 있게 배정할 수 있으나 교과의 심화·보충 학습보다는 학생의 자기 주도적 학습 능력을 촉진하기 위한 창의적 재량 활동에 중점을 둔다.

셋째, 수준별 교육과정을 적용하는 교과(국어, 수학, 사회, 과학, 외국어-영어)는 심화·보충을 위한 추가 시간이 필요할 경우 재량 활동에 배당된 시간 등 별도의 시간을 활용할 수 있다.

넷째, 교과 중에서 주당 평균 3시간 이상의 수업 시간수가 배당된 교과는 주당 평균 1시간 이내에서 사수를 감축하여 학생의 요구와 학교의 필요에 따라서 재량 활동에 증배할 수 있다. 이 경우 감축된 교과의 학습 활동과 관련된 직접적인 체험 활동 등으로 통합 운영하여야 한다.

다섯째, 재량활동에서는 주제 탐구, 소집단 공동 연구, 학습하는 방법의 학습, 통합적 범교과 학습 등 다양한 프로그램을 학교와 교사, 학생의 요구와 필요에 따라 편성하여 선택적으로 운영할 수 있다.

여섯째, 민주 시민 교육, 인성 교육, 환경 교육, 경제 교육, 에너지 교육, 안전 교육, 보건 교육, 성교육, 소비자 교육, 진로 교육, 한국 문화 정체성 교육, 국제 이해 교육, 해양 교육, 정보화 교육 등의 범교과 학습은 재량 활동을 통하여 중점적으로 지도하되, 관련되는 교과와 특별 활동 등 학교 교육 활동 전반에 걸쳐 통합적으로 다루도록 한다.

일곱째, 감수성이 예민한 학생들은 여러 영역의 좋은 책을 많이 읽어야 자신의 꿈을 키우고 미래를 설계할 수 있으므로 학교에서는 문학 분야를 비롯한 인문, 사회, 과학 등의 영역을 포함한 수준별 독서 목록을 작성하고, 창의적 교과 재량 활동에 포함시켜 국어과를 비롯한 각 교과 교육의 심화·보충 학습 활동으로 활용할 수 있도록 하여야 한다.

여덟째, 재량활동의 평가는 교과 재량 활동과 창의적 재량 활동의 특성과 학생의 특성을 감안하여 학교에서 평가에 대한 성취 기준을 작성하고 활용한다.

④ 시간 배당

제7차 교육과정에서 제시된 일반학교 및 특수학교의 재량활동 시간 운영에 관련되는 편성·운영 지침을 분석한 내용을 제시하면 아래 표와 같다. 상급 학교로 갈수록 재량활동의 시간이 확대되고, 선택 과목에의 배정 시간이 늘어나고 있다. 초등학교는 학교 나름의 창의적 활동에 중점을 두었고, 고등학교에서는 선택 과목 학습에 중점을 둔 반면, 중학교는 두 가지 영역에 균형을 맞추고 있음을 알 수 있다. 일반학교보다 특수학교에 더 많은 재량활동 시간을 부여하였으며, 특히 정신지체, 정서장애 학교에는 재량활동에 보다 많은 시간을 배정하였다. 이것은 특수학교의 여건과 특수성을 고려한 것으로 볼 수 있다. 각 학교별 시간배당 기준 중 일반학교의 시간배당 기준은 <표 6.19>와 같다.

<표 6.19> 일반학교 시간배당 기준

영 역	학교급 / 하위 영역	초등학교	중 학 교	고교 1학년
교과 재량활동	국민공통기본 교과의 심화·보충	·	0 - 68 시간	4 - 6 단위
	선택과목 학습	·	34 - 102 시간 (한문, 컴퓨터, 환경, 제2외국어, 기타)	4 - 6 단위 (선택중심교육과정의 일반선택과목)
창의적 재량활동	범교과 학습	68 시간	34 시간 이상	2 단위 이상 (34시간)
	자기 주도적 학습			
계		68 시간	136 시간	204 시간 (12 단위)

정신지체, 정서장애학교 시간배당 기준은 <표 6.20>과 같다.

<표 6.20> 정신지체 · 정서장애학교 시간배당 기준

영 역	학교급 / 하위 영역	초 등 부	중 학 부	고 등 부
교과 재량활동	기본교육과정의 교과 및 치료교육활동의 심화·보충	교과재량 활동과 창의적 재량 활동간의 시간 배당에 대한 별다른 지침이 없음		
창의적 재량활동	범교과 학습 및 자기 주도적 학습			
계		68-102 시간	170 시간	238 시간

⑤ 운영단위

□ 활동 집단 운영 단위

학교에서의 재량활동은 주로 집단을 단위로 구성하고 있으므로 여기서는 학급, 학년, 전교 단위 등을 고려한 운영 방법을 예시하고자 한다.

· 학급별 운영

학급별로 교사가 특별히 관심을 가지고 있는 영역을 설정해서 운영하는 경우가 있을 수 있다. 이 경우에는 동일한 학년이라 할지라도 학급별 학생들의 관심이나 요구에 따라 학급별로 다른 활동이 이루어질 수 있다.

· 학년별 운영

학교에서의 재량 활동을 주로 학년별로 이루어지는 경우가 많다. 이 경우에도 학년별로 동일한 영역이 있을 수도 있고 다른 영역을 운영할 수도 있는데, 아래와 같이 학교장 주도의 학교 특성화 프로그램은 전학년 공통으로 운영하면서 동시에 학년별로 선택 영역을 설정해서 운영할 수 있다.

· 학년군별 운영

재량활동을 저·중·고 학년군별로 운영할 수 있는데, 자료의 공동 개발 및 운영, 정보 공유 등 운영상의 편리함이 있다.

□ 프로그램의 운영 단위

· 차시 단위 프로그램 운영 방법

매 차시 또는 몇 개의 차시를 묶어서 서로 다른 프로그램을 운영하는 방법이다. 이 경우 다양한 프로그램을 운영할 수 있기 때문에 저학년의 경우 선호할 수 있다. 경상북도 청도군 청도초등학교(교육부 지정 교과용 도서 실험·연구학교-제7차 교육 과정)가 이러한 운영 방식을 채택하고 있다.

· 주제 단위 프로그램 운영 방법

주제 단위로 프로그램을 운영할 경우 월, 학기 또는 1년 단위로 운영할 수 있을 것이다. 토의 학습, 현장 학습, 조작 학습, 체험 학습, 관찰 학습, 협동 학습, 역할놀이 학습 등의 내용을 주제를 정해서 그에 따라 운영 계획을 세우는 방법이다.

⑥ 교사 배치의 방법

재량활동을 지도할 수 있는 주체는 재량 활동 내용의 성격과 학교 형편에 따라 융통성 있게 배치할 수 있을 것이다. 대개의 경우 재량 활동을 담당하는 교사로 학급 담임이 배치될 수 있을 것이나 활동 영역의 성격 및 활용할 수 있는 인적 자원 확보 여부에 따라 담당 교사별도 배치나 외부 자원 인사의 도움을 받을 수 있을 것이다.

□ 담임 배치

아직 학교 생활에 익숙하지 않고, 학습에 있어서 자기 주도성이 부족한 저학년의 경우와 중·고학년에 있어서도 교과 및 특별 활동의 심화·보충 활동과 주제 탐구 활동을 비롯한 자기 주도 활동을 위한 지도 교사로는 담임 교사가 적절하다고 할 수 있다. 이것은 담임 교사가 자신의 반 학생들의 학습 능력 및 관심을 가장 잘 파악할 수 있으며, 그에 따라 가장 적절한 수업 전략을 제시할 수 있다는 점에서 그러하다.

□ 담당 교사별도 배치

학교 인적 자원의 다양성에 따라 각 활동에 특기가 있거나 특별한 관심이 있는 교사를 그 해당 활동에 배치할 수 있을 것이다. 이 경우에는 재량 활동 운영 시간을 해당 학년에 걸쳐 특정 요일, 특정 시간에 고정시켜 놓아야 학년간, 학급간 교사 교체 수업이 가능할 것이다. 여기에는 학급 담임이외에도 교장, 교감, 교과 전담 교사, 보건 교사 등 아동을 지도할 수 있는 위치에 있는 모든 교원이 배치될 수 있을 것이다.

□ 자원 인사 활용

특정한 활동의 경우에는 외부 자원 인사의 활용이 더욱 효과적일 때가 있을 것이다. 이 경우 명예 교사, 자원 봉사자, 지역 사회 인사, 영역별 전문가, 특기 있는 학부모 등이 적절하게 활용될 수 있다.

⑦ 시간 운영

학기당 34시간을 기준으로, 한 학년간 68시간을 기본으로 배당하되 학습 활동의 영역과 내용에 정일제, 격주제, 전일제 등 여러 가지 방법으로 시간을 배당할 수 있다.

□ 정일제(고정 운영)

매주 특정 요일, 특정 시간에 재량 활동을 고정적으로 배정해서 운영하는 방법이다. 이 경우 주당 2시간의 재량 활동 시간을 1시간씩 특정 요일, 특정 시간에 분산시킬 수도 있으며, 2시간을 블록형태로 연속해서 배정해서 집중 운영 할 수 있다.

□ 격주제

매주 재량활동을 운영하지 않고 2주만에 실시하되 해당 주내에 4시간을 운영하는 방법이다. 1시간씩 4시간을 분산하든지 2시간씩 블록제로 2회 실시할 수도 있고, 4시간을 연속적으로 운영할 수도 있다.

□ 전일제(연속 운영)

현장 학습이나 노작, 실험, 실습 등의 체험 학습을 실시할 경우 이동시간이나 견학, 노작, 실험·실습 등의 활동에 많은 시간이 필요하므로 격주제 등에 의해 토요일 4시간 전일이나 다른 요일 6시간 전일을 할애해서 운영할 수 있다.

⑧ 장소의 활용 방법

재량활동을 위한 장소는 교실을 포함한 교내외 모든 시설이 활용될 수 있도록 하여야 할 것이며, 특히, 현장 체험 학습을 통한 교육 과정의 지역화를 위해서 지역 사회의 여러 장소와 시설을 최대한 활용할 수 있도록 계획되고 운영되어야 할 것이다. 활용 가능한 장소를 제시하면 <표 6.21>과 같다.

<표 6.21> 활용 가능한 장소

세부 영역	활용한 장소
극기 수련	· 운동장 · 고적지 · 실내 수영장 · 산 · 강 또는 호수 · 자연탐사
공동체 의식 함양	· 산 · 교실 · 운동장 · 학교 실습지 · 야영장
국혼을 심는 교육 활동	· 향교 · 교실 · 운동장 · 강당 · 박물관 · 학교 실습지 · 명승 고적지
꿈을 심는 교육 활동	· 교실 · 강당 · 각 기관 및 산업체 · 방송국 · 도서관 · 소방서
애향 활동	· 우리 동네 · 교실 · 자연 탐사 · 시장 · 강당 · 운동장
환경 보전 활동	· 과학실 · 자연휴양림 · 교실 · 학교 주변 · 유원지 · 강당
경제 교육 활동	· 교실 · 학교 앞 시장 · 전시장 · 운동장 · 농업 협동 조합

제7장 부모교육

여기서는 부모교육의 필요성과 부모교육의 효과, 부모의 반응, 부모의 역할에 대한 내용을 중심으로 제시하였다.

1. 부모교육의 필요성과 교육의 효과

1) 부모교육의 정의

특수교육에서 빼놓을 수 없는 가장 중요한 요인 중의 하나는 가정에서 장애아를 지도하는 부모 교육이라고 할 수 있다. 특수교육은 다른 교육과는 달리 가정과의 긴밀한 연계성과 교사와 부모의 일관성 있는 교육이 없다면 그 성과를 기대할 수 없다.

부모교육에 관계되는 여러 문헌을 살펴보면 부모교육이란 가정과 교육기관과의 환경, 그리고 그 속에서 이루어지는 교육간의 상호작용 및 연결을 의미하며, 흔히 부모교육(parent education), 부모훈련(parent training), 부모참여(parent participation), 부모개입(parent involvement), 부모역할하기(parenting)라는 용어로 혼용되어 사용되고 있다. 또한 이러한 부모교육을 위한 프로그램 역시 부모교육 프로그램, 부모훈련 프로그램, 부모참여 프로그램, 부모개입 프로그램 등으로 다양하게 표현되고 있다.

Grotberg는 부모교육의 개념을 부모참여(parent participation) 라는 용어를 빌어 부모교육(parent education), 부모개입(parent involvement), 부모지지(parent support)의 차이를 다음과 같이 설명하고 있다.

부모교육 : 부모로서의 역할 기능을 원활히 수행할 수 있도록 부모에게 정보나 지식을 전달하거나 기술을 가르치는 것을 말한다. 따라서 부모교육 프로그램의 목적은 기관의 도움 없이 혼자 힘으로 정보 및 서비스를 활용하는 능력 배양에 있다.

부모개입 : 부모개입이란 부모가 가족 생활에 영향을 주는 특정 프로그램의 구성 및 운영에 직접 참가하는 것을 뜻한다. 부모교육 프로그램의 목적은 특정 기관의 프로그램 결정권자로서 전문가와 지식 또는 정보를 교환하며 책무성을 받아들이게 하는 데 있다.

부모지지 : 부모지지란 친지로부터의 도움을 위시하여 교회, 지역 사회내의 각종 학부모회, 지방단체, 아동복지시설, 병원, 교육기관, 기업체, 기타 사회사업 기관으로부터의 지원 지지를 포함한다. 부모역할하기(parenting)는 최근에 나온 용어로 널리 사용되고 있는데 개념적으로 부모로서 하는 상태나 과정으로 정의된다. 부모역할하기는 자녀를 양육하고 보호하며 지도하는 과정이다. 이 과정은 부모와 자녀 사이의 계속적인 상호작용이자 부모와 자녀를 변화시키는 것이기도 하다. 부모역할하기는 어머니 역할하기(mothering)와 아버지 역할하기(fathering)로 세분하여 사용되기도 한다.

교육학 사전에는 부모교육을 '이미 성인이 된 사람을 위한 일종의 성인교육'으로 정의를 내렸다. 이러한 개념 속에서 부모교육의 위치는 성인 교육 내지는 사회교육의 일환으로 설명할 수 있다.

1960년대 이전의 부모교육의 개념은 사실상 교사나 전문가들이 부모를 교육시킨다는 입장에서 소극적인 의미의 "교육"을 받는다는 의미가 함축되어 있었다. 그러나 1960년 이후의 부모교육의 개념은 교사 및 전문가와 가정의 부모가 동반자로서, 동등한 입장에서 상호 작용이 이루어질 때 바람직한 부모교육이 이루어진다고 설명하고 있다. 즉 부모교육의 개념속에서는 부모가 보다 아동의 교육과 발달에 적극 참여하기 위해 부모교육자-전문가·비전문가-로부터 교육받는다는 수동적·소극적 의미가 함축된 것으로 부모훈련의 의미와 동등한 것으로 보았으며 부모참여란 교육 및 발달을 핵으로 가정(부모)과 교육기관(교사)이 동반자로서 동등한 입장에서 상호 유대관계와 연결을 유지하며 보다 효율적인 교육 및 발달을 위해 적극 노력하는 모든 과정을 의미하는 것으로서 부모개입과 유사한 의미를 가진 보다 포괄적이고 적극적인 개념으로 보았다.

2) 부모교육의 필요성

Comenius가 모성교육의 필요성을 주장한 이래 자녀 양육에 대한 어머니의 역할의 중요성은 꾸준히 강조되어 왔다. 그러나 1950년대까지는 가정적·경험적 사실에 근거하여 그 필요성이 강조되었고 과학적·객관적 사실에 대한 근거 제공은 미흡한 실정이었다. 1960년 이후 각국 정부에서 아동교육의 적극적인 관심을 기울이면서 아동발달, 부모와 자녀관계에 대한 많은 연구들이 이루어졌고 아동교육에서 부모가 차지하는 비중이 얼마나 중요한지를 깨닫게 되었고 부모교육의 필요성이 크게 인식되었으며 특히, 장애아 부모교육은 더욱더 명확한 필요성을 느끼게 되었다.

(1) 아동의 측면

첫째, 아동의 사회적·정서적 발달은 부모의 양육태도 및 양육방법에 크게 영향을 받는다.

둘째, 아동의 인지발달은 부모의 양육태도와 방법에 크게 영향을 받는다. 이런 주장은 각 국에서 보상교육을 실시한 후 그 효과를 지속시키기 위해서는 부모의 참여가 필요하다는 것을 인식하면서 더욱 강조되고 있다.

셋째, 부모의 양육태도와 방법은 아동의 신체발달을 조장하거나 저해한다는 것이다.

(2) 부모의 측면

첫째, 미성숙된 한 인간으로서 부모교육이 필요하다.

둘째, 확대가족제도의 붕괴로 인하여 젊은 세대들은 자녀 양육에 따른 어른들의 도움, 조언 등을 즉각적으로 받을 수 없다. 핵가족제도가 보편화됨에 따라 젊은 부모들은 자신들의 부모에게 의지함 없이 자녀양육의 책임을 수행하여야할 상황에 부딪히게 되었다. 따라서 자녀양육 그 자체가 기쁨이라기보다는 부담으로 여겨지는 경우들이 발생하게 된다. 따라서 부모교육을 통하여 아기들을 보다 잘 키울 수 있는 지식과 각 단계에서 나타나는 심리적 특성들을 배우게 되는 것은 젊은 부모들에게 자신감을 줄 수 있게 될 뿐만 아니라 보다 효과적으로 대처하게 될 것이다. 남녀고등학교 교육과정에 부모교육 및 아동발달 과목을 넣는 일, 산부인과에서 출산 전후에 부모들에게 사전지식을 제도적으로 보급하는 일, 지역사회 단위, 직장단위로 부모교육 강좌를 실시하는 일 등이 필요할 것이다.

셋째, 도시화·문명화·산업화로 인하여 개인 또는 가정단위의 사회이동 횟수는 증가하고 있으며 국내에서의 도시간 이동은 물론 국제적인 이동도 증가하고 있다. 따라서 상이한 문화와 각기 다른 풍습, 관습 등에 따라 자신들의 자녀 양육에 따른 바람직한 양육모델을 갖는데 대한 어려움이 독특한 문제로 대두되었다. 따라서 이 젊은 부모들을 정신적으로 후원하고 또한 자신감을 갖고 자녀양육을 하도록 도와줄 부모교육 프로그램이 필요하다.

넷째, 성역할 개념의 변화에 따라 그에 적응하고 대처하기 위해 부모교육이 필요하다.

(3) 사회의 측면

첫째, 인적자원의 효율적 개발이라는 측면에서 부모교육이 필요하다.

둘째, 사회균등의 정책으로 부모교육이 필요하다.

셋째, 교육의 경제성을 높이기 위해 부모교육이 필요하다.

장애아교육에서 특히 부모교육이나 부모참여가 중요시되고 그 필요성이 요청되는 것은 다음과 같은 몇 가지 점에서 살펴볼 수 있다.

① 환경과 경험이 장애아의 발달에 매우 중대한 영향을 미친다는 많은 연구 결과들은 부모교육의 중요성을 강조하는 중요하고 직접적인 요인이 되었다.

② 부모가 주축이 되는 가정환경은 장애아의 건전하고 전인적 성장 발달에 큰 영향을 미친다는 것이다. 장애아가 많은 시간을 보내는 생활 공간은 가정으로서, 이 가정환경은 장애아의 사회·정서적, 인지적, 언어적 및 신체적 발달에 가장 중요한 영향을 미친다는 사실은 수많은 연구 결과에서 지적되고 있다.

③ 현대사회의 특징적인 변화인 산업화, 분업화 및 도시화는 가족의 구조와 기능의 변화를 가져왔으며, 이로 인해 가정의 전통적 문화전달 및 교육적 기능이 약화되어 가고 있기 때문에 부모교육이 필요하다.

④ 성역할 개념의 변화로 아버지들도 자녀 양육에 대한 책임을 지고 가사일을 분담하여야 된다는 개념이 싹트게 됨으로 아버지됨의 역할을 미리 준비시켜야 할 필요성이 대두되었다.

⑤ 부모의 참여없는 아동교육의 효과는 증진시킬 수 없으며 비록 그 효과가 있다 하더라도 오래 지속되지 않는다는 것이다.

3) 부모교육의 목적

장애아교육은 가정에서부터 시작된다. 가정은 아이가 태어나자마자 처음으로 입학하는 학교라고 말할 수 있다. 가정이라는 학교는 흑판도 백묵도 없는 조그마

한 교실을 가지고 있으며, 또 학생도 적으므로 개인지도 하기에 알맞다.

이 가정에서 첫 번째 담임선생인 부모는 아동에게 가장 필요한 것들을 가장 적합한 시기에 가장 알맞은 방법으로 가르칠 수 있다. 그러기 위해서 부모는 장애아를 잘 이해하고 그의 요구와 발달 수준에 관해서도 잘 알고 있어야 하며, 또 그를 돕고 지도하는 방법도 익혀야 한다. 부모교육의 중요한 목적은 바로 장애아를 이해하고 돕고 지도하는 데 필요한 지식, 능력, 태도 등을 익히도록 부모를 도와주는 데 있다.

장애아 부모교육은 다음과 같은 다섯 가지 목적을 가진다.

첫째, 자녀의 장애상태나 교육적 서비스에 관한 정확한 정보를 접할 수 있게 하며, 자녀의 강점과 약점을 정확히 파악함으로써 적절한 기대를 가질 수 있게 한다.

둘째, 부모들이 아동의 교육에 좀 더 적극적으로 참여하는 힘을 기르게 한다. 즉, 전문가에게 모든 것을 일임하고 의지하는 수동적인 자세에서 아동의 교육에 훨씬 능동적으로 동참하는 자세로 전환시킨다.

셋째, 아동을 지도하는 구체적인 기술을 습득함으로써 양육자로서의 유능함과 자신감을 갖게 한다. 이러한 점이 가족 전체에게도 긍정적인 영향을 미칠 수 있다.

넷째, 부모들은 자신의 자녀와 유사한 문제를 가진 자녀를 기르는 다른 부모를 지원한다.

다섯째, 장애를 가진 자녀 양육에 부모가 심리적으로 적응할 수 있도록 지원한다.

4) 부모교육의 효과

부모교육을 통한 교육효과를 얻기 위한 접근방법은 다음과 같다.

첫째, 일반 대중을 상대로 아동양육에 필요한 정보를 제공한다.

둘째, 소집단별로 10주~20주에 걸쳐 체계적인 양육기술을 전달한다.

셋째, 위기에 처한 가정이나 여러 가지 이유로 인해 가정이 더 이상 제 기능을 할 수 없을 때 "지금, 당장(here and now)" 도움을 주는 서비스센터를 운영한다.

넷째, 예비 부모교육을 한다.

최근 들어 장애아 교육기관을 통한 부모교육은 점점 더 강조되고 있다. 부모의 참여없이 장애아 교육기관 단독으로 교육적인 성과를 거둘 수 없으며, 현실적으로 많은 경우 부모의 무관심과 잘못된 교육관으로 인하여 어린이의 가능성을 최대한 신장시키지 못하고 있는 실정이다. 따라서 부모교육에서는 다음과 같은 내용들이 다루어져야 할 것이다(이영석 등, 1990).

첫째, 부모교육을 통하여 그 시대가 요구하는 바람직한 아동관을 갖도록 한다.

둘째, 부모교육을 통하여 아동발달에 관한 기초지식을 습득한다.

셋째, 부모교육을 통하여 아동을 관찰하는 기술과, 효과적으로 지도하는 방법을 배운다.

넷째, 부모교육을 통하여 장애아 교육의 중요성을 인식하고, 부모와 교사는 상호 밀접한 관계를 갖고 공동 노력을 해야 한다.

다섯째, 부모교육을 통하여 가정을 중요한 학습경험의 장으로 구성하는 법을 배운다.

부모교육을 실시한 효과는 크게 아동을 통해 나타난 효과, 참여한 부모를 통해 나타난 효과, 그리고 수직적·수평적 파급효과로 구분될 수 있다.

(1) 참여 아동에게 나타난 효과

부모교육이 아동의 학습 및 발달에 다음과 같은 효과가 있음이 나타난다.

첫째, 아동의 언어 인지적 발달 및 학업성취 능력이 개선된다.

대부분 사회적으로 혜택받지 못한 저소득층 부모를 대상으로 하는 부모교육 프로그램에 참여한 자녀가 참여하지 않은 아동에 비해 언어 인지적 발달에서 의미 있는 차이를 증명하는 연구가 있다.

둘째, 아동의 사회·정서적 발달이 초래된다.

부모가 교사로서의 역할로 참여한 PPT : The Parents Are Teachers Too Program의 실시결과, 보다 자발적이고 적극적으로 아동과 상호작용한 어머니의 자녀들은 어머니가 참여하지 않은 아동에 비해 아동자신에 대한 어머니의 견해를 보다 긍정적으로 지각했으며 보다 긍정적인 자기 인식을 발달시켰다.

(2) 참여 부모에게 나타난 효과

정문자(1983)는 8개월에서 15개월 사이의 자녀를 둔 어머니를 대상으로 가정방문 프로그램을 6개월 간 실시한 결과 가정방문 프로그램이 자녀의 지적 발달에는 효과가 없었으나 아동발달에 관한 어머니의 이해를 높였는데 특히 여아의 어머니에게 효과적이었다고 보고했다. 그리고 자녀를 대하는 양육태도에 있어서도 긍정적인 변화가 있었는데, 자녀와의 상호작용에 솔선 수범하는 교육적 태도를 보다 더 빈번하게 보였고, 가정환경도 교육적인 환경으로 변화가 있었으며, 자녀와 시간을 보다 많이 보낸다고 한다. 자녀에 관한 태도의 변화 외에도 부모 자신에 관한 태도에도 변화가 있었는데, 가정방문 프로그램에 참여했던 어머니들은 자아존중감의 증가를 보였다고 연구결과를 보고했다. Dickie와 Gerber(1980)는 12개월 미만의 자녀를 둔 중산층 백인 부모를 대상으로 8주간 교육을 실시한 후에 변화를 측정했는데, 아동과의 상호작용에서 교육을 받지 않은 집단에 비해서 언어적·비언어적 자극이 많아졌고, 자녀의 요구에 민감하게 되었으며, 배우자와의 관계에서도 유능해졌다고 결과를 보고했다.

Johnson에 의하면 부모교육 프로그램에 참여한 부모를 통해 나타난 효과를 보면 다음과 같다.

① 부모 자신과 그들의 자녀를 다루는 과정에서 자신이 취하고 있는 행동에 관한 이유를 이해할 수 있게 되었다.

② 자녀들의 행동과 성장 및 발달의 유형들을 보다 잘 이해할 수 있게 되었다.

③ 가정내의 모든 구성원들 간에 조화와 협동의 정도를 발전시킬 수 있게 되었다.

④ 자녀들을 다루는 데 보다 자신감을 갖게 되었다.

⑤ 부모 자신들과 자녀들 간의 관계를 개선할 수 있게 되었다.

(3) 수직적·수평적 파급효과

부모교육은 목표 대상의 부모나 아동에게 영향을 미칠 뿐만 아니라 수직적·수평적 파급효과를 나타낸다.

또한 Florida 주립대학의 Project Know-How에서 Dunham(1968)은 1~6세 아동을 대상으로 하는 센터를 이용, 학급 프로그램에 어머니를 보조교사로 참여시킨 결과 아동에게 보다 많은 자극과 관심을 마련하는 가정기능의 향상이 초래됨을 발견하였다.

첫째, 부모교육의 효과를 평가한 결과 나타난 흥미 있는 현상의 하나는 수직적 파급효과로써 목표 아동의 형제 자매에게 긍정적 효과를 초래하는 것이다. 특히 이러한 수직적 파급은 부모교육 프로그램의 목표 아동 주변의 저학년 아동이나 취학 전 아동보다 더 어린 형제 자매에게 발생하는 것이 관찰되었다.

둘째, 부모교육의 효과는 부모교육 프로그램 대상 주변의 가족, 가정환경 및 친구, 이웃, 지역사회 아동 교육기관과 교사에 이르기까지 수평적 파급의 효과가 초래된다. 가족생활 변화 및 가정 기능이 향상되고 가정에서 교육적으로 보다 많은 인지적 자극이 아동에게 제공되며 가정에서의 교육자료 증진과 인지적 가정환경 요인이 증진되는 등 전체적인 가족 구성원간의 관계 및 가정환경이 개선 변화되며 아동교육기관과의 관계 향상 및 격차의 감소, 보다 일관성 있는 교육실시, 나아가서 부모의 지역사회 참여의식과 참여활동을 증진시키고 지역사회의 정책 결정자, 촉매자로서 이웃 및 지역사회의 관계를 개선하여 궁극적으로 사회 변화를 초래한다. 또한 부모교육의 효과는 보다 빠를수록, 보다 기간이 길수록, 보다 일관성이 있을수록 효율적이므로 이러한 요인을 충분히 고려하고 인식해야 할 것이다.

2. 부모의 반응

인간은 일상생활 과정에서 자신을 둘러싸고 있는 주변환경으로부터 생리적·심리적·사회적·환경적 자극 요인에 의해 스트레스를 경험하면서 생활하고 있다.

특히, 장애아 부모가 장애아에 대해 어떻게 반응하며 적응해 가는가 하는 것은 일찍이 Lindemann(1944)의 증후학(Symptomatology)과 슬픔의 전개과정에 대한 고전적 연구에서 출발하고 있다.

Ross와 Calvert(1973)는 자녀가 장애라는 진단을 받으면 가족 전체가 영향을 받는다고 하였으며, 자신의 아동을 통해 보다 나은 자아를 산출하고 삶을 충족하기를 바라는 어머니가 인간으로서의 자아 주체성에 손상을 입게 된다고 하였다.

레빈선(Levinson)은 정신지체아를 가진 부모들이 어린이가 뒤진다는 것을 알았을 때부터 잘 적응될 수 있게 되기까지의 단계를 다음과 같이 제시했다.

① 충격 - 처음 발견하였을 때의 놀램

② 거부 - 정신지체아라는 진단을 받았을 때 긍정하지 않고 거부하는 것

③ 치욕 - 정신지체아를 가진 것을 수치와 모욕으로 생각하는 것

④ 자책과 갈등 - 무슨 죄가 있어서 벌을 받는 것으로 생각함

⑤ 고통과 질투 - 견디기 어려운 고통과 정신지체아를 가지지 아니한 부모에 대한 질투

⑥ 과보호와 배척 - 불쌍한 어린이라고 모든 응석을 받아 주기도 하고, 귀찮고 괴롭힌다고 배척하기도 하는 것

⑦ 적응 - 정신지체아를 바르게 이해하고, 그 사태를 잘 조정하고 적응하는 일곱 가지 단계를 들고 있다.

1) 부모의 정서적 반응

장애를 가진 아동을 기르는 부모의 심리적 적응에 대해 여러 분야의 전문가들이 쓴 책이나 보고서, 그리고 부모들이 직접 쓴 기사들에 의하면 장애를 가진 아동의 출생을 맞는 부모들의 반응은 매우 다양하고 그들이 겪는 심리적 적응도 다양하다. 때로 유사성도 발견된다. 여기서는 부모들을 면담한 연구 보고와 부모들이 직접 쓴 기사들을 바탕으로 부모들이 겪는 유사한 정서적 반응을 세 단계로 나누었다.

(1) 충격과 부정의 단계

부모들은 자신의 자녀가 장애를 가졌다는 사실을 접할 때 엄청난 충격을 경험한다. 믿기 어려운 사실 앞에서 부모들은 두려움을 느끼기도 한다. 두려움은 부모들이 자녀의 장애에 대하여 이야기할 때 가장 먼저 얘기하게 되는 감정이다. 두려움은 종종 내적 대화로 나타나는데 부모의 가슴속에서 두 가지의 목소리가 논쟁하게 된다. "그래, 이 아이가 뭔가 잘못되었음에 틀림없어."라는 장애에 대한 인정의 목소리와 "아니야, 그럴 리 없어, 얘는 조금 느릴 뿐이야. 영유아기 때 발육이 조금 느렸다는 아이의 아빠를 닮은 거야."라는 장애에 대한 부정의 목소리가 그것이다. 그래서 어떤 부모들은 자녀가 장애를 가지지 않았다는 확신을 줄 수 있거나 장애를 치유할 수 있다고 얘기해 줄 수 있는 제2, 제3의 전문가를 찾기 위하여 여러 곳을 전전하게 된다.

많은 부모들은 장애 진단을 들었을 때 원인에 대하여 알고자 애쓴다. 그들의 이러한 집착이 때때로 전문가를 당혹하게 하는데 그것은 교육이나 치료가 원인 규명보다 더 중요함을 인식시키고 싶은 전문가의 의도와 상반되기 때문이다. 그러나 원인을 모를 때 부모들은 다양한 방식으로 자신들을 고문하고 미신적인 인과응보의 예언에 자신을 자책하기도 한다. 또한 전문가의 무감각한 태도나 애매모호하고 낯선 용어 사용에서 부모들은 좌절과 혼란을 경험한다. 예를 들어서, 어떤 어머니는 자녀가 장애를 가졌다는 진단을 들은 위 자녀의 BCG예방접종 날짜에 대하여 문의하자 "BCG 맞힐 필요가 있겠느냐?"고 반문하는 의료진으로부터 깊은 상처를 받았다고 회고하였다. 어떤 부모는 자녀가 다운증후군을 가졌다는 진단을 듣고 수술로 고칠 수 있는 일종의 질병으로 이해했다가 나중에 그렇지 않음을 깨닫고 큰 충격을 받았다고 하였다. 이렇게 전문가의 부적절한 태도에 의해 부모들은 이중의 고통을 경험하는 경우가 있다.

충격과 부정의 단계에 있는 부모들을 대하는 전문가의 바람직한 태도로서는 먼저 부모의 행동을 문제행동으로 규정짓기 보다 진실을 찾으려는 하나의 적응과정으로 이해해야 한다. 또한 아동이 가진 장애의 원인을 알고자 하며 장애를 치유하고자 하는 그들의 갈망을 존중해야 한다. 이러한 과정을 거치며 부모들을 그들의 희망을 뒷받침해 줄 사실들을 수집하는 동시에 문제가 있음을 확인시키는 증상들을 하나 하나 발견해 나가기도 한다. 전문가는 아동의 장애 진단이나 예후를 설명할 때 정직해야 하고 부모와 아동을 존중하며 배려하는 태도를 가져야 한다. 또한 아동의 약점 뿐 아니라 강점도 함께 언급하는 것이 중요하다. 많은 부모들이 자녀의 장애 관련정보를 접할 때 내용보다 그 정보를 전달하는 전문가의 태도에 의해 깊은 상처나 격려를 받았다고 얘기한다. 그러므로 어떤 정보를 제공하느나도 중요하지만 어떻게 제공되느냐도 매우 중요하다.

(2) 무기력감의 단계

모든 노력이 무위로 끝나고 아무도 자녀의 미래에 대해 희망적인 이야기를 하지 않을 때 부모들은 무기력감의 단계에 접어들며 허탈감, 분노, 죄의식, 우울증 등을 경험하게 된다. 많은 부모들은 "왜, 내게 이런 일이 일어났는가?"라는 의문을 갖게 되기도 한다. 이 시기에는 자녀가 갖고 있는 장점보다 단지 장애만이 부각되기 때문에 부모에게는 매우 힘든 시기이다.

이러한 심리적 과정에 있는 부모들을 대하는 전문가는 편견 없이 개방적이고 긍정적인 태도로서 부모들이 경험하는 혼돈과 분노를 솔직하게 표현할 수 있도록 지원해야 한다. 어떤 가치 판단 없이 단지 부모의 얘기를 주의 깊게 들어주는 태도가 큰 도움이 된다. 또한 부모들이 경험하는 감정들이 지극히 정상적인 것임을 인식시켜 그들이 지나친 죄책감에 사로잡히지 않도록 배려할 필요가 있다. 때때로 부모의 의견이 전문가의 의견과 일치하지 않는 경우가 발생하더라도 부모의 의견은 존중되어야 한다. 아울러 장애를 가진 자녀가 갖고 있는 장점과 앞으로 할 수 있는 일들에 대해 구체적인 정보를 제공하여 부모가 아동에 대해 올바르게 파악할 수 있도록 도움을 주어야 한다.

(3) 회복의 단계

마침내 회복의 단계에 들어서게 되면 부모들은 그들이 처한 상황을 현실적으로 받아들이게 된다. 이 시기에 들어서면 대부분의 가정에서는 자녀의 장애를 인정함과 동시에 그가 가진 장점도 함께 인식하게 된다. 자녀가 장애를 가졌다는 사실에 대하여 여전히 슬픔은 느끼지만 자녀의 삶이 갖는 긍정적인 면도 인식하게 된다. 각 가정마다 그들만의 독특한 신화를 만들어 아동을 받아들이며 적응해 나간다. 종교를 가진 부모는 "신께서 무언가 깊은 뜻이 있어 우리 가정에 이 아이를 맡겨 주신 것이다"라고 믿으며 아이를 받아들이게 된다. 또한 이전까지 가족 중의 누구와도 닮지 않은 것 같았던 아이가 어느 날 갑자기 가족 중의 누군가와 닮은 점을 발견하게 되면서 아동을 진정한 가족의 일원으로서 받아들이기도 한다. 어느 가정의 부엌에 적혀 있는 구절 "우리가 바람의 방향을 조절할 수는 없을지라도, 우리는 바람의 방향에 맞추어 항해할 수는 있다"처럼 장애를 가진 아동과 함께 하는 삶에 적응해 나간다. 전문가는 부모들이 양육자로서의 자신감을 가지고 자녀에 대해 현실적 기대를 가질 수 있도록 옆에서 격려하고 지원해야 한다.

충격으로부터 회복까지의 적응과정은 반복되는 경향이 있다. 즉 장애를 가진 아동이 사회적으로나 발달상으로 중요한 시기를 거칠 때(예 : 걷기, 말하기, 학교 입학과 졸업)마다 부모들은 이 과정을 반복하기도 한다. 위에서 설명한 적응단계 모형은 많은 부모들의 복잡 다양한 상황에 일률적으로 적용되기에는 너무 단순한 점이 있고 개개인에 따라 적응과정이 다를 수도 있다. 그러므로 이와 같은 적응 단계 모형이 장애를 가진 아동의 가족에 관한 고정 관념이나 편견을 가져오는 도구로 이용되어서는 안 된다. 사실상 장애를 가진 아동의 가족을 특별한 가족으로 인식하고 그들의 삶에 대해 틀에 박힌 해석을 하는 것은 매우 위험할 수 있다.

장애아의 발생에 따른 어머니의 심리적인 반응에 대한 연구는 다양하나 Cook-Armbruster(1983)와 Linder(1983)가 제시한 반응단계를 종합하여 보면 그림 7.1과 같다(장관식, 1986).

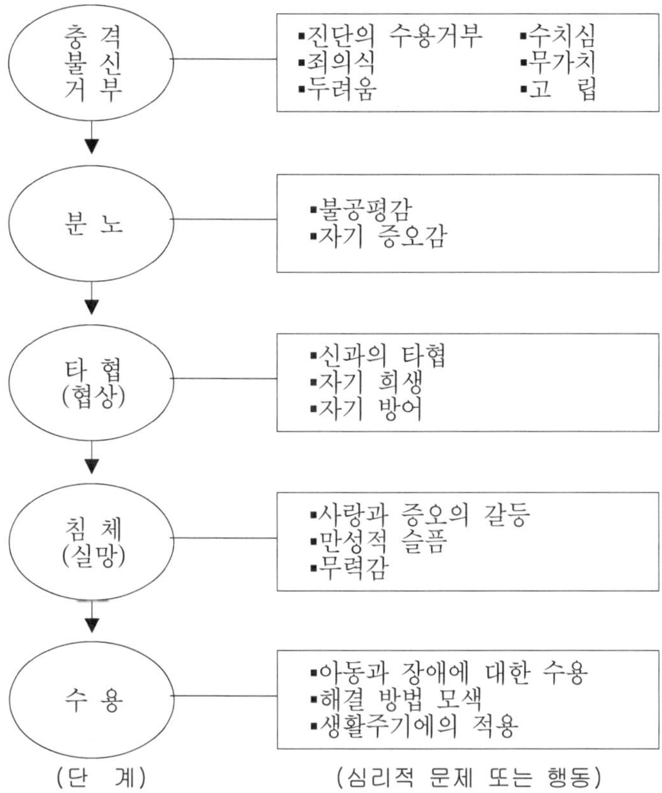

<그림 7.1> 어머니의 반응단계(장관식, 1986, pp.16-17.)

2) 부모의 적응 유형과 태도

많은 부모들은 자녀를 자신의 성취와 자기 존중의 근원으로 보는 경향이 있기 때문에 자녀가 부모의 기대에 맞게 살 수 없음이 명백할 때 부모들의 자기존중감이 손상된다. 유능하고 사회적으로 성공한 부모일수록 자녀가 그들의 기대와 차이가 많이 날 때 견디기 어려워 한다고 Turnbull과 Turnbull(1990)은 주장하였다. 그러나 이와 상반되는 연구보고도 있다. 중증장애를 지닌 아동의 가족, 240 가정의 양 쪽 부모를 면담한 Lamb과 Meyer(1990)는 남아가 여아보다 가족에게 부정적인 영향을 더 많이 미치고, 사회적 계층이 낮은 부모가 사회적 계층이 높은 부모보다 오히려 더 많은 스트레스를 받는다고 보고하였다.

장애를 가진 자녀 양육에 적응하는 부모의 유형을 네 가지로 나누면, ① 아버지가 자녀로부터 자신을 분리시키고 바깥 활동과 일에만 몰두함으로써 양육의 책임을 어머니가 전적으로 지는 경우, ② 어머니와 아버지 양쪽이 자녀 양육을 거부하여 아동이 보호 시설이나 제 삼자에게 위탁되는 경우, ③ 모든 가족 생활이 아동 중심이나 아동 우선이 되어 다른 가족 구성원의 욕구는 자제되고 억압되는 경우, ④ 양부모가 서로 지원하며 자녀양육에 함께 참여하고 가능한 한 정상적인 가족생활을 영위하려고 애쓰는 유형 등이 있다. 이 중 가장 바람직한 유형은 네 번째라고 할 수 있다.

정신지체아를 비롯한 발달장애아 부모에게 있어서는 벗어 버릴래야 벗어 버릴 수 없는 무거운 감당하기 어려운 여러 가지 멍에를 메고 일생 동안 살아갈 수밖에 없는 것은 사실이다. 그러나, 부모는 소극적인 태도로 죄책감이나, 수치감이나, 패배감이나, 열등감에만 사로잡혀 있어서는 안 될 것이다. 기정 사실은 사실 그대로 받아들이고, 그것을 딛고 일어서도록 해야 할 것이다.

정신지체아를 있으나 마나 한 존재로 만드느냐, 있어야만 하는 존재로 만드느냐하는 것은 교육을 시키느냐 안 시키느냐에 달려 있으며, 교육의 효과를 얻을 수 있느냐 없느냐 하는 것은 정신지체아를 가진 부모의 몸가짐과 마음가짐에 달려 있다고 생각할 수 있을 것이다.

레빈션(Levinsion)은 부모의 태도를 개선시키기 위한 것으로

① 될 수 있는 한 빨리 의학적인 상담을 하고, 그 결과에 따르라.
② 패배적인 태도를 갖지 말라.
③ 수치감이나 죄악감을 만들지 말라.
④ 자기 어린이가 뒤진다고 하여 보통 어린이를 무시하지 말라.
⑤ 어린이에게 할 수 있는 한 하여 주려고 하고, 걸인과 같은 태도를 취하지 말라.
⑥ 어린이의 능력 이상의 것을 시키려고 하지 말라.
⑦ 어린이의 정서적인 문제를 잘 처리하여 주라.
⑧ 어린이 낳는 것을 두려워하지 말라.
⑨ 정신지체아가 된 원인을 캐지 말라 등의 아홉가지 개선점을 들었다.

구마가이(熊 吏希子)는 좋은 부모가 되기 위한 조건을 다음과 같이 제시했다.

① 자기 어린이의 능력이 낮은 것은 부모에게 책임이 있지 어린이는 하등 아무런 책임도 없다는 것을 십분 마음에 둔다.
② 어린이와 함께 이야기를 나눈다든가, 논다든가, 일을 한다든가 하는 것이 아주 즐겁다.
③ 자기 어린이가 잘 되는 것은 물론 다른 어린이도 그 이상으로 잘 되기를 바란다.

④ 어린이 뿐만 아니라 모든 사람으로부터 사랑을 받고 친밀히 지내는 인간적인 교육을 몸에 익히려고 한다.
⑤ 어린이에게 시킬 것과 부모가 해야 할 일의 구별을 확실히 알고 어린이가 즐겁게 할 수 있도록 한다.
⑥ 자기가 어린이에게 요구하기에 앞서 어린이가 원하는 것이 무엇인가를 살펴 알 수 있다.
⑦ 어린이를 가족의 한 사람으로서 인정하여 주고, 결코 특별 취급을 하지 않는다.
⑧ 자기의 일은 자기가 하라고 말하기에 앞서 어린이가 스스로 하지 않으면 안 되도록 환경의 설정을 생각한다.
⑨ 다른 사람의 어린이일지라도 자기의 어린이와 같이 꾸짖을 수 있고 칭찬할 수도 있다.

위의 말을 참고하면서 정신지체아의 교육을 위하여 부모가 가져야 할 바람직한 마음가짐과 몸가짐에 대하여 살펴보고자 한다.

첫째, 전문가의 진단 결과에 따른다.
둘째, 수치감이나 죄책감을 갖지 않도록 한다.
셋째, 어린이를 위해 무엇을 해야 할 것인가를 생각한다.
넷째, 어린이의 능력 이상의 것을 요구하지 않도록 한다.
다섯째, 가족의 태도에 일치와 일관성이 필요하다.
여섯째, 꾸짖기 전에 먼저 동기를 생각한다.
일곱째, 칭찬을 아끼지 말도록 한다.
여덟째, 한결같은 애정으로 대한다.
아홉째, 인내심을 갖는다.

3. 장애아 부모의 역할

1) 장애아 부모의 권리

많은 장애아동 부모들이 장애아 부모로서 권리와 책임을 완전히 깨닫지 못하는 경우가 대부분이다. 부모들은 자신의 권리를 확실하게 알고 자기 자녀의 재활을 계획하고 특수교육을 시행하는 데 효과적으로 참여할 수 있다. 먼저 부모는 자녀가 학교에 입학하기 전의 평가절차와 평가내용에 대해 알 권리가 있다. 아동의 교육 계획을 수립하여 특수학급이나 특수학교에 배치하도록 완전하고 공정한 평가가 이루어져야 한다. 이것은 특수교육법에 규정된 장애아동 부모들의 권리와 관련된 내용이다. 모든 장애아동의 권리를 포함하여 제정된 공교육법은 그 내용에 있어서 부모와 관련된 것들이 많이 있다. 다음은 미국 장애아 부모의 권리로서 한국 특수교육진흥법시행에 참고가 될 내용을 설명하겠다.

(1) 교육계획에의 참여

특수교육법은 IEP(individualized education program)를 통해 부모의 역할을 명백히 구체화하고 있다. 즉, 부모는 IEP작성에 참석해야 한다. 이 규정의 목적은 부모가 자신의 아동을 위해 교육적으로 중요한 것을 준비할 수 있도록 기회를 주며 치료교육 목표에 다른 전문가와 협력하여 서비스를 제공하려는 것이다.

(2) IEP의 승인

IEP를 이행하기 전에 장애 아동의 부모들은 교육목표에 대한 적절한 계획과 서비스 제공에 대해 동의하고 서명을 해야한다. 비공법에서 부모들이 학교에서 제공하는 프로그램에 찬성하지 않을 권리를 갖고, 조정자로서 주정부나 정부 감독하에 있는 기관에 호소할 수 있다고 규정하고 있다.

부모의 권리는 재활이나 교육과정의 다양한 상황을 선택하고 결정하는 과정에 실제로 포함되어 있다.

① 부모들은 자녀의 학급 배치에 동의해야만 한다.
② 부모들은 그 자녀에 붙인 명칭(labeling)에 찬성하지 않을 수 있다.
③ 부모들은 자녀에게 제공되는 프로그램에 동의하지 않을 수 있다.
④ 학교가 그들 자녀에 대해 제공하라고 하는 정보를 거부할 수 있다.
⑤ 부모들은 그들 자녀가 독자적으로 평가받는 것에 승인하지 않을 수 있는 이 같은 권리를 갖는다.

(3) 교육에 관한 합의와 부모의 어려움 개선

특수교사의 가장 기본적인 임무는 IEP 회의에서 부모의 역할과 능동적 참여의 중요성을 그들에게 알리는 것이다. 이러한 규정은 모든 가족들에게 적합하지 않을 수 있다.

Turnbull과 Strickland(1981)는 부모의 참여를 위한 폭넓은 훈련모형을 제시하였다. 훈련은 비디오 테이프와 여섯가지 주제로 된 역할극을 가지고 부모를 지도하였는데, 회의 전 준비, 처음 회의 진행, 평가, 결과의 설명, IEP의 교육과정 일부분의 개발 등이다. 아마 가장 중요한 전략은 부모들이 IEP 모임에 적극 참여하도록 용기를 복돋아 주는 것이다. 모든 특수교사의 가장 기본적인 지식은 장애아동을 가진 가족에 관계되는 모든 권리와 법적 조항을 알아야만 한다.

2) 장애아 부모의 역할

장애아동과 청소년의 교육과 지도에 있어 과거 부모의 역할에 대해 알아야 하는 중요한 이유가 몇 가지 있다. 첫째, 역사는 우리에게 주요쟁점(issue)과 새로운 집근방법을 이해하도록 돕는다. 가족 조정과 가족-전문가와의 관계성 등과 관련된 최근의 많은 쟁점들은 과거로부터 물려받은 것이다. 두 번째, 가족과 전문가들에게 직면한 많은 도전들은 역사적 교훈에 의해 도움을 받을 수 있다. 세 번째, 역사는 가족들에 관한 많은 격동의 시기를 거쳤기 때문에, 그 시대에 적절한 접근방법이라고 해도 변하기 쉬운 특징들을 통찰할 수 있도록 돕는다. 오늘날의 접근 방법에 이전의 접근방법이 있듯이 지금의 접근 방법이 21C에 있을 듯하다.

전문가들에 의해 제시된 부모들의 중요한 8가지 역할은 ① 아동문제의 근원으로서의 부모 ② 조직 구성원으로서의 부모 ③ 서비스 개발자로서의 부모 ④ 전문가 의사결정에 대한 수령자로서의 부모 ⑤ 학습자와 교사로서의 부모 ⑥ 정책옹호자로서의 부모 ⑦ 교육적 의사결정 자로서의 부모 ⑧ 가족 구성원으로서의 부모이다. 이런 부모의 각 역할들은 시대 안에서 지속적으로 발전해 오지 못하고, 결정의 시기와 쇠퇴의 시기의 과정을 겪었으며, 여기에 대략적으로 연대기적 순서가 제시되어 있다. 일반적인 배경들을 통해 부모들의 역할에 대해 묘사하고자 한다.

(1) 문제의 근원으로서의 부모

우성운동(The eugenics movement)(1880-1930)은 부모가 아동장애의 근원이 된다는 견해에 크게 공헌했다. 우성운동의 경향은 선택적 양육(selective breeding)을 통해 인종을 개선시켰다. Scheerenberger(1983)에 의하면 우성운동은 다음 사항에 중점을 두고 있다.

① Kallikak가족에 대한 Goddard's의 계통조사(1912) ② 멘델의 유전의 법칙 재확인 ③ 의지박약과 밀접하게 연관된 비행 행동 연구(MacMurphy, 1916; Terman, 1916).

우성운동은 유전을 정신지체의 원인으로 연관지었다(Barr1931). 우성운동은 지적장애인과의 결혼을 제한하는 법을 낳았으며, 강압적인 불임수술을 요구하게 되었으며, 수용시설의 증가를 촉진하였다. 미국상공부자료(1923, 1934)에 기초해서, Scheerenberger(1983)는 1900년도에 수용시설내의 정신지체인이 9,334명, 1930년도에는 68,035명으로 증가했다고 지적했다.

주 시설과 병원에 대한 정책과 실제들은 가족이 그의 아들과 딸들에게 부정적인 영향을 미친다는 견해를 더욱 더 강화시켰다.

특수성에 대한 또 다른 관심 영역은, 부모들이 아동 양육기간이나 아동이 적응성이 생기지 않는 기간 동안 자녀에게 자폐, 천식 혹은 정서장애가 보일 경우에 종종 부모들이 문제의 근원으로 비쳐진다. 이것은 1940년대나 1950년대에 전문가들이 자폐나 경직과 같은 정신병, 완벽주의자, 정신지체, 위축 등의 증상을 띄는 아동이나 청소년의 자녀들을 둔 부모를 묘사하기 위해 주로 사용되었다(Kanner, 1949; Marcus, 1977). Dr. Bruno Bettleheim(1950, 1967)은 심한 위축행동을 나타나는 자폐아동들은 부모의 태도나 감정에 의해 만들어진 스트레스성 반응으로 그러한 경향을 가진다고 했다.

인과관계 이론이 최근 20년 동안 쇠퇴해 오고 있지만, 이것이 발생하는 곳 어디에나 - 전문적 문헌, 교사실 혹은 부모 전문가 협회 등지에서, 우리 각자에게 잘못된 비난들을 근절할 수 있게 했다.

(2) 조직 구성원으로서의 부모

아동의 교육적 욕구에 부적절한 공 교육적 조치에 대해 전문가들과 부모들은 1930년대에 지방수준에서 조직을 만들기 시작했고, 1940년대와 1950년대에는 국가수준에서 조직을 만들기 시작했다. 1933년, Cuyahoga County, Ohio주의 정신지체 자녀를 둔 다섯 명의 어머니가 아동의 공립학교 교육배제를 보호하기 위하여 한 그룹을 조직했다. 이러한 노력들이 특수학급을 이끌었다. 1950년에, 13개 주의 42명의 부모와 관련된 사람들이 National Association of Parents and Friends of Mentally Retarded Children(정신지체 친구와 부모협회) 라는 단체를 세우기 위해

Minneapolis에 모였으며(ARC/USA-The Association for Retarded Citizens), 몇 년 후, ARC는 정신지체인과 그들이 가족들의 이익을 대변하기 위해 국가와 주, 지방 수준에서 영향력을 발휘했다.

미국 뇌성마비 협회도 다소 비슷한 역사를 지니고 있다. 이 단체는 뇌성마비 아동의 아버지라고 불리는 Leonard H. Goldenson을 통해 1949년에 세워졌다.

또 다른 부모 단체들인 국제 자폐 아동협회(1961), 다운증후군 협회(1961), 그리고 학습장애아동 협회(1964) 등이 조직되었다.

부모단체들은 가족에게 지원과 희망을 제공하고 아동과 청년들을 위한 창의적 기회들을 제공함으로서 심오한 영향을 발휘했다. 두 가지 핵심영역은 서비스의 전달과 정책적 옹호와 관계 있다.

그러나, 부모조직기구들은 모든 부모들의 필요들을 충족시키지는 못했다. 예를 들면, 한 어머니는 부모조직기구에서의 역할이 아주 만족스러웠고, 반면에 다른 어머니는 전혀 만족스럽지 못했다. 또한, 일부 부모들은 부모조직기구에 의해 도움을 받을 수 있다는 것과 일부 다른 부모들은 그렇지 않다는 것을 기억해야한다. “부모운동”은 많은 부모들에게 유용하지만, 모든 부모에게 유용성을 지니지는 않는다.

(3) 서비스 개발자로서의 부모

부모조직기구와 관련된 노력을 통하여 발달된 또 다른 부모의 역할은 장애인의 서비스 개발을 돕는 것과 관계가 있다. 공립학교의 교육프로그램에서 제외된 경도, 중도장애아동을 위한 창의적인 교육프로그램이 1950년대와 1960년대에 강조하게 되었다. 지방 부모단체들은 지역사회 건물 안이나 교회의 지하실 등에 학급을 만들었으며, 관대한 조직기구단체로부터 재정적인 지원을 강구 했다. 몇 년이 지난 후, 부모조직기구는 교육, 레크레이션, 지역생활(그룹홈), 그리고 직업적 대안 등에 대한 서비스에 관심을 가지기 시작했다. 일부 부모조직들은 필수적인 서비스개발을 시작했으며, 다른 부모들은 서비스나 촉매자로서의 역할에 관심을 가지기 시작했다. 또한 공, 사립학교, 레크레이션 대리기관, 사회서비스 대리기관과 같은 지역사회 조직기구와 함께 일하는 데에 관심을 기울이기 시작했다(정신지체 대통령 자문위원회, 1977). 일부 부모조직들은 적절하지 않은 것들을 만족하도록 서비스를 제공하는 동안, 다른 부모조직들은 감시기관으로 혹은 옹호자로서의 역할들을 모두 감당했다.

비록 서비스 개발자나 제공자로서의 역할이 일부 가족들에게 관심이 있는 일이지만, 전문가들은 전문가의 책임영역 내에선 서비스 개시를 가족들에게 기대해서는 안 된다. 가족들은 창의적인 교육과 직업, 레크레이션 기회 등에 전문가와 협력할 수 있는 권리는 가지지만 부모들이 전적인 책임을 가진다고 생각해서는 안 된다.(1950년대 초 Elizabeth Boggs and her fellow parents).

최근에, 많은 가족 내외 부모조직기구들은 교육보다는 서비스 개발을 위해 실질적인 노력을 한다. 예를 들면, American Foundation for the Blind에 의해 제공된 적절한 장비목록, 적절한 기술, 직업지표, 혹은 미국 간질 단체에서 제공된 캠프를 위한 프로그램 등이 그러한 것이다(American Foundation for the Blind, 1989; Epilepsy Foundation, 1989). 거의 모든 부모조직들은 공적인 정보와 관련된 프로그램의 지원을 받으며, 서비스 개발자로의 충분한 시간을 가지지 못한다(Turnbull & Winton, 1984).

(4) 전문가의 의사결정에 대한 수용자로서의 부모

1950년대를 걸쳐 1970년대 동안, 부모의 중요한 역할은 전문가의 결정을 수용하여 그들의 자녀들을 프로그램에 입학시키는 것이었다. 이 역할은 특히 중도장애아동의 부모들에게 적용되었으며, 공립학교 체제에 의해 제공되어졌다.

1960년대 교육배치 결정에 권한이 있는 부모와 교육자에 대한 대안적 역할을 다루었다. 첫째, 전문가들은 교육결정을 해야 하며, 다음으로 그들의 의사결정을 부모에게 이해시켜야 한다. 둘째로, 부모들은 전문가들에게 더 이상 의문이 없어야 하고 분별력 있는 서비스 수령자가 되어야 한다.

지난 10년에서 15년간 가족의 수동적인 역할이 감소되고 있으나 여전히 존재한다. 듣지 못하고 단순히 믿는 부모들에게 전문가들은 이 메시지를 직·간접적으로 전달한다. 더욱이 전문가의 결정을 단순히 믿는 것이 효과적인 부모-전문가 사이의 관계에 심리적 장벽을 만들어 낸다(A.P Turnbull. 1983).

(5) 학습자와 교사로서의 부모

학습자와 교사로서의 부모의 역할은 1960년대에 출현하기 시작했으며 1970년대에 최고조에 달했으나 1980년대에 쇠퇴하기 시작했다. 몇 가지 요인이 이 역할의 발달을 가져오는데 기인했다. 교육과 심리학에서 지능에 관한 환경요인설의 영향이 점차적으로 받아들여져 왔다(Hunt, 1972). 그리고, New Frontier와 Great Society of the Kennedy와 Johnson administrations와 같은 정책적인 토론에서, Head

Start 같은 보상교육 프로그램(compensatory education program)을 도입하기 시작했다.

이 프로그램의 전제조건은 중상계급이 접하게 되는 기회를 아동의 생활환경으로 인해 기회가 결핍됨으로써 낮은 사회경제적 생활과 관련된 문제나 경제적 박탈된 환경으로부터 가정의 필요를 채워주는 것이다. 따라서, 부모훈련 프로그램으로 제공된 Head Start와 같은 프로그램은 불우한 환경의 아동들이 차츰 많은 진보를 가지게끔 부모들이 그들 아동의 훌륭한 교사가 되는 방법을 부모들에게 지도하였다(N.L. Peterson, personal communication, February 10, 1989).

경제적으로 박탈된 부모에 대한 이런 접근방법은 특수아동을 둔 가족에게 일반적인 것이었다. 부모들은 아동의 진보와 성취를 증가시키기 위한 대리인으로서의 역할을 하며, 전문가들은 부모들이 아동을 가르치기 전에 우선 배워야 한다는 견해를 가진다. 그러므로, 부모훈련 프로그램은 행동원리들을 부모들에게 가르쳤고, 부모들은 가정에서 자녀들과 함께 시행해보도록 되어있다. 자녀들의 교사로서 부모의 효율성을 기록한 결과표를 격려함으로써 의욕은 활발해진다(Bricker & Bricker, 1976; Shearer & Shearer, 1977).

부모가 효과적인 교사가 될 수 있기 때문에 많은 전문가들은 부모가 교사가 되어야 한다고 믿는다. 전문가들은 또한 “훌륭한” 어머니는 자녀들을 잘 가르친다고 믿는다(Benson & Turnbull, 1986).

이 시기 동안에 연구된 문헌들의 대부분이 그들 자녀의 발달에 대해 아버지의 역할을 거의 언급하지 않았다.

조기 아동기 교육 프로그램은 부모훈련을 강조했었다. 교사로서의 부모의 역할이 강력하게 주어졌다면, Karnes와 Teska(1980)는 이 역할을 수행하기 위해 부모들의 능력을 확인하였다. 당신은 전문가의 훈련 프로그램과 부모의 능력을 비교하는데 흥미를 가질 지 모른다. 전문가들은 부모들에게 공들인 교훈적인 기술을 발달시키도록 기대하는 것이 현실적인지에 대한 의문을 가지고 있다.

부모-아동간의 관계형성에 있어 교사로서의 부모역할에 대한 효과는 하찮은 전문가의 입장으로 받아들여져 왔다. 일부 부모들로부터의 일화적인 말들은, 만약 부모들이 자녀와 함께 접촉하지 않는다면, 마치 죄와 염려와 같은 의도되지 않은 결론을 나타내 보인다는 것이다. 다른 부모들은 매우 안정되게 자녀의 교사로서의 역할을 발견했었다. 반복해서 지적하듯이, 다양한 부모의 역할들은 부모에게 많은 영향을 끼친다.

최근에 왜 학습자나 교사로서 부모의 역할이 쇠퇴하는가에 대한 한 가지 이유는 훈련기간동안에 상대적으로 낮은 부모의 참가율 때문이다(Chilman, 1973;

Rosenberg, Reppucci, 1983). 이것은 많은 부모들이 학습과 교수의 역할을 수행하는데 계속적으로 시간투자를 못하기 때문에 나타난다.

1970년대 행동훈련 프로그램에 관해 거의 강조되지 않았던 것들 즉 교육적 옹호, 숙제, 장래계획과 같은 주제를 다루는 훈련 기회가 많아지고 게다가, 아버지, 형제, 자매 그리고 확장된 가족 구성원들 모두가 참여하는 방향으로 변화되었다.

(6) 정책 옹호자로서의 부모

부모들은 정책결정 과정의 성공적인 옹호자들이다. 그러나 부모들은 많고 다양한 옹호자 토론장 등지에서 오랜 기간동안 노력해야 했었다. 예를 들면, 1949부터 1959년, 10년 기간동안 많은 주에서 경도 정신지체 학생을 위한 특수교육을 제공했으며, 중도 정신지체 학생까지도 특수교육을 제공했다(President's Committee on Mental Retardation, 1977). 여전히, 중도나 최중도 장애학생을 위한 서비스는 이 기간 동안에는 침체되어 있었다.

펜실베니아 정신지체아 협회와 경도에서 중도정신지체 장애학생의 부모들이 연합해 정신지체아동의 적절한 교육권 획득을 위해 주를 상대로 1960년대 소송이 있었다. (Pennsylvania Association for Retarded Citizens Commonwealth of Pennsylvania, 1972). 부모들은 소송에서 이겼으며, 법원은 학교로 하여금 모든 정신지체 학생들에게 자유로운 공교육 프로그램을 제공하게 했다.

이에 따라, 교육에 대한 권리주장이 거의 모든 주에서 발생하게 되었으며 대개는 성공하였다. 그러므로, 이 시기에는 주법과 연방헌법을 기초로 해서 법원에서 선포되어진 연방법규에 의해 공교육 프로그램에 대한 권리를 세울 수 있는 권한을 가질 수 있었다.(H.R. Turnbull, 1990). 현재 모든 장애영역에서, ARC-USA, 부모조직들은 모든 장애학생에게 자유롭고, 적절한 공교육을 받도록 포괄적인 연방입법 제정을 추구하기 위한 단체인 특수아동위원회나, 전문가 뿐만 아니라 비조직 구성원 부모들과도 힘을 뭉쳤다. 이들 단체들은 크게 성공했으며, 국회는 1970년에 장애아동법(Handicapped Children Act)을 통과 시켰고, 1973년에 개정하여, 모든 장애아동을 위한 법(P.L. 94- 142)이 1975년에 마련되고 3번(1978, 1983, 1986)에 걸쳐 개정이 이루어졌다. 부모 조직들은 전문가들과 연합을 형성할 수 있게 되었으며, 모든 것이 확장된 시기에 수행할 수 있었다.

부모옹호단체들은 장애인이나 그들 가족의 필요를 충족시키기 위한 지역사회 서비스, 제도, 개인훈련, 예방, 개선 등에 대한 대우기준을 다루기 시작했다.

정책옹호자로서의 가족의 역할은 강력한 지지자로서 1980년대에도 계속되었다.

(7) 교육적 의사결정자로서의 부모

의회가 장애아교육법(EHA)을 제정할 시기, 1975년에 교육적 의사결정자로서의 부모의 역할이 보장되었다. 이런 대 변혁적인 법은 장애아동과 청년을 가진 부모들에게 의사 결정할 수 있는 권한을 인정하는 많은 요구사항들이 포함되어있다. 그러나 부모들이 전통적으로 지역학교 위원회의 기구를 통한 기회들을 간과해왔기 때문에 이 법 또한 매우 관례적이었다.

이전 장애인 교육법 통과에 대한 국회 공술서는 전반적으로 부모의 권한을 인정하는 국회의 의도를 보여준다(H. R. Turnbull, Turnbull, & Wheat, 1982). 공립학교에서 그들의 자녀들을 교육시키지 못하는 장애아동과 청소년의 가족들에게 학교는 보다 적절한 교육을 아동들에게 시켜야하고, 부모들에게 학교는 그들 자녀들을 입학시킬 것을 허락해야 한다는 것이 국회의 기본 전제였다. 그러므로, 국회는 부모를 교육적 책임이 있는 대리인으로 보았고 전문가들은 학생들에게 적절한 교육을 제공하도록 보장하는 사람으로 여겼다. 이러한 견해는, 부모의 역할에 주요한 변환을 반영하는 부모 정책옹호단체에 의해 촉진되었다. 이제 더 이상 부모들은 그들 아동의 서비스에 관한 전문가의 결정에 수동적인 수령자가 아니라 교육적 의사결정자이다.

많은 부모들은 이런 변화들을 예리하게 인식하고 있다. EHA 이전에는, 아동들이 어떻게 교육을 받고 있는지에 대한 것은 학교의 행정가의 책임이었다. 부모들 또한 자녀들의 교육이 행정가의 방향에 달려있다고 알고 있었다. 그러나 EHA 통과한 지금은, 부모의 권한이 아동교육에 대한 권한으로 주어졌으며, 전문가와 부모의 관계성이 동등하게 되어졌다. 부모가 그들 자녀의 무한한 가능성과 아동의 현재의 모습을 가꾸어 가는데 도움이 된다고 믿는 것이 당연시되어졌다.

비슷하게, 연방 법은 장애인의 훈련과 재활 등을 다루고 있으며, 부모와 안내자들에 대해서도 같은 맥락에서 다루고 있다. 물론, 장애인 자신들에게 개별화 재활 프로그램의 수행과 발달에 참여할 수 있는 권리 등을 다루고 있다. 또한 이 연방법은 서비스 전문가의 파트너로서의 부모의 역할을 강조하고 있다.

모든 부모들이 그 자녀에 대해 교사로서 가르치거나 혹은 정책 옹호자로서 서비스 제공을 바라지는 않듯이, 모든 부모들이 교육적 정책결정자로서의 역할을 받아들이지는 않는다(A.P Turnbull & Turnbull, 1982). 특수학급에 있는 아동의 부모유형과 일반학급 아동의 부모유형 비교 연구논문에서 특수교육 프로그램에 입급된 아동의 부모들은 교사위원회나 IEP 프로그램모임, 옹호체제 등에 더욱 더 연관되어지기를 바라고 있으며 학업에 참여하는 다른 부모들보다도 프로그램을 작성하는데 많이 관여한다(Salisbury & Evans, 1988). 그러나, 지난 10년간의 연구에서 보여지듯이 교육적 의사결정에 참가하는 대부분의 부모들은 활동적인 유형이기보다는 오히려 수동적이다(Goldstein, Strickland, Turnbull, & Curry, 1980; Lusthaus, Lusthaus, & Gibbs, 1981; Lynch & Stein, 1982).

부모들이 의사 결정하는 데에는 어려움이 있다. 다섯 자녀의 어머니이며, 그들 중 한 명이 장애인인 Carol Michaelis는 의사결정자로서의 역할을 수행하는데 문제점이 있다고 확인했다.

학습자/교사나 정책옹호자로서 뿐만 아니라 교육적 의사결정자로서의 부모의 역할은 장애아동이나 청소년의 필요에 초점이 맞추어져 있다. 그러므로, 부모의 기대들은 개별성과 관련되어 한정되어 있다.

(8) 가족 구성원으로서의 부모

최근 전문가와 부모들은 똑같이 가족 구성원으로서의 부모의 역할을 강조하며 인식하고 있다. 이 역할은, 성공한 가족들은 부모를 포함해서, 모든 가족 구성원의 요구가 확인되고, 충족되어져야 한다는 것이 전제된다. 이 전제들은 가족을 독특한 특징과 욕구를 지닌 사회체제로서 보는 가족 시스템 이론과 일관성이 있다. 기본적인 전제는 개별적인 가족 구성원들은 영향력 있는 한 구성원이 다른 가족구성원들에게 영향을 끼치며 상호작용 한다(Carter & McGoldrick, 1980; Goldenberg & Goldenberg, 1980; Minuchin, 1974). 예를 들면, 한 어머니는 그의 자녀를 가르치고, 교육적 의사결정의 참여에 아주 강하게 연루되어 있지만 남편이나 다른 자녀들과 적절한 시간을 보내거나, 자기 자신의 개인적인 요구들을 충족시키는데 시간을 낭비한다고 해보자. 전자는 부모(엄마)로서 장애아동과 함께 하는 것에 극도로 초점이 맞추어져 있는 반면에, 현재는 각각의 가족 구성원의 필요에 더 많은 주의를 기울여야 한다. Ann Turnbull(1985b)은 이런 전망에 대한 중요성을 강조했다.

Ann Turnbull은 가족 시스템의 핵심이론을 탐색했다. 장애아동과 청년이 그들 가족에 미치는 영향에 대해 특수교육문헌에서 가족시스템이론에 관한 사회학적 문헌을 종합했다(Benson & Turnbull, 1986; A.P. Turnbull, Summers, 1985). 연구 결과에 따라, 다음과 같은 틀을 제안했다. (가족시스템). 이 구조는 새로운 서비스를 위한 전망과 하나의 개념구상으로 가족들을 이끌 것이다.

다음은 구조상에서 4가지 중요한 요소들이다.

① 가족의 특징 : 가족 기술적인(description) 요소, 특수성을 포함(예, 장애의 유

형, 정도); 가족의 특징(예, 규모와 형태, 문화적 배경, 사회경제적 지위, 지리학적 위치); 개인적인 특징 (예, 건강, 대처양식); 그리고 특별한 도전(예, 가난, 중독).

② 가족 상호작용 : 매일, 매주 가족구성원 끼리 생기는 관계성. 상호작용의 과정인 이들 상호관계들은 개인과 총체적인 가족구성원의 필요에 대한 반응이다.

③ 가족 기능 : 가족의 다양한 필요들은 교신 때문이다. 가족상호작용의 목적이나 산출은 가족기능과 연합된 필요들을 수행하기 위한 반응을 산출하는 것이다.

④ 가족 생활주기 : 발달과 비발달적 변화의 연속은 가족에 영향을 미친다. 이런 변화들은 가족의 특징(예, 아이가 태어나는 것 등)과 가족의 기능(예, 엄마는 가정 밖에서의 일을 그만두고, 가정의 수입은 줄어들지만 아동양육을 위해 더 많은 시간을 할당한다)을 바꾼다.

이런 변화들은 가족의 상호작용이 어떻게 영향을 미치는가?

부모들은 개인적인 욕구와 기호가 특수교육 배경에서 부모-전문가의 관계성에 심오한 영향을 미치고, 많은 책임들을 가진 단체가 가족구성원이라는 것을 기억해야 한다. 가족시스템 철학은 가족특징, 상호작용, 기능 그리고 생활주기 등의 이해가 아동, 부모, 다른 가족 구성원 그리고 전문가 등 관련된 모두의 유익을 위해 부모-전문가의 관계성을 기초로 해서 서비스를 제공할 수 있다고 제안한다.

부모의 다양한 역할들은 이 시기에 팽배했다. 부모의 역할은 아동 문제의 근원으로서의 부모, 조직구성원으로서의 부모, 서비스 개발자로서의 부모, 전문가 결정의 수령자로서의 부모, 학습자와 교사로서의 부모, 정책 옹호자로서의 부모, 교육적 의사결정자로서의 부모, 가족구성원으로서의 부모 등이다. 이런 역할은 시대적 흐름에 따라 ① 아동문제의 일부분에서 아동문제에 일차적인 해결자로서의 부모, ② 수동적 역할의 기대에서 활동적 역할의 기대, ③ 아동에 대한 부모역할에서 가족 구성원간의 상호적인 역할, ④ 일반적으로 가족의 필요를 추구하는 전문가에서 각각의 가족 구성원의 개인적인 필요를 충족시키는 전문가 등으로 변화되었다.

제**2**부

전환교육과 자기결정

제8장 전환결과로서의 자기결정

주요내용

1. 자기결정 행동의 필수적인 4가지 특징을 파악하고
2. 자기결정 행동의 구성요소를 파악하고 각 구성요소의 획득을 촉진시키는 구체적인 학습경험을 논의하고
3. 선택결정(기본적인 수준) 및 의사결정(두 번째 수준) 교수활동으로 효과적으로 통합하는 7가지 방법을 예증하고
4. 특히 교육계획과 관련하여 의사결정 과정에 학생참여의 중요성을 논의 한다.

▫ 핵심용어

① 자율적 행동 ② 선택결정 ③ 의사결정 ④ 목표달성 ⑤ 목표설정 ⑥ 독립 ⑦ 내적통제소재 ⑧ 성과에 대한 기대감 ⑨ 문제해결 ⑩ 심리적 역량 ⑪ 자기권리 옹호 ⑫ 자기결정 ⑬ 자기 효능감 ⑭ 자아실현 ⑮ 자기규칙 행동 ⑯ 전환서비스

지역의 모든 학교는 학생들이 학교에서 받은 교육에도 불구하고 성공하는 학생은 소수이다. 교사들은 이들 성공하는 학생들을 일찍 파악하는데, 왜냐하면 그들은 자신의 삶에 대한 목적을 지니고 있기 때문이다. 이들 성공한 학생들은 자신이 무엇을 할 수 있고, 자신이 원하는 것이 무엇인지 그것을 어떻게 얻어야 하는지를 알고 있다. 그들은 자기결정이 되어 있다(Mithaug, 1991, p. 1).

교육의 목표와 목적은 무엇인가? 학생들은 왜 최소한 12년을 학교에서 보내는

가? 비록 이 질문에 대한 보편적인 지지를 얻을 수 있는 유일한 대답은 없을 지도 모르지만, 대부분 사람들이 동의할 몇 가지 성과는 교육이 수행되는 과정의 목적 중 일부가 될 것이다. Sarason(1990)은 그런 성과 중 하나는 교육이 "개인성장이 계속 지속되고 지식을 추구하도록 자기존중, 주도권 및 기능과 지혜를 가진 책임감 있고 자급자족하는 시민을 만들어 내는 것" 이라고 제안했다(p. 163).

불행하게도, 장애를 가진 너무 많은 아동들이 자급자족하는 시민이 되지 못한다. 그 대신, 그들은 목적과 방향도 없이 전전한다. 많은 연구들은 결론적으로 장애 젊은이들의 고용, 독립생활 및 지역사회통합과 같은 중요한 성인 성과가 가족들, 교육자 및 학생 자신이 원하는 것보다도 훨씬 덜 긍정적이라는 것을 보여준다(Chadsey-Rysch, Rysch, & O'Reilly, 1991). 장애학생들이 일단 학교를 떠나면 왜 성공하지 못하는가? 많은 이유가 있을 수 있다. 그러나 이들 이유 중 하나는 교육 과정이 적절하게 특별한 학습요구를 가진 학생들을 자급자족이 되도록 가르칠 준비가 되어 있지 않기 때문이다. 학생들은 자기결정을 할 수 있는 교육을 받지 못했다. Martin, Marshall, Maxson 및 Jerman은 이것을 아래와 같이 표현한다.

학생들이 구명조끼를 입고 12년간을 떠돌아다니다가 어느 날 갑자기 구명조끼를 벗겨버리면 그들이 수영을 할 것이라고 기대할 수 있단 말인가? 아마도 아닐 것이다. 그 상황은 특수교육 서비스를 받고 있는 학생들의 처지와 같다. 이들은 너무 자주 학교 졸업 후 차가운 물에 밀어 넣어지기 전에 자신들의 삶을 어떻게 자력으로 꾸려나갈 지를 전혀 배우지를 못한다(1993, p. 4).

교육자들은 자기결정이 장애를 가지고 있거나 장애가 없는 학습자들 모두에게 한 가지 중요한 교육성과라는 것을 이해하기 시작했다. 또한 만약 그들이 자기결정 기능에 대한 교육을 받지 못하거나 이 기능을 반복적으로 연습할 기회를 경험하지 못하면, 많은 학생들이 자기결정이 안 된다는 것을 깨닫고 있는 중이다. 이런 자기결정 교육의 강조는 특히 전환기 아동들에게 중요한데 왜냐하면, 전환교육서비스의 목적은 젊은이들이 성인기에 대한 준비를 하는 시기이기 때문이다. Wehman(1993)은 초기 전환모델의 한 가지 약점은 학생선택, 가족선택 및 자기결정에 대한 그들의 관심부족이라는 것을 발견했다.

Halloran(1993)은 자기결정이 "교육의 궁극적인 목적"이라고 말했다(p. 214). 만약 장애학생들이 더욱 더 자급자족하는 사람이 되고 자신의 삶을 더욱 잘 꾸려나갈 수 있게 되고 그들이 성인으로서 성공 하길 원한다면, 자기결정 기능을 증진시키는 것이 전환교육 서비스의 핵심적인 부분이 되어야만 한다. 그렇기 때문에, 교육자들은 자기결정 중에 어떤 것을 "가르칠 수 있을" 것인지를 결정할 필요가 있고, 젊은이들의 자기결정 증진을 위해서 그들이 무엇을 할 수 있는지를 파악할 필요가 있다.

1. 자기결정의 정의

Martin과 Marshall은 “특수교육문헌에서 자기결정 정의를 이끌어내면서” 다음과 같은 개인이라고 요약했다.

어떻게 선택하는지를 알고 있고-자신이 원하는 것이 무엇인지 및 그것을 어떻게 얻는지도 알고 있다. 자신의 요구를 알고, 자기결정이 된 개인은 목표를 설정하고, 지속적으로 목표를 추구한다. 이것은 개인의 존재를 주장하기, 자신의 요구를 알리기, 목표를 만족시킬 진보를 평가하기, 수행에 맞추기 및 문제를 해결하기 위해 구체적인 접근하기 등을 포함한다(1995, p. 147).

이 말에 나타난 것처럼, 자기결정이 된 사람은 전형적으로 성인기와 관련된 역할을 성취할 수 있다. Wehmeyer(1992, 1996)는 “부당한 외부의 영향이나 방해를 받지 않고 자신의 삶의 질에 관한 선택과 결정을 내릴 수 있는 자신의 삶에서 주도적인 역할을 수행하는 것” 이라고 정의를 내리면서 자기결정을 교육성과 중 하나라고 기술했다(1996, p. 24). 주도적인 수행자(causal agent)는 자신의 삶에서 자신이 일을 행하고 자신이 몸소 일이 일어나도록 만드는 사람이다. 그래서 자기결정이 된 사람은 자신의 삶에서 주도적인 수행자로서 역할을 한다.

한 가지 잘못된 생각은 자기결정이 된다는 것은 자신의 모든 선택과 결정 전반에 대한 완전한 통제력을 가진다는 것과 똑같다고 믿는 것이다. Deci와 Ryan(1985)은 자기결정에 중요한 것은 절대적인 통제가 아니고 오히려 개인의 삶에 영향을 미치는 선택과 결정에 주도적인 역할 수행자임을 지적했다. 인간은 더 나은 수행을 할 수 있거나 행동을 더 잘할 수 있는 자질을 가진 다른 인간에 대한 실제 통제력을 포기하는 쪽을 선택할 지도 모르지만, 그런 결정을 허용할지 허용 않을지라는 개인결정이 남아 있다. 그러므로, 자기결정이 된 사람은 매일 돌보는 활동을 수행하는 개인을 자기를 돌보는 사람으로 선택할 수 있고, 자신의 연간 세금계산서를 완성해 줄 회계사를 선택할 수 있고, 자신의 무릎수술에 대한 책임을 질 외과 의사를 선택할 수 있다. 비록 많은 경우에 결정과 선택에 대한 통제는 정확하게 소위 절대적인 통제이지만, 자기결정 행동을 위한 필요조건은 아니다.

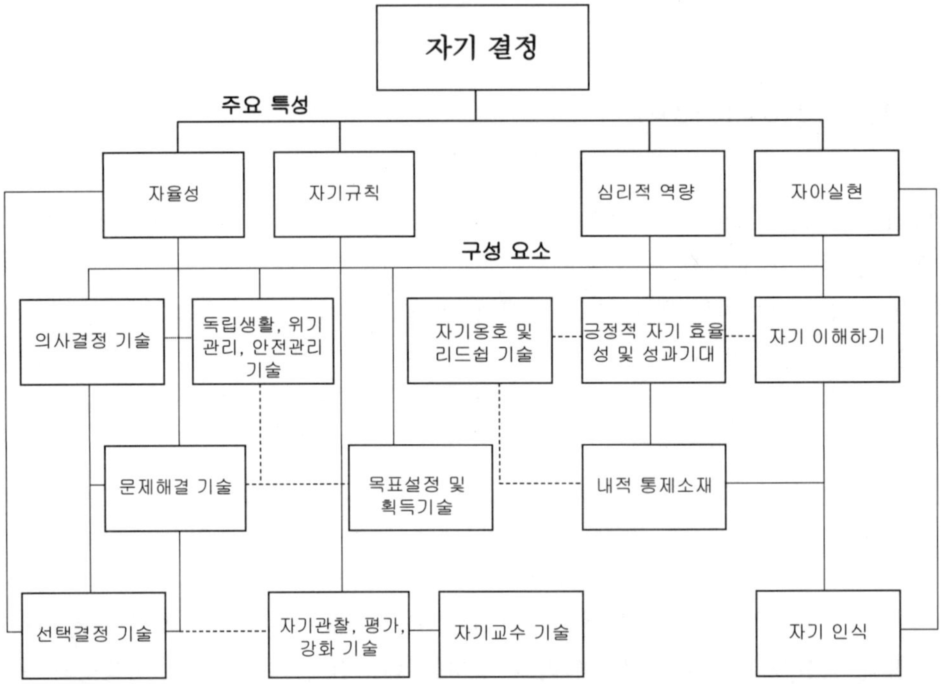

<그림 8.1> 자기결정의 주요특성과 구성요소

자기결정이 된 활동에 지속적으로 종사하는 사람을 자기결정이 된 사람이라고 기술할 수 있고, 이때 "자기결정이 되었다"는 기질적인 특성을 말한다. 기질적인 특성은 시간과 상황에 관계없이 행동과 행위가 지속적인 사람을 기술하는데 사용되고 있다. 이런 정의상의 틀 안에서, 자기결정이 된 행동은 4가지 기본적인 특징을 가진 행동을 말하는 것으로 파악 된다. ①자율적으로 행동하고 ②행동은 자기 규칙적이고 ③자신이 직접 행동을 시작하고 일에 심리적 역량을 가지고 반응하고 ④자아를 실현하는 방식으로 행동한다. 그림 8-1은 이들 4가지 핵심적인 특성간의 관련성을 보여준다.

자기결정은 아동과 청소년이 자신의 삶에서 주도적인 역할 수행자가 되도록 해주는 태도를 발전시키고 기능을 배우게 하는 삶의 전 영역에 걸쳐서 나타난다. 이들 태도와 능력이 자기결정의 구성요소이고 교수적인 강조가 생성하는 곳은 바로 이 수준 정의상의 토대다.

1) 자기결정 행동의 필수적인 특성

자기결정이 된 사람은 자율적으로 행동하고, 자기 행동에 자기 규칙적이 되고, 심리적인 역량을 갖추고 자아실현이 된다. 필수적인 특성이란 용어는 개인의 행동이 반드시 어느 정도는 위의 4가지 각각의 특성을 나타낸다는 것을 의미한다. 나이, 기회, 능력 및 환경은 위의 필수적인 4가지 중 어떤 것이 나타나는 정도에 영향력을 가질지도 모르기 때문에, 개인이 나타내는 상대적인 자기결정은 가끔은 시간 또는 환경에 따라 아마 다를 가능성이 많다. 그럼에도 불구하고, 이들 필수적인 각각의 요소는 반드시 있어야 하고 각각의 특성은 전체에 필요하지만 그 자체로는 자기결정 행동을 나타내기에는 충분하지가 않다.

(1) 자율성 행동

Sigafoos, Feinstein, Damond 및 Reiss(1988)등은 "인간의 발달은 보호와 지도를 다른 사람에게 의존하던 것에서부터 자기 보호 및 자기지도에 대한 의존성과 진보를 포함 한다"고 말했다(p. 432). 이 진보의 성과는 자율적인 기능 혹은 이런 성과를 획득하는 개인의 행동을 기술할 때, 자율성이라고 말할 수 있다.

Lewis와 Taymans는 자율성을 다음과 같이 정의 내렸다;

부모로부터 정서적인 분리, 자신의 삶에 대한 개인적 통제의식의 발달, 개인의 가치체계의 확립 및 성인 세계에 요구되는 행동과제 수행하기를 포함하는 복합적인 개념(1992, p. 37).

자기결정 행동의 정의상의 토대 안에서, 만약 한 개인이 부당한 외부영향이나 간섭 없이 자신의 선호, 흥미 혹은 독립적인 방식으로 행동하면, 행동은 자율적이다.

Sigafoos와 동료들(1988)은 자율성에 공헌하는 4가지 행동범주를 파악했는데, 자기보호·가족보호 활동, 관리활동, 오락·여가 활동 및 사회·직업 활동 등이다. 자기보호·가족보호 활동은 식사준비하기, 소유물 관리하기, 자질구레한 집안일 하기, 쇼핑, 집수리하기 및 일상사의 다른 활동 수행하기와 같은 일상적인 개인 돌보기와 가족관련 기능을 포함한다. 관리활동은 한 개인이 환경과 독립적으로 상호작용을 처리하는 정도를 말한다. 이런 활동은 지역사회자원 활용과 개인의 의무와 해야 될 일을 성취하는 것을 포함한다. 자율성 행동을 나타내는 오락 활동은 그 자체로는 특별한 활동이 아니고 오히려 그런 활동에 종사하기 위한 개인의 선호와 흥미의 정도다. 마찬가지로, 사회·직업 활동은 사회참여, 직업 활동 및 이런 분야에 적용되는 개인의 선호와 흥미의 정도를 포함한다.

자율성은 자기중심적이거나 혹은 이기적인 행동과 혼동되어서는 안 된다. 비록 사람이 종종 개인의 흥미에 맞추어 행동하기는 하지만, 사람이 자신의 특정한 흥미를 표현하지 않은 채 행동할 경우도 생긴다. 그런 경우에는 그것이 개인에게 신중을 요하거나 유익할 경우에 개인의 선호가 그 구체적인 흥미를 직접 말하지 않는 방식으로 작용할지도 모른다. 유사하게, 혼자서 행동할 때 아무런 외적 영향력 없이 행동을 하더라도 대부분 사람들은 엄격하게 독립적이라고는 절대로 보이지 않는다. 장애영역은 바람직한 성과로써 상호의존을 지각하는 방향으로 이동했는데 왜냐 하면, 모든 사람들은 일상생활에서 가족 구성원에서부터 낯선 사람들에 이르기까지 다른 사람들로부터 영향을 받기 때문이다. 맥락 및 사회적 변인은 각각의 사람들이 "수용할 수 있는" 수준의 방해와 영향이라고 정의를 내릴 것이다.

(2) 자기규칙 행동

Whitman은 자기규칙을 다음과 같이 정의 내렸다.

행동 결과의 바람직함 여부를 평가하고 필요할 경우엔 자신의 계획을 수정하고, 어떻게 행동해야 하는가에 관한 결정을 할 그런 환경에 대처하기 위한 반응목록과 자신의 환경을 자기가 확인할 수 있도록 해주는 복잡한 반응체계(1990, p. 373).

자기규칙행동은 자기관리전략들(자기모니터링, 자기교수, 자기평가 및 자기강화를 포함하는), 목표설정, 도달행동, 문제해결행동, 관찰학습전략을 포함하는데, 이 모든 것들은 학생들이 자신의 삶에서 주도적인 역할 수행자가 되는 것을 배우는 것이 필요하다.

(3) 심리적 역량을 갖춘 방식으로 행동하기

심리적 역량은 기질(통제소재), 인지(개인의 효능감) 및 동기(외적 기대감)를 포함한 지각된 통제의 다양한 차원을 말하는 용어다(Zimmerman, 1990). 특히 심리적 역량을 갖춘 방식으로 행동하는 사람은 ①자신이 자기에게 중요한 환경(내적 통제소재)에 대한 통제력을 지니고 ②원하는 성과를 성취하는데 필요한 기능(자기 효능감)을 소유하고 있고 ③ 만약 자신이 그러한 기능을 적용하기를 선택하면, 인지된 성과가 이루어 질 것이라는(성과에 대한 기대) 믿음에 토대를 두고 그렇게 행동한다.

자기결정 연구가들은 자기결정 방식으로 행동하는 것은 능력과 태도의 결합이 요구된다고 강조했다(Ward, 1988; Wehmeyer, 1992). 대부분 사람들은 쉽게 이런 기능을 지니고 있는 사람을 알아보지만 일부 사람들은 몰라본다. 효과적인 의사결정 전략(능력)을 알고 있지만 만약 자신이 이런 전략을 적용하면, 자신이 원하는 성과(방식)를 성취할 것이라고 믿지 않는 사람은 결정을 쉽게 하지 못할 것 같다. 비슷하게, 자신이 효율적이라고 믿고 있고, 행함으로써 성과에 영향을 미칠 수 있다고 믿고 있지만 필수적인 의사결정 기능이 부족한 사람은 그 행동을 함으로써 만족할 만한 성과를 더 이상 얻어낼 수가 없을 것 같다.

자기결정 행동을 위해 심리적 역량과 자아실현의 통합은 이 정의상의 토대를 위해서 인지와 행동 이 두 가지의 공헌이 중요하다는 것을 보여준다.

Bandura(1977b)는 "인간행동에 관한 이론은 상징적인 활동을 무시할 수가 없다"고 주장했다(p. 13). Agran(1997)은 자기규칙을 성취함에 있어서 상위인지의 사용, 자기교시, 자기강화 및 관찰학습전략을 포함해 인지행동의 중요성에 주목했다. 자기결정 행동의 그런 인지적 측면은 쉽게 관찰되지 않지만 만약 누군가가 자기결정이 되길 원한다면 그것의 파악이 필수적이다.

(4) 자아실현

자기결정이 된 사람은 지식을 활용할 수 있는 방식으로 행동하기 위해 종합적이고 상당히 정확한 자신에 대한 지식과 자기의 장점과 약점을 이용한다는 점에서 그들은 자아를 실현하고 있는 중이다. 이런 자기지식과 자기이해는 자신의 환경에 대한 해석과 함께 경험을 통해서 형성되고 주요한 다른 강화 및 자기행동에 대한 귀인의 영향을 받는다.

2) 자기결정 정의 구조의 타당성

자기결정의 정의구조에 대한 타당성을 검사하기 위해서, Wehmeyer와 동료들은 자기결정 행동에 대한 각각의 필수적인 특성에 대한 자기보고 측정을 사용해서 정신지체와 다른 발달장애를 가진 400명 이상의 성인을 면담했다(Wehmeyer, Kelchner, & Richards, 1995, 1996). 표본은 두 집단으로 나누었는데 자기결정에 높은 점수를 기록한 사람들과 낮은 점수를 기록한 사람들로 나뉘어 졌다. 이들 집단의 사람들은 각 필수적인 특성의 자기결정 측정치에 바탕을 두고 비교되었다. 측정치는 자율성 행동과 삶의 영역에서의 선택(자율성); 사회문제 해결 및 목표 설정(자기규칙); 통제소재, 자기 효능감 및 성과에 대한 기대(심리적 역량); 및 자아인식·자기지식(자아실현) 등에 대한 사정을 사용했는데 4가지 필수적인 특성의 각각에 대한 측정치 점수가 자기결정 집단에 토대를 두고 유의미하게 서로 다르다는 것을 보여준다. 각 경우에 높은 자기결정 집단에 속하는 개인은 보다 더 많은 긍정적인 믿음을 지니고 있거나 더 많은 적응행동을 나타냈다. 자율성 및 자기규칙에 대한 측정치는 특히 자기결정 상태에 대한 잠재적인 예언자였다.

2. 자기결정 행동의 구성요소

자기결정 행동을 정의하는 데 필수적인 특성은 다양하게 상호관련 있는 구성요소들의 획득과 발달을 통해서 나타난다. 표8.1은 이들 요소들이다. 이들 구성요소들은 특히 자기결정 행동의 출현에 중요하다.

이들 구성요소 각각은 독특한 발달과정을 지니고 있거나 특별한 학습경험을 통해서 획득된다(Doll, Sands, Weymeyer, & Palmer, 1996). 이들 구성요소들의 발달과 획득은 평생 동안 이루어지고 아동이 매우 어릴 때부터 시작된다. 몇 가지 요소들은 중등학교과정과 전환교육에 더 큰 적용가능성을 지니고 있는 반면에 다른 것들은 초등학교 과정에 더 초점을 맞추고 있다. 그렇기 때문에 교육성과로서 자기결정의 촉진은 의도적인 교육프로그램 뿐 아니라 학생 교육경험의 전 범위에 걸친 학습경험을 결합한다.

<표 8.1> 자기결정 행동의 구성요소

구성요소
선택결정 기능
의사결정 기능
문제해결 기능
목표설정 및 도달 기능
독립, 위험 무릅쓰기 및 안전기능
자기관찰, 자기평가 및 자기강화기능
자기교수기능
자기권리 주장 및 지도력 기능
내적통제소재
효능감 및 성과 기대에 대한 긍정적 귀인들
자아인식
자기지식

(1) 선택결정

아마 다른 대부분 구성요소를 다 합친 것보다도 장애인들의 긍정적인 삶의 질에 필수적인 요소로 선택결정 요소를 더 많이 강조해왔고 특히 중증장애를 가진 사람들을 위해서는 더욱 그랬다. 선택결정 증가시키기와 선택결정 행동을 가르치기 위한 훈련 프로그램들이 개발되었고 (Gothelf, Crimmins, Mercer, & Finocchiaro, 1994; Parsons, McCarn, & Reid, 1993; Reid, Parsons, & Green, 1991; Warren, 1993), 장애인들을 위해 다양한 선택을 증가시키기 위한 노력이 행하여졌고(Brown, Belz, Corsi, & Wenig, 1993), 장애인들의 선택하기의 중요성에 대한 토론이 제공되었고(Ficker-Terrill & Rowitz, 1991; Guess, Benson, & Siegel-Causey, 1985; Shevin & Klein, 1984; West & Parent, 1992), 개인의 선호와 선택을 사정하기 위한 절차들이 개발되었고(Mithaug & Hanawalt, 1978; Stancliffe, 1995), 장애인들이 선택과 선호를 표현할 수 있는 정도를 결정하기 위한 연구노력이 경주되었다(Houghton, Bronicki, & Guess, 1987; Kishi, Teelucksingh, Zollers, Park-Lee, & Mever, 1988; Stancliffe & Wehmeyer, 1995; Wehmeyer et al., 1995; Weymeyer & Metzler, 1995).

Guess와 기타 사람들(1985)은 ①자신이 더 좋아하는 것을 가리키는 선택 ②의사결정 과정으로써의 선택 ③자율성과 권위를 표현하는 것으로써의 선택 등 3가지 수준의 선택결정을 제안했다. Reid와 동료들(1991)은 선택하는 행위와 자기가 더 좋아하는 것 찾아내기의 두 가지 기본적 요소의 선택결정 교수를 확인했다. 첫 번째 요소는 "두 가지 일로부터 혹은 더 많은 선택사항에서 한 가지 품목을 선택하기 위해 필요한 구체적인 행동하기"(Reid et al., 1991. p. 3)를 포함하고 반면에 두 번째는 그러한 행동을 선택하기를 더 좋아하는 성과선택을 하도록 이끈다.

선택결정에 관한 전체적으로 제한적인 연구는 너무 자주 장애인이 좋아하는 것에 대한 선택이 무시되거나 인정되지 않았다(Houghton et al., 1987; Kishi et al., 1988; Stancliffe & Wehmeyer, 1995; Wehmeyer et al., 1995; Wehmeyer & Metzler, 1995). 이런 발견은 비웃는 것 같은데 왜냐하면, 선호와 선택을 할 수 있는 능력과 기회의 증대는 중증장애를 가진 사람들에 의한 문제행동의 감소와 관련이 있기 때문이고(Gardner, Cole, Berry, & Nowinski, 1983; Grace, Cowart, & Matson, 1988; Munk & Repp, 1994), 적절한 적응과제에 증가된 참여(Koestner, Ryan, Bernieri, & Holt, 1984; Realon, Favell, & Lowerre, 1990; Swann & Pittman, 1977), 그리고 더욱 긍정적인 교육 혹은 성취성과(Koenigs, Fielder, & deCharmes, 1977) 등이다.

Kohn은 교실에서의 선택결정에 학생을 참여시키는 또 다른 장점을 아래와 같이 기술했다. 그는 다음과 같이 한 교육자의 말을 인용했다;

나는 30년 이상 학생을 가르쳐 왔고, 만약 내가 교육과정을 고안하는데 아동을 포함시킨다는 사실만 아니었더라면 나의 교육열은 오래 전에 다 타버리고 말았을 것이다. 나는 학생들에게 말할 것이다, "다음 단원을 우리가 가장 재미있게 공부할 방법은 무엇일까?" 우리가 아동의 첫 번째 제안을 이용할 수 없다고 결정하면, 나는 말할 것이다, "좋아, 우리가 이것을 공부할 수 있는 다음으로 재미있는 방법은 무엇인가?" 학생들은 늘 좋은 제안을 해 오고, 내가 학생들의 이런 아이디어를 사용하고 있기 때문에 그들은 동기를 가지게 되고 나는 과목을 똑 같은 방식으로 결코 두 번 학습하질 않는다(1993, p. 12).

Shevin과 Klein(1984)은 선택촉진 교육과정에 필수적인 3가지 구성요소를 찾아냈다. ①인지적/변별기능 ②정의적인 기능 ③실생활 경험에 대한 기능의 일반화 등이다. Shevin과 Klein은 이들 중에서 첫 번째 기능이 "학습자가 많은 선택사항 중에서 이행하고 구별할 수 있도록 해주는 기능이 행동하는데 필수적인 기능이라고" 확인했다(p. 162). 그들은 이 기능에 시각, 청각 및 촉각 구별기능과 "선택"과 "더 많은" 개념에 대한 이해를 포함시켰다. 두 번째의 정의적인 기능은 학생들이 좋아하는 것, 싫어하는 것, 능력, 원하는 것, 필요로 하는 것 및 궁극적으로는 더 좋아하는 것에 대한 파악을 포함한다. Shevin과 Klein은 실생활의 경험을 "교실 안과 밖의 활동으로 앞으로 행할 선택의 내용을 형성하는 활동들"(p. 162)이라고 정의했고 이들은 음식, 옷, 장난감의 선택 혹은 이런 것들에 대한 보기라고 확인했다. 학습된 인지적·변별기능 및 정의적인 기능은 이런 경험에 일반화되어야 한다.

(2) 의사결정

선택결정과 의사결정의 이론과 실천 양자 간에는 상당히 많은 부분이 겹친다. 세 번째 필수적인 요소인, 문제해결에서는 더 많은 부분이 겹친다. 자율적이 되고 자기 규칙적이 되는데 이들 세 가지 모두가 중요하다. 선택결정은 개인이 더 좋아하는 것에 바탕을 둔 양자택일 중에서 선택하는 절차를 말한다. 의사결정은 선택하기를 오직 하나의 구성요소로 통합시켜주는 보다 더 넓은 일련의 기능을 말한다. Beyth-Marom, Fischhoff, Jacobs Quadrel 및 Furby 등은 대부분의 의사결정 모델은 아래의 단계를 통합하는 것이라고 제안했다.

① 관련 행동선택 열거하기
② 행동에 대한 가능한 후속자극을 확인하기
③ 만약 행동이 행해지면 발생할 각각의 행동 결과에 대한 개연성 사정하기
④ 각 행동 결과에 대한 상대적인 중요성(가치 혹은 유용성) 정하기
⑤ 가장 매력적인 행동과정을 알아내기 위해 여러 가치와 개연성을 통합하기

Baron과 Brown(1991)은 "부족한 자기결정은 대체로 전 사회에 걸쳐 심각한 문제이고 이 문제는 아동기에서부터 청년기까지 강조될 필요가 있다"(p. 8)고 제안했다. 학생들은 한 가지 구체적인 결정이 행해질 문제를 어떻게 정의할 지를 배울 필요가 있고, 그 문제의 특정한 상황에 대한 정보를 어떻게 수집할 지를 배울 필요가 있고 고려할 선택사항을 파악하기 위해 이 정보를 어떻게 사용해야 할지를 습득할 필요가 있다. 일단 이들 선택사항이 명확해지면, 학생은 다양한 선택에 토대를 둔 행동의 후속자극이나 성과를 평가하고 파악할 수 있도록 배울 필요가 있다. 그런 후속자극이 상세히 열거되면, 특정한 한 가지를 선택하는데 선택결정 기능이 적용될 수 있다. 마지막으로, 학생은 행동계획을 실행해야만 한다.

많은 장애인들은 결정하기를 방해받는데 주로 능력이 없을 것이라는 가정 때문이고, 만약 개인이 인지장애를 가지고 있으면 특히 그렇다. Wehmeyer와 Metzler(1995)는 젊은이와 정신지체 성인들은 자신의 삶에 영향력을 가진 주요한

의사결정에 대체로 참여하지 못한다는 것을 발견했다. 예를 들면, 4,500명의 성인 표집 중에서 단지 33% 만이 자신의 주거를 결정하는데 자신의 목소리가 반영되었다고 표시했고, 44%는 자신의 직장을 결정하는데 자신이 역할을 했다고 말했고 그리고 44%는 최근 자신의 의료와 관련된 일에 동의했다고 말했다.

많은 교육자들과 부모들의 저변에 놓여있는 가정은 미성년자들은 정보를 제공받고서 선택결정이나 의사결정 할 능력이 없다는 것이다. 똑같은 가정이 또한 장애 개인들에게도 자주 적용 된다. 그래서 장애 청년들에게 압도적인 가정은 그들이 자기결정과정에 참여할 수가 없다는 것이다. 그러나 많은 연구자들이 미성년자들도 중요한 결정을 할 수 있는 능력이 있다고 제안했다.

Adelman과 동료들은 장애를 가진자와 일반학생들이 결정 할 수 있는 능력이 있다는 것을 보여준다. Taylor, Adelman 과 Kaser-Boyd(1983)는 특정한 지원 서비스를 받아야 할 대다수 청년들이 그런 서비스에 관한 의사결정 모임에 참석하기 원하고, 자신들이 원하는 성과가 무엇인지를 알고, 자신들이 모임에 참석할 능력이 있다고 생각하고, 모임에서 동의했던 행동에 맞게 잘 따랐고,뒤이어 그 모임에 효율적으로 참여함을 발견했다. Taylor, Adelman 과 Kaser-Boyd(1983)의 발견은 학생들이 학습장애 혹은 심각한 정서장애를 가지고 있고 또한 이들 학생들이 더욱 효율적으로 참석할 필요가 있고 기능을 개선시키는데 관심을 가지고 있다는 것도 알아냈다. Adelman, Lusk, Alvarez 과 Acosta(1985)는 학교와 관련된 문제를 가진 젊은이들이 자신의 심리 교육적인 문제를 이해하고, 평가하고 서로 의견을 교환할 능력이 있다는 것을 알아냈다.

다른 연구자들은 학생들이 교육적인 의사결정 모임에 참석할 기회가 제공될 때, 장애학생들이 다른 팀의 구성원들과 똑 같이 잘 한다고 판단했다. Salend(1983)는 학생 스스로 선택한 개별화교육프로그램 목표와 간학문적 팀이 선택한 목표 사이에 상당한 일치가 있다는 것을 알아냈다. Philips(1990)와 Van Reusen, Bos(1994)는 학습장애 학생들은 의사결정 과정에 참여할 수가 있고 이 결과는 Wehmeyer와 Lawrence(1995)에 의해 정신지체 학생들에게서도 같은 결과를 얻어냈다.

미성년자들이 충분한 결정을 내릴 수 없다는 믿음은 부분적으로는 미성년자들과 장애학생들의 다양한 선택에 내포된 위험의 정도를 고려할 수 없다는 인식으로부터 온 결과일 것이다. 그러나 이 가정은 발달 심리학에서는 지지를 못 받고 있다. Grisso와 Vierling(1978)은 미성년자들의 인지 및 행동 특성을 치료하는 데 동의하는 능력에 대한 의문과 관련한 연구에서 그들은 "15세 혹은 그 이상의 미성년자들은 위험 관련 요인을 고려하고는 충분한 동의를 할 수 없다는 일반적이고 법적인 가정을 유지할 심리적인 근거가 없다"고 결론 내렸다(p. 423). 사실, 이들 저자들은 11세에서 14세 사이의 미성년자들에 의한 "독자적인 동의에 대한 제재를 정당화할 환경이 없다"고 주장했다.

Kaser-Boyd, Adelman, Taylor(1985)는 학습 혹은 행동장애를 가진 10-20세의 학생들에게 잠재적인 위험과 심리 교육적인 치료를 받는 것의 이점을 열거해 보라고 요구했다. 예상했던 대로, 이 과제에 나이와 효율성간에 관련이 있었다. 하지만, 더 나이가 어린 학생들조차도 자신의 상황과 발달상 요구에 적합한 관심사를 알아낼 수가 있었다.

비록 선택결정에 대한 강조가 학생의 조기 교육과정에서 일어나야만 하지만, 특정한 의사결정 기능은 아마 중등학교 수준에서 더 강조될 지도 모른다. Berth-Marom 및 동료들은(1991) 일반화를 이룩하기 위해서 의사결정 및 문제해결이 친숙한 교육영역 기간에 가르쳐야 한다고 제안했다. 이렇게 하기 위해서 그들은 의사 기능과 함께 생활 기능이라는 맥락 안에서의 기능 혹은 기능적 교육과정을 어디서 살고 어디서 일하고 혹은 여가 시간을 어떻게 보낼 것인가와 같은 실세계에 적용함으로써 그런 기능을 가르치는 효율성에 대해 말했다.

(3) 문제해결기능

세번째 구성요소는 문제해결 기능이다. 의사결정은 다양한 해결책의 적합성에 대한 평가하기 과정이다. 대조적으로 문제는 "그 문제에 대한 해결책이 즉시 지각되지 않는다는 것이다" (Beyth-Marom et al., 1991, p. 20). 하지만, 특히, 문제는 "특정한 상황 혹은 사람이 자신의 환경에서 효과적으로 기능하기 위해서 반응해야만 하는 일련의 상황이다" (D'Zurilla & Goldfried, 1971, p. 108).

사람들에게는 매일 매일에 토대를 두고 결정을 요구하는 문제가 제시된다. 문제해결 기능은 전형적으로 두 가지 중요한 맥락인 비인간적 문제해결과 인간상호간 혹은 사회적 문제해결이라는 영역에서 문제결정에 초점을 맞추고 있다. 비인간적 문제해결은 수수께끼와 철자 바꾸기를 완성할 수 있거나 수학문제를 풀 수 있는 개인의 능력에 초점을 맞춘 연구를 행한 연구자들로부터 가장 관심을 끌었다. 그런 문제들은 전형적으로 시간의 경과에도 불구하고 여전히 해결책이 그대로 남아 있는 오직 한 가지 옳은 해결책을 지니고 있다(Wheeler, 1991).

대조적으로 사람들 간의 상호작용을 포함하는 문제해결은 다양한 과정과 결정 순간을 요구하는 복잡하고, 시간과 상황에 따라 다를 수 있는 많은 가능한 해결책을 가진다(Wehmeyer & Kelchner, 1994). 비록 자기결정에는 두 가지 유형의 문제해결 기능이 중요하기는 하지만, 사회적 문제해결 기능은 자기결정 행동의 출현에 더욱 중요하다.

비인간적 인지문제 해결을 말하는 사회적 문제해결은 개인으로 하여금 다른 사람과 서로 상호작용하게 해주는 인지 및 행동전략을 강조하고 점점 더 사회에 직면하도록 해준다. 특수교육에서 중재에 대한 더 많은 관심은 엄밀히 말하면 사회적 기능훈련이었다. 비록 사회적 기능훈련 교수가 중요하기는 하지만, 유사한 사회문제해결기능이 없다면, 사회적 기능훈련만으로는 장애 젊은이와 성인들에게서 나타나는 사회적 상호작용의 부족에 대처하기에는 충분하지가 않다(Chadsey-Ross, 1989; Wehmeyer & Kelchner, 1994).

선택결정 과정에서처럼, 문제해결 기능은 실제로 모든 의사결정 과정 중간에 삽입된다. 의사결정 기능을 증진시키기 위한 대부분의 중재에서 첫 번째 단계는 당면한 문제를 파악하는 것이다. 그러나 대부분의 연구자들에 의해서 개념화가 되어졌기 때문에, 의사결정과정은 이미 파악된 선택사항을 나열하는 것부터 시작된다. 실제로, 의사결정 전에 우선 사람들은 문제해결을 먼저 시작해야만 한다. 그러므로, 문제해결에 대한 교수의 강조는 선택결정 및 의사결정과 상당한 부분이 서로 겹친다.

이런 교수의 강조는 전형적으로 3가지 핵심적인 요소를 포함하는데, 문제파악, 문제설명 및 분석, 문제해결이다. 교수는 학생이 문제를 해결할 수 있고, 열린 탐구와 탐색을 촉진시키고 일반화를 고무시키는 환경 안에서 일어나야 한다. 교사들은 매일 매일 사용된 문제해결을 말로 설명하면서 본보기 역할을 해야만 하고 학생들에게 적절한 지원과 편의를 제공해야만 한다.

(4) 목표설정과 도달

사람은 자신의 삶에서 주도적인 행위자가 되기 위해서 계획하고, 목표를 설정하고 목표를 달성하는데 필요한 기능을 배울 필요가 있다. 목표설정 이론은 목표가 인간행동을 조절하는 것이라는 가정을 저변에 깔고 만들어 졌다. 이것은 교육의 동기와 성취에서도 똑같이 그렇다. 예를 들면, Schunk(1985)는 목표설정에 학생참여는 학습장애 학생들의 수학에서의 성취를 향상시켰다는 것을 발견했다. 행동에서 목표설정의 결과는 활동이나 행동과 관련된 이전의 경험 뿐 아니라 목표의 난이도 및 특정성에서 온 하나의 기능성이다. 목표성취는 전형적으로 목표와 관련이 있는 내용과 강도(intensity)라는 두 가지 기능이다. 목표내용은 목표의 이야기거리를 말하고 반면에 목표의 강도는 개별목표에 대한 위계에서 그 목표가 가지는 우선순위를 나타낸다. 이 두 가지 측면에 상당한 차이가 개인들 간에 존재하고 목표획득 혹은 목표달성은 화제의 중요성과 특성 및 그 목표를 달성하려고 하는 개인이 가진 욕구의 강도로부터 영향을 받을 것이다.

비록 자기결정이 된 행동이 목표 지향적이기는 하지만, 자기결정이 된 것과 목표 지향적인 행동이 늘 반드시 성공적이거나 혹은 의도된 목표에 도달한다고 생각하는 것은 잘못이다. 자기결정이 된 행동은 특정한 목표나 목적의 달성에 의해서 목표 지향적인 행동이 절대로 평가될 수가 없는 것과 마찬가지로 그 행동의 상대적인 성공에 의해서 절대로 판단될 수가 없다.

목표설정과 목표달성 기능을 증진시키기 위한 교육적인 노력은 특정한 목표에 대한 파악과 진술, 이들 목표를 달성하기 위한 과제나 목적의 개발 및 원하는 성과를 성취하는데 필요한 행동에 초점을 맞추어야 한다. Martino(1993)는 목표파악과 진술에서 고려할 중요한 몇 가지를 찾아냈다.

① 목표는 구체적이고 측정 가능해야 한다.
② 목표는 성취 가능해야 한다.
③ 목표는 학생이 개선시키기를 원하는 것을 반영해야 한다.
④ 목표는 구체적인 시작일과 끝나는 날짜가 있어야 한다.
⑤ 목표는 글로 기록해야 한다.
⑥ 목표는 예상되는 성과라는 관점에서 진술되어야 한다.
⑦ 학생들은 목표에 대해 자신의 진보를 시각적으로 추적할 수 있어야 한다.

교육계획과 의사결정 과정은 목표설정하기, 수행 및 평가에 집중하는 일이다. 초등과정에서부터 학교를 졸업할 때까지 학생을 이 과정에 포함시키는 것은 효과적인 목표설정과 획득 기능을 증진시키는 한 가지 좋은 방법이다. 교사와 부모들은 단기 및 장기 목표를 파악하고, 목표를 기술하고 이들 목표에 기초한 계획을 수행하고 재평가하고 이들 계획을 개량하는 데에 효과적인 기능을 보여주는 모델이 될 수 있다.

(5) 독립, 위험 무릅쓰기 및 안전기능

자주 인용되는 특수교육의 목표 중 하나는 학생으로 하여금 가능하면 독립적이 되도록 하는 것이다. 이 말의 의미는 학생들 자신이 스스로 넓은 범위의 과제를 수행할 수 있어야 한다는 것이다. 독립적이 된다는 것은 자신의 지원, 보호 혹은 돈에 대해 다른 사람에게 의존하지 않는다는 것을 의미한다. Turnbull과 Turnbull(1985)은 독립을 "우리 사회의 근본적인 가치 중 하나"(p. 108)라고 말하면서 독립의 중요성을 강조했다. 그들은 장애인들을 위해서는 독립에 대한 필수적인 두 가지가 있다는 것을 강조했다; 삶에서 장애를 안 가진 사람들이 활용할 수 있는 것과 똑같은 기회에 접근성과 그런 활동에 참여할 수 있는 능력이다. 돌봄 제공자가 갖는 안전에 대한 두려움 때문에 이런 성과에 대한 방해물 중 하나는 장애학생들(성인들)에게 많은 활동을 수행하는 것이 허용되지 않는다는 것이다. 장애를 가진 일부 학생들, 특히 중증장애를 가진 학생들은 결코 완전히 "독립적이" 될 수가 없다는 것인데 왜냐 하면 그들이 지속적인 지원을 필요로 할지도 모르기 때문이다. 그러나 장애를 가진 많은 사람들은 일반인들이 위험상황을 제한하기 때문에 독립적인 상황을 경험할 기회를 잘 갖지 못한다

위험 무릅쓰기와 안전에 대한 걱정 또한 다른 사람들이 장애인들이 선택을 하고 결정을 하는 정도를 제한한다. Schloss, Alper와 Jayne 등은 다양한 선택과 연관된 위험의 4 가지 수준에 대해 토론했다.

① 선택은 즉각적인 위험에 대한 어느 정도의 잠재적 위험은 포함하지만 그러나 개인 혹은 다른 사람에게 장기간의 해를 끼칠 가능성은 거의 없다.
② 결정은 개인 혹은 다른 사람에게 장기간 지속되는 해를 아주 적게 끼칠 최소한의 가능성을 가지고 있다는 것을 말한다.
③ 선택은 개인 혹은 다른 사람에게 장기간 지속되는 중간정도의 해를 끼칠 개연성을 가진다.
④ 결정은 개인적인 손상을 포함하는 거의 확실한 성과를 포함한다.

선택결정 혹은 독립생활에 종사하거나 많은 장애인에 대한 실제의 장벽은 돌봄 제공자의 안전에 대한 절대적인 보장 요구는 아주 낮은 수준의 위험을 지니고 있는 활동조차도 금지하도록 하는 경향이다. 확실히 어떤 손상으로 이끌 행동 혹은 중간정도 수준의 해를 끼칠 개연성을 가진 행동은 확실한 관심을 끄는 것이 되어야 한다. 그러나 대부분의 행동은 그런 수준의 위험은 포함하질 않고, 장애학생들은 위험수준을 사정하도록 교육을 받을 수 있고 효과적인 의사결정 과정을 사용해서 행동결과를 비교 검토할 수 있다. 그 외에도, 학생이 독립생활을 성취하는데 필요로 하는 안전 및 건강 증진 기능을 배울 수 있다. 이들 기능은 학생들에게 기본적인 응급처치 및 직업안전기능, 영양, 다이어트 및 의학적인 사실 및 약물 남용과 병을 예방하기 위한 기능을 가르치는 것을 포함할 수 있다 (Agran, Marchand-Martella, & Martella, 1994).

(6) 자기관찰, 자기평가 및 자기강화 기능

자기결정 행동의 정의상의 틀은 자기규칙 행동과 같은 행동임을 확인했다. 자

기규칙 행동은 최소한 자기관찰 혹은 자기모니터링, 자기평가 및 자기강화의 핵심적인 기능을 포함한다.

자기모니터링 전략은 학생에게 자기 자신의 행동을 사정하고, 관찰하고 기록하도록 가르치는 것을 포함한다. 자기모니터링 전략은 과제에 대한 집중, 과제완성 및 과제의 정확성 같은 직업 관련 활동을 개선시키는데 자주 사용되고(Hughes, Korinek, & Gorman, 1991), 그래서 전환관련 프로그램에 중요하다. Agran과 Martin(1987) 등은 교육중재에 효능감을 증진시키기 위해서 자기 모니터링의 이점 이외에도 학생으로 하여금 목표행동을 점검하기를 요구하는 것이 그 자체 및 스스로 더 이상의 어떤 중재 없이도 원하는 변화를 만들어 낼 수 있다는 것을 지적했다. Agran(1997)은 이것은 왜냐하면 자기 모니터링 활동이 적당히 원하는 반응을 이끌어 낼 수 있는 식별자극으로 기능하기 때문이라고 제안했다.

자기평가 활동은 학생이 궤도를 벗어나지 않도록 해주고 목표와 목적을 포함해서 교육활동에 대한 자신의 진보를 평가하도록 해주는 체계적인 전략을 사용하는 것을 포함한다. 이것은 자주 학생이 그래프를 그리고 차트를 만드는 자기기록 과정과 그렇지 않으면, 목표나 목적에 대한 진보 기록하기를 사용하는 것을 포함한다. 그런 진보는 전형적으로 자기관찰이라는 어떤 형태를 통해 결정되고 그렇게 하는 동안에 학생은 주어진 목표행동이 발생한 것을 기록하고 식별하고 그리고 이전에 결정된 표준 혹은 기대된 성과 행동과 비교한다(Agran, 1997). 학생들은 기록용지에 점수를 매기도록 배우고; 목표행동의 발생 빈도를 확인하고; 목표행동의 발생과 미발생의 시간간격을 기록하고; 그래프 혹은 차트 양식 혹은 토큰의 사용을 포함해서 다른 어떤 기록하는 수단을 사용해서 이 정보를 기록하도록 가르칠 수 있다.

자기규칙의 3번째 측면은 자기강화전략의 이용이다. Agran(1997)은 자기강화를 긍정적이거나 부정적이거나, 목표행동 발생을 조건에 관계없이 결과에 대한 자기관리라고 정의했고, 그는 자기강화는 강화물에 대한 자아일체감과 파악된 강화물의 전달이라는 두 가지 기능을 가져야 한다고 제안했다. 학생들을 전자인 강화물을 파악하도록 연루시키는 것은 후자인 효능감을 강화시킬 수가 있다. 자기강화는 최악은 아니더라도 다른 사람으로 하여금 강화물을 전달하도록 하는 것보다 더 효과적이 될 수 있는 데 왜냐하면, 자기강화는 거의 늘 즉각적인 것이 될 수 있기 때문이다.

(7) 자기교수 기능

이전 3가지 요소와 밀접하게 관련되어, 자기교수 전략이 토론된다. 자기교수전략은 학생들에게 "학습문제나 사회문제를 해결하도록 자신의 말로 촉진자극을 제공"하도록 가르치는 것을 포함한다(Hughes et al., 1991, p. 272). 이 기술은 일, 직업과 관련된 문제를 성공적으로 해결하는 데 사용되어 왔고(Agran, Fodor-Davis, & Moore, 1986; Hughes & Rusch, 1989) 그리고 독립에 필수적인 사회적 기능을 가르치는데 사용되어 왔다(Agran, Salzberg, & Stowitschek, 1987; Hughes & Agran, 1993). 본질적으로, 자기교수전략은 말로 하는 촉진자극과 외부적인 것에서 힌트를 주는 것에 대한 책임이 타인에게서 학생 자신에게로 이동되었다는 것을 말한다.

(8) 자기옹호와 통솔력 기능

자기옹호 기능은 개인이 글자 그대로 자신을 위하여 옹호를 하는데 필요한 기능이다. 옹호한다는 것은 일어나서 말하거나 정당성을 옹호하거나 혹은 사람을 변호하는 것을 의미한다. 정의상, 자기옹호 증진을 위한 교수는 두 가지 평범한 맥락에 초점을 맞추고 있는데, 어떻게 옹호를 할 것인가와 무엇을 옹호할 것인가이다. 초등학교 연령대의 학생들은 기본적인 자기옹호 기능을 배우기 시작할 수 있지만, 이 영역에 대한 대부분 교수적인 강조는 중등교육에 응용될 수 있다. 명확히, 학생들이 모든 일을 능숙하게 옹호할 수 있도록 가르치는 것은 가능하지 않다. 장애학생들이 배워야 할 특히 중요한 영역 중 하나는 그러한 체제 안에서 교육과 전환과정 및 자신의 권리 및 책임감을 포함한다. 많은 장애학생들에게는 학교가 다른 누군가가 결정해 주는 일들을 수없이 행해야 하는 장소이다. 동기가 문제가 되는 것은 조금도 놀라운 일이 아니다.

전환연령에 도달한 학생들은 1997년의 장애인교육법(IDEA) 수정안에서 자신들의 권리에 관해 배울 수가 있고(PL 105-17), 특별히 전환의사결정에는 그 목적과 과정이 포함되었다. IEP와 전환계획 회의는 유의미한 방식으로 자기옹호를 위한 이상적인 수단을 제공한다. 학생들이 자신을 위하여 옹호를 할 필요가 있는 "대의명분"이 될 수 있는 다른 중요한 영역은 장애인과 일반인을 포함한 성인서비스체계, 시민으로서 가지는 기본적 법적인 권리 및 장애인이 이용할 수 있는 특정한 법적인 보호법을 포함 한다{예를 들면, 1990년 미국장애인법(ADA) 〔PL 101-336〕에 제공한 권리}. 그런 교수적인 노력은 반드시 권리와 책임 두 가지를 모두 다룬다.

자기옹호 중에서 "어떻게 옹호할 것인가"를 위한 교육과정상의 전략은 자기주장이 강하지만 공격적이어서는 안 된다는 것을 강조하는 교수를 포함하고, 일 대일로, 작은 집단 및 큰 집단 상황에서 어떻게 효과적으로 의사전달을 하는 가, 어떻게 협정을 맺고, 어떻게 타협하고, 어떻게 설득을 사용하는가, 어떻게 효과적인 청취자가 되는가, 체제와 관료사회를 어떻게 조종할 것인가를 포함한다. 이들 각자는 다른 자기결정 기능의 획득 및 출현과 밀접하게 관련이 있다는 것이 명확하다. 예를 들면, 만약 개인이 한 가지 성과를 달성하기 위해 조약과 타협 같은 전략을 실제로 사용하길 원하면, 자신의 장점과 약점에 대한 믿을만한 이해가 중요한 요소이다. 이처럼, 학생은 그런 옹호를 특정한 목표로 연결할 수 있을 필요가 있고 그것을 문제해결 혹은 선택결정 과정으로 통합할 필요가 있다.

(9) 내적통제소재

자기결정 행동의 마지막 4번째 요소는 기능 발달이 아니라 개인이 심리적 역량을 가지는 방식 혹은 자아실현 방식으로 행동하도록 해주는 태도에 초점을 맞춘다. 만약 이떤 사림이 주어진 환경에서 행동을 해야 한나면, 그 사람이 자신의 삶에 중요한 성과를 통제할 수 있다고 믿는 것이 중요하다. 그런 믿음을 가진 사람들은 내적통제소재를 가지고 있는 삶이라고 기술된다. Rotter(1966)는 통제소재를 자신의 행동과 결과 간에 우연한 관련을 사람이 지각하는 정도라고 정의했다. Mercer와 Snell은 그 개념을 다음과 같이 기술했다.

어떤 사람이 내적통제소재를 가지고 있다고 특징지어지면, 그는 강화를 자신 행동의 주된 결과라고 생각한다. 반면에, 만약 어떤 사람이 외적통제소재를 가지고 있다고 특징지어지면, 그는 강화를 예를 들면, 행운, 운명, 기회, 다른 강력한 것들과 같이 외부에 존재하는 힘이라고 생각한다.(1977, p. 183)

통제소재 개념은 최소한 부분적으로 개인 및 집단 간의 동기, 성격 및 학습에 있어 차이를 설명하기 위한 설득력 있는 도구임이 증명되었다. 내적통제소재는 긍정적인 교육 및 학습 성과와 학교 관련 과제에 대한 증가된 시간과 주의집중을 포함하는 적응 성과와 연결되어 있다(Lefcourt, 1976). 외적 지향성은, 반대로, 의사결정, 주의산만 및 또래로 부터의 거절에 대한 사회관계 순위 매기기에서 증가된 충동성과 관련이 있다(Ollendick, Greene, Francis, & Baum, 1991; Ollendick & Schmidt, 1987). 달리 말하면, 자신의 삶과 운명을 통제한다고 느끼는 학생은 자신에게 일어나는 모든 것이 다른 사람들이나 환경에 그 원인이 있다고 느끼는 학생보다 더 나은 수행을 한다.

장애개인들은 내적통제구조 안에서 제한된 탐색을 행한다. 이용할 수 있는 정보는 장애개인들이 더 많은 외적인 통제 지각을 지니고 있다는 것을 암시해 주고, 그래서 장애가 없는 자신의 다른 또래보다도 훨씬 더 비적응적이다(Wehmeyer, 1994).

적응 효능감 및 성과에 대한 기대감, 긍정적인 자아인식, 현실적인 자기지식뿐 아니라 내적 통제지각을 증대함에 있어서 교육자들의 역할은 단순히 적절한 교육경험을 제공하는 것보다 훨씬 더 복잡하다. 옷 선택하기와 같은 그들이 매일 행하는 일에 관해 아동이 선택을 할 때에 내적통제소재가 생기기 때문에 그래서 이들 선택은 존중되고 지원된다. 아동의 행동과 긍정적인 성과간의 우연한 관련성을 이해하기 위해서는 아동이 능력과 노력 때문에 생기는 성과와 행운을 구분하는 법을 배워야만 한다. 이런 진행은 전형적인 발달 과정 안에서 일어난다. 매우 어린 아동들은 긍정적인 성과를 오직 노력 탓으로 돌리고 능력이나 행운은 생각하지 않는다. 그들이 나이가 들어감에 따라 그들은 우연 혹은 행운과 노력 혹은 능력을 구분하기 시작하고 청년기 초기에 노력과 능력을 구분하기 시작한다. 장애아동들은 자기 행동의 원인을 실제로 누구의 탓으로 돌리기 위해서 이 중요한 시기에 특별한 교수가 필요할 지도 모른다.

학습 환경을 고려하는 것과 그것이 학생의 통제지각에 미치는 영향을 평가하는 것이 특히 중요하다. 지나치게 통제적인 방법을 사용하는 교사들 혹은 교실에 엄격한 구조를 가진 교사들은 긍정적인 통제 지각의 발달을 제한한다. 이것은 교실이 혼란해진다는 것을 의미하지는 않고, 더 많은 통제를 허용하는 것이 모든 통제를 포기하는 것과 모든 규칙과 규정을 폐지하는 것과 똑같지는 않다(Deci & Chandler, 1986). 대신에, 교실은 학생들 자신이 교수재료를 획득하는 것과 같은 더 많은 행동을 스스로 수행할 수 있도록 구조화 될 수 있다. 그 외에도, 자신들에게 중요한 강화물과 성과를 통제하는 것을 학생들이 배울 충분한 기회를 제공할 학생주도 학습활동을 사용하는 교육프로그램은 문제해결, 선택결정, 의사결정, 목표설정 및 획득기능을 강조한다.

(10) 자기 효능감 및 효능감 기대에 대한 긍정적인 귀인

자기 효능감과 효능감에 대한 기대는 Bandura(1977a)에 의해 소개된 두 가지가 연관된 복합개념이다. 자기 효능감은 “사람이 부여된 성과를 만들어 내기 위해서 요구되는 행동을 성공적으로 수행할 수 있다는 확신”이라고 말한다(Bandura, 1977a, p. 193). 효능감 기대는 만약 어떤 특정한 행동이 수행되면, 그것이 예상했던 성과로 이끌 것이라는 개인의 믿음을 말한다.

이 두 가지는 개별적으로 필요한 것이라는 것이 명확하지만, 목표 지향적이고 자기결정이 된 행동과 같은 행동에는 충분하지는 않다. 간략히 말하면, 사람은 ①그가 원하는 성과를 성취하기 위해서 요구되는 특정한 행동을 수행할 수 있고 ②만약 그런 행동이 수행되면, 그것이 원하는 성과를 가져 올 것이라는 것을 믿어야만 한다. 만약 사람이 주어진 행동(그런 믿음에 대한 독자적인 타당성)을 자신이 수행할 수 있다는 것을 믿지 않으면, 결과적으로 그는 그 행동을 수행하지 못할 것이다. 사람은 주어진 행동을 자신이 수행할 수 있다고 믿을 수도 있을 것이다. 하지만 자신의 과거 경험 때문에, 그가 원하는 성과가 일어날 것이라고 믿지 않을 지도 모르고, 비록 그런 행동이 나타나더라도 그 결과 그는 그 행동을 수행하지 않을 것이다. 예를 들면, 장애학생은 장애가 없는 또래와 대화를 시작하는데 필요한 사회적 기능을 가지고 있다고 믿지 않을 지도 모르고 그래서 그런 행동을 시작하기를 단념하게 될 것이다. 거꾸로, 같은 학생이 자신은 필수적인 기능을 지니고 있다고 믿을 지도 모르지만, 과거에 무시를 당해 왔기 때문에, 그는 다시 무시를 당할 것이라고 믿고 그 행동을 시작하길 단념할 것이다.

통제에 대한 지각처럼, 효능감과 기대에 대한 지각도 학업성취와 학습활동에 대한 지속성과 관련 있다(Lent, Bron, & Larken, 1984; Ollendick & Schmidt, 1987). 장애인의 자기 효능감과 효능감에 대한 기대를 조사한 연구는 거의 없다. 학습장애 영역에 현존하는 대부분의 문헌은 환경 혹은 교수적인 수정을 통해 자기 효능감과 효능감 기대의 변화에 초점을 맞추고 있다(Schunk, 1989). Wehmeyer(1994)는 정신지체인들은 비정신지체인들보다 효능감과 기대에 훨씬 더 적은 적응상의 귀인을 가지고 있고 그런 귀인은 학생이 나이가 들어감에 따라 훨씬 덜 적응이 되고 이들 귀인에 대해 전형적인 발달상의 기능이 지속적이지 않는 경향을 지니고 있다는 것을 발견했다.

효능감과 기대에 대한 귀인은 아동과 청년이 자신 주변의 세계와 상호작용을 해나가면서 나타난다. 사람은 자기 효능감과 효능감에 대한 긍정적인 믿음을 지니는데 왜냐하면, 개인은 그런 기능훈련을 함으로써 특정한 기능을 획득하고 그런 활동을 통해 기대했던 성과를 경험하기 때문이다. 몇 가지 사실이 장애인들의 이러한 지각획득을 제한한다. Kennedy(1996)가 강조를 했듯이, 좋은 의도를 가진 다른 사람들에 의한 과보호는 종종 아동의 기회를 제한하고 장애 젊은이들이 자기 효능감과 효능감에 대한 기대 인식을 확립하도록 해주는 활동에 참여하는 것을 제한한다.

특수교육을 포함해서 많은 지나치게 구조화된 환경은 선택 및 의사결정과 관련된 기능을 획득할 기회를 제한하고, 내적통제소재의 발달을 방해하고, 학생들 자신이 효율적이라고 배우는 것과 자신의 행동이 유익한 성과를 가져올 수 있다는 것을 배우는 것을 방해한다. 또한 지금까지 상세하게 말한 것들을 통해서 자기결정이 되는 행동을 증진시키는데 초점을 맞춘 교육프로그램은 학생들이 자기효능감과 효능감 기대에 대한 적절한 지각을 발달시키는데 필요한 기회를 제공할 것이다.

(11) 자아인식과 자기지식

개인이 자아를 실현하는 방식으로 행동하도록 하기 위해서, 개인은 자신의 삶의 질에 이로운 영향을 줄 독특한 귀인을 어떻게 이용할 것인가에 대한 지식 뿐 아니라 자신의 장점, 약점, 능력 및 제한점에 대한 기본적인 이해를 반드시 가지고 있어야만 한다. 학생들은 강의, 역할 놀이, 사회 기능 모의훈련 혹은 어떤 보다 더 전통적인 교사 주도적인 교육활동에서는 자신이 할 수 있는 것이 무엇인지, 할 수 없는 것이 무엇인지를 알 수 없다. 모든 사람들이 그렇듯이, 그들은 자신에게서 일어나는 일과 경험을 나름대로 해석함으로써 배운다. 주어진 시간에, 뉴욕타임지의 비소설 분야의 베스터셀러 목록에는 "인기 있는 심리학"으로 분류되는 한 두 권의 책이 포함되고, 그것은 관심 있는 독자에게 자신에 관해 더 배울 수 있는 기회를 제공하고 필요하다면, 그들의 성격, 지능 혹은 그렇게 자주는 아니지만, 자아상에 대한 이런 저런 것을 바꾼다.

그러나 이 과정은 순수한 자기반성은 아니고 오로지 주로 한계점에만 초점을 맞추지는 않는다. 많은 경우 장애학생들은 자신들이 아주 잘 할 수 있는 것보다도 자신들이 잘 할 수 없는 것을 더 기꺼이 잘 파악해 낼 수가 있다. 장애를 가지고 있다는 망령은, 질병과 결함모델에서 잘 나타나듯이, 어떤 주어진 상황에 따라 다르고 학생들은 자신이 잘 성취할 수 있는 것보다도 자신이 잘 성취할 수 없는 것에 생각이 더 많이 머무르게 된다. 왜냐하면, 특수교육은 근본 및 본질적으로 치료적 성격을 지니고 있기 때문에, 이것은 놀라운 일이 아니다. 청년들 자신이 이런 분야에서 더 많은 것을 성취할 수 있도록 자신의 장점을 개발하는데 초점을 맞추는 것이 특히 중요하다.

Lipsky와 Gartner(1989)는 만약 대학들이 특수교육과정이 사용하는 것과 똑같은 구조를 채택하게 되면 대학생들은 근본적으로 장점과 흥미 영역을 무시하고 그들 대부분이 행하는데 어려움이 있는 과목과 활동에서만 약간 발전하려고 대학에 들어가고 대학 4년을 낭비하게 될 것이라는 것을 지적했다. 대신 중등특수교육 모델은 대학 졸업 후에 사용되는 프로그램을 택해야만 하고, 학생들은 오직 자신의 장점 및 흥미, 이들 기능을 자신에게 이익이 되도록 활용하려는 시도에만 거의 초점을 맞추어야 한다.

요약컨대 장애인학생과 일반학생들의 자기결정력을 높이는 것은 장애학생들이 유리한 고용과 지역사회참여를 보장해 주는 것으로 복잡하고 힘든 일이다.

자기결정력을 증진시키기 위한 교육프로그램은 교수활동만으로 구성되지는 않고 그 프로그램에는 또한 또래 및 성인 멘토(mentor) 프로그램 만들기, 학습 환경구조와 지역사회에 기반을 둔 통합학습, 기능적으로 고안된 교육과정 소개, 장애가 없는 또래와의 상호작용 증대, 성공 경험 제공 및 교육계획과 의사결정에 학생참여를 포함시키는 것이다.

자기결정 행동을 구성하는 구성요소들의 기능발달은 성공하기 위한 핵심적인 요소이다. 많은 사람이 증명을 했듯이, 교사들이 이런 성과를 얻기 위해 사용할 수 있는 효과적인 실천을 활용하기가 가능하다. 이 본문의 목적은 교사와 다른 교육전문가들이 장애학생들에게 자기결정이 된 젊은이가 되는데 필요한 기능을 가르칠 수 있도록 하는 것이고 교사와 다른 교육전문가들이 기대감과 흥분을 가지고 미래를 학수고대할 수 있도록 해주는 것이다.

3. 자기결정과 동기이론

자기결정의 동기이론 특성, 자기결정 제이론을 중심으로 탐색한다.

1) 자기결정의 동기이론 특성

우리는 왜 우리가 행하는 일을 하는가? 우리 모두가 똑같은 일을 하길 원하는가? 우리 모두 똑같은 기본적인 욕구를 가지고 있는가? 무엇이 우리를 특정한 방향으로 이끄는가? 이런 기본적인 "왜" 란 질문이 아동들, 부모들, 철학자들, 동기심리학자들을 상상력에 빠지게 한다. 동기연구는 이러한 "왜"란 질문에 "무엇"이란 대답이다. "무엇"은 행위이고 "왜"란 그 행위에 깔려있는 동기이다. 그러나 만약 우리가 행위의 측정 가능한 상관관계보다는 동기를 찾으려고 한다면, 만약 우리가 "왜"란 질문에 답을 하려고 한다면, 우리는 동기가 대답하기 곤란한 비밀스런 것이고 모든 사람이 볼 수 있도록 모습을 보이지도 않고 그 자체로 이론이 분분한 "마음"에 존재하는 것이라는 사실을 만나게 된다(Ryle, 1949). "왜"란 질문을 함으로써 얻는 이점은 그러한 생각에 본래부터 있는 인식론적 및 방법론적 어려움을 받아들이는 것이 가치 있다는 결론이다.

지난 30년 동안 동기에는 두 가지 분명한 형태인 내적동기(intrinsic motivation)

와 외적동기(extrinsic motivation)가 심리학 연구자들의 관심거리가 되고 있다(Deci & Ryan, 2000; Vallerand, 1997). 내적동기는 흥미와 즐거움을 위해 수행되는 행위를 말하고 대조적으로 외적동기는 부수적인 성과를 얻기 위해 수행되는 행위를 말한다(Deci, 1971). 자기결정이론(self-determination theory)은 모든 개인들이 자연적, 선천적으로 보다 정교하고 통일된 자아의식을 발달시키려는 구성 경향을 지니고 있다는 가정과 함께 시작된다(Deci & Ryan, 2002). Angyal(1965)은 인간은 자율성(내부적인 조직 및 전체적인 자기조절로 향하려는 경향)과 동일성(자신 및 다른 사람들과 통합을 이루려는 경향)을 다 포함하는 통합성을 지향하려는 경향을 지닌다고 말했다. 건강한 발달은 이런 두 가지 통합경향이 상호보완적으로 기능한다는 것을 의미한다.

심리학을 통해 "왜" 란 질문에 답을 얻으려고 함으로써, 이 수단이 가지는 특이함을 명확히 하고 정당화 활 필요가 있다. 이 "왜" 란 기본적인 질문을 탐색할 때에 유용한 심리적인 수단인 내적동기이론(Intrinsic Motivation Theory)의 기본적인 주장을 살펴보면, 내적동기이론은 인간의 기본적인 3가지 욕구: 자율성(autonomy), 관계성(relatedness) 및 능력(competence)을 충족시키려한다고 가정한다. 문화 혹은 개인적 차이와 관계없이 이런 주장은 보편적인 주장이고 다양한 문화적 배경에서 이루어진 일련의 연구로부터 뒷받침되고 있다. 개인은 자율성(선택하기), 능력 및 관계성에 대한 기본적인 비기질적인 욕구를 충족시키려는 행위자인 능동적인 "시발점(origin)" 이라고 생각된다. 내적동기이론은 처음 다른 동기이론들과 같은 맥락에 놓고, 다음에는 그 이론의 가정과 주장에 대해 비판적으로 탐색할 것이다.

그러나 이런 탐색의 주요한 초점은 발달과 내적동기이론의 관련성이 될 것이다. 어떻게 내적동기이론이 발달이론인가? 내적동기이론은 개인적으로 관계가 있는 개인과 사회, 결정론 대 자유의지, 위에서 언급한 "왜" 란 질문들 간의 관련성과 같은 심리적, 정치적 및 철학적 문제들을 탐색할 수 있는 토대를 제공한다.

요약하면, 자기결정이론은 성격형성과 발달연구를 위해 기질적 및 변증법적 구성체계를 채택한다. 기질적 관점의 자기결정이론은 인간을 자신의 환경에서 일어나는 도전에 선천적으로 반응하고 도전을 찾는 자신의 잠재 가능성, 능력 및 감각을 조절하는 능동적이고 성장을 지향하는 유기체로 생각한다. 그러나 이런 실현하려는 유기체적인 경향은 변증법적 접점의 단지 한 단면을 보여주는 것이고 개인의 종합적인 경향을 촉진시키거나 혹은 방해하거나 막을 수 있는 사회적인 환경이 되기도 한다.

심리적 욕구라는 개념은 유기체가 새로운 각각의 상황을 완전히 정복하거나 그것에 종사하려는 시도를 지원하거나 아니면 손상시키는 환경특성을 기술하는 토대를 제공한다. 사회적인 맥락이 욕구충족을 허용하는 정도에 따라 그것이 일, 완성 및 종합을 만들어 내고, 그것이 욕구충족을 좌절시키는 정도에 따라서 개인의 동기, 성장, 통합 및 행복을 감소시킨다.

자기결정이론 안에서 욕구의 특성화 및 욕구관련 행위의 다양성은 경험상 노력으로 추구되어 왔다. 심리적 욕구가 어떤 자질인가라는 엄격한 기능적인 정의와 함께 욕구에 대한 열거는 인간행위 및 사회적 맥락의 영향에 관한 가끔은 비직관적인 예견을 하지만 제법 정확한 정의를 이끈다. 다시 말하면, 자기결정이론 연구는 욕구를 이끌어 내고 자기 동기화 및 행복을 촉진시키는 사회적 환경 안에서 여러 요인들을 조사하고 찾아낼 수 있었고, 그들 연구들은 다양한 장면, 영역 및 문화에 걸쳐서 긍정적 경험과 시도를 저해한다.

2) 자기결정의 제 이론

자기결정의 제 이론들 중에서 인지적 평가이론, 유기체통합이론, 인과지향이론, 기본적 욕구이론 등을 중심으로 살펴본다.이들 이론분석을 통한 자기결정과 동기와의 관련성을 탐색한다.

(1) 인지적 평가 이론(Cognitive Evaluation Theory)

내적으로 동기화 된 행동은 조작적으로 분리될 수 있는 행동보다 지속성 혹은 강화물 때문이기보다는 오히려 본질적으로 행동에 대한 본질적인 만족감에 토대를 둔 동기화이다. 내적 동기화는 자기결정이 된 행동의 원형을 나타내고, 내적으로 동기화 될 때에는 사람들은 흥미와 즐거움의 경험이 유지된 체 자유롭게 행동에 임하게 된다. 그래서 고전적으로 정의된 것처럼(Ryan & Deci, 2000a), 내적동기화는 행동을 하면 선천적으로 생기는 만족감으로부터 자동으로 생겨나고 대신에 다른 수단을 통하지 않고 집중되는 반면에, 외적동기화는 본질적으로 행동으로부터 분리되는 지속적인 성과에 의존하고 집중된다. deCharms(1968)는 Heider(1958)의 두 가지 유형의 동기화를 기술하는데 지각된 인과소재(perceived locus of causality)라는 개념을 사용했다. deCharms는 외적동기화를 지닌 사람은 자신들의 행동 원인을 자신 이외의 외부적인 것에 있다고 지각하고, 반면에 내적 동기화를 지닌 사람은 그 원인이 자신 내부에 있다고 지각한다고 제안했다. 자기결정 이론은 deCharms 관점의 단지 일부만 따랐다. 내적으로 동기화 된 행동은 내부적으로 지각된 인과소재를 필연적으로 수반하고, 내적동기화는 요인이 외적으로 지각된 인과소재로 향할 때 감소된다는 점에서 그의 견해에 동의한다. 그러나, 유기체통합이론의 적용범위에서 우리가 기술할 것처럼 외적동기화에 대한 우리의 견해는 많이 다를 것이다.

내적-외적이란 구별은 초기 현장 실험에 대한 토대를 제공했다. 특히, 흥미 있는 행동을 하기 위해 사람들의 내적동기화에 외적동기화가 어떻게 영향을 미치는가 라는 질문과 함께 시작되었다. 달리 말하면, 아무런 대가없이 만약 어떤 사람이 자유롭게 어떤 활동에 종사하고 그 일이 무척 흥미롭고 즐겁다는 것을 발견하면, 그 사람은 분명히 내적으로 동기화가 된 사람일 것이다. 그때 만약 그에게 그 행동을 하도록 외적 보답이 제공되면, 그 사람의 내적 동기화엔 어떤 일이 발생할까?

초기의 연구(Deci, 1971, 1972a, 1972b; Kruglanski, Friedman, & Zeevi, 1971; Lepper, Greene, & Nisbett, 1973)에서 모든 사람들은 유형의 보답들-돈(Deci)과 같은 구체적이거나 혹은 훌륭한 선수에게 주는 상(Lepper et al.)과 같은 상징적인 것이 기대가 되는 한 그리고 그것을 받는 것이 활동에 계속 종사하기를 요구하는 한 내적동기화를 감소시켰다. 그러나 초기 Deci의 연구들은 적극적인 피이드백 혹은 종종 언어적 보답 혹은 칭찬이라고 언급되는 것들은 내적동기화를 손상시키기보다는 오히려 향상시킨다고 했다.

외적 보답에 의한 내적동기화의 손상은 초기 연구들이 출판된 때부터 논란의 여지가 있는 문제였고, 부분적으로는 이런 발견이 그 당시 경험심리학에 강하게 나타난 작동이론을 만나 부각되었기 때문이다.

지각된 인과 및 지각된 능력(Perceived Causality and Perceived Competence)은 deCharms의 지각된 인과소재에 대한 분석에 바탕을 두고 확장된 인지적 평가이론(CET(Cognitive Evaluation Theory): Deci, 1975; Deci & Ryan, 1980)은 이들 현상들을 확장시킨 여러 다른 결과 뿐만 아니라 보답이 내적동기화에 미치는 영향을 설명하기 위해서 처음으로 형성되었다. 이 이론은 능력(competence)과 자율성(autonomy)에 대한 욕구를 암시하는데 이들은 보답 제안, 적극적인 피이드백 제공, 혹은 최종시한 부여 등과 같은 맥락적 사건들이 이들 욕구들의 만족을 해치거나 지원하는 경험을 그들이 겪는 정도에 따라 내적동기화에 영향을 준다고 보았다.

특이하게도, Deci와 Ryan(1980)은 맥락적 요인들이 내적동기화에 영향을 주는 주요한 두 가지 인지적 과정이 있다고 제안했다. 지각된 인과소재의 변화는 자율성에 대한 욕구와 관련된다. 한 사건이 보다 외적인 소재로 향할 때 지각의 변화를 촉진시키고, 내적동기화는 손상을 입게 될 것이고, 반면에 한 사건이 보다 내적으로 지각된 소재를 향하게 될 때 변화를 촉진시키고, 내적동기화가 강화될 것이다. 전형적으로 내적동기화를 감소시키는 것으로 확인된 유형의 보답들은 보답을 제공하는 행동을 위한 보다 외부적으로 지각된 인과소재를 향한 전환을 촉진시킴으로써 그 효과를 이론화했다. 두 번째 과정은, 지각된 능력(perceived competence)에의 변화로 능력에 대한 욕구와 관련이 있고, 한 사건이 지각된 능력을 증가시키면, 내적동기화는 향상될 것이다. 반면에, 한 사건이 지각된 능력을 감소시키면, 내적동기화가 손상될 것이다. 인지평가이론에 따르면, 적극적인 피이드백이 사람들 자신이 능력이 있다고 지각한 활동에 대해 자율성을 느낄 때만 내적동기화가 향상된다고 예언되고, 이런 전제는 여러 연구들이 지지한다(Fisher, 1978; Ryan, 1982).

처음에 제시되었듯이, 인지평가 이론의 통제적인(controlling) 측면 및 정보적(informational) 측면을 다 포함하는 맥락적 사건들 혹은 분위기를 더욱 특정화시켰고 인과 및 능력이라는 지각에 대한 맥락의 영향을 결정하는 사회적 맥락에서의 두드러진 두 가지 측면이 바로 이것이고 결국은 이것이 내적동기화에 미치는 영향이다. 사회적 환경의 통제적인 측면은 특화된 성과를 향해 제시된 압력을 나타내고 보다 외적으로 감지된 인과소재로의 전환을 이끈다. 통제가 두드러진 사회적 환경의 특성은 내적동기화를 손상시킨다. 사회적 맥락의 정보전달 측면은 효과관련 투입에 속한다. 특이하게도, 정보전달과 의사소통은 사람들이 능력을 지니고 일에 종사하는 경험을 하게 지원하는 피이드백을 제공한다. 인지평가이론을 논함에 있어 기능적 중요성(functional significance)이란 개념은 개인들은 자신들이 지닌 의미가 정보 전달인가 아니면 통제적인가라는 관점에서 사회-맥락적 투입을 적극적으로 추론할 것이라는 생각을 전하는데 사용되고, 보다 크게는, 후속적인 내적동기화를 결정하는 것은 바로 정보와 통제 중 어떤 요소가 더 현저한가라는 것이다. 예를 들면, 유형의 보답을 제공하는 것과 같은(연구들이 통제라는 것을 발견한) 사건은, 평균적으로, 현저한 통제 기능성을 지니고 있다고 보는, 반면에, 적극적인 피이드백의 기능적 중요성은, 일반적으로, 정보전달이라고 일컬어진다. 그에 따라 보답은 많은 경우에 있어 내적 동기화를 손상시킨다고 예상되고, 반면에 긍정적인 수행 피이드백은 내적동기화를 손상시킬 것이라고 기대된다.

(2) 유기체통합이론

유기체통합이론(OIT: Organismic Integration Theory)에서 사람은 선천적으로 자신의 진행중인 경험을 통합하려는 경향이 있고 사람은 그렇게 하는데 필요한 자질을 지니고 있다는 가정에 바탕을 둔다. 그래서, 사람이 흥미롭지 못한 활동을 하도록 고무시키기 위해 뛰어난 집단지도 혹은 영향력 있는 다른 사람들에 의해 만약 외부적 촉진제가 사용되면 개인이 원래는 외적인 규칙이었던 활동을 내적인 것으로 만들려고 할 것이다. 즉, 사람은 규칙을 가지려고 할 것이고 그것을 자신의 자아와 통합할 것이다. 이것이 일어나는 정도에 따라 개인은 이런 외적으로 동기화 된 행위를 행할 때 개인은 자율적이 된다. 그래서, 능동적-유기체 상위이론과 함께, 우리는 사람이 능동적으로 외부규칙을 자기규칙으로 바꾸려는 내재화(internalization) 현상을 자연적 과정이라고 본다.

유기체 통합 이론의 중요한 요소는 이분법적인 다른 내재화 이론과는 달리 내재화가 연속적인 개념이라는 것이다. 더욱 완전히 규칙이 내면화되면 될수록(혹은 그 아래에 놓여있는 가치), 더욱 그것은 통합된 자아가 되고 또 그것은 더욱 자기결정이 된 행위가 된다. 이런 관점에서, 개인은 규칙을 자아의 일부분이 되게 함이 없이도 규칙을 내면화하는 것이 가능하다. 개인이 받아들였지만 자아와 통합되지 못한 규칙은 자율적인 자기규칙의 토대는 아니고 행동에 더 많은 통제의 기능을 할 것이다. 그래서, 다른 정도로 내면화되어 온 규칙에 대한 외부적인 동기화는 사람이 지닌 상대적인 자율성에 차이가 난다. 잘 통합이 된 규칙들은 자동적으로 외적동기화가 된 행동의 토대가 될 것이고, 반면에, 완전히 통합이 덜 된 규칙들은 더욱 통제된 외적동기화 유형의 토대가 될 것이다.

<표 8.2> 동기화 유형과 규칙 유형을 지닌 자기결정의 연속체

동기유형	무동기	외적동기화				내적동기화
규칙유형	무규칙	외부→ 규칙	주입된 → 규칙	동일시→ 된 규칙	통합된 규칙	내부규칙
행위의 질	자기결정이 안됨					자기결정이 됨

위의 <표 8.2>에서 보는 것처럼 처음에는 무동기, 무규칙 상태에서 외부규칙이 주입된 규칙이 되고 동일시된 규칙의 과정을 거쳐서 통합된 규칙이 된다. 이 통

합된 규칙은 개인의 내부에서 내부규칙 즉 내적동기화가 이루어져 결국은 자기결정이 된다는 과정을 보여준다. 이런 과정을 거치게 되면 개인은 자신의 삶을 자신이 통제하는 삶의 질을 향유하게 된다. 왼쪽 끝은 무동기 상태로, 행동을 하려는 의지나 의향이 부족한 상태를 말한다. 사람들이 무동기화가 될 때는 그들이 전혀 행동을 하지 않거나 혹은 그들이 수동적으로 행동을 한다. 즉, 그들은 자신들이 행하고 있는 일에 그 일을 행하려는 의향이 전혀 없다는 것을 경험한다. 무동기는 개연성의 부족으로 원하는 성과를 성취할 수 없다는 느낌(Rotter, 1966; Seligman, 1975) 혹은 지각된 능력 부족(Bandura, 1977; Deci, 1975) 때문에 생기거나 혹은 그들이 활동의 가치 또는 그 활동이 가져 올 성과를 평가하지 못하기 때문이다. 연속체의 오른쪽 끝은 흥미 및 고유한 만족감 때문에 활동을 하는 상태인 내적동기화 상태이다.

외부규칙(external regulation)은 외적동기화의 자율성이 가장 적은 형태이고 보답을 얻기 위해 혹은 처벌을 피하기 위해 동기화 되는 보기이다. 일반적으로는 외부규칙의 보기는 외적인 요구 혹은 사회적으로 만들어진 사건을 만족시키기 위해서 행동하는 이유이다. 외부규칙은 외적으로 감지된 인과소재를 가지는데, 이것은 작동이론의 핵심인 규칙형태이고, 내적동기화와 대조를 이루는 외적동기화의 한 유형이다.

주입된 규칙(introjected regulation)은 내재화가 되어지기는 했지만, 보다 깊은 의미로는 진정으로 자신의 것으로 받아들여지지 않은 외부규칙을 포함한다. 이것은 부분적으로는 내면화가 되어지기는 했지만 그 사람의 마음속에서는 통합된 자아로 여겨지지 않는 외적동기화의 한 유형이다. 주입은 제법 통제적인 것으로 이론화되고 내면화된 규칙의 한 유형이다. 주입에 바탕을 둔 행위는 죄의식 및 부끄러움을 피하기 위해 혹은 자아향상 및 가치가 있다는 느낌을 얻기 위해 수행된다. 달리 말하면 이런 유형의 규칙은 자아존중(self-esteem)에 바탕을 두고 있다.

동일시를 통한 규칙(regulation through identification)은 외적동기화 보다 더 자기결정이 된 유형인데, 왜냐 하면, 이것은 행동목표 혹은 규칙의 의식적인 가치, 개인적으로 중요한 행위의 수용 등을 포함한다. 동일시는 외부규칙을 진정한 자기규칙으로 바꾸는 과정의 중요한 측면을 나타낸다. 어떤 사람이 행한 행동 혹은 그 행동이 표현하는 가치를 동일시할 때, 적어도 의식적인 수준에서 그렇게 하면, 그들은 개인적으로 그 행동을 보장하고 그래서 높은 수준의 지각된 자율성에 의해 동일시된다. 즉, 동일시는 비교적 내적으로 지각된 인과소재를 지니려는 경향이 있다. 외부 및 주입된 규칙들에 비해 상대적으로 자율적이거나 또는 자기결정이 되기가 쉽다.

통합된 규칙(integrated regulation)은 외적으로 동기화 된 행위의 가장 자율적인 유형의 토대를 제공한다. 이것은 동일시가 이미 자아의 일부인 욕구, 개인적으로 인정한 가치들, 목표들과 일치되고 평가될 때의 결과이다. 연구는 보다 덜 내면화된 유형의 외적동기화보다 더 긍정적인 경험과 연관이 될 때 외적으로 동기화된 행동이란 것을 보여준다. 통합된 외적동기화는 또한 내적동기화와 많은 특징을 공유한다. 그럼에도 불구하고, 비록 행위가 통합된 규칙에 의해 지배되더라도 의도적으로 수행된 규칙들은 여전히 외부적이라고 생각되는데 왜냐하면 자신들의 고유한 흥미 및 즐거움을 위해서가 아니고 개인적으로 중요한 성과를 얻기 위해서 행해지기 때문이다. 다시 말하면, 그들의 가치가 자아와 잘 통합되어지기 때문에 분리시킬 수 있는 성과를 얻기 위한 도구이기 때문이다.

(3) 인과지향이론(Causality Orientations Theory)

자기결정 이론의 발달을 통해서, 우리는 특정한 상황에서 한 개인이 지닌 동기화, 행위 및 경험이 사회적 맥락 속에서 이전의 것들과 상호작용하거나 시간이 경과함에 따라 발달해 온 즉각적인 사회적 맥락과 한 개인이 지니고 있는 내적 자원의 기능성이라고 가정했다. 인과지향이론은 이러한 내적 자원을 기술하면서 발전했는데, 즉, 사회에 대해 개인이 지니고 있는 동기화를 지향하는 비교적 안정된 개인적인 차이점이다.

인과지향연구는 행위와 경험에 대한 규칙의 광범위한 통합인 성격측면을 가리키려고 한다. 자기결정을 나타내는 정도에 따라 3가지 지향으로 나누는데 즉, 자율적(autonomous), 통제적(controlled) 및 비인간적(impersonal)인 인과지향성이고, 사람들은 서로 다른 정도의 이런 지향성을 지닌다고 생각된다.

자율성지향(autonomy orientation)은 흥미와 스스로 인정하는 가치에 바탕을 둔 규칙적인 행동을 포함하고 이것은 내적동기화와 잘 통합된 외적동기화를 지향하는 개인의 일반적 경향성을 나타내는 지표 역할을 한다. 통제지향(controlled orientation)은 사람이 어떻게 행동해야 하는가에 관한 통제 및 지시를 지향하는 것을 포함한다. 이것은 외부 및 주입된 규칙과 관련이 있다. 비인간적 지향(impersonal orientation)은 비효율성을 나타내는 것, 의도적으로 행동하지 않는 것에 초점을 맞추는 것을 포함한다. 이것은 무동기 및 의도적인 행동의 부족과 관련된다.

Deci와 Ryan(1985a)의 초기연구에서는 자율성지향은 적극적으로 자기실현

(self-actualization), 자기존중(self-esteem), 자아발달(ego development) 및 다른 행복함(well-being)을 나타내는 것을 말한다. 통제지향은 행복과는 적극적으로 관련되지는 않지만 대신에 공적인 자아의식(self-consciousness) 및 A 행동 유형을 말하고 이것은 초점이 외부로 향하거나 압력을 받는 것을 가리킨다. 비인간적 지향은 자기손상, 낮은 자기존중 및 의기소침을 말한다.

(4) 기본적 욕구이론(Basic Needs Theory)

기본적 심리적 욕구라는 개념은 가끔은 맹목적이기는 하지만, 연구가 시작된 이래로 생긴 각각의 작은 이론과 자기결정이론에서 중요한 역할을 했다. 비교적 최근에 이런 작은 이론에 대한 형성은 그 개념의 의미를 명확히 하기 위해 이루어졌고 정신건강과 행복에 대한 다양한 관계를 상세히 하기 위해서였다. 욕구를 자세히 기술하기 위해서는 동기화의 힘이 행복과 직접적인 관련성을 지녀야만 한다. 욕구가 만족되면 행복감이 향상되지만, 욕구가 좌절되면 부정적인 결과를 가져온다. 더욱, 욕구는 보편적인 것이라고 가정되기 때문에 만족과 행복간의 이런 관련성은 모든 나이, 성별, 문화에 걸쳐 적용되어야만 한다. 물론 욕구가 충족되거나(좌절되거나)하는 수단을 통하여 나이, 성별 및 문화는 기능성이 다양하다. 그래서, 극단적인 경우엔, 동일한 행위가 한 집단에게는 욕구충족이 다른 집단에는 욕구좌절이 되는 경우가 가능하다.

행복(well-being)에 대한 연구는 많다. 비록 행복이라는 개념이 서로 다른 연구자들(Ryan & Deci, 2001)에 의해 두 가지 방식으로 다루어져 오기는 했지만 한 가지 연구법은 쾌락적인 혹은 주관적인 행복, 본질적으로는 행복과 같은 것에 초점을 맞추고 있다(Kahneman, Diener, & Schwartz, 1999). 반면에 다른 연구법은 행복에 초점을 맞추고 있고 이것은 완전히 기능성을 발휘하는 것과 동등하다고 생각한다(Ryff & Singer, 1998). 비록 두 가지 개념에는 실질적인 공통점이 있지만, 후자의 개념을 지지하고 최근 연구 중 많은 것이 한편으로는 자율성, 능력, 관계성 등의 욕구와 다른 한편으로는 행복 사이의 명확한 경험적 연관성을 확립하는 역할을 해 왔다. 우리는 행복을 측정하는 특정한 단위를 사용하지 않고, 대신 사람들이 자신의 활력, 심리적 융통성 및 심오한 행복감의 정도를 알아내는 것을 포함하는 일반적 유기적 개념을 나타내기 위해 정신적 건강과 긍정적 영향 등 몇 가지를 사용했다(Ryan & Frederick, 1997).

기본적 욕구이론에 관한 연구(Research on Basic Needs Theory)는 3가지 범주로 나누어진다. 첫째, 욕구만족에 있어 일상적인 변화가 행복의 일상적 변동을 예언할 수 있는가를 조사하는데 사용되었다. 다시 말하면, 이 연구는 일반 사람과 사람간의 관계뿐 아니라 시간 경과에 따라 경험한 욕구만족과 행복간의 개인 내적인 관련성을 고려했다. 둘째, 연구는 한편으로 특정한 목표, 내용의 획득 및 추구와 다른 한편으로 행복과의 연관성을 탐색했다. 반면에 대부분의 이론들은 가치를 매긴 목표의 달성과 행복간에 단순한 긍정적인 연관성을 암시하면서, 목표 내용을 차별화 하지 않았고, 기본적 욕구이론은 그러한 목표들이 기본적 심리적 욕구를 만족시키기 때문에 목표달성과 행복간에는 긍정적인 연관성이 있을 것이라고 암시한다. 사실, 몇 가지 목표를 추구하는 것은 만약 목표가 기본적인 욕구에 대한 만족감에서 사람들을 혼란하게 한다면 행복과는 부정적인 연관성을 지닐 지도 모른다. 셋째, 문화에 관계없이 욕구만족이 행복과 관련이 있을 것이라고 가정하면서 전 문화에 걸친 욕구만족을 조사하기 시작했다.

욕구만족과 행복(Need Satisfaction and Well-being); 두 연구에서(Sheldon, Ryan, & Reis, 1996; Reis, Sheldon, Gable, Roscoe, & Ryan, 2000), 욕구만족의 변화를 행복과 관련시키는 동시에 여러 단계를 실행하는 모델링이 사용되었다. 개인들간(즉, 개인간 차이) 수준과 개인 내적(즉, 매일의 변동)수준 양측에서 기본적-욕구만족은 긍정적 영향, 활력, 부정적 영향 및 징후학과 연관된 측정치였다. 이 연구는 각각의 기본적 욕구에서 일반적인 만족이 보통의 행복에 공헌한다는 것을 확신시켰고 각각의 기본적 욕구의 일상적 만족이 시간이 경과함에 따른 일상의 변동을 가져온다고 설명했다.

다른 개인들간의 연구에서, Kasser와 Ryan(1999)은 너싱홈(nursing home) 거주자들의 일상생활에서의 자율성 및 관계성에 대한 욕구만족이 그들의 행복과 지각된 건강과 긍정적인 관련이 있다는 것을 발견했다. 두 연구(Baard, Deci, & Ryan, 2000; Ilardi, Leone, Kasser, & Ryan, 1993)는 작업장에서 피고용인들 자신들의 기본적 욕구에 대한 보고서는 자기존중, 일반적 건강, 활력과 걱정 및 구체화 등과 관련이 있다는 것을 발견했다. 그래서, 너싱홈(nursing home)과 작업장의 특정한 장면 내에서, 자율성, 능력, 관계성에 대한 욕구의 만족은 심리적 건강을 예언할 것이라는 것을 지지하는 증거이다.

열망과 기본적 욕구(Aspirations and Basic Needs); 행복에 대한 목표내용의 관련성은 사람들의 열망 혹은 삶의 목표와 관련해 Kasser, Ryan(1993, 1996)과 다른 사람들의 일련의 연구에 의해 조사되었다. Kasser와 Ryan은 열망에 대해 두 가지 유형이 있다고 제안했다. 즉, 기본적 욕구에 대해 비교적 직접적인 만족감을 제공하는 내적열망(*intrinsic aspirations*), 가치의 외부적 표시를 획득하는 것과 더 관련이 많고 직접적인 욕구만족을 덜 제공할 것 같은 외적열망(*extrinsic aspirations*)

이 있다. 내적열망은 소속감, 개인적 성장, 지역사회공헌이 있고 외적열망의 보기로는 재산, 명성, 이미지 등이 있다. Kasser와 Ryan은 내적열망과 기본적 욕구만족과의 연관성을 가정했기 때문에, 외적열망과 관련이 있는 그러한 열망을 획득하고 추구하는 것이 행복과 더 강하게 연관되어야 한다고 주장했다. 반면에 사람들은 자신들의 외적열망을 획득하는데 행복하다고 느낄지도 모르고, 이 이론은 외적열망을 추구하고 획득하는 것이 행복을 얻는 데 공헌할 것이라고 말한다.

자기결정의 역사적인 발전배경은 처음에 장애인의 권리주장운동으로부터 시작되어 오늘날 정상화를 거쳐서 장애인의 선택과 자신의 삶에 대한 통제력을 강조하게 되었고, 자기결정의 강조는 장애를 지닌 젊은이의 자기결정을 증진시키기 위해 할당되는 교수시간의 중요성을 강조하는 몇 가지 요인에 의해 촉진되었다. 자기결정은 “교육의 궁극적인 목표이다(Halloran).” 그것은 장애를 지닌 젊은이들이 성취할 수 있는 확실한 성과이다. 장애를 지닌 학습자들이 그런 기능을 발달시키거나 획득할 수 있도록 효과적인 실천을 할 수 있고, 또한 자기결정이 되도록 이끄는 자기결정의 구성요소들을 이루는 태도를 발달시킬 수 있다.

자기결정이론은 능동적이고 성장을 지향하는 인간 유기체와 자신들의 경험을 지속적인 자아의식으로 통합하고 완성하려는 시도를 지원하거나 혹은 손상시키는 사회적 맥락간의 이분법에 초점을 맞춘다. 능력, 자율성, 관계성에 대한 기본적 심리적 욕구 개념은 동기화, 수행 및 행복을 지원하거나 손상시키는 맥락적 요인들에 대해 정의를 내리는 역할을 한다.

자기결정이론은 유기체-변증법 상위이론과 기본적 욕구라는 개념을 공유하는 네가지 작은 이론들의 시각에서 형성되었다. 이들에는 인지적평가이론, 유기체통합이론, 인과지향이론, 기본적 욕구이론 등인데 각각의 상위이론들은 실험실과 현장연구에서 생성되었고 다른 문제들에 초점을 맞춘 일련의 동기화에 토대를 둔 현상들을 설명하기 위해 발전되었다. 인지평가이론은 내적동기화에 영향을 미치는 사회적 맥락을 강조하고, 유기체통합이론은 외적동기화의 발달에 관해 특히 내재화란 개념을 강조한다. 인과지향이론은 자기결정이 된 행동을 지향하고 자신들의 자기결정을 지원하는 방식의 환경을 지향하는 사람들의 경향성의 차이를 기술한다. 그리고 기본적 욕구이론은 심리적 건강과 행복에 근본적인 욕구의 역할을 명기하면서, 기본적 욕구 개념과 삶의 목표 및 일상 행동과의 연관성을 정교하게 만든다.

개체들은 동기화가 선행되어야 자기결정이 이루어진다는 것이 일반적인 믿음이다. 이러한 특별한 교육적 요구를 지닌 학생들의 자기결정능력 향상을 위한 대책으로는 이들이 흥미를 느끼고 동기화가 되어서 학교에서는 학업에, 전환교육에서는 장래의 직업에 대한 동기화가 이루어져야한다. 이런 과정은 대체로 외부적인 규칙을 내부적인 규칙으로 바꾸는 내재화 과정을 거쳐서 진정한 의미의 내적 동기화가 되어야 하고 이런 과정이 완성되면 이들에게 궁극적인 성과중심 전환교육의 중요한 요소인 자기결정이 되는 것이다. 교육에서의 주된 관심사 중에 하나는 학습과 발달에 있어 흥미에 관한 연구는 또 다른 중요한 영역을 차지한다. 서로 다른 연구에서 나온 결과는 개인의 요구와 흥미에 바탕을 둔 학습이 교육적으로 바람직한 성과에 관하여 많은 장점을 지니는 경향이 있다는 것을 확신시켜준다. 미래에는 무슨 내용이 주로 탐구될 것인가라는 질문에 대한 해답은 궁극적으로 교육적 노력을 최상으로 실행하기 위한 심리적 원칙과 조건들이 긍정적으로 구명되어야 한다.

현실에서는 어렵고 힘든 일이 될지도 모르겠지만 심리적이고 이론적인 탐색으로서 장애학생들의 성과중심 전환교육에서는 무엇보다도 중요한 요소인 자기결정이 이루어져야 한다. 이를 위해서는 우선 개체의 요구에 따른 전제되어, 자신이 하고 있는 일이나 학습, 나아가서는 삶의 현장에서, 흥미유발에서 출발해서 동기화의 제 과정을 거쳐 내적동기화 혹은 내면화에 이르면 자기결정능력을 갖추게 되어 정상인과 같은 수준의 삶의 질을 향상시키고 행복을 향유할 수 있다. 성과중심 전환교육의 최종목표 영역요소 중의 하나인 자기결정은 먼저 동기화와 밀접한 상관을 밝히는 것이 이번 연구의 핵심이다. 차후에 흥미유발 방법이나 내적동기화를 이룰 수 있는 전환교육방법에 대한 연구나 교육 프로그램에 대한 후속연구들이 계속 이루어져야 할 것이다.

제9장 자기결정의 교육적 영향요인

주요내용

1. 장애에 대한 역사 및 현재의 개념화를 논의하고
2. 독립생활운동, 정상화원칙 및 교육성과로서 자기결정의 출현에 이바지한 자기 권리주장 운동의 공헌을 파악한다.
3. 소비자 모니터링과 자기권리 주장을 제공하기 위해 출현한 장애인들로 구성된 3 가지 유형의 조직, 장애인의 권리를 보장하고 보호하는 시민권리법의 두 가지 보기를 논의한다.
4. 특히 자기결정과 연관되어 학교에서 성인세계로의 전환과정에 있는 학생들의 전략과 성과에 대해 토론한다.

▫ 핵심용어

① ADA ② 탈시설화 ③ 죄가 없는 신성한 사람 ④ IDEA ⑤ 독립생활 ⑥ 정상화 ⑦ 삶의 질 ⑧ 504조 ⑨ 자기권리 주장 ⑩ 자기 주도적 학습 ⑪ 자기달성 예언 ⑫ 사회적 역할 부양책

1989년 1월에, 미국교육부, 특수교육 및 재활 서비스국이 자기결정을 증진시키기 위한 방향을 토론하기 위해 2일간 회의를 소집했다. 초대받은 사람들은 교육과정에 핵심적인 역할을 하고 있는 대표자 60명이 이 행사에 참석했다. 참석자의 반 이상은 장애인이었고 나머지는 장애인의 부모들, 친척들 및 장애인권리주창자들이었다. 이 회의는 장애인 권리문제에서 받아들여진 교육실천인 자기결정으로 이동할 필요가 있다는 자극을 제공했다. 비교적 짧은 시간동안에 자기결정이 장애인들에게 하나의 핵심적인 교육성과로 널리 받아들여지게 되었다.

이 회의는 국가회의(National Conference)로부터 나온 자기결정에 관한 연방정부의 자금지원을 받아 자기결정을 증진시키기 위한 교육자들의 실천에 지대한 영향을 끼쳤다. 1990년 OSERS가 수많은 모델, 연구의 예시 및 자기결정과 학생포함에 초점을 맞춘 계획 보급하기에 자금을 지원했다(Ward, 1996; Ward & Kohler, 1996). 이들 계획은 자기결정을 향상시키기 위한 교육과정과 평가자료 및 교수전

략을 개발했고, 이 분야의 실천과 정책을 이끌기 위한 연구 결과를 제공했다(Field, 1996; Wehmeyer, Martin, & Sands, 1997).

그러나 국가회의가 자기결정과 관련해 교육성과로서의 자기결정 출현에 이바지한 유일한 요인은 아니었다. 그 외에도, 자기결정 문제를 교육과 장애 분야에서 수용한 것이 미국사회에서 장애라는 개념에 변화를 가져오게 되었고, 장애관련 서비스를 이끄는 철학의 변화가 이전 수 십 년 동안 장애인의 권리주장에 공헌했다. 여기서는 자기결정 운동에 대한 역사적인 전례와 자기결정 출현에 자극을 준 최근의 요인들에 대해 살펴 본다.

1. 자기결정의 역사적인 근원

몇 십 년 전에 시작된 자기결정을 촉진시키기 위한 운동이 최고조에 달했다는 것을 보여준다. 1972년에 Nirje는 다음과 같이 주장했다.

정상화 원칙의 주요한 한 면은 누구라도 권리를 가지고 태어난 사람이면 정상적인 경험을 할 수 있는 조건을 만들어 내는 것이다. 그럼으로, 장애를 가진 사람이 자신에게 영향을 끼칠 행동에서 선택, 소망, 욕망 및 열망에 가능한 많은 고려를 해야만 한다. 많은 사람들에게는 가족, 친구, 이웃 같은 동료 작업자, 다른 사람들 혹은 사무소 등에서 자기권리를 옹호하는 것은 어렵다. 장애인들이 자기결정을 하는 일을 실제로 어렵고 가장 중요하다(p. 177).

16년 후에 미국 특수 교육국(OSEP: Office of Special Education Programs)의 중등교육 및 전환서비스 분과 소장이고 중증 장애를 가진 Michael Ward는 다음과 같이 적었다.

> 자기결정으로 이끄는 개인적인 특성을 획득하는 것이 모든 사람들에게 중요하고, 가끔 장애인들에게는 이것이 필수적인 것이고, 종종 장애인들에게는 더욱 어려운 목표다. 장애인들은 자신이 절대로 자기결정을 실천할 수 없고, 아마 자기결정을 실천할 수가 없을지도 모른다는 것을 암시하는 지속적인 고정관념을 깨뜨려야만 한다.

비록 거의 20년이란 세월의 간격이 있기는 하지만, 이들 두 저자는 실제로 같은 요점을 말한다. 비록 자기결정이 장애인들에게 엄청나게 중요하기는 하지만 장애인들은 이런 성과를 달성하지 못하고 있다. Nirje의 자기결정 요구와 Ward의 자기결정의 요구 사이 20년 동안에 장애인들의 삶에는 거의 변화가 없었다. 하지만, 장애서비스와 장애인들이 이들 서비스에 대한 지각 및 사회에서 지각된 장애인들의 삶의 방식에는 많은 변화가 있었다. 그래서 비록 Nirje의 자기결정 요구가 대체로 주목을 끌지 못하기는 했지만, Ward와 그의 동료들의 주장은 주목을 받았고 열매를 맺게 되었다.

1) 장애의 개념화

장애가 한 사회 안에서 개념화되는 방식은, 실제로 그 경계선을 정하는 일인데, 그 사회 안에서 살고 있는 장애인들이 활용할 수 있는 기회에 직접 영향을 준다. 그런 개념화는 사회 안의 다른 구성원들이 장애인들을 어떻게 지각하는가에 영향을 주고 그들은 장애인들이 그들을 어떻게 지각하는가와 장애인들이 비장애인들로부터 무엇을 기대하는가에 영향을 준다. 자기결정 운동을 하기 위해 준비된 중요한 변화 중 하나는 우리 사회 안에서 장애가 개념화 되어온 방식이었다.

장애에 대한 역사적인 개념화는 치료 혹은 중재가 시행되는 연구법(예를 들면, 장애에 대한 행동적인 개념화, 심리 분석적 개념화) 안의 이론적인 접근법에 바탕을 둔 기술들, 특정한 종교 및 문화적 신념체계(예를 들면, 민속적인 종교 개념화), 혹은 이론, 실천 및 연구가 행해지는 일반적인 원칙(예를 들면, 의학, 교육, 심리학, 사회사업)을 포함해서 여러 방식으로 기술될 수가 있을 것이다. 후자의 방법을 사용한 장애의 개념화는 다양한 학문 분야 간에 서로 다르다. 의학적인 장애모델은 장애를 병과 같다는 것에 초점을 맞춘다. 장애인들은 병을 가진 환자로 생각한다. 이 모델 안의 중재는 치료하기, 혹은 최소한 병이 더 발전하지 못하고 멈추게 하는 것이다. 교육모델은 치료하기에 초점을 맞추는 것이 아니라 교정에 초점을 맞추는 장애에 대한 "고정시키기(fix-it)" 접근법을 가정한다. 사회사업 모델은 장애를 기능장애(disability as dysfunction)라는 데에 초점을 맞춘다.

의학모델은 20세기에 장애인들에게 서비스 전달이 주 임무였고, 이런 영향은 교육모델을 포함해서 다른 모델에도 확실히 나타난다. 그러나 장애가 어떻게 개념화 되어 왔는가라는 것과는 별개로 이런 학문들 간에 공유된 공통된 주제는 인간행동과 기능에서 전형적으로 받아들여지는 정상적이라는 영역 밖에 놓여있다. 장애는 병리적으로, 정상에서 벗어난, 전형적이 아닌 기능장애라고 생각되어져 왔다. 장애인에 대한 잘못된 생각은 이런 개념화에서 만들어 졌고 이어서 생긴 잘못된 생각에 토대를 둔 장애인에 대한 기대는 장애조건 그 자체처럼 종종 미약한 것이었다. 이것은 지난 100년 간 일반인들이 장애인을 생각해 온 방식을 보면 명확하다.

(1) 19세기 후반과 20세기 초반의 장애에 대한 견해

19세기 후반과 20세기 초에 장애인은 위협으로 생각되었고 범죄, 빈곤, 난잡함(promiscuity) 및 문명쇠퇴 등과 연관되었다. 그들은 하위 인간집단(즉, 무기력한 동물 같은) 혹은 무섭거나 두려워할 대상으로 생각되었다. Goddard는 장애에 대해 평가절하 하는 개념을 사용해서 Kallikak 가족에 대한 자신의 연구를 요약했다.

우리는 각 계 각층에서 가계의 좋은 쪽으로 뛰어난 사람을 찾고 약 496명의 후손들이 땅이나 다른 소유주라는 것을 찾을 수 있다. 나쁜 쪽으로 우리는 극빈자, 범죄자, 창녀, 알콜 중독자 및 현대사회가 부담을 가진 모든 종류의 사회적 악을 찾아 볼 수 있다. 이것으로 부터 우리는 정신박약이 이러한 사회적 종기(염증)에 주로 책임이 있다고 결론을 내린다.(1912, p. 116)

Goddard는 "정신박약(feeble-mindedness)"은 분리와 단종 프로그램을 사용해서 퇴치되어야 한다고 결론을 내렸다.

정신박약은 사회복지에 관심을 가진 모든 사려 깊은 사람들의 흥미와 주의집중을 불러일으킬 만큼 충분하고 이것은 대체로 유전적이고, 그것이 우리의 모든 사회문제 안에 놓여있고, 지금 다른 곳에 투자되는 많은 시간, 돈 및 에너지가 현명하게 정신박약문제를 조사 연구하는데 더 많이 사용되어야 할지도 모른다. 왜냐하면 멘델의 유전의 법칙에 따라 정신박약이 모든 곳으로 전이 될 개연성이 있기 때문이고, 인류 전체의 미래 복지를 뜻하는 유전으로 가는 길이 열려있기 때문이다(Goddard, 1926, pp. 589-590).

(2) 세계 2차 대전 후 장애에 대한 개념화

세계공황과 세계 2차 대전이 끝난 후에, 과학과 의학의 진보는 장애가 인식되는 방식을 바꾸었고 장애인들의 수명을 엄청 연장시켰다. 세계 2차 대전에서 장애를 입은 엄청난 숫자의 퇴역군인들 영향을 받아서, 이것이 퇴역군인에 대한 훈련과 재활에 대한 강조를 가져왔고, 소아마비 병에 대한 백신개발의 성공은 장애조건에 대한 더 큰 치료법에 희망을 주게 되었고 비록 여전히 여러 면에서 이런 잘못된 생각을 희석시키고는 있지만, 초기의 잘못된 생각에 바탕을 둔 장애개념이 보다 더 인간적인 개념으로 대치되었다. 장애인들은 장애를 고치고, 치료받고, 재활을 해야 할 대상이고 동시에 연민의 대상으로 생각되었다.

Shapiro는 장애인이 자금 모으기 도구로 극장선전을 하는 아동의 출현을 토론하면서 이런 현상을 기술했다.

극장선전 포스터 아동은 우리의 마음을 끄는 확실한 것이다. 자선기금마련을 보여 주기 위해 뽑힌 아동은 용감하고 결심이 굳고, 삶과 건강의 가장 잔인한 변덕의 무고한 희생자다. 그러나 그들은 자신의 불행한 운명에도 미소를 짓고...귀엽고 용기 있는 포스터 아동보다도 미국인들로부터 더 사랑을 받는 장애의 상징은 없다(1993, p.12).

이런 잘못된 생각에서, 장애인은 "신성하고 순박한 아동"이라고 생각되었고(즉, 특별한 메시지를 전달하는 사람이고 하나님의 아동) 그래서 죄를 지을 능력이 없고 자기 자신의 행동에 대한 책임도 없다. 적어도 부분적으로는 널리 사용되는 지능점수로 계산된 정신연령의 사용에 토대를 두고 장애인은 "영원한 아동"이라고 지각되게 되있다. 비록 더 이상 모든 사회적 악을 두려워하거나 비난하시는 않지만, 장애인은 돌보고, 보호하고 연민을 가져야 하는 아동이라고 지각되었다. Nirje(1972)가 처음으로 자기결정을 요구한 것은 바로 장애에 대한 이런 일반적인 인식이었다. 분명히, 그런 지각은 장애인을 자기결정이 된, 자급자족하는 능력이 있는 인간존재라고 여기는 것과는 정반대였다. "3살 먹은 아동의 마음을 가진" 성인은 직업을 유지하고, 결정하고 혹은 독립적으로 사는 것을 기대할 수 없다. "신성하고 순박한 아동"은 성(sexuality)과 인간관계에 대해 배울 수 있다고 기대되지 않는다. 다른 사람으로부터 연민과 자비를 받는 사람은 도움은 받아야 하지만 동료, 친구 혹은 이웃으로 받아들여지지는 않는다(Wehmeyer & Davis, 1995).

(3) 1960년 이래로 장애인에 대한 고정관념의 변화

1960년 초 이래, 처음으로 장애인의 권리와 권리주장운동과 장애 서비스 분야에서 그리고 점차적으로 일반국민으로부터 장애에 대한 다른 인식이 나타나기 시작했다. ①정상화 원리의 소개 ②독립생활, 자조 및 자기권리옹호운동의 발생 ③시설로부터 지역사회에 바탕을 둔 서비스로의 이동 ④ 1973년의 재활법 504부분(PL 93-112), 1990년의 장애인개별화교육법(IDEA)(PL 101-476) 및 미국장애인법 수정안(1990년 ADA(PL 101-336)과 같은 법률과 보호법 제정에서의 시민권리 ⑤ 그 결과로 교육과 지역사회 생활에 대한 접근을 포함하는 많은 요인이 변화를 가져왔다. 이들 힘의 결과로 장애가 정의되고 기술되는 방식에 엄청난 변화가 있어왔고 결과적으로 장애인을 보는 관점에도 변화가 있었다. 이 변화는 아마 1992년에 재 공인된 재활법 속에 잘 나타나 있다. 그 내용은 다음과 같다.

① 수백만 명의 미국인들이 한 가지 혹은 두 가지의 신체적 혹은 정신적 장애를 가지고 있고 미국 장애인의 숫자는 증가하고 있는 중이다.

② 장애개인들은 사회에서 가장 불이익을 받는 집단 가운데 하나를 구성한다.

③ 장애는 인간존재의 자연적 현상의 한 부분이고 그것이 아래와 같은 개인들의 권리를 조금이라도 손상시켜서는 안 된다.

· 독립적으로 살아가는 것 · 자기결정을 즐기는 것 · 선택하기

· 사회에 공헌하기 · 의미 있는 직업 추구하기

· 경제, 정치, 사회 문화 안에서의 완전통합 및 통합, 미국주류사회의 교육을 즐기기

⑥ 국가의 목표는 장애개인들에게 다음과 같은 필요한 도구들을 제공할 목적으로 적절한 목표를 포함 한다.

· 미리 필요한 정보를 알려주고 선택과 결정을 하게 한다.

· 개인들을 위해 기회의 균등, 사회로의 완전통합 및 통합, 고용, 독립생활 및 경제, 사회적 자급자족 등을 달성하게 한다{Section 2 〔29 U.S.C.§701〕}.

이 개념화에 나타난 중요한 변화는 장애가 더 이상 기준 밖에 존재하는 정도를 벗어난 혹은 병리적인 것이 아니라 대신 인간존재의 한 부분으로 생각된다는 것이다. 이 개념화에서는 모든 인간의 능력과 경험이 하나의 연속선상에 존재하고 장애는 그 선밖에 존재하는 것이 아니라 그런 연속선상의 일부분이다. 반면에 Nirje(1972)는 장애에 대한 그런 개념화가 자리 잡기 전에 자기결정을 요구했고, 교육, 재활 및 보호법제정, 중증장애를 포함해서 장애인에 대한 보장의 발전과 함께 장애에 대한 고정관념이 변할 때에 더 많은 통제와 선택에 대해 오늘날 장애인들의 요구는 적절한 지원만 해주면 경쟁적으로 일을 할 수 있고, 독립적으로 살아갈 수 있으며 지역사회 구성원으로 공헌을 할 수 있다는 것이다.

교육장면 안에 지속되어 온 교육의 역사와 고정관념은 유사한 역사적 과정을 공유한다. 1970년대 이래로 장애학생들의 교육 관련 논문에 대한 피상적인 재조사는 장애학생들에 대한 기대가 비교적 짧은 시간 안에 실질적으로 변했다는 것을 보여준다. 비록 대부분의 교육자들이 이전 세기에 가졌던 믿음을 보여준 장애에 대한 인식을 안 지니고 있긴 하지만, 이전의 장애인식에 대한 흔적이 남아 있고 이것이 교육 장면에 계속해서 영향력을 지니고 있다. 유명한 "자기성취 예언"은 여전히 매우 잘 살아있다.

Cutler(1993)는 학교에서 여전히 발견되는 아동의 장애는 모든 학생문제의 원인

이 된다는 믿음, 장애아동들은 기계적인 반복에 의해서만 배울 수 있다는 믿음, 장애아동들은 하루 종일 학교수업을 처리하지 못한다는 믿음, 간단한 돌봄 장면에 배치하는 것이 훨씬 더 나을 것이라는 믿음을 포함해서 장애아동에 관한 몇 가지 꾸며낸 이야기들을 열거했다. 그 외에도 너무 많은 교육자들에 의해서 여전히 사용되고 있는 언어는 장기간에 걸쳐 사용되어 온 병리와 기능장애라는 것을 보여준다. 사람들은 배우자 혹은 피고용인처럼 성인역할을 학생이 유지할 수 있도록 "훈련 가능할" 것이라고 거의 기대하질 않는다.

하나의 교육성과로서 자기결정을 강조하는 것은 장애를 병리로 생각하고 또 장애를 인간존재 연속성의 일부로 생각하는 역사적인 변화를 나타내는 행동이다. 그런 교수적인 강조는 가능하면 독립적으로 살고, 일하고, 놀이를 하고, 배우는 장애인의 능력을 개선시키는데 상호간에 영향력을 가지며 장애인들이 자기결정 방식으로 삶을 살아갈 기회라는 기본적인 권리를 가져야 한다는 것을 인식하는데 영향을 끼친다.

2) 정상화 원리

Scheerenberger(1987)는 "〔정신지체인들의〕 서비스에 지금까지 정상화 원칙보다도 더 큰 영향을 끼친 단 하나의 범주적인 원칙은 여태까지 없다"고 말했다(p. 116). 정상화 원리의 영향은 발달장애나 다른 장애인들에게 서비스 전달방식을 바꾸면서 정신지체 영역을 넘어서까지 영향을 끼쳤다. 독립생활 운동과 보조를 맞추어, 이것은 신체장애와 감각장애인들에게 매우 절실한 영향력을 지니고 있는데, 정상화 원칙은 자기결정으로 가는 선도적인 역할을 했다. 실제로, 자기결정은 정상화원칙의 부산물 중 하나이고, 이 원칙으로부터 나온 다른 운동은 탈시설화와 지역사회 생활운동을 포함한다(Braddock, 1977).

Nirje(1969)는 정상화원칙은 본래, 1968년 7월 1일에 통과된 정신지체에 관한 스웨덴 법률로부터 등장했고 이 분야는 스웨덴의 경험에 토대를 두고 있다고 설명했다. 최초 개념화에서 정상화원리는 "정신지체인들이 가능하면 정상인에 가까운 삶과 생을 살아가도록 해주는" 서비스를 만들어 내는 안내자 역할을 제공했다" (p. 227). Nirje는 "내가 지켜 본 것처럼, 정상화원리는 정신지체인들의 패턴과 조건을 주류사회의 규준과 패턴을 일상생활 속에서 가능하면 가깝게 활용할 수 있도록 만들어 주는 것을 의미 한다"고 말했다(p. 227).

Nirje(1969)는 정상화원리의 양상과 함축된 내용을 다음과 같이 파악했다.

① 정상화는 정상적인 일상이 규칙적으로 반복되는 것을 의미한다.

② 정상화는 정상적인 삶의 일정이라는 것을 의미한다.
③ 정상화는 해마다 규칙적이고 정상적인 경험을 한다는 것을 의미한다.
④ 정상화는 삶의 주기의 정상적인 발달을 경험하는 기회를 의미한다.
⑤ 정상화는 정신지체인들의 선택, 소망 및 욕망이 가능하면 면밀하게 고려 되어야 하고 존중되어야한다는 것을 의미한다.
⑥ 정상화는 양성(bisexual)의 세계에 사는 것을 의미한다.
⑦ 정상화는 정신지체인들을 위해 정상적인 경제적 기준을 설정하는 것을 의미한다.
⑧ 정상화는 실질적인 시설 기준이 일반 시민들을 위한 시설에 적용되는 것과 똑같은 종류의 시설기준이 되어야 한다는 것을 의미한다.

Scheerenberger(1987)는 "발달단계에서는 정상화원리는 기본적인 삶의 형태를 반영하고, 사람들은 지금 널리 많이 퍼져있는 수용시설의 관습에 반대했다"고 말했다(p. 117). 미국에 있는 수용시설의 조건에 Burton Blatt가 반대한, 연옥의 크리스마스(*Christmas in Purgatory*)(Blatt & Kaplan, 1966) 라는 책에서, 정상화원리가 촉진시킨 사상과 삶의 형태의 정도는 당시의 관행과는 달랐다는 것을 보여주었다. 사실, 1969년에 Nirje에 의해 촉진된 사상은 엄청난 정도로 그것이 처음 소개된 이후 거의 30년간에 토대를 둔 전형적이고 철학적 토대로 남아있다.

Nirje(1969)는 "정상적인 일상이 규칙적으로 반복되는 것"은 장애인들이 대부분의 사람들이 하는 것과 똑같은 방식으로 아침에 일어나고, 옷을 입고, 전형적인 환경(예를 들면, 자신의 가족들과 함께)이고 정상적인 환경에서 밥을 먹고, 가끔은 또래와 함께 잠자러 가고, 개인적인 시간과 휴식을 가질 기회를 갖는 등 자신의 일과를 수행하는 것을 의미한다고 자기 생각을 확장했다. "정상적인 삶의 일정"은 장애인들이 한 장소에서 살고, 일자리와 학교는 다른 지역으로 가고, 여러 다양한 장소에서 여가 활동을 갖는 것을 의미한다. "규칙적이고 정상적인 경험"은 장애인들이 공휴일을 경험해야하고 방학을 포함해서 개인적으로 중요성을 가진 가족의 기념일을 경험하는 것을 의미한다.

정상화원리에 대한 많은 강조는 장애인들이 자신의 지역사회에 포함되는 풍부한 자극, 가족구성원과 함께 생활하는 것, 우정을 경험하는 것이 중요하다는 것과 관련 있다. 정상화원리는 장애를 안 가진 사람들과의 접촉과 남성과 여성 양성과의 접촉이 모든 나이대의 장애인들에게 매우 중요하다. 경제적인 자급자족의 중요성도 또한 강조했다. 결국, 자기결정은 정상화원리의 핵심이라는 것이 명확하고, Nirje(1972)가 자신의 후속 글에서 계속해서 그렇게 기술했다. 한때 대부분의 서비스 제공자들이 장애인을 환자로 여겼을 때, 장애인들이 공립교육을 받을 수가 없었을 때, 대부분의 국민들이 장애인들을 자비의 대상과 영원한 바보 아이로 보았을 때, Nirje는 정신지체인들의 선택의 중요성 및 선호와 꿈을 존중해 주는 것이 필요하고 중요하다고 강조했다. 여러 가지 면에서 자기결정운동은 새로운 것이 아니며, 다른 사람들이 그 중요성을 인식하는데 거의 30년이 걸렸다.

여러 해에 걸쳐서, 정상화원리에 몇 가지 재 개념화가 있었다. 1972년에 미국인들이 정상화원리에 관심을 갖도록 한 책임이 누구보다도 큰 Wolfensberger는 정상화원리를 "가능한 문화적인 규범에 맞는 개인행동과 특성을 유지하고 확립하기 위하여 문화적으로 정상적인 수단의 활용"이라고 다시 정의했다(p.28).

Scheerenberger(1987)가 주목했던 대로, Wolfensberger의 재 정의는 장애인들의 삶의 유형과 실질적인 환경 뿐 아니라 정신지체인들의 행동에 초점을 맞추면서 "이전에 수단 혹은 과정" 이었던 것에서 목적으로 정상화원리의 정의가 이동되었다. 1983년에 Wolfensberger는 대신에 전통적 사회의 규준 밖에 있는 사람들을 가치절하 혹은 가치를 매기는 일에 초점을 맞춘 사회적 역할의 정상화(social role valorization)라는 용어를 재택해서 다시 정상화를 정의했다(Scheerenberger, 1987).

정상화원칙의 적용은 장애인들의 삶에 중요한 영향력을 끼쳤다. 우선, 선택과 위험에 대한 존엄과 같은 문제가 표면화되었고 이런 문제가 토론의 일부가 되었다. 결국, 시민 및 법적인 보호로, 장애인들 스스로 토론 테이블로 나왔고 자신들의 삶에서 선택과 통제의 우위를 강조했다. 자기결정은 적어도 중요한 하나의 교육적인 성과로 생각되고 있는데 이는 부분적으로 정상화원리가 자기결정을 위한 불길에 연료를 제공했기 때문이고, 특히 아주 초기에는 여러 면에서 매우 급진적이기는 하지만 장애인들의 삶의 한 방식인 정상화의 개념은 1960년대와 1970년 말의 현실과는 매우 달랐다.

3) 독립적인 생활, 자조 및 자기권리 주장운동

Driedger(1989)는 "많은 장애인들이 자신의 권리운동을 노동, 흑인, 식민지 사람들, 가난한 사람들, 여성 등 긴 일련의 권리운동의 마지막이고 지금은 장애인들을 위한 권리운동"이라는 것을 지적했다(p. 1). 이 권리운동에 핵심은 특정 장애를 가진 사람들로 구성된 단체들의 출현이었다. Driedger는 1970년 이래로 장애인에 관한 3가지 부류의 운동이 나타났다고 말했다; 독립생활운동, 소비자단체 및 자조집단이다. 거의 정상화원리와 나란히 등장한 독립생활운동은 장애인들 자신의 지역사회 안에서 가능하면 독립적으로 살아가도록 하는데 초점을 맞추었다. 이 운동은 1973년의 재활법이 독립생활센터(Independent Living Centers)(ILCs)를 세우도록 돈을 할당했을 때 상당한 자극을 주었고, 이것은 소비자들이 통제하는, 전 장애에 걸친, 비주거의, 사적인, 비영리단체들로 장애인들을 위한 독립, 생산성 및 증대된 삶의 질을 촉진시키는 서비스를 제공한다. ILCs의 성공핵심은 그것이 소비자 자신들이 통제하는 것이라는 것, 즉, 장애인들이 다른 장애인들에게 도움을 제공하면서 운영된다는 사실이었다. 독립생활센터 프로그램은 전국적으로 대략 250개의 센터를 지원하고 심한 신체 및 정신장애를 가진 100.000명이 넘는 사람들에게 서비스를 제공한다. 소비자 단체들은 ILCs 와 유사하지만, 서비스를 제공하지는 않고 대신에 자기점검과 권리옹호 역할을 한다.

자조 그룹 또한 소비자로 이루어진 단체이고 장애인 서비스 및 차별을 물리치기 위한 보호법 제정을 위한 정부자금에 대한 권리를 주장하고 옹호하기 위해 전 세계에 걸쳐서 형성되고 운영되는 독립체로 주거, 고용, 교육 및 다른 기본적인 시민 권리에 대한 동등한 접근을 성취하는 것이 그 목적이다. 대부분의 소비자 및 자조 집단을 포함하는 국제적인 조직은 국제장애인협회(Disabled People's International)라고 불리어 진다. 1980년대에 정신지체인 집단이 나타나기 시작했고 기존의 자조단체들과 구조와 의도에서 경쟁했고 또한 개인의 옹호와 사회화에 대한 매개역할을 제공했다. 이들 단체들이 자기권리 옹호 집단으로 알려지게 되었고 현재에는 정신지체인들이 조직하고 운영하는 전국에 500이 넘는 자기권리 옹호단체가 있다(Dybwad & Bersani, 1996).

자기결정운동의 출현에 이들 소비자가 조직하고 통제하는 단체의 중요성은 절대로 과소평가 될 수가 없다. 그런 조직이 더 큰 독립과 증가된 선택과 통제의 기회를 제공했을 뿐 아니라 장애인들이 정보를 알게 되어 능동적인 권리옹호자가 될 기회를 제공했다. 그런 권리주장은 결국 자기결정 출현에 똑같이 중요한 시민권리 법률 제정으로 이끌었다.

4) 시민권리 보호

1970년대 이래로 장애인권리운동의 가장 현저한 성과 중 하나는 장애인의 권리보호를 위한 시민 권리법의 출현이었다. Turnbull은 다음과 같이 말했다.

지난 10년 동안에 주요한 법적인 발전은 장애인에 대한 평등주의 확장이었다. 이(원칙)는 능력이라는 관점에서는 아무리 불평등해 보여도 모든 사람들에게 똑같은 기회를 허용함으로써 평등하게 취급되어야 한다고 말한다(1986, p. 11).

이들 보호법 중 가장 눈에 띄는 것은 1990년에 조인된 미국장애인법(ADA)이다. ADA는 장애에 토대를 둔 차별을 금하고 장애인에게 성, 인종, 국적 및 종교에 바탕을 둔 이전의 시민권리 때 개인에게 제공했던 것과 똑같은 시민권리 보호법을 제공한다. ADA는 장애인에게 고용, 공적인 수용, 교통, 정부 및 지역 정부의 서비스 및 전기통신 중계서비스에 대해 평등한 기회를 보장해준다. ADA는 장애인에게 전환에 영향을 주는 연방정부의 다른 제안과 함께 고용, 교통 및 공적인 수용과 같은 영역의 전환교육프로그램의 중요한 영역에 시민권리 보호를 제공한다{예를 들면, 1990년의 Carl D. Perkins의 직업 및 응용기술 교육법〔PL 101-392, 1994년의 학교에서 직업으로 기회법〔PL 103-239〕}, ADA는 장애학생들에게 긍정적인 성인 성과를 성취하도록 더 많은 기회를 제공할 뿐 아니라 전환교육과 자기결정 분야에 대한 더 많은 자극을 제공한다.

후자가 사실인데 왜냐하면, 이들 보호법은 평등한 권리는 보장하지만 성공을 보장하지는 못했기 때문이다. ADA와 다른 보호의 기회를 최대화하기 위해서, 장애인은 진로교육과 직업훈련을 통해 자격을 갖추어야만 하고 고용주들에게 자신이 자격을 갖추고 있다는 것을 어떻게 알리는 지를 배워야만 한다. 학생은 자신을 위해서 보다 잘 자기옹호를 할 수 있게 되어서 학교를 떠나야 하고, 고용을 찾아내고 고용과 연결될 수 있도록 현존하는 자원을 이용할 수 있어야 한다 (Wehmeyer & Ward, 1995, p. 108).

이것은 IDEA의 전환교육 요구사항의 중요성을 더욱 충족시켜주는 것이다. 장애인개별화교육법(Individuals with Disabilities Education Act)은 가장 기본적인 수준에서의 시민 권리법이란 특징을 지니고 있다. IDEA는 장애학생들이 자유롭게 적절한 공교육에 접근할 수 있도록 보장해 주고 장애학생들의 교육에 관한 절차상의 안내와 보호를 제공한다. 1991년의 IDEA의 재공인 사항에 학생을 포함시켜야 한다는 첨가는 자기결정의 중요성에 엄청난 관심을 집중시켰다. 1997년의 IDEA 수정안에는 학생포함 요구가 계속 들어 있었고 또한 14세가 된 학생의 개별화교육프로그램에는 전환교육서비스 요구를 포함해야 한다고 요구했다.

2. 자기결정에 대한 자극제공 요인

정상화원리에 의한 서비스전달체계의 변화와 독립생활 및 자조/자기권리 옹호운동, 시민권리 법률의 지원에 의해 일어난 변화와 함께 미국사회에서 장애에 대한 시각변화는 중요한 교육성과로서 나타난 자기결정을 위한 자극을 제공했다. 일단 이들 전제들이 제자리를 잡게 되자, 중요한 교육성과로서 자기결정의 수용은 ①장애인들로부터 더 큰 통제와 선택을 요구하는 목소리의 등장 ②현존하는 학교 체제에서 장애학생들을 위한 현재의 성인성과를 검사한 연구로부터 나온 실망스러운 결과물들 ③자기결정과 더 많은 긍정적 성인성과 간의 관련성을 뒷받침하는 증거 ④많은 장애 성인들에게서 자기결정 부족을 보여주는 증거 ⑤효과적인 교육실천으로써 자기 주도적인 학습의 등장 ⑥학교에서 직장으로의 성공적인 전환을 만들어 내는 일에 대한 증대된 강조를 포함하는 일련의 요인들에 의해서 촉발되었다.

1) 장애인들의 목소리

Bersani(1996)는 발달장애 영역의 지도력에 3가지 "큰 물결"을 기술했다. 첫 번째 물결은 1850년 초에서부터 1950년 말까지의 지도자와 전문가들에 의한 물결이었다. Bersani는 전문가들이 활약했던 이 시대는 오늘날 우리가 발달장애라고 개념화한 이 분야가 근본적으로 학문적 연구 분야였던 시기였다. 이 학문 분야 안에서는 의학, 심리학, 사회사업 및 교육 등 영역에 있는 전문가들이 "검사과정을 개발했고, 의학적인 통찰력에 도달했고, 새로운 장애를 찾아냈고, 다양한 장애를 기술했고, 새로운 프로그램을 시작했다"(p. 259)는 것 등이 명백한 선구자적인 역할이었다. 이 시기에 가장 두드러지는 이름은 Itard, Howe, Seguin, Binet 및 Doll 등인데 이들은 이 분야의 의학적인 전문가들에게 엄청난 영향력을 끼쳤다. 당연히, 이 시대의 결정은 거의 배타적으로 전문가들에 의해서 행해졌다.

두 번째 물결은 힘의 균형에 있어서 중요한 이동을 말했다. 1940년대 말에서 1950년대 초기에 장애아동들의 부모들은 자기 자식들에 대한 증가된 서비스를 요구하고 단체를 조직화하기 시작했고 이들 서비스와 관련해 결정에 목소리를 내기 시작했다. 부모들은 전문가들의 전문용어를 배우기 시작했고 천천히, 나타나기 시작한 발달장애 분야에 두드러진 지도력을 떠맡기 시작했다. 지체시민들을 위한 국가협회(National Association for Retarded Citizens)의 Elizabeth Boggs와 미국뇌성마비협회(United Cerebral Palsy Associations)의 Elsie Helsel과 같은 부모는 정책을 만들고 결정을 하는데 핵심적인 역할자가 되었다(Bersani, 1996). 법률의 출현과 사법적인 판단에서 부모들과 전문가들은 가끔 불편한 연대를 형성하기도 했고 서비스 유형과 서비스 활용이 엄청나게 확대되었다. 비록 이 시기동안 장애인을 위한 자기결정에 대한 요구가 나타나기는 했지만(Nirje, 1972), 결정에 대한 통제는 거의 배타적으로 전문가와 부모들의 손에 달려 있었다.

소비자 혹은 자기권리 옹호 물결이라고 Bersani(1996)가 기술한 세 번째 물결은 장애인들을 협상의 테이블로 데리고 나왔다. 법률적인 보호로 힘을 얻고 이전의 시민권리 운동으로 용기를 얻어서 장애인들은 자신의 삶에 영향을 가지는 결정을 하는데 자신이 포함되어야 한다고 요구하기 시작했다. 통제, 선택 및 자기결정이 장애인들에게 필수적인 중요한 문제로 등장했고, 이런 문제들은 이전 시대의 결정 앞부분에 거의 등장하지 못했던 것들이었다. 1989년에 국가자기결정회의에서 Williams는 이렇게 밝혔다.

> 우리에게는 자기결정이 무엇을 의미하는지를 말해 줄 필요가 없다. 우리는 이미 자기결정이 무엇인지를 알고 있다. 우리는 이미 선택을 하기 위해 그것이 단지 10달러짜리 단어라는 것을 알고 있다. 그것은 삶이 고조되는 기대, 존엄, 책임 및 기회 등으로 가득 차 있다고 기술하기 위한 또 다른 단어이다. 하지만, 우리의 삶에서 선택할 기회와 권리가 제공되지 않는다면, 우리는 결코 완전한 일등 미국시민이 되지 못할 것이다. 이것이 왜 우리가 여기 오늘 왔는가 하는 이유이다. 이러한 기본적인 권리를 재확인 해야하고 그것을 우리의 것이라고 주장하는 바이다(p. 16).

Minnesota에 있는 자기권리옹호단체인 함께 변화 이루기(ACT: Achieving Change Together)의 구성원인 Irving Martin은 이것을 다음과 같이 표현했다.

> 지금까지 우리에게 온 모든 것은 선택이고 우리의 꿈을 쫓을 권리이다. 내가 말하고자 하는 것은 남들이 우리에게 기대하는 방식이 아닌 우리가 원하는 방식으로 우리의 삶을 이끄는 힘이고, 우리가 한 시민으로서 투표하고, 어디서 살고 누구와 살 것인지를 결정하는 능력, 우리가 어디에서 일하기를 원하는가를 결정하는 능력, 우리에게 올바른 결정을 할 수 있는 통제를 사용할 수 있는 능력이다. 더욱 중요한 것은 자기결정이 우리 자신의 목표와 꿈을 추구할 수 있는 권리를 존중한다는 것을 의미한다. 나는 그것이 너무 많은 것을 요구한다고는 생각하지 않는데 여러분 생각은?(개인적 편지, 1988)

장애인들로부터 온 메시지는 크고 명백했다. 통제, 선택 및 자기결정은 그들의 삶의 질에 필수적인 것이었고, 그들은 이것을 다른 일부 시민들과 똑같이 경험할 권리가 있다. 장애인들의 권리, 독립생활, 정상화, 자기권리 옹호/자조운동에 놓여있는 토대 때문에, 장애인들은 그들에게 기회가 주어지면, 목소리를 높일 수 있는 준비가 되어 있고 지도력을 제공할 준비가 되어있다.

2) 학교를 졸업한 장애인들의 성인 성과

중요한 교육성과로서 자기결정의 출현에 상당한 힘을 제공한 두 번째 요인은 학교를 졸업한 후에 장애학생들이 예상했던 것보다도 훨씬 적은 긍정적인 성과를 경험한다는 발견이었다. 1975년의 전장애아교육법(Education for All Handicapped Children Act)(PL 94-142)하에서 프로그램 교육을 받았던 최초의 장애학생 세대가 졸업하기 시작했고 이들 젊은이들의 성인성과를 조사하기 위해 졸업자와 학교를 떠난 사람들의 고용상태, 생활의 정리정돈, 중등교육에 대한 접근 및 사회/지역사회통합에 대한 추적연구를 위한 자금지원이 있었고 그 결과로 후속연구와 추적연구가 시작되었다. Chadsey-Rusch, Rusch & O'Reilly(1991) 등은 학교에서 성인사회로 전환을 한 젊은 장애인들의 고용, 주거 및 사회/대인관계의 성과에 관한 연구를 조사하면서 이들 연구를 살펴보고 다음과 같이 결론 내렸다.

> 고용, 주거상태, 사회/대인관계에 대해 장애인이 경험한 성과는 실망을 주는 것이다. 비록 비율의 정도가 주마다 다양하기는 하지만, 대부분의 장애인은 고용이 안 되거나 혹은 불완전하게 고용된 상태이다. 독립적으로 생활하는 장애인들은 거의 없고, 많은 장애인들은 자신이 살고 있는 지역사회에 잘 통합되지 못하고 일부는 외롭게 보였다. 대체로, 장애인들은 자신이 나이가 들어감에 따라 개선될 것이라는 보장이 거의 없는 불확실한 미래에 직면한다(p. 28).

OSEP가 후원을 한 특수교육학생들의 전국적인 장기간의 전환교육연구[National Longitudinal Transition Study of Special Education Students(NLTS)]는 성인 성과에 대해 8,000명 이상의 장애인들의 자료를 제공했다(Blackorby & Wagner, 1996). NLTS는 전국에 걸쳐 장애인들에게 일반화되는 가중표본(weighted sample)을 사용했다. 이 종합적인 연구에서 나온 결과는 전환관련 성과에 계속 초점을 맞출 필요성을 강화시켰고 장애학생들이 자급자족하는 젊은이가 더 잘 될 수 있도록 해줄 실천을 파악해 내게 한다.

- 장애 학생들의 경쟁고용 비율은 고등학교 졸업 후 2년(46%-59%)과 학교 졸업 후 3-5년(57%-69%)에 일반 표집 젊은이들의 고용보다 엄청 뒤졌다.
- 학생들이 경쟁고용 될 개연성에는 성, 장애유형 및 인종적인 배경 등 모든 것이 다 영향을 끼쳤다.
- 단지 9%의 장애 학생들이 학교 졸업 후 2년에 경쟁고용에서 시간당 6 달러보다 조금 더 많은 돈을 벌었고 그 일부는 3-5년에 단지 40%까지만 증가했다.

· 학교 졸업 후 2년된 장애 학생 중 단지 14%만이 53%의 일반 학생들과 비교해서 어떤 유형의 중등교육기관에 출석했다고 보고했다. 3-5년에는 일반교육을 받고 있는 68%의 또래들과 비교를 해서 장애를 가진 27%의 젊은이들이 학교를 떠난 후 가끔 중등교육에 포함되었다.
· 장애 학생들과 비교를 해 볼 때에 졸업 후 2년 미만에서는 일반교육을 받고 있는 학생 중 34%만이 독립적으로 살고 있었다. 3-5년에는 장애를 가진 37%의 학생들과 비교를 해볼 때에 비장애학생의 60%가 독립적으로 살았다.

수많은 추적연구와 후속연구에서 나온 결과와 함께 NLTS의 발견은, 비록 장애 학생들이 시간이 지남에 따라 긍정적인 성인성과를 성취하는데 상당한 성과를 얻어내기는 했지만, 만약 자급자족이 교육 과정(process)의 목표로 인식되기만 하면, 더 많은 요구가 이루어질 필요가 있다고 제안한다. NLTS와 다른 연구들은 장애 학생 및 아동들과 일하는 교육자들을 위한 "경향-확인(pulse-check)"을 제공하는데 이것은 다음 목적지에 도달하기 위해 무엇이 작용했는지와 무엇이 행해질 것인지를 검사하는 기회이다.

3) 자기결정과 긍정적 성인 성과간의 관련성

만약 장애인들이 더 많은 긍정적 성인성과를 성취하려면 자기결정이 중요한 교육목표라는 전제는 자기결정과 긍정적 성인성과가 우연히 관련성을 가지고 있다고 가정한다. 비록 그런 관련성이 직관적으로는 명백한 것처럼 보이지만, 1990년대 초까지는 이런 가정을 뒷받침하는 경험적인 증거가 제한적이었다. 대신에, 장애 젊은이들을 위한 자기결정과 긍정적인 성인 성과(outcomes) 간의 관련성은 증대된 삶의 질과 바람직한 성인 성과에 이르게 하는 구성요소들의 공헌도를 검사함으로써 확립되었다.

증가된 기회 및 더 좋아하는 것을 말할 수 있는 능력과 선택을 할 수 있는 기회가 중증장애 개인들이 나타내는 문제행동의 감소와 관련 되었다(Gardner, Cole, Berry, & Nowinski, 1983; Grace, Cowart, & Matson, 1988; Munk & Repp, 1994) 장애가 있는 혹은 없는 아동들, 젊은이들, 성인들이 적절하게 적응과제에 증대된 참여(Koestner, Ryan, Bernieri, & Holt, 1984; Realon, Favell, & Lowerre, 1990; Swann & Pittman, 1977) 더 많은 긍정적 교육성과 혹은 달성 성과(Koenigs, Fielder, & deCharmes, 1977). 효과적인 결정하기 교수 및 문제해결 기능은 적응기능을 개선시킨다는 것을 보여주었다(Mithaug, Martin, & Agran, 1987), 장애인이들의 고용성과(Park & Gaylord-Ross, 1989), 부모역할 기능(Tymchuk, Andron, &

Rahbar, 1988) 및 지역사회 삶의 성과(Foxx & Bittle, 1989) 등이다.

수많은 연구가 자기관리기술을 긍정적인 성인성과와 관련시키려고 했다. 자기수정 전략은 과제에 대한 주의집중, 과제완성 및 과제 정확도와 같은 종종 직업관련 활동을 개선시키는데 사용되었다(Hughes, Korinek, & Gorman, 1991; McCarl, Svobodny, & Beare, 1991). Lovett와 Haring(1989)은 자기기록 활동이 정신지체 성인들이 일상생활 활동의 과제완성도를 개선시킬 수 있도록 해주었음을 보고했다. 자기교시 기술은 직업 및 일과 관련된 문제를 성공적으로 해결하는데 사용되었고(Agran, Fodor-Davis, & Moore, 1986; Hughes & Petersen, 1989; Rusch, McKee, Chadsey-Rusch, & Renzaglia, 1988; Salend, Ellis, & Reynolds, 1989), 독립에 필수적인 사회기능을 가르치는 데에 사용되었다(Agran, Salzberg, & Stowitschek, 1987; Hughes & Agran, 1993). Agran과 기타 사람들(1987)은 자기교시전략이 제한적인 지원에서부터 광범위한 지원을 요구하는 정신지체를 가진 5명의 피고용인이 작업재료를 모두 사용해서 부족하고 또 도움이 필요했을 때 감독관과 함께 일을 시작하는 비율을 증가시켰다는 것을 발견했다.

Lagomarcino 와 Rusch(1989)는 지역사회에서 정신지체 학생의 작업수행을 증대시키기 위해 자기강화와 자기 모니터링 절차를 사용했다. Moore, Agran 및 Fodor-Davis(1989)등은 광범위한 지원을 요구하는 정신지체 작업자들의 생산비율을 증가시키기 위해 자기지시, 목표설정 및 자기강화를 포함하는 여러 가지 학생주도활동을 함께 적용했다.

내적통제소재는 긍정적 교육성과 및 성취성과, 학교관련과제에 대한 증대된 시간 및 주의집중을 포함하는 적응성과와 관련되어 왔다(Lefcourt, 1976). 외적지향은 거꾸로, 의사결정, 주의산만 및 또래로부터 거부당하는 사회성 비율에서 증대된 충동성과 관련되었다(Ollendick, Greene, Francis, & Baum, 1991; Ollendick & Schmidt, 1987).

자기결정 행동의 구성요소에 관한 연구는 비록 직접적이지는 않지만 자기결정이 된 젊은이가 보다 더 많은 긍정적인 성인성과를 성취한다는 강력한 증거를 제공한다. Wehmeyer와 Schwartz(1997)는 자기결정행동과 자기결정의 핵심적인 특성에 대한 학생의 자기 보고식 측정인 아크자기결정검사(The Arc's Self-determination Scale)(Wehmeyer & Kelchner, 1995b)를 사용해서 인지장애(정신지체 혹은 학습장애)를 가진 80명 젊은이들의 자기결정 상태를 측정했다. 이들 학생들이 고등학교를 떠난 지 1년 후에 이들 학생들과 그들 가족들이 삶의 정리정돈, 현재와 과거의 고용상태, 중등교육 상태 및 지역사회통합성과 등 몇 가지 영역에서 학생들의 수준을 평가하기 위해서 접촉했다.

이들 정보는 지능수준과 장애유형에 따라 통제되고 분석되었다. 자료는 학교 졸업 후 1년에 자기결정이 된 학생들이 그들의 또래보다 훨씬 더 잘 수행하고 있는 것처럼 나타났다. 자기결정이 높게 된 학생 집단의 구성원들이 가족이 살고 있는 집이 아니라 다른 곳에서 살기를 더 좋아한다는 의사를 더욱 잘 표현하고, 저금하고, 은행계좌를 가지고 있고, 월급을 받는 직장에 고용되는 것처럼 보였다. 돈을 가장 많이 벌고 있는 학생들이 더 높은 자기결정 점수를 나타냈고 자기결정의 개별 하위영역은 학생들이 시간당 받는 돈에 유의미하게 공헌을 했다. 예를 들면, 자기결정이 낮거나 높은 집단(빈도분포 분석에 의해 결정된)에 속하는 사람이 자기 전화요금을 자신이 지불하고, 저금통장이나 은행계좌를 유지하고, 자신이 직접 식료품 가게에 쇼핑을 가고 자신의 교통수단을 정하는 학생들의 비율을 보여준다. 자기결정이 높은 학생집단의 80%는 졸업 후 1년 동안 돈을 벌기 위해 일을 했다, 반면에, 자기결정이 낮은 집단의 경우는 단지 43%만이 그렇게 했다.

고용되어 학교를 떠난 사람 중에는 자기결정이 된 사람이 자신의 또래 집단 즉 자기결정이 낮은 집단(평균=1.93달러)보다 시간당 훨씬 더 많은 액수(평균=4.26달러)의 돈을 벌었다.

증대된 삶의 질은 또 하나의 전환과 관련된 중요한 성과이고, 그것은 "전체 사회를 개선시키는데 적용되는 무엇보다도 소중한 원칙"으로 등장하고 있고 (Schalock, 1996, p. 123), 특히, 장애인들의 삶에서 유의미한 개선을 성취하기 위해 필수적으로 중요한 것이다, Schalock는 다음과 같이 말한다.

> 정신지체의 현재 패러다임의 변화는 장애와 밀접하게 관련 있고 자기결정, 통합, 평등, 역량, 지역사회에 바탕을 둔 지원 및 질과 관련된 성과에 대한 강조는 서비스 제공자로 하여금 장애인들의 향상된 삶의 질에 초점을 맞추게 했다(p. 123).

Schalock는 삶의 질이 모든 사람의 삶의 조건을 개선시키기 위한 정책과 실천을 이끌기 위해 그 개념을 체계화하는 것이라는 멋진 견해를 제안했다. 그런 개념화는 삶의 질이 몇 가지 핵심적인 원칙과 차원으로 구성된다고 인식한다. 삶의 질의 핵심적인 차원은 ①정서적인 행복 ②대인관계 ③물질적 행복 ④개인발달 ⑤신체적 행복 ⑥자기결정 ⑦사회통합 ⑧권리 등이다. 자기결정처럼 삶의 질은 주관적이고 객관적인 척도에 관심을 집중한다. Dalkey(1972)는 다음과 같이 진술했다.

> 삶의 질은 오직 환경 및 개인 삶의 외부적인 환경만 관련 있는 것이 아

니고 이들 요인들이 개인 행복의 주요한 몫을 구성하느냐 혹은 이들 요인들이 성취감, 사랑과 애정, 지각된 자유 기타 등등의 요인에 의해 지배를 받느냐는 것이다.

한 개인의 삶의 질은 배경, 환경 및 기회에 따라 결정되고 실제로는 어느 정도 모든 선택과 결정이 한 개인의 삶의 질을 구성하는데 공헌한다. 자기결정이 증대된 삶의 질에 공헌하는 것이라는 개념화는 가끔 일어나는 주요한 결정(예를 들면, 집을 구입하기, 의학적인 결정)뿐 아니라 무슨 옷을 입을지 혹은 자유 시간을 어떻게 보낼 것인지 등과 같은 훨씬 덜 중요하지만 더 자주 일어나는 일상적인 선택도 중요하다는 것을 보여준다.

Wehmeyer와 Schwartz는 다원변별기능분석과 지능수준, 환경요인을 통제하는 방법을 사용해서 경험적으로 그룹 홈(group home)에 살고 있는 정신지체 성인 50명의 자기결정과 삶의 질 관련성을 검사했다. 그들은 자기결정 수준은 개인의 삶의 질을 검사함으로써 예언될 수 있다는 것을 발견했다. 즉, 한 개인의 상대적인 자기결정은 그 사람의 삶의 질에 대한 강력한 척도였고, 높은 자기결정을 갖춘 사람은 더 높은 수준의 삶의 질을 경험했고, 반면에, 자기결정력이 부족했던 사람은 훨씬 부족한 삶의 질을 경험하는 것처럼 보였다.

3. 장애인들의 자기결정 방법

장애 청소년들의 교육성과로서 자기결정을 증진시킬 필요성에 대한 기본적인 가정은, 자기결정과 긍정적인 성인 성과간에 인과관계가 주어진다면, 장애를 가진 개인들은 쉽게 이 성과를 성취하지 못한다. 만약 그들이 이들 영역에 목표를 둔 교수, 광범위한 교수를 제공할 아무런 이유가 없을 것이다. 그러나 점점 더 늘어나고 있는 연구들은 인지 및 발달장애 성인들이 자기결정이 되지 않고 있어 자기결정이 되도록 중재를 보장해야 한다고 제안한다.

Wehmeyer 와 Metzler(1995)는 정신지체와 발달장애를 가진 거의 5,000명 성인들의 자기결정을 검사했다. 이 연구 결과는 인지장애를 가진 대부분의 성인들이 자기결정이 부족하다는 것을 보여준다. 이 집단으로부터 단지 응답자의 33%만이 현재 자신이 살고 있는 장소에 대해 선택했다는 것을 보여주었고, 12%는 자신과 함께 일하는 직원이나 돌보는 사람을 고용하는데 자신의 목소리를 냈고, 21%는 도움을 받아서 혹은 도움 없이 같은 방을 사용할 사람을 선택했고, 44%는 자신의 직장과 하루의 활동을 선택했고, 26%는 자신의 계산서에 돈을 지불할 기회를 가졌고, 42%는 은행관련 일을 했다는 것을 보여주었다.

Stancliffe와 Wehmeyer(1995)는 정신지체와 발달장애인들의 선택과 관련된 문헌을 살펴보고 개인은 자신의 삶에 관한 유의미한 결정을 할 기회가 거의 없다는 결론을 내렸다. 유사하게도, Wehmeyer, Kelchner 및 Richards(1995) 등은 자기권리옹호집단의 400명 이상으로 된 표집에서 높은 비율의 사람이 자신의 삶에서 행한 선택이 거의 없다는 것을 발견했다. 비록 집단의 30%가 자신이 어디에서 살 것인지를 선택했다고 표시를 했고, 단지 15%만이 남의 도움 없이 자신이 살 장소를 선택했다고 표시했다. 비교적으로 Kolzleski와 Sands(1992)는 장애가 없는 성인들에 대한 같은 조사연구를 했고, 단지 10%가 자신이 살 장소를 선택하지 않았다고 했고, 13%는 함께 살 방 친구를 선택하지 않았다고 말했다.

만약 사람들이 자기결정의 필수적인 특성과 그 구성요소를 조사해 보면, 그 결과는 아주 똑같을 것이다. Murtaugh와 Zettin(1990)은 학습장애 청소년들에게 제공한 자율성 수준에 대한 장기적인 연구에서 이들 학생들의 행동에 대한 책임을 알아보는 측정에서 장애가 없는 자신의 또래보다 훨씬 뒤진다는 결론을 내렸다. 유사하게, Wehmeyer와 Kelchner(1995a)는 정신지체 성인들과 청년들이 제한된 자율성을 지니고 있다는 것을 발견했다. 이 연구에 참가자들(n=408)은 장애가 없는 또래보다도 지역사회에서 일상생활 혹은 돌보기를 제공하는 과제 혹은 다른 사람과의 상호작용을 훨씬 적게 하는 것처럼 보였다. Wehmeyer(1994)는 정신지체와 학습장애 학생들의 또래들이 교육적인 실패를 경험했을 때조차도 장애가 없는 또래보다도 유의미하게 훨씬 덜 적응할 수 있는 심리적 역량에 대한 지각을 지니고 있다는 것을 발견했다. 그 외에도, 자기결정에 적응할 수 없다는 지각은 인지장애인들에게는 진로관련 결정을 하는데 방해가 되었다(Wehmeyer, 1993).

Wehmeyer와 Kelchner(1996)는 정신지체와 학습장애 학생들은 장애가 없는 또래보다도 훨씬 덜 적응적인 통제소재 지향성을 가지고 있고 자신의 교사가 훨씬 더 통제 지향적으로 지각한다고 파악했다. 장애가 있건 없건 모든 학생들에게 통제적인 교실환경에 대한 지각력은 훨씬 덜 적응적이고 통제소재에 대한 지향성에서도 더 외부 지향적인 지각을 할 것이라고 예상된다.

비록 정신지체학생 자기결정을 검사하는 쪽에 연구의 초점을 대부분 맞추기는 했지만, 이들 경험은 정신지체 집단에만 해당되는 것은 아니다. Jaskulski, Metzler와 Zierman(1990) 등은 이들이 자신의 지역사회에 통합되는 정도, 독립적으로 기능을 하는 정도와 생산적인 삶을 영위하는지 정도를 결정하기 위해 13,000명 이상의 발달장애인들을 조사했다. 이 표본의 41%가 신체장애를 가지고 있고, 10%는 감각장애를 경험했고, 6%는 정서장애, 42%는 정신지체를 지니고 있다는 것이 밝혀졌다. 그래서 표본의 57%는 인지장애를 지니고 있지 않았다. 정신지체가 아닌 응답자들 41%는 현재 자신의 생활 정리정돈에서 아무런 선택을 안 한다고 표시했다. Sands와 Kolzleski(1994) 등은 삶의 질에 대한 다양한 척도에서 장애를 안 가진 성인들과 장애성인간의 차이를 분석했다. 그들은 다음과 같이 결론을 내렸다.

> 중요하게도, 장애가 없는 성인들과 비교를 해볼 때 장애를 가진 개인이 행할 수 있는 선택의 정도가 매우 제한되었다. 선택을 할 수 있는 기회의 부족은 비교적 해가 없는 침실을 꾸미는 것과 같은 활동에서부터 누구와 함께 침실을 사용할 것인가와 같은 기본적인 선택까지 확대되었다(p. 98).

장애 개인을 위한 성인 성과를 검사한 모든 연구는 장애인들이 계속해서 제한된 경험을 하고 훨씬 부족한 긍정적인 삶의 질을 경험한다고 말한다. 자기결정과 긍정적인 성인 성과 간에 명확한 관련성이 밝혀졌기 때문에, 더 많은 자기결정 교수를 제공할 필요성은 없다.

4. 자기 주도적 학습의 등장

중요한 교육성과로서 자기결정의 출현에 마지막 요인은 자기 주도적인 학습전략의 발달이다. 학생 주도적인 학습은 학생이 자신의 학습을 통제하고, 목표설정 기회를 경험하고, 그러한 목표에 토대를 두고 행동을 정의하고, 그 활동을 수행하고, 자신의 성과를 평가하고, 자신의 수행을 조정하는 교수학습을 말한다. 자기관리 전략은 교사 주도적인 학습에서 학생 주도적인 학습으로의 변화에 공헌했고 자기결정과 학생참여를 강조하도록 이끌었다.

요약컨대, 현재 자기결정의 강조는 몇 가지 요인에 의해 촉진되었고, 장애 젊은이들의 자기결정을 촉진시키기 위해 투자된 교수시간의 중요성을 강조한다. Halloran(1993)이 제안 했듯이 자기결정은 “교육의 궁극적인 목적”(p. 214)이라고 말할 만하다. 장애를 가진 많은 젊은이들이 획득할 수 있는 성과가 분명히 바로 자기결정이다. 왜냐하면, 자기결정의 구성요소를 이루고 사람을 자기결정이 되도록 이끌어 주는 기능과 태도를 획득하고 발전시킬 수 있도록 장애를 가진 학습자들이 효율적인 실천을 이용할 수 있도록 해주기 때문이다.

제10장 전환서비스와 자기결정

주요내용

1. 전환교육 서비스를 정의하고 전환교육 운동의 역사적인 전례를 파악한다.
2. 자기결정과 전환의 관련성을 토론 한다
3. 전통적인 전환모델이 자기결정을 제한했던 방식을 파악한다.
4. 효율적인 전환과 자기결정 모두를 지원하는 전략을 기술한다.

▫ 핵심용어

① 청년기 ② 성인성과 ③ 진로교육 ④ 독립된 목적들 ⑤ IDEA ⑥ 성과중심서비스 ⑦ 사회적 수용 ⑧ 사회적 기능 ⑨ 하생참여 ⑩ 전환서비스 ⑪ 전환지원서비스 ⑫ 작업연구 프로그램

장애인들의 핵심적인 교육성과로서 자기결정 출현에 가장 중요한 요인 중에는 1990년 IDEA[Individuals with Disabilities Education Act(PL 101-476)]가 위임한 전환교육이다. 실제로, 장애를 가진 모든 학습자들의 교육에서 전환교육운동이 이루어지고 점점 더 증대되며 눈에 띄는 역할은 자기결정에 대한 관심을 증대시켰다. 이번 장은 전환교육운동의 역사를 개관하고 그것과 자기결정과의 관련성을 살펴보고 전환교육 서비스의 권장할 만한 실천과 자기결정과의 관련성을 탐색한다.

1. 전환서비스

전환교육 운동은 1960년대 작업연구 프로그램과 1970년대 진로교육운동에 그 역사적인 근원을 갖고 있다(Halpern, 1992). 1984년에 특수교육 및 재활서비스국[Office of Special Education and Rehabilitative Services(OSERS)]의 차관인 Madeleine Will은 학교에서 직장으로 전환을 촉진시키기 위해서 장애학생들에게 교육서비스의 중요성을 강조하는 정책 방침을 공개했다. 서비스전달모델은 그 정책 방침에

서 전환운동을 위한 기초를 기술했다. 정교하게 된 OSERS의 전환후속 모델은 중등교육 장에서 생활, 오락 및 중등교육 이후의 교육환경과 같은 다양한 고용과 관련 없는 환경에 이르기까지 학생들의 전환을 지원하는 것이 중요하다고 인식했다.

이것은 모든 장애학생들이 자유롭고 적절한 공립교육을 보장하는 법(1990년 IDEA)이었는데 1975년의 전장애아교육법(Education for All Handicapped Children Act)의 1990년 수정안은 최초로 16세 혹은 그 이상의 학생들 및 만약 필요하다면 그 이상의 학생들에게도 전환서비스를 제공하라고 위임했다. 이 법에서 전환서비스는 다음과 같이 정의 된다:

> 중등교육 이후의 교육, 직업훈련, 통합고용(지원고용을 포함해서), 계속교육 및 성인 교육, 성인 서비스, 독립생활 혹은 지역사회 참여를 포함하는 성과중심과정에서 설계된 학교에서 학교 이후의 활동으로 이동을 촉진하는 학생을 위해 조정된 일련의 활동들(IDEA, Sec. 602〔a〕〔19〕)

이 정의는 고용의 성과 이상에 초점을 맞추기 위해 전환서비스가 그 범위를 넓혀온 정도를 보여준다. 전한 서비스의 의도는 학교에서 학교 졸업 후의 활동으로 전환을 촉진시키는 것이고, 그러한 학교 후의 활동은 학생의 삶 속에 있는 모든 활동(예를 들면, 사회적 상호작용, 지역사회 포함, 여가시간)을 다 포함한다. 그 외에도, IDEA는 전환서비스가 성과중심과정에서 설계되길 요구한다. 성과중심과정은 학생이 미래에 이루길 원하는 성과와 결과에 기초한 현재의 서비스를 말한다.

IDEA는 또한 필요한 전환서비스를 학생의 선호와 흥미에 반드시 기초해야만 하는 것이라고 말함으로써 전환교육 계획에 학생을 참여시키라고 위임했다. 비록 IDEA가 교육계획모임에 학생참여에 관한 법률적인 용어는 다소간 모호하고(예를 들면, “적절한 때”), 전환계획 때 학생참여에 관한 규칙은 명확하고 모호하지 않다. 규칙은 만약 모임 목적들 가운데 하나가 전환서비스를 고려하는 것이라면, 학교는 반드시 그 학생을 초대해야만 한다고 말한다(Sec. 300.344〔c〕). 규칙은 올바르게 “16세 혹은 그 이상의 나이를 가진 모든 학생들을 위해서 1년마다 하는 모임의 목적 중 하나는 항상 전환서비스에 대한 계획하기가 될 것인데 왜냐하면 전환서비스가 이들 학생들을 위한 IEP(개별화교육프로그램)가 요구하는 구성요소이기 때문” 이라고 지적했다(Sec. 300. 344, Note 2). 즉 달리 말하면, 학교는 16세 혹은 그 이상의 모든 학생들을 계획하기 모임에 반드시 초대 해야만 하고 학생들의 전환서비스에 관한 결정은 학생들의 선호와 흥미에 기초해야만 한다. 1997년의 IDEA 수정안은 1990년의 학생참여 요구사항을 계속 유지했지만, 요구하는 나이가 바뀌었는데, 14세가 되면 학생의 IEP에는 반드시 필요한 전환서비스가 들어가야 한다고 강조했다.

IDEA의 전환요구사항은 근본적으로 학생참여와 관련해서 두 가지를 요구 한다: ①학생들이 자신의 IEP 모임에 참여해야 하고 ②전환 프로그램은 학생의 선호와 흥미에 기초해야 한다. Mithaug, Wolman 및 Campeau(1992)는 IDEA 전환서비스에서의 요구사항은 "논리적인 계열 혹은 학생의 결정과 함께 시작되는 인과의 흐름과 정의된 요구사항을 포함해야하고, 이것은 조정된 서비스를 위한 계획으로 이끌고, 그 대가로, 학교 후 적응이 최고조에 도달하게 해주는 지역사회에 기초한 경험을 가지게 한다."(p. 7)고 제안했다. 이런 인과의 흐름은 그림 10-1에 잘 나타나 있다. Mithaug과 동료들은 "최초로, 법제화된 조건은 학생의 선호가 서비스 전달을 이끌게 하는 힘이다"(p. 7)라고 지적했다.

전환요구의 양 측면에 학생참여를 이루기 위해서는 학생이 자기결정이 될 필요가 있다. 비록 한 학생이 IEP 모임에 신체적으로 참석하는 것은 IDEA의 법적인 요구사항을 만족시킬지는 모르지만, 참석 그 자체는 IDEA법령의 의도 혹은 정신을 만족시키는 데에는 실패한다(Wehmeyer & Ward, 1995). 대신에 IDEA의 의도는 학생이 가능한 최대한, 전환계획과 결정하기에 동등한 협력자가 되는 것이다. 이것을 이루기 위해서 학생은 문제를 풀고 결정하기를 배우고, 정보를 제공받고 동의를 하고, 목표를 평가 및 파악하고, 자기 권리를 옹호하고, 협상하고 타협하고 어느 정도의 지도력 제공하기를 배울 필요가 있다. 전환프로그램이 학생의 선호와 흥미에 기초하기 위해서는 학생이 원하는 것, 선호, 요구 및 흥미를 파악하고 의사소통하기 및 자기 자신들의 교수적인 장점과 제한점 파악하기를 할 수 있을 필요가 있다.

학생중심모델은 이전 IDEA가 요구하는 전환의 위임사항인 전환모델과는 매우 다르다. 비록 독립과 생산성이 역사적으로 전환이동과 그 전례에 대한 옹호가 증진되길 추구하는(예를 들면, 작업연구 프로그램과 진로교육) 전환교육의 성과이기는 했지만, 몇 가지 전환실천은 실제로 학생이 이들 성과를 성취할 수 있는 정도를 제한했다. Ianacone와 Stodden(1987) 등은 몇 가지 실천 사항을 파악했다.

- 구조화된 의존(structuring dependence)-연령이 높은 중등부 교실은 전형적으로 높게 구조화되어 있고, 학생이 의사선택 및 의사결정을 할 기회가 제한되어 있으며 중요한 독립생활 및 자율성을 배울 기회를 제한하고 있다.
- 의사결정 대신 결정수용하기(decision taking instead of decision making)-성인기

의 성공적인 전환에 중요한 다른 기능과 목표 정하기, 의사결정, 의사소통, 집단 간 상호작용을 배우고 실천하는 이상적인 상황을 제시한다는 전환교육 과정이 사실임에도 불구하고, 학생참여 없이 교사들과 부모들에 의해서 대부분의 결정이 이루어진다.

· 중등교육이후의 부 적절성(postsecondary irrelevance)-장애학생들 대부분 시간을 보내는 활동이 직업이나 다른 중요한 중등교육 성과와는 관련이 없다.

· 잘못 이끌어진 강화(misguided reinforcement)-순종, 줄 안에 머물기, 이야기하지 않기, 독립심을 강조하기보다는 오히려 의존을 강조하는 다른 행동을 하도록 강화된다.

· 자기충족 기대(self-fulfilling expectations)-긍정적인 성과를 제한 받는 장애학생들에 대해 많은 교육자들이 낮은 기대를 지니고 있다.

· 장애에 초점 맞추기(focus on disability)-전환교육 과정은 일반적인 특수교육 과정을 너무 따르고 장점과 약점을 확인하는 대신에 장애와 결함에 너무 초점을 맞춘다.

간단히 말하면, 비록 IDEA가 요구한 전환교육 서비스와 전환교육계획에 학생참여를 포함해서 자기결정에 대한 관심을 촉진시켰음에도 불구하고, 현재의 환경적인 제약이 전환교육에서 자기결정을 억제하는 요인으로 남아있다. 전환서비스에 대한 보다 많은 최근의 개념화는 이런 상황을 인식할 뿐 아니라 다시 바로잡으려고 노력하고 있다.

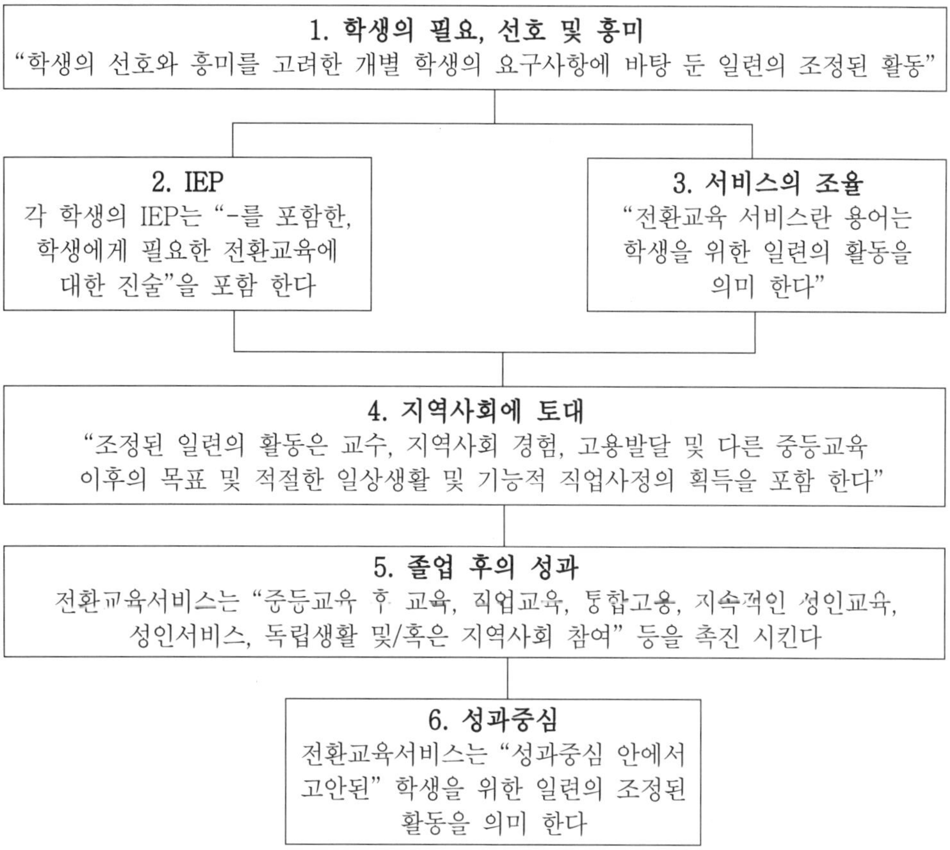

<그림10.1> IDEA, PL.101-476 에 함축된 약식계열
(Adapted from Mithang, Wolman, & Campeau, 1992)

2. 전환서비스의 중핵으로서 자기결정

청년기는 자기결정이 나타나는 중요한 시기이다. 많은 발달 심리학자들에 따르면, "청년기의 주요한 심리 사회적 과제는 지속적인 개인적 자아정체감의 형성이다"(Damon, 1983, p. 307). Ward(1988)는 많은 청년들이 그들이 지닌 장애 때문에 자아정체감 형성에 방해를 받는다고 주장했다. 그는 장애청년들이 개별화를 획득하기가 어렵다는 것을 발견했다. 기본적인 신체적 요구를 만족시키기 위해서 부모나 다른 사람에게 의존을 하기 때문에, 이런 장벽이 극복되었을 때조차도 젊은이들은 여전히 그들 주변 사람들로부터 잘 갖추어진 환경에 의한 과보호에 직면하고 있다.

자기결정에 관한 강조는 Ianacone와 Stodden(1987)에 의해 확인된 것을 포함해서 많은 전환교육 프로그램이 현재 문제에 영향을 주었다. Wehman(1993)은 전환교육 영역에서 일어난 긍정적인 몇 가지 분야를 찾아냈는데 그것은 다음과 같다.

· 장애 청소년들을 위한 21세 이후의 성과에 대한 증대된 인식: 장애 청소년들에 대한 기록상의 성과에 관한 1980년대 중반부터의 수많은 추적연구와 미래변화를 위한 토대를 제공한다.
· 바람직한 법률의 진보: 전환서비스는 IDEA와 다른 보호법, 특히 1990년의 미국장애인법[Americans with Disabilities Act(ADA)]에 의해 요구되었고 이것이 전환과 자기결정에 상당한 법적인 자극을 주었다.
· 행동과 재활 기술의 진보: Wehman(1993)은 대체로 비록 느리기는 했지만, 장애를 지닌 개인들에게 가장 효과적인 직업 및 행동적 중재를 하면서 행동과 재활기술 분야는 놀라운 진보를 했다고 지적했다.
· 가족 및 학생의 태도: 장애 학생들이 무상의 적절한 공교육에 접근함에 따라 미래에 대한 가족과 학생의 기대는 놀랄 만큼 바뀌었다. 이제 가족들은 자신의 자녀에게 선택사항으로서 고용 및 독립생활과 같은 성과를 기대한다.

Wehman은 또한 21세기를 위한 중요한 전환교육 문제를 밝혀냈는데, 그 첫째가 학생 스스로의 선택문제였다. 그는 다음과 같이 말했다.

> 1980년대 초반에서 중반까지 개발되었던 전환교육 모델들은 ...학생선택에 거의 충분한 초점을 맞추질 못했다. 학교, 직업, 작업유형배열, 교수의 본질에 대한 의사선택 등은 단면적으로 특수교육교사와 학교제도에 의해서 통제되어야 한다(1993, p. 189).

Wehman은 전환교육 계획에 학생중심과 가족중심의 자기결정 의미를 설명함으로써 다음과 같은 결론을 내렸다.

> IEP 작성과 개별화전환교육계획에 직접 학생이 참여하고, 직업을 구하기 위해 나가는 것과 자신이 원하는 일을 확인하기 그리고 불공정한 직업평가를 거절하기를 포함한다(1993, pp. 189-190).

전환교육 영역의 다른 선구자들도 미래 전환교육 서비스를 위한 초석으로써 자기결정의 중요성을 강조했다(Browning, Dunn, & Brown, 1993; Halloran, 1993; Halpern, 1994; Johnson & Rusch, 1993), 반면에, IDEA가 요구하는 전환교육의 영향력을 토론함에 있어서 자기결정을 교육의 궁극적인 목적이라고 말했다. Halpern(1994)은 진로전환교육에 관한 특수아동분과자문회(Council for Exceptional Children's Division on Career Development and Transition)의 전환교육에 관한 진술에서는 "만약 전환교육과정이 성공하기 위해서는 전환교육 계획하기에 관해 역량의식을 학생이 스스로 얻도록 돕는 것으로부터 시작되어야만 한다."(p. 118)고 말하면서 전환교육의 역량강화(empowerment)와 자기결정의 중요성을 강조했다.

장애학생들이 자신의 전환교육과정을 위한 더 큰 책임감과 통제력을 갖도록 하는 것이 교수의 핵심 내용이 되어야 한다는 것을 의미한다. 장애학생들이 젊은 성인으로서 성공하지 못하는 한 가지 이유는 그들에게 자기결정력을 갖출 기능이 부족하기 때문이다.

아마도 자기결정에 교육적인 관심을 가져야 하는 가장 큰 이유는 자기결정 영역이라기보다는 오히려 전환교육 영역에서 교육적으로 권장되는 실천사항이기 때문이다. 여러 가지 면에서, 전환교육과 자기결정이 따로 분리된 실체라고 말하는 것은 잘못된 이분법이다. 그리고 자기결정 능력을 촉진시키는 전략은 긍정적인 전환교육성과를 촉진시키는데 매우 중요하다. 아래에서는 학교와 성인사회의 성공적인 전환을 촉진시키는 것을 보여준 지원전략에 대한 개관을 제공하고 전환에서 효율적인 실천과 자기결정을 촉진시키는 것이 밀접한 관련이 있다는 것을 보여준다.

3. 학교에서 성인생활 전환을 지원하는 전략

많은 학생들에게 있어서 고등학교는 성인생활로의 성공적인 전환교육을 가져오는 긍정적인 경험을 하는 곳이 아니다. 몇몇 학생들은 많은 사람들이 당연하다고 생각하는(예를 들면, 직업을 가지는 것, 자동차나 가정을 가지는 것) 성인으로서 성과를 성취하는 전통적인 중등학교 교육과정에 의해서 전형적으로 제공되는 부가적인 지원을 필요로 할지도 모른다.

학생이 학교에서 성인생활로 전환되어감에 따라 학생에게 지원을 제공하는 것은 1980년대 중반부터 강조되어 왔다(Halpern, 1985, 1992; Rusch & Mithaug, 1985; Rusch & Phelps, 1987; Will, 1984). OSERS에 의해서 제안된 학교에서 고용을 위한 Will(1984)의 "교량" 모델을 포함해서 지원전략이 굉장한 주목을 받았다. 학교에서 지역사회 적응을 위한 Halpern(1985)의 모델은 IDEA법 제정이 학교에서 졸업 후 성인 성과를 위한 전환교육을 위한 지원을 요구했다(Federal Register, 1992).

비록 이들 지원전략의 범위는 이해하기에 따라 다르기는 하지만, 모든 것에 공통된 요소는 학생의 개인적인 요구사항을 지원할 수준과 강도(intensity)가 조화를 이루어야 한다는 것이다. 이러한 지원전략이 토대를 두고 있는 가정은 학생이 학교에서 성인생활로 전환되어 가는 동안 완전한 지역사회 참여를 경험하기 위해서 다양한 수준과 지원기간이 요구된다(Halpern, 1985; Rusch, DeStefano, Chadsey-Rusch, Phelps, & Szymanski, 1992; Will, 1984) 예를 들면, 학생을 위한 지원전략은 직업재활 서비스 혹은 지원고용(Will, 1984), 가족구성원과 친구의 지원(Halpern, 1985), 교수적인 지원 혹은 지역사회 경험을 포함한다(Federal Register, 1992). 토론을 목적으로 한 지원전략은 학교에서 성인생활로의 성공적인 전환을 용이하게 하기 위해서 어떤 도움 혹은 조력을 제공해 주는 것이라고 정의된다.

불행히도, 학교에서 성인생활로의 전환지원전략을 구성하는데 권장 할만한 실행에 관해 일치되는 의견은 거의 없다(Greene & Albright, 1995; Halpern, 1992; Johnson & Rusch , 1993; Kohler, 1993; Rusch, 1992). Kohler(1993)는 전환교육에서 권장 할만한 사례를 조사했고, 현재의 전환교육 실천과 바람직한 졸업 후의 성과 사이의 관련성을 지지하는 경험적 증거가 있다고 말했다. 왜냐하면, 실행이 바라는 성과가 성취되는 과정을 구성하기 때문에, 기능상 바람직한 학생성과와 관련된 전략지원을 확인하고 찾아내는 것이 필수적이다(DeStefano & Wagner, 1992; Haring & Breen, 1989). 효과적인 실천에 대한 지식 없이, 중등학교 특수교육을 받는 학생의 성인성과를 교육이 체계적으로 개선시킨다는 것을 기대할 수가 없다(Rusch, 1992). 비록 순조로운 성인생활로의 전환을 촉진시키는데 필요한 지원의 형태와 지원 수준이 학생 개인의 요구사항에 따라 서로 다르기는 하지만, 학생지원의 어떤 모델을 개발할 때에 몇 가지 중요한 전략이 고려되어야한다.

1) 10가지 핵심적 전환 지원전략

선행 응용연구는 고등학교 재학 중에 유급 직장경험과 같은 성공적인 학생성과를 지원하는 경험을 보여주었다는 중요한 사실에 관한 몇 가지 통찰력(Hasazi, Gorden, & Roe, 1985; Scuccimarra & Speece, 1990), 가족과 친구들의 조직망(Hasazi et al., 1985), 그리고 지역사회에 기반을 둔 교수(McDonnell, Hardman, Hightower, Keifer-O'Donnell, & Drew, 1993)를 제공한다. 그 외에도, 이 분야는 전환교육 지원의 필수적인 구성요소에 관해 당사자들 간에 일치된 의견이 확립되기 시작하고 있다. 예를 들면, 부모들과 교육실천가들은 부모참여, 지역사회에 기반을 둔 교수, 사회 및 고용기술의 훈련이 중요한 학생들의 지원전략 구성요소라는데 의견이 일치된다(Benz & Haalpern, 1987; Halpern, 1985).

Hughes와 그의 동료들은 학교에서 성인생활로의 전환을 지원하는 효과적인 전략에 대한 중요한 공통요소를 사회적으로 입증하고 찾아내는 연구를 수행했다. 그들은 교육문헌에 대해 종합적인 조망을 했고, 다음과 같이 5가지 분야에 관한 논문을 찾았다 ①장애를 지니고 있다는 것이 증명된 개인들로 구성된 목표 모집단(예를 들면, 정신지체, 행동장애, 신체적 장애) ②목표 모집단은 아동이 아니라 청년이나 성인이다 ③만약 경험연구라면, 보고된 연구는 통합 환경 대 분리환경(예를 들면, 고등학교 일반교육 대 분리된 학교 혹은 지역사회 고용 대 보호 작업장)에서 행해졌다 ④논문은 학교에서 성인생활로 전환을 위한 지원모델에 대한 구성요소를 조사했거나 기술했다 ⑤논문은 심사하는 잡지에 실렸다.

Hughes와 동료들은 모든 논문 안에 학생 지원 전략을 조사하거나 토론한 것을 밝혀내기 위해서 모든 논문을 분석했다. 예를 들면, 사회적 기술훈련, 학생들의 선호와 선택을 알아내기, 학생의 사회적 연결망(network)을 증대시키기 그리고 이어서 문헌에서 확인된 전환교육을 촉진시키는 효과적인 방법이라고 경험적으로 지지를 받는 10가지 중요한 지원전략을 찾아냈다. 효과적인 전환 실천과 자기결정 증진간의 관련성은 이들 목록을 통해서 명확해졌다. 그리고 그런 전략은 입증되고, 정의가 내려지고, 토론된다. 표10.1은 이들 실천을 요약하고 각각에 대한 보기를 제공한다.

<표 10.1> 경험적으로 입증된 전환지원 전략

지원전략	정의	보기
기술-사회적 기능	사회적으로 절절하다고 생각되는 방식으로 다른 중요한 관련인사와의 상호작용을 촉진시키는 사회적 행동을 학생들에게 가르치기	학생이 점심시간 혹은 수업 후 쉬는 시간에 장애가 없는 또래들과 대화를 시작한다.
자기관리와 독립 가르치기	학생들이 예상되는 행동을 보다 더 독립적으로 행하도록 해주는 자기관리 기능을 가르치기	집 청소를 하는 동안 가사에 관한 사진을 사용해서 젊은 여성은 사진을 쳐다보고, 과제를 수행하고, 과제완성을 기록하고 다음 과제로 이동한다.
독립목표 파악하기	수행이 기대처럼 지속적이지 않는 영역을 파악하기 위해서 관찰을 통해 또 학생들과 다른 중요한 사람들을 인터뷰함으로써 학생들의 환경을 조사하기(예를 들면, 가정, 지역사회, 학교, 일)	학생이 일하는 식당에서, 음식 시중을 들 때 학생이 지속적으로 수행하고 있지 않은 특정한 과제를 파악하기 위해 감독자에게 물어보기
사회적 수용 사정	학생들, 교사들, 고용인들, 다른 사람들에 의해 완성된 평가를 통해 또 학생의 수행을 또래들과 비교함으로써 학생의 일상에서 수용된 수행을 사정하기	학생은 자신의 학교수행 평가와 교사의 평가를 비교 한다
동료 작업자, 또래 및 가족 지원	가정, 학교, 직장, 지역사회에 있는 학생에게 지원을 제공할 수 있는 개인을 알아내기	동료작업자들은 요구되는 직업기능을 새로운 피고용인이 배울 때 도움을 줄 수도 있고, 휴식시간 혹은 점심시간에 피고용인과 사회적으로 상호작용할 수 있는 것으로 파악된 사람들
학생들의 선호와 선택 파악하기	일상생활이라는 관점에서 학생의 기대 파악하기 및 관찰 및 학생과의 인터뷰에 의한 선택을 지원하기. 그 외에도 학생의 선택 및 결정 기능을 사정하기	2주간의 자유 시간 동안 학생이 선택한 오락 활동에 학교를 졸업하는 학생의 참여를 관찰하기
시간 경과에 따른 사회적 수용 모니터 하기	학생, 교사들, 고용주들, 공동작업자들 및 중요한 관련인사들이 학생의 수행 요인을 평가하는 지속적인 일정을 확립하기. 관찰된 수행과 기대된 수행간의 불일치를 파악하고 토론하기 위한 평가하기	작업 감독자가 피고용인의 사회적 행동을 주 단위로 완성하는 일정이 확립된다. 감독자는 자신의 기대와 다른 영역을 포함해서 피고용인과 함께 각각에 대한 평가를 토론한다.

표<10.1>계속

지원전략	정의	보기
학생들의 선호와 선택 파악하기	일상생활이라는 관점에서 학생의 기대 파악하기 및 관찰 및 학생과의 인터뷰에 의한 선택을 지원하기. 그 외에도 학생의 선택 및 결정 기능을 사정하기	2주간의 자유 시간 동안 학생이 선택한 오락 활동에 학교를 졸업하는 학생의 참여를 관찰하기
시간 경과에 따른 사회적 수용 모니터하기	학생, 교사들, 고용주들, 공동작업자들 및 중요한 관련인사들이 학생의 수행 요인을 평가하는 지속적인 일정을 확립하기. 관찰된 수행과 기대된 수행간의 불일치를 파악하고 토론하기 위한 평가하기	작업 감독자가 피고용인의 사회적 행동을 주 단위로 완성하는 일정이 확립된다. 감독자는 자신의 기대와 다른 영역을 포함해서 피고용인과 함께 각각에 대한 평가를 토론한다.
환경지원 파악하기	학생이 예상하고 원하는 행동을 시작하고 완성하도록 지원해주는 학생 직장과 다른 환경에서 자연적으로 발생하는 단서를 파악하기	모텔에서 집안일을 하는데 고용된 사람은 쓰레기통이 넘칠 때 쓰레기통 비우기를 배운다.
학생요구에 지원 일치시키기	학생이 지원을 요구하는 영역에 파악된 현존하는 지원과 실천 일치시키기	피고용인은 정시에 휴식시간 취하기 혹은 자신의 일자리로 돌아가는 데 실패한다. 피고용인은 동료작업자가 작업장을 떠날 때 및 동료작업자가 일자리로 돌아 올 때 지속적으로 그렇게 하도록 배운다.
선택결정과 의사결정 교수	학생에게 선택 및 결정하기, 자신의 선호를 표현하기 및 선택 실행하기 위한 기회제공하기에 필요한 기능을 가르치기.	고등학생은 패스트푸드 식당보다는 아동 돌보기 센터에서 일하기를 선택한다.

(1) 사회적 기능 가르치기(Teach Social Skills)

Hughes와 동료들은 학생의 사회적 기능획득과 긍정적인 성인성과 간에 확실한 관련이 있다는 것을 알아냈다. 사회적 기능을 가르치는 것은 다른 사람들과 상호작용을 촉진시키는 사회적으로 적절하다고 생각되는 사회적 행동을 학생에게 가르치는 것을 포함한다. 자기옹호 기능을 증진시키기 위해 사회적 기능에 대한 교수와 사회적 기능 프로그램의 중요성은 후에 토론된다. 하지만, 사회적 기능에 대한 교수는 사회적 문제해결의 교수 없이는 제한된 효율성을 가진다. 그래서 사회적 기능을 가르치는 것과 자기옹호 기능을 촉진시키는 사회적 기능 프로그램을 이용하는 것의 중요성은 자기결정을 촉진시킨다는 마음으로 사회적 기능에 접근하는 것이 중요하다.

(2) 자기관리와 독립성 가르치기(Teach Self-Management and Independence)

성공적인 성인성과와 관련이 있다고 파악된 두 번째 중요한 지원전략은 자기관리 기능의 이용이다. 자기관리 기능은 보다 더 큰 독립심을 가지고 예상된 행동을 학생이 수행하도록 해 주는 기능이다. 이런 기능은 자기결정의 출현에 매우 중요하고, 1장에 소개된 교육성과로서 자기결정의 개념적인 토대는 자기결정이 된 행동의 구성요소로써 자기관리기능을 파악했다.

(3) 독립목표 확인(Identify Independence Objectives)

전환교육을 촉진시키기 위한 3번째 효과적인 지원전략은 학생의 수행이 기대만큼 지속적이지 않을 때 독립된 영역을 찾아내는 것이다. 이것은 학생의 환경에 대한 관찰(즉, 가정, 지역사회, 학교, 직업) 그리고 학생과 중요한 관련인사들과의 면담을 포함한다. 전환교육 과정에서 전문가들, 학생들, 고용인들, 가족구성원 등 모든 관련자들의 견해를 포함하는 것이 중요하다. 아마도 매우 자주 간과되는 것은 학생의 견해이고, 그것은 잠재적으로 학생수행에 관한 가장 중요한 정보원이 될 것이다. 학생에게 교육계획과 의사결정에 참여하는 것 뿐만 아니라 자기평가와 자기모니터링을 하도록 가르치는 것이 학생의 독립목표에 대한 인식을 넓히고 개선시키는 중요한 방법이다. 그 외에도, 학습자가 더욱 독립적이 되고 더욱 효율적인 위험을 무릅쓰는 사람이 되도록 해주는 전략을 제공한다.

(4) 사회적 수용 사정(Assess Social Acceptance)

긍정적인 전환교육 성과는 또한 학생들의 매일 매일의 사회적 수행(예를 들면, 출석, 개인적 만족도, 사회적 상호작용)을 평가하는 교사의 노력과 관련이 있고 다른 작업자들 혹은 또래의 수행과 비교하고 관찰하는 것과 관련이 있다(Hughes et al.). 그리고 이런 과정에 공헌을 할 수 있는 학생능력은 학생의 자기결정능력에 달려있다. 이런 성과를 성취하는 전략 뿐만 아니라 과제수행을 자기평가하고 비교하는 능력발달은 학생의 자기평가를 촉진시키는 전략 중에서 자기결정 교수의 중요한 일부분이다.

(5) 동료 작업자, 또래 및 가족지원 확인 (Identify Co-worker, Peer, and Family Support)

Hughes와 동료들은 성공적인 전환교육에 중요한 한 가지 요인은 집, 학교, 직장 및 지역사회 등에서 학생에게 지원을 제공해 줄 수 있는 동료 작업자들, 또래, 가족 구성원들을 포함해서 다른 관련인사들을 교사가 찾아내는 것이라고 결론을 내렸다. 자연적인 지원을 이용하는 것은 1980년대 후반과 1990년대 초반에 인기를 얻었다. 이러한 지원의 중요성은 과소평가 될 수가 없고, 그것은 교사들과 다른 전환교육 담당자들이 가장 자연적인 지원, 개인의 지원을 간과할 수 없는 것과 똑같이 중요하다. 학생은 어떻게 독립적이 되는가를 배울 필요가 있다 그러나, 그들은 자신을 위해 다른 누군가가 지원을 제공해 주는 것을 기다리는 대신에 자신이 사는 지역사회 안에서 이용할 수 있는 지원에 어떻게 접근하는가를 배울 필요가 있다. 이것은 직업재활 혹은 사회보장제도 수익과 같은 재정적 혹은 프로그램의 지원을 찾아내는 법을 학생들에게 기르치는 것을 포함한다. 이것은 또한 친구들, 동료들, 동료작업자와 같은 사람들로부터 도움이 필요할 때에 도움을 달라고 요청하도록 학생들에게 가르치는 것을 포함한다. 학생들 자신의 능력과 제한점에 대한 이해에 바탕을 두고 언제 어떻게 도움을 요구할지를 가르치는 몇 가지 프로그램에 대해 토론한다.

(6) 학생의 선호와 선택 확인(Identify Student's Preference and Choices)

Hughes와 동료들이 성인에게 성공적인 전환을 지원해 주기 위한 가장 좋은 전략을 결정하기 위해서(그 자체로 자기결정을 위한 권장할 만한 실천을 결정하기 위한 것이 아닌) 문헌을 조사했다는 것을 명심하면, 10가지 전략 중에서 2가지를 선택결정(choice-making)을 했다는 것은 주목할 만하다. 교육문헌은 분명히 만약 교사들이 관찰하기, 인터뷰, 학생들과 다른 중요한 관련인사들의 평가를 통해서 효과적으로 학생들의 기대, 선택 및 일상생활에 대한 선호(여가 활동, 친구, 고용 형태)를 알아내면, 그들은 성인기로 긍정적인 전환을 촉진시키는데 더욱 성공할 것이다. 이 책은 선택을 가르치고 사정하기 위한 전략을 포함해서 이것을 성취하기 위한 전략을 제공한다.

(7) 시간경과에 따른 사회적 수용관리(Monitor Social Acceptance Across Time)

사회적 수용이 성공적인 전환교육 성과를 위해 중요한 문제로 등장했다. 이런 경우에 사회적 수용 사정하기(assessing)와 시간 경과에 따른 수행과 기대간의 차이라는 불일치에 대한 강조이다. 예를 들면, 교사는 일주일 단위로 학생의 사회적 행동에 관한 학생 작업 감독자가 사정을 완성하고 감독자의 기대와 다른 영역을 포함해서 학생과 각각의 평가를 토론하는 평가계획을 확립할 수 있다. 그런 전략은 직장에서의 문제를 이겨내기 어렵게 하지 않을 뿐만 아니라 또한 그것은 모든 담당자들(예를 들면, 교사, 학생, 고용인)이 학생들로 하여금 자신의 행동을 어떻게 평가하는가와 자신의 수행을 어떻게 비교하는가를 배우는 모델뿐 아니라 학생의 수행을 토론할 수 있는 수단제공을 보장해준다. 학생들이 더욱 효율적인 사회문제 해결자가 되어감에 따라, 그들은 기대와 수행간의 차이의 간격을 좁힐 수 있을 것이다.

(8) 환경지원 확인(Identify Environmental Support)

지원을 제공해 줄 사람을 알아내는 것만큼 교사들과 가족들이 환경에서 지원을 알아내는 것도 성공적인 전환에 중요하다. 많은 지원 모델에서 간과하고 있는 특징은 바로 학생 그 자신이다. 교사들은 학생들에게 환경(예를 들면, 시계, 교통신호)에서 자연적으로 발생하고 있는 지원을 어떻게 이용하는가와 주어진 환경에서 그들이 어떤 유형의 지원을 어떻게 찾아내는 가도 가르칠 수 있다. 지원 찾아내기에 대한 책임을 학생이 떠맡을 수 있게 함으로써, 교사들은 다른 사람이 지원을 찾아내는 것이 불가능할 때조차도 학생들이 성공하도록 보장해 줄 수가 있다.

(9) 학생의 요구와 지원 연계(Match Support to Student's Needs)

성공적인 전환교육 전략은 학생들의 요구에 지원을 연계시키는 것이다. 이 전략의 중요한 측면은 교사들이 학생의 흥미와 선호를 사정할 수 있고 학생들의 요구를 알아내기 위해서 학생들과 협동해서 일을 할 필요가 있다.

(10) 선택결정과 의사결정 지도

성공적인 전환교육에 선택과 의사결정을 가르치는 것이 중요하다. 선택과 의사결정은 자기결정 교수의 핵심이다. 학생들에게 위의 두 가지를 할 수 있는 기회와 선택하고 결정하는데 필요한 기능을 제공하는 것은 성인으로서 성공하도록 하는 열쇠이다.

뒷편에서는 핵심적인 전환성과로써 자기결정을 촉진시키기 위한 전략, 방법 및 자료를 제공할 것이다. 자기결정의 구성요소들을 구체적으로 다룸으로서 생활 및 행동개선에 실질적인 도움을 줄 수 있다. 결론적으로 Halloran(1993)의 자기결정이 실제로 교육의 궁극적인 목표라는 말에 동의하고 학생이 자기결정이 되도록 하는 것이 아마도 교사들이 성취할 수 있는 가장 중요한 전환성과가 될지도 모른다.

제11장 자율행동 증진

자기결정 행동증진을 위한 많은 영역과 요소가 있지만 여기서는 독립, 위험 무릅쓰기 및 안전기능 지도에 관한 내용을 중심으로 살펴본다.

주요내용

1. 지역사회에 존재하는 위험에 학생들이 어떻게 적절하게 반응하는가를 가르치는 것과 중요성을 논의한다.
2. 안전기능의 교수가 중요한 교육과정 영역에서 무시되어 온 이유를 논의한다.
3. 자기관리와 문제해결이 안전기능교수를 제공하는데 어떻게 사용될 수 있는가를 논의한다.
4. 다음과 같은 교육과정 영역에서 핵심적인 안전기능을 파악 한다. 가정 및 지역사회 생활, 직업, 화재예방, 범죄예방, HIV/AIDS 예방, 자가 약물치료, 건강 돌보기 및 재산사용 등이다.
5. 장애를 가진 학생들이 여러 가지 다양한 자기관리와 문제해결 전략을 사용하게 함으로써 안전기능의 여러 목록을 사용하게 가르친다.

▫ 핵심용어

① 범죄예방 ② 위험의 가치 ③ 화재예방 ④ 건강과 안전 ⑤ HIV/AIDS 예방 ⑥ 가정과 지역사회 생활의 안전 ⑦ 문제해결 ⑧ 위험 ⑨ 안전기능 ⑩ 자기평가 ⑪ 자기교수 ⑫ 자가 약물치료 및 건강 돌보기 ⑬ 자기강화 ⑭ 재산사용 ⑮ 직업안전

1972년에 Robert Perske는 장애인의 위험과 안전에 관한 고전적 논문을 한편 썼다. 그는 전문가들이 장애인을 위해 일하고 봉사하는데 그들을 보호하고, 위로하고, 계속 안전을 유지하는 일에 "지나치게 열심이라고" 말했다. 비록 전문가들이 좋은 의도로 이렇게 말하긴 하지만, Perske는 그런 과보호는 개인의 독립과 존엄을 위태롭게 하고 또한 개인이 일상생활에서 위험을 경험하지 못하게 하는 경향

이 있다고 말했다. Perske는 다음과 같이 말했다.

> 우리가 살고 있는 이 세상은 늘 반드시 안전하고 안정되고 예측 가능한 것은 아니고...매일 우리는 잠이 깨어 그 날의 주어진 시간을 살고, 우리가 위험에 모든 것을, 심지어 우리의 목숨까지도, 걸어야만 하는 상황에 빠질 가능성도 있다. 이것이 실제 세계가 존재하는 방식이다. 우리는 이런 날에 대비하여 우리 내부에 있는 모든 인적자원을 개발하기 위해 노력해야만 한다. 어떤 사람이든지 자기 몫의 위험을 경험하기를 회피하게 되면 그들은 건강한 삶을 살 능력이 뒤떨어지게 될 것이다.(1972, p. 199)

> 장애인의 존엄성이 완전히 존중받도록 보장하기 위해서는, Perske는 장애인이 완전히 위험을 피하기보다는 오히려 모든 개인이 직면하는 정상적인 위험에 노출되어야 한다고 주장했다. "우리는 인간존엄성이 그런 위험에 빠질 수 있다는 것을 배웠다. 그리고 안전에는 사람의 인간성을 빼앗는 냉엄함이 있을 수 있다"(Perske, 1972, p. 200).

장애인을 위해 학습과 삶의 질을 향상시키는 경험을 촉진시키기 위한 우리의 노력에서, 우리는 장애인의 경험이 안전하고, 확실하고, 예측가능하고, 강화가 풍부하다고 보장한다. 하지만, 만약 우리가 모든 사람의 평등을 강력히 주장하고 삶의 모든 장면에 걸쳐 장애인이 활동적으로 완전히 참여하도록 격려해야 한다고 주장하게 되면, 잠재적으로 위험하고 해로운 상황을 포함해서 훨씬 덜 바람직한 상황에 또한 노출되지 말아야 하지 않을까? 이것은 장애학생이 당당하게 부족하고 불필요한 위험이나 해에 노출되어야 한다는 것을 의미하지는 않는다. 그것은 장애인의 학습경험은 최소한 위험 혹은 잠재적인 위험과 관련 있는 자극에 어느 정도 노출되어야 하고 학생의 장애 정도에 관계없이 학생은 적절하게 잠재적인 위험에 반응하는 법을 배워야한다는 것을 의미한다.

점점 더 많은 학생이 지역사회 장면에서 교수를 받음에 따라, 장애학생은 학교나 보호 작업장에서 보지 못한 다양한 위험에 노출될 지도 모른다. 유사하게, 우리가 학생들, 그들의 부모들 및 중요한 다른 관련인사들과 함께 개인의 미래 계획과 전환을 설계할 때, 장애학생들이 직접 전혀 혹은 거의 경험한 적이 없는 미래에 잠재적으로 위험한 여러 상황에 노출될 수도 있다는 것이 점점 더 명확해진다. 전통적으로 우리의 연구법은 위험이 최소한의 교수장면을 학생에게 제공함으로써 안전을 보장해주는 것이었고 또 만약 잠재적인 문제가 생기면 중재에 활용할 수 있는 도움을 줄 사람이 항상 있다는 것을 확실히 보장해 주는 것이었다

(Agran, Marchand-Martella, & Martella, 1994). 하지만, 그런 연구법은 대체로 반작용적인 것이었다. 그것은 학생이 그런 위험을 어떻게 적절하게 대처 할 수 있는가 보다는 학생이 할 수 없는 것이 무엇인가를 강조했다. 학생이 잠재적인 위험을 어떻게 다루는가를 가르치는데 실패는 부모들과 행정가들로 하여금 지역사회 경험에 대한 학생의 접근을 제한하는 쪽으로 이끌지도 모른다. Perske(1972)가 제안한 것처럼, 그것은 위험의 존엄성을 부인한다.

사고, 부상, 폭행, 건강과 안전에 대한 교육과정 영역 등 잠재적으로 심각한 결과가 주어졌을 때, 학생의 신체적 행복을 증진시키고 학생 자신에게 해를 끼칠지도 모르는 위험에 적절하게 반응하고 그 위험을 파악하도록 가르치는 전략은 전환 혹은 개인의 미래계획에 최고로 중요한 일이 되어야 한다. 하지만, 학생에게 교육과정 영역으로서 안전기능을 가르치는 것은 대체로 무시되어 왔다(Agran et al., 1994; Gast, Wellons, & Collins, 1994; Juracek, 1994). 학생이 가르침을 받을 때조차도, 그것은 종종 단편적으로 혹은 비체계적인 방식이었다. 실제로 어떤 지역사회의 장면은 위험할 수도 있고(Agran, 1977; Haller, 1970; Peterson, 1984), 안전기능은 장애를 가진 많은 학생들이 알지 못하는 목록을 보여준다(Pelland & Falvey, 1986).

1. 독립과 안전기능에 관한 교육의 필요성

안전기능 교육 부족은 특히 장애 개인들이 사고나 부상을 당할 특정한 위험에 빠질지도 모른다는 것을 보여주는 증거가 부족하다는 것이 고민거리이다. "빈약한 판단; 위험에 대한 인식부족; 충동성 및 부단한 움직임; 의사소통에서의 무능력과 어려움; 식역(threshold)에서의 낮은 고통; 씹기, 삼키기, 서 있기, 걷기에서의 어려움을 야기 시키는 비정상적인 근육의 기능성; 장애가 있는 시각과 청각" 등과 같은 특성들 때문에(Bryan, Warden, Berg, & Hauck, 1978, p. 88), 장애개인들은 특히 부상을 당하기가 쉬울지도 모른다. 유감스럽게도, 활용할 만한 자료들은 위의 발견을 지지할 지도 모른다. 예들 들면, West, Richardson, LeConte, Crimi, & Stuart(1992) 등은 학대를 당한 아동들 중 68%가 확인 되었거나 혹은 발달장애를 가진 것으로 의심된다고 했고, 1991년에는 성적으로 착취를 당한 아동 중 90%가 발달장애를 가지고 있다는 것을 발견했다(Muccigrosso, 1991). 그 외에도, Agran과 Madison(1995)은 지원 고용된 11,000명의 표집에서 4000명의 다친 사람이 보고되었다고 발표했다. 이 숫자는 과장되지 않았다면, 장애가 없는 사람들의 희생된 자료와 비교되고 이 문제의 심각함을 예고한다.

1) 교수(instruction)부족

건강과 안전 영역에 대한 교수부족 탓으로 돌릴 수 있는 몇 가지 원인이 있다.
첫째, 많은 부모들과 교사들은 학생이 이미 기본적인 안전기능을 지니고 있다고 가정한다. 이런 믿음과 관련된 것은 안전이 마음 혹은 태도의 상태 또 긍정적인 태도와 함께 오는 잠재적인 위험에 대한 인식이라는 느낌이다. 또한, 안전기능은 시간이 경과하면서 동시에 달성되는 것이라고 가정한다.

둘째, 부상이 심각하면, 사람을 지탱할 가능성은 적게 남는다. 교수시간은 소중하고 좀 더 긴박한 요구를 훨씬 더 강조하는 역할을 할 수 있다.

셋째, 장애를 가진 많은 학생들에게 중요한 학습요구가 주어졌을 때, 교사들과 부모들은 낮은 기대감을 가질지 모르고 그런 교육을 제공하는 것이 비현실적인 것이라고 생각할 지도 모른다. 안전기능교육은 학생들에게 복잡한 구별을 하도록 가르치기를 포함할 지도 모른다. 학생들이 모호한 일련의 자극에 주의집중하기를 요구한다. 예를 들면, 화재가 났을 경우에, 문이 얼마나 뜨거울 때까지 사람이 방안에 머물 수 있는 지 혹은 방을 떠나야 할 것인가? 혹은 어느 정도로 상황이 심각해야 119에 전화를 하도록 충분히 보장해주는가? 마지막으로, 안전기능교육은 그 자체로 특히 가르치기 힘든 영역이라는 것을 의미한다.

2) 안전기능 교수의 도전

안전기능 교수의 두 가지 측면은 일상사를 가르치는 것 혹은 별개의 기능을 가르치는 것을 구분한다. 첫째로 가장 명확한 측면은 그런 교수가 학생을 잠재적인 위험에 노출시킬는 지도 모른다. 지역사회 장면에서 교수는 실질적인 것도 아니고 안전한 것도 아니다(Gast et al., 1994). 비록 상처 입을 전망은 요원하다고 하더라도, 단지 그런 가능성을 가지는 것이 부모들과 교사들에게 강한 반감을 가지게 할지도 모른다. 그 외에도, 비록 학생이 상처를 입지 않아도, 단순히 화를 내는 것은 여전히 정서 및 심리적인 해를 만들어 낼지도 모른다. 예를 들면, 학생이 낯선 사람에게 어떻게 반응해야 하는지를 가르치는 것, 교사는 의심이 가는 방식으로 혹은 위협적인 방식으로 행동하길 요구하면서 모르는 여러 사람의 도움을 열거할지도 모른다. 비록 학생에게 아무런 해가 안 온다고 하더라도, 상호작용은 두려움이나 불안을 만들어 낼지도 모른다. 비록 이런 감정이 원하는 반응이 될지는 모르지만, 많은 교사와 부모들은 그런 감정이 학생에게 스며드는 것을 심각하게 걱정할지도 모른다.

둘째, 대부분의 기능을 가르칠 때, 전형적이고 명확한 단서 혹은 결과가 있다. 학생은 특정한 변별자극이 있을 때, 원하는 반응의 수행은 예측되는 결과를 만들어 낼 것이다. 건강과 안전기능을 가르치는 것의 어려움은 결과가 나중에 나타난다는 것이고(예를 들면, 지방질을 먹지 않는 것은 즉각적인 체중감량보다는 오히려 장기간의 심장혈관에 이점을 가져올 것이다) 혹은 쉽게 구분되지 않는 결과를 가져올 수 있다는 것이다(예를 들면, 무술을 배우는 것은 사람이 범죄에 덜 빠지게 해 줄 것이다). 그러므로, 자연적인 결과는 즉시 접근할 수 있거나 명백한 것은 아니다. 더욱 문제가 되는 것은 대부분 좋은 건강 혹은 안전한 행동이 자주 일어나지 않는다는 관점에서 측정된다는 사실이다. 만약 개인이 아프지 않거나 다치거나 부상당하지 않으면, 우리는 그가 건강하거나 혹은 안전하게 행동한다고 말한다. 이것은 물론 두 가지 중요한 문제를 발생시킨다. 첫째, 개인이 자신의 건강과 안전을 증진시키기 위해 아무 일도 안 할 가능성이 있다. 이 말처럼, 개인은 엉뚱한 시간에 엉뚱한 장소에 있지 않을 만큼 충분히 운이 좋을지도 모른다.

둘째, 우리는 일반적으로 행동이 일어나는 빈도에 바탕을 두고 행동을 강화한다. 여러분은 어떻게 사람들이 결코 발생하지 않기를 바라는 사건에 대비해 다른 사람들을 강화하는가(예를 들면, 불타는 건물 남겨두기, 의심 가는 사람으로부터 벗어나가기) 운 좋게도, 많은 사건들 혹은 공격이 심각할 수도 있고 심지어 생명을 위협할 수도 있을 때, 이런 일의 발생을 항상 받아들이기는 어렵지만, 여전히 비교적 발생은 낮다. 결과적으로, 실제 이런 결과는 자주 발생하지 않는다.

이런 현실을 강조하고 학생이 불필요한 위험에 노출되는 것을 예방하기 위해서, 안전기능을 가르칠 땐 모의훈련 사용을 권장할 만하다. 안전기능을 실천하기 위한 지역사회 장면에서 나타나는 제한된 숫자의 교수기회와 달리, 모의훈련은 자주 반복되는 실험을 하도록 허용한다. 모의훈련은 학생들에게 위험 혹은 해에 노출됨이 없이 목표기능을 실천할 기회를 제공한다. 그러나 모의훈련만이 본질적으로 실제의 상황에 접근할 수 있도록 해주고, 우리는 모의경험이 올바른 반응을 이끌어 낼 수 있는 실제 상황에 아주 가까이 접근할 수 있다.

3) 자기 주도적 교수

그러면 어떻게 안전기능교수가 효과적으로 전달될 수 있는가? 이전에 지적했던 것처럼, 안전행동과 관련 있는 단서 및 효과가 드물고 종종 희박하다는 사실을 고려하면, 현저하고 명백한 단서와 즉각적으로 강화시켜 주는 성과를 제공해 주는 방법이 사용될 필요가 있다. 자기관리와 학생 주도적인 전략사용이 매우 적절하다는 이유가 바로 이런 이유이다.

앞서 지적했듯이, 자기결정 행동은 수많은 구성요소의 획득 혹은 발달에 바탕을 두고 나타난다. 이것은 학생이 달리 활용할 수 없는 장면에서 자신의 단서 및 효과가 나타나도록 학생에게 허용하는 자기관리 전략(예를 들면, 자기관찰, 문제해결)을 포함한다. 그런 전략은 교수책임을 교사에서 학생으로 이동시키는 것이고 그래서 학생은 교수지원과 관련 없는 조건에서 독자적으로 반응하는 수준을 성취할 수 있다(Hughes & Agran, 1994). 학생은 자주 자신의 행동을 관리할 수 있는 최고의 위치에 있다(Kazdin, 1977). 사람은 항상 자기 자신의 행동을 관찰할 수 있고 원하는 반응을 하기 위해 적절한 결과를 준비한다.

많은 안전기능의 작용(예를 들면, 사고 예방을 배움으로써 사고를 피하기)은 예방역할을 하고 학생이 거의 혹은 전혀 감독을 받지 못하는(그리고 학생을 관찰할 사람이 아무도 없을지도 모른다) 학교가 아닌 장면에서 수행되기 때문에, 학생은 자신이 직접 교수적인 지원을 전달하기를 배워야만 한다. 특히, 학생은 자신이 직접 자신의 단서(예를 들면, "공중화장실로 걸어 들어갈 때, 나는 ...를 기억할 필요가 있다") 제공하기를 배울 필요가 있고, 자신의 수행을 모니터 할 필요가 있으며(예들 들면, 지정된 안전한 행동을 자신이 보여주었는지 아닌지 목록을 확인하기), 자신의 올바른 반응을 강화하기(예를 들면, 말로 스스로를 칭찬하기)를 배울 필요가 있다.

학생의 행동을 수정하는 책임은 주로 교사, 전환교육전문가, 혹은 관련 서비스 제공자의 책임이라고 생각된다(Ferretti, Cavalier, Murphy, & Murphy, 1993). 그들에게 제공된 많은 외부적인 감독 때문에, 중증장애를 가진 학생들은 자신의 행동을 조절하고 관리하게 하는 기능을 획득하는데 제한된 경험을 가진다(Westling & Fox, 1995). 하지만, 자신의 건강과 행복을 돌볼 준비가 안 된 개인은 동시대의 삶을 살 준비가 안 된 개인이다.

4) 문제해결

이전에 언급했듯이, 잠재적인 위험 자극에 적절하게 반응하는 것은 다소간 문제해결이 요구되고, 부모들과 교사들은 문제해결이 특히 안전기능에 대해 많은 장애학생들이 활용할 수 없을 것이라고 생각한다. 하지만, 풍부한 증거는 정신지체 혹은 인지장애를 가진 개인이 안전을 포함해 다양한 문제 상황에서 효과적으로 문제를 해결할 수 있다는 것을 보여준다. 예를 들면, Martella, Agran 및 Marchand-Martella(1992) 등은 훈련과 실제 직업 조건하에서 있을 수 있는 24가지의 위험한 상황에 9명의 지원을 받는 피고용인들이 적절하게 반응하도록 가르쳤다. 지속적이고 잘 알려지지 않은 문제 상황들이 제시되었다. 결과는 참여자들의 안전 문제해결기능이 유사하거나 유사하지 않은 장면 모두에 일반화할 수 있는 기능을 가지고 놀라울 정도로 개선되었다는 것을 보여주었다. 이외에도, 참가자들의 수행은 계속 지속되었고 훈련이 끝난 후 12주가 될 때까지 계속해서 향상되었다.

Martella, Marchand-Martella, Agran 및 Allen 등은 또한 간헐적이고 확장적인 지원을 필요로 하는 9명의 정신지체를 가진 참가자들을 가르쳤는데, 이들은 행동상의 이유(예를 들면, 물건을 던지거나 보호 장신구를 착용하지 않는 것 등) 때문에 사고를 예방하기 위한 지원고용에 대한 준비가 안 되어 있었다. 또한 모든 참여자들은 훈련과 실제 작업 환경에서 적절한 반응이 증가되었다고 보고했다.

Agran, Madison 및 Bown(1995) 등은 간헐적이고 확장적인 지원을 요구하는 정신지체를 가진 지원고용 된 5명에게 안전한 직업행동을 가르치기 위한 문제해결 전략의 효과를 평가했다. 참가자들은 지역사회 오락센터 혹은 음식물을 만드는 공장에 고용되었다. 훈련이 실시되고 난 후에 모든 참여자들은 총 4주간 지속되는 행동변화에서 자신의 목표행동 수행에 놀라운 향상이 있었다. 종속 측정치는 잠재적으로 위험한 환경상의 자극에 올바르게 반응한 백분율을 포함했다.

마지막으로, Hughes와 Rusch(1989)는 비누포장회사에 고용되어 확장적인 지원이 요구되는 2명의 정신지체인들에게 직업관련 문제해결을 가르치기 위해서 자기교수를 다양한 보기 혹은 목표에 대한 반응을 결합시켰다. 첫째, 작업감독자는 작업 중에 발생하기 쉬운 문제를 파악했다(예를 들면, 테이블을 비누로 더럽히기, 싱크대에 물 빠지는 곳을 종이 타월로 막기). 그때에, 피고용자들은 5가지의 파악된 문제 상황에 대한 반응으로 일련의 자기교시를 말로 표현하도록 가르쳤다. 훈련 후에 훈련받지 않은 문제 상황에 일반화된 전략사용과 문제해결 전략의 달성은 두 명의 피고용인들이 실제로 수행해 보였다.

Powers와 동료들(1996)은 자신의 제한된 삶의 경험 때문에 서로 다른 활동 요구사항을 결정하는 어려움과 이들 활동을 더 쉽게 완성하기 위해 이용할 수 있는 해결책의 어려움 때문에 문제를 가진 청년들이 문제를 해결하는데 어려움이 있다고 말했다. 청년들 특히 중증장애를 가진 학생들에게는 문제해결이 핵심적인 자기결정 기능의 하나라는 것이 분명하다. 특정한 기능을 가르치는데 사용될 수 있는 오직 한정된 숫자의 보기만 이용 수 있다는 사실과 함께, 한정된 문제해결

경험을 가진 학생은 자기 삶의 경험에 직면할 때 엄청 당황하게 될 것이다. 긍정적인 측면은 문제해결이 체계적인 교수와 함께 학습될 수 있다(Agran & Hughes, 1997; Hughes & Rusch, 1989)는 것이다. 모든 지역사회와 가정환경이 잠재적으로 위험하기 때문에, 학생들에게 문제해결 전략을 가르치는 것은 학생들이 활용할 수 있는 정보에 바탕을 둔 잠재적인 위험에 관한 정보를 회복하도록 해주고, 적절한 행동과정을 결정하도록 해준다.

실제로, 모든 자기관리 전략은 부분적으로 학생이 문제를 해결하는 역할을 한다. 기능적으로 자기관리와 문제해결은 근본적으로 같은 기능을 한다(Mithaug, 1993). Litrownik(1982)가 지적했듯이, 학생에게 적응하도록 요구하는 어떤 상황은 문제라고 생각될 수 있다. 문제해결의 가치는 학생들에게 정보를 제공해서 그들이 적절한 결정을 하도록 해 주는 것이다. 이런 정보에 바탕을 두고 학생들은 목표를 설정하고, 제시된 행동을 따르고, 문제가 해결될지 아닐지를 결정함으로써 반응의 적절성을 결정하고, 원하는 성과를 성취하기 위해서 목표나 행동에 필요한 수정을 한다. Brigham(1989)은 "자기관리는...조금씩 사용될 수 있는 기술의 집합체는 아니다. 대신에, 자기관리를 배운 사람은 문제를 분석할 수 있고, 적절한 중재를 선택하고 수행할 수 있고, 결과를 평가할 수 있다"고 지적했다(p. 49).

2. 건강과 안전 교육과정 영역

이전에 언급했듯이, 학생이 참여하는 환경의 확장은 학생을 다양한 위험에 노출시키게 될 것이다. 이런 영역에 잠재적인 위험이 주어졌을 때, 가르쳐야 할 많은 기능이 있다. 궁극적으로, 목표 기능은 학생의 교수적인 필요와 환경에 달려있다(즉, 학생이 참여하는 환경, 학생 혹은 부모의 선호). 하지만, 우리는 핵심적인 안전 기능 영역은 아래를 포함하고 있다고 제안 한다. 가정과 지역사회 생활, 직장, 화재예방, 범죄예방, 면역결핍바이러스(HIV. Human Immunodeficiency Virus)/후천성면역결핍증(AIDS: Acquired Immunodeficiency Syndrome) 예방, 자가 약물치료 및 건강관리, 재산이용 등이다. 이들 각각의 영역에서 학생들은 잠재적인 위험 조건을 파악할 필요가 있고 그런 상황을 수정하거나 혹은 올바로 교정하기 위해 행동을 취할 필요가 있다. 이런 지식은 현재의 삶에서 많은 위험에 빠질 가능성을 감소시켜 줄 것이다(Agran, 1997).

아래에서 이들 각각의 안전에 대한 관심을 토론하고 핵심적인 기능을 파악할 것이다.

1) 가정과 지역사회 생활 안전

가정과 지역사회 안에서 발생하는 사건의 숫자는 높고, 부모들과 교육자들은 분명히 건강과 안전문제에 관심을 갖는 것이 정당한데 아래 이야기가 좋은 예가 될 것이다.

17살 난 Kirsten은 North Park High School에 다니고 있다. 그녀는 일반학급에 배당되었고 담임도 일반교사이다. 그녀는 특수교사로부터 하루에 1시간씩 교육을 받는다. 그녀는 정신지체이고 제한적인 지원에서부터 확장적인 지원을 필요로 한다. 그녀는 학교에서 대부분의 일상사 예를 들면, 한 교실에서 다른 교실로 이동, 특별한 교실에서 활동계열을 따르는 것을 수행하듯이 개인과 가정생활기능을 독립적으로 수행한다. 그녀의 또래들은 Kirsten을 매우 좋아하고, 1주일에 2시간 지역패스트푸드 식당에서 테이블을 청소하고 자질구레한 재고품에 대한 책임을 맡고 있는 사람을 돕는 일을 한다. 졸업 후에 그녀는 전일제로 그 식당에 고용되어 일하고 싶어 하고 그녀의 친구인 Jan과 함께 아파트에서 살고 싶어 한다.

Kirsten의 부모들은 그녀의 장래 소원을 강력히 지지하고 그녀의 이런 소망이 이루어지도록 하기 위해 모든 일을 하려고 한다. 최근에, 그들의 관심을 끌 두 가지 사건이 지역신문에 보도되었다. 첫째, 지역사회에 끊임없는 범죄의 증가에 관한 기사였다. Kirsten의 부모들은 운이 좋게도 비록 범죄가 거의 없는 지역에 살고는 있지만, Kirsten은 자신이 아파트에 살 때에 그런 범죄의 피해를 보지 않을 것이라고 장담할 수가 없다. 둘째, 최근의 화재는 콘도를 파괴시켰다. 비록 아무도 목숨을 잃지는 않았지만, 많은 재산피해가 있었고 가게주인들 몇 명이 부상당했다. 이 두 기사가 그들로 하여금 모든 것을 고려해볼 때에 자신의 딸이 긴급한 상황이 발생할 때에 무엇을 해야 할 지에 관한 형식적인 교수가 거의 혹은 전혀 없다는 것을 알게 해 주었다. 만약 잠재적으로 위험한 상황이 생기면 늘 그들이 중재할 준비가 되어 있었다. 그들은, 비록 Kirsten이 다양한 기능적인 지역사회 기능을 배우기는 했지만, 안전에 대해 어떤 일을 할 수 있는 사람은 아무도 없다는 것을 상기했다.

그들은 Kirsten이 만약 어떤 종류의 위기가 있으면 어떻게 해야 하는지를 알고 있을 것이라고 생각했지만, 그들은 이것을 확신 못했다. 그녀 바로 옆집에 불이 나면 그녀가 어떻게 해야 하는지를 그녀가 알까? 만약 그녀에게 낯선 사람이 다가와서 그녀를 집까지 태워다 주겠다고 물었을 때, 그녀는 무어라고 말할지를 알까? 그녀 직장에서 무거운 상자를 이동시켜야하면, 그녀는 그것을 이동시킬 가장 좋은 방법을 알까? 그들은 그녀의 다음 번 개별화교육프로그램(IEP) 모임에서 안전 기능교수가 반드시 그녀에게 제공되어야 한다고 의견이 일치되었다.

11명 중 한사람이 집에서 전문적이고 의학적인 치료가 요구되는 부상을 입었다(National Safety Council, 1988). 그 외에도, 3명 중 1명의 미국인이 집에서 어떤 종류의 부상을 지니고 있다(Foege, 1988). 위험은 실제로 모든 가정환경 안에 있고, 개인은 이런 위험이 잠재적으로 심각한 위험이 된다는 것을 모르고 있다. 자연환경에서의 실질적인 위험은 매일의 생활을 통해서 위험요소를 가져다준다(Gast et al., 1994).

표11.1은 표집 된 부모들이 제공한 자료에 바탕을 두고 Collins, Wolery 및 Gast(1991) 등이 파악한 가정과 지역사회 안전기능의 목록을 제시한다. 목록에 포함된 기능은 광범위한 나이에 걸쳐서 적용된다. 그들은 많은 다른 것들을 포함하지 않은 체, 가정과 지역사회에서 나타나는 많은 위험의 본보기만을 나타낸다. 비록 일부는 분명히 더 나이가 어린 아동들에게 적합하지만, 대부분은 청년과 성인에게 적합한 것이다. Kirsten 부모들이 사례연구에서 표현을 했던 관심을 언급하면서 부모들과 교사들은 종종 학생이 이들 기능의 모두는 아니라고 하더라도 대부분을 어떻게 수행해야하는가를 알고 있다고 가정한다. 하지만, 그것을 사정하기 위해 마련된 기회는 거의 없고 체계적으로 그들을 가르치는 교사도 거의 없으며 IEP에 그들을 통합하도록 추천한 교사도 거의 없다. 많은 상업적으로 활용 가능한 사정과 교육과정은 이들 항목 중 몇 가지를 포함하지만 모두를 다 포함하지 않는다는 것이 놀라운 일은 아니다. 이들 기능을 수행할 수 없는 학생은 잠재적으로 심각한 부상을 당할 위험이 있다.

2) 작업 안전성

전환교육프로그램들은 학생을 학교로부터 학교 졸업 후의 직장과 삶의 장면과 중요한 관심을 받고 있는 고용 준비 혹은 직업훈련으로 전환을 촉진하도록 설계된다. 그런 프로그램들은 학생의 고용가능성과 이후의 시장성을 촉진하도록 설계된다. 하지만, 실질적으로 무시되었던 한 가지 영역은 직업의 안전성이다. 비록 안전에 대한 인식과 안전한 직업 활동이 피고용인들에게 직업을 유지하는데 필수적인 것이긴 하지만(Mueller, Wilgosh, & Dennis, 1989), 학생들은 직업안전기능에 관한 적절한 훈련을 받고 있지 못하고 있다(Martella & Agran, 1994). Heath(1983)는 "직업안전 및 건강에 대한 지식, 기능을 가지고 직업생활을 하려고 직장에 들어가는 노동자들은 단지 최소한이고, 그들 중 많은 사람들이 직장에 들어가자마자 직업과 관련된 위험에 대한 교육을 받는 사람은 거의 없거나 전혀 없다"고 지적했다(p. 23). 이것은 적어도 두 가지 이유 때문에 문제가 된다.

첫째, 고용주는 만약에 장애인이 안전에 대한 인식이 전혀 없거나 작업장에서 장애인이 부상을 당하는 것을 본 경험이 있으면 장애를 가진 개인을 고용하는 것을 망설일지도 모른다(Martella & Marchand-Martella, 1995). 또한 이들 기능에 대한 부족은 장애인이 잠재적으로 더욱 돈이 많이 벌리고 만족할 만한 안전에 대한 위험을 수반할 지도 모르는 직업에 접근을 거절당하는 상황을 가져올지도 모르고 장애인을 "더 안전한" 장소에 배치하거나 그런 곳에서 계속 일하게 할지도 모르지만 봉급은 훨씬 더 적은 직장에 일하도록 할 지도 모른다.

둘째, 학생에게 안전기능 목록을 가르치는 것의 실패는 학생을 잠재적으로 위험한 상황에 놓이게 할지도 모른다. 비록 장애인 중 부상당하는 사람 숫자가 현상유지 되는 것에 대한 자료가 제한적이기는 하지만, 활용할 수 있는 부상당한 사람에 대한 자료는 장애인의 부상은 장애를 안 가진 사람의 부상당한 숫자 비율과 비교할 만하다. Agran과 Madison(1995)은 지원고용자의 표집에서 3분의 1에 가까운 사람이 작업장 부상을 경험했다고 보고했다. 이 비율이 받아들이기 어려울 만큼 높기는 하지만 문제가 되는 것은 실제로 부상을 당하는 사람의 숫자는 아마 더 높을 것이라는 것인데 왜냐하면, 많은 부상이 보고되지 않고 있고 이들 부상 중 대부분은 예방가능하기 때문이다.

작업장 부상은 활동 혹은 환경상의 요인들 때문에 발생한다(Martella & Agran, 1994). 활동상의 요인은 피고용인의 부적절한 행동수행 혹은 적절하게 반응을 수행하지 못하는 것 즉 예를 들면, 도구를 잘 못 사용하기, 보호안경을 안전하게 착용하지 않는 것을 포함한다. 환경상의 요인은 작업장의 실질적인 특성 예를 들면, 바닥에 있는 물건들, 노출된 철사 줄을 포함한다. 작업장 사고에 대한 자료는 행동상의 요인이 대부분은 종종 부상에 대한 책임이 있다는 것을 강력하게 보여준다. 왜냐하면 대부분의 사고는 부적절하게 반응하기에서 발생되기 때문에, 대부분은 예방이 가능하다.

표11.2는 서비스, 제조업, 도매업/소매업 및 음식 서비스/배달 직업 등에 종사하는 고용인 표집에서 보고된 사고 원인으로 제일 많이 자주 보고되는 원인 목록이다(Martella, Marchand-Martella, & Agran, 1992).

<표 11.1> 가정과 지역사회의 안전성 기능들

가정안전

부엌	일반적인 가정 영역
뜨거운 난로/밥솥 다루기	계단 위의 장난감 집어 들기
표시된 독극물 알아내기	전기 소켓/코드
가전제품 안전하게 사용하기	비상전화번호로 전화하기
칼을 안전하게 사용하기	유리로 된 출입문/창문 주변에서 조심하기
상한 고기/음식 찾아내기	도구/가전제품 안전하게 사용하기
냉장고나 냉동실 안에 안 들어가기	부서진 물품 깨끗이 청소하기
캐비넷의 날카로운 모서리 피하기	심한 뇌우 때 가전제품 안 사용하기
요리하는 불에 대응하기	가위 안전하게 사용하기
	전구 교체하기
	문 잠그기/문 열기
	성냥이나 라이트 가지고 놀이 안 하기
욕실	
표시된 독극물 알이내기	
샤워기/욕조튜브 안전성	
물 온도 맞추기	
고대기 사용하기	
젖은 바닥 주의하기	

야외

정원/운동장	동물
도구의 안전한 사용(잔디 깎는 기계)	위험한 동물들에게 올바르게 반응하기
나무에 안 올라가기	어린 아이를 돌보고 있는 어머니 주변에서 조심하기
천둥 번개에 적절히 반응하기	부상당한 동물 주변에서 조심하기
차도 깨끗이 유지하기	낮선 동물에게 먹이를 주지 않기
전기로 작동하는 차고 문을 작동하기	먹이를 먹고 있는 동물을 피하기
체육관 장비 안전하게 사용하기	길을 잃으면 신고하기
경계선 안쪽에 머무르기	친숙한 동물과 상호작용하기
다른 사람을 밀지 않기	**밤**
전력 원으로부터 멀리 떨어지기	손전등 사용하기
독이 있는 식물/열매를 알아내기	가로등 아래에 머무르기
바비큐 굽는 석쇠에 안전하게 불을 붙이기	

자전거	걷기 여행
어두울 때 반사경부착/불을 켜기 자랑하지 않기 벨이나 경적 사용하기 다른 사람을 알고 머무르기 길의 오른쪽 방향 유지하기 방향 표시등 사용하기 배수로 턱, 자갈 피하기 바퀴 살대에 손이나 발을 멀리하기	다른 사람에게 자신의 목적지 알리기 방향 물어보기 보도로 걸어가기 교통상황에 직면하기 주소, 전화번호, 돈을 휴대하기 교통신호 따르기 횡단보도 사용하기 건너기 전에 양 방향 살펴보기
캠핑/하이킹	**추운 날씨**
독이 있는 식물 알아내기 다니는 길로만 다니기 캠파이어 불을 끄기 천둥번개 안전성 길을 잃으면 호루라기 사용하기 다른 사람과 서로 확인하기 위험한 동물에 반응하기 살충제 사용하기	따뜻하게 옷 입기 얇은 얼음 피하기 얼음에 빠진 사람에게 도움주기 썰매 타기 발열요법 혹은 동상 징조 알기
자동차/버스	**물과 관련된 오락**
좌석 안전벨트 사용하기 운전기사 성가시게 안 하기 머리/양팔 차량 내부에 계속 두기 비상구 알기 교통수단으로부터 빠져나가기 버스에서 다른 사람 밀치지 않기 교통사고 때 차분히 머무르기 버스 정류장에서의 적절한 행동 버스가 복잡하지 않을 때 버스 기사 가까이 앉아있기 낯선 사람의 괴롭힘이 있다면 이동하기 이동하고 있는 버스에서 좌석 바꾸기 버스를 타고 내리기 움직이는 버스에 서 있기	햇볕에 그을리는 것으로부터 보호 다른 사람과 함께 수영하기 수영장의 구조원과 의사소통하기 다른 사람 밀지 않기 배 위에서 구명재킷 사용하기 **배 안전성** 물에 빠진 사람 도움주기 태풍이 오면 물가를 떠나기 소모성 열사병 피하기 음료수 마시기 뜨거운 햇볕에 모자 착용하기

전 범주에 걸친 관심사

화재	응급처치
소화기의 안전한 사용 화재경보/연기경보에 반응하기 비상탈출구 표지 인식하기 긴박할 때 문을 더듬어 찾기 불타는 건물을 떠나기 도움을 요청하기 위해 창문 쪽으로 가기 소방서에 전화하기 휘발유에 불을 멀리하기 화재 시 사람에게 반응하기 침대에서 담배 안 피우기 성냥/라이터 안전하게 사용하기	상처 치료하기 화상 치료하기 벌레에게 물린 곳 치료하기 눈에 티가 들어가면 제거하기 가시 제거하기 구급차 부르기/119 다른 사람으로부터 도움 얻어내기 응급처치기구 사용하기 병의 징후 알아내기
재난수속	**식사**
홍수에 대처하기 지진에 대처하기 허리케인(태풍)에 대처하기	음식을 삼키기 전에 씹기 그릇을 적절하게 사용하기 뜨거운 음식을 먹기 절차를 참아내기 뜨거운 물/음식 제공하기 바닥이나 땅에서 음식 먹지 않기
낯선 사람들	**개인적/사생활**
낯선 사람 알아내기 유혹에 대처하기 공중화장실에서 주의하기 위험한 지역 피하기 낯선 사람에게 말을 걸지 않기 사람이 없는 엘리베이터 피하기 공격을 받을 때 사람의 주의를 끌기	신체적인 접촉에 "안돼"라고 말하기 자신의 개인적인 신체 부분을 알기 마약에 대해 "안돼"라고 말하기

Gast. D.L., Wellons, J., & Collins, B. (1994). 가정과 지역사회 안전 기능. M. Agran, N. E. Marchand-Martella, & R. C. Martella (Eds.), 건강과 안전의 증진: 독립생활 기능을 위한(pp. 14-15). Baltimore: Paul H. Brookes Publishing Co.

<표 11.2> 직업관련 사고의 원인들

행동상의 원인
동력을 갖춘 도구들 주변에서 느슨한 옷이나 부적절한 옷을 입기
물건 던지기
싸움
기계나 전기기구의 부적절한 사용
놀이 행동
도구 사용에 대한 지식부족
피로
주의집중지속시간의 부족
도구 잘못 사용
보호 장구의 미착용
무거운 물건 들어올리기
환경적인 원인
노출된 전선줄
가연성 물질
독이 있는 물질
뜨거운 재료
바닥 위에 있는 물건들
미끄러운 바닥

Martella & Agran(1994)

표11.2에 나열된 행동 및 환경적인 조건들은 모든 피고용인들이 알아야만 하고 그들이 능동적으로 자제해야만 하는 작업관련 사고의 일반적인 원인을 나타낸다. 다른 특정한 작업과 관련된 위험이 나타날 것이고 피고용인들은 그러한 위험에 안전하게 반응할 필요가 있다. 최소한, 모든 학생들은 자신의 전환교육 프로그램에서 일련의 일반화 된 작업 안전 기능과 지식을 획득해야만 한다.

3) 화재예방

국가소방방제협회(The National Fire Protection Association)(1991)는 5,000명 이상의 미국인들이 해마다 화재로 사망한다고 보고했다. 이들 화재의 대부분은 단독가족(single family)이 사는 가정에서 발생한다. 비록 장애를 가진 얼마나 많은 사람들이 화재로 죽는지는 알려지지 않았지만, 그룹 홈(group home)과 수양아이를 맡아 기르는 집을 포함해서 지역사회 주거지에서 많은 화재가 발생한다(Juracek,

1994). 매우 귀찮은 일은 많은 사례연구가 비장애인들이 집안의 화재에 올바르게 대처하는데 많은 어려움이 있다는 것을 보여준다는 사실이다. 그래서 장애인들에게는 화재에 대처하는 위기는 더욱 더 문제가 되는 일이라는 것이 사실이다. 그럼에도 불구하고, 증거는 장애학생들이 몇 가지 화재 안전기능을 배울 수 있다는 것을 보여준다(Juracek, 1994).

<표 11.3> 화재안전기능

화재에 대한 반응
경보소리를 듣고 집(가정)/건물에서 빠져나가기 긴박할 때 빠져나가는 전략으로 나가는 문 결정하기 화재나 연기로 출구가 막혔을 때 다른 출구의 위치를 알아내기
화재를 억제시키는 반응
화재를 억제시키면서 불끄기 조력/도움을 요청하기
예방기능
난로, 솥, 전자레인지를 적절하게 사용하기 가연성물질을 적절하게 쌓아두기 난로 위에서 요리할 때에 적절한 옷을 입기 연기를 내고 있는 재료를 안전하게 사용하고 처분하기(예를 들면, 담배)

Juracek(1994)

표11.3은 핵심적인 안전기능을 열거한다. 3가지 서로 다른 반응 목록이 포함된다: 화재에서 빠져 나오기, 화재를 억제시키는 반응, 예방차원의 화재안전기능 등이다. 교수목표는 개인의 교수 요구 및 능력에 토대를 두어야 하고; 최상으로 이들 3가지 범주 각각에 해당되는 기능이 습득되어야 한다.

Juracek(1994)가 말했듯이, 화재안전기능은 가르치기가 매우 어려운데 왜냐하면 화재는 자주 발생하지가 않기 때문이고, 그런 기능을 가르칠 때에는 그런 위기와 관련 있는 실제상황에서 일반적으로 가르쳐지지가 않기 때문이다. 연기, 화재 및 당황함 등이다. 더욱, 많은 화재가 사람이 잠을 잘 때인 밤에 발생한다. 그럼에도 불구하고, 자기관리 기능은 화재안전기능의 획득을 촉진시키는데 매우 가치가 있을 것이다.

4) 범죄예방

비록 범죄에 희생된 장애인의 정확한 숫자를 인용할 수 없기는 하지만, 이용할 만한 자료는 장애인들이 쉽게 범죄의 표적이 될 수 있다는 것이다(Sobsey, 1994). 더욱, 장애 개인들은 특히 성폭행 혹은 아동 성폭행이란 범죄에 노출되기가 쉽다(Chotiner & Lehr, 1976; Stimpson & Best, 1991). 이런 상황에 대한 몇 가지 이유가 있다. 첫째, 장애를 가진 개인은 그들을 이용하려는 범죄자들의 쉬운 먹이라고 생각될 지도 모른다. 둘째, 장애인들은 사회의 다른 사람들처럼 비지원적이고 문제가 있는 가족들 때문에 생길 수도 있기 때문에, 더욱 보호하는 가족 혹은 지역사회가 제공할 수 있는 보호가 부인될지도 모른다. 셋째, 범죄적인 공격에 어떻게 반응해야할 지에 대한 교육을 받질 못했거나 전혀 받지 못한 장애를 가진 개인들은 그런 상황에서 그들 자신을 없애버리거나 혹은 그런 상황을 어떻게 파악해야하는지 모를지도 모른다. 범죄예방은 핵심적인 안전기능영역이지만 그러나 애석하게도 전환교육프로그램에서 무시되어져온 것이 바로 범죄예방이다.

Sobsey(1994)는 범죄예방이 많은 서로 다른 영역에 걸친 기능을 포함한다고 제안했다: 주장하기, 성교육, 개인권리, 개인안전, 사회기능, 선택하기, 의사소통 훈련, 자기방어, 개인재산관리 및 돈 관리 등이다. 표11.4는 이들 선택된 영역에 대한 기능 목록이다.

이들 기능의 습득은 확실히 완전한 안전을 보장하지는 못하고 이들 기능이 범죄에 희생될 가능성을 최소화 해줄 것이다. Sobsey(1994)는 보다 학생 자신이 관리하는 중재에 대한 필요성 지원을 보장하는 전략을 가르치기 위해 학생에게 주장하기 기능을 가르치라고 주장했다. 부분적으로는 학생이 유순하게 되도록 가르쳐야 한다는 우리의 교육적인 주장 때문에 학생이 보다 더 범죄의 희생자가 되기 쉬울지도 모른다.

자신을 돌보는 사람에게 유순하도록 배운 사람은 종종 그들을 악용하려는 범죄자들에게도 이런 유순함을 일반화한다. 학생은 자신이 배운 대로 행할 뿐 아니라 누가명령을 하던지 관계없이 그렇게 행하도록 배운다(Spbsey, 1994, p. 198).

Sobsey(1994)는 개인은 자신을 어떻게 방어할지를 결정할 권리를 가지고 있고, 자신의 권리를 주장할 권한이 있고, 자신의 실질적이고 개인적인 공간에 누가 어떤 방식으로 들어올지를 결정할 권리를 지니고 있다고 주장했다.

<표 11.4> 범죄예방 기능들

자신의 권리를 알기
자신의 권리 주장하기
적절한 성적(sexual) 행동하기
낯선 사람과 어떻게 상호작용 하는지 알기
자기방어기능
우정 쌓기
실용적인 의사소통 기능
개인재산 보호
돈 보호하기
지역사회 경찰서의 위치를 배우기
조력으로 누구에게 전화해야할 지를 알기

Sobsey(1994)

5) HIV/AIDS 예방

성교육과 HIV예방훈련의 부족과 성폭행의 가능성과 높은 위험성을 수반한 성행위에 연루 가능성 때문에, 장애인은 특히 HIV에 감염될 가능성이 매우 높다(Mason & Jaskulski, 1994). Mason 과 Jaskulski는 직업재활시설에 있는 사람들의 표집에서 약 3분의 1이 HIV 양성반응인 사람들에게 봉사활동을 했다고 보도했고 75%의 응답자들이 HIV 예방훈련을 제공받지 못했다고 보고했다. Mason과 Jaskulski는 그런 교수가 학생의 IEP에 포함되어야 한다고 제안했다. 비록 전문가들이 그런 문제를 토론하는 것이 불편한 것이라고 느낄지 몰라도, 성에 대한 정보, 전염병, 필요한 위생적인 절차가 제시되어야 한다.

비록, HIV/AIDS는 예방에 많은 기능을 포함하지만, 학생은 AIDS가 그들을 죽음으로 몰고 가는 심각한 병이라는 것을 최소한 알 필요가 있다; 그리고 AIDS가 성관계 혹은 정맥주사 바늘을 통해서 감염된다는 것을 알 필요가 있다; 그리고 AIDS는 안전한 성관계와 주사바늘을 함께 사용 안 하기 혹은 성에 대한 절제 등에 의해서 예방될 수 있다는 것을 알 필요가 있다. 표11.5는 HIV/AIDS 예방지식과 기능에 대한 핵심적인 목록이다. Mason과 Jaskulski는 다음과 같이 적었다.

AIDS의 전파가 계속 증가하기 때문에, 발달장애를 가진 더 많은 사람들이 감염될 것이라고 예상하는 것이 타당하다. HIV의 전파를 감소시킨다는 보장은 현대 사회가 직면하고 있는 가장 긴급한 문제 가운 데 하나이다. 추적을 하면, 발달장애인들의 표집에서는 HIV가 전염되는 수준으로 퍼지지는 않았다. 하지만, 앞으로 발생할 위기 중 하나이다(1994, p. 186).

HIV/AIDS 예방교육은, 저자들이 말했듯이, “글자 그대로 목숨을 구하는 조처”이다(p. 186).

<표 11.5> HIV/AIDS 예방 기능들

안전한 성생활 실천을 알기
HIV감염의 전파에 대해 전염병 정보를 이해하기
성관계로 전파되는 병을 알기
주사기나 주사바늘을 함께 사용하는 위험을 알기
지역정보센터가 어디 있는지를 알기
지역사회에서 서비스 검사를 알기
병에 대처할 기능을 가지기

Mason과 Jaskulski(1994)

6) 자가 약물치료와 건강 돌보기

심각한 건강 돌보기 요구를 지닌 학생은 공립학교에서 점점 더 많이 서비스를 받고 있는 중이다. 유사하게, 약을 복용하는 것은 장애를 가진 많은 개인들의 일상사의 한 부분이다. 그럼에도 불구하고, 개인은 자신의 건강 돌보기에 거의 혹은 전혀 포함되지 않을 수도 있다. 건강 돌보기 절차는 전형적으로 학생 혹은 학생에 의해서가 아니고 학생들에게 일방적으로 행해진다(Lehr & Macurdy, 1994). 개인이 자가 약물치료를 하도록 배우지 못하는 것은 불행인데 왜냐하면, 이 기능의 부족은 실질적으로 그들의 자율성을 제한하고 궁극적으로는 그들의 자기결정을 제한하기 때문이다. 다른 사람이 그들의 신체적인 상태와 신체의 기능을 조절하도록 하는 것은 매우 그들의 권리를 방해하고 침략하는 것이기 때문이다. 만약 장애를 가진 사람이 자신의 건강 돌보기와 약물치료 절차를 관리할 기능이 없다면, 당사자에 의해 그런 통제가 돌봄 제공자에게 확대되어지는 한, 다른 사람이 그런 기능을 대신 수행하도록 하는 것이 적합하다. 하지만, 늘어나는 증거는 전통적으로 돌봄 제공자들에 의해 수행되었던 많은 절차를 장애인들이 수행할 수 있다는 것을 보여준다. 자기건강 돌보기 절차를 가르치지 않는 것은 개인이 다른 사람들에게 의존하게 할 뿐 아니라(Lehr & Macurdy, 1994) 개인을 성관계로 전파되는 병에 노출될 더 큰 위험에 놓이게 할지도 모른다(Jacobs, Samowitz, Levy, Levy, & Cabrera, 1992).

표 11.7과 11.8은 학생들의 IEP에 포함될 수 있고 전체적 혹은 부분적으로 학생들이 수행하도록 가르칠 수 있는 자가 약물치료와 건강 돌보기 기능을 제시한다. 이전에 언급했듯이, 적절한 기능에 대한 결정은 학생의 건강과 교수필요에

혹 있을 지도 모르는 것이 될 것이다.

7) 유해물질 사용 예방

장애학생의 유해물질사용은 심각하지만 대체로 기록되지 않는 사회문제를 제시한다(Morgan, 1994). 장애학생들 간에 술과 다른 마약 사용은 일반인의 술과 마약사용과 견줄만하다. 장애학생들은 또래의 영향, 입수가능성의 용이함, 가족의 오남용 전력 등을 포함해서 장애가 없는 학생들의 물질 사용 요인처럼 똑같은 위험에 빠질 수 있는 것처럼 보인다(Prendergast, Austin, & deMiranda, 1990). 그 외에도, 장애학생들이 경험하는 스트레스 요인들(예를 들면, 사회격리, 의사소통 장애)은 더 큰 어려움을 만들어 내고, 장애학생들 자신의 문제에 대처하기 위한 수단으로써 유해물질사용에 쉽게 빠지게 할지도 모른다. 이들 위험요인들은 장애를 가진 많은 학생들이 이런 영역의 예방교육을 받지 않는다는 사실과 합쳐진다.

<표 11.6> 자가 약물치료 기능

자가 약물치료 기능
약물 이름말하기와 왜 그 약을 복용해야하는지 그 필요성 말하기
올바른 약물치료법 찾아내기
언제 약을 먹어야하는지 알기
약을 적절하게 소비하기
약을 적절하게 보관하기
필요하면 문제를 해결할 수 있기(즉, 약을 잃어버렸을 때, 약이 없을 때 혹은 잘못이 행해졌을 때)

Harchik(1994)

표<11.8>은 권장된 유해물질사용 예방기능에 대한 표집을 열거한 것이다. 비록 유해물질사용 예방교육에서 문제해결과 자기관리 전략이 중요하긴 하지만, 그 중요성이 충분히 강조되질 못했다. 유해물질사용에 문제가 있는 학생은 많은 어려움이 있는데 왜냐하면, 그들은 자신을 위해 어떻게 적절한 선택을 해야 할지를 모르고 자신의 행동을 어떻게 적합하게 해야 할지를 모르기 때문이다. 자신에게 통제되는 유해물질의 결과를 어떻게 평가하고 어떻게 해결하는지를 알지 못하고, 대신 해로운 결과를 가져올 수 있는 성과를 선택한다. 그들은 유해물질사용의 이익보다도 그 위험이 훨씬 크다는 결론을 내릴 수 있도록 하기 위해서 예방프로그램은 학생들에게 충분한 정보와 경험을 제공해야만 한다.

<표 11.7> 특별한 건강 돌보기 절차와 관련된 IEP목표의 보기

튜브로 음식 먹이기

학생은 음식을 먹는 다른 대체 (말로, 글을 사용해서, 혹은 다른 수단을 통해서) 방법의 이유를 설명할 것이다.

학생은 그 절차를 이행하는데 필요한 조처를 기술할 것이다.

학생은 음식을 먹겠다는 의사를 표현할 것이다.

학생은 음식물이 담길 피딩백이나 용기의 위치를 가늠할 수 있을 것이다.

학생은 피딩백이나 용기에 음식을 부울 수 있을 것이다.

학생은 음식물 담는 도구의 청소를 지시할 것이다.

학생은 용기(그릇)를 청소할 것이다.

학생은 스스로 음식을 먹을 것이다.

기관 형성술로 음식 빨아들이기

학생은 음식을 빨아들일 필요가 있다고 표시를 할 것이다.

학생은 빨아들이기 기계를 켤 것이다.

학생은 절차가 이행되는 동안에 빨아들이는 튜브를 붙잡을 것이다.

학생은 빨아들이기에 필요한 조처를 기술할 것이다.

학생은 빨아들이기의 필요성을 다른 사람에게 설명할 것이다.

도뇨관

학생은 도뇨관을 설치할 시간을 표시할 것이다.

학생은 스스로 도뇨관을 설치할 것이다.

학생은 절차를 이행하는데 조처를 기술할 것이다.

학생은 필요한 재료를 세척할 것이다.

학생은 필요한 기구를 함께 모을 것이다.

학생은 과정동안에 도뇨관을 계속 붙잡을 것이다.

학생은 도뇨관을 사용하는 동안 관련된 문제를 기술할 수 있을 것이다.

Lehr, D. H., & Macurdy, S. (1994). 학생들의 특별한 건강 돌보기 요구 만족시키기. M. Agran, N. E. Marchand-Martella(Eds.), 건강과 안전 촉진시키기: 독립생활을 위한 기능.(p.82). Baltimore; Paul H. Brookes Publishing Co.

<표 11.8> 유해물질사용 예방기능

유해물질사용이 해롭다는 것을 이해하기

술과 서로 다른 유형의 마약(합법적이던 불법적이던)과 그 사용 결과를 파악 하기

문제를 다루는 다양한 방법을 알기(예를 들면, 우정, 스트레스 관리하기)

마약의 위험성 알기

마약사용이 특정한 병 및 장애와 관련이 있다는 것을 알기

마약이 어떻게 운동 기능성, 개인성장 및 미래 기회에 영향을 줄 수 있는지 알기

Morgen(1994)

3. 안전기능 지도

자기관리 전략은 교사 주도적인 전략과 같은 방식으로 기능한다. 한 행동이 다시 발생할 가능성은 한 가지 목표행동의 수행과 원하는 결과의 달성에 의해 뒤를 잇는 지속적인 단서 혹은 자극조건에 의해서 증진된다. 다양한 자극조건과 결과에서 반응이 수행될 때 일반화가 성취된다. 안전기능을 포함해서 모든 행동이 이런 방식으로 성취된다. 자기관리전략을 사용할 때에, 비록 교수과정에 대한 책임은 여전히 똑같이 남아있기는 하지만 교사보다는 오히려 학생에게 단서와 결과를 전달하는 책임이 있다.

건강과 안전기능을 가르치기 위한 행동-교수 전략 기술의 상세한 정보는 Martella, Marchand-Martella, 와 Agran(1994)의 내용을 참고 하셔요. 여러분이 다른 어떤 기능을 가르치기 위해 똑같은 절차를 사용함으로써 안전기능은 좋은 태도를 보여주는 것이 아니라 배울 수 있는 서로 다른 기능을 보여주는 것이 좋다. 만약 그 기능을 직동직으로 정의 내릴 수 있고 측성될 수 있다면, 그것은 행동기술을 사용해서 배울 수 있고 실질적인 목적을 위한 안전기능은 정의 내릴 수 있고 측정될 수 있을 것이다. 여기서 중요한 것은 다양한 자기관리 기능을 이용해서 가르칠 수 있는 안전기능의 방식을 제안하는 것이다. 그렇게 함으로써, 학생은 자신의 행동을 변화시키기 위한 기회와 책임감을 제공받고 궁극적으로는 보다 더 자기결정이 잘 될 것이다.

4. 독립과 위험 무릅쓰기 행동 증진

이전에 언급했듯이, 자기결정이 된 행동은 일련의 구성요소를 발달시키고 획득하는 것을 포함한다. 그것들 중 몇 가지는 자기관리 전략이다(예를 들면, 문제해결, 자기관찰, 자기교수). 이들 전략은 혼자 혹은 결합해서, 학생이 안전기능을 획득하도록 촉진시키는데 사용될 수 있다. 비록, 뒷부분에서는 이들 전략이 강조될 것이고 건강과 안전교수에 대한 이 전략의 적용 가능성을 기술한다.

5. 문제해결

이 장에서 논의된 모든 건강과 안전에 대한 관심사는 한 가지 공통된 특성을 가진다. 각각은 개인이 자신의 건강과 행복에 잠재적인 위험요인을 찾아내길 요구하고 그런 다음에는 찾아낸 위험과 관련해서 회피해야할 결과를 최소한 수정하거나 혹은 없애버릴 반응을 수행하거나 그런 반응을 선택하길 요구한다. 이런 관점에서, 문제해결은 안전기능교수의 핵심이다. 잠재적인 위험을 찾아내지 못하거나 그 위험에 적절하게 반응을 하지 못하는 것은 궁극적으로는 고통을 가져온다. 문제해결은 4가지 반응을 포함한다. 첫째, 학생은 그가 해야 될 필요성이 있는 문제가 있고 그 문제를 해결할 해결책을 찾아내야 한다는 것을 인정하기를 요구한다. 뒤를 이어 학생은 "최상의" 해결책을 찾아내도록 배우고 그런 다음엔 선택된 행동을 수행하도록 배운다. 마지막으로 학생은 그 행동결과를 평가하도록 배우고 그 행동이 그 문제를 해결했는지를 결정하도록 배운다. 문제해결 과정은 실제로 어떤 상황에서건 사용될 수 있다. 문제를 해결하기 위한 기회가 증가되었을 때, 학생은 그들 자신의 경험에 바탕을 둔 행동과정을 결정할 수 있고, 간단히 말하면, 그들은 자기결정이 된 방식으로 행동하고 있는 것이다.

Martella와 Agran(1994) 등은 작업 중인 학생의 안전을 촉진하기 위해 문제해결 전략을 가르쳤다. 학생을 여러 가지 다양한 작업 위험 예를 들면, 바닥에 물을 엎지르기, 상표가 붙어있지 않은 청소용 솔벤트에 노출시킨 후에, 학생 자신에게 다음과 같은 질문을 하도록 가르쳤다.

· 사고는 어떻게 일어나는가?
· 언제 사고가 예방될 수 있는가?
· 당신은 누구에게 말을 하는가?
· 당신은 무슨 말을 하고 무슨 일을 하는가?

이 전략은 학생이 잠재적인 위험에 대해 적절한 정보를 찾아내도록 하고 적절한 반응을 하도록 허용해 준다. 다른 연구에서(Agran et al., 1995). 학생은 아래 자기 지향적인 질문을 하도록 가르쳤다.

· 무엇이 위험한가?
· 왜 그것이 안전하지 않은가?
· 그것을 안전하게 하기 위해 나는 무엇을 할 수 있는가?

이들 전략의 유용성은 인지장애 학생에게 적절한 정보에 다가가는 구조를 제공해준다는 것이다. 그것은 학생 자신의 행동 혹은 행동 실패의 결과를 점검하도록 시킨다. 그것이 작업안전(예를 들면, "만약 내가 못을 빼기 위해 망치 대신 못을 빼는 드라이브를 사용하면 어떻게 될까?"), 유해물질사용(예를 들면, "만약 누군가가 나에게 마약을 제공하면 내가 무엇이라고 말해야 하는가?"). HIV/AIDS 예방(예를 들면, "만약 내가 콘돔을 사용하지 않으면 무슨 일이 일어날까?"). 혹은 화재안전(예를 들면, “만약 내가 밤새도록 실내난로를 켜두면, 어떻게 될까?”) 등을 포함하던지 않던지 간에, 문제해결은 학생에게 문제가 있고 그 문제를 다룰 전략을 학생 자신이 고안하도록 스스로 결정하도록 한다.

특히 긴박한 위험이 있을 때, 학생이 문제에 직면할 때마다, 학생이 완전한 문제해결 순서를 반복할 것이라고 기대하는 것은 비현실적이다. 하지만, 그런 전략을 사용할 증대된 기회 때문에 빈도는 증대될 것이고 학생은 자신이 직면하게 될 많은 문제를 다루는 데 더욱 더 숙달될 것이다.

6. 자기교시

자기교시는 학생이 자신의 수행을 이끌기 위해 자기 자신의 말을 사용하는 것을 포함한다(Hughes & Agran, 1994). 이런 관점에서, 자기교시는 마치 문제해결 전략처럼 기능한다. 그것은 학생에게 자신의 행동을 조정하고 이끌기 위해 자기 스스로에게 지시하는 말 사용 전략을 제공한다.

안전기능교수를 목적으로 해서, 자기교시는 적절한 반응을 수행하도록 자기조절 촉진제를 제공할 목적으로 학생이 사용할 수 있다(예를 들면, 119에 전화하기, 도뇨관 장비 조립하기). 다른 사람이 제공하는 촉진제에 의존하기보다는 오히려, 자기교시는 학생 자신의 행동을 이끌도록 허용한다. 자기교시는 행동 순서를 포함하는 어떤 안전 기능을 위해 사용될 수 있다. 예를 들면, 그룹 홈에 살고 있는 개인은 만약 자신의 돈이나 수표책을 안전한 장소에 보관하지 않으면, 다른 사람이 그것을 가지고 갈지도 모른다는 것을 깨달을지도 모른다. 그런 상황에서는 개인은 자신에게 혼자 말하는 법을 배울지도 모른다. “만약 내가 이 돈을 자물쇠를 채워 보관하지 않으면, 누군가가 그 돈을 가져갈지도 몰라. 나는 이 돈을 안전한 은행에 보관할 필요가 있어.” 문제해결처럼, 자기교시는 생산적인 학습전략을 나타낸다. 안전기능을 수행하는데 필요한 순서를 찾아내는 것이 필요하고, 학생을 위해서는 적절한 말로 하는 순서를 개발할 필요가 있고, 기능을 보여주고 자기교시를 반복하도록 학생을 강화할 필요가 있다. 시간이 지남에 따라 지원이 사라지고, 자기교시는 지속성을 증진시킬 것이고 안전기능이 일반화 되도록 할 것이다.

7. 자기모니터링, 자기평가 및 자기강화

이번 장의 초기에 제기되었던 문제는 사고와 위험이 가끔 일어난다는 사실이다. 만약 모의훈련이 제공되지 않으면, 학생은 목표행동을 수행할 제한된 기회를 가지게 될 것이다. 자연환경에서 학생의 수행을 사정하기 위해 기회를 이용할 수 없는 한, 모의상황을 이용하는 교수가 권장된다(예를 들면, 역할놀이, 꾸며낸 상황). 하지만, 그런 상황에 제공되어야 할 것은 학생 자신의 행동을 평가하고 모니터 하도록 가르치는 것이다(즉, "나는 미리 정해진 순서를 따르고 적절하게 그 기능을 수행했는가?"). 자기교시와 비슷하게, 행동순서를 포함하는 어떤 안전기능을 위한 자신의 행동을 모니터 하도록 학생을 가르칠 수 있다(예를 들면, 화재가 발생할 경우 건물 밖으로 빠져 나오기, 약 복용을 계속하기 및 조절하기). 하지만, 차이점은 반응을 하기 전에 자기교시가 수행되는 것과 자기모니터링이 그 후에 일어나는 경우이다. 자기모니터링은 전형적으로 체크리스트 혹은 문자화된 일람표를 포함하지만, 그것은 또한 그림으로 된 단서도 포함할지도 모른다. 더욱, 학생은 자기 혼자서 강화를 조절하도록 배울 수 있다. 즉, 자신의 행동을 모니터 한 후와 현재의 기준을 만족시킨 후에 강화물(학생의 교수 필요에 토대한 말 혹은 유형의 물건)이 학생에게 전달된다. 그런 자기강화는 원하는 반응을 중재하는 역할을 할 수 있고, 전형적으로 단지 가끔 연장되거나 간접적인 강화만을 받는 행동에 대한 즉각적인 강화를 제공한다. 이들 전략은 외부적 조작 없이 학생 자신의 안전행동을 강화시키고, 평가하고, 모니터 하도록 한다.

요약컨대, 명확하게 학생의 자기결정력을 증진시키도록 학생에게 최대한의 기회가 주어져야할 맥락을 제안한다. 학생이 행할 선택과 학생 자신의 행동을 이끌고 다루는 정도가 그들의 삶에 대한 지속성과 구조를 제공할 수 있고 학생으로 하여금 원하는 성과를 달성하도록 허용한다는 것을 인식하는 것이 중요하다. 자기결정력을 증진하는 것에 대한 국가적인 관심은 엄청난 추진력을 지니고 있다. 그리고 많은 교사들, 부모들 및 전문가들은 학생이 자유롭게 선택하도록 보장을 해야만 한다. 하지만, 건강 및 안전과 관련해서는 학생의 자유선택이 보류될 수도 있다는 국면도 있다. 학생에게 잠재적인 위험을 포함하는 상황은 선택과 자기관리가 서비스 제공자들과 학생에 의해서 적절하게 타협이 이루어져야하는 상황이라고 생각될 수 있다.

개인의 권리가 그들이 장애를 가지고 있다는 것 때문에 중지되어서는 안 되는 것과 꼭 마찬가지로 위험을 내포하는 상황에 접근이 무시되어서는 안 된다는 것은 바로 우리의 의견일 뿐이다. 그렇게 함으로써, 그들의 경험은 생략되거나 그들의 삶의 질에 엄청난 타협이 있을 지도 모른다. 애석하게도, 삶은 위험으로 가득하고, Perske(1972)가 지적했듯이, 우리는 그런 역경을 다루기 위해 우리의 모든 자원을 사용해야만 한다. 우리가 그것을 좋아하건 싫어하건, 우리는 이런 현실에 직면해야만하고 장애인들 또한 반드시 직면해야만 하는 것도 바로 이런 현실이다. Schloss, Alper 및 Jayne(1993)이 권장했듯이, 반드시 장애인들이 이점과 위험이 균형을 이루도록 하는 삶의 경험을 가지도록 보장해 주기 위해서 우리는 모든 노력을 다 해야만 한다.

제12장 자기권리주장 운동

본 장에서는 자기권리 주장운동의 전개, 자기권리주장 운동의 역할과 배경, 발달지체인의 자기권리주장운동의 과제를 언급했다.

1. 자기권리주장운동의 전개

자기권리주장(self-advocacy)이란 자신을 위해 스스로 권리를 주장하고, 권리를 획득하고자 하는 활동이다. 사람들은 훈련, 경험을 통해 새로운 기술들을 배우며, 그 기술을 통해 자신의 삶에 대한 결정을 해 나간다. 하지만 발달지체인들은 자신을 위해 주장하고 선택하며 결정할 기회를 가지지 못했으며, 아직 많은 사람들은 발달지체인이 이런 능력을 가질 수 있다는 사실을 인정하지 않고 있다.

하지만 현대 사회는 발달지체인에 대한 인식의 변화를 일으키고 있으며, 누구도 차별되지 않는 평등한 권리를 가져야 하고, 똑같이 질적인 삶을 누려야 함을 깨닫고 있다. 질적 삶(quality of life)의 요소는 인간의 전 생애에 걸쳐 다양하지만, 자신이 삶의 주체가 되어 자신만의 세계를 형성하고 자기 주도적으로 사는 것이 질적인 삶을 사는 것이라고 할 수 있다.

자신이 삶의 주체가 되기 위해서는 우선 스스로 자신을 표현할 수 있어야 하며, 자신이 필요한 것을 주장하고 획득할 수 있는 능력이 있어야 한다(김정권, 김혜경, 1999). 이 능력이 바로 자기권리주장 능력이며, 이를 성취하기 위해 발달지체인들 사이에 운동이 일어나고 있는 것이다.

유럽이나 미국 같은 국가에서는 이 운동이 30여년 전부터 풀뿌리운동으로 일어나서 지역사회를 기반으로 발달지체인들의 권리를 주장하기 위해 단체를 만들어 운동을 벌이고 있다. 하지만 한국에서는 1998년 '전국특수교육 부모 대학 지도자 워크샵' 에서 처음 이 단체에 대해 알리고 여러 활동을 통해서 운동을 벌이고 있다.

우리나라에서는 자기권리주장 단체의 이름을 '더불어 사는 국민' 이라고 정하고, 심·신의 손상으로 교육·사회·직업에서 겪고 있는 불이익이나 불평등을 알리고자 하며 서로 협력하는 사회 체제 안에서 완전 사회 통합을 이루기 위해 노력하고 있다.

1) 자기권리주장의 정의

자기권리주장 운동을 정확히 이해하기 위하여, 자기권리주장이란 용어를 간단히 정의해 보는 것이 필요하다. 몇몇 학자들은 자기 자신 또는 비슷한 처지의 사람을 위해 활동하고 대화하는 것이라고 주장한다(Hallgren, Norsman, and Bier, 1977; Williams and Shoultz, 1982). Rhoades(1986a)는 자기-권리주장은 평등과 자립의 성취, 그리고 사회의 완전한 시민으로서 인식되도록 하는 것이라고 설명했다. 최근에 전국 연맹인 미국발달지체인 자기-권리주장연맹(Self-Advocates Becoming Empowered)에 의해 채택된 '자기권리주장' 정의는 다음과 같다 :

자기권리주장은 발달지체인 스스로를 위해 주장하는 방법을 가르치고, 그들 장애인이 생각하는 것들을 표현할 수 있는 방법들을 배우게 하는 것이다. 이것은 발달지체인들이 좀 더 자립적인 생활을 하도록 스스로 결정하고 선택하는 방법을 가르치기 위한 것이다. 또한 그들에게 권리를 가르치지만, 그들의 권리만이 아니라 그들의 의무도 알게 하는 것이다(Hayden and Shoultz, 1991, p. 4).

다시 요약해 보면, 자기권리주장 운동은 회원들에게 동등한 사회 시민으로써 살아가는 방법을 가르치는 한편, 그들이 생각하고 활동하는데 있어서 가능한 자립할 수 있도록 용기를 주는 삶의 한 방식이라고 할 수 있다.

2) 자기권리주장 운동의 유래

발달지체인의 자기권리주장운동은 정신지체인 Bengt Nirje가 자신의 어린 시절과 성인시절에 겪은 경험을 바탕으로 정신지체인도 자신의 선택을 할 수 있으며, 선택의 역할을 해야 한다고 믿게 됨으로서 1960년대 말 스웨덴에서 처음 시작이 되었다. 미국에서는 1973년 오레곤에서 시작이 되어 현재까지 많은 발전을 보이고 있다. 이 단체들은 'people first' 라는 단체 이름을 내걸고, 그들이 장애인이라는 호칭으로 불리어지기 전에 일반인과 똑같이 자신의 이름으로 불러주어야 한다고 주장하고 있다. 그리고 동등한 국민으로서 평등과 독립을 위해 그리고 사회에 참여할 수 있는 구성원이 되기 위해 그들의 주장을 내세우고 있다(Longhurst, 1994).

이 단체는 초기에는 지방에서 시작되었지만 전국적인 협회로 성장하였다. 협회의 초기 토론 내용은 처음에는 주로 재활 문제에 초점을 두었으나, 자기권리주장과 관련된 많은 문제들이 계속 건의되었다. 이 협회들은 미국과 영국령 콜롬비아, 그리고 영국에서 그와 유사한 자기권리주장 단체들의 발전을 촉진시키고 있다.

3) 자기권리주장 운동의 선두 주자

이전의 여러 사회 운동들은 발달지체인들의 자기권리주장 운동이 발전하는데 많은 영향을 준 것으로 보인다. 흑인들의 시민권 투쟁(civil rights straggle)과 같은 운동들은 평등에 대한 요구를 수용하려는 사회적 분위기를 조성하는데 도움을 주었다(Lewis, 1970). 예로 독립생활운동(Independent Living Movement)과 같은 운동들은 불이익을 받고 있는 집단(장애인 단체)들이, 그들의 생활을 방해하는 장애물을 알리는 데 도움이 되었다(Langway, Abramson, Hager, and Hackett, 1982). 또 다른 중요한 사회운동이 자기권리주장 운동 내에서 나타났다. 예를 들어 처음에 미국정신지체아협회(National Association for Retarded Children: ARC-후에 Association for Retarded Citizens라 불리어졌고 지금은 The Arc라 부른다)이라 불리었던 정신지체아 부모 협회의 창립은 발달 지체 영역에서 자기권리주장에 대한 선례를 세웠다(Lakin and Bruiniks, 1985). 또 다른 자기권리주장의 중요한 요소는 소비자 옹호 운동(Nader, 1965), 자립 운동(Gartner and Riessman, 1984), 그리고 시민 참여 운동(Miller, 1972)과 같은 것에서 알 수 있듯이, 수요자가 원하는 서비스를 제공할 수 있도록 투자를 요구하는 것이다. 결론적으로 말하자면, 정상화와 탈시설화의 이상들이 받아들여짐으로써 발달지체인에 의한 자기권리주장 운동을 고무시켰다고 볼 수 있다(Lakin, & Bruininks,1985; Laski,1985).

4) 미국에서의 자기권리주장 운동

발달지체인의 자기권리주장은 1960년대에 다른 나라에서 시작되었으며, 미국에서는 1973년 처음 시작되었다. 자기권리주장 운동은 영국령 콜롬비아에서 열렸던 자기권리주장 협의회에 참석했었고, 그리고 이전에 여러 학회들에 속해 있었던 몇 사람에 의해서 시작되었다. 이들은 장애인에 대한 차별과 기회의 부족으로 사회생활에서 어려움을 겪고 있었다(Williams & Shoultz, 1982). 그들은 “함께 살아가는 방법을 배우고 그들 스스로를 위해 주장하기 위하여”란 목적을 내세우고 자기권리주장 단체를 결성함으로써 이 제안들을 내어놓기를 결심했다(Schaaf, et al. 1977, p. 249). 일반인 자원봉사자들의 도움으로, 회원들은 모든 결정이 그들 발달지체인들에 의해 이루어지는 자신들의 자기권리주장 단체를 조직하고 관리하는 방법을 배웠다. 몇 달 만에 그 단체는 회원이 거의 40명으로 증가되었다.

발달지체인들 스스로가 단체의 경영을 맡게 된 후부터, 단체 회원들은 다른 장애인들에게 자기권리주장에 대해서 가르치기 위해서 노력했으며, 그들 장애인들의 협회를 후원하기로 결심하였다(Schaaf et al., 1977; Williams & Shoultz, 1982). 오레곤주에서 첫 대회가 열렸고, 이 대회에 500명이 참석하였다. 이 대회를 「We Have Something to Offer」이라고 불렀으며, 이 첫 대회를 개최함으로서 얻은 직접적 결과는 오레곤주에서 16개의 자기권리주장 단체가 생겼다는 것이다(Rhoades, Browning, & Thorin, 1986c). "People First" 협의회는 오레곤주에서 매년 행사를 갖게 되었으며, 다른 주들이 이들의 방법을 배우기 위해 많은 사람들을 파견하였다(Rhoades, 1986b; Schaaf, et al., 1977). 이 협의회는 여러 나라의 자기권리주장 단체의 촉매제 역할을 하였으며, 그리고 자기권리주장 단체들의 발전에 크게 공헌하였다.

5) 한국에서의 자기권리주장운동

우리나라에서는 사단법인 한국발달장애아교육복지회 주최로 1998년 8월 19일 경주 코오롱 호텔에서 부모, 전문가, 발달지체인 등 250여명이 뭉쳐서 부모대학 지도자 워크샵을 개최하면서 발달지체인 자기권리주장운동을 전개하기 위한 추진위원회가 결성되었다.

제 1차 추진위원회 위원 위촉 및 협회의가 98년 9월 25일 경주 코오롱호텔에서 개최되어 자기권리주장운동의 추진 방향, 인적 구성, 홍보 및 추진 운동기관 선정, 경비 조달 방법 등에 관해 논의했고, 그 후 10월 30일까지 비공식회의를 3회 가졌다. 제 2차 위원회의가 11월 4일 대구대학교 도서관 601호실에서 개최되었고, 3차 회의가 98년 12월 8일 경주에서 개최되어, 자기권리주장 대회의 프로그램 운영 및 내용, 자기권리주장운동 방향 설정에 관해 논의하였다.

제 4차 위원회가 3월 10일 동대구 관광 호텔에서 개최되어, 자기권리주장 대회의 업무와 역할 분담에 대한 구체적 논의가 있었고, 더불어 사는 국민 단체 구성 방안, 선진지 견학, 기타 단체 활성화 방안을 논의하였다. 그 이후 자기권리주장 대회의 준비 건으로 4차의 회의가 있었다.

1999년 4월 9일 '발달지체인의 자기권리주장 대회'가 국회의원회관 대회의실에서 발달지체인, 학부모, 전문가, 후원회원, 도우미 등 1919명이 참석한 가운데 개최되었다. 주장대회는 교육분과에서 12명, 직업분과에 10명 모두 발달지체인 22명의 자기 주장 발표가 있었으며, 결의문 채택을 하여 각 기관에 그 뜻을 전달하였다. 거기에는 발달지체인 외에 국회의원, 헌법 재판소장, 특수교육 및 재활단체 의장 그리고 교육계 인사들이 참석했었다.

이 대회에서 자기권리주장자들은 그들의 권리를 찾기 위해 다음과 같은 결의를 하였다(한국발달장애아교육복지회, 제1회 발달지체인 자기권리주장대회 팜플렛, 8면).

첫째, 우리를 대한민국 국민으로서 인정해 주어야 한다.
둘째, 우리의 생각과 언어와 행동이 더 이상 무시되지 말아야 한다.
셋째, 우리의 생각을 말로 표현할 수 있는 기회가 주어져야 한다.
넷째, 우리의 능력이 최대한 개발되도록 적절한 교육이 보장되어야 한다.
다섯째, 우리는 직업을 갖기 원하며 이는 직업재활법에 의해 보장되어야 한다.
여섯째, 우리의 취미 활동과 여가 활동이 최대한 보장되어야 한다.
일곱째, 우리의 자유로운 사회활동을 위해 완전한 사회참여가 이루어져야 한다.

자기권리주장자들의 결의에서 알 수 있는 것은 발달지체인들도 그들 나름대로 주장할 수 있는 능력이 있으며, 표현 방법이 우리와 다를지 모르지만, 그들이 원하는 것은 일반인과 똑같다는 것이다.

그리고 제 5차 위원회가 동대구관광 호텔에서 1999년 5월 7일 자기권리주장대회 평가 반성회 및 간담회를 위해 개최되었다.

1999년 8월 16일에서 23일까지 발달지체인 미국현지 워크샵을 통해 'Jay Nolan Community Service Center'와 워크샵을 가졌으며, 나성 더불어 사는 국민의 회원과 담론회를 가져 그들의 경험을 배웠다. 미국 오레곤주 더불어 사는 연명과 만나 진지한 토의를 하였다.

2000년 4월 17일에서 18일까지 '제 1차 더불어 사는 국민 지도자 워크샵'을 열어 더불어 사는 국민의 지도자 교육이 있었다. 이 지도자 워크샵은 앞으로 각 기관 및 지역 '더불어 사는 국민' 창립과 운영에 있어 지도자를 기르는 것이 목적이며, 연수 후 지도자증을 주어 앞으로 공인된 지도자로 인정받게 된다. 매회 30여 명씩 양성하는데 발달지체인 지도자 15명과 앞으로 더불어 사는 국민의 자문인이 될 일반지도자 15명으로 구성된다. 이 지도자 워크샵은 매년 경주에서 진행이 되고 있다.

우리나라의 자기권리주장운동 관련 도서는 현재 발달지체인의 자기권리주장운동(김혜경 역, 1998), 발달지체인의 자기권리주장운동: 더불어 사는 국민(김정권, 김혜경, 1999), 더불어 사는 국민 운영 핸드북(김정권, 여광응, 조인수, 김혜경,

1999), 나의 꿈, 나의 소망(1999), 부모교육(2004) 등이 발간되었으며, 이 책들은 자기권리주장운동 단체를 만들고 발전시키는데 기본 자료가 될 것이다.

이와 같이 1998년 8월 이후 벌여온 '더불어 사는 국민'의 운동은 이제 겨우 시작에 불과하지만, 이 운동의 필요성에 대한 확실한 인식과 신뢰를 기반으로 하고 있는 한국의 자기권리주장운동은 그 성과를 기대해도 되리라 생각한다. 그리고 이 운동에 필요한 기본 자료의 준비와 후원 단체의 활발한 활동은 더욱더 이 운동에 대한 성공을 확신하는데 밑거름이 되고 있다.

2. 자기권리주장 운동의 역할과 배경

1) 자기권리주장 운동의 역할

발달지체인들은 언어 표현력이나 사고력이 부족하다고 볼 수 있다. 그런 점 때문에 지난 70여년간 부모들이 그들을 위해 권리 찾기 운동을 벌여왔으며, 발달지체인들의 교육권, 노동권, 행복권, 생존권 등을 부모들이 주장하였고, 부모단체를 만들고 권리 주장 활동을 해 왔다. 발달지체인들은 그들의 권리를 주장한다거나 자신이 필요한 욕구를 표현할 수 없다고 생각했기 때문에 스스로 자신을 표현하고 주장할 기회를 만들지 못하였다.

미국의 정신지체 부모 단체인 미국정신지체협회(The Association for Retarded Citizen : The Arc)나 우리나라의 한국장애인부모회나 한국정신지체인애호협회 같은 단체는 발달지체인 자신들의 단체가 아니다. 그러나 대부분의 장애인 권리 주장 운동은 이들에 의해 부모 운동으로 전개되어 왔다. 하지만 자신의 요구나 불편함 등은 자신이 가장 잘 알고 잘 나타낼 수가 있으므로 자신의 단체를 통해 자신의 권리 주장을 스스로 해야 함이 당연할 것이다. 이 발달지체인의 자기권리주장 운동 단체는 자신의 단체이며, 타인이 권리를 주장하는 것이 아니라 발달지체인 스스로가 자신의 권리를 주장하는 단체임에 의의를 부여해야 한다.

유럽과 미국에서는 발달지체인 스스로가 자신의 권리를 주장하는 운동을 벌써 30년 이상 벌여서 전국적 조직을 갖게 된 상태이다. 이 단체의 특성은 그들 옆에 항상 부모들이나 다른 협력자가 필요하다는 것이다. 특히 부모 단체와는 파트너쉽을 가지고 운동을 펼쳐나가고, 단체를 이끌어나가야 한다. 그들은 많은 교육과 지원을 받으면서 단체를 운영할 것이며, 이들은 이 단체를 통해서 자신감을 키우고, 자기 결정을 하며, 그들의 사회와 나라에 관해 배우고 참여하는 기회를 가진다.

발달지체인의 자기권리주장 운동의 역할에 대해 살펴보면 다음과 같다.

첫째, 스스로 자신의 의사를 표현하는 것이다. 교육을 통해 스스로를 표현할 수 있도록 해야 하며, 사회에 나아가서도 떳떳이 자신을 소개하고 자신의 느낌을 말할 수 있도록 해야 하는 것이다.

둘째, 자신의 문제를 스스로 결정하고 해결하는 것이다. 많은 발달지체인들은 그들 생활에 있어 선택을 할 수 있다고 인정을 받지 못했고, 그래서 그들의 문제를 스스로 결정할 기회조차 가지지 못했다. 질적 삶을 살아가기 위해서는 그들이 원하는 삶을 살아야 한다. 즉, 자기 결정을 올바로 할 수 있을 때 질적 삶을 살아갈 수 있는 것이고, 이 자기 결정이 가능한 사람이야말로 스스로의 가치를 알고 존중하는 길이 될 것이다.

셋째, 권리뿐만 아니라 의무도 알고 실천하는 것이다. 그들이 할 수 있는 범위 내에서 그들이 해야 할 일, 지켜야할 일들을 배우고, 사회 생활에 적응 능력을 기르기 위한 교육을 해야 한다.

넷째, 자신이 완전한 시민임을 알려야 하는 것이다. 이 운동은 발달지체인도 일반인과 똑같은 인간임을 주장하며, 그들이 완전한 시민임을 모두에게 알리고, 그들의 권리를 주장하는 것이다.

발달지체인의 자기권리주장 운동은 이제껏 부당하게 차별되었던 그들의 삶을 되찾기 위한 운동이다. 이 운동을 통해 그들의 권리를 외치기 위해서는 우선 그들의 권리가 무엇이며 어떤 방법으로 주장해야 하는 지를 배울 기회를 가져야 한다. 발달지체인의 자기권리주장 운동은 그들에게 할 수 있다는 자신감을 심어주고, 사회의 편견을 바로 잡는데 큰 역할을 하며, 발달지체인들의 질적인 삶을 열어주는 사회 운동이라고 할 수 있다.

2) 자기권리주장 운동의 필요성

과거, 그리고 아직도 우리 사회에서는 발달지체인들을 어린애 취급하며, 그들의 생활에 대한 결정에 있어 참여할 기회를 주지 않는다. 그리고 항상 장애인이라는 호칭이 따르며, 시설을 만들어 그들을 시설에 수용하고 있다. 발달지체인들은 그들의 권리와 책임에 대해서 배우지 못하고 있으며, 그들도 사회에서 더불어 살 수 있고, 일하고, 참여하고, 기여할 수 있다는 것을 보일 기회를 가지지 못하였다. 또한 일반인들은 발달지체인들을 똑같은 인간으로서의 가치있는 사람으로 보지 않고, 존중하지 않으며, 존엄성을 인정하지 않는다. 하지만 발달지체인은 존중되고 존엄성을 인정받는 가치있는 사람이다. 다른 사람과 접촉하고 사회에 참여하며, 봉사하기를 원하는 일반인과 똑같은 시민이요 국민이다.

일반인들은 발달지체인을 다른 특성을 지닌 사람으로 보며, 그들과는 다른 사람이라고 생각한다. 그리고 그들 자신에게는 일어나지 않을 일이고, 일어나지 말아야 되는 일로서 생각하고 있으며, 항상 좋지 않은 쪽으로 생각을 한다. 발달지체인을 동정하고 자선을 베푸는 것이 잘하는 행동이라고 믿고 있으며, 그들의 능력을 아예 인정하려하지 않는다. 발달지체인들은 이렇게 취급됨으로서 자신감을 잃어가며, 스스로 무능하게 되어 가는 악순환의 결과를 낳고 있는 것이다(김혜경, 1998).

미국 자기권리주장 운동 연맹에 모였던 700명의 대표자들은 그들이 함께 뭉쳐야 되는 이유로 세력화와 연결망(network), 그리고 그들의 활동, 책임, 권리, 자존심 등을 들었다. 전국적으로 발달지체인 권리 조직체의 강한 연결망을 발전시키는 것은 수천의 사람들이 똑같은 주장을 위해 싸우며, 똑같은 목적을 향해 일하고, 그들의 자존심과 문화를 만들어 가는 일을 하고 있나는 것을 의미한다(Bootel, 1999, Worrell, 1988).

오랫동안 발달지체인은 사회에서 분리되어 있었으며, 사회와 고립되어 있었고, 가족과도 멀리 떨어져 있어야 했다. 교육도 제대로 받지 못했으며, 일반학교에 다니는 것이 허락되지 않았고, 법에 의한 동등한 권리가 부정되었고, 직업을 얻을 길이 없었다. 하지만 이제 그들은 같은 공동의 목표를 달성하기 위해 운동을 전개하는 사람이 많으면, 많을수록 이런 문제 해결이 더 쉬워진다는 것을 알고 있으며, 그리고 단체를 만들어 그들의 권리를 회복해야 함을 깨닫고 있다. 조직된 단체에서 함께 일하는 것은 고립을 깨고 우정을 발전시키며, 사회적인 생활을 할 수 있게 해 준다. 또한 단체는 선택과 차별에 대해 배우고 그것이 그들에게 어떤 영향을 주는 것인지 알게 한다. 그들은 단체를 통해 자기권리주장 운동 전략을 배우며, 질적인 삶을 보장받기 위해 침묵을 깨고 스스로 권리를 주장하게 된 것이다(김정권, 김혜경, 1999).

발달지체인의 자기권리주장 운동은 분리되고 격리된 생활에서 해방 되려는 것만이 아니다. 그들은 교육을 받으며, 공동 사회 생활을 배우고, 그들이 필요한 지원, 서비스, 기술 등을 얻기 위해 주장한다. 그리고 그들간의 강력한 상호관계를 만들어 우정을 발전시키는 것이다. 역사적으로 보면, 사회는 항상 피부색이나 생김새, 성별 등으로 차별을 해 왔으며, 그들을 일반인과 다른 사람으로 취급했으며, 다르게 행동하는 것에 대해 무시를 했다. 자기권리주장 운동은 이 차별에 대해 저항하는 운동이다.

차별은 그들이 원하고, 요구하고, 바라는 것을 거절당하는 것을 의미한다. 차별은 법에 위배되는 것이지만, 사람들은 여전히 차별을 한다. 차별은 보통 두려움과 무지에서 온다. 두려움은 즐겁지 않은 감정과 위험성, 고통의 느낌을 가지는 것을 의미한다. 많은 일반인들은 그들이 장애인과 같이 있을 때 막연한 두려움이나 혐오감을 느낄 수 있다. 발달지체인들이 위험하기 때문이 아니라 이상한 생김새, 행동과 언동 때문에 이런 느낌을 가지는 것이다. 무지란 어떤 것에 대한 지식의 부족과 이해의 부족을 의미한다. 일반 사회인을 이런 무지에서 벗어나게 하는 것이 첫 번째 단계이다. 그러므로 이 운동은 발달지체인이 인류 역사에 기여하는 동등한 인간이며, 사회 구성원이라는 것을 알려야 하는 것이다.

발달지체인들은 단체를 통해서 자립을 성취하고자 한다. 자립이란 스스로를 위하여(스스로에 의해) 결정을 하는 것이며, 다른 사람들이나 다른 것들에 의해 통제되지 않는 것이다. 또한 자립은 자기 자신의 생활을 위해 충분한 재정을 가지는 것이며, 자신이 필요한 신체적 지원을 가지는 것이다. 자립은 많은 발달지체인들의 주요 목표이다. 발달지체인들은 그들의 자립을 위해 결제력, 세력화, 사회적 인정 등의 공평한 몫을 원한다(Sands, & Wehmeyer, 1996).

경제력은 자신이 원하는 필요한 것들을 살 수 있도록 한다. 또한 세력화는 강인한 힘을 주며, 영향력을 발휘하고, 그들이 말하는 것을 경청해주는 사람을 가지며, 그들이 원하는 것을 존중해 주는 사람을 가지게 한다. 단체가 공동의 목적을 위해 함께 힘을 모을 수 있는 것처럼 개인도 힘을 가질 수 있다. 사회적 인정은 자신이 원하는 것을 말할 수 있게 해 주며, 그들의 삶에 대해 결정을 할 수 있게 해 준다. 하지만 부당한 통제를 받게 되면 자신에게 일어난 일에 대해 개인적 힘을 가지지 못하며 강제적으로 명령을 받아들여야 하는 것이다. 이렇게 통제가 외부에 의해 이루어지면 자신에게 일어나는 일들을 지배할 능력이 거의 없어져 버리는 것이다.

발달지체인들에게 경제력, 세력화, 사회적 인정 등의 공평한 몫을 찾는 것은 시민으로서의 권리 주장, 수용시설의 거부, 직업과 임금 요구, 동등한 기회 요구, 평등한 교육, 차별의 금지 요구, 두려움과 무지의 제거, 수용시설이나 기관이 아닌 사회에서의 생활하기 위해 필요한 지원과 서비스를 요구하는 것이다. 이것을 얻기 위해 발달지체인의 자기권리주장자들은 권리 주장 운동을 벌여야 한다. 이 운동을 통해 발달지체인들은 그들이 완전한 국민으로 대우되기를 주장하며, 이것을 모두에게 알리고 지원을 요청해야 하는 것이다.

과거 분리 교육 시대에서는 장애인을 병리적으로 보았으며, 그래서 그들은 “환자”로 취급당하고, 전문인들의 진단과 처방을 받아야 했다. 70년대 메인스트림

시대에서는 장애인을 행동문제로서 보았으며 그들을 "내담자"로서 취급하고 전문가들이 팀을 구성하여 문제를 해결했다. 그러나 지금 완전 통합 시대에서는 그들을 "국민"으로 보아야 한다. 그리고 그들의 문제는 그들 스스로가 결정하고 해결하며, 그들이 원하는 것을 할 수 있어야 하는 것이다. 이런 변화는 패러다임적이며 산업 사회에서 계속 진행된 패러다임의 이동의 결과이다. 이런 패러다임 이동은 발달지체인의 자기권리주장 운동의 발전에 많은 영향을 주었다(김정권, 1997).

이 시대의 이상은 모든 사람들이 평등하게 참여할 수 있는 사회완전통합이다. 하지만 우리 사회에서는 이 이상을 실현하기 위한 준비가 되어있질 않다. 인간주의자들은 현상과 실재의 심한 모순을 깨닫고, '시민 권리 운동' 처럼 많은 사회 운동을 일으킨다. 이 운동도 이 시대에 부응한 사회의 변화를 요구하는 것이다. 인간주의자들이 추구하는 민주주의 사회에서의 권리를 찾기 위해 발달지체인은 그들을 사회의 완전한 구성원으로 인정하기를 요구해야 한다. 그러므로 발달지체인의 자기권리주장 운동의 발생은 이 시대의 요청에 따른 자연스런 결과라고 할 수 있으며, 이 운동의 발전 역시 이 시대가 요구하는 것이라고 본다.

3. 발달지체인 자기권리주장운동의 과제

1) 회원 확보 및 관리

우리나라에서는 아직 발달지체인 자기권리주장운동에 대해 잘 알지 못하고 있다. 아직 자기권리주장운동이 소개된 것이 일천하여 이 운동에 대한 확신과 인식이 부족하기 때문이다. 1998년 8월 이후 발달지체인 자기권리주장운동 추진위원회를 중심으로 캠페인의 전개와 담론회, 연수회를 통해 그 지반을 형성하고 있다. 풀뿌리 운동으로 전개되는 자기권리주장운동은 한국에서 자리잡아가게 될 것이다. 그러나 단위 단체가 활발히 설립되지 못하는 이유는 다음과 같은 이유 때문이라고 할 수 있다(김정권, 김혜경, 1999).

첫째, 발달지체인이 자기 권리를 주장할 수 있을까하는 신뢰감의 부족이다.

둘째, 발달지체인이 처해 있는 환경(수용 시설, 보호 작업장 등)이나 물리적 여건 때문에 모임에 참석할 수 없다고 생각한다.

셋째, 아직 단체에 대한 지식과 믿음이 부족하다.

이와 같은 의문을 가지는 것은 그들이 분리된 환경에서 생활하거나, 과보호를 하는 가족과 함께 살면서 단체 활동을 해 볼 기회가 없었기 때문에 일어나는 일이다. 발달지체인은 분리되고 차별되어 살았기 때문에 사회 경험이 없고, 나약하여 생활에 희망을 가지고 있지 못하므로, 모든 일에 자신감이 없고 불안한 상황에 처해 있는 것이다(Power, Singer, & Sowers, 1996).

그러므로 부모, 교사, 그리고 전문인들은 자기권리주장 단체를 알리고 발달지체인이 자기권리주장운동에 참여하고 "더불어 사는 국민"의 회원으로 교육도 받고 활동에 주요 성원이 되도록 지도해야 한다. 발달지체인이나 그 가족들에게 '더불어 사는 국민'이 왜 있어야 하는지, 무슨 일을 하는지, 어떤 방법으로 운동을 전개하는지 등과 같은 것을 자세히 소개하고 모두가 참여할 수 있도록 힘써야 할 것이다.

또한 자기권리주장자들이 단체 회원이 되고 난 후의 회원 관리를 위해서는 함께 의견을 모아 공동적인 목표를 세우고 그것을 성취하기 위해 함께 힘쓰면서, 하나씩 목표를 달성하도록 교육받아야 하고 격려되어야 한다. 함께 모여 이야기하고 주장하며 그들이 원하는 것이 무엇인지 아는 과정에서 그들은 상호 관계의 중요성을 깨닫게 될 것이다. 더불어 사는 국민의 회집은 즐거운 모임이 되도록 여러 가지 이벤트를 만들어 모임이 그들의 질적 삶에 중요한 역할을 할 수 있도록 해야만 단체에 더욱 관심을 가지게 되고, 참석하기를 원하게 될 것이다.

발달지체인은 '더불어 사는 국민'에 참여함으로써 그들의 목표를 같이 하고 그들의 권리를 함께 주장할 수 있다. 발달지체인이 함께 그들의 권리를 찾는 것은 그들의 의무임을 알아야 한다. 자기권리주장 단체는 분리 수용되어 있는 발달지체인도 운동에 참여할 수 있도록 배려해야 하며, 그들의 사회에서 더불어 살 수 있는 토대를 마련하기 위한 계속적인 활동을 하고, 그들의 행복한 삶을 위한 중요한 역할을 수행할 수 있도록 협력해야 할 것이다.

2) 회원의 교육 및 지도자 양성

발달지체인의 자기권리주장 단체는 다른 단체와는 달리 회원의 교육을 우선으로 하여야 한다. 그 이유는 이제까지 발달지체인은 자신의 단체를 가져본 적이 없기 때문에 단체가 하는 일이 무엇인지, 단체의 운영은 어떻게 하는지, 그들의 권리와 의무가 무엇인지, 그리고 그들의 권리를 어떻게 주장해야 하는지 등에 대해 잘 알지 못한다.

단체가 성공을 하기 위해서는 회원들에게 이와 같은 것을 교육하는 것이 우선 과제라고 할 수 있으므로, 부모나 전문인과 같은 후원자들이 자기권리주장자들과 동반자 의식을 가지고 다음과 같은 것을 교육해야 한다.

첫째, 개인의 권리를 주장할 수 있도록 교육을 해야 한다. 이를 위해서는 자기주장자들에게 자기 선택과 자기 결정 능력을 가르치고, 이를 통하여 스스로 문제를 해결할 수 있도록 해야 한다(김정권, 김혜경, 1999). 그리고 자신의 권리와 의무를 알게 하고 자신의 일상 생활에 대한 요구를 주장할 수 있도록 해야 한다.

둘째, 단체의 권리를 주장할 수 있도록 교육을 해야 한다. 사회에서의 자신의 권리를 알게 하고 이제껏 부당하게 대우받았던 것들을 일깨워 주며, 이것을 주장할 수 있는 방법을 교육해야 한다. 사람들과 의사 소통하는 방법, 지도자들과 면담하고 자신의 요구를 전달하며, 발달지체인에게 필요한 여러 가지 권리를 주장할 수 있도록 해야 할 것이다(Sands, & Wehmeyer, 1996).

셋째, 발달지체인의 재활을 위한 교육을 해야 한다. 청소년 단체나 다른 사회단체의 활동을 통하여 많은 사람들과 사귈 수 있도록 해야 하며, 발달지체인의 직업 재활을 위해 주장할 수 있도록 해야 한다.

넷째, 발달지체인의 자립을 위한 교육을 해야 한다. 이를 위해서는 우선 발달지체인들이 자기 존중과 자신감을 가질 수 있도록 많은 성공 사례를 만들어 주어야 한다. 그리고 장애인이라고 명칭과 사회적 편견에 대응하기 위한 기술을 배울 수 있도록 해야 하고, 서로 도우면 생활하는 방법을 배우고 협력의 중요성을 알 수 있도록 해야 한다.

다섯째, '더불어 사는 국민' 의 발전을 위한 교육을 해야 한다. 단체의 임원들을 선출하고, 임원들이 단체를 운영할 수 있도록 교육을 해야 하며, 단체의 재정적 지원을 위해 활동 할 수 있는 방법을 알 수 있도록 해야 한다. 그리고 단체의 정기적인 회의 개최와 회원 모집을 위해 활동할 수 있도록 하고, 국가 지원금을 인상시킬 수 있도록 주장하는 방법을 교육해야 한다.

위와 같은 회원 교육을 위해서는 지도자가 있어야 한다. 2000년 4월 17일과 18일 양일 간 경주 코오롱 호텔에서 '제 1차 더불어사는국민 지도자 워크샵' 이 있었으며, 매년 열리고 있다. 연수 내용은 자기권리주장 단체인 '더불어 사는 국민' 에 대한 이해, 그리고 자기권리주장 단체 설립과 그 목표, 더불어 사는 국민의 행동 지표, 자기 결정 훈련, 그리고 자기권리주장 단체의 설립과 운영, 그리고 임원의 훈련 지침에 대한 것이었다. 자기권리주장자와 후원자 30명을 우선 교육하고 지도자증을 수여했으며, 이들은 이제 현장에서 지역의 '더불어 사는 국민' 을 설립하고 단체 회원들을 교육하고 지원하는데 힘쓸 것이다.

'더불어 사는 국민'의 발전을 위한 회원의 교육은 개인 권리, 단체의 권리, 재활, 자립, 단체의 발전의 영역에 대한 교육이 이루어져야 할 것이며, 이 교육을 위한 지도자 양성은 정기적으로 이루어져야 할 것이다. 이를 통하여 '더불어 사는 국민' 운동은 단단한 풀뿌리 조직을 이룰 수 있을 것이며, 나아가 전국 단위의 '더불어 사는 국민'을 결성하도록 준비하게 될 것이다.

3) 후원 단체의 지원

탈현대사회는 협력 사회이다. 모든 사람들은 다른 사람들의 지원이 필요하며, 서로서로 지원하는 과정에서 각자에 대해 좋은 느낌을 가지고 서로를 알게 된다(김정권 외, 1999). 이 사회에서 발달지체인들이 완전한 인간으로 대우되며 살아가기 위해서는 긍정적인 자기 정체성과 삶의 목표, 그리고 개인의 성장을 위한 삶의 방법과 문제 해결 방법 등을 확립하는 것이 필요하다.

하지만 발달지체인들은 이렇게 스스로 삶의 목표를 정하고 그들의 목표를 펼칠 기회를 가지지 못했기 때문에, 자기권리주장운동을 통하여 그들의 권리를 되찾고자 노력하고 있다. 이 운동의 발전과 성취를 위해서는 부모, 전문인, 사회사업가 그리고 발달지체인의 자기권리주장운동에 관심을 가지고 참여하고자 하는 모든 사람들이 후원 회원이 되고 부모단체, NGO, 특수교육 및 재활 전문단체가 직간접으로 자기권리주장운동 단체인 '더불어 사는 국민'을 지원해야 한다.

지원 단체는 여러 가지 아이디어를 제공할 수 있으며, 협력을 통하여 단체의 발전에 많은 기여를 할 수 있다. 후원 단체에서의 중요한 역할은 다음과 같이 크게 두 가지로 볼 수 있다(김정권, 김혜경, 1999).

첫째는 단체 설립과 운영을 돕는 역할이다. 이 역할을 위해서 지원 단체는 발달지체인은 평등한 권리를 가진 국민이며, 이제까지 그들은 스스로 선택 결정하고 자신의 생각을 표현할 기회를 가지지 못했고, 자신의 삶의 주인이 되지 못하고, 권리를 찾지 못하고 있다는 것을 받아들여야 한다. 이와 같은 기본 입장을 이해하고 발달지체인의 자기권리주장운동의 필요성과 중요성을 인정하는 것이 무엇보다도 중요하다. 하지만 이 지원 단체는 발달지체인의 자기권리주장 단체를 돕는 역할이며, 동반자 또는 보조자 역할이지 앞에 나서서 이끌어 가는 것은 아니다.

그리고 단체의 설립과 운영을 돕기 위해 단체에 필요한 정보를 제공해 주고, 재정적인 지원을 해 주어야 한다. 자기권리주장운동자들은 어떤 문제에 대해서 적절한 결정을 내리는데 필요한 정보가 부족하다. 그러나 후원자들은 사회에서의 경험이 많기 때문에 단체의 소개, 사업체의 소개, 그리고 사회단체와의 연결 등에 많은 도움을 줄 수 있다.

둘째는 교육자로서의 역할이다. 발달지체인들은 스스로의 결정이나 자신의 결정에 대한 책임에 있어서 대부분 첫 경험이라고 할 수 있다. 후원자들은 자기권리주장자들이 결정 방법을 알도록 하기 위해 많은 시간을 투자해야 한다. 훌륭한 결정은 목표 설정과 목표 달성에 중요한 역할을 한다.

또한 지원 단체의 후원자들은 단체의 회의 계획, 기록, 투표, 선거 등에 대한 지식을 전달해야 한다. 이와 같은 지식은 훌륭한 자기권리주장자가 되기 위해 습득해야할 매우 중요한 것이다.

교사의 역할을 훌륭히 수행하기 위해서는 발달지체인의 입장에서 그들의 삶을 볼 수 있어야 한다. 후원자들은 신뢰를 바탕으로 해서 그들과 대화해야 하며, 서로 이해하고 상호관계를 가져야 하는 것이다. 후원자들의 믿음은 자기권리주장자들의 능력을 키우는데 중요한 역할을 한다.

이와 같이 '더불어 사는 국민'의 발전을 위해서는 지역 사회의 협력이 이루어져야 하며, '더불어 사는 국민'과 상호 관계를 가질 수 있는 후원 단체의 지원이 있어야 한다. 이 후원 단체의 중요한 역할은 단체의 설립과 운영을 돕고 '더불어 사는 국민'의 회원을 교육하여 스스로 자신의 단체를 발전시킬 수 있도록 도와주는 것이다.

제3부

여가 · 생활지도 프로그램과 실제

제13장 지역사회통합프로그램

지역사회통합 프로그램은 3개영역(기본생활영역, 사회자립영역, 직업생활영역)과 9개요인, 33개 하위요인으로 구성되어 있다.

1. 프로그램 구성체계

<표 13.1> 지역사회 통합교육과정 프로그램 체계표

영 역	요 인	하위 요인	학 습 제 재
기본 생활 영역	기초 개념	색인지	기본 색깔 이름 말하기와 연결하기
		색변별	같은 색깔 연결하기
		방향인지	오른쪽, 왼쪽, 위쪽, 아래쪽 방향구분하기
		크기,모양,공간변별	「같은」 개념알기, 「순서」 개념알기
	기능적 기호와 상징	교통관련표지변별	신호등 지키기
		생활표지변별	화장실 사용하기
		기타상징표시변별	여러 가지 표지판
	가정 관리	가정관리	밥짓기
		의복관련	옷 정리하기
		세제사용	세탁하기
		의복관리	다림질하기
	건강과안전	건강과청결	샤워하기
		응급처치	응급처치 방법 알기
		안전대처능력	안전대처 능력 기르기

<표 13.1> 계 속

영 역	요 인	하위 요인	학 습 제 재
사회 자립 영역	공공서비스	지역사회자원활용	시내버스 이용하기
		대금지불	임금과 급여 명세서, 통장 이해하기
		전화사용능력	공중전화 사용하기
	시간과측정	아날로그 시간 변별	시계 보기
		디지털 시간 변별	디지털 시계 보기
		시간활용능력	시간 적용하기
		달력사용능력	달력보기
		측정능력	측정하기
	금전 관리	화폐인지	동전과 지폐 알기
		화폐조합	같은 금액 알기
		화폐활용	물건구입하기
직업 생활 영역	직업 기능	직종	적성과 장래희망 알기
		직무	복사기 사용하기
		도구명과 쓰임새	청소용구의 종류와 쓰임새 알기
		직업준비와 태도	지각과 결근 시 전화 연락하기
	대인관계 및 여가	대인관계	직장 예절 지키기
		시설이용	지역사회시설 이용하기
		실내여가	비디오 감상하기
		체육놀이	여가 활동 참여하기

2. 프로그램 구성 내용

□ 기본생활영역

<table>
<tr><td>영 역</td><td>기본생활영역</td><td>요 인</td><td>기초 개념</td></tr>
<tr><td>교 과</td><td>예 능</td><td>하위요인</td><td>색 인 지</td></tr>
<tr><td>학습제재</td><td colspan="3">기본색깔 이름 말하기와 연결하기</td></tr>
<tr><td>학습목표</td><td colspan="3">기본 색깔의 이름을 알고, 같은 색깔끼리 분류할 수 있다.</td></tr>
<tr><td>준비자료</td><td colspan="3">색종이, 크레파스, 물감, 모형 신호등</td></tr>
<tr><td colspan="2">교 수 활 동</td><td colspan="2">학 습 활 동</td></tr>
<tr><td colspan="2">◈ 같은 색깔끼리 분류하기
·색종이로 색 분류하기
-빨간색, 파란색, 노란색, 초록색, 주황색, 보라색, 갈색, 검정색, 흰색의 색종이를 제시하고 같은 색깔을 찾아 모으기
·크레파스로 색 분류하기
-빨간색, 파란색, 노란색, 초록색, 주황색, 보라색, 갈색, 검정색, 흰색의 크레파스를 제시하고 같은 색깔을 찾아 모으기
·물감으로 색 분류하기
-빨간색, 파란색, 노란색, 초록색, 주황색, 보라색, 갈색, 검정색, 흰색의 물감을 제시하고 같은 색깔을 찾아 모으기

◈ 색의 이름 알기
·색의 이름을 알고 명명하는 색 찾아보기 (빨간색, 파란색, 노란색, 초록색, 주황색, 보라색, 갈색, 검정색, 흰색)

◈ 신호등에 쓰이는 색깔 알기
·빨간색, 초록색, 노란색 찾기</td><td colspan="2">■색종이로 색 분류하기

■크레파스로 색 분류하기

■물감으로 색 분류하기

■신호등에 쓰이는 색깔 알기
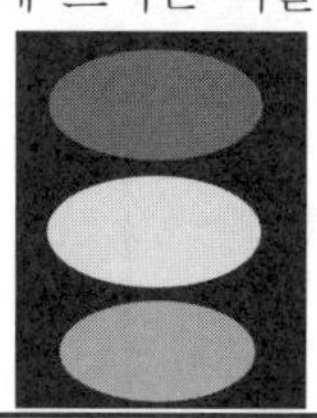</td></tr>
<tr><td>형성평가</td><td colspan="3">· 기본 색깔의 이름을 알 수 있는가?
· 같은 색깔끼리 분류 할 수 있는가?
· 신호등에 나타난 색을 알고 있는가?</td></tr>
<tr><td>유 의 점</td><td colspan="3">· 크레파스와 물감을 조심해서 다루도록 한다.</td></tr>
</table>

영 역	기본생활영역	요 인	기초 개념
교 과	예 능	하위요인	색 변 별
학습제재	같은 색깔 연결하기		
학습목표	색깔의 진하고 연함, 밝고 어두움을 구별한다.		
준비자료	크레파스, 물감, 파레트, 붓, 물통, 색상지		

교 수 활 동	학 습 활 동
◈ 비슷한 색깔끼리 분류하기 ·비슷한 색깔의 색상지 분류하기 -빨간색 계열 -노란색 계열 -파란색 계열 -초록색 계열 ·비슷한 색깔의 크레파스 분류하기 -빨간색 계열 -노란색 계열 -파란색 계열 -초록색 계열	▣비슷한 색깔끼리 분류하기   (색상지분류하기) (크레파스분류하기)
◈ 색 만들기 놀이 ·밝고, 어두운 색 만들기 -빨간색*흰색 -노란색*흰색 -파란색*흰색 -검정색*흰색 ·진하고 연한 색 만들기 -빨간색*물 -노란색*물 -파란색*물 -초록색*물	▣색 만들기  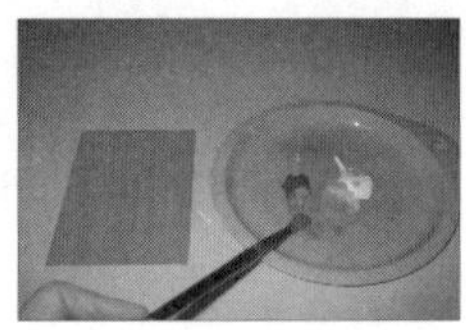 (더 밝은색) (더 어두운색)
◈ 색 구분하기 ·더 밝은 색, 더 어두운 색 찾기 (빨간색, 노란색, 파란색, 검정색) ·더 진한 색, 더 연한 색 찾기 (빨간색, 노란색, 파란색, 초록색)	 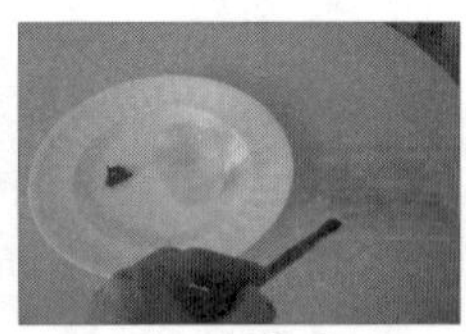 (더 진한색) (더 연한색)

형성평가	· 비슷한 색깔끼리 분류 할 수 있는가? · 색깔의 밝고 어두움을 구별 할 수 있는가? · 색깔의 진하고 연한 정도를 구별 할 수 있는가?
유 의 점	· 물감을 다룰 때 물의 양 조절에 유의한다.

영 역	기본생활영역	요 인	기초 개념
교 과	건 강	하위요인	방향 인지
학습재재	위, 아래, 오른쪽, 왼쪽 방향 구분하기		
학습목표	위, 아래, 오른쪽, 왼쪽의 개념을 안다.		
준비자료	계단 표지판, 미로판		

교 수 활 동	학 습 활 동
◈ 위, 아래 개념 알기 ·신체 활동으로 위, 아래 개념 알기 -손을 위로 올리세요, 아래로 내리세요 -발을 위로 올리세요, 아래로 내리세요 ·계단 오르기와 내리기 -화살표 표지판 읽기 -위로 올라가세요 -아래로 내려오세요 ◈ 오른쪽, 왼쪽 개념 알기 ·신체 활동으로 오른쪽, 왼쪽 개념 알기 -오른손, 왼손 올리고, 내리기 -좌향좌, 우향우로 방향 찾기 ·신발 신기 -오른쪽 신발 찾아 신기 -왼쪽 신발 찾아 신기 ◈ 미로 찾기 게임 ·미로를 따라 상, 하, 좌, 우 방향 찾기	▣위, 아래 개념 알기   (손을 위로) (손을아래로)   (올라가세요) (내려오세요) ▣오른쪽, 왼쪽 개념 알기 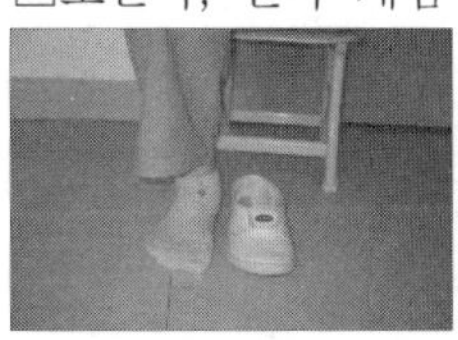 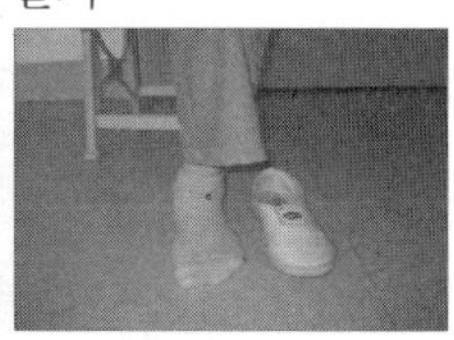 (오른쪽) (왼쪽)

형성평가	· 위, 아래, 오른쪽, 왼쪽의 신체 활동의 지시를 따를 수 있는가? · 위, 아래, 오른쪽, 왼쪽의 방향을 찾아 미로를 통과 할 수 있는가?
유 의 점	· 계단 오르기와 내릴 때 안전에 유의한다.

<table>
<tr><td>영 역</td><td>기본생활영역</td><td>요 인</td><td>기초 개념</td></tr>
<tr><td>교 과</td><td>치 료</td><td>하위요인</td><td>크기, 모양, 공간 변별</td></tr>
<tr><td>학습제재</td><td colspan="3">「같은」 개념 알기, 「순서」 개념 알기</td></tr>
<tr><td>학습목표</td><td colspan="3">·「같은」과 「다른」의 개념을 안다.
· 순서의 개념을 안다.</td></tr>
<tr><td>준비자료</td><td colspan="3">세모, 네모, 동그라미 모형(모양과 크기가 다른), 달력, 사계절 그림자료</td></tr>
<tr><td colspan="4"></td></tr>
<tr><td colspan="2">교 수 활 동</td><td colspan="2">학 습 활 동</td></tr>
<tr><td colspan="2">◈ 같은 도형 찾아 분류하기
·모양이 같은 도형 찾아 분류하기
-세모 모양, 네모 모양 분류하기
-동그라미 모양 분류하기
·색깔이 같은 도형 찾아 분류하기
-빨간색, 노란색의 도형 분류하기
-파란색의 도형 분류하기

◈ 다른 도형 찾아 분류하기
·색깔이 다르고, 모양이 같은 도형 분류
·모양이 다르고, 색깔이 같은 도형 분류

◈ 순서대로 나열하기
·모양과 색깔의 순서에 맞게 나열하기
-빨간 세모→파란 네모→노란 동그라미
·크기의 순서대로 나열하기
-대→중→소
·수의 순서대로 나열하기
-12달 순서대로 나열하기
·계절의 순서대로 나열하기
-봄→여름→가을→겨울</td><td colspan="2">■모양이 같은 도형 찾아 분류하기

■색깔이 같은 도형 찾아 분류하기

■모양과 색깔의 순서에 맞게 나열하기
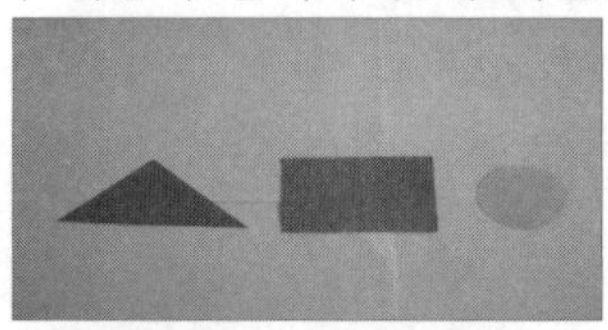
■계절의 순서
 ⇒  ⇒  ⇒ 
(봄) (여름) (가을) (겨울)</td></tr>
<tr><td>형성평가</td><td colspan="3">· 모양과 색깔에 따라 도형을 분류 할 수 있는가?
· 제시하는 상황에 따라 순서대로 나열 할 수 있는가?</td></tr>
<tr><td>유 의 점</td><td colspan="3">· 분류의 기준을 정확히 이해하도록 한다.</td></tr>
</table>

<table>
<tr><td>영 역</td><td>기본생활영역</td><td>요 인</td><td>기능적 기호와 상징</td></tr>
<tr><td>교 과</td><td>사 회</td><td>하위요인</td><td>교통 관련 표지 변별</td></tr>
<tr><td>학습제재</td><td colspan="3">신호등 지키기</td></tr>
<tr><td>학습목표</td><td colspan="3">신호등에서 초록색과 빨간색 불의 의미를 알고, 횡단 보도를 바르게 건널 수 있다.</td></tr>
<tr><td>준비자료</td><td colspan="3">신호등, 횡단보도</td></tr>
<tr><td colspan="4"></td></tr>
<tr><td colspan="2">교 수 활 동</td><td colspan="2">학 습 활 동</td></tr>
<tr><td colspan="2">◈ 신호등 보기
·신호능 색의 의미 알기
-초록색 : 가는 것
-빨간색 : 멈추는 것

◈ 횡단보도 건너기
·횡단보도 표시 찾기
·인도와 차도 구분하기
·횡단보도 앞의 인도에서 대기하기
·횡단보도 신호등이 초록색일 때까지 기다리기
·좌우의 차가 완전히 멈추었는지 살펴보기
·횡단보도의 오른쪽에서 운전자를 보면서 건너기
·다른 사람과 걸음의 속도를 맞추면서 건너기
·신호등이 끝나기 전 건너편 인도 위로 완전히 올라서기

◈ 횡단보도 차이점 알기
·신호등이 있는 횡단보도 건너기
·신호등이 없는 횡단보도 건너기</td><td colspan="2">■횡단 보도 건너기

1. 횡단보도 찾기

2.인도에서 대기하기

3.초록색 신호등일 때 좌우 살피면서 건너기

4.신호등이 끝나기 전 인도로 올라서기</td></tr>
<tr><td>형성평가</td><td colspan="3">· 신호등의 색깔을 정확하게 구분 할 수 있는가?
· 횡단보도를 바르게 건널 수 있는가?</td></tr>
<tr><td>유 의 점</td><td colspan="3">· 횡단보도를 건널 때 뛰지 않도록 한다.</td></tr>
</table>

<table>
<tr><td>영 역</td><td>기본생활영역</td><td>요 인</td><td>기능적 기호와 상징</td></tr>
<tr><td>교 과</td><td>사 회</td><td>하위요인</td><td>생활 표지 변별</td></tr>
<tr><td>학습제재</td><td colspan="3">화장실 사용하기</td></tr>
<tr><td>학습목표</td><td colspan="3">화장실 표시의 의미를 알고, 바르게 화장실을 사용 할 수 있다.</td></tr>
<tr><td>준비자료</td><td colspan="3">화장실, 화장지, 휴지통, 세면대, 비누</td></tr>
<tr><td colspan="2">교 수 활 동</td><td colspan="2">학 습 활 동</td></tr>
<tr><td colspan="2">◈ 화장실 표시 구분하기
·남자, 여자 화장실에서 볼 수 있는 다양한 표지판
-신사용, 숙녀용
-남자, 여자
-MEN, WOMEN
-그림판(남자, 여자를 구분할 수 있는 그림판)

◈ 화장실 사용하기
·순서를 기다린다.
·노크를 하고 들어가서 문을 닫는다.
·바지와 속옷을 무릎정도까지 내린다.
·변기의 종류에 맞추어 앉고, 용변을 본다.
·화장지로 뒤처리를 한다.
·사용한 화장지는 휴지통에 넣는다.
·물을 내린다.
·바르게 옷을 입는다.
·밖으로 나와 바르게 문을 닫는다.
·비누로 손을 깨끗이 씻는다.</td><td colspan="2">▣화장실 표지판의 종류

(그림판 남자) (그림판여자)

(남자) (여자)

(MEN) (WOMEN)</td></tr>
<tr><td>형성평가</td><td colspan="3">· 여러 종류의 화장실 표지판을 구분 할 수 있는가?
· 화장실을 바르게 사용 할 수 있는가?</td></tr>
<tr><td>유 의 점</td><td colspan="3">· 남자, 여자 화장실을 바르게 구분하여 사용하도록 한다.</td></tr>
</table>

<table>
<tr><td>영 역</td><td>기본생활영역</td><td>요 인</td><td>기능적 기호와 상징</td></tr>
<tr><td>교 과</td><td>사 회</td><td>하위요인</td><td>기타 상징표지 변별</td></tr>
<tr><td>학습제재</td><td colspan="3">여러 가지 표지판</td></tr>
<tr><td>학습목표</td><td colspan="3">지역사회에서 여러가지 표지판 찾고, 그 의미를 알 수 있다.</td></tr>
<tr><td>준비자료</td><td colspan="3">여러 종류의 표지판(관공서, 출입문, 승강기, 위험에 관한 표지판)</td></tr>
<tr><td colspan="4"></td></tr>
<tr><td colspan="2">교 수 활 동</td><td colspan="2">학 습 활 동</td></tr>
<tr><td colspan="2">◈ 승강기 표지판 구분하기
·여러가지 승강기의 종류 알기
-엘리베이터
-에스컬레이트
-무빙 워커

◈ 시설에 관한 표지판 구분하기
·경찰서
·소방서
·우체국
·병원
·목욕탕.

◈ 출입문 표지판 구분하기
·미시오(push)
·당기시오(pull)
·열렸음(OPEN)
·닫혔음(CLOSE)
·출입금지</td><td colspan="2"><표지판 구분>
■승강기 표지판

■시설에 관한 표지판

(경찰서) (소방서)
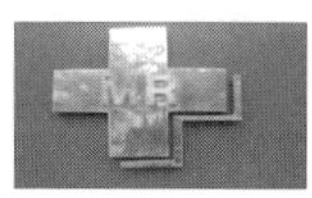 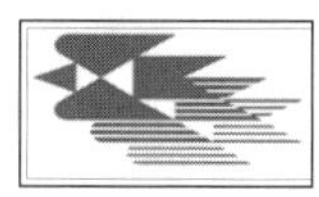
(병 원) (우체국)
■출입문 표지판

 </td></tr>
<tr><td>형성평가</td><td colspan="3">· 여러 가지 표지판을 구분 할 수 있는가?
· 여러가지 표지판의 의미를 알 수 있는가?</td></tr>
<tr><td>유 의 점</td><td colspan="3">· 실제 상황에서 표지판의 의미를 알고 안전에 유의하도록 한다.</td></tr>
</table>

영 역	기본생활영역	요 인	가정관리
교 과	가 사	하위요인	가정관리
학습제재	밥짓기		
학습목표	밥짓기에 필요한 조리기구와 재료를 사용하여 밥을 지을 수 있다.		
준비자료	쌀, 계량컵, 전기밥솥		

교 수 활 동	학 습 활 동
◈ 밥짓기에 필요한 도구 ·부엌의 조리기구 중 밥 지을 때 필요한 조리기구와 쓰임새 알아보기 -전기밥솥 -계량컵, -볼 -밥주걱 ◈ 밥짓기 ·계량컵으로 식사할 인원만큼 쌀 계량하기 ·분량의 쌀을 볼에 담아 맑은 물로 2~3번 정도 가볍게 씻기 ·씻은 쌀을 30분 정도 불리기 ·불린 쌀을 밥솥에 붓고 쌀과 물의 비율을 1:1.5로 맞추기 ·내솥의 표면을 마른 수건으로 물기를 제거하여 열판에 올린다. ·전원을 켜고, 취사 버튼을 누른다. ·전기밥솥의 불이 보온으로 바뀌면 밥을 푼다.	■밥짓기 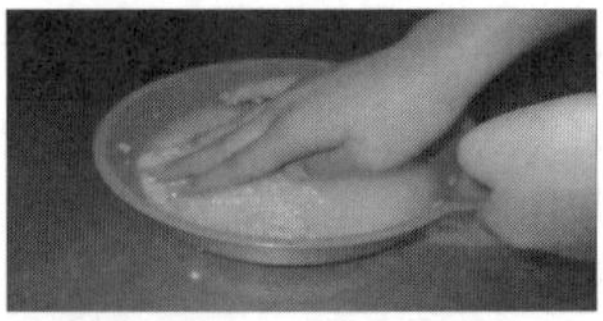 1.쌀을 가볍게 씻는다.  2.쌀과 물의 비율을 맞춘다.  3.전원을 켜고, 취사 버튼을 누른다.  4.보온으로 바뀌면 밥을 푼다.

형성평가	· 밥짓기에 필요한 도구들을 구분 할 수 있는가? · 전기 밥솥을 이용하여 밥을 지을 수 있는가?
유 의 점	· 쌀을 씻을 때 세게 문질러 씻지 않도록 한다. · 취사 시 전기밥솥의 증기구에 화상을 입지 않도록 주의한다.

<table>
<tr><td>영 역</td><td>기본생활영역</td><td>요 인</td><td>가정관리</td></tr>
<tr><td>교 과</td><td>가 사</td><td>하위요인</td><td>의복관련</td></tr>
<tr><td>학습제재</td><td colspan="3">옷 정리하기</td></tr>
<tr><td>학습목표</td><td colspan="3">계절에 맞게 적절한 옷을 구분하고, 옷을 바르게 정리 할 수 있다.</td></tr>
<tr><td>준비자료</td><td colspan="3">계절별 의상, 옷장, 서랍장, 상자</td></tr>
<tr><td colspan="4"></td></tr>
<tr><td colspan="2">교 수 활 동</td><td colspan="2">학 습 활 동</td></tr>
<tr><td colspan="2">◈ 계절별로 옷 분류하기
·계절별, 용도별 옷 분류하기
-하복, 동복, 춘추복으로 분류
-상의, 하의로 분류
-속옷과 겉옷으로 분류

◈ 옷 개기
·상의 개기
-옷을 반듯이 편다.
-양 소매를 안으로 접어 넣는다.
-상하를 반으로 접는다.
-좌우를 반으로 접는다.
·바지 개기
-바지를 반듯하게 편다
-좌우를 포개어 접는다.
-바지 길이를 절반으로 두 번 접는다.

◈ 옷 정리 및 수납하기
·속옷은 종류별로 개어 상자나 서랍에 보관한다.
·구겨지지 않는 겉옷은 개어 서랍장에 보관한다
·바지와 양복은 옷걸이에 걸어 옷장에 보관한다.
·코트와 같은 긴 옷은 밑 부분이 구겨지지 않게 긴 옷장에 걸어 둔다.</td><td colspan="2"><상위 개기>
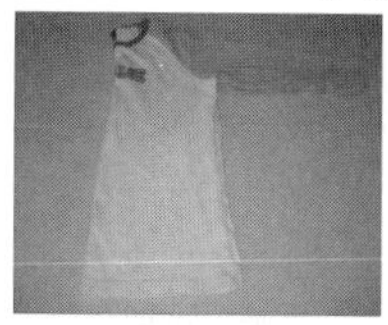 
1.반듯이 펴기 2.양소매 안으로 접기
 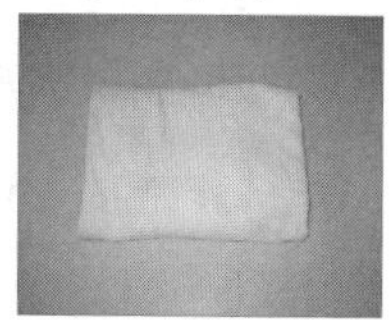
3.상하 반으로 접기 4.좌우 반으로 접기

<바지 개기>
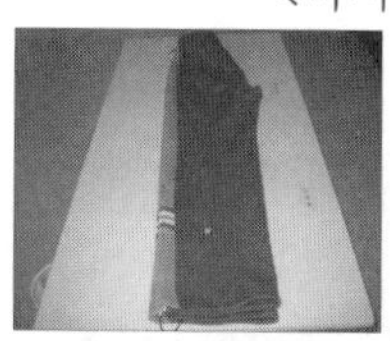 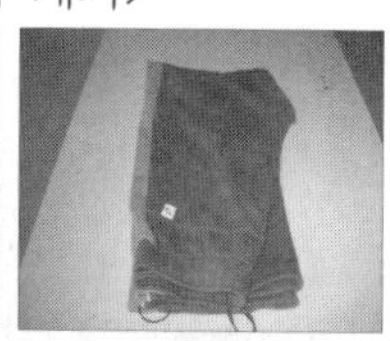
1.좌우 포개기 2.상하로 접기

3.절반으로 접기 4.절반으로 두번접기</td></tr>
<tr><td>형성평가</td><td colspan="3">· 옷의 종류에 따라 바르게 갤 수 있는가?
· 옷의 종류에 따라 바르게 수납 할 수 있는가?</td></tr>
<tr><td>유 의 점</td><td colspan="3">· 옷의 종류에 맞는 수납 공간을 선택 할 수 있게 한다.</td></tr>
</table>

<table>
<tr><th>영 역</th><td>기본생활영역</td><th>요 인</th><td>가정관리</td></tr>
<tr><th>교 과</th><td>가 사</td><th>하위요인</th><td>세제사용</td></tr>
<tr><th>학습제재</th><td colspan="3">세탁하기</td></tr>
<tr><th>학습목표</th><td colspan="3">의류세탁 시 필요한 세제를 구분하고, 세탁기를 사용하여 옷을 바르게 세탁 할 수 있다.</td></tr>
<tr><th>준비자료</th><td colspan="3">세탁용 세제, 세탁기, 섬유 유연제, 빨래비누</td></tr>
<tr><td colspan="4"></td></tr>
<tr><th colspan="2">교 수 활 동</th><th colspan="2">학 습 활 동</th></tr>
<tr><td colspan="2">◈ 세제 구분하기
·여러 종류의 세제 알아보기
-세탁용 세제 -표백용 세제
-주방용 세제 -창문용 세제

◈ 세탁기 버튼조작하기 및 세탁표시보기
·세탁기 버튼 기능
-전원:세탁기의 전원을 끄고, 켬.
-세탁:물리적 힘을 통해 때 제거.
-헹굼:맑은 물로 옷감의 세제와 때 제거
-탈수:옷감의 물기 제거
-세탁기 사용 순서 알기
·세탁표시
-손세탁 -울세탁
-드라이 -표백제 사용 않됨.

◈ 세탁기로 세탁하기
·세탁기용 빨래감과 세제준비하기
·때가 찌든 부분 애벌빨래하기
·동작 스위치를 눌러 세탁하기.
·마지막 헹굼에 적당량의 섬유 유연제 넣기
·종료음이 울리면 세탁물 꺼내기
·꺼낸 세탁물을 털어서 잘 편 후 건조대에 반듯하게 널어 건조하기</td><td colspan="2">■세탁하기
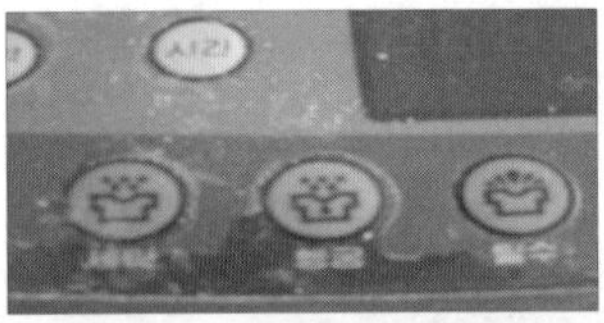

1.세탁기 버튼의 기능을 안다.
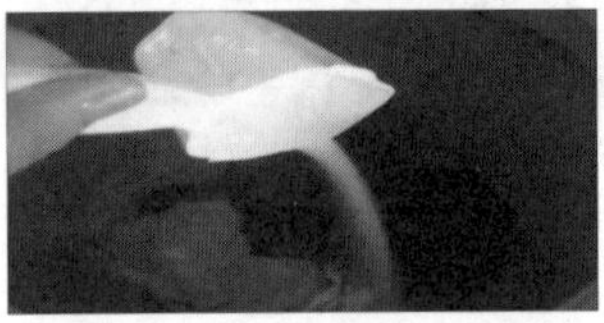
2.빨래감과 세제를 넣는다.

3.동작 스위치를 눌러 세탁한다.

4.세탁이 끝난 세탁물을 건조대에 반듯하게 넌다.</td></tr>
<tr><th>형성평가</th><td colspan="3">· 세탁물에 알맞은 세제와 세탁방법을 알 수 있는가?
· 세탁기를 바르게 조작하여 세탁 할 수 있는가?</td></tr>
<tr><th>유 의 점</th><td colspan="3">· 세탁 표시 방법을 정확히 알아 세탁물 손상이 없도록 유의한다.</td></tr>
</table>

<table>
<tr><td>영 역</td><td>기본생활영역</td><td>요 인</td><td>가정관리</td></tr>
<tr><td>교 과</td><td>가 사</td><td>하위요인</td><td>의복관리</td></tr>
<tr><td>학습제재</td><td colspan="3">다림질하기</td></tr>
<tr><td>학습목표</td><td colspan="3">다리미의 사용법을 이해하고, 옷을 바르게 다릴 수 있다.</td></tr>
<tr><td>준비자료</td><td colspan="3">다리미, 다리미판, 옷(소재가 다른 옷), 물뿌리개</td></tr>
<tr><td colspan="4"></td></tr>
<tr><td colspan="2">교 수 활 동</td><td colspan="2">학 습 활 동</td></tr>
<tr><td colspan="2">◈ 옷감 분류하기
·옷감에 맞는 온도 알아보기
-면, 마:180~200℃
-모직:130~150℃
-나일론:110~130℃

◈ 다림질하기
·다림질 용구 준비하기
·다리미의 플러그 꽂기
·옷의 라벨보고, 다리미의 온도 선택하기
·다리미대에 옷을 펴기
·골고루 물뿌리기
·옷감을 펴서 가볍게 다리기
·다림질 한 옷 옷걸이에 바르게 걸기
·다리미의 다이얼을 꺼고, 플러그 뽑기
·다리미를 안전한곳 으로 옮겨 열 식히기
·다림질 용구 정리정돈 하기</td><td colspan="2">▣다림질하기

1.다림질 용구 준비하기
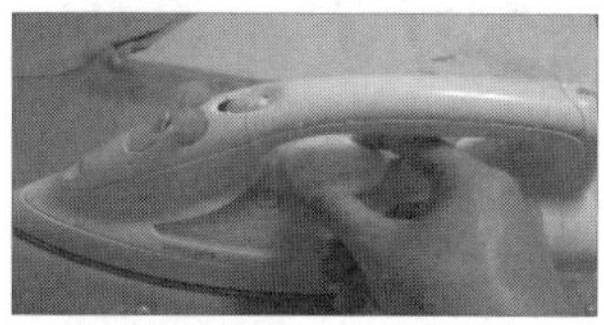
2.다리미의 온도 선택하기

3.옷감을 펴서 가볍게 다리기
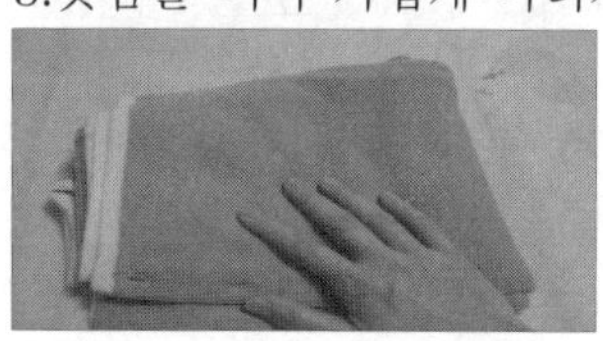
4.다림질 한 옷 바르게 개기</td></tr>
<tr><td>형성평가</td><td colspan="3">· 옷감의 소재에 맞는 다리미 온도를 선택 할 수 있는가?
· 옷을 바르게 다림질 할 수 있는가?</td></tr>
<tr><td>유 의 점</td><td colspan="3">· 가열된 다리미로 인한 화상과 화재에 각별히 조심하도록 한다.</td></tr>
</table>

<table>
<tr><td>영 역</td><td>기본생활영역</td><td>요 인</td><td>건강과 안전</td></tr>
<tr><td>교 과</td><td>사 회</td><td>하위요인</td><td>건강과 청결</td></tr>
<tr><td>학습제재</td><td colspan="3">샤워하기</td></tr>
<tr><td>학습목표</td><td colspan="3">샤워 용품을 알고, 몸을 깨끗이 씻을 수 있다.</td></tr>
<tr><td>준비자료</td><td colspan="3">목욕용 비누, 샴푸, 목욕 수건, 마른 수건, 스킨로션</td></tr>
<tr><td colspan="4"></td></tr>
<tr><td colspan="2">교 수 활 동</td><td colspan="2">학 습 활 동</td></tr>
<tr><td colspan="2">◈ 목욕 용품
·여러 가지 목욕 용품의 종류와 용도 알기
-모발용 샴푸
-목욕용 비누
-세안제
-헤어젤, 스프레이
-스킨로션

◈ 샤워하기
·옷을 벗어 개어 놓기
·샤워하기에 적절한 물 온도 조절하기
·머리를 물로 골고루 적신 후 샴푸로 머리 감기
·샤워기로 몸을 적신 후 세안제로 세수하기
·목욕 수건에 목욕 비누를 바른 후 거품을 내어 온몸을 골고루 문지르기.
·샤워기로 비누 거품을 깨끗이 씻어 내기
·마른 수건으로 머리와 몸의 물기 닦기
·로션을 얼굴과 몸에 골고루 바르고, 옷 입기</td><td colspan="2">▣여러가지 목욕 용품
 (목욕용 비누)
 (모발용 샴푸)
 (스킨로션)
 (세안제)
 (헤어젤)
 (스프레이)</td></tr>
<tr><td>형성평가</td><td colspan="3">· 여러 가지 목욕용품의 용도를 알고 있는가?
· 몸을 깨끗이 씻을 수 있는가?</td></tr>
<tr><td>유 의 점</td><td colspan="3">· 비누가 눈과 입에 들어가지 않도록 주의하고, 온수 사용에 유의한다.</td></tr>
</table>

<table>
<tr><td>영 역</td><td>기본생활영역</td><td>요 인</td><td>건강과 안전</td></tr>
<tr><td>교 과</td><td>보 건</td><td>하위요인</td><td>응급처치</td></tr>
<tr><td>학습제재</td><td colspan="3">응급처치 방법 알기</td></tr>
<tr><td>학습목표</td><td colspan="3">바른 약 복용 방법을 알고, 여러 응급 상황에서 적절한 응급처치를 할 수 있다.</td></tr>
<tr><td>준비자료</td><td colspan="3">의약품 상자, 체온기, 처방전</td></tr>
<tr><td colspan="2">교 수 활 동</td><td colspan="2">학 습 활 동</td></tr>
<tr><td colspan="2">◈ 약 복용 방법 알기
·바른 처방전 보기
–일/회/알/봉지/㎖
–아침·점심·저녁·자기전
–식전·식후

◈ 여러 가지 응급 처치 방법 알기
·출혈이 있을 때 : 상처 부위를 압박하여 지혈한다.
·화상시 : 화상 입은 부위를 흐르는 찬물에 대고 화기를 없앤다.
·눈에 이물질이 들어갔을 때 : 비비거나 만지지 말고, 깨끗한 물로 씻어낸다.
·열 이날 때 : 체온을 측정하고, 해열제를 복용하고, 열이 위험할 정도로 높을 경우 병원에 가야함을 설명한다.
·벌레에 물리거나 쏘였을 때 : 벌레의 독침을 빼내고, 암모니아수나 알콜을 바른다.
·햇빛이 강할 때 : 자외선 차단제를 바른다.</td><td colspan="2">■처방전 보기
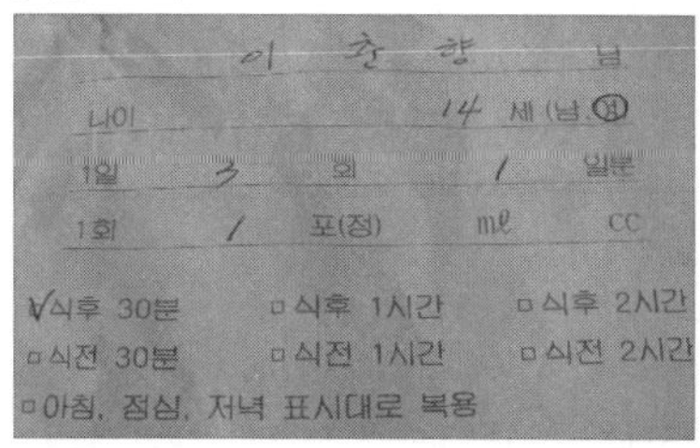
이 찬 형 님
나이 14 세 (남·여)
1일 3 회 1 일분
1회 1 포(정) ㎖ cc
✓식후 30분 □식후 1시간 □식후 2시간
□식전 30분 □식전 1시간 □식전 2시간
□아침, 점심, 저녁 표시대로 복용

■응급처치 방법
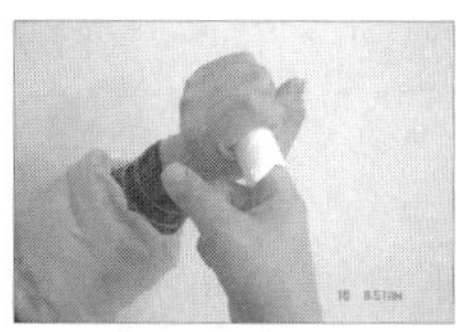
1.출혈이 있을 때
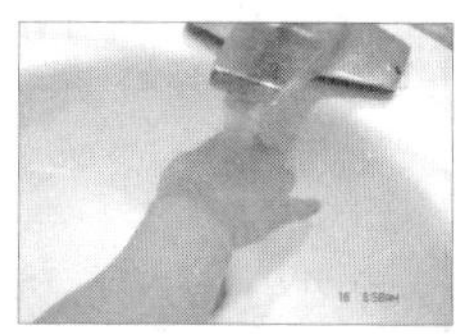
2.화상을 입었을 때
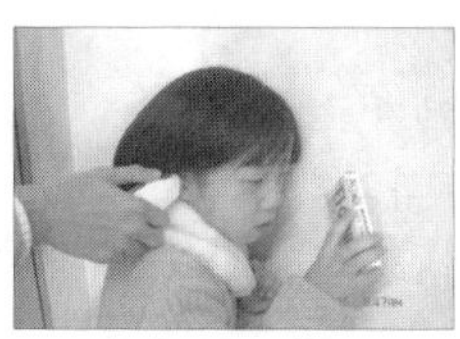
3.열이 날 때
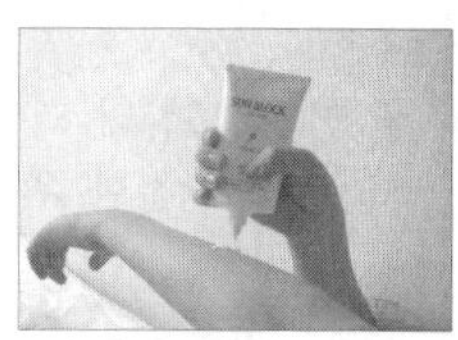
4.햇빛이 강할 때</td></tr>
<tr><td>형성평가</td><td colspan="3">· 처방전을 보고 올바르게 약을 복용 할 수 있는가?
· 여러가지 응급 상황을 알고 적절하게 처치 할 수 있는가?</td></tr>
<tr><td>유 의 점</td><td colspan="3">· 의사의 처방을 받지 않은 약을 함부로 복용하지 않도록 지도한다.</td></tr>
</table>

영 역	기본생활영역	요 인	건강과 안전
교 과	보 건	하위요인	안전대처능력
학습제재	안전 대처 능력 기르기		
학습목표	위험한 상황을 알고, 안전하게 대처할 수 있는 방법을 알 수 있다.		
준비자료	압축캔, 칼, 무거운 물건		

교 수 활 동	학 습 활 동
◈ 압축캔 관리하기 ·압축캔의 종류 알기 ·'화기 주의 및 위험' 에 유의하기 -불이나 열 가까이에 두면 폭발의 위험이 있음을 설명 ◈ 칼 사용하기 ·여러가지 칼의 종류 알아보기 -식도, 과도, 공작용 칼, 감자깎이 칼, 빵칼 등 ·칼의 위험성을 강조하기 ·여러가지 칼 사용 방법 알기 -칼날이 예리한 칼 사용시 반드시 몸 밖으로 칼날이 향하도록 한다. ◈ 무거운 물건 들기 ·무거운 물건 들 때의 자세 알기 -앉아서 들어보게 하고, 서서 들었을 때 허리를 다칠 수 있음을 설명하기 ◈ 안전한 상태 파악하기 ·물건의 안전한 위치 파악 ·감전이나, 부상의 위험이 있는 상황 파악	■압축캔 관리하기  (안전한 장소)  (위험한 장소) ■칼 사용하기  ■무거운 물건 들기 

형성평가	· 여러가지 위험한 상황을 알고 있는가? · 위험한 상황을 안전하게 대처 할 수 있는가?
유 의 점	· 위험 상황의 사전 안전 교육을 철저히 지도하도록 한다.

□ 사회자립영역

<table>
<tr><td>영 역</td><td>사회자립영역</td><td>요 인</td><td>공공서비스</td></tr>
<tr><td>교 과</td><td>재 량</td><td>하위요인</td><td>지역사회자원활용</td></tr>
<tr><td>학습제재</td><td colspan="3">시내 버스 이용하기</td></tr>
<tr><td>학습목표</td><td colspan="3">버스 승강장의 표지판을 알고, 시내버스를 이용하여 목적지를 찾아 갈 수 있다.</td></tr>
<tr><td>준비자료</td><td colspan="3">토큰, 승차권, 동전, 버스 승강장 표지판 모형, 버스 번호판 모형</td></tr>
<tr><td colspan="4"></td></tr>
<tr><td colspan="2">교 수 활 동</td><td colspan="2">학 습 활 동</td></tr>
<tr><td colspan="2">◈ 대중 교통 수단의 종류 알기
·버스(일반버스, 좌석버스)
·택시
·지하철

◈ 승강장 알기
·일반 버스 승강장 찾기
·좌석 버스 승강장 찾기
·택시 승강장 찾기

◈ 시내버스 이용하기
·목적지를 정한다.
·목적지에 가는 버스 노선을 알아본다.
·버스 요금을 준비한다
·버스가 승강장에 들어올 때까지 안전하게 기다린다.
·버스의 번호를 확인하고 버스의 앞문으로 차례로 승차한다.
·요금함 투입구에 요금을 넣는다.
·버스 운행 시 안전하게 착석한다.
·목적지 도착 전에 하차벨을 누른다.
·하차 준비를 하여 뒷문에서 기다린다.
·버스가 완전히 정차 한 후에 차례로 하차 한다.</td><td colspan="2">■승강장 표시 알기

(일반버스) (공용) (택시)
■버스 이용하기

1.번호확인, 앞문으로승차

2.요금 투입구에 요금 넣기

3.운행 시 안전하게 착석하기

4.목적지 도착 전 하차벨 누르기

5.완전히 정차 후 뒷문으로 하차하기</td></tr>
<tr><td>형성평가</td><td colspan="3">· 버스 승강장을 찾을 수 있는가?
· 시내버스를 이용하여 목적지를 찾아 갈 수 있는가?</td></tr>
<tr><td>유 의 점</td><td colspan="3">· 승하차 시 안전에 유의한다.
· 노약자가 승차하면 자리를 양보하도록 지도한다.</td></tr>
</table>

영 역	사회자립영역	요 인	공공서비스
교 과	재 량	하위요인	대금지불
학습제재	임금과 급여명세서 이해하기		
학습목표	임금과 급여명세서의 의미를 알 수 있다.		
준비자료	급여 명세서, 통장		

교 수 활 동	학 습 활 동
◈ 임금의 의미 알기 ·일에 대한 댓가 ·고용주가 주는 것 ·자신이 피고용자임을 알기 ◈ 급여명세서 항목의 의미 알기 ·세금 ·연금 ·보험 ·합계 ·공제계 ·실수령계 ◈ 통장 확인하기 ·급여 입금액 확인하기 ·예금한 금액 알기 ·찾은 금액 알기 ·잔액 알기	▣급여 명세서 (see below) ▣통장 내역 확인하기 (see below)

▣급여 명세서

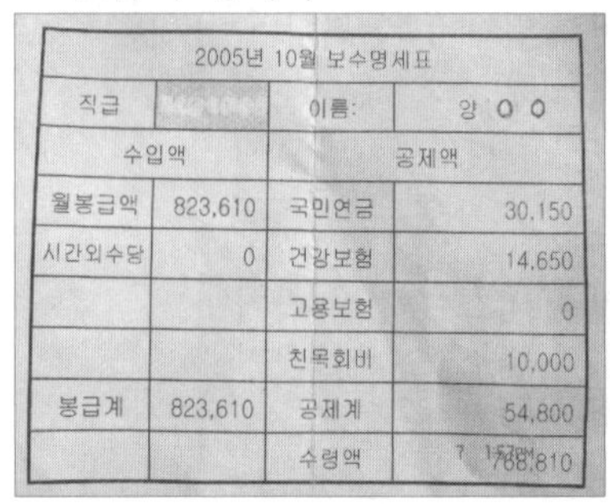

2005년 10월 보수명세표			
직급		이름:	강 ○ ○
수입액		공제액	
월봉급액	823,610	국민연금	30,150
시간외수당	0	건강보험	14,650
		고용보험	0
		친목회비	10,000
봉급계	823,610	공제계	54,800
		수령액	768,810

▣통장 내역 확인하기

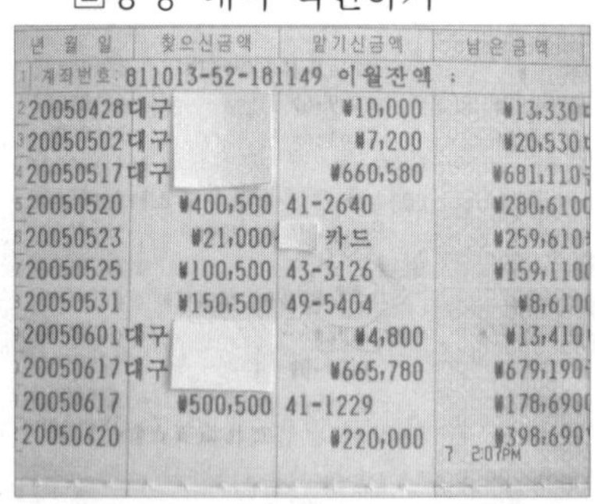

년 월 일	찾으신금액	맡기신금액	남은금액
계좌번호: 811013-52-181149 이월잔액 :			
20050428 대구		₩10,000	₩13,330
20050502 대구		₩7,200	₩20,530
20050517 대구		₩660,580	₩681,110
20050520	₩400,500	41-2640	₩280,610
20050523	₩21,000	카드	₩259,610
20050525	₩100,500	43-3126	₩159,110
20050531	₩150,500	49-5404	₩8,610
20050601 대구		₩4,800	₩13,410
20050617 대구		₩665,780	₩679,190
20050617	₩500,500	41-1229	₩178,690
20050620		₩220,000	₩398,690

형성평가	· 급여 명세서의 항목을 알고 의미를 알 수 있는가?
유 의 점	· 급여 명세서와 통장은 잘 보관 할 수 있도록 지도한다.

<table>
<tr><td>영 역</td><td>사회자립영역</td><td>요 인</td><td>공공서비스</td></tr>
<tr><td>교 과</td><td>사 회</td><td>하위요인</td><td>전화사용능력</td></tr>
<tr><td>교육주제</td><td colspan="3">공중 전화 이용하기</td></tr>
<tr><td>교육목표</td><td colspan="3">공중전화 표시의 의미를 알고, 바르게 공중전화를 사용 할 수 있다.</td></tr>
<tr><td>준비자료</td><td colspan="3">동전, 공중전화 카드, 공중전화 표지판</td></tr>
<tr><td colspan="4"></td></tr>
<tr><td colspan="2">교 수 방 법</td><td colspan="2">지 도 활 동</td></tr>
<tr><td colspan="2">◈ 공중 전화 표지판 구분하기
·여러 장소에서 공중전화 표지판 찾기
-그림판
-공중전화

◈ 공중 전화 사용하기
·줄을 서서 차례를 기다린다.
·수화기를 든다.
·신호음이 들리는지 확인한다.
·동전 또는 전화카드를 넣는다.
·통화 할 곳의 전화번호를 확인한다.
·전화번호의 숫자대로 버튼을 누른다.
·수신 연결을 기다린다.
·상대방이 전화를 받으면 자신의 이름을 밝힌다.
·용건을 말한다.
·인사를 하고, 전화를 끊는다.
·수화기를 제자리에 둔다.
·카드를 넣었을 경우 카드를 꺼낸다.</td><td colspan="2">■공중전화 표지판

■공중전화 사용하기

1.수화기를 든다..

2.동전을 넣는다.

3.전화번호의 숫자대로 버튼을 누른다.

4.통화를 한다.

5.수화기를 제자리에 둔다.</td></tr>
<tr><td>형성평가</td><td colspan="3">· 공중전화 표지판을 구분 할 수 있는가?
· 공중 전화기를 바르게 사용 할 수 있는가?</td></tr>
<tr><td>유 의 점</td><td colspan="3">· 전화 사용은 용건만 간단하게 이야기하도록 지도한다.</td></tr>
</table>

<table>
<tr><td>영 역</td><td>사회자립영역</td><td>요 인</td><td>시간과 측정</td></tr>
<tr><td>교 과</td><td>수 학</td><td>하위요인</td><td>아날로그 시간 변별</td></tr>
<tr><td>학습제재</td><td colspan="3">아날로그 시계 보기</td></tr>
<tr><td>학습목표</td><td colspan="3">아날로그 시계를 보고 시각을 알 수 있다.</td></tr>
<tr><td>준비자료</td><td colspan="3">아날로그 시계, 모형 시계, 손목시계, 일과표, 텔레비젼 프로그램</td></tr>
<tr><td colspan="2">교 수 활 동</td><td colspan="2">학 습 활 동</td></tr>
<tr><td colspan="2">◈ 아날로그 시계의 종류 모으기
·벽걸이 시계
·손목시계
·탁상시계
·핸드폰 시계

◈ 시간의 단위 알기
·1-12까지의 수 읽기
·5분-60분까지 시각 알기
·몇시 알기
·몇시 30분 알기
·정오 알기
·자정 알기
·5분 전 알기
·10분 전 알기

◈ 시각 읽기
·일과표에 따른 시각 알기
·TV 프로그램 시작 시간 알기
·TV 프로그램 종료 시간 알기</td><td colspan="2">■시간의 단위

(정 오)

(2시 30분)

(12시 5분 전)

(12시 10분 전)</td></tr>
<tr><td>형성평가</td><td colspan="3">· 시간의 단위를 알 수 있는가?
· 아날로그 시계의 시각을 읽을 수 있는가?</td></tr>
<tr><td>유 의 점</td><td colspan="3">· 실물 시계를 다룰 때 파손되지 않도록 주의한다.</td></tr>
</table>

영 역	사회자립영역	요 인	시간과 측정
교 과	수 학	하위요인	디지털 시간 변별
학습제재	디지털 시계 보기		
학습목표	디지털 시계를 보고 시각을 알 수 있다.		
준비자료	디지털 시계, 모형 시계, 손목시계, 일과표, 텔레비젼 프로그램		

교 수 활 동	학 습 활 동
◈ 디지털 시계의 종류 모으기 ·벽걸이 시계 ·손목시계 ·탁상시계 ·핸드폰 시계 ◈ 시간의 단위 알기 ·1-12까지의 수 읽기 ·1분-59분까지 시각 알기 ·몇시 알기 ·몇시 30분 알기 ·정오 알기 ·자정 알기 ·5분 전 알기 ·10분 전 알기 ◈ 시각 읽기 ·일과표에 따른 시각 알기 ·TV 프로그램 시작 시간 알기 ·TV 프로그램 종료 시간 알기	▣시간의 단위   (자정) (정오)   (9시) (9시30분)   (9시 5분 전) (9시 10분 전)

형성평가	· 시간의 단위를 알 수 있는가? · 디지털 시계의 시각을 읽을 수 있는가?
유 의 점	· 실물 시계를 다룰 때 파손되지 않도록 주의한다.

영　역	사회자립영역	요　인	시간과 측정
교　과	사　회	**하위요인**	시간 활용 능력
학습제재	시간 적용 하기		
학습목표	일상생활에서 시간 개념을 이해하고 적용 할 수 있다.		
준비자료	디지털 시계, 모형 시계, 손목시계, 일과표, 텔레비전 프로그램		

교 수 활 동	학 습 활 동
◈ 일과표 만들기 ·기상 시간 ·아침 식사시간 ·등교시간 ·하교시간 ·잠자는 시간 ◈ 경과 시간 알기 ·학교 버스 타고 내리는 시간 ·수업 시작시간과 끝나는 시간 ·전자레인지 타이머 작동 시간 ◈ 일상생활 시간 적용하기 ·알람 시각 맞추기 ·자신의 일과표 시간 ·텔레비전 프로그램 시간 ·영화 상영 시간 ·슈퍼마켓의 개점과 폐점 시간 ·제과점의 빵 나오는 시간	■시간의 적용 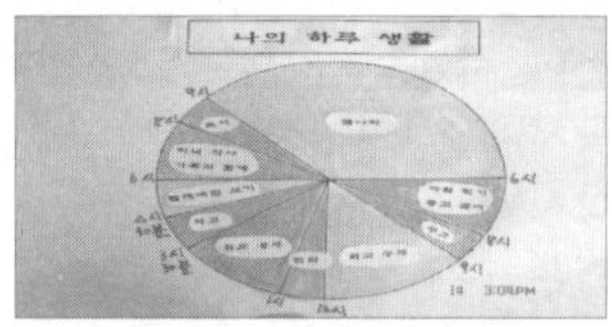 (하루 일과표) 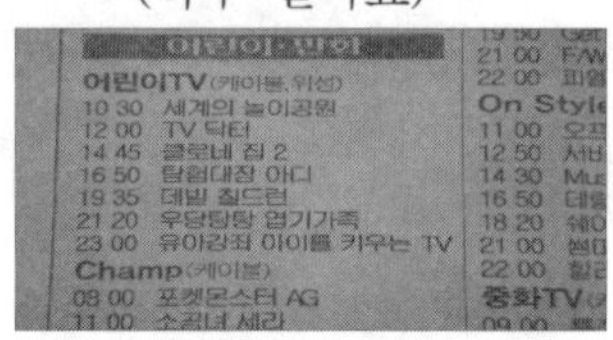 (텔레비전 프로그램 시간) 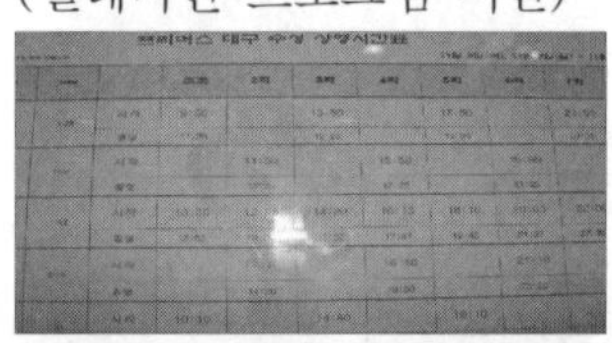 (영화 상영 시간)  (상점 개점과 폐점 시간)

형성평가	· 일상생활에서 시간 개념을 이해하고 적용 할 수 있는가?
유 의 점	· 하루 일과 중 가장 중요한 시간들을 꼭 메모한다.

영 역	사회자립영역	요 인	시간과 측정
교 과	수 학	하위요인	달력 사용 능력
학습제재	달력 보기		
학습목표	달력의 개념을 알고 볼 수 있다.		
준비자료	달력, 1-12까지의 수 카드, 요일카드, 4계절의 특징이 나타난 사진.		

<table>
<tr><th>교 수 활 동</th><th>학 습 활 동</th></tr>
<tr><td>
◈ 12달 알기
·1월(일월) ·7월(칠월)
·2월(이월) ·8월(팔월)
·3월(삼월) ·9월(구월)
·4월(사월) ·10월(시월)
·5월(오월) ·11월(십일월)
·6월(유월) ·12월(십이월)

◈ 일주일 알기
·1주일은 7일로 이루어짐.
·요일의 차례 알기
(일→월→화→수→목→금→토)
·특정 날짜의 요일 찾기

◈ 달력의 활용
·1-31까지 수세기
·오늘의 날짜, 요일 알기
·내 생일 달력에서 찾아보기
·우리 가족 생일 달력에서 찾아보기
·전 후의 개념 알기
(~일 전/후, ~달 전/후)
·계절별로 달 분류하기
</td><td>
■계절별 달력 분류
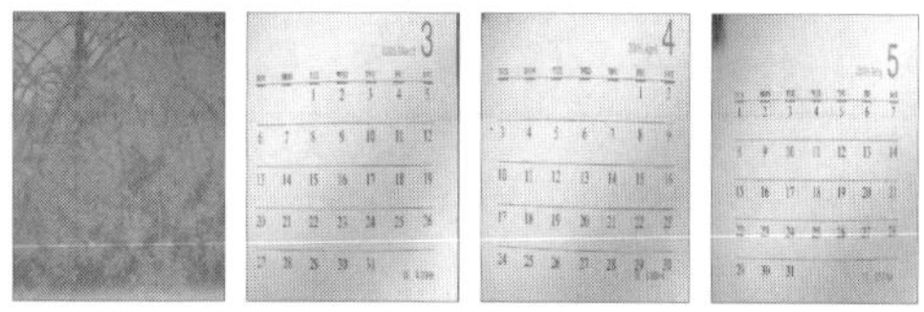
(봄) (3월) (4월) (5월)
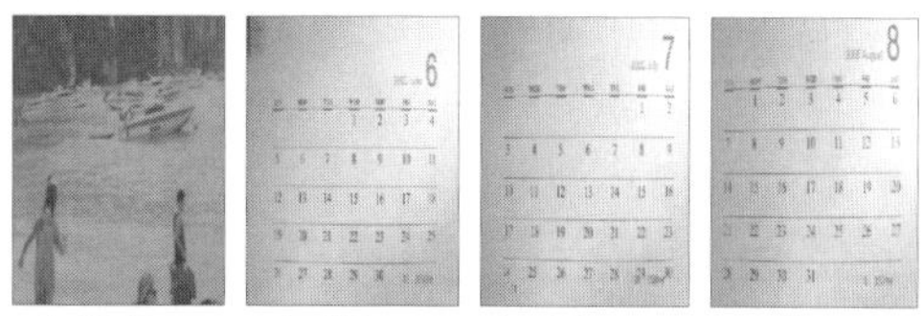
(여름) (6월) (7월) (8월)
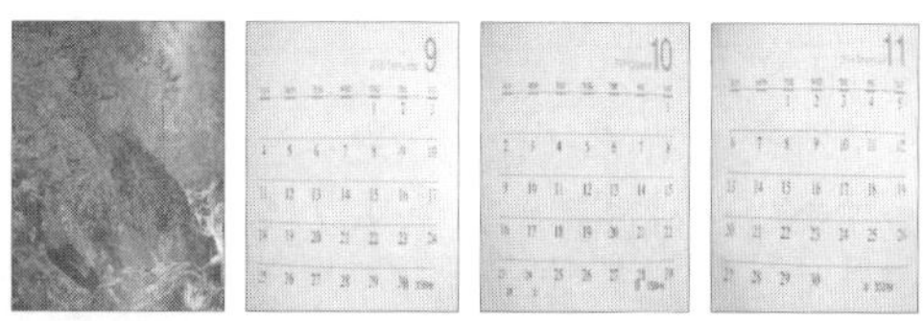
(가을) (9월) (10월) (11월)
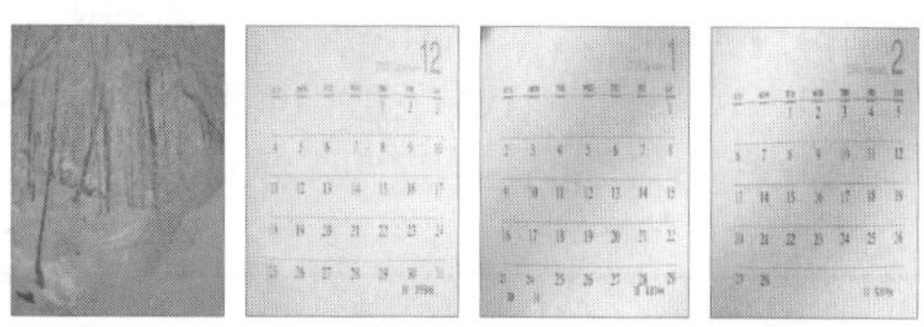
(겨울) (12월) (1월) (2월)
</td></tr>
</table>

형성평가	· 달력의 구성 요소를 알고, 정확한 날짜를 찾을 수 있는가?
유 의 점	· 정확한 스케줄 관리를 위해 달력을 잘 활용하도록 지도한다.

<table>
<tr><td>영 역</td><td>사회자립영역</td><td>요 인</td><td>시간과 측정</td></tr>
<tr><td>교 과</td><td>수 학</td><td>하위요인</td><td>측정 능력</td></tr>
<tr><td>학습제재</td><td colspan="3">측정하기</td></tr>
<tr><td>학습목표</td><td colspan="3">측정에 사용되는 다양한 단위의 개념을 이해하고 측정 할 수 있다.</td></tr>
<tr><td>준비자료</td><td colspan="3">온도계, 뜨거운 물, 차가운 물, 물컵, 비커, 체중계, 줄자, 30㎝자</td></tr>
<tr><td colspan="4"></td></tr>
<tr><td colspan="2">교 수 활 동</td><td colspan="2">학 습 활 동</td></tr>
<tr><td colspan="2">◈ 온도 측정
·온도의 단위 알기(℃)
·냉장고의 냉동실과 냉장실 온도 비교
·뜨거운 물, 따뜻한 물, 차가운 물 온도 비교
·사계절의 온도 비교

◈ 들이 측정
·들이의 단위 알기(mℓ, ℓ, 컵)
·1/2컵, 1/4컵 비교
·양 측정하기-우유 1팩, 쥬스 1팩.

◈ 무게 측정
·무게의 단위 알기(g, Kg)
·상품의 무게 알기-쌀1봉지, 설탕 1봉지,
·무게 측정하기-몸무게 재기

◈ 길이 측정
·길이의 단위 알기(㎝,m)
·단위 길이 비교-길다, 짧다 비교하기
·줄자의 길이 비교-친구의 허리 둘레 비교하기</td><td colspan="2">℃ → 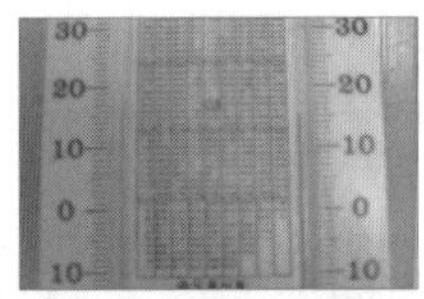

mℓ,ℓ → 

kg → 

㎝ → 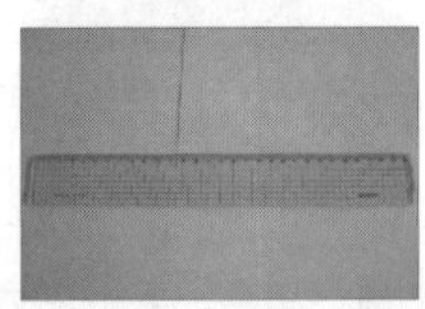</td></tr>
<tr><td>형성평가</td><td colspan="3">· 다양한 측정 단위의 개념을 알고, 측정 할 수 있는가?</td></tr>
<tr><td>유 의 점</td><td colspan="3">· 뜨거운 물을 다룰 때 화상에 주의하도록 한다.</td></tr>
</table>

<table>
<tr><td>영 역</td><td>사회자립영역</td><td>요 인</td><td>금전관리</td></tr>
<tr><td>교 과</td><td>수 학</td><td>하위요인</td><td>화폐인지</td></tr>
<tr><td>학습제재</td><td colspan="3">동전과 지폐 알기</td></tr>
<tr><td>학습목표</td><td colspan="3">동전과 지폐의 단위를 종류별로 구별하고 활용 할 수 있다.</td></tr>
<tr><td>준비자료</td><td colspan="3">10원, 50원, 100원, 500원짜리 동전 각 10개, 1000원, 5000원, 10000원권 지폐, 10만원권 수표, 화폐의 명칭이 적힌 카드</td></tr>
<tr><td colspan="4"></td></tr>
<tr><td colspan="2">교 수 활 동</td><td colspan="2">학 습 활 동</td></tr>
<tr><td colspan="2">◈ 동전의 단위 구별하여 분류하기
·10원 짜리
·50원짜리
·100원 짜리
·500원 짜리

◈ 동전의 활용
·공중전화에 사용 할 동전 세기
·자동 판매기에 사용 할 동전 세기
·버스 요금에 사용 할 동전 세기

◈ 지폐의 단위 구별하여 분류하기
·1000원 권
·5000원 권
·10000원 권
·10만원 권 수표

◈ 지폐의 활용
·1000원 권으로 자동 판매기 사용하기
·저금할 지폐 모으기
·시장 볼 때 사용 할 지폐 모으기</td><td colspan="2">▣동전의 종류

(10원) (50원)

(100원) (500원)
▣지폐의 종류

(천원) (오천원)

(만원)</td></tr>
<tr><td>형성평가</td><td colspan="3">· 동전과 지폐의 단위를 알고, 활용 할 수 있는가?</td></tr>
<tr><td>유 의 점</td><td colspan="3">· 고액의 지폐를 다룰 때 분실 파지 되지 않도록 주의한다.</td></tr>
</table>

영 역	사회자립영역	요 인	금전관리
교 과	수 학	하위요인	화폐조합
학습제재	같은 금액 알기		
학습목표	여러 종류의 화폐를 결합하여 전체 금액을 말할 수 있다.		
준비자료	10원, 50원, 100원, 500원짜리 동전 각 10개, 1000원, 5000원, 10000원권 지폐 각 10매, 10만원권 수표		

교 수 활 동	학 습 활 동
◈ 동전을 결합하여 같은 금액 알기 ·10원 짜리 5개⇒50원 ·10원짜리 10개⇒100원 ·50원짜리 10개⇒500원 ·100원짜리 5개⇒500원 ·100원짜리10개⇒1000원 ◈ 동전의 활용 ·공중전화에 사용 할 동전 세기 ·자동 판매기에 사용 할 동전 세기 ·버스 요금에 사용 할 동전 세기 ◈ 지폐를 결합하여 같은 금액 알기 ·1000원 권 5매⇒ 5000원 ·1000원 권 10매⇒10000원 ·5000원 권 2매⇒10000원 ·10000원 권10매⇒10만원 권 수표 ◈ 지폐의 활용 ·1000원 권으로 자동 판매기 사용하기 ·저금할 지폐 모으기 ·시장 볼 때 사용 할 지폐 모으기	■동전의 결합  (10원짜리 10개) (100원)  (50짜리 10개) (500원)  (100원짜리 5개) (500원) 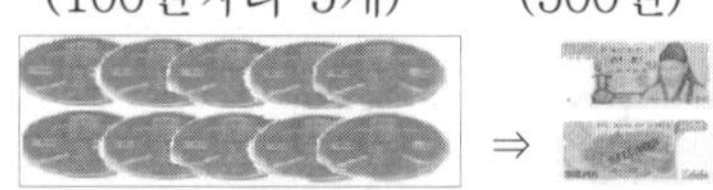 (100원짜리 10개) (1000원) ■지폐의 결합  (1000원짜리 5개) (5000원)  (5000원짜리 2개) (만원)

형성평가	· 여러 가지 화폐를 결합하여 같은 금액을 알 수 있는가?
유 의 점	· 고액의 지폐를 다룰 때 분실 파지 되지 않도록 주의한다.

<table>
<tr><td>영 역</td><td>사회자립영역</td><td>요 인</td><td>금전관리</td></tr>
<tr><td>교 과</td><td>재 량</td><td>하위요인</td><td>화폐활용</td></tr>
<tr><td>학습제재</td><td colspan="3">물건 구입하기</td></tr>
<tr><td>학습목표</td><td colspan="3">슈퍼에서 필요한 물건을 구입하고, 영수증을 확인 할 수 있다.</td></tr>
<tr><td>준비자료</td><td colspan="3">구입할 물건 목록, 현금, 영수증</td></tr>
<tr><td colspan="4"></td></tr>
<tr><td colspan="2">교 수 활 동</td><td colspan="2">학 습 활 동</td></tr>
<tr><td colspan="2">◈ 구입할 물건 목록 작성하기
·구입 할 물건의 목록을 작성해 계획성 있는 쇼핑하기

◈ 물건 구입하기
·구입할 물건의 목록과 장바구니를 준비 한다.
·슈퍼를 찾아간다.
·입구의 장바구니를 준비한다.
·필요한 물건이 진열된 코너를 확인한다.
·유통기간과 가격을 확인하고 물건을 고른다.
·계산대로 가서 차례를 기다린다.
·계산된 물건을 장바구니에 담는다.
·물건값을 지불하고, 영수증과 거스름돈을 받는다.

◈ 영수증 확인하기
·구입한 물건의 목록을 확인한다.
·지불한 돈의 금액을 확인한다.
·구입한 물건의 금액을 확인한다.
·거스름돈을 확인한다.</td><td colspan="2">▣물건구입 순서
1. 슈퍼가기

2. 장바구니 준비하기

3. 물건 고르기

4. 계산하기
</td></tr>
<tr><td>형성평가</td><td colspan="3">· 슈퍼에서 필요한 물건을 구입 할 수 있는가?
· 영수증의 내역을 확인 할 수 있는가?</td></tr>
<tr><td>유 의 점</td><td colspan="3">· 유통기간과 거스름돈을 꼭 확인하도록 지도한다.</td></tr>
</table>

□직업생활영역

<table>
<tr><td>영 역</td><td>직업생활영역</td><td>요 인</td><td>직업기능</td></tr>
<tr><td>교 과</td><td>직 업</td><td>하위요인</td><td>직 종</td></tr>
<tr><td>학습제재</td><td colspan="3">적성과 장래희망 알기</td></tr>
<tr><td>학습목표</td><td colspan="3">여러 가지 직업의 수행 기능을 알고 좋아하는 직업을 선택 할 수 있다.</td></tr>
<tr><td>준비자료</td><td colspan="3">여러 가지 직업을 나타내는 그림이나 사진</td></tr>
<tr><td colspan="2">교 수 활 동</td><td colspan="2">학 습 활 동</td></tr>
<tr><td colspan="2">◈ 직업의 종류 알아보기
·청소원 ·전기 용접공
·회사원 ·판매원
·농부 ·자동차 세차원
·경찰 ·식당 주방 보조원

◈ 내가 할 수 있는 일과 할 수 없는 일 구분하기
·청소하기
·무거운 상자 운반하기
·설거지하기
·포장 박스 조립하기
·제품포장 하기
·채소 기르기
·가축 기르기
·세차하기

◈ 나의 장래 직업 선택하기
·나의 신체조건, 적성, 취미 고려하기
·자신이 잘 할 수 있는 일 선택하기
·현장실습 가져 보기</td><td colspan="2"><내가 할 수 있는 일>
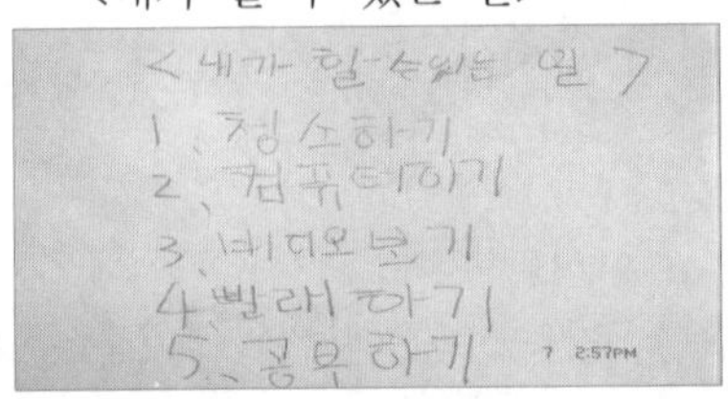

<직업의 종류>
 (세차원)
 (농부)
 (청소원)
 (판매원)</td></tr>
<tr><td>형성평가</td><td colspan="3">· 여러 가지 직업의 수행 기능을 알고 있는가?
· 자신의 적성에 맞는 직업을 선택 할 수 있는가?</td></tr>
<tr><td>유 의 점</td><td colspan="3">· 자신의 적성에 맞는 직업 선택을 할 수 있도록 지도한다.</td></tr>
</table>

<table>
<tr><td>영 역</td><td>직업생활영역</td><td>요 인</td><td>직업기능</td></tr>
<tr><td>교 과</td><td>직 업</td><td>하위요인</td><td>직 무</td></tr>
<tr><td>학습제재</td><td colspan="3">복사기 사용하기</td></tr>
<tr><td>학습목표</td><td colspan="3">복사기 사용하는 방법을 알 수 있다.</td></tr>
<tr><td>준비자료</td><td colspan="3">복사기, 용지, 버튼카드</td></tr>
<tr><td colspan="4"></td></tr>
<tr><td colspan="2">교 수 활 동</td><td colspan="2">학 습 활 동</td></tr>
<tr><td colspan="2">◈ 복사기 작동 버튼의 명칭과 용도 알기
·전원 ·확대/축소
·시작 ·진하게/흐리게
·해제/정지 ·복사해주십시오
·용지선택 ·예열중입니다
·복사매수 ·기다려주십시오

◈ 복사기 사용하기
·전원을 켠다.
·원본을 용지 크기에 맞추어 올려놓는다.
·예열을 시킨다.
·예열이 될 때까지 기다린다.
·'복사해 주십시오' 메시지에 불이 켜질 때까지 기다린다.
·용지 매수를 입력한다.
·용지를 선택한다.
·시작 버튼을 누른다.
·입력된 사항을 해제한다.
·복사된 용지를 정리하여 스템플러로 철한다.

◈ 활동 체험
·교사의 요구에 따라 자료 복사하기
·수업 자료 복사 심부름하기
·자료 복사하여 분류하고 스템플러로 철하기</td><td colspan="2">▣복사기 사용하기

1.전원을 켠다.

2.용지 크기에 맞추어 올려놓는다

3.예열을 시킨다
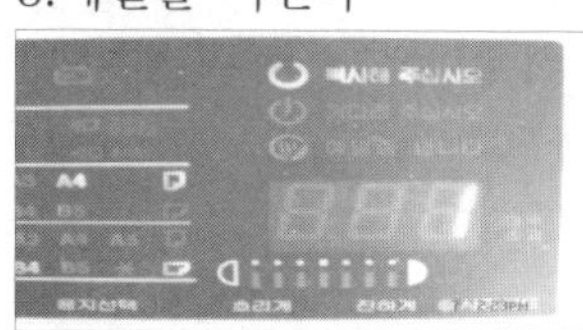
4.복수매수를 입력한다.

5.시작버튼을 누른다.</td></tr>
<tr><td>형성평가</td><td colspan="3">· 복사기에 사용하는 버튼을 올바르게 조작 할 수 있는가?
· 교사의 요구에 따라 자료를 복사 할 수 있는가?</td></tr>
<tr><td>유 의 점</td><td colspan="3">· 복사기 고장 시 함부로 만지지 말고 전문가의 도움을 요청한다.</td></tr>
</table>

영 역	직업생활영역	요 인	직업기능
교 과	직 업	하위요인	도구명과 쓰임새
교육주제	청소용구의 종류와 쓰임새 알기		
교육목표	청소 용구의 종류와 쓰임새를 알 수 있다.		
준비자료	여러 가지 청소 용구		

교 수 방 법	지 도 활 동
◈ 여러 가지 청소 용구의 종류 알기 ·빗자루 ·유리창 닦기 ·쓰레받기 ·먼지털이 ·휴지통 ·압축기 ·물통 ·세정제 ·대걸레 ·걸레 ◈ 교실 청소하기 ·창문을 연다. ·흩어진 물건을 정리 정돈한다. ·책걸상을 옮긴다. ·빗자루로 골고루 바닥을 쓸어낸다. ·먼지털이로 먼지를 털어 낸다. ·대걸레를 빨아 바닥을 골고루 닦는다. ·책걸상을 옮겨 정리한다. ·물걸레로 먼지를 골고루 닦아낸다. ·걸레를 깨끗이 빨아 넌다. ·휴지통을 비운다. ◈ 활동 체험 ·청소용구의 용도에 따라 구분 해보기 ·교실에 있는 청소용구를 파악하여 청소 용구 목록표를 만들어 청소함에 붙이기	▣청소하기  1.창문을 연다.  2.책걸상을 옮긴다.  3.바닥을 쓴다.  4.바닥을 닦는다.  5.물걸레로 먼지를 닦아낸다.  6.휴지통을 비운다.

형성평가	· 여러 가지 청소 용구의 종류와 쓰임새를 알 수 있는가? · 청소용구를 잘 활용 해 청소를 할 수 있는가?
유 의 점	· 용도에 적절한 청소 용구를 선택 할 수 있도록 지도한다.

<table>
<tr><td>영 역</td><td>직업생활영역</td><td>요 인</td><td>직업기능</td></tr>
<tr><td>교 과</td><td>직 업</td><td>하위요인</td><td>직업준비와태도</td></tr>
<tr><td>학습제재</td><td colspan="3">지각과 결근 시 전화연락하기</td></tr>
<tr><td>학습목표</td><td colspan="3">지각 또는 결근 시에 취해야 할 행동을 알 수 있다.</td></tr>
<tr><td>준비자료</td><td colspan="3">직장 비상 연락표, 전화기</td></tr>
<tr><td colspan="4"></td></tr>
<tr><td colspan="2">교 수 활 동</td><td colspan="2">학 습 활 동</td></tr>
<tr><td colspan="2">◈ 직장의 근무 상황의 종류 알기
·결근 ·지각
·조퇴 ·외출
·출장 ·휴가 등

◈ 지각 및 결근을 할 상황 알기
·병이 났을 때
·늦잠을 잤을 때
·출근중 사고 및 교통 체증
·가족의 사망

◈ 지각 및 결근 허락 받기
·보고해야 할 대상자를 안다.
-직속 관리자
-동료
·비상 연락표를 보고 전화번호를 찾는다.
·전화를 건다.
·인사를 하고, 자신의 신분을 밝힌다.
·결근 및 지각의 사유를 정확히 말한다.
·예상 출근 일시를 말한다.
·허락을 받는다.
·감사의 인사를 한다.

◈ 근무 상황 신청서 작성 방법 알기
·결근계와 지각 신청서 작성하기</td><td colspan="2">▣지각 및 결근 허락 받기

보고할 사람의 전화번호를 찾는다.
⇓
전화를 걸어 인사한다.
⇓
지각 및 결근 사유를 말한다.
⇓
감사의 인사를 한다.</td></tr>
<tr><td>형성평가</td><td colspan="3">· 결근 및 지각 알리기의 바른 절차를 알고 있는가?
· 결근계와 지각 신청서를 올바르게 작성 할 수 있는가?</td></tr>
<tr><td>유 의 점</td><td colspan="3">· 지각 및 결근을 해야 할 부득이한 상황을 알고, 근무 태만이 되지 않도록 지도한다.</td></tr>
</table>

영 역	직업생활영역	요 인	대인 관계 및 여가
교 과	직 업	하위요인	대인관계
교육주제	직장 예절 지키기		
교육목표	직장생활에 필요한 예절을 알고 지킬 수 있다.		
준비자료	직장 예절 교육용 비디오 테이프		

교 수 방 법	지 도 활 동
◈ 직장에서의 적절한 표현방법 ·'고맙습니다'-고마움을 표시해야 될 상황 ·'안녕하세요'-선배나 어른을 만났을 때 머리 숙여 인사한다. ·'좀 도와 주시겠어요'-도움을 요청 할 상황 ·'지금 자리에 안 계시는데요'-전화가 왔을 때 찾는 사람이 자리에 없는 경우 ◈ 직장에서 필요한 예절 알기 ·출퇴근 시간을 잘 지킨다. ·항상 복장을 단정히 한다. ·상사나 동료들에게 친절히 대한다. ·외출 시에는 반드시 상사의 허락을 받고 돌아와서는 결과를 보고한다. ·모르는 일이나 도움이 필요 할 때는 공손히 도움을 요청한다. ·상사나 선배의 가르침에 잘 따른다. ·사용한 작업 도구는 제자리에 정리정돈 한다. ·자신이 해야 할 일을 알고 잘 수행한다.	<직장에서의 적절한 표현방법> ▣ 고맙습니다 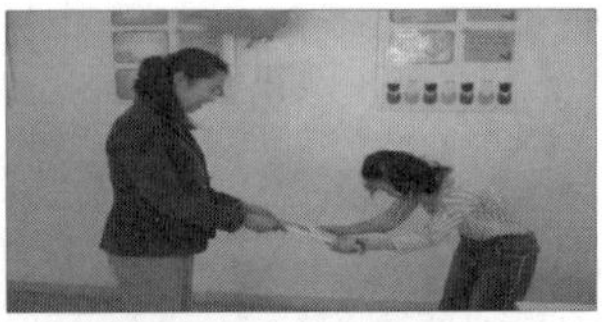 ▣ 안녕하세요?  ▣ 좀 도와주시겠어요? 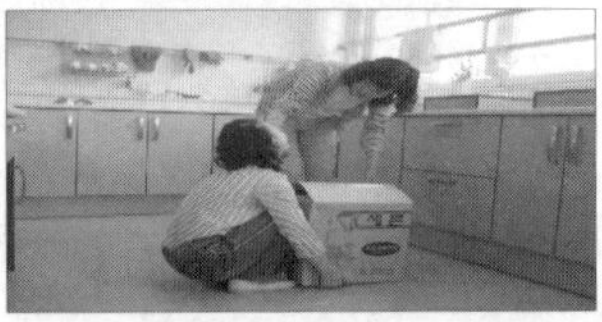 ▣ 지금 자리에 안계시는데요 

형성평가	· 직장 생활에 필요한 기본적인 예절을 알고 잘 지킬 수 있는가?
유 의 점	· 형식적인 예절로 치우치지 않도록 지속적인 지도를 하도록 한다.

영　　역	직업생활영역	요　　인	대인 관계 및 여가
교　　과	직　　　업	하위요인	시설이용
학습제재	지역사회 시설 이용하기		
학습목표	지역사회에 있는 시설을 구별하고 이용 할 수 있다.		
준비자료	지역사회에 있는 시설 사진, 요금		

교 수 활 동	학 습 활 동
◈ 지역 사회에 있는 시설의 종류 알기 ·공공시설 - 동사무소　- 경찰서　- 우체국 - 소방서　- 박물관　- 은행 ·문화 시설 - 극장　- 놀이동산 - 공원　- 병원 - 식당　- 매점 ◈ 지역사회 시설에서 제공되는 서비스 ·동사무소-민원 서류를 발급 받을 때 ·경찰서-사고가 생기거나 물건을 잃었을 때 ·소방서-화재가 났거나, 위급한 상황이 발생했을 때 ·우체국-편지나 소포를 부칠 때 ·은행-예금을 하거나 돈을 찾을 때 ·병원-몸이 아플 때 ◈ 지역사회 시설 이용 방법 ·시설에서 제공하는 서비스의 내용을 확인한다. ·필요한 비용을 산정 한다. ·매표소 이용 방법을 안다. ·각 시설에서 지켜야 할 기본 예절을 안다.	▣지역 사회 시설의 종류  (경찰서)  (소방서)  (우체국)  (동사무소)  (은행) 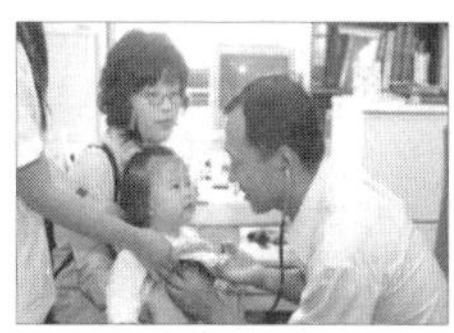 (병원)
형성평가	· 지역사회에 있는 시설의 종류를 알고, 이용 방법을 알 수 있는가?
유 의 점	· 각 시설 이용 시 지켜야 할 예절을 숙지하도록 한다.

<table>
<tr><td>영 역</td><td>직업생활영역</td><td>요 인</td><td>대인 관계 및 여가</td></tr>
<tr><td>교 과</td><td>사 회</td><td>하위요인</td><td>실내여가</td></tr>
<tr><td>학습제재</td><td colspan="3">비디오 감상하기</td></tr>
<tr><td>학습목표</td><td colspan="3">올바른 비디오 작동법을 이해하고, 비디오를 감상 할 수 있다.</td></tr>
<tr><td>준비자료</td><td colspan="3">비디오, 비디오 테이프, 작동 버튼 기능카드</td></tr>
<tr><td colspan="4"></td></tr>
<tr><td colspan="3">교 수 활 동</td><td>학 습 활 동</td></tr>
<tr><td colspan="3">◈ 작동 버튼 기능 알기
·재생 버튼
·정지 버튼
·꺼냄 버튼
·되감기 버튼
·빨리감기 버튼
·녹화 버튼
·헤드청소 버튼

◈ 비디오 작동법 알기
·작동 버튼의 기능을 상기한다.
·전원을 켠다.
·테이프의 방향을 바르게 삽입한다.
·재생 버튼을 누른다.
·보고 싶은 부분을 되감기, 빨리감기 버튼으로 찾아서 본다.
·시청이 끝나면 정지 버튼을 누르고, 테이프를 꺼낸다.

◈ 비디오 대여 및 감상 시 유의사항
·테이프의 관람 연령을 확인한다.
·대여 기간을 꼭 지킨다.
·무리한 기계 조작을 피하여 기계와 테이프가 파손되지 않도록 주의한다.</td><td>▣ 비디오 작동하기
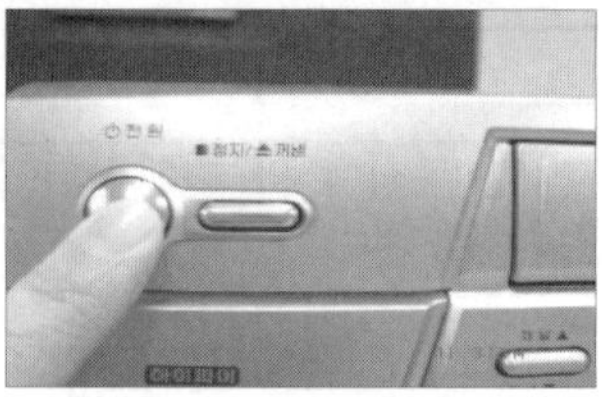
1. 전원을 켠다.

2.테이프를 바르게 삽입한다.

3.재생버튼을 누른다.

4.정지 버튼을 누르고 테이프를 꺼낸다.</td></tr>
<tr><td>형성평가</td><td colspan="3">· 올바른 비디오 작동법을 알고 있는가?
· 자신에게 적절한 테이프를 대여하여 감상 할 수 있는가?</td></tr>
<tr><td>유 의 점</td><td colspan="3">· 무리한 기계 조작을 하지 않도록 주의하고, 관람 연령을 꼭 확인하도록 한다.</td></tr>
</table>

<table>
<tr><td>영 역</td><td>직업생활영역</td><td>요 인</td><td>대인 관계 및 여가</td></tr>
<tr><td>교 과</td><td>사 회</td><td>하위요인</td><td>체육놀이</td></tr>
<tr><td>학습제재</td><td colspan="3">여가 활동 참여하기</td></tr>
<tr><td>학습목표</td><td colspan="3">다양한 여가 활동을 구분하고, 특정 여가 활동에 참여 할 수 있다.</td></tr>
<tr><td>준비자료</td><td colspan="3">여러 가지 여가 활동 사진, 등산복, 등산화</td></tr>
<tr><td colspan="4"></td></tr>
<tr><td colspan="2">교 수 활 동</td><td colspan="2">학 습 활 동</td></tr>
<tr><td colspan="2">◈ 여가 활동 구분하기
·사진 찍기
·미술 활동
·영화 관람
·음악 감상
·스포츠 활동
-배구 -농구
-축구 -야구
-탁구 -수영
-배드민턴 -볼링
-인라인 -등산

◈ 등산하기
·등산 할 장소를 선택한다.
·장소에 대한 이동 방법, 일정을 정한다.
·준비물품을 의논한다.
·등산 장비를 갖춘다.
·유의사항
-반드시 등산복, 등산화를 착용하여 안전한 등산이 되도록 한다.
-적절한 음식물을 준비한다.
-등산로를 이탈하지 않고, 일행과 동행한다.
-하산까지 무사히 하기 위해 체력 안배를 잘 한다.</td><td colspan="2">▣여러가지 여가 활동

(야구)

(배구)

(수영)

(인라인)

(농구)

(축구)</td></tr>
<tr><td>형성평가</td><td colspan="3">· 다양한 여가 활동을 구분하고, 참여 할 수 있는가?</td></tr>
<tr><td>유 의 점</td><td colspan="3">· 여가 활동 참여 시 항상 안전에 유의하도록 지도한다.</td></tr>
</table>

제14장 여가교육 프로그램

1. 외국의 여가교육 프로그램

1) 미네소타 성 바울 전환 강화 프로그램

고등학교를 마친 18~22세의 장애 학생에게 적용되며 이 전환 프로그램(Transition Plus Program St, Paul Minnesota)의 목표는 양질의 시기 적절하고 개별화된 전환 서비스를 제공하여 독립적인 생활을 할 수 있도록 하는데 있다. 이 프로그램내의 여가, 레크리에이션 목적은 첫째, 레크리에이션에 대한 인식을 심어주고 레크리에이션에 대한 기회를 증가시키는데 있다. 둘째, 지역사회에 있는 자원을 활용하는 기회를 가지는데 있다. 셋째, 지역사회의 다양한 자원을 인식시키는데 있다. 넷째, 레크리에이션 계획을 세우고 실행하는 기술을 가지도록 한다. 다섯째, 일생동안 여가 생활을 할 수 있게 한다.

레크리에이션 수업에는 20~30명의 학생이 참여하고 8명의 교사, 8명의 레크리에이션 전문가 한 명의 보조자 그리고 행정적인 비서가 참여하며, 다른 장소로 이동할 때는 공적인 이동수단을 이용하거나 가족, 친구가 태워주기도 한다.

이 전환 프로그램에서 레크리에이션과 여가는 일주일에 한번 실시한다. 처음 한 주는 학교에서 레크리에이션 활동과 방법에 대해 계획을 세우고 그때 학생들은 그들이 참가할 활동을 결정한다. 교사는 학생들의 이동수단, 자료, 활동에 대해 계획 세우는 것을 도와준다. 둘째 주는 활동에 참여하여 밖으로 나간다. 셋째 주는 교실로 돌아와 활동에 대한 반성뿐 아니라 다음주에 참여할 새로운 활동에 대한 계획을 세운다. 학생들이 참여하는 여가 활동의 형태는 영화 보러 가는 것, 볼링장에 가는 것, 스포츠 관람, 공원 산책 등을 포함하고 있다. 학생이 여가기술을 획득했는지의 평가여부는 비공식적인 기준에 의해 결정한다. 교사는 학생이 어떻게 활동에 참여하고 학생이 가족이나 친구에게 자신의 여가 활동참여에 대해 이야기하는지 관찰한다.

2) 워싱턴주 이삭쿼쉬 전환 프로그램

18~21세의 성인생활에 적응을 돕기 위한 프로그램이다. 이 전환 프로그램

(Transition Program Issaqush, Washington)의 목표는 직업적인 발달, 이동수단을 이용하는 것에 대한 계획. 여가 레크리에이션 기술, 일상생활 기술에 대한 해결, 부모지원과 훈련, 관련 서비스이용. 성인기관으로 전환하는데 필요한 기술 등이다. 이 전환 프로그램은 3가지의 요소를 가지고 있는데 첫 번째는, 지원전환(supported transition)이라 불리며 경도 장애아를 위한 것이며 고용과 중등기 이후의 교육에 초점을 두고 있다.

두 번째는 지원자원 전환(supported resource transition)이라고 하며 중도(中度)의 장애학생을 위한 프로그램이다. 고용과 중등학교 이후 교육에 초점이 맞추어져 있지만 이 요소에서는 레크리에이션에 대한 교육 목표를 가지고 있다. 여가 시간의 적절한 사용, 여가 자원에 대한 인식, 그리고 레크리에이션에 참가하는 시간을 늘리는 것이다. 레크리에이션 교육 내용은 지하철이나 버스를 타고 내리는 것, 쇼핑하러 가는 것, 친구와 점심 먹으러 가는 것, 식료품 가게에 가는 것 등이 있다. 레크리에이션과 여가에 대한 교육은 대부분이 실습으로 이루어지고 학생들은 일주일 단위로 지도자와 만나고 레크리에이션 기술을 익힌다. 버스를 타는 것을 배우는 경우 버스 이정표를 어떻게 읽고, 요금을 어떻게 지불하고 목적지에 내리는 방법 등을 지도자와 함께 차에서 타고 내리는 것을 실습하고, 한 노선을 익히면 다른 노선을 배운다.

세 번째는 자원전환(resource transition)이라 하며 이들 학생들은 전환 교육의 모든 영역에 레크리에이션을 포함하고 있으며 레크리에이션의 모든 영역을 체계적으로 가르친다. 일주일에 두 번 지역사회의 레크리에이션 활동에 참여한다. 볼링장, 지역사회 센터 등을 활용하고 특수 올림픽에도 참여한다.

3) 워싱톤주 브레메톤 직업 전 프로그램

Washington에 있는 Bremerton고등학교의 직업 전 프로그램(Pre-vocational Program, Bremerton, Washington)이며 생활에 중심이 되는 능력을 개발하기 위한 것이다. 이 프로그램의 목표는 학생들에게 다음을 제공하기 위한 것이다. 긍정적인 자기 이미지 개발, 적합한 직업을 선택하기 위한 탐색, 사회적 기술의 개발과 성인기에 그 동료들과 어울릴 수 있는 행동 발달, 읽고 계산하는 능력의 성취, 독립생활 기술 개발, 유용한 여가 시간의 개발 기술, 학생의 능력에 맞는 현실적인 접근, 의사소통 기술과 자기 결정 기술 개발 등이다. 이 직업 전 프로그램은 정상적인 학교에서 실시되는 특수교육 프로그램이다. 학생 각자는 국어, 수학, 과학에 있어서 정상적인 진도를 가지고 있다. 레크리에이션 요소에 대한 방법은 정상적인 수업에 있어서 실험적인 수업을 하는 것이다. 예를 들면 과학 수업은 야외여행으로 구성되어 있고 학생들은 동물원과 공원 또는 정원에서 수업을 한다. 학생들은 레크리에이션 환경에서 학습적인 요소를 배운다. 그리고 학생들은 학교에서 가벼운 식사를 만들고 차를 팔아서 그 자원으로 지역사회 레크리에이션에 참석하는 기금을 모아 지역사회 레크리에이션에 참가한다.

2. 학교중심 여가교육

학교에서의 교육시간 중 직접적인 여가 교수에 쓰여진 시간은 다른 교과 영역에 비해 상대적으로 적으며 대개 체육과 미술, 음악 그리고 특별 활동 그리고 학교 재량 활동에 의해 실시되고 있다. 미국의 경우 PL 94-142에서 여가교육을 학교 교육과정에 포함시킬 것을 법률화하고 있다. Overs(1971)는 학교 교육과정에 여가 활동 시간의 포함을 주장하면서 정신지체 학생이 학교 교육과정을 통해 지속적이고 체계적인 여가교육을 받아야 할 것을 강조하고 있다. Ford(1984)는 특수교육교사가 장애 학생의 여가 활동을 학교 외의 담당자 - 복지관, 레크리에이션 협회, 스카우트 등에게 책임을 전가한다고 지적하면서 담임 교사가 IEP의 내용에 여가 활동을 포함시키고 여가교육이 학교 생활 중과 방과후에도 수행되도록 직접적인 교수활동을 담당해야 한다고 강조했다(최진희, 1994).

그렇다면 여가교육을 어떻게 학교교육과정 내에서 실시할 수 있는지 두 가지 방법에서 생각할 수 있다.

첫째, 독립된 과목으로 고안되어 독립적으로 진행하는 것으로 일반과목(국어, 수학)처럼 여가교육이라는 과목을 설정하거나, 특별활동, 클럽활동, 야외활동, 소풍, 오락, 학교행사와 같은 활동이 이에 속한다.

둘째, 기존 교육과정의 모든 과목에 여가교육 단원을 주입할 수 있다.

이상과 같이 여가교육은 특수교육 교사가 전체 교과목 내에 포함시킬 수 있으며 또한 독립된 교과목으로 제시할 수 있다. 특수교육교사가 여가교육을 교과목 내에서 실시할 때는 IEP의 한 부분으로 고안되어 체계적인 개발 및 실시가 필요하며 이를 위해 여가교육에 대한 기초적인 지식이 요구되고 독립된 활동으로서의 여가교육을 실시할 때는 특수교사뿐 아니라 특수교육 행정가 및 학교의 모든 교원과 지역사회 요원들이 상호 협조적인 준비가 요구된다. 정신지체 학생에게 여가교육을 통한 효과를 극대화 할 수 있다(최진희, 1994).

3. 여가교육 프로그램

아래에 소개한 여가 프로그램은 Stumbo 와 Thomposon(2002)이 제작한 여가교육 프로그램과 Chapel Hill의 North Carolina 대학의 레크레이션 센터에서 출판한 여가 각성 교육 프로그램(The Wake Leisure Education Program, 1991)을 번안하고 교육부(2000) 교사용 지도서를 참고하여 관계 전문가 3인의 자문과 연구자가 재구성하였다.

1) 여가프로그램

여가교육프로그램은 여가인식등 7개 영역의 19개 하위요소(제재)별로 구성되어 있다

<표 14.1> 여가교육 프로그램의 구성영역과 주요 내용

차례	주제	여 가 교 육	
		중심 요소	하위요소(제재)
1	여가인식	여가의 중요성 및 가치이해	1.여가 활동 이름 게임 2.내가 하고 싶은 여가 활동 3.내가 추구하는 즐거움 4. 누구와 함께 갈까 5. 일일 생활 계획표
2	여가에 대한 자아 인식	자신에 대한 여가 욕구 파악	6.친구소개하기 7.여가 견장 8.당신은 어떤 사람인가 9.만약 내가 __할 수 있다면 __할 텐데 10.당신은 어떤 종류의 사람입니까 11.3개월만 살 수 있다면
3	지역사회 자원에 대한 인식	여가 자원 확보와 활용법 이해	12.집 근처 여가시설 이용하기 13.여가 활동 전화번호부 14.12평의 방
4	여가 장벽	여가 제약 파악	15.여가 활동 방해 요인 해결 방안
5	여가 활동 실행에 대한 계획	계획표 짜기	16.일년 동안의 여가 활동 계획표
6	여가 활동에 대한 실천	사회적 기술 개발	지역사회 시설 이용(우체국, 극장, 동사무소, 박물관, 장애인 복지관, 백화점 혹은 마트, 등산) 17. PC통신 이용하기.
7	여가실천에 대한 평가	평가와 반성	18.여가 생활 충실도 측정 19. 나의 여가 선언

□ 여가인식

프로그램의 주제		프로그램의 제재
1) 여가 인식		(1) 여가 활동 이름 게임
학습지	1. 여가 활동 내용 구성표	
활용 방법	학생들은 자신의 이름을 말하고 자신이 좋아하는 여가 활동의 이름을 말한다. 예를 들면 나의 이름은 홍길동이고 내가 좋아하는 여가 활동은 연 날리기입니다. 다음 사람은 첫 번째 사람의 이름과 여가 활동을 한번 반복한 후에 자신의 이름과 여가 활동을 덧붙인다. 놀이는 마지막 사람이 모든 사람의 이름과 활동을 외워서 말할 때까지 계속된다. 한번 사용한 여가 활동을 반복해서는 안 된다. 여가 활동 이름을 말할 때 학습지의 여가 활동 분류표를 참고로 한다.	

< 여가 활동 내용 구성표 >

내용 영역	여가 활동 게임 내용
개인적 활동	라디오 청취, TV시청, 슬라이드 보기, 피아노, 피리, 기타 악기 연주, 펜팔, 독서, 그림 그리기, 만들기
사회적 활동	소풍, 무용, 교회활동, 합창단, 모임.
예술, 공예	양초 공예, 케익 만들기, 비누 공예, 염색, 가죽 공예, 뜨개질, 가죽 공예, 목공예, 보석 공예.
게임, 스포츠	공굴기기/잡기, 자전거 타기, 볼링, 야구, 축구, 조깅, 모형 비행기 날리기, 스케이트, 스키, 탁구, 하이킹 등.
테이블 게임	책상에 앉아서 하는 게임들 : 레고, 장기, 바둑.
지역사회 활동	쇼핑, 이웃집 방문, 박물관, 동물원, 극장 가기 등
취미 활동	우표 수집, 사진/엽서 모으기, 애완동물 기르기.

자료번호	1-1)-(1)	일시:	대상 :	작성자:
주제	여가 인식		제재	여가 활동 이름 게임
학습목표	여가에 대한 개념을 이해한다. 여가 활동에 대한 개념을 이해한다.			

학습 단계	교수- 학습활동	자료 및 유의점
주의 집중	* 먼저 출석을 불러서 학생들의 주의를 환기시킨 다음, 교사자신의 소개를 한다.	
여가와 여가 활동에 대한 개념	* 여가에 대한 개념 설명 여가란 구속을 받지 않는 자유로운 시간인 동시에 자유로운 마음의 상태로서 자기 발전을 위한 자발적 활동이다. * 여가 활동에 대한 개념 여가 활동이란 자유시간에 자발적인 참여를 통해 휴식, 기분전환, 오락, 즐거움, 자기실현, 그리고 생활만족을 경험하기 위해 이루어지는 총체적인 활동을 의미한다. * 학습지에 있는 여가 활동의 이름을 함께 읽기.	필기구, 학습지, 책상을 둥글게 해서 서로 마주보며 수업할 수 도 있다.
여가 이름 게임	* 자기 이름의 첫 글자(자음 혹은 모음)와 그 글자로 시작하는 여가 활동을 소개하도록 발표시킨다. 예를 들면 나의 이름은 최영호이고 내가 좋아하는 여가 활동은 축구입니다. * 첫번째 학생이 발표후 두 번째 사람이 발표할 때는 첫 번째 사람의 여가 활동을 말한 뒤 덧붙인다. 예를 들면 최영호는 축구를 좋아합니다. 나의 이름은 김순희이고 좋아하는 여가 활동은 그림 그리기입니다. * 발표는 마지막 사람이 모든 사람의 이름과 활동을 외워서 말할때까지 계속된다.	* 학생 수준에 따라 첫 글자로 이어지는 여가 활동을 찾는 것이 어려우면 자, 모음을 맞추지 않고 할 수도 있다. * 한번 사용한 여가 활동은 반복하지 않도록 한다. * 먼저 발표한 사람의 여가 활동이름을 외우지 못하면 교사가 칠판에 기록하고 기억을 상기시켜 줄 수 있다. 여가 활동 대신에 좋아하는 색깔, 음식, 음악 등으로 재구성해서 할 수 있다.
정리 및 반성	* 학습지의 여가 활동 이름을 공책에 써보게 한다. 다양한 여가 활동의 종류를 인식하도록 학습시킨다.	
형성평가	여가와 여가 활동에 대한 개념을 언어로 표현할 수 있는가?	

프로그램의 주제	프로그램의 제재
1) 여가 인식	(2) 내가 하고 싶은 여가 활동

학습지	2. 내가 하고 싶은 여가 활동
활용 방법	다음 물음에 답하시오

< 내가 하고 싶은 여가 활동 >

1. 내가 하고 싶은 여가 활동 3가지를 기록하시오

①

②

③

2. 위의 3가지 활동 중 나에게 가장 어울리는 활동은 무엇입니까?

3. 여가 활동은 어디서 하면 좋겠습니까?

4. 여가 활동을 누구와 함께 하면 좋겠습니까?

5. 여가 활동을 언제하면 좋겠습니까?

6. 여가 활동을 할 때 얻을 수 있는 가장 큰 기쁨은 무엇입니까?

<table>
<tr><td>자료번호</td><td>1-1)-(2)</td><td>일시:</td><td>대상 :</td><td>작성자:</td></tr>
<tr><td>주제</td><td colspan="2">여가 인식</td><td>제재</td><td>내가하고 싶은 여가 활동</td></tr>
<tr><td>학습목표</td><td colspan="4">여가에 대한 개념을 이해한다.
여가 활동에 대한 개념을 이해한다.</td></tr>
</table>

학습 단계	교수- 학습활동	자료 및 유의점
주의 집중	* 먼저 출석을 불러서 학생들의 주의를 환기시킨 다음, 전시의 학습지에 있는 여가 활동 이름을 다 같이 읽어본다. 게임을 복습한다.	* 전시의 학습지
여가와 여가 활동에 대한 개념	* 학습지의 문항을 교사가 한문항 씩 읽어주고, 학생이 과제를 수행했을 때 또 다음 문항을 교사가 읽어준다. 이런 방법으로 6문항까지 수행한다. * 문항의 과제를 다 수행했을 때 한명 씩 발표하게 한다. 예를 들면 내가 하고 싶은 여가 활동은 재봉, 요리, 붓글씨입니다. 3가지 여가 활동 중에서 나에게 가장 잘 어울리는 것은 재봉이고, 학교 직업 수업시간에 친구들과 함께 만들고 싶어요. 다음주 수요일에 했으면 좋겠고, 재봉틀로 만든 방석을 친구들에게 보여주고 교실에 있는 내 의자 위에 놓고 사용할 거예요. 딱딱한 의자 위에 방석을 놓으면 엉덩이가 아프지 않거든요.	필기 도구, 학습지, * 학생 수준에 따라 교사가 답을 유도하는 설명을 해줄 수 있다. * 학생 모두에게 돌아가면서 발표를 시킨다.
정리 및 반성	* 학생이 학습지에 완성해 놓은 내용을 확인하고 고쳐준다.	
형성평가	여가 활동에 대한 개념을 알고 선호하는 여가 활동의 이름을 언어로 표현할 수 있는가?	

프로그램의 주제		프로그램의 제재
1) 여가 인식		(3) 내가 추구하는 즐거움
학습지	3. 즐거움 항목	
활용 방법	즐거움 항목을 읽고 학습지 4의 내가 추구하는 즐거움을 답하시오.	

< 즐거움 항목 >

1. 맛있는 음식 먹기 2. 친구들과 수다떨기 3. 저녁 노을 바라보기 4. 책 읽기 5. 경쾌한 음악 듣기 6. 아카시아 향기 맡기 7. 멋 내기 8. 새로운 것 체험하기. 9. 전문적인 지식이나 기술 배우기 10. 물건 소유하거나 모으기. 11. 사우나(샤워)하기 12. 돈 쓰기 13. 물건 사기 14. 저축하기 15. 글 쓰기 16. 그림 그리기 17. 사진이나 비디오 찍기 18. 음식 만들기 19. 고함치기	20. 악기 연주하기 21. 노래하기 22. 춤추기 23. 자연과 가까이 지내기 24. 장난치기 25. 애완 동물 키우기 26. 자신을 표현하기 27. 과일 나무의 과일따기 28. 교회 또는 성당에 가기 29. 부모님께 칭찬 듣기 30. 이성 친구와 사귀기 31. 친구나 동생 도와주기 32. 어리광 부리기 33. 선물하기 34. 혼자 있기 35. 공상하기 36. 추억에 잠기기 37. 잠자기

프로그램의 주제		프로그램의 제재
1) 여가 인식		(3) 내가 추구하는 즐거움
학습지	4. 내가 추구하는 즐거움	
활용 방법	학습지 3 즐거움 항목을 읽고 다음 물음에 답하시오.	

< 즐거움 항목 >

즐거움 항목을 보고 다음 질문에 답하시오.

1. 현재 생활(일이나 여가 생활 등 모든 것을 포함)에서 만족하고 있는 즐거움은 무엇입니까?

   1) 1위 :
   2) 2위 :
   3) 3위 :
   4) 4위 :
   5) 5위 :

2. 추구하고 싶지만 현재의 생활에서는 아직 부족한 것, 그다지 충족되지 못한 즐거움은 무엇입니까?

   1) 1위
   2) 2위
   3) 3위
   4) 4위
   5) 5위

3. 당신이 앞으로 여가 생활 중에서 특히 추구하고 싶은 즐거움은 무엇입니까?

   1) 1위
   2) 2위
   3) 3위
   4) 4위
   5) 5위

<table>
<tr><td>자료번호</td><td>1-1)-(3)</td><td>일시:</td><td>대상 :</td><td colspan="2">작성자:</td></tr>
<tr><td>주제</td><td colspan="2">여가 인식</td><td>제재</td><td colspan="2">내가 추구하는 즐거움</td></tr>
<tr><td>학습목표</td><td colspan="5">여가 활동이 주는 다양한 즐거움을 인식 할 수 있다.</td></tr>
<tr><td>학습 단계</td><td colspan="3">교수- 학습활동</td><td colspan="2">자료 및 유의점</td></tr>
<tr><td>주의 집중</td><td colspan="3">* 먼저 출석을 불러서 학생들의 주의를 환기시킨 다음, 전시의 수업 내용을 상기시킨다.</td><td colspan="2">* 전시의 학습지</td></tr>
<tr><td>즐거움 항목

내가 추구하는 즐거움</td><td colspan="3">* 학습지를 내준다.
* 학습지 3 즐거움 항목에 있는 37가지의 즐거움에 대하여 함께 읽어본다.

* 마슬로우 욕구의 위계
생리적 욕구,→ 안전 욕구,→ 소속감과 사랑의 욕구,→ 자존심의 욕구.(4단계는 결핍 욕구)
→지적인 욕구,→심미적 욕구,→자아 실현 욕구(3단계는 성장욕구)
인간에게는 만족시켜야 할 다양한 욕구가 있고 여가 활동과 다양한 취미 활동이 주는 즐거움도 충족시켜야 할 인간의 욕구중의 하나이다.
* 학습지4 내가 추구하는 즐거움의 과제를 수행하게 한다.
* 과제를 수행했으면 한 명씩 학습지를 들고 나와 발표하고 자유롭게 토의한다.</td><td colspan="2">필기 도구, 학습지,
* 학생 수준에 따라 교사가 답을 유도하는 설명을 해 줄 수 있다.
* 학생 모두에게 돌아가면서 발표를 시킨다.</td></tr>
<tr><td>정리 및 반성</td><td colspan="3">* 문제 2의 각 문항에서 학생들이 공통적으로 많이 발표한 즐거움에 대해 정리하고 느낀 점을 자유롭게 이야기하게 한다.</td><td colspan="2"></td></tr>
<tr><td>형성평가</td><td colspan="5">여가 활동이 주는 다양한 즐거움을 글로 쓰고 언어로 표현할 수 있는가?</td></tr>
</table>

프로그램의 주제	프로그램의 제재
1) 여가 인식	(4) 누구와 함께 갈까

학습지	5. 나의 소개
활용 방법	나의 소개 빈칸을 채우시오. 그리고 가위로 가장자리를 잘라서 핀으로 왼쪽 가슴에 고정시키시오

< 나의 소개 >

1. 나의 이름	
2. 학반	
3. 주소	
4. 별명 혹은 특기	
5. 좋아하는 여가 활동	

프로그램의 주제	프로그램의 제재
1) 여가 인식	(4) 누구와 함께 갈까

학습지	6. 누구와 함께 갈까
활용 방법	아래의 빈칸을 채우시오.

< 나의 소개 >

번호	소재 (내용)	장소	같이 가고 싶은 이름
1	피자 먹으러 가기에 좋은	(예) 피자헛	친구 소영이
2	옷 사러 가고 싶은		
3	소풍가고 싶은		
4	영화 보러 가고 싶은		
5	바다 구경가기에 좋은		
6	산책하기에 좋은		
7	저녁 먹으러 가고 싶은		
8	낚시하러 가고 싶은		
9	쇼핑하러 가고 싶은		
10	책 읽으러 가고 싶은		
11	운동하러 가고 싶은		
12	비석치기를 할 만한		
13	연날리기를 할 만한		
14	아이스크림을 먹으러		
15	머리를 자르기 위해 갈만한		

<table>
<tr><td>자료번호</td><td>1-1)-(4)</td><td>일시:</td><td>대상 :</td><td>작성자:</td></tr>
<tr><td>주제</td><td colspan="2">여가 인식</td><td>제재</td><td>누구와 함께 갈까</td></tr>
<tr><td>학습목표</td><td colspan="4">여가 활동을 할 수 있는 다양한 장소를 인식 할 수 있다.
평소 좋아하던 친구에게 자기 의사를 전달 할 수 있다.</td></tr>
<tr><td>학습 단계</td><td colspan="3">교수- 학습활동</td><td>자료 및 유의점</td></tr>
<tr><td>주의 집중</td><td colspan="3">* 먼저 출석을 불러서 학생들의 주의를 환기시킨 다음, 전시의 수업내용을 복습한다.</td><td>전시 학습지</td></tr>
<tr><td>나의 소개</td><td colspan="3">* 학습지 5를 완성한 뒤 표의 가장 자리를 가위로 잘라 왼쪽 가슴에 핀 혹은 테이프로 고정시킨다.</td><td>필기도구
학습지
핀, 테이프.
두 학급이 함께 하면 더 효과적이다.</td></tr>
<tr><td>누구와 함께 갈까</td><td colspan="3">* 학습지 6을 완성한 뒤 이름란에 함께 가고 싶은 친구에게 가서 사인을 받는다. 과제를 모두 수행하고 나면 한사람씩 발표시킨다.</td><td></td></tr>
<tr><td>정리 및 반성</td><td colspan="3">* 모든 학생에게 발표시킨 뒤 자유롭게 서로 의견을 교환하게 한다.</td><td></td></tr>
<tr><td>형성 평가</td><td colspan="4">좋아하는 친구에게 자신의 의사를 언어로 전달 할 수 있는가?
여가 활동을 할 수 있는 장소를 구체적으로 표현 할 수 있는가?</td></tr>
</table>

프로그램의 주제	프로그램의 제재
1) 여가 인식	(5) 일일 생활 계획표

학습지	7. 일일 생활 계획표
활용 방법	시계 그림에서 시간은 한시간씩 나누어져 있다. 한시간마다 하는 일을 기록하시오. 그리고 잠자는 시간, 식사시간은 파란색,. 학교에서 보내는 시간 중에서 자유로운 시간은 빨간색. 학교에서 보내는 시간은 노란색. 여가 시간과 자유로운 시간은 빨간색. 그리고 나머지는 보라색 색연필로 색칠 하시오.

< 하루 일과 표 시계그림 >

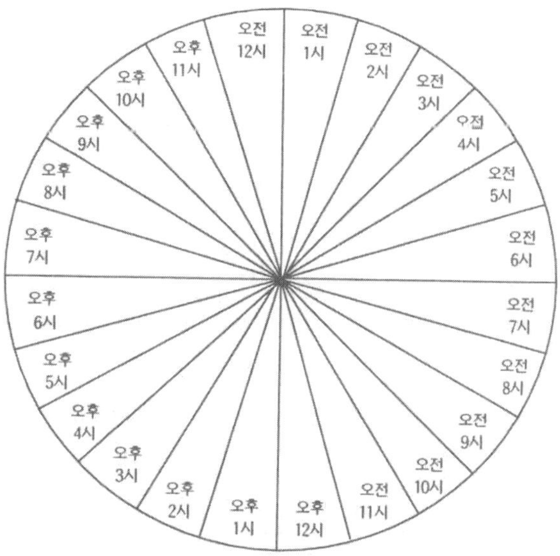

1. 생리적 시간(잠, 식사)을 포함한 필수 시간은 몇 시간입니까? (　　)시간
2. 학교에서 보내는 시간은 몇 시간 입니까? (　　)시간
3. 자유로운 시간은 몇 시간입니까?(　　)시간
4. 주말 시간표는 다릅니까? 해당되는 사항에 ○표하시오. (같다, 다르다)
5. 다르다면 무엇이 다른지 쓰시오
6. 이 시간표에 만족합니까? ○표하시오 (만족, 불만족)
7. 불만족스럽다면 무엇을 바꾸고 싶습니까?

<table>
<tr><td>자료번호</td><td>1-1)-(5)</td><td>일시:</td><td>대상 :</td><td>작성자:</td></tr>
<tr><td>주제</td><td colspan="2">여가 인식</td><td>제재</td><td>일일생활 계획표 만들기</td></tr>
<tr><td>학습목표</td><td colspan="4">시간 사용에 대한 인식을 할 수 있다.
여가 활동을 할 수 있는 시간에 대한 인식을 할 수 있다.</td></tr>
<tr><td>학습 단계</td><td colspan="3">교수- 학습활동</td><td>자료 및 유의점</td></tr>
<tr><td>주의 집중</td><td colspan="3">* 먼저 출석을 불러서 학생들의 주의를 환기시킨 다음, 전시의 수업내용을 복습한다.</td><td>전시 학습지</td></tr>
<tr><td>하루 시간표 만들기</td><td colspan="3">* 일일 생활 계획표 만들기 그림에서 시간은 한시간씩 나누어져 있다. 한시간마다 그 시간에 하는 일을 기록한다.
* 일일 생활 계획표 만들기가 완성되었으면 잠자는 시간, 식사시간, 등은 파란색, 학교에서 보내는 시간은 노란색(학교에서 보내는 시간 중에서 자유로운 시간은 빨간색), 여가시간, 자유로운 시간은 빨간색, 나머지는 보라색으로 표시한다.
* 1번에서 7번까지 문항을 수행한다.</td><td>필기도구, 색연필,
* 토요일과 일요일의 시간표는 따로 그려보게 할 수 있다.
* 개인이 불만족스러운 시간에 대해 색연필로 색칠하고 그 이유에 대해 이야기 할 수 있다.</td></tr>
<tr><td>정리 및 반성</td><td colspan="3">* 토요일, 일요일의 시간표와 평일의 시간표는 어떻게 다른지 토의한다.
* 하루에 여가 시간은 몇 시간이며 무엇을 하며 보내는지 학생들에게 발표시키고 마무리한다.</td><td></td></tr>
<tr><td>형성 평가</td><td colspan="4">일일 생활 계획표에서 여가 활동을 하며 보내는 시간은 몇 시간 인지 언어로 표현 할 수 있는가?</td></tr>
</table>

☐ 여가에 대한 자아인식

프로그램의 주제	프로그램의 제재
2) 여가에 대한 자아인식	(6) 친구 소개하기
학습지	8. 친구 소개하기
활용 방법	아래 빈 칸을 채우시오.

< 친구 소개하기 >

번호	본인		친구	
1	자신의 이름		친구 이름	
2	놀러 가고 싶은 장소		언제 만났어요	
3	가장 좋아하는 노래		가장 좋아하는 노래	
4	가장 좋아하는 음식		가장 좋아하는 음식	
5	가장 기분이 좋았을 때		가장 좋아하는 연예인	
6	하루 중 가장 즐거운 시간		그 친구와 무엇을 할 때 가장 즐거웠나	
7	지금 10만원이 생긴다면		왜 그 친구를 가장 친한 친구라고 생각하나	
8	3년 뒤의 소망이나 계획		친구에게 하고 싶은 말은?	

자료번호	1-2)-(6)	일시:	대상 :	작성자:
주제	여가에 대한 자아인식		제재	친구소개하기
학습목표	친구를 소개함으로서 대인관계의 중요성을 인식할 수 있다.			
학습 단계	교수- 학습활동			자료 및 유의점
주의 집중	* 먼저 출석을 불러서 학생들의 주의를 환기시킨 다음, 전시의 수업내용을 복습한다.			* 학습지
친구 소개하기	* 학습지의 용지를 내주고 10분 정도의 시간을 준다. * 한 명씩 자신이 쓴 학습지를 들고나와 발표하게 한다. * 발표가 끝난 뒤 인상적인 내용에 대해 서로 이야기하거나 친구간의 예의에 대해 서로 의견을 나누게 한다. * 친구간의 예의 친구를 보면 그 사람을 안다는 예를 인식시킨다. 관포지교의 교훈 친한 사이일수록 예의를 지킨다. 대화할 때 고운 말을 사용하고 마음이 상하는 이야기는 하지 않는다.			필기도구, 학습지
정리 및 반성	학생들이 발표한 내용에서 재미있었던 내용에 대해 정리한다.			
형성 평가	친한 친구를 언어로서 소개할 수 있는가?			

<table>
<tr><th colspan="2">프로그램의 주제</th><th>프로그램의 제재</th></tr>
<tr><td colspan="2">2) 여가에 대한 자아인식</td><td>(7) 여가 견장</td></tr>
<tr><td>학습지</td><td colspan="2">9. 여가 견장</td></tr>
<tr><td>활용
방법</td><td colspan="2">다음 질문에 따라 1번에서 6번까지 여가 견장의 그림 안에 답을 쓰시오
1. 수첩 속에 전화번호가 적혀있는 친구는 몇 명입니까?
2. 가장 즐거운 여가 활동은 무엇입니까?
3. 가장 좋아하는 겨울의 여가 활동은 무엇입니까?
4. 1년 동안 배우고 싶은 여가 활동은 무엇입니까?
5. 가족과 함께 하고 싶은 여가 활동은 무엇입니까?
6. 만약 내일 죽는다면 가장 듣고 싶은 말은 무엇입니까?</td></tr>
<tr><td colspan="3">< 여가 견장 그림 ></td></tr>
<tr><td colspan="3">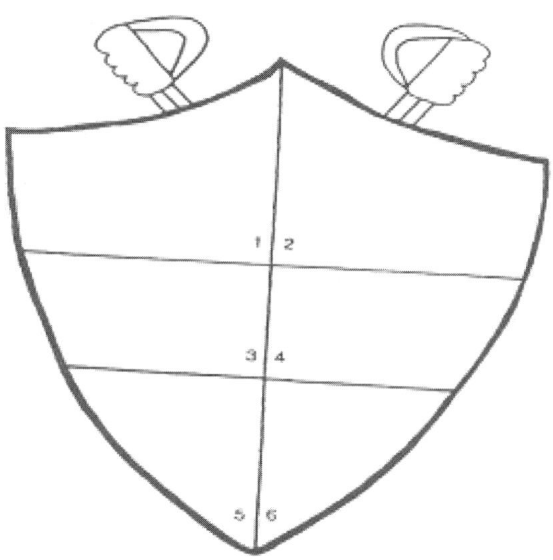</td></tr>
</table>

<table>
<tr><td>자료번호</td><td>1-2)-(7)</td><td>일시:</td><td colspan="2">대상 :</td><td>작성자:</td></tr>
<tr><td>주제</td><td colspan="2">여가에 대한 자아인식</td><td>제재</td><td colspan="2">여가 견장</td></tr>
<tr><td>학습목표</td><td colspan="5">여가에 대한 개인적 목적에 대한 인식을 증가시킬 수 있다.</td></tr>
<tr><td>학습 단계</td><td colspan="3">교수- 학습활동</td><td colspan="2">자료 및 유의점</td></tr>
<tr><td>주의 집중</td><td colspan="3">* 먼저 출석을 불러서 학생들의 주의를 환기시킨 다음, 전시의 수업내용을 복습한다.</td><td colspan="2">* 전시의 학습지</td></tr>
<tr><td>여가 견장</td><td colspan="3">* 학습지를 내준다.
* 1번에서 6번까지 한 문항씩 읽어주면서 각 질문에 3분 내지 5분을 준다.
* 한 명씩 자신이 쓴 학습지를 들고 나와 발표한다.</td><td colspan="2">필기 도구
색연필
학습지
* 집단의 욕구에 맞추어 질문을 바꿀 수 있다.
* 여가 견장의 모양을 색연필로 칠해서 꾸밀 수 있다.</td></tr>
<tr><td>정리 및 반성</td><td colspan="3">* 학생들이 발표하지 않은 다양한 여가 활동의 종류 소개
* 여가 활동이 주는 기쁨과 여가 활동의 효과, 여가 활동의 필요성에 대해 이야기한다.</td><td colspan="2"></td></tr>
<tr><td>형성 평가</td><td colspan="5">여가 활동에 대한 개인적인 목적에 대해 언어로 표현할 수 있는가?</td></tr>
</table>

프로그램의 주제	프로그램의 제재
2) 여가에 대한 자아인식	(8) 당신은 어떤 사람인가

학습지	10. 당신은 어떤 사람인가
활용 방법	1번부터 20번까지 Y, M, N을 골라 ○표하시오. 그리고 위의 문항을 참고해서 당신은 어떤 사람인가에 대한 답을 쓰시오. 나는 _______는 사람이다. 라는 문장을 만드시오. (5개)

< 당신은 어떤 사람인가 >

번호	문항	예 (Y)	조금 그렇다(M)	아니오 (N)
1	소풍가는 것을 좋아하는가	Y	M	N
2	자전거 타는 것을 배울것인가	Y	M	N
3	책 읽는 것을 좋아하는가	Y	M	N
4	컴퓨터 게임 하는 방법을 배울 것인가	Y	M	N
5	가족을 위해 맛있는 식사를 준비할 수 있는가	Y	M	N
6	하루 3시간 이상 TV를 보는가	Y	M	N
7	땀 흘리며 운동하는 것을 좋아하는가	Y	M	N
8	샤워하는 것을 좋아하는가	Y	M	N
9	혼자 있을 때 심심하다고 생각하는가	Y	M	N
10	이성 친구를 사귀는데 적극적인가	Y	M	N
11	야영가는 것을 좋아하는가	Y	M	N
12	수첩 속에 친구의 전화번호가 많이 적혀있는가	Y	M	N
13	숙제하는 것이 즐거운가	Y	M	N
14	모든 일에 싫증을 잘 느끼는가	Y	M	N
15	약속 시간을 잘 지키는가	Y	M	N
16	경쾌한 음악을 들으면 기분이 좋은가	Y	M	N
17	좋아하는 스포츠 스타가 있는가	Y	M	N
18	유머가 있어서 친구들을 잘 웃기는가	Y	M	N
19	TV에서 운동경기를 보는 것을 좋아하는가	Y	M	N
20	영화보는 것을 좋아하는가	Y	M	N

<table>
<tr><td>자료번호</td><td>1-2)-(8)</td><td>일시:</td><td>대상 :</td><td>작성자:</td></tr>
<tr><td>주제</td><td colspan="2">여가에 대한 자아인식</td><td>제재</td><td>당신은 어떤 사람인가</td></tr>
<tr><td>학습목표</td><td colspan="4">여가와 관련된 개인적 취향에 대한 인식을 증가시킬 수 있다.</td></tr>
<tr><td>학습 단계</td><td colspan="2">교수- 학습활동</td><td colspan="2">자료 및 유의점</td></tr>
<tr><td>주의 집중</td><td colspan="2">*먼저 출석을 불러서 학생들의 주의를 환기시킨 다음, 전시의 수업내용을 복습한다.</td><td colspan="2">* 전시의 학습지</td></tr>
<tr><td>당신은 어떤 사람인가</td><td colspan="2">* 학습지를 내준다.
* 교사가 한 문항씩 읽어주고 예, 조금 그렇다, 아니오 의 답을 골라서 표시하게 할 수도 있고, 학생들이 읽으면서 스스로 할 수도 있다.
* 시간은 20분 정도 준다.
* 연습 문제 용지의 과제 수행이 끝나면 나는 ______한 사람이다. 라는 진술문으로 5개정도 자신에 대한 항목을 만들어 보게 한 뒤 발표시킨다.
예를 들면,
나는 소풍가는 것을 좋아하는 사람이다.
나는 야영가는 것을 싫어하는 사람이다.
나는 모든 것에 싫증을 잘 느끼는 사람이다.
나는 경쾌한 음악을 들으면 기분이 좋아지는 사람이다.
나는 유머가 있어서 친구들을 잘 웃기는 편이다.</td><td colspan="2">필기 도구
학습지
* 학생의 수준과 흥미에 맞게 질문을 변경시킬 수 있다.</td></tr>
<tr><td>정리 및 반성</td><td colspan="2">* 학생들이 토의한 내용을 정리해준다.</td><td colspan="2"></td></tr>
<tr><td>형성 평가</td><td colspan="4">여가 활동에 대한 개인적 취향을 언어로 표현 할 수 있는가?</td></tr>
</table>

프로그램의 주제	프로그램의 제재
2) 여가에 대한 자아인식	(9) 만약 내가___할 수 있다면 ___할 텐데

학습지	11. 만약 내가___할 수 있다면 ___할 텐데
활용 방법	( )안에 자신의 생각을 쓰시오

< 만약 내가___할 수 있다면 ___할 텐데 >

번호	질 문
1	만약 이번 주말이 3일이라면 나는 ( )했으면 좋겠다.
2	나에게 가장 우울했던 날은 ( )이다.
3	나는 마침내 ( )하기로 결심했다
4	나는 ( )할 때 가장 지루했다.
5	내가 여가 시간을 더 현명하게 사용하려면 ( )해야 한다.
6	나는 ( )할 때 가장 자랑스럽게 느껴진다.
7	만약 네게 TV가 없다면 나는 ( )할 것이다.
8	비 오는 날에 나는 ( )할 것이다.
9	토요일에 나는 ( )할 계획이다.
10	나는 사람들이 ( )때 가장 즐거워 보인다.
11	방학 때 나는 ( )할 것이다.
12	나는 나의 가장 친한 친구에게 ( )라고 말하고 싶다.
13	내 생애에서 가장 행복했던 날은 ( )이다.
14	소풍갔던 곳 중에서 가장 좋았던 장소는 ( )이다.
15	내가 가장 잘하는 것은 ( )이다.
16	나는 ( )때 화가 난다.
17	나는 최근에 ( )를 배웠다.
18	나는 ( )에서 진정한 즐거움을 느낀다.
19	나를 가장 즐겁게 하는 것은 ( )이다.
20	나의 삶에서 가장 원하는 것은 ( )이다
21	나는 가끔 ( )나 자신을 발견한다.
22	나는 ( )이다.
23	나를 잘 아는 사람들은 내가 ( )라고 생각한다.
24	나의 가장 큰 장점은 ( )이다.
25	나는 ( )하는 버릇을 고쳐야 한다.
26	나는 ( )할 때 사람들과 가장 친밀하다고 느낀다.
27	나는 ( )할 때 가장 무섭다.
28	나는 ( )때 사랑을 받고 있다고 느낀다.
29	나는 ( )을 가장 싫어한다.
30	나는 ( )때 가장 행복하다고 느낀다.

<table>
<tr><td>자료번호</td><td>1-2)-(9)</td><td>일시:</td><td>대상 :</td><td colspan="2">작성자:</td></tr>
<tr><td>주제</td><td colspan="2">여가에 대한 자아인식</td><td>제재</td><td colspan="2">만약 내가 __할 수 있다면 __할 텐데</td></tr>
<tr><td>학습목표</td><td colspan="5">친구를 소개함으로서 대인관계의 중요성을 인식할 수 있다.</td></tr>
<tr><td>학습 단계</td><td colspan="3">교수- 학습활동</td><td colspan="2">자료 및 유의점</td></tr>
<tr><td>주의 집중</td><td colspan="3">* 먼저 출석을 불러서 학생들의 주의를 환기시킨 다음, 전시의 수업내용을 복습한다.</td><td colspan="2">* 전시의 학습지</td></tr>
<tr><td>만약 내가 ___할 수 있다면 ___할 텐데</td><td colspan="3">* 학습지를 내준다.
* 학습지에 있는 질문에 대해 한 문항씩 교사가 읽어주면서 문항이 원하는 답이 무엇인지 설명을 해준다. 질문에 대한 답을 수행하고 난 뒤 한 명 씩 발표한다.</td><td colspan="2">필기도구,
학습지
* 학생들의 욕구와 흥미에 맞게 문장을 바꿀 수 있다.
* 전체 학생을 한 명씩 발표시킬 수 있고 시간이 모자라면 희망하는 학생만 발표시킬 수 있다.</td></tr>
<tr><td>정리 및 반성</td><td colspan="3">* 발표한 내용 중에서 재미있는 내용이 있으면 소개하고 수업내용을 정리한다.</td><td colspan="2"></td></tr>
<tr><td>형성 평가</td><td colspan="5">자신은 어떤 타입의 사람인지 언어로 표현 할 수 있는가?</td></tr>
</table>

프로그램의 주제	프로그램의 제재
2) 여가에 대한 자아인식	(10) 당신은 어떤 종류의 사람입니까?

학습지	12. 당신은 어떤 종류의 사람입니까
활용 방법	사람의 타입을 8가지로 나누었을 때 나는 어떤 타입의 사람인지 쓰시오 (예 풍선)

< 당신은 어떤 종류의 사람입니까 >

한때 사람의 타입에는 8가지가 있다고 말했습니다. 당신은 어떤 타입의 사람입니까?

 외바퀴 손수레 – 밀어야만 간다.

 카누 – 노를 사용해야만 한다

 연 – 누군가가 줄을 팽팽하게 잡아 당겨주지 않으면 날지 못할 것이다.

 고양이 – 길러질 때만 만족한다.

 럭비공 – 어디로 튈지 모른다

 풍선 – 더운 공기만 채우면, 언제라도 터진다.

 손수레 – 당기면 언제든지 간다.

 네온불빛 – 항상 껴졌다 켜졌다 한다

 금시계 – 열린 표면, 순수한 금, 신뢰할 수 있고 자기동기화 되어있다.

<table>
<tr><td>자료번호</td><td>1-2)-(10)</td><td>일시:</td><td>대상 :</td><td colspan="2">작성자:</td></tr>
<tr><td>주제</td><td colspan="2">여가에 대한 자아인식</td><td>제재</td><td colspan="2">당신은 어떤 종류의 사람입니까</td></tr>
<tr><td>학습목표</td><td colspan="5">자신은 어떤 타입의 사람인지 이해살 수 있다.</td></tr>
<tr><td>학습 단계</td><td colspan="3">교수- 학습활동</td><td colspan="2">자료 및 유의점</td></tr>
<tr><td>주의 집중</td><td colspan="3">* 먼저 출석을 불러서 학생들의 주의를 환기시킨 다음, 전시의 수업내용을 복습한다.</td><td colspan="2">* 전시의 학습지</td></tr>
<tr><td>당신은 어떤 종류의 사람입니까</td><td colspan="3">* 학습지를 내준다.
* 학습지를 보고 외바퀴 손수레, 카누, 연, 고양이, 럭비공, 풍선, 네온불빛 금시계에 대한 특징을 설명해준다.
외바퀴 손수레 : 넘어 질 듯이 위태롭다. 밀어 주어야만 가듯이 수동적이다.
카누 : 노라는 도구가 있어야만 하는 것처럼 도움을 주는 손길이 필요하다.
연 : 줄을 당겨줘야 하는 것처럼 스스로를 조절하지 못한다.
고양이 : 길러질때만 만족한다는 것은 온실 속에서만 피는 꽃처럼 연약하다.
럭비공 : 어디로 튈지 모른다. 충동적이고 비이성적이다
풍선 : 동기만 주어지면 언제든지 제 역할을 한다.
손수레 : 당기면 언제든지 간다는 것은 주체적이지 못하다는 것이다.
네온불빛: 켜졌다 꺼졌다하는 것은 일관성이 없다는 것을 의미한다.
금시계 : 자신있는 자아.
* 한명 씩 번갈아 가며 자신이 어떤 타입의 사람인지 설명하게 한다. 자신의 성격에 대한 장점과 단점, 자신의 여가 활동에 대해 발표한다. 예를 들면 나는 럭비공과 같은 종류의 사람입니다. 왜냐하면 이성적이지 못하고 충동적이기 때문입니다. 그래서 평소에 다른 사람이 생각하지도 않은 이상한 행동을 하기도 합니다.
나는 탁구를 좋아합니다. 탁구공은 가벼워서 가지고 다니기에도 좋고 점심시간에 강당에서 친구들과 탁구를 칠 수 있기 때문입니다.</td><td colspan="2">필기 도구
학습지
* 과제에 대한 수행이 빨리 마칠 수 있으므로 다른 프로그램의 내용과 연관시키거나, 토론을 통해 수업을 이끌어 갈 수 있다.</td></tr>
<tr><td>정리 및 반성</td><td colspan="3">학생들이 발표한 내용을 정리해 준다.</td><td colspan="2"></td></tr>
<tr><td>형성 평가</td><td colspan="5">자신은 어떤 타입의 사람인지 언어로 표현할 수 있는가?</td></tr>
</table>

프로그램의 주제		프로그램의 제재
2) 여가에 대한 자아인식		(11) 3개월만 살 수 있다면
학습지	13. 3개월만 살 수 있다면	
활용 방법	죽음에 이르는 병에 걸렸다는 진단을 받고 이제 3개월 밖에 살 수 없다고 상상합니다. 3개월간 무엇을 하며 살아갈 것인지 마임이나 몸짓으로 표현해 보시오.	

<table>
<tr><td>자료번호</td><td>1-2)-(11)</td><td>일시:</td><td colspan="2">대상 :</td><td>작성자:</td></tr>
<tr><td>주제</td><td colspan="2">여가에 대한 자아인식</td><td>제재</td><td colspan="2">3개월만 살 수 있다면</td></tr>
<tr><td>학습목표</td><td colspan="5"></td></tr>
<tr><td>학습 단계</td><td colspan="3">교수- 학습활동</td><td colspan="2">자료 및 유의점</td></tr>
<tr><td>주의 집중</td><td colspan="3">* 먼저 출석을 불러서 학생들의 주의를 환기시킨 다음, 전시의 수업내용을 복습한다.</td><td colspan="2">* 전시의 학습지</td></tr>
<tr><td>3개월만 살 수 있다면</td><td colspan="3">* 학습지를 내어 준다.
* 자신이 죽음에 이르는 병에 걸려 앞으로 3개월만 살 수 있다면 3개월 동안 하고 싶은 일을 구체적으로 써보라고 한다.
* 과제 수행이 완성되었을 때 한명씩 앞으로 나와 마임 혹은 몸짓으로 하고 싶은 일에 대해 표현을 한다.
* 마임의 기술</td><td colspan="2">필기도구
학습지</td></tr>
<tr><td>정리 및 반성</td><td colspan="3">* 다양한 여가 활동에 대한 마임의 기술을 반복하여 정리해 준다.</td><td colspan="2"></td></tr>
<tr><td>형성 평가</td><td colspan="5">여가 활동에 대한 가치를 인식하고 여가 활동을 몸짓으로 표현할 수 있는가?</td></tr>
</table>

□ 지역사회 자원에 대한 인식

프로그램의 주제	프로그램의 제재
3) 지역사회 자원에 대한 인식	(12) 집 근처의 여가 시설 이용하기
학습지	14. 여가 자원 정보지
활용 방법	다음 물음에 답하시오.

< 여가 자원 정보지 >

※ 내가 가장 하고 싶은 여가 활동 세 가지는 무엇입니까?

1)
2)
3)

1. 여가 활동에 드는 비용은 어떻게 해결합니까?

2. 여가 활동하러 이동할 때 교통편은 어떻게 해결합니까?
(혼자, 아니면 누가 데려다 주는가, 도보로 아니면 버스로)

3. 여가 활동은 누구와 함께 할 것입니까?

4. 장비가 필요한 장비는 어떻게 해결할 계획입니까?

프로그램의 주제		프로그램의 제재
3) 지역사회 자원에 대한 인식		(12) 집 근처의 여가 시설 이용하기
학습지	15. 집근처의 여가 시설 알아보기	
활용 방법	다음 빈칸을 채우시오.	

< 집 근처 여가 시설 알아보기 >

시설명	구체적인 이름	걸리는 시간	이용료	혼자 혹은 같이 갈 사람
운동 시설 스포츠센터				
영화관				
공원				
놀이터				
도서관				
백화점 또는 마트				
문화센터				
장애인 복지관				
박물관				

<table>
<tr><td>자료번호</td><td>1-3)-(12)</td><td>일시:</td><td>대상 :</td><td colspan="2">작성자:</td></tr>
<tr><td>주제</td><td colspan="2">지역사회 자원에 대한 인식</td><td>제재</td><td colspan="2">집 근처 여가 시설 알아보기</td></tr>
<tr><td>학습목표</td><td colspan="5">지역사회에 있는 여가 시설에 대한 인식을 할 수 있다.
지역사회 여가 시설의 전화 번호를 찾을 수 있다.</td></tr>
<tr><td>학습 단계</td><td colspan="3">교수- 학습활동</td><td colspan="2">자료 및 유의점</td></tr>
<tr><td>주의 집중</td><td colspan="3">* 먼저 출석을 불러서 학생들의 주의를 환기시킨 다음, 전시의 수업내용을 복습한다.</td><td colspan="2">* 전시의 학습지</td></tr>
<tr><td>집 근처 여가 시설 알아보기</td><td colspan="3">* 교사는 미리 학생의 주소지를 파악해 둔다.
* 학습지를 내주고 과제 수행을 마치면 한명씩 발표한다.</td><td colspan="2">필기 도구
학습지
* 전화번호안내책
* 기타 광고 홍보지를 활용할 수 있다</td></tr>
<tr><td>정리 및 반성</td><td colspan="3">학생들이 발표한 내용을 정리해준다.</td><td colspan="2"></td></tr>
<tr><td>형성 평가</td><td colspan="5">집 근처의 여가 시설의 이름과 전화번호를 찾아서 쓸 수 있는가?</td></tr>
</table>

프로그램의 주제	프로그램의 제재
3) 지역사회 자원에 대한 인식	(13) 여가 활동 전화번호부

학습지	16. 여가 활동 전화번호부
활용 방법	다음 빈칸을 채우시오.

< 집 근처 여가 시설 알아보기 >

시설명	구체적인 이름	전화번호	이용료	선호 프로그램
운동 시설 스포츠센터				
영화관				
공원				
놀이터				
도서관				
백화점 또는 마트				
문화센터				
장애인 복지관				
박물관				

<table>
<tr><td>자료번호</td><td>1-3)-(13)</td><td>일시:</td><td>대상 :</td><td colspan="2">작성자:</td></tr>
<tr><td>주제</td><td colspan="2">지역사회 자원에 대한 인식</td><td>제재</td><td colspan="2">여가 활동 전화번호부</td></tr>
<tr><td>학습목표</td><td colspan="5">전화를 걸 수 있다.
지역사회에 있는 여가 시설에 대한 인식을 할 수 있다.</td></tr>
<tr><td>학습 단계</td><td colspan="3">교수- 학습활동</td><td colspan="2">자료 및 유의점</td></tr>
<tr><td>주의 집중</td><td colspan="3">* 먼저 출석을 불러서 학생들의 주의를 환기시킨 다음, 전시의 수업내용을 복습한다.</td><td colspan="2">* 전시의 학습지</td></tr>
<tr><td>전화기 사용하기</td><td colspan="3">* 학습지를 내준다.
* 집 전화 사용하기
* 카드식 공중전화 사용하기
· 수화기를 든다 -카드의 세로 방향으로 홈이 파인 부분이 뒤로 가게 해서 투입구에 넣는다- 발신음이 나면 번호를 누른다(통화중이거나 연결이 안되면 카드를 꺼내지 말고 재발신 번호를 누른다)-통화가 끝나면 수화기를 제자리에 건다.
* 동전식 공중 전화 사용하기
* 휴대폰 사용하기</td><td colspan="2">필기도구
학습지
전화카드
* 학교에 있는 공중전화를 이용한다.</td></tr>
<tr><td>긴급. 특수 전화번호 이용하기</td><td colspan="3">* 긴급 특수 전화 이용하기
* 긴급 전화(112, 119 등 기타)는 동전이 없어도 긴급 전화 버턴을 누르고 통화 할 수 있다. 그러나 080이 붙어있는 번호는 제외된다.
* 각종 고장 신고하기
* 생활 정보 전화 알기</td><td colspan="2"></td></tr>
<tr><td>여가 활동 전화번호부</td><td colspan="3">* 한국 통신의 전화번호부 책자 이용하기
* 전화 번호부 찾는 방법
* 114 안내 전화로 알아내는 방법
* 학습지에서 자신이 가고 싶은 여가 활동 기관이 있다면 적고 전화 번호를 찾아서 쓴다.</td><td colspan="2">* 전시의 학습지(집 근처 여가 시설 이용하기)
* 신문이나 광고 공보지, 백화점 팜플렛 등을 사용 할 수 있다.</td></tr>
<tr><td>정리 및 반성</td><td colspan="3">* 학생들이 학습지 기록하는 것을 개별적으로 지도해 주기도 하고, 자유롭게 토의 검토한다.</td><td colspan="2"></td></tr>
<tr><td>형성평가</td><td colspan="5">집 근처의 여가 시설의 이름을 알고 전화를 걸 수 있는가</td></tr>
</table>

프로그램의 주제	프로그램의 제재
3) 지역사회 자원에 대한 인식	(14) 12평의 방

학습지	17. 12평의 방
활용 방법	창문이 없는 12평의 방에 살고 있다고 상상하라. 종이가 방이라고 생각하라. 그리고 3개월 동안 기본적인 생활용품과 시설(화장실, 음식, 물)은 사용 가능하다. 편안하고 행복하게 되기 위해 필요한 모든 것을 색연필로 그려보아라. 스케치 북을 이용할 수도 있다.

< 12평의 방 >

자료번호	1-3)-(14)	일시:	대상 :	작성자:
주제	지역사회 자원에 대한 인식	제재	12평의 방	
학습목표	개인적으로 필요한 여가자원을 표현할 수 있다. 여가 활동 욕구에 대한 인식을 증진시킬 수 있다.			

학습 단계	교수- 학습활동	자료 및 유의점
주의 집중	* 먼저 출석을 불러서 학생들의 주의를 환기시킨 다음, 전시의 수업내용을 복습한다.	전시의 학습지
12평의 방	* 학습지를 내준다. * 12평의 방에 살고 있다고 상상했을 때 편하게 지내기 위해 필요한 모든 것을 그려 넣어라 * 색연필로 그려 넣고 색칠한다. * 과제 수행이 완성되면 학생들의 그림을 칠판 앞에 전시하고 한명 씩 자신에게 필요한 물건에 대해 중요한 순서대로 번호를 붙이고, 그 물건이 필요한 이유에 대해 설명하게 한다.	색연필 필기도구 학습지
정리 및 정돈	* 학생들이 발표한 내용에 대해 정리하고 그린 그림을 마무리한다.	
형성평가	* 여가 활동에 필요한 여가 자원을 색연필로 그릴 수 있는가?	

□ 여가 장벽

프로그램의 주제		프로그램의 제재
4) 여가 장벽		(15) 여가 활동 방해요인 해결 방안
학습지	18. 여가 활동 방해 요인	
활용 방법	여가 활동에 방해가 되는 원인에 대한 설명이다. 다음에서 3가지만 골라서 아래 ____에 적어보시오.	

< 여가 활동 방해 요인 >

1. 가족이 반대해서 여가 활동을 하지 못한다.
2. 시간이 부족해서 여가 활동을 하지 못한다.
3. 돈이 많이 들어서 여가 활동을 하지 못한다.
4. 몸이 아파서 여가 활동을 하지 못한다.
5. 여가 활동하러 가기에 교통이 불편하고 거리가 멀어서 가지 못한다.
6. 여가 활동하러 가기에 쑥스러워서 가지 못한다.
7. 여가 활동을 배우는 것이 재미가 없어서 가지 못한다.
8. 여가 활동하러 같이 갈 사람이 없어서 가지 못한다.
9. 여가 활동하러 가는 것이 귀찮아서 가지 못한다.
10. 여가 활동하는데 필요한 장비가 없어서 가지 못한다.

※ 내가 여가 활동을 하지 못하는 이유가 있다면 위에서 설명된 10가지 중에서 3가지만 골라 적어보시오

1) ______________________________

2) ______________________________

3) ______________________________

프로그램의 주제		프로그램의 제재
4) 여가 장벽		(15) 여가 활동 방해요인 해결 방안
학습지	19. 여가 활동 방해 요인 해결 방안	
활용 방법	앞에서 여가 활동을 할 수 없도록 방해하는 3가지 요인에 대해 적었다. 그러면 여가 활동을 할 수 있도록 방해하는 요인을 해결하는 방법에는 어떤 것들이 있는지 써 보시오.	

< 여가 활동 방해 요인 해결방안 >

예를 들어보면
여가 활동 방해 요인 : 여가 활동하러 가는데 필요한 장비가 없어서 가지 못 한다.
해결책 : 저축을 해서 장비를 구입한다.
언니에게 빌린다.

1) 여가 활동 방해 요인 : ______________________
해결책 : ______________________
____

2) 여가 활동 방해 요인 : ______________________
해결책 : ______________________
____

3) 여가 활동 방해 요인 : ______________________
해결책 : ______________________
____

<table>
<tr><td>자료번호</td><td>1-4)-(15)</td><td>일시:</td><td colspan="2">대상 :</td><td>작성자:</td></tr>
<tr><td>주제</td><td colspan="2">여가 장벽</td><td>제재</td><td colspan="2">여가 활동 방해 요인 해결 방안</td></tr>
<tr><td>학습목표</td><td colspan="5">여가 활동을 하지 못하는 이유를 알고 해결 방법을 생각해 낼 수 있다.</td></tr>
<tr><td>학습 단계</td><td colspan="3">교수- 학습활동</td><td colspan="2">자료 및 유의점</td></tr>
<tr><td>주의 집중</td><td colspan="3">* 먼저 출석을 불러서 학생들의 주의를 환기시킨 다음, 전시의 수업내용을 복습한다.</td><td colspan="2">전시의 학습지</td></tr>
<tr><td>여가 활동 방해 요인</td><td colspan="3">* 연습 문제 용지를 내준다.
* 여가 활동 방해 요인
여가 장애 혹은 여가 제약을 학생들이 쉽게 이해할 수 있는 용어로서 설명한 것이다. 여가 장애란 개인이 선호하는 여가 활동에 영향을 미치는 내적인 심리상태나 특성과 개인의 외적인 환경을 의미한다.
* 학습지 1의 여가 활동 방해 요인에 해당하는 항목을 읽어주면서 이해하기 쉽도록 설명한다.
* 학습지 2의 여가 활동 방해요인 해결방안 용지를 내주고 과제를 수행하게 한다.
* 한명 씩 발표하고 토의하게 한다.</td><td colspan="2">필기도구
학습지</td></tr>
<tr><td>정리 및 정돈</td><td colspan="3">발표한 내용을 정리해 준다.</td><td colspan="2"></td></tr>
<tr><td>형성평가</td><td colspan="5">* 자신이 하고 싶은 여가 활동을 하지 못하는 이유를 설명할 수 있는가?
* 여가 활동을 하지 못하는 원인에 대한 해결 방법을 말 할 수 있는가?</td></tr>
</table>

□ 여가 활동 실행에 대한 계획

<table>
<tr><td colspan="2">프로그램의 주제</td><td>프로그램의 제재</td></tr>
<tr><td colspan="2">5) 여가 활동 실행에 대한 계획</td><td>(16) 여가 생활 설계 계획서</td></tr>
<tr><td>학습지</td><td colspan="2">20. 여가 생활 설계 계획서</td></tr>
<tr><td>활용 방법</td><td colspan="2">아래의 여가 생활 설계 계획서를 읽고 각 문항의 ___친곳에 자신의 생각을 써 넣으시오.</td></tr>
<tr><td colspan="3">< 여가 생활 설계 계획서 ></td></tr>
<tr><td colspan="3">년 월 일 이름 :__________

1. 나는 건강을 위하여 다음과 같은 일을 하겠습니다(예 : 자전거를 타겠 습니다.)
____

2. 나는 여가 시간을 충실히 보내기 위해서 다음과 같은 취미 활동을 하겠습니다(예 : 그림 그리기를 하겠습니다).
____

3. 나는 친구들과 우정을 쌓아가기 위해서 다음과 같은 일을 하겠습니다
(예 : 생일에 친구를 초대하겠습니다).
____

4. 나는 방학 때 이런 계획을 세우겠습니다. 2가지를 쓰시오(예 : 가족 여행을 가겠습니다. 또는 장애인 복지회관의 프로그램에 참가하겠습니다).
____</td></tr>
</table>

<table>
<tr><td>자료번호</td><td>1-5)-(16)</td><td>일시:</td><td colspan="2">대상 :</td><td>작성자:</td></tr>
<tr><td>주제</td><td colspan="2">여가 활동 실행에 대한 계획</td><td>제재</td><td colspan="2">여가 생활 설계 계획서</td></tr>
<tr><td>학습목표</td><td colspan="5">자신이 좋아하는 여가 활동을 선택하고 실천 계획을 세울 수 있다.</td></tr>
<tr><td>학습 단계</td><td colspan="3">교수- 학습활동</td><td colspan="2">자료 및 유의점</td></tr>
<tr><td>119.25.1.
주의 집중</td><td colspan="3">* 먼저 출석을 불러서 학생들의 주의를 환기시킨 다음, 전시의 수업내용을 복습한다.</td><td colspan="2">전시의 학습지</td></tr>
<tr><td>여가 생활
설계
계획서</td><td colspan="3">* 학습지를 내준다.
* 1번 문항부터 한 문항씩 읽고 답을 적게 한다.
* 과제가 다 수행되었을 때 한명씩 발표한다.</td><td colspan="2">필기도구
학습지
* 학생의 욕구와 수준에 따라서 문항을 바꿀 수 있다.</td></tr>
<tr><td>정리 및
정돈</td><td colspan="3">발표한 내용을 정리해 준다.</td><td colspan="2"></td></tr>
<tr><td>형성평가</td><td colspan="5">자신이 좋아하는 여가 활동을 언제 할 것인지 계획을 세울 수 있는가?</td></tr>
</table>

프로그램의 주제	프로그램의 제재
5) 여가 활동 실행에 대한 계획	(17) 연간 여가 활동 관리 계획

학습지	21. 연간 여가 활동 관리 계획
활용 방법	빈칸에 여가 활동의 구체적인 내용을 써 넣으시오.

< 연간 여가 활동 관리 계획 >

월 별	하고 싶은 여가 활동의 내용
1월	
2월	
3월	
4월	
5월	
6월	
7월	
8월	
9월	
10월	
11월	
12월	

프로그램의 주제	프로그램의 제재
5) 여가 활동 실행에 대한 계획	(17) 연간 여가 활동 관리 계획

학습지	22. 월 주별 여가 활동 계획표
활용 방법	주별로 자신이 하고 싶은 여가 활동을 실시할 시간에 써넣으시오 여러 가지의 여가 활동을 해당하는 시간에 각각 기록할 수 있음.

<월별 여가 활동 관리 계획>

날짜 / 시간	첫째 주 날짜(　　)	둘째 주 날짜(　　)	셋째 주 날짜 (　　)	넷째 주 날짜(　　)
새벽 1시				
2시				
3시				
4시				
5시				
6시				
7시				
8시				
9시				
1시				
11시				
12시				
낮 1시	학교 노래방			
2시				
3시				
4시				
5시	예를 들면 줄넘기			
6시				
7시				
8시				
9시				
10시				
11시				
12시				

프로그램의 주제	프로그램의 제재
5) 여가 활동 실행에 대한 계획	(17) 연간 여가 활동 관리 계획

학습지	23.주별 여가 활동 관리 계획
활용 방법	요일마다 자신이 하고 싶은 여가 활동을 실시할 시간에 써넣으시오 여러 가지의 여가 활동을 해당하는 시간에 각각 기록할 수 있음.

< 주별 여가 활동 관리 계획 >

요일 / 시간	월 (일)	화 (일)	수 (일)	목 (일)	금 (일)	토 (일)	일 (일)
새벽 1시							
2시							
3시							
4시							
5시							
6시							
7시							
8시							
9시							
1시							
11시							
12시							
낮 1시	학교 노래방						
2시							
3시							
4시							
5시	예를 들면 줄넘기						
6시							
7시							
8시							
9시							
10시							
11시							
12시							

자료번호	1-5)-(17)	일시:	대상 :	작성자:
주제	여가 활동 실행에 대한계획		제재	연간 여가 생활 설계 계획서
학습목표	일년 동안의 여가 활동 실천 계획을 세울 수 있다.			

학습 단계	교수- 학습활동	자료 및 유의점
주의 집중	* 먼저 출석을 불러서 학생들의 주의를 환기시킨 다음, 전시의 수업내용을 복습한다.	전시의 학습지
여가 생활 설계 계획서	* 학습지를 내준다. * 일년 동안의 여가 활동 계획표, 주별 여가 활동 계획표, 요일별 여가 활동 계획표를 달력을 보면서 수행하게 한다.	필기도구 학습지. 미리 학생개인의 작은 달력을 가져오게 한다.
정리 및 정돈	발표한 내용을 정리해 준다.	
형성평가	자신이 좋아하는 여가 활동을 언제 할 것인지 계획을 세울 수 있는가?	

□ 여가 활동에 대한 실천

프로그램의 주제	프로그램의 제재
6) 여가 활동에 대한 실천	(18) 지역사회 시설 이용하기

학습지	24. 지역사회 시설이용 계획표
활용 방법	지역사회 시설 이용하기는 학교의 연중 계획에 따른 현장학습으로 대체 하며 여기서는 예시안만 제시한다.

< 지역사회 시설이용 계획표 >

번호	지역사회 시설	실시 시기	기타
1	등산	2002년 10월	학교 연중 계획에 따른 현장학습 학교 업무 담당자의 재량에 따라 실시시기는 변경될 수 있음.
2	우체국 이용하기	2002년 10월	
3	영화 관람하기	2002년 11월	
4	은행 이용하기	2002년 12월	
5	도서관 이용하기	2002년 12월	
6	박물관 이용하기	2003년 3월	
7	백화점 혹은 마트 이용하기	2003년 3월	
8	동사무소 이용하기.	2003년 4월	
9	장애인 복지회관 이용하기	2003년 4월	

<table>
<tr><td>자료번호</td><td>1-6)-(18)</td><td>일시:</td><td colspan="2">대상 :</td><td>작성자:</td></tr>
<tr><td>주제</td><td colspan="2">여가 활동에 대한 실천</td><td>제재</td><td colspan="2">지역사회 시설 이용하기
(박물관 관람하기)</td></tr>
<tr><td>학습목표</td><td colspan="5">박물관을 관람하고 전시된 유물에 대해 역사적 의미를 갖는다.</td></tr>
<tr><td>학습 단계</td><td colspan="3">교수- 학습활동</td><td colspan="2">자료 및 유의점</td></tr>
<tr><td>주의 집중</td><td colspan="3">* 먼저 출석을 불러서 학생들의 주의를 환기시킨 다음, 전시의 수업내용을 복습한다.</td><td colspan="2">전시의 학습지</td></tr>
<tr><td>관람
절차알기</td><td colspan="3">* 박물관의 관람 절차 알기
입장권을 구입한다(장애인은 대개 무료임)
시청각실이 있는지 알아보고 먼저 들러 청취한 다음 관람코스를 구상한다.
안내 책자가 있으면 구입하여 사전 지식을 갖고 관람할 수 있도록 한다.</td><td colspan="2">박물관의 관람 책자.
필기도구</td></tr>
<tr><td>관람하기</td><td colspan="3">* 전시품의 관람과 감상하기.
전시품은 대개 유리관속에 진열되어 있으나 설명이 나와 있으므로 찬찬히 읽어본다.
전시품을 시대별, 품목별, 주제별로 개관하여 관람하는 자세를 갖도록 한다.</td><td colspan="2"></td></tr>
<tr><td>관람
예절알기</td><td colspan="3">* 박물관에서 관람 예절 알기
전시품 앞에서 사진 촬영은 금지되어 있다.
작품에 손을 대거나 옷자락이 스치지 않도록 해야 하며 입김이 서리지 않도록 한다.
정해진 관람 코스를 역행하면 다른 사람에게 방해가 된다.
자신의 느낌을 큰 소리로 말하는 것은 다른 사람에게 실례가 된다.
* 올바른 관람 자세 갖기
안내 책자, 전시품 옆의 안내 설명문, 동행인의 설명 등을 종합해서 인류의 위대한 문화 유산을 감상하는 태도를 갖도록 한다.</td><td colspan="2"></td></tr>
<tr><td>정리</td><td colspan="3">관람의 절차와 관람예의에 대해 정리한다.</td><td colspan="2"></td></tr>
<tr><td>형성평가</td><td colspan="5">박물관에서 전시된 유물을 감상하고 의미를 느낄 수 있는가?</td></tr>
</table>

<table>
<tr><td>자료번호</td><td>1-6)-(19)</td><td>일시:</td><td colspan="2">대상 :</td><td>작성자:</td></tr>
<tr><td>주제</td><td colspan="2">여가 활동에 대한 실천</td><td>제재</td><td colspan="2">PC통신 이용하기</td></tr>
<tr><td>학습목표</td><td colspan="5">PC통신을 이용하여 생활에 필요한 정보를 얻을 수 있다.</td></tr>
<tr><td>학습 단계</td><td colspan="3">교수- 학습활동</td><td colspan="2">자료 및 유의점</td></tr>
<tr><td>주의 집중</td><td colspan="3">* 먼저 출석을 불러서 학생들의 주의를 환기시킨 다음, 전시의 수업내용을 복습한다.</td><td colspan="2">전시의 학습지</td></tr>
<tr><td>개념 알기</td><td colspan="3">* PC통신의 개념 알기
PC통신사에 있는 대형 컴퓨터에 PC을 소지한 개인과 개인을 전화선으로 연결하여 서로간에 문자, 그림, 소리 등을 매개로 하여 다양한 정보를 제공받는 것을 말한다.</td><td colspan="2">컴퓨터 통신에 필요한 준비물.
PC통신에 관한 서적</td></tr>
<tr><td>준비하기</td><td colspan="3">* PC통신을 하기 위한 준비하기
검퓨터 : 386급 이상이변 가능하다. 펜티엄급이면 고급 통신을 할 수 있다.
모뎀 : 모뎀의 처리 속도가 빠를수록 통신이 원활하다.
컴퓨터를 다루기 위한 기초상식이 있어야 한다.
통신 운용을 위한 프로그램(애물레이터)이 있어야 한다.</td><td colspan="2"></td></tr>
<tr><td>접속하기</td><td colspan="3">* 통신 접속하기
컴퓨터에 모뎀과 애물레이터를 설치한다.
전화선을 연결한다.
PC통신사에 전화로 가입을 신청하거나 애물레이터상의 절차에 따라 자기와 알맞은 PC통신가에 접속한다.</td><td colspan="2"></td></tr>
<tr><td>정보알기</td><td colspan="3">* 대표적인 PC통신 서비스 제공자 알기
하이텔, 천리안, 나우누리, 유니텔, 넷츠고.
* PC통신을 통해 제공되는 정보알기
신문 방송에 제공되는 각종 뉴스
교육과 학문에 관한 정보
건강과 의학에 관한 정보
연예와 오락에 관한 정보
문화와 생활에 관한 정보
쇼핑에 관한 정보</td><td colspan="2"></td></tr>
<tr><td>형성평가</td><td colspan="5">PC통신으로 제공되는 필요한 정보를 찾을 수 있는가?</td></tr>
</table>

□ 여가 활동 실천에 대한 평가

프로그램의 주제	프로그램의 제재
7) 여가 활동 실천에 대한 평가	(20) 여가 생활 충실도 측정

학습지	25. 여가 생활 충실도 측정
활용 방법	다음은 여가 생활 충실도 측정표이다. 각 문항마다 그렇다는 ○를 아니다는 ×를 써넣으시오. ○한 문항의 개수와 5를 곱해서 점수를 내시오.

< 여가 생활 충실도 측정 >

번호	여가 생활 충실도 내용	그렇다○ 아니다×
1	공부와 직접 관계있는 어떤 것을 배우고 있다.	
2	공부이외에 현재 열중하는 놀이나 활동이 있다.	
3	매일 나 혼자 있는 시간을 만들려고 노력한다.	
4	한 달에 한번은 야외나 교외로 가려고 노력한다.	
5	한 달에 한번은 친구를 만나러 간다.	
6	일년에 한번은 시골의 친척집을 방문한다.	
7	나의 여가 활동을 도와주는 사람이 있다.	
8	가족들과 재미있게 지내는 편이다	
9	규칙적으로 운동을 하고 있다	
10	동네에 있는 공원이나 놀이터에 산책을 간다.	
11	나만의 취미가 있다.	
12	나는 어디를 가든지 재미있게 잘 논다.	
13	여가 활동을 하는 것은 내 생활에서 중요하다.	
14	여가 시간에 특별히 배우고 싶은 일이나 취미가 있다.	
15	마음을 터놓고 이야기를 나눌 수 있는 친구가 2명은 있다.	
16	여가 활동에 참여한 후에는 기분이 좋다.	
17	나는 혼자서 슈퍼에 가서 물건을 사올 수 있다.	
18	나는 지금 통장이 있다.	
19	나는 요즘에 제일 인기 있는 가수가 누구인지 알고 있다.	
20	나는 지금 마음이 편안하다.	
점수	(　　　)× 5 = (　　　)	

프로그램의 주제	프로그램의 제재
7) 여가 활동에 대한 실천에 대한 평가	(21) 나의 여가 선언

학습지	26. 나의 여가 선언
활용 방법	____위에 자신의 생각을 적으시오.

< 나의 여가 선언 >

나는 앞으로 여가 생활을 아래와 같이 선언합니다.

선언일 :   년   월   일

이 름 : ____________ (사인)

1. 나에게 여가라는 것은 ? (얼마나 중요한지 쓴다. 예를 들면: 물과 같다)

____

2. 나는 여가 활동을 배워서(목표가 되는 자화상, 예를 들면 : 탁구도사, 또는 날샌돌이)

____ 가 되겠습니다.

3. 나는 앞으로 다음과 같은 일을 실천하겠습니다. (구체적인 행동을 쓴다. 예를 들면 : 달리기를 계속 열심히 해서 전국 장애인 체육대회에 출전 하겠다, 혹은 탁구를 좀더 잘하면 동생에게 가르쳐 주겠다)

____

<table>
<tr><td>자료번호</td><td>1-7)-(21)</td><td>일시:</td><td>대상 :</td><td colspan="2">작성자:</td></tr>
<tr><td>주제</td><td colspan="2">여가 실천에 대한 평가</td><td>제재</td><td colspan="2">나의 여가 선언</td></tr>
<tr><td>학습목표</td><td colspan="5">자신의 여가 활동에 대한 평가를 할 수 있다.</td></tr>
<tr><td>학습 단계</td><td colspan="3">교수- 학습활동</td><td colspan="2">자료 및 유의점</td></tr>
<tr><td>주의 집중</td><td colspan="3">* 먼저 출석을 불러서 학생들의 주의를 환기시킨 다음, 전시의 수업내용을 복습한다.</td><td colspan="2">* 전시의 학습지</td></tr>
<tr><td>여가 생활 충실도 측정

나의 여가 선언</td><td colspan="3">* 학습지를 내준다.
* 학습지 1의 여가 생활 충실도 측정을 교사와 함께 한 문항씩 읽으면서 그렇다고 생각하면 ○, 아니다 라고 생각되면 ×를 써 넣도록 지도한다.
* 학습지 1의 여가 충실도 측정에서 얻은 점수에 대해 한명씩 발표한다.
* 학습지 2의 나의 여가 선언을 완성한뒤 한 명씩 발표한다.</td><td colspan="2">필기도구
학습지</td></tr>
<tr><td>정리 및 반성</td><td colspan="3">* 교사는 학생들에게 여가 생활 충실도 측정에서 얻은 점수에 대해 격려하고 그동안의 여가 활동 프로그램의 수업에 대한 정리를 한다.</td><td colspan="2"></td></tr>
<tr><td>형성 평가</td><td colspan="5">자신의 여가 활동에 대한 평가를 할 수 있는가?</td></tr>
</table>

2) 여가 활동 놀이

여가 활동놀이프로그램은 여가놀이 중심으로 허수아비 등 30종류로 구성되어 있다.

<표 14.2> 여가 활동 놀이 구성내용

번호	여가 활동 놀이		
	여가 놀이	번호	여가 놀이
1	허수아비	16	마귀집
2	장점과 이름 이어가기	17	닭싸움
3	무궁화꽃이 피었습니다	18	남대문 놀이
4	까막잡기	19	개뼈다귀
5	투호 놀이	20	강강술래
6	달팽이 집	21	가마타기
7	우리집에 왜 왔니	22	뜯어내기
8	암호 풀기	23	칠교 놀이
9	나는 누구일까요	24	ㄹ자 놀이
10	친구 알아 맞추기	25	꼬리잡기
11	점 이어 삼각형 만들기	26	꼬마야 꼬마야
12	발목 묶고 달리기	27	패싸움
13	반지 놀이	28	나이 먹기
14	같은 모양 맞추기	29	땅따먹기
15	말놀이	30	두꺼비집 짓기

자료번호	2-(1)	일시:	대상 :	작성자:
주제	여가 활동 놀이		제재	허수아비
학습목표	허수아비 놀이 방법을 알고 친구들과 함께 놀이를 할 수 있다.			

학습 단계	교수- 학습활동	자료 및 유의점
주의 집중	* 먼저 출석을 불러서 학생들의 주의를 환기시킨 다음, 전시의 수업내용을 복습한다.	
놀이방법 및 지도	1) 2m 정도의 선을 하나 긋고 그 선 위쪽에 붙여서 반 타원을 그린다. 2) 가위바위보로 순서를 정한다. 꼴찌는 술래가 된다. 3) 1등부터 그어놓은 선 바로 앞에서 한 발을 딛고 반 타원 밖으로 뛴다. 이때 허수라고 외친다. 그 다음 뒤로 돌아서며 아비라고 외친다. 4) 아비라고 외칠 때 즉 뒤로 돌 때는 팔다리를 자유롭게 옆으로 벌리거나 들어서 다음에 출발하는 사람을 방해한다. 단 아비라고 한 후에는 움직여서는 안 된다. 5) 술래를 제외하고는 모두 뛴 후, 술래는 그어 놓은 선 앞에서 손을 뻗어 서 있는 사람들을 친다. 이때 채인 사람들은 죽게 된다. 6) 술래가 모두 못 치면 들어와 하고 외친다. 그러면 1등부터 차례로 조금전과 같이 두 번 (허수, 아비)에 처음에 뛰었던 출발선 안으로 들어와야 되는데 들어오지 못하거나 다른 사람의 몸에 닿으면 죽는다. 7) 죽은 사람이 없으면 술래를 계속하며 죽은 사람이 여럿이면 가위바위보로 다음 술래를 정하고 다시 시작한다.	* 운동장 혹은 강당에서 실시한다. * 6명 정도가 적당하므로 두 팀으로 나누어서 할 수 있다.
놀이 지도 시 유의점 및 놀이의 효과	1) 땅에 그리는 그림은 건너 뛸 수 있을 정도의 타원으로 그린다. 2) 이 놀이는 출발선을 나갔다가 들어올 때 다른 사람들 건드려지면 안 되는 놀이이므로 자신만 안전하게 갔다 올 생각만 하지 말고, 다른 사람들을 방해하는 자세를 만들어야 좋다.	
형성평가	허수아비의 놀이방법을 알고 놀이를 할 수 있는가?	

자료번호	2-(2)	일시:	대상 :	작성자:
주제	여가 활동 놀이		제재	장점과 이름 이어가기
학습목표	자신의 장점에 대해 친구에게 소개할 수 있다.			

학습 단계	교수- 학습활동	자료 및 유의점
주의 집중	* 먼저 출석을 불러서 학생들의 주의를 환기시킨 다음, 전시의 수업내용을 복습한다.	
놀이방법 및 지도	1) 교실에서 한 줄씩 하면 좋다. 2) 한 사람씩 일어나 자기의 장점과 이름을 이야기 한다. 3) 다음 사람은 앞사람의 장점과 이름 그리고 자기의 장점과 이름을 이야기한다. 4) 그 사람은 앞의 두사람이 말한 것을 그대로 하고 자기의 이야기를 한다. 예) 첫사람 : 저는 산수를 좋아하는 이수진입니다. 다음 사람 : 저는 산수를 좋아하는 이수진 뒤에 공을 잘 차는 김철민입니다. 그 다음 사람 : 저는 산수를 좋아하는 이수진 뒤에 공을 잘 차는 김철민 뒤에 노래를 잘하는 성재현입니다.	* 운동장 혹은 강당에서 실시한다. * 6명 정도가 적당하므로 두 팀으로 나누어서 할 수 있다.
놀이 지도 시 유의점 및 놀이의 효과	1) 거꾸로도 해본다. 2) 자기 의사를 표현 할 수 있고, 기억력을 증진시킨다.	
형성평가	자신의 장점을 친구들에게 말 할 수 있는가?	

<table>
<tr><td>자료번호</td><td>2-(3)</td><td>일시:</td><td>대상 :</td><td colspan="2">작성자:</td></tr>
<tr><td>주제</td><td colspan="2">여가 활동 놀이</td><td>제재</td><td colspan="2">무궁화 꽃이 피었습니다.</td></tr>
<tr><td>학습목표</td><td colspan="5">무궁화 꽃이 피었습니다 놀이를 친구들과 할 수 있다.</td></tr>
</table>

학습 단계	교수- 학습활동	자료 및 유의점
주의 집중	* 먼저 출석을 불러서 학생들의 주의를 환기시킨 다음, 전시의 수업내용을 복습한다.	
놀이방법 및 지도	1) 5 - 10명 정도가 하는 놀이로, 술래를 한 명 정한다. 2) 술래는 나무나 벽을 보고 얼굴을 감춘다. 나머지 학생들은 10m 쯤 떨어진 곳에 금을 긋고 그 금 바깥에 제각기 서 있는다. 3) 술래는 벽을 보고 "무궁화 꽃이 피었습니다"라고 외친 뒤돌아본다. 4) 술래가 외치는 동안 나머지 아이들은 걸음을 술래 쪽으로 옮기다가 술래가 뒤돌아 볼 때 멈추어 선다. 5) 술래가 뒤돌아보았을 때 움직여서 술래에게 들키면 술래의 손을 잡고 서 있어야 한다. 6) 이렇게 놀이를 계속하면서 움직이다가 술래에게 들킨 사람은 술래 뒤에 길게 늘어서게 된다. 7) 들키지 않은 사람 중 한 사람이 계속 술래에게 접근하다가 술래와 그 뒤에 잡혀있는 사람이 잡고 있는 손을 끊으면, 모두 출발선으로 도망가고 술래는 쫓아가서 친다. 8) 도망가다가 술래에게 채인 사람은 다음 술래가 되고, 두사람 이상이 채이면 가위바위보를 해서 진 사람이 술래가 되어 다시 놀이를 시작한다. 9) 술래는 "무궁화 꽃이 피었습니다"를 빠르게 또는 느리게 조절해서 친구들이 움직이다가 들키게끔 유도한다.	* 운동장
놀이 지도 시 유의점 및 놀이의 효과	1) 뛰어다닐 수 있는 약간의 공간과 술래가 기대어 얼굴을 감출 수 있는 벽이나 기둥만 있으면 쉽게 할 수 있는 놀이다. 2) 무궁화 꽃이 피었습니다를 외칠 때 처음에는 천천히 말하고 몇 번 후에는 속도를 조절해서 말하도록 지도한다.	
형성평가	무궁화 꽃이 피었습니다 놀이 방법을 알고 친구들과 자발적으로 놀이를 할 수 있는가?	

자료번호	2-(4)	일시:	대상 :	작성자:
주제	여가 활동 놀이	제재	까막 잡기	
학습목표	까막잡기 놀이를 친구들과 할 수 있다.			

학습 단계	교수- 학습활동	자료 및 유의점
주의 집중	* 먼저 출석을 불러서 학생들의 주의를 환기시킨 다음, 전시의 수업내용을 복습한다.	
놀이방법 및 지도	1) 세명 이상이면 할 수 있고, 수업 시에는 8 - 10명 정도가 적당하다. 2) 조용하고 장애물이 없는 곳을 정해서 그 안에서만 놀기로 한다. 3) 가위바위보 등 다양한 방법으로 술래를 한명 만성한다. 4) 술래는 보이지 않게 수건이나 눈가리개로 눈을 가린다. 5) 술래를 제외한 나머지 친구들은 손뼉을 치면서 술래를 피해 다닌다. 6) 술래에게 잡힌 사람은 술래가 되어 놀이를 다시 시작한다. 7) 세번 이상 잡힌 사람은 벌칙을 정하여 벌을 받게 할 수도 있다.	운동장 교실 봉사 놀이, 소경놀이라고도 한다.
놀이 지도 시 유의점 및 놀이의 효과	1) 새끼치기 술래잡기- 술래를 여러 명한다. 40명의 인원이면 술래가 4명 내지 5명 정도면 된다. 처음에 술래가 된 사람과 다음에 또 술래가 된 사람 4명 정도까지 술래가 될 수 있는데 잡힌 술래가 원래의 술래와 같이 손을 잡고 붙어 다녀야 되는 술래잡기이다. 술래는 거물처럼 커지게 된다. 2) 알까기 술래잡기 - 얼음땡과 비슷하며 술래는 사람들을 치러 다니고, 죽은 사람은 큰 大자로 서 있는다. 놀이가 끝난 뒤 몇 명이나 살려 주었는지 알아보고 칭찬해준다.	다양하게 변형해서 놀이를 할 수 있다.
형성평가	까막잡기 놀이 방법을 알고 친구들과 놀이를 할 수 있는가?	

자료번호	2-(5)	일시:	대상 :	작성자:
주제	여가 활동 놀이	제재	투호 놀이	
학습목표	투호 놀이를 친구들과 할 수 있다.			

학습 단계	교수- 학습활동	자료 및 유의점
주의 집중	* 먼저 출석을 불러서 학생들의 주의를 환기시킨 다음, 전시의 수업내용을 복습한다.	
놀이방법 및 지도	1) 모둠별로 하기에 적당한 놀이이다. 2) 나무젓가락, 분유통, 고무찰흙을 준비한다. 3) 나무 젓가락의 끝에 고무 찰흙을 붙인다. 이때 고무 찰흙이 너무 크지 않게 한다. 4) 분유통 2-3개를 두꺼운 테이프로 옆으로 나란히 붙인다. 5) 투호는 나무 젓가락 끝에 고무 찰흙을 붙여 사용하는데 젓가락에 물감으로 색칠을 하면 보다 예쁘게 만들 수 있다. 6) 투호 통을 놓고 통으로부터 2-2.5m 떨어진 곳에 선을 긋는다. 7) 가위바위보로 순서를 정하고 투호를 5개씩 통에 던져 많이 들어간 사람이 이긴다.	교실 운동장 강당
놀이 지도 시 유의점 및 놀이의 효과	1) 변형해서 할 수 있다. ① 분유통과 바둑알을 준비한다. ② 분유통을 놓고 통으로부터 2-2.5m 떨어진 곳에 선을 긋는다. ③ 가위바위보로 순서를 정하고 바둑알 10개씩을 차례로 던진다. ④ 많이 들어간 사람이 1등이 된다. 2) 옛날 궁중의 여자들이 행하던 놀이로서 화살과 같이 생긴 살을 통에 집어넣는 것이다. 여자 둘의 놀이로서 남자들이 사용했던 기구를 사용했다는 것이 매우 특이하다. 일정한 크기의 통 안에 물건을 넣는 것은 집중력을 기르는데 좋고 눈과 손의 협응 동작을 발달시키는데 좋다. 그리고 거리감을 익히는데 좋은 놀이이다.	
형성평가	투호 놀이 방법을 알고 친구들과 놀이를 할 수 있는가?	

<table>
<tr><td>자료번호</td><td>2-(6)</td><td>일시:</td><td colspan="2">대상 :</td><td>작성자:</td></tr>
<tr><td>주제</td><td colspan="2">여가 활동 놀이</td><td>제재</td><td colspan="2">달팽이집</td></tr>
<tr><td>학습목표</td><td colspan="5">달팽이집 놀이를 친구들과 할 수 있다.</td></tr>
<tr><td>학습 단계</td><td colspan="4">교수- 학습활동</td><td>자료 및 유의점</td></tr>
<tr><td>주의 집중</td><td colspan="4">* 먼저 출석을 불러서 학생들의 주의를 환기시킨 다음, 전시의 수업내용을 복습한다.</td><td></td></tr>
<tr><td>놀이방법 및 지도</td><td colspan="4">1) 놀이판은 달팽이집과 같이 그리고 술래를 한 명 뽑는다.
2) 술래를 제외한 모든 사람이 달팽이집 안에 들어가서 한 줄로 선다.
3) 술래는 달팽이집의 바깥 끝에 금을 긋고 떡을 갖다 놓는다(떡은 발로 찰 수 있는 크기의 돌멩이나 나무토막, 깡통, 실내화 한 짝 등 구할 수 있는 물건으로 한다).
4) 놀이가 시작되면 달팽이집 안에 있는 사람들이 앞사람 어깨에 손을 얹고 노래를 부르면서 달팽이집의 바깥쪽으로 나온다.
5) 술래가 있는 곳까지 오면 멈추어서 맨 앞에 있는 사람이 술래와 떡을 놓고 흥정을 한다. 흥정을 하다가 술래의 주의를 다른 곳으로 끈 다음 떡을 멀리 찬다.
6) 사람들은 재빨리 달팽이집을 따라 맨 안쪽까지 들어가서 금을 그어 문을 닫는다. 이때 모든 사람이 다 들어와야 문을 닫을 수 있다.
7) 술래는 떡을 주워와서 원래의 자리에 놓은 다음 달팽이집을 따라 들어가면서 사람들을 친다. 모든 사람들이 달팽이집 맨 안쪽으로 들어가서 문을 닫으면 더 이상 칠 수 없다.
8) 술래에게 채인 사람이 다음 술래가 되고 놀이를 다시 시작한다. 채인 사람이 없으면 술래가 다시 한번 술래가 되고, 채인 사람이 여럿이면 가위바위보로 술래를 결정한다.</td><td>운동장, 강당
팀을 나누어서 할 수 있다.</td></tr>
<tr><td>놀이 지도 시 유의점 및 놀이의 효과</td><td colspan="4">1) 놀이 인원은 5-8명 정도로 하고, 술래는 한 명 뽑는다. 나머지는 순서를 정해서 선다.
2) 꼬불꼬불한 통로를 달려야 하므로 신체 조정력이 발달한다. 그리고 판단력이 발달한다.</td><td></td></tr>
<tr><td>형성평가</td><td colspan="4">달팽이집 놀이 방법을 알고 친구들과 놀이를 할 수 있는가?</td><td></td></tr>
</table>

자료번호	2-(7)	일시:	대상 :	작성자:
주제	여가 활동 놀이	제재	우리집에 왜 왔니	
학습목표	우리집에 왜 왔니 놀이를 친구들과 할 수 있다.			

학습 단계	교수- 학습활동	자료 및 유의점
주의 집중	* 먼저 출석을 불러서 학생들의 주의를 환기시킨 다음, 전시의 수업내용을 복습한다.	
놀이방법 및 지도	1) 모둠별로 두 패씩 짝을 짓는다. 2) 두패가 각각 일렬 횡대로 옆 사람과 손을 잡고 서로 마주보고 선다. 3) 가운데 부분에 선을 긋고 자기 진영의 위치를 확실히 한다. 4) 두 패에서 한 명 씩 나와 가위바위보를 하여 공격할 편을 정한다. 5) 수비편은 "우리집에 왜 왔니? 왜 왔니?" 라고 노래를 부르며 모두 앞으로 나아간다. 이때 공격편은 뒤로 뒤로 물러선다. 6) 이어서 공격편이 앞으로 나가면서 "꽃 찾으러 왔단다. 왔단다"라고 역시 모두 앞으로 나아가면 수비편에서 맞서서 노래를 부른다. 7) 수비편이 앞으로 나아가면서 "무슨 꽃을 찾으러 왔느냐? 왔느냐?"라고 노래한다. 8) 공격편은 이때 수비편 중 한 명의 이름을 노래 가락에 넣어 불러 세운다. "◎◎ 꽃을 찾으러 왔단다. 왔단다." 9) 공격편의 대장과 수비편의 이름을 불린 사람이 가위바위보를 한다. 가위바위보에서 진 사람은 이긴 쪽으로 간다. 10) 이어서 이긴편은 앞으로 나가면서 "이겼다 꽃바구니 하나 얻었다" 하고 하면 진편은 "졌다 분하다 말도 말아라"라고 노래한다. 11) 이어서 처음과 같은 방법으로 이긴 편이 "우리집에 왜 왔니? 왜 왔니? 왜 왔니?"하고 노래하며 계속 하다가 한쪽이 없어지거나 인원이 적은 편이 지게 된다.	운동장, 강당
놀이 지도 시 유의점 및 놀이의 효과	1) 우리집에 왜 왔니 노래를 먼저 지도한다. 2) 한 모둠은 6-8명 정도가 알맞다. 3) 노래를 함께 부르면서 일체감이 생긴다.	
형성평가	우리집에 왜 왔니 놀이 방법을 알고 친구들과 놀이를 할 수 있는가?	

자료번호	2-(8)	일시:	대상 :	작성자:
주제	여가 활동 놀이		제재	암호풀기
학습목표	암호풀기 놀이를 친구들과 할 수 있다.			

학습 단계	교수- 학습활동	자료 및 유의점
주의 집중	* 먼저 출석을 불러서 학생들의 주의를 환기시킨 다음, 전시의 수업내용을 복습한다.	
놀이방법 및 지도	1) 맨 앞 글자 읽고 맨 뒤 글자 읽기 가장 많이 사용하고 있고 학생들이 3-5분 정도면 풀 수 있는 방법이다. 암호문을 처음 사용할 경우에 적합하다. 예 : 피밋기후름치모노부기르래둠고외이모한쌓라 해독 : 글자의 맨 앞과 맨 뒤에서 돌아가며 차례대로 한 글자씩 읽어나간다. 답 : 피라밋 쌓기 한후 모둠 이름 외치고 노래 부르기 2) 몇 글자씩 띄어서 읽기 예 : 어둠토깨이끼동름노무외래하친부고후르모산기 해독 : 맨 첫 글자를 읽고 3글자씩 건너가며 글자를 읽는다. 답 : 어깨동무하고 모둠 이름 외친 후 산토끼 노래 부르기 3) 필요 없는 글자 넣기 예 : 조가왕끼나왕리다왕손라왕잡마왕고바왕 원사왕을아왕만자왕들차왕고카왕만타왕 세파왕외하왕치가왕기 해독 : 글자에서 '가나다라마바사아자차카타파하'와 '왕'자를 지운다. 답 : 조끼리 손잡고 원을 만든 후 만세 외치기.	173.18. 교실
놀이 지도 시 유의점 및 놀이의 효과	1) 암호를 친구들과 재미있게 사용하도록 지도한다. 짝에게 암호를 보낸다. 2) 다양한 암호로 지시문을 만들어 단순한 동작이나 말을 암호로 풀면서 시연하는 것은 굉장히 신나는 일이다. 집중력과 기억력을 길러준다.	
형성평가	암호풀기 방법을 알고 친구들과 암호를 교환 할 수 있는가?	

<table>
<tr><td>자료번호</td><td>2-(9)</td><td>일시:</td><td colspan="2">대상 :</td><td>작성자:</td></tr>
<tr><td>주제</td><td colspan="2">여가 활동 놀이</td><td>제재</td><td colspan="2">나는 누구일까요</td></tr>
<tr><td>학습목표</td><td colspan="5">나는 누구일까요 놀이 방법을 알고 친구들과 함께 할 수 있다.</td></tr>
</table>

학습 단계	교수- 학습활동	자료 및 유의점
주의 집중	* 먼저 출석을 불러서 학생들의 주의를 환기시킨 다음, 전시의 수업내용을 복습한다.	
놀이방법 및 지도	1) 먼저 가로 10cm, 세로 15cm의 종이를 한 장 씩 나누어준다. 2) 그리고 칠판에 아래의 ①번 - ⑩번의 질문을 쓴다. ①내가 좋아하는 과목은?②내가 좋아하는 연예인 이름은? ③내가 즐겨먹는 반찬은? ④작년에는 몇 반이었나? ⑤나의 집 전화번호는? ⑥나의 키는 몇 cm인가? ⑦내가 즐겨 입는 옷의 색깔은? ⑧나의 성씨는?⑨나의 어머니의 성함은? ⑩내 번호는 몇 번인가? 3) 학생들은 종이에 질문을 적지 않고 질문에 대한 답만 쓴다. 4) 모든 학생들이 ⑩까지 답을 작성하면 작게 접도록 해서 상자에 모은다. 5) 상자에 모은 후 교사가 종이를 섞는다. 6) 잘 섞은 후 처음에는 교사가 한 장을 뽑는다. 그리고 ①번의 답을 알려 준다. 7) 학생들 중에서 ①번의 답을 듣고 맞추어 볼 친구가 있는지 물어본다. 8) 이때 장난으로 아무 이름이나 맞추는 친구가 있으므로 분단별 또는 조별로 점수를 준다(정답을 맞추면 50점, 못 맞추면 감점 30점). 9) 각 번호의 답을 차례대로 불러주면서 힌트를 준다. 이렇게 해서 종이의 주인공이 누구인지 맞추면 주인공은 교사가 했던 것처럼 나와서 한 장을 뽑고 계속 이어서 한다.	교실
놀이 지도 시 유의점 및 놀이의 효과	1) 반 친구들에 대한 관심을 가지게 되는 계기가 된다. 2) 호기심을 해결하기 위한 사고력이 발달한다.	
형성평가	나는 누구일까요 놀이 방법을 알고 친구들의 특징을 알고 누구인지 알아낼 수 있는가?	

자료번호	2-(10)	일시:	대상 :	작성자:
주제	여가 활동 놀이	제재	친구 알아맞히기	
학습목표	친구 알아맞히기를 할 수 있다.			

학습 단계	교수- 학습활동	자료 및 유의점
주의 집중	* 먼저 출석을 불러서 학생들의 주의를 환기시킨 다음, 전시의 수업내용을 복습한다.	
놀이방법 및 지도	1) 가위바위보로 술래를 정한다. 모둠별로 할 수 있으며 5-7명 정도가 적당하다. 2) 술래는 쪼그리고 앉은 채 머리를 숙인다. 3) 나머지 친구들 중 아무나 술래의 목 뒤를 쿡 찌른 다음 시치미를 뗀다. 4) 술래는 머리를 들고 찌른 사람을 알아맞힌다. 5) 찌른 사람을 제대로 지적하면 찌른 사람이 술래가 된다. 6) 찌른 사람을 제대로 지적하지 못하면 다시 술래가 된다.	교실
놀이 지도 시 유의점 및 놀이의 효과	1) 둘이서 할 때 ① 가위바위보로 순서를 정한다. ② 진 사람은 머리를 숙이고 앉는다. ③ 이긴 사람은 손가락으로 진 사람의 목을 쿡 찌른다. 이때 어느 손가락으로 찔렀는지 모르게 시치미를 떼야 한다. ④ 진 사람은 머리를 들고 찌른 손가락을 알아맞힌다. ⑤ 찌른 손가락을 제대로 지적하면 역할이 바뀐다. ⑥ 찌른 손가락을 알아맞히지 못하면 알아맞힐 때까지 계속한다. 2) 호기심을 자극하는 놀이이다. 친구가 눈치 채지 못하게 하는 전략을 세우는 데서 사고력이 증진된다.	놀이를 변형해서 할 수 있다.
형성평가	친구 알아맞히기의 놀이 방법을 알고 친구들과 함께 할 수 있는가?	

<table>
<tr><td>자료번호</td><td>2-(11)</td><td>일시:</td><td colspan="2">대상 :</td><td>작성자:</td></tr>
<tr><td>주제</td><td colspan="2">여가 활동 놀이</td><td>제재</td><td colspan="2">점 이어 삼각형 만들기</td></tr>
<tr><td>학습목표</td><td colspan="5">점 이어 삼각형 만들기를 할 수 있다.</td></tr>
<tr><td>학습 단계</td><td colspan="4">교수- 학습활동</td><td>자료 및 유의점</td></tr>
<tr><td>주의 집중</td><td colspan="4">* 먼저 출석을 불러서 학생들의 주의를 환기시킨 다음, 전시의 수업내용을 복습한다.</td><td></td></tr>
<tr><td>놀이방법 및 지도</td><td colspan="4">1) 종이 한 장을 준비하고 30-50개의 점을 종이 위에 찍는다. 짝끼리 하기에 알맞은 놀이이다.
2) 가위바위보로 순서를 정한다.
3) 이긴 사람부터 번갈아 가며 점과 점을 선분으로 잇는다.
4) 이와 같이 점을 이어 삼각형을 만들면 삼각형 속에 자시 이름을 적는다. 이대 선은 반드시 직선으로이어야 하며 이미 그어있는 선 위로는 지나갈 수 없다. 삼각형 안에 다른 점이 들어가도 안된다.
5) 더이상 선을 그을 수 없을때까지 하면 삼각형을 많이 만든 사람이 이긴다.</td><td>스케치북 또는 16절지, 색연필</td></tr>
<tr><td>놀이 지도 시 유의점 및 놀이의 효과</td><td colspan="4">1) 종이와 연필만 있으면 쉽게 할 수 있는 놀이이다.
2) 점을 이용한 놀이 :
① 아래에 있는 17개의 점을 연필을 떼지 않고 7개의 직선을 사용하여 모든 점을 통과하도록 그려보시오.
② 아래에 있는 9개의 점을 연필을 떼지 않고 4개의 직선을 사용하여 모든 점을 통과하도록 그려보시오.
③ 아래에 있는 16개의 점을 연필을 떼지 않고 6개의 직선을 사용하여 모든 점을 통과하도록 그려보시오.
④ 아래에 있는 25개의 점을 연필을 떼지 않고 8개의 직선을 사용하여 모든 점을 통과하도록 그려보시오.</td><td>* 점을 이용한 다양한 놀이로 변형할 수 있다.</td></tr>
<tr><td>형성평가</td><td colspan="4">점 이어 삼각형 만들기의 놀이 방법을 알고 친구들과 함께 할 수 있는가?</td><td></td></tr>
</table>

자료번호	2-(12)	일시:	대상 :	작성자:
주제	여가 활동 놀이		제재	발목 묶고 달리기
학습목표	발목 묶고 달리기를 하면서 협동심을 기를 수 있다.			

학습 단계	교수- 학습활동	자료 및 유의점
주의 집중	* 먼저 출석을 불러서 학생들의 주의를 환기시킨 다음, 전시의 수업내용을 복습한다.	
놀이방법 및 지도	1) 전체 학생들에게 길이 60cm, 나비 10cm 정도의 헝겊 끈을 준비시킨다. 끈은 폭이 넓은 것이 다리에 무리가 가지 않아 좋다. 가느다란 끈을 이용하면 발 사이가 움직여서 다칠 염려가 있다. 2) 처음에는 끈을 묶지 않고 구령을 붙여가며 서로 발을 맞춰본다. 옆 사람 발과 함께 올리거나 내려야 하기 때문에 시작할 때 자신이 먼저 올릴 발을 정해둔다. 3) 자신의 발목과 옆 사람의 발목을 끈으로 묶는다. 이때 한 모둠 인원수는 5-6 명 정도가 적당하다. 2명부터 차례로 인원수를 늘려가는것 보다는 한 모둠이 함께 연습을 하며 발을 맞춰 가는 것이 효과적이다. 4) 발을 묶은 채 어깨를 걸고 걷는다. 어느 정도 발이 맞으면 끈을 묶고 걷기 연습을 한다. 직선으로 가기와 회전하기 등의 연습을 한다. 5) 노래를 합창하며 걸으면 발을 잘 맞출 수 있다. 6) 걷기가 익숙해서 모둠 대항 경기를 하게 되면 아이들은 자연스럽게 걷기에서 뛰기로 옮겨가게 된다. 7) 정해진 반환점을 빨리 돌아오는 모둠이 이긴다.	운동장 강당
놀이 지도 시 유의점 및 놀이의 효과	1) 남녀 구분을 일부러 할 필요는 없으며, 같은 모둠원을 배려하는 태도를 갖도록 주의시킨다. 2) 협동심일 길러진다.	한 모둠씩 경기한다. 숫자가 많은 경우 이긴 모둠끼리 경기할 수 있다.
형성평가	발목 묶고 달리기의 경기 방법을 알고 친구들과 함께 할 수 있는가?	

자료번호	2-(13)	일시:	대상 :	작성자:
주제	여가 활동 놀이	제재	반지 놀이	
학습목표	반지 놀이를 방법을 알고 반지 놀이를 할 수 있다.			

학습 단계	교수- 학습활동	자료 및 유의점
주의 집중	* 먼저 출석을 불러서 학생들의 주의를 환기시킨 다음, 전시의 수업내용을 복습한다.	
놀이방법 및 지도	1) 반지를 한 개 준비한다. 반지가 없으면 손에 숨길 수 있는 물건이면 된다. 2) 가위바위보로 술래를 한 명 정한다. 3) 술래가 된 사람은 고개를 숙이고 눈을 감는다. 4) 다른 사람들은 술래를 가운데 앉히고 둥근 원 모양으로 둘러 앉는다. 5) 술래가 고개를 숙이고 눈을 감은 사이에 반지를 돌리면서 노래를 부른다. 6) 노래가 끝나면 술래는 고개를 들고 반지를 가지고 있는 사람을 찾아낸다. 7) 술래가 반지를 가진 사람을 찾아내면 그 사람이 술래가 된다. 8) 술래가 반지를 가진 사람을 찾아내지 못하면 다시 술래가 된다. 9) 세번 맞히지 못하면 다른 사람이 정한 벌칙을 정한다.	운동장 강당
놀이 지도 시 유의점 및 놀이의 효과	1) 모둠별로 하기에 적당한 놀이이며 6명 - 8명 정도가 적당하다. 2) 콩 숨기기라고도 하며 겨울 주로 방안에서 하던 놀이이다. 자기가 가지고 있으면서 아닌 것처럼 시치미를 떼는 모습에서 즐거움이 더해진다.	
형성평가	반지 숨기기의 놀이 방법을 알고 친구들과 함께 할 수 있는가?	

자료번호	2-(14)	일시:	대상 :	작성자:
주제	여가 활동 놀이	제재	같은 모양 맞추기	
학습목표	같은 모양 맞추기 놀이 방법을 알고 친구들과 재미있게 할 수 있다.			

학습 단계	교수- 학습활동	자료 및 유의점
주의 집중	* 먼저 출석을 불러서 학생들의 주의를 환기시킨 다음, 전시의 수업내용을 복습한다.	
놀이방법 및 지도	1) 똑 같은 그림의 카드를 쌍으로 만들어서 준비한다. 2) 놀이할 사람들은 둥글게 앉는다. 3) 한가운데 카드를 모두 엎어서 흩어 놓는다. 4) 가위바위보로 순서를 정한다. 5) 1등부터 카드 두 장을 뒤집어 본다. 만약 두 장의 카드의 그림이 같으면 가져가고, 틀리면 그 카드를 다시 뒤집어 놓아둔다. 6) 치례에 따라 다음 사람이 카드를 뒤집어 본다. 7) 다른 사람이 뒤집어 보는 카드의 그림을 잘 살펴보고 있다가, 자기차례가 되었을 때 같은 카드를 뒤집게 되면 자기 것으로 가져갈 수 있게 된다. 8) 두 장의 같은 카드를 찾은 사람은 또 카드를 뒤집어 볼 수 있다. 9) 이렇게 모든 카드를 다 가져가고 나면 각자가 몇 장의 카드를 가져갔는지 세어서 가장 많이 가져간 사람을 1등으로 해서 다시 놀이를 시작한다.	교실
놀이 지도 시 유의점 및 놀이의 효과	1) 우유팩으로 딱지를 만들 수 있다. 우유팩을 씻어서 말린 후 우유팩의 네 면을 잘라낸다. 우유팩 안쪽에 쌍으로 그림을 그린다. 2) 학생의 수준에 맞게 카드를 만들자. ① 학생의 수준이 낮으면 그림을 그리기 힘들기 때문에 ◉◐◎◇와 같이 간단한 부호나 숫자, 한글 자모, 간단한 단어를 사용하여 카드를 만든다. ② 학생의 수준이 높다 싶으면 복잡한 그림이나 둘이 합쳐져서 한 쌍이 되는 그림을 그려서 붙이게 한다. 3) 자신이 직접 만든다는 창조의 즐거움을 맛보게 해주고 같은 모양 맞추기 놀이 과정을 통해서 기억력을 증진시킬 수 있다.	
형성평가	같은 모양 맞추기의 놀이 방법을 알고 친구들과 함께 할 수 있는가?	

<table>
<tr><td>자료번호</td><td>2-(15)</td><td>일시:</td><td>대상 :</td><td colspan="2">작성자:</td></tr>
<tr><td>주제</td><td colspan="2">여가 활동 놀이</td><td>제재</td><td colspan="2">말놀이</td></tr>
<tr><td>학습목표</td><td colspan="5">말놀이 방법을 알고 친구들과 재미있게 할 수 있다.</td></tr>
<tr><td>학습 단계</td><td colspan="4">교수- 학습활동</td><td>자료 및 유의점</td></tr>
<tr><td>주의 집중</td><td colspan="4">* 먼저 출석을 불러서 학생들의 주의를 환기시킨 다음, 전시의 수업내용을 복습한다.</td><td></td></tr>
<tr><td>놀이방법 및 지도</td><td colspan="4">1) 모둠별로 하기에 알맞은 놀이이다. 모듬 대항으로 할 수도 있다.
2) 가위바위보로 순서를 정한다.
3) 맨 처음사람이 "시장에 가면 두부가 있다“라고 말한다.
4) 그 다음 사람은 앞사람이 말한 대로 “시장에 가면 두부도 있고 순대도 있다”
5) 계속해서 뒷사람은 이전 사람이 말한 대로 차례대로 기억해서 말하고 중복되지 않게 새로운 것을 첨가시키면서 놀이가 진행된다.
6) 앞사람이 말한 것을 틀리게 말하거나 주제에서 벗어나거나 새로운 것을 생각해내지 못하면 걸린다. 몇 번 틀리면 정해진 벌칙을 받는 것으로 한다.
7) 시장 대신에 문방구, 완구점, 슈퍼마켓, 교실, 동물원, 생선가게, 과일가게, 옷가게, 바다 농촌 등으로 수준에 맞는 주제를 잡아서 할 수 있다.</td><td>교실.
야외
단어를 잘 기억해내지 못할 경우 교사가 <보기>에 해당되는 단어를 적어서 제시해 줄 수 있다.</td></tr>
<tr><td>놀이 지도 시 유의점 및 놀이의 효과</td><td colspan="4">다른 놀이로도 변형 할 수 있다.
어려운 말 연습표 :
1) 모둠 대항별로 했을 때 재미있는 놀이이며, 받침 있는 말의 정확한 발음을 연습하는 놀이이다.
2) 놀이를 시작하기전 <보기>와 같은 어려운 말이 적힌 카드를 만들어 놓는다.
3) 카드를 제시하면 각 모둠에서 한 사람씩 그 문장을 읽는다. 가장 정확한 발음을 한 모둠에게 점수를 준다.
<보기> : ① 들의 콩깍지는 깐 콩깍지인가, 안깐 콩깍지인가? 깐 콩까지이면 어떻고 안 깐 콩깍지이면 어떠냐?
깐 콩까지나 안 깐 콩깍지나 콩까지는 다 콩깍지인데.
② 간장 공장 공장장은 강 공장장이고,
된장 공장 공장장은 공 공장장이다.
③ 저기 계신 저분이 박 법학박사 이시고,
여기 계신 이분이 백 법학박사이시다.
④ 멍멍이네 꿀꿀이는 멍멍해도 꿀꿀하고,
꿀꿀이네 멍멍이는 꿀꿀해도 멍멍하네.
4) 기억력, 어휘력이 발달한다.</td><td>놀이를 하면서 낱말이 생각이 나지 않아 쩔쩔매거나, 발음이 잘 되지 않아 우스꽝스럽게 발음하는 친구의 보습을 보면서 재미를 느끼다 보면, 어휘력과 발음력이 발달하게 된다.</td></tr>
<tr><td>형성평가</td><td colspan="4">말놀이 방법을 알고 친구들과 함께 할 수 있는가?</td><td></td></tr>
</table>

자료번호	2-(16)	일시:	대상 :	작성자:
주제	여가 활동 놀이		제재	마귀집
학습목표	마귀집 놀이 방법을 알고 친구들과 재미있게 할 수 있다.			

학습 단계	교수- 학습활동	자료 및 유의점
주의 집중	* 먼저 출석을 불러서 학생들의 주의를 환기시킨 다음, 전시의 수업내용을 복습한다.	
놀이방법 및 지도	1) 술래는 마귀로 한 명 정하고 마귀 집에서 출발한다. 먼저 술래를 정하기 전에 운동장에 판을 그린다. 판은 다양하게 그릴 수 있으나 마귀 집에서 나가는 길이 여러 갈래로 그리면 좋다. 길가에 함정을 그려 넣기도 하고 길이 넓었다가 갑자기 좁아지게도 그려 넣는다. 2) 사람들은 마귀를 피해 다니면서 함정은 뛰어 넘는다. 3) 마귀는 길을 따라 다니면서 사람들을 치고, 치인 사람들은 마귀가 되어 마귀 집에서 출발한다. 4) 사람들은 마귀를 피해 다니다가 마귀가 오면 집안에 들어가 '문 닫았음'하면 마귀는 칠 수 없고, 나갈 땐 '문 열었음'하고 나간다. 5) 사람은 마귀가 집을 지킬 경우 10을 세기전에 나가야 한다. 6) 함정에 빠지거나 길 밖으로 나가거나 마귀에게 치이면 마귀가 된다.	운동장 강당
놀이 지도 시 유의점 및 놀이의 효과	1) 함정을 많이 넘어야 하므로 다리 근육의 힘을 기를 수 있다. 2) 마귀가 오면 '문 닫았음' 나갈 때 '문 열었음' 등을 하면서 순발력을 기를 수 있다. 3) 마귀의 손을 피해 여러 갈래의 길을 다녀야 하므로 운동량도 많을 뿐 아니라 순간 판단력도 기를 수 있다.	
형성평가	마귀 집의 놀이 방법을 알고 친구들과 함께 할 수 있는가?	

<table>
<tr><td>자료번호</td><td>2-(17)</td><td>일시:</td><td colspan="2">대상 :</td><td>작성자:</td></tr>
<tr><td>주제</td><td colspan="2">여가 활동 놀이</td><td>제재</td><td colspan="2">닭싸움</td></tr>
<tr><td>학습목표</td><td colspan="5">닭싸움 방법을 알고, 친구들과 재미있게 할 수 있다.</td></tr>
</table>

학습 단계	교수- 학습활동	자료 및 유의점
주의 집중	* 먼저 출석을 불러서 학생들의 주의를 환기시킨 다음, 전시의 수업내용을 복습한다.	
놀이방법 및 지도	1) 둘이서 하기에 알맞은 놀이이다. 2) 지름 10cm 정도의 원이나 사각형, 또는 모래사장에서 하는 것이 좋다. 3) 닭싸움의 기본 자세로 선다. 4) 경기장 안에 마주 서서 상대방을 공격한다. 공격하는 방법은 자신의 무릎으로 상대 무릎을 누르거나 올려지거나 부딪힌다. 5) 경기장 밖으로 나가거나 균형을 잃어 발을 잡은 손을 놓치거나 올린 발을 바닥에 내려놓게 되거나 넘어지면 지게 된다. 6) 손을 이용하여 상대를 밀거나 붙잡으면 반칙으로 지게 된다.	운동장 강당 모래사장
놀이 지도 시 유의점 및 놀이의 효과	1) 여럿이 하는 닭싸움: ① 땅에 원을 그리고 모둠원이 모두 들어간다. ② 끝까지 살아남은 사람이 그 모둠의 닭싸움 왕이 된다. 2) 한발로 싸운다고 해서 깨금발 싸움 이라고도 했는데, 놀이 방법이 간단하고 준비물이 필요하지 않아 소풍지에서 쉽게 할 수 있는 놀이이다. 3) 균형 감각이 생기고 운동량이 많다. 놀이를 할수록 이길 수 있는 요령을 터득하게 된다.	놀이를 변형해서도 할 수 있다.
형성평가	닭싸움의 놀이 방법을 알고 친구들과 함께 할 수 있는가?	

자료번호	2-(18)	일시:	대상 :	작성자:
주제	여가 활동 놀이		제재	남대문 놀이
학습목표	남대문 놀이 방법을 알고 친구들과 재미있게 할 수 있다.			

학습 단계	교수- 학습활동	자료 및 유의점
주의 집중	* 먼저 출석을 불러서 학생들의 주의를 환기시킨 다음, 전시의 수업내용을 복습한다.	
놀이방법 및 지도	1) 열 명 내외의 사람 중 두 사람을 문지기로 뽑아 문지기로 삼는다. 2) 문지기는 양손을 마주 잡고 문 같은 모양을 만든다. 그리고 각각 편 이름을 짓는다. 예를 들어 문지기 한 명은 '한라편', 나머지 한 명은 '백두펴'이라 짓는다. 3) 나머지 사람들은 한 줄로 줄을 지어 앞사람의 어깨 또는 허리를 붙잡고 선다. 4) 함께 노래를 부르다 문지기는 정해진 때에 문을 닫기로 하고 손을 내려 한 사람을 잡는다. 예를 들어 남대문 놀이 중 "문을 닫는다"의 "-다"에서 손을 내려 한 아이를 잡는다. 5) 문지기는 잡힌 사람에게 어느 편이 될 것인지 묻는다. 백두편을 선택했으면 백두편의 문지기 뒤에, 한라편을 선택했으면 한라편 문지기 뒤에 어깨나 허리를 잡고 선다. 6) 같은 방법으로 계속하게 되면 자연스럽게 두 패가 된다.	운동장 강당
놀이 지도 시 유의점 및 놀이의 효과	1) 대문놀이 라고도 불리며 넓은 공간에서 특별한 준비물없이 놀 수 있다. 소풍이나 야영지에서 편을 나눌 때 쉽게 이용할 수 있으며 노래를 부르며 할 수 있다. 2) 차례차례 문을 통과해야 하므로 질서 의식이 키워지고 공동체 의식과 한사람씩 문안에 가두는 동작을 통해서 신체 조절력을 기를 수 있다.	
형성평가	친구 알아맞히기의 놀이 방법을 알고 친구들과 함께 할 수 있는가?	

자료번호	2-(19)	일시:	대상 :	작성자:
주제	여가 활동 놀이	제재	개뼈다귀	
학습목표	개뼈다귀 놀이 방법을 알고 친구들과 할 수 있다.			

학습 단계	교수- 학습활동	자료 및 유의점
주의 집중	* 먼저 출석을 불러서 학생들의 주의를 환기시킨 다음, 전시의 수업내용을 복습한다.	
놀이방법 및 지도	1) 아령과 같은 모양의 그림을 그린다. 양쪽 원은 수비가 바깥에서 잡으려 해도 잡힐 듯 말 듯한 크기로 하며 중간의 직선 통로는 나비가 약 1m 정도가 좋고 길이는 6 -7m 정도로 한다. 2) 한쪽 패가 6 -10명 정도가 알맞으므로 모둠 대항으로 하면 좋다 3) 가위바위보로 공격 패와 수비 패를 정한다. 그리고 공격 패는 한쪽 원 안에 들어가 있는다. 4) 한 번 갔다 오면(왕복) 1회로 하고 통과 횟수를 몇으로 할 것인가를 정한다. 보통 3회 정도로 한다. 5) 서로 밀거나 당겨 자기 편 땅 안으로 들어오게 하면 죽일 수 있다. 죽은 사람은 한 쪽에 가서 응원을 한다. 6) 한명이라도 정해진 횟수를 통과하면 모두 살아나서 다시 공격을 한다. 7) 수비패는 그림 바깥쪽 어디서나 공격 패를 밖으로 끌어내면 죽일 수 있으며 모두 죽이면 공격과 수비가 바뀐다.	운동장 강당
놀이 지도 시 유의점 및 놀이의 효과	1) 상대방의 옷이 찢어질 염려가 있으므로 옷을 잡고 끌어당기지 않도록 하며 반드시 신체의 일부를 잡고 끌어당기도록 한다. 2) 공격 편이 쉽게 죽어 공수교대가 지나치게 빨리 바뀐다 싶으면 그림의 직선부분 아래와 위에 작은 원을 그려 쉼터로 정하고, 쉼터에 있을 때는 수비가 공격하지 못하도록 해서 공격을 활발하게 만들 수 있다. 직선의 통로의 길이를 좀 더 길게 하거나 구부러진 형태의 그림을 넣으면 더 재미있다. 3) 상대편을 밀고 끌어당기면서 적극적인 마음과 용기, 판단력을 기를 수 있다. 효과적인 작전도 중요하므로 지혜와 협동심을 기를 수 있다.	
형성평가	개뼈다귀 놀이 방법을 알고 친구들과 함께 할 수 있는가?	

<table>
<tr><td>자료번호</td><td>2-(20)</td><td>일시:</td><td colspan="2">대상 :</td><td>작성자:</td></tr>
<tr><td>주제</td><td colspan="2">여가 활동 놀이</td><td>제재</td><td colspan="2">강강술래</td></tr>
<tr><td>학습목표</td><td colspan="5">강강술래의 다양한 놀이 방법을 알고 친구들과 할 수 있다.</td></tr>
<tr><td>학습 단계</td><td colspan="4">교수- 학습활동</td><td>자료 및 유의점</td></tr>
<tr><td>주의 집중</td><td colspan="4">* 먼저 출석을 불러서 학생들의 주의를 환기시킨 다음, 전시의 수업내용을 복습한다.</td><td></td></tr>
<tr><td>놀이방법 및 지도</td><td colspan="4">1) 분단별로 한 줄씩 맞춰 앉는다.
2) 강강술래 손 잡는 법과 발 딛는 방법을 알려준다.
3) 강강술래의 부분 동작을 익힌다.
걷기, 뛰기, 멍석말기, 대문 열기, 남생아 놀아라, 동작을 설명해 주고 연습한다. 이 때 앞소리꾼도 정하고 노래도 함께 배운다.
4) 각 부분의 동작이 자연스럽게 연결 될 수 있도록 익힌다.
5) 연결 순서를 알려 주면서 실제로 해본다.
① 걷기 : 앞소리꾼(또는 교사)의 노래를 시작으로 한 분단씩 걸어나간다. 출발한 분단의 마지막 사람은 다음 분단의 맨 앞사람과 손을 삽아 선제가 하나의 긴 줄이 되게 한다. 앞소리꾼은 노래를 하며 따라오는 사람들을 원 형태로 끌어 나간다. 앞소리꾼은 원 형태가 되면 원의 중심을 향해 이끌어 가면서 태극진을 만들어 간다.
② 뛰기 : 걸음을 조금씩 빨리 하면서 다시 원 형태를 만들며 뛰어간다.
③ 멍석말기 : 원 형태가 되면 앞소리꾼은 줄 맨 끝의 사람 왼쪽을 지나 조금씩 원을 좁혀가면서 멍석말기를 한다.
④ 대문 열기 : 멍석이 모두 풀리면 맨 앞의 두 사람은 서로 손을 높이 들어 맞잡고 대문을 만든다. 대문이 만들어지면 문을 지나 차례로 나온다. 2번 정도 반복한다. 대문열기가 끝나면 다시 원형태를 만들며 걸어간다.
⑤ 남생아 놀아라 : 원 형태가 되면 제자리에 서서 남생이 놀이를 한다. 앞소리꾼이 노래를 하면 호명된 사람이 나와 마음대로 춤을 추고 들어간다.
6) 남생아 놀아라가 끝나면 앞소리꾼은 다시 원 형태를 만들며 뛰어간다. 태극진을 만들고 다시 원 형태로 만든다. 원 형태가 되면 앞소리꾼은 맨 끝 사람과 손을 잡고 큰 원을 만든다. 모두 원의 중심을 향해 손을 들면서 걸어 나갔다가 뒤로 간다. 두 번 반복한다.</td><td>운동장
강당</td></tr>
<tr><td>놀이 지도 시 유의점 및 놀이의 효과</td><td colspan="4">놀이와 노래, 춤의 조화에서 오는 아름다움을 체험적으로 이해할 수 있으며 장단에 맞춰 움직이는 가운데 리듬감, 박자감을 키울 수 있으며 무엇보다도 서로가 하나된 일체감을 느낄 수 있다.</td><td></td></tr>
<tr><td>형성평가</td><td colspan="4">강강술래 놀이를 친구들과 함께 할 수 있는가?</td><td></td></tr>
</table>

<table>
<tr><td>자료번호</td><td>2-(21)</td><td>일시:</td><td colspan="2">대상 :</td><td>작성자:</td></tr>
<tr><td>주제</td><td colspan="2">여가 활동 놀이</td><td>제재</td><td colspan="2">가마타기</td></tr>
<tr><td>학습목표</td><td colspan="5">가마타기 놀이 방법을 알고 친구들과 함께 할 수 있다</td></tr>
<tr><td>학습 단계</td><td colspan="4">교수- 학습활동</td><td>자료 및 유의점</td></tr>
<tr><td>주의 집중</td><td colspan="4">* 먼저 출석을 불러서 학생들의 주의를 환기시킨 다음, 전시의 수업내용을 복습한다.</td><td></td></tr>
<tr><td>놀이방법 및 지도</td><td colspan="4">1) 세 명이 하기에 적당하다. 인원이 많으면 세 명씩 짝을 지어한다.
2) 가위바위보를 한다. 이긴 사람이 가마를 타는 사람이 된다.
3) 진 두 사람은 마주보고 서서 각자 오른손으로 자기 왼손 팔목을 잡고 왼손으로는 마주 선 사람의 오른 손 팔목을 잡아 우물 정(井)자 형의 가마를 만든다.
4) 이긴 사람이 그 위에 걸터앉아 두 팔로 좌우 아이의 어깨를 잡는다.
5) 미리 정한 거리를 갔다가 돌아온다.
6) 다시 가위바위보로 가마 태울 사람을 정하고 한다.</td><td>운동장
강당</td></tr>
<tr><td>놀이 지도 시
유의점 및 놀이의 효과</td><td colspan="4">1) 가마 이어 달리기 : ①반 전체를 두 패로 나누어 놀이를 한다. ②각 패는 세 사람이 한 조가 되어 가마를 만든다.③반환점을 각각 정하고 이어 달리기로 빨리 돌아갔다 오는 패가 이긴다.
2) 마차 싸움 : ①두 패로 나누고 각 패는 세 명이 한 조로 늘어선다. ②각 조는 두명이 앞에 어깨를 나란히 하고 서서 안쪽 발을 뒤로 든다. 그리고 나머지 한 사람은 두 손으로 들어올린 앞사람의 발을 잡고 선다. 각 패의 모든 조가 준비가 되면 서로 마주보고 선다. ③앞에 선 사람들이 서로 손을 밀며 싸우다가 쓰러지거나 발을 놓친 조는 죽게 된다.④모두 무너진 패가 죽게 된다.
3) 세 사람이 호흡이 맞아야 하므로 협동심을 기를 수 있고 쓰러지지 않고 달려가야 하므로 균형 감각을 키울 수 있다.</td><td>놀이를 변형해서 할 수 있다.</td></tr>
<tr><td>형성평가</td><td colspan="4">가마타기 놀이 방법을 알고 친구들과 함께 할 수 있는가?</td><td></td></tr>
</table>

자료번호	2-(22)	일시:	대상 :	작성자:
주제	여가 활동 놀이		제재	뜨어내기
학습목표	뜨어내기 놀이 방법을 알고 친구들과 할 수 있다.			

학습 단계	교수- 학습활동	자료 및 유의점
주의 집중	* 먼저 출석을 불러서 학생들의 주의를 환기시킨 다음, 전시의 수업내용을 복습한다.	
놀이방법 및 지도	1) 10명 안 팎의 인원이 되도록 두 모둠으로 나눈다. 각 모둠의 인원을 같도록 조정한다. 2) 버팀대를 정한다. 보통 축구 골대나 농구 골대를 정하는데 축구 골대 등이 상처날만한 부속품이 붙어있다면 그런 버팀대는 안 하는 것이 좋다. 또 아이들의 뜯어내는 힘이 만만치 않을 정도로 세므로 중간쯤의 나무를 버팀대로 정했다가 나무가 부러지는 경우도 있다. 3) 두 편으로 나누고 술래편과 뜯어내는 편을 정한다. 놀이는 모둠별로 차례로 하도록 한다. 4) 술래편은 버팀대에 매달린다. 이때 가장 덩치가 좋은 사람이 버팀대를 안아 매달리고 나머지 사람들은 깍지를 껴서 앞사람 허리를 꽉 잡는다. 보통 덩치 좋은 몇 녀석이 끝까지 남아서 버티므로, 놀이의 흥미를 더해준다. 5) 뜯어내는 편은 바깥 사람부터 허리를 잡거나, 팔을 잡아 뜯어낸다. 6) 일정한 시간이 지난 후 몇 명을 뜯어냈는가를 세어둔다. 7) 서로 바꾸어서 놀이를 시작한다.	운동장 강당
놀이 지도 시 유의점 및 놀이의 효과	1) 허리나 팔을 잡아야 되는데 다른 부위를 잡고 늘어지다가 여러 가지 문제가 생기는 경우가 있다. 다리를 잡아 당기면 팔 힘이 약해져서 놓치게 되면 다치는 경우가 생긴다. 꼬집거나 간지럽히거나 때리는 것은 반칙이다. 2) 단체간의 협동을 통해서 친밀감을 느끼게 해준다.	
형성평가	뜯어내기 놀이 방법을 알고 친구들과 함께 할 수 있는가?	

자료번호	2-(23)	일시:	대상 :	작성자:
주제	여가 활동 놀이		제재	칠교놀이
학습목표	칠교놀이 방법을 알고 친구들과 할 수 있다.			

학습 단계	교수- 학습활동	자료 및 유의점
주의 집중	* 먼저 출석을 불러서 학생들의 주의를 환기시킨 다음, 전시의 수업내용을 복습한다.	
놀이방법 및 지도	1) 정사각형을 대각선으로 접어 일곱 개의 조각으로 만들어 여러 가지 형태의 조각을 맞춘다. 2) 1단계 : 주어진 그림을 보고 똑 같이 맞추어 나가는 단계이다. 처음에는 단순히 조각을 그대로 배치하는 데에도 어려움을 느끼나 차츰 칠교 조각에 익숙해지면 능숙하게 맞출 수 있다. 3) 2단계 : 칠교 조각에 어느 정도 익숙해지면 이번에는 조각의 일부가 드러난 그림을 보고 나머지 드러나지 않은 조각을 자신의 조각을 가지고 맞춰 나가는데 처음에는 2조각 맞추기에서 시작해서 차츰 조각의 수를 늘려 마지막에는 6개의 조각을 맞추기까지 한다. 4) 3단계 : 부분 조각 맞추기가 익숙해지면 다음에는 전혀 조각을 구분할 수 없는 모양을 맞추는 단계로 넘어간다. 5) 4단계 : 여기서는 그림을 제시하지 않고 그 상황에 맞는 여러 가지 모양을 스스로 창작하는 단계로 자신의 상상력을 최대한 동원해야 한다. 실제로 칠교놀이의 궁극적인 목표는 이 창작의 단계가 아닐까 한다.	교실
놀이 지도 시 유의점 및 놀이의 효과	1) 일곱 개의 조각을 가지고 하는 칠교는 5000년 전부터 중국에서 시작된 것으로 알려져 있는데 지금은 전 세계에서 즐기는 놀이가 되었다. 그것은 칠교가 완벽한 놀이 방법을 가지고 있고, 창작의 기쁨을 마음껏 누릴 수 있는 재미 때문 일 것이다. 2) 인간의 사고력을 자극하는 효과를 가져 여러 가지 사고 능력의 발전에 도움을 준다.	
형성평가	칠교놀이 방법을 알고 친구들과 함께 할 수 있는가?	

자료번호	2-(24)	일시:	대상 :	작성자:
주제	여가 활동 놀이	제재	ㄹ자 놀이	
학습목표	ㄹ자 놀이 방법을 알고 친구들과 할 수 있다.			

학습 단계	교수- 학습활동	자료 및 유의점
주의 집중	* 먼저 출석을 불러서 학생들의 주의를 환기시킨 다음, 전시의 수업내용을 복습한다.	
놀이방법 및 지도	1) 두 패로 나누고 양편집 안마당을 정한다. 2) 동시에 양쪽 안마당에 들어가 있는다. 3) 수비, 공격을 나누고 시작을 같이 외치고 놀이를 시작한다. 4) 공격하는 사람들은 안대문 → 쉼터 →바깥대문을 거쳐 바깥 마당으로 나와서 상대 편의 바깥대문 → 쉼터 →안대문을 지나 만세통을 향해 돌진한다. 5) 이때 수비하는 사람들은 문을 지나는 상대편을 밀거나 다리를 걸거나 때리는 등 반칙을 하면 죽는다. 6) 안마당에서는 밖으로 내보내 죽일 수 있다. 7) 금을 두 번이상 계속해서 밟거나, 금 밖으로 밀리거나, 다리를 걸거나, 때리는 등 반칙을 하면 죽는다. 8) 바깥마당에서는 싸울 수 없다. 9) 상대편 안마당에 쳐들어가 누구라도 먼저 만세통을 찍으면 그 편이 이긴다.	유동장 강당
놀이 지도 시 유의점 및 놀이의 효과	1) 놀이판이 복잡하므로 교사가 놀이판을 그릴 때 아이들도 교사를 따라 발로 선을 한 번 더 그려봄으로써 놀이판 모양을 익히게 한다. 2) 놀이를 설명할 때 자석 칠판을 이용하면 편리하다. 3) 학생의 수준을 고려해서 규칙이나 이동경로가 어려울 수 있으므로 통로를 그리지 않고 ㄹ 모양만 그려놓고 놀 수도 있다. 4) 민속놀이는 민첩성, 협동성, 판단력 그리고 엄격한 규칙과 자발성을 그 특징으로 한다. 이러한 특성을 골고루 갖고 있는 대표적인 놀이가 ㄹ자 놀이이다. 수비를 피해 재빨리 만세통을 찍어야 하므로 민첩성을 기를 수 있다. 같은 편끼리 협동이 필요하므로 공동체 의식을 키울 수 있고, 효과적인 작전을 짜는 가운데 서로의 의견을 조절하고 협의하는 태도도 기를 수 있다.	
형성평가	ㄹ자 놀이 방법을 알고 친구들과 함께 할 수 있는가?	

자료번호	2-(25)	일시:	대상 :	작성자:
주제	여가 활동 놀이		제재	꼬리잡기
학습목표	꼬리잡기 방법을 알고 친구들과 할 수 있다.			

학습 단계	교수- 학습활동	자료 및 유의점
주의 집중	* 먼저 출석을 불러서 학생들의 주의를 환기시킨 다음, 전시의 수업내용을 복습한다.	
놀이방법 및 지도	1) 인간 줄다리기에서 패를 나눈 방법으로 모둠을 나눈다. 4명, 8명, 16명으로 패를 나눌 수 있다. 2) 두개의 모둠으로 나누어졌으면 "꼬리잡자"라는 다 함께 외치는 신호와 함께 제일 앞사람은 상대방 꼬리를 잡기 위해서 뛰어간다. 3) 이때 각 패는 줄이 끊어지지 않도록 앞사람의 허리를 꼭 잡고 따라다녀야 한다. 끊어지는 패는 진다. 4) 이 놀이를 하다보면 앞사람끼리 빙빙 돌면서 뒤의 꼬리를 쫓기 때문에 뒷사람들은 빙빙 도는 원심력에 의해 끊어지기 쉽게 되고, 또 끊어지고 나면 다른 사람들에 의해 밟힐 확률이 있으므로 이 점을 주의시켜야 한다. 5) 꼬리를 잡으면 그 꼬리를 뒤에 붙이고 길게 이은 상태에서 노래를 부르며, 운동장을 한 바퀴 돌아도 좋겠다. 6) 끊어지거나 먼저 잡힌 쪽이 진다.	운동장 강당
놀이 지도 시 유의점 및 놀이의 효과	1) 줄의 뒷 부분에는 날렵한 사람으로 세우도록 한다. 꼬리 부분은 특히 달리기를 잘하는 사람으로 정하는 것이 놀이에서 유리하다. 2) 강강술래의 쥔쥐새끼 잡기 놀이에서 따온 놀이인데, 운동량이 많고, 협동심도 길러지는 놀이이다.	
형성평가	꼬리잡기 놀이 방법을 알고 친구들과 함께 할 수 있는가?	

자료번호	2-(26)	일시:	대상 :	작성자:
주제	여가 활동 놀이	제재	꼬마야 꼬마야	
학습목표	꼬마야 꼬마야 놀이 방법을 알고 친구들과 함께 할 수 있다.			

학습 단계	교수- 학습활동	자료 및 유의점
주의 집중	* 먼저 출석을 불러서 학생들의 주의를 환기시킨 다음, 전시의 수업내용을 복습한다.	
놀이방법 및 지도	1) 5명 - 8명 정도의 모둠을 짜고 가위바위보로 술래를 두 명 정한다. 2) 술래는 줄을 약간 헐렁하게 잡고서 돌리고, 나머지 사람들은 차례로 줄로 들어와서 줄을 넘는다. 3) 술래와 차례를 기다리는 사람들이 꼬마야 꼬마야 노래를 부르면 줄을 넘는 사람은 노래에서 하라는 대로한다. 예를 들면 뒤로 놀아 만세를 불러라 등이 있다. 4) 줄을 넘다가 걸리면 그 사람이 술래가 되어 줄을 잡고 술래였던 사람은 차례의 맨 끝으로 간다. 5) 다음 차례의 사람이 시작한다.	운동장 새끼줄 새끼줄을 돌리는 것이 중요하므로 교사가 보조해 준다.
놀이 지도 시 유의점 및 놀이의 효과	1) 긴 줄넘기의 노래인 꼬마야 꼬마야를 지도한다. 꼬마야 꼬마야의 노래 (들어가기 전에 호흡을 고르면서) 똑똑 누구십니까? / 손님입니다. 들어오세요. / 문 따주세요. 철 - 억 - 컥. / 하나두울셋이요. (들어갔을 때 술래가) 꼬마야 꼬마야 뒤를 돌아라 꼬마야 꼬마야 땅을 짚어라 꼬마야 꼬마야 만세를 불러라 꼬마야 꼬마야 자알 가거라 2) 꼬마야 꼬마야 노래중에 '하나두울셋이요'에서 줄 안으로 들어간다. 줄을 겁내하면서 들어가지 못하는 학생은 처음부터 줄 안에서 서 있고, 돌리기를 시작하면서 '꼬마야 꼬마야 '노래를 중간부터 시작하면 된다. 3) 줄을 돌리는 사람과 줄 안에서 뛰는 사람간의 호흡을 맞추는 가운데 협동심이 키워지고, 자기를 조절할 수 있게 된다.	
형성평가	꼬마야 꼬마야 놀이 방법을 알고 친구들과 함께 할 수 있는가?	

<table>
<tr><td>자료번호</td><td>2-(27)</td><td colspan="2">일시:</td><td>대상 :</td><td>작성자:</td></tr>
<tr><td>주제</td><td colspan="2">여가 활동 놀이</td><td>제재</td><td colspan="2">패싸움</td></tr>
<tr><td>학습목표</td><td colspan="5">패싸움의 놀이 방법을 알고 친구들과 할 수 있다.</td></tr>
<tr><td>학습 단계</td><td colspan="4">교수- 학습활동</td><td>자료 및 유의점</td></tr>
<tr><td>주의 집중</td><td colspan="4">* 먼저 출석을 불러서 학생들의 주의를 환기시킨 다음, 전시의 수업내용을 복습한다.</td><td></td></tr>
<tr><td>놀이방법 및 지도</td><td colspan="4">1) 모둠 별로 두 편으로 나눈다. 인원수는 30명까지 할 수 있고 크게 제한 받지 않으며 6명 -8명 정도로 나누어서 하면 좋다. 남· 여를 적절히 조정해 주는 것이 좋다. 두 패가 나누어지면 일정한 거리(약 10m)를 둔 채 마주보고 선다.
2) 각 패는 옆 사람과 팔짱을 끼고 각자 두 손은 깍지를 낀 채 일렬 횡대로 선다.
3) 각 패는 서로 마주 본 채 장단에 맞추어 구호 등을 외치면서 조금씩 앞으로 전진한다. 이때 3채 장단에 맞추어 “땅도 땅도 내 땅이다 조선 땅도 내 땅이다‘ 구호를 외친다.
4) 두 패가 서로 가까워지면 서로 어깨를 밀치기 시작한다.
5) 상대편의 진영까지 밀어내거나 끊어지게 하면 이긴다.</td><td>운동장
강당</td></tr>
<tr><td>놀이 지도 시 유의점 및 놀이의 효과</td><td colspan="4">1) 장단 구호 익히기
놀이하기 전에 장단과 구호를 가르쳐 준다.
삼채 장단 : 덩/ 덩/ 덩따쿵따/덩따쿵따/덩따쿵따
구호 : 땅도/당도/내땅이다/조선땅도/내땅이다.
발동작 : ‘땅도’ - 오른발을 앞으로 내딛는다.
‘땅도’ - 왼발을 앞으로 내딛는다.
‘내땅이다’ - 오른발을 뒤로 딛고 왼발을 뒤로 들면서 허리를 뒤로 제낀다.
2) “땅도 땅도 내땅이다 조선땅도 내땅이다”구호를 외치면서 조금씩 앞으로 전진한다
3) 이 놀이는 겨루기 놀이 중 가장 기본적인 형태로서 놀이 방법이 간단하고 아무런 도구 없이 할 수 있는 장점이 있다. 놀이에 참가하는 인원도 크게 제한 받지 않으며 집단의 단결력을 효과적으로 증진시킬 수 있는 놀이이다.</td><td></td></tr>
<tr><td>형성평가</td><td colspan="4">패싸움 놀이 방법을 알고 친구들과 함께 할 수 있는가?</td><td></td></tr>
</table>

자료번호	2-(28)	일시:	대상 :	작성자:
주제	여가 활동 놀이		제재	나이 먹기
학습목표	나이 먹기 놀이 방법을 알고 친구들과 할 수 있다.			

학습 단계	교수- 학습활동	자료 및 유의점
주의 집중	* 먼저 출석을 불러서 학생들의 주의를 환기시킨 다음, 전시의 수업내용을 복습한다.	
놀이방법 및 지도	1) 두 모둠으로 나눈다. 한편의 인원은 5명 - 8명 정도가 적당하다. 2) 진을 정한다. 진은 지형지물을 이용하면 좋지만 운동장에서는 땅에 원을 그려서 이용한다. 3) 놀이가 시작되면 전부 5살씩 먹고 시작한다. 4) 처음에는 5살끼리 나가서 가위바위보로 승부를 겨룬다. 그러면 이기는 사람은 10살이 되고 진 사람은 그대로 5살이 된다. 5) 같은 편끼리 손을 잡아 연합 할 수 있고, 이때의 나이는 각자의 나이를 모두 합한 나이가 된다. (보통 2명이 연합하나 여러 명이 손을 잡고 연합 할 수 있다). 5살짜리와 10살짜리가 손을 잡고 다니면 15살로 인정된다. 그렇게 하여 나이 작은 상대편을 치면 5살짜리와 10살짜리가 각각 5살씩 더 먹는다. 6) 나이를 더 먹으면 반드시 자기 집에 가서 밥을 먹어야 유효하다(밥을 먹는 방법은 자기 진에 손을 짚으면 된다. 7) 진에 손을 대고 상대를 치면 상대의 나이가 아무리 많아도 5살을 더 먹는다. 그래서 진에서 손을 잡고 상대편을 수비하고 있는 경우도 있다. 8) 상대편의 진을 짚으면 10살을 더 먹게 된다. 9) 한쪽 편의 나이를 다 합쳐서 100살이 된다던가 그 이상이 되면 놀이는 끝이 난다.	운동장 강당
놀이 지도 시 유의점 및 놀이의 효과	1) 다양한 작전을 세울 수 있다. 예를 들면 진에 손을 대고 손에 손을 잡은 사람이 4명이 붙어 있는데 각자 10살씩이라고 했을 때 저 쪽 상대편 30살짜리 한 명이 와서 이쪽 진을 기웃거리고 있다면 이쪽 사람들은 진에 붙어서 방어하는 척 하다가 네 명이 손을 잡은 상태에서 갑자기 뛰어나가 그 사람을 치면 4명이 각각 5살씩 먹게 되는 것이다. 2) 셈하기의 효과와 함께 친구들과 협동하는 태도를 길러 준다. 다양한 작전을 터득하면서 사고력이 길러진다.	
형성평가	나이 먹기 놀이 방법을 알고 친구들과 함께 할 수 있는가?	

<table>
<tr><td>자료번호</td><td>2-(29)</td><td>일시:</td><td colspan="2">대상 :</td><td>작성자:</td></tr>
<tr><td>주제</td><td colspan="2">여가 활동 놀이</td><td>제재</td><td colspan="2">땅 따먹기</td></tr>
<tr><td>학습목표</td><td colspan="5">땅 따먹기 놀이 방법을 알고 친구들과 할 수 있다.</td></tr>
</table>

학습 단계	교수- 학습활동	자료 및 유의점
주의 집중	* 먼저 출석을 불러서 학생들의 주의를 환기시킨 다음, 전시의 수업내용을 복습한다.	
놀이방법 및 지도	1) 땅 바닥에 적당한 크기의 원. 또는 네모난 놀이판을 그린다. 2) 각자 한 모퉁이를 자기 집으로 정한다. 손 뼘으로 반원을 그려 집을 만든다. 3) 가위바위보로 순서를 정한다. 4) 이긴 사람부터 자기 말을 자기 집안에 놓고 세 번 튀겨 자기 집 안으로 돌아오면 말이 세 번 지나간 선이 자기 땅이 된다. 말이 지나간 자리는 나무 막대기로 직선으로 그린다. 이때 가운데 손가락으로 튀기며 말이 집안에 들어 올 수 있게 잘 조정해야 한다. 말은 납작한 작은 돌 같은 것이 좋다. 5) 말이 집안에 들어와 땅을 얻으면 한 뼘을 재어서 자기 땅으로 붙여 먹는다. 6) 자기 집안으로 말을 넣지 못하거나 너무 세게 튀겨서 말이 선 밖으로 나가면 다음 사람으로 넘어간다. 7) 이와 같은 방법으로 땅을 많이 차지하는 사람이 이기게 된다.	운동장
놀이 지도 시 유의점 및 놀이의 효과	1) 2명 - 4명 정도가 적당하다. 숫자가 많으면 여러 모둠을 만들어서 할 수 있다. 2) 간단한 놀이 규칙에 따라서 손바닥으로 땅을 재어 많이 차지함을 겨누는 놀이이다. 흙과 친숙해 질 수 있는 놀이로서 자기의 욕심을 통제 할 수 있는 능력을 길러준다.	
형성평가	땅따먹기 놀이 방법을 알고 친구들과 함께 할 수 있는가?	

<table>
<tr><td>자료번호</td><td>2-(30)</td><td>일시:</td><td colspan="2">대상 :</td><td>작성자:</td></tr>
<tr><td>주제</td><td colspan="2">여가 활동 놀이</td><td>제재</td><td colspan="2">두꺼비집 짓기</td></tr>
<tr><td>학습목표</td><td colspan="5">두꺼비집 짓기 놀이 방법을 알고 친구들과 할 수 있다.</td></tr>
<tr><td>학습 단계</td><td colspan="4">교수- 학습활동</td><td>자료 및 유의점</td></tr>
<tr><td>주의 집중</td><td colspan="4">* 먼저 출석을 불러서 학생들의 주의를 환기시킨 다음, 전시의 수업내용을 복습한다.</td><td></td></tr>
<tr><td>놀이방법 및 지도</td><td colspan="4">1) 장소는 모래가 있는 씨름판을 이용하고 전날 비가 와서 모래가 어느 정도 촉촉할 정도의 날씨면 좋다. 학생들을 씨름판의 가장 자리에 앉혀놓고 두꺼비집을 짓는 방법을 간단히 설명한다.
2) 모래를 알맞게 파고 그 안에 손을 넣는다. 손은 약간 동그랗게 말아서 넣는다.
3) 모래를 덮으면서 가볍게 두드려서 다져준다. 그런 후에 손을 살며시 뺀다. 이때 두꺼비집이 무너지면 다시 짓는다.
4) 입구를 정리하고 안쪽의 모래를 파내서 집을 조금 더 크게 키운다.
5) 두꺼비집과 집끼리 이어서 마을을 만들고, 길도 만들고, 담고 만들어서 멋진 도시를 만든다.
6) 주변의 나뭇잎이나 돌멩이 등을 이용해 멋지게 꾸민다.
7) 다음 시간을 위하여 멋지게 지었던 마을이지만 무너뜨리고 놀이를 끝내야 된다.</td><td>운동장 씨름판</td></tr>
<tr><td>놀이 지도 시 유의점 및 놀이의 효과</td><td colspan="4">1) 열심히 지은 도시를 무너뜨릴 때 남자 학생들은 금방 무너뜨리지만 여자애들은 아깝게 생각해서 부수지 못한다. 이때 카메라로 사진을 찍어두고 교실 뒤편에 붙여준다.
2) 모래의 까실까실한 감촉을 손에 느끼고 자연과 친해질 수 있는 놀이이다. 도시를 꾸미는 과정에서 협동심과 창의력도 길러진다.</td><td></td></tr>
<tr><td>형성평가</td><td colspan="4">두꺼비집 짓기 놀이 방법을 알고 친구들과 함께 할 수 있는가?</td><td></td></tr>
</table>

제15장 생활자립훈련 프로그램

1. 프로그램 구성영역과 내용

Shalock의 생활자립훈련프로그램(2000,조인수)을 소개하면 다음과 같다

<표 15.1> 생활자립훈련 프로그램 구성내용

직업전 훈련	Ⅰ. 자립기능	Ⅱ. 개인·대인관계 행동	Ⅲ. 정보처리
내용	·의복의 입고 벗기와 손질 ·용의단정	·정서 ·타인지향행동 ·동기유발 ·사회지향행동	·시각 ·청각 ·촉각 ·언어이해
직업전 훈련	Ⅳ. 학습·대안전략	Ⅴ. 작업전 기능	Ⅵ. 직무관련 기능
내용	·단기기억 ·교수기법 ·반응의 일반화와 대처행동	·시각운동 협응 ·시각변별과 분류 ·수 기능 ·조립 기능	·바른자세 ·형평기능 ·작은 근육운동 ·지각·운동 협응 ·근력기능
직업훈련	Ⅶ. 작업수행	Ⅷ. 직업생활태도	Ⅸ. 취업·정보기능
내용	·학습속도·습관 ·정확성 ·작업의 지속성① ·작업의 지속성② ·작업의 지속성③ ·작업의 일관성 ·생산성 ·안전성	·작업태도 ·시간엄수 ·신뢰성 ·지시·순종 ·관리자와의 관계 ·동료와의 관계	·일반고용 ·취업신청과 면접 ·교통기관의 이용

1) 직업전 교육 하위영역별 지도내용

직업전 교육 하위영역은 자립기능, 개인·대인관계행동, 정보처리, 학습·대안전략, 직업전 기능, 크게 다섯 영역으로 나누어지며, 중심 요소와 구체적 지도내용은 <표 15.2>과 같다.

<표 15.2> 직업전 교육 하위영역별 지도내용

영역	중심요소	하위영역
Ⅰ. 자립 기능	A. 의복의 입고 벗기와 손질	A_1 혼자서 옷입기 A_2 적절한 의복입기 A_3 의복의 손질(세탁기, 건조기 사용, 의복세탁, 옷개기, 다리미, 드라이 크리닝, 의복수선)
	B. 용의단정	B_1 차임새 단정 B_2 손톱과 손청결 B_3 얼굴청결 B_4 입냄새 제거 B_5 치아의 청결 B_6 몸냄새의 통제 B_7 머리청결 B_8 보장구 사용 B_9 손수건·화장지 사용
Ⅱ. 개인·대인관계 행동	A. 정서	A_1 언어나 행동으로 표현 A_2 감정의 조절 A_3 적당한 휴식
	B. 타인지향행동	B_1 다른 사람의 표정 읽기 B_2 여러 가지 목소리 이해 B_3 제스처 이해 B_4 사회적 예의범절 익히기 B_5 의존·요구 안하기
	C. 동기유발	C_1 노력과 강화의 연결 C_2 좋아하는 강화제 말하기
	D. 사회지향행동	D_1 행동과 결과 알기 D_2 사회규범에 따른 성적 행동하기
Ⅲ. 정보 처리	A. 시각	A_1 시각적 주의 A_2 추시 A_3 도형과 소지의 변별 A_4 시각적 완성 A_5 비계열적인 시각적 기억
	B. 청각	B_1 청각적 주의 B_2 청각변별 B_3 청각적 기억 B_4 청각적 연합
	C. 촉각	C_1 촉각에 의한 사물의 구별 C_2 손의 촉각 느끼기 C_3 온도의 구별 C_4 여러 가지 냄새 맡기
	D. 언어이해	D_1 전치사의 이해 D_2 비교형용사의 이해 D_3 견본과의 대응 D_4 물체이류와 동류 이해(그림, 도형의 변별, 문자의 변별, 단어의 변별)

영역	중심요소	하위영역
Ⅳ. 학습·대안전략	A. 단기기억 B. 교수기법 C. 반응의 일반화와 대처행동	A_1 시계열적인 시각적 치환 A_2~$_4$ 지시순종 B_1 보조해주면서 사물 조립 B_2 모방을 통한 사물 조립 B_3 언어지시에 따른 사물 조립 C_1 훈련대상자에게 반응 일반화 C_2 장면에 대한 반응 일반화 C_3 대처행동(과제, 문제정의, 해결법 이용, 대처행동)
Ⅴ. 직업전 기능	A. 시각·운동협응 B. 시각변별과 분류 C. 수기능 D. 조립기능	A_1 눈과 손의 목표에 대한 추종 A_2 작은 근육운동의 협응(사물쥐기, 구슬, 구멍에 막대 끼우기, 원붙이기, 연필 쥐고 사용하기, 가위질) A_3 그리기 A_4 견본의 묘사 B_1 형태에 의한 분류 B_2 색상에 의한 분류 B_3 크기에 의한 분류 C_1 숫자의 이름 말하기 C_2 숫자쓰기 C_3 구체물의 개수 세기 C_4 숫자와 물건의 개수, 숫자와 그 읽는 법 연결짓기 D_1~$_4$ 조립기능(조합, 접기, 레벨 붙이기, 이음매 조립, 언어지시로 물체 조립)

2) 직업교육 하위영역별 지도내용

직업교육 영역은 직무관련 기능, 작업수행, 직업생활태도, 취업정보기능 이렇게 네 영역으로 나누어지며, 중심요소와 구체적 지도내용은 <표 15.3>와 같다.

<표 15.3> 직업교육 하위영역별 지도내용

영역	중심요소	하위영역
Ⅰ. 직무관련 기능	A. 바른자세 B. 평형기능 C. 작은 근육운동 D. 지각·운동협응 E. 근력기능	A_1 환경에 대한 바른자세 A_2 좌우의 변별 B_1 선자세 B_2 앉은 자세 B_3 한발로 평형 유지 B_4 평형판 위에서 평형 유지 B_5 평균대 위 걷기 B6 물건 들고 보행 B_7 민첩성과 평형능력 익히기 C_1 상자 속의 구슬 넣기 C_2 막대기에 구슬 끼우기 C_3 손가락으로 두드리기 C_4 단순한 조립 D_1 눈과 손(한쪽 손)의 협응 D_2 양손의 협응 D_3 손(양손)과 교치성 D_4 다른 기능의 협응 E_1 손의 근력 E_2 기타 근력 증강 훈련 E_3 사물이동 E_4 지시에 따라 작업

영역	중심요소	하위영역
Ⅱ. 직업수행	A. 학습속도·습관	A_1 내용이 변하더라도 수용 A_2 시간 제한없는 단순한 과제의 학습 A_3 시간 제한없는 복잡한 과제의 학습 A_4 허용되는 속도로 복잡한 과제수행
	B. 정확성	B_1 잘못된 것의 인지(자극특성 변별) B_2 잘못이 생기면 고치기 B_3 불량률 2%이하
	C. 작업의 지속성	$C_{1\sim6}$ 간편하게 앉아서 하기
	D. 작업의 지속성	$D_{1\sim6}$ 간편하게 서서하기
	E. 작업의 지속성	$E_{1\sim6}$ 가벼운 작업
	G. 작업의 일관성	$G_{1\sim6}$ 작업의 일관성
	H. 생산성	$H_{1\sim6}$ 생산성
	I. 안전성	I_1 위험한 상황의 인지 I_2 언어의 이해와 반응 I_3 독물주의 I_4 뾰족한 물체주의 I_5 화재에 대한 대처법
Ⅲ. 직업생활 태도	A. 작업태도	A_1 동기유발 A_2 역할이나 요구에 적응 A_3 자기파악
	B. 시간엄수	$B_{1\sim3}$ 시간엄수
	C. 신뢰성	C_1 쉬지 않고 100% 출근 C_2 필요할 때 관리자에게 통지
	D. 지시·순종	D_1 지시의 단시간 기억 D_2 지시의 장시간 기억 D_3 타임·레코드와 카드의 바른 사용 D_4 생산실적표의 사용 D_5 문서상의 지시에 순종
	E. 관리자와의 관계	E_1 관리자 요구에 대한 의지 표명 E_2 요구실행 E_3 요구에 대한 수용적 태도 E_4 주의에 대한 건설적인 반응 E_5 거짓말 안하기
	F. 동료와의 관계	F_1 협력적 F_2 재료를 보관장소에 되돌려 놓기 F_3 남의 물건 훔치지 않기 F_4 남에게 방해행동 안하기
Ⅳ. 취업정보 기능	A. 일반고용	A_1 직무에 대한 흥미 표출
	B. 취업신청과 면접	B_1 취직 응모용지 작성 B_2 면접중 판별기준의 이해 B_3 취지의 희망 표명 B_4 취직의 면접
	C. 교통기관의 이용	C_1 혼자서 직장 혹은 훈련센터에 통근

2) 직업전 훈련 영역별 목표행동과 훈련목표의 예

직업전 훈련 하위영역별 지도내용에 따라 목표행동과 훈련목표를 구체적으로 제시해 보면 다음의 <표 15.4>와 같다.

<표 15.4> 자립기능 하위영역과 목표

하위영역	번호	목표행동	훈련목표
A. 의복의 입고 벗기와 손질	A_1	혼자서 옷을 입는다.	1. 팬티, 바지 혹은 속치마를 입는다. 2. 옷 혹은 속내의를 입는다. 이 기법은 브래지어에도 응용 가능) 3. 단추를 끼운다. 4. 양말을 신는다. 5. 구두를 신는다. 6. 구두끈을 맨다.
	A_2	적절한 의복을 입는다.	1. 유행하고 있는 의복과 악세사리를 구입한다. 2. 유행하고 있는 의복과 악세사리를 착용한다.
	A_3	의복의 손질	1. 세탁기를 정확하게 사용한다. 가) 양(量)색, 천의 종류에 의해 의류를 선택한다. 나) 세제, 표백제를 정확하게 계량한다. 다) 수위, 수온, 속도를 정확하게 선택한다. 2. 자동건조기의 올바른 사용 가) 온도를 정확하게 선택한다. 나) 시간을 정확하게 설정한다. 3. 손으로 의복을 깨끗이 씻는다. 가) 깨끗해질 때까지 의복을 손으로 씻는다. 나) 깨끗한 물에 비누를 헹군다. 다) 세탁한 옷을 빨랫줄이나 건조대에 건다. 4. 의류를 갠다. 가) 의류나 셔츠 등을 깨끗하게 갠다. 나) 의류나 셔츠 등을 정확하게 정리해 넣는다. 5. 다리미를 정확하게 꽂는다. 가) 필요에 따라 의류에 습기를 뿜어 준다. 나) 다리미 온도를 정확하게 설정한다. 다) 다리미를 정확하게 작동시킨다. 6. 드라이 클리닝의 이용 가) 드라이 클리닝의 필요성에 관해서 이해한다. 나) 의류를 드라이 클리닝가게로 가지고 간다. 7. 의복을 수선하다. 가) 실이 터진 곳이나 찢어진 곳을 꿰맨다. 나) 끝맺음을 한다. 다) 단추를 실로 꿰맨다.

2. 프로그램 실제

A. 의복의 입고 벗기와 손질(하위영역)

A_1 혼자서 옷을 입는다(목표행동)

<훈련목표>

1. 팬티, 바지 혹은 속치마를 입는다.

<교재> 의복(팬티, 바지, 속치마)

1) 훈련대상자에게 바지를 입혀서 허리 아래 10㎝정도까지 올려준다(지시:「바지를 올리세 요」)
2) 훈련 대상자에게 바지를 입혀서, 엉덩이 부분까지 올려둔다.
3) 훈련 대상자에게 바지를 입혀서, 무릎 부분까지 올려둔다.
4) 훈련 대상자에게 바지를 입혀서, 복사뼈 부분까지 올려둔다.
5) 바지를 훈련대상자의 발에 끼워준다.
6) 훈련 대상자 앞에 바지를 둔다(지시 :「바지를 입으세요」)

<훈련목표>

4. 양말을 신는다.

<교재> 큰 색깔있는 양말

1) 양말을 위에서 2.5㎝정도되는 곳까지 신겨준다.(지시 :「양말을 신으세요」)
2) 양말을 복사뼈 있는 곳까지 신겨준다.
3) 양말을 발뒤꿈치 있는 곳까지 신겨준다.
4) 양말을 발의 반정도만 신겨준다.
5) 양말을 발 끝에 끼워준다.
6) 양말을 발 옆에 둔다.

A_2 적절한 의복을 입는다(목표행동)

<훈련목표>

1. 유행하고 있는 옷과 악세사리를 구입한다.

<교재> 카달로그, 구두와 반지를 크기표, 줄자, 카달로그 속의 표기법

1) 형태, 색의 조화, 몸에 적합도를 보기 위하여 카달로그를 사용하게 한다.
2) 배색, 옷의 조화, 디자인에 관한 포스타를 그리게 한다.
3) 카달로그의 의복 사건을 잘라내어서 훈련대상자에게 여러 가지로 조화시

켜 보게 한다.

4) 어떤 의복이 필요한지 가르치기 위하여 훈련대상자에게 의복의 목록을 작성시켜서 각각에 관한 예산을 세우게 한다.

5) 상점으로 가서 몸에 어울리고 알맞은 것을 발견하기 위하여 입혀본다. 만약 가능하다면 그 곳에서 구입한다.

A_3 의복의 손질(목표행동)

<훈련목표>

1. 세탁기를 정확하게 사용한다.

가) 양색, 천의 종류에 따라서 의류를 선택한다.

<교재> 표, 그림, 견본, 세탁물 넣는 바구니.

1) 훈련대상자의 의복으로 실제로 세탁물을 선택하는 방법을 실시해 보인다.

2) 훈련대상자에게 세탁물을 분류시킨다. 큰 카드(그림 또는 문자)를 마루 위에 두고 그것들을 세 종류의 세탁물로 나누게 하여 세탁물이 각각의 더미에 놓여지는지를 제시하여 분류시킨다.(예 : 흰색, 색깔있는 것, 검은색의 3종류의 색상으로 분류)

나) 세제, 표백제를 정확하게 계량한다.

<교재> 계량컵 혹은 용기, 세재, 표백제, 정전기방지, 세탁제, 계량표

1) 쌀, 물을 사용하여 계량컵의 연습을 한다. 세탁물을 넣는 곳에 제시된 세탁물의 량을 측정한다. 대야 등을 사용하여 실제로 세제를 너무 많이 넣은 경우 어떻게 되는가를 확인시킨다. 세탁기의 경우에는 어떤지를 서로 이야기한다.

2) 구멍이 넓은 병과 대야를 사용하여 세탁의 과정을 모의적으로 시도해 본다. 빨고, 헹굼, 회전, 헹굼, 회전의 순서로

3) 세탁의 각 과정에 따른 물속의 세탁물의 상태를 이해시킨다.

4) 세탁의 각 과정에 따른 세탁물의 그림과 세탁 과정을 나타내는 그림과의 대응을 연습시킨다.

5) 천이나 의류를 사용하여 표백제를 부적절하게 사용한 때의 결과를 확인해 본다.

다) 수위, 수온, 속도를 정확하게 선택한다.

<교재> 수위를 맞출 수 있는 다이얼이 붙어있는 세탁기, 여러가지 유형과 크기의 세탁물과 여러가지 다이얼의 눈금이 그려져 있는 그림, 카세트와 카드, 자동세탁기

1) 뜨겁다. 따뜻하다. 따뜻하다, 차다(수온), 높다. 중간, 낮다(수위), 통상회전, 부드러운 회전등의 용어를 카세트를 사용하여 가르친다.
2) 여러가지 의류와 적절한 다이얼과의 관계를 나타내는 표를 사용한다.
3) 자동세탁소에 가서 훈련대상자에게 의류의 타입과 양을 나타낸 카드를 주어서 적절한 수위, 수온, 회전수를 선택시키고 물에 담글 때까지 실제로 시켜본다.
4) 천, 색, 양을 나타내는 카드를 사용하여 게임을 한다. 수온, 수위, 천에 적합한 회전수에 관하여 말로 답하게 한다. 정확한 반응에 대해서는 강화한다.
5) 주1회, 자동세탁소로 데려가서 세탁방법을 실제로 연습시킨다. 주의를 주는 것을 조금씩 감소시켜 나간다.

4. 의류를 갠다.

가) 의류와 시트 등을 말끔하게 갠다.

<교재> 의류, 시트, 시범용의 그림

1) 어디를 접어야 할지를 가르친다.
2) 실제로 접어 보인다.
3) 종이를 사용하여 접는 방법을 연습시킨다.
4) 훈련대상자에게 의복이나 시트를 사용하여 개는 방법을 연습시킨다. 필요하다면, 보조하여도 좋다. 단 주의를 주는 것을 점차 감소시키도록 한다.
5) 정기적으로는 개는 방법을 체크한다. 필요한 경우에는 강화한다. 의류를 정리해 놓을 경우에는 크리닝이 필요한 점을 강조한다.

나) 의류나 시트 등을 보관장소에 잘 정리해 넣는다.

<교재> 서랍장, 보관상자, 의류상자, 높이를 조절할 수 있는 선반

1) 보관장소, 보관용구, 보관 방법을 실제로 제시해 보인다.
2) 보관방법을 훈련대상자에게 연습시킨다. 필요에 따라 보조하거나 강화한다.
3) 학습의 진도를 보기 위한 체크를 하여 필요에 따라서 강화를 한다.
4) 불필요한 것을 채워 넣지 않도록 한다.

제16장 생활중심 진로교육 프로그램

이 커리큘럼(the life-centered career education curriculum)은 '진로교육은 단순한 교육프로그램의 일부 이상이다'라는 명제를 근간으로 한다. 생활중심 진로교육 커리큘럼은 일상생활 기능, 개인-사회적 기능, 직업적 기능, 이 세 가지를 보조하는 학문적 기능을 중요시 여긴다. 이것은 진로교육이 학생들이 배워야 할 유일한 것을 의미하는 것이 아니라, 진로교육이 가르쳐야 할 중요하고 광범위한 부분이 되어야 한다는 것이다. 진로교육은 단순히 직업교육(occupational education)을 지칭하는 또 다른 용어가 아니다. 이것은 삶의 모든 역할과 환경, 사건들에 대해 인간을 성장시키고 개발시키는 데 초점을 맞춘 교육이다.

생활중심 진로교육의 폭넓은 관점은 학생이 익혀야 할 22개의 주요수행능력(student competence)을 일상생활 기능(daily living skills), 개인-사회적 기능(social-personal skills), 직업 지도와 준비(occupational guidance and preparation)의 3개 큰 범주로 나눈다. 학문적 주요 수행기능은 이 세 가지를 보조하는 기능이다. 이것은 <그림 16.1>에 잘 설명되어 있다.

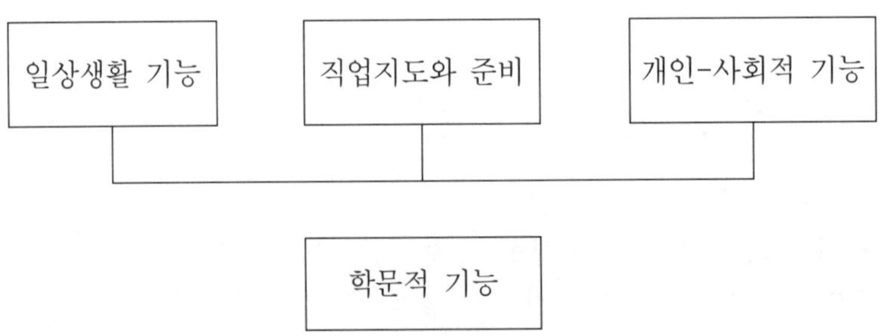

<그림 16.1> 생활중심 진로교육 영역

이전의 조사(Brolin, 1973a, b; Malever & Matyas, 1976; Brolin & Thomas, 1971, 1972; Bucher, 1985)와 여러 연구 및 전문가의 자문에 기초하여 진로중심 교육에서 22개의 주요 수행기능을 중점 사항으로 선정하였다. 각각의 사항은 그 내용에 따라 세 개의 범주로 분류할 수 있고, 이것이 프로그램의 기본적인 목표를 구성한다. 각 커리큘럼과 주요 수행기능 즉, 지도내용에 대한 논의가 다음 부분에서 전개된다(Brolin, 1987).

1. 생활중심 커리큘럼 영역과 지도내용

1) 일상 생활 기능(daily living skills)

대부분의 장애학생들은 독립적이거나 반독립적인 시민이 될 잠재력을 가지고 있다. 이들은 부분적이긴 하지만 결혼하여 가족을 꾸려 나가며, 가장이나 주부가 될 것이다. 그러나 대부분은 그리 넉넉치 못한 월급으로 살아 갈 것이다. 따라서 어떻게 가능한 한 효율적으로 가정을 꾸려 나가고, 가족을 부양하며, 돈 문제를 해결해야 하는지 아는 것이 중요하다. 다음의 주요 수행능력이 커리큘럼에 포함되어야 한다.

① 자기 금전관리(managing personal finance)

각 개인이 어떻게 자신의 돈을 관리해야 하는지 아는 것은 특히 중요하다. 이러한 종류의 지식으로는 가계부를 사용하여 간단한 재무 기록의 가치를 파악하고, 은행과 신용기관의 이용법, 현명한 지출 계획이 여기에 포함된다. 또한 수표 사용과 예산 편성도 포함된다.

② 가사도구의 선택과 관리, 유지

학생들은 가구, 장비, 전자제품 수리 등 가정을 어떻게 적절히 관리해야 하는지 배워야 한다. 가전제품이나 부서진 가구 수리, 전기 플러그 교환, 배수관 수리 등이 커리큘럼에 포함되어야 할 것이다.

③ 개인적 욕구 관리

화장과 위생법, 성교육, 육체적 건강과 같은 지식은 개인이 자신의 개인적, 신체적 욕구를 관리하기 위해 배워야 한다. 이와 같은 부류에 있어서의 능력 결핍은 다른 사람과 어울리거나 인정을 받는 데 어려움을 초래한다.

④ 육아와 결혼에 대한 책임

학생들은 효과적인 가정생활의 요소를 이해할 필요가 있다. 이러한 것으로는 가정의 목표를 설정하는 것, 올바른 의사결정, 유용한 자원의 이용, 출산과 피임, 아동과 성인의 욕구 충족, 안전하고 건강한 가족구성원 유지 등을 들 수 있다. 또한, 중요한 것으로 육아와 청소년기 성 경험에 대한 이해가 있다.

⑤ 식료품구입, 요리

저소득 가정의 대부분 아이들은 심각한 영향 결핍 상태로 자란다. 식단 계획, 음식 준비, 관리, 저장과 적절한 식사 준비는 매우 중요하다. 또한, 부엌에서 안전하게 요리하는 법, 칼과 스토브 같은 기구를 다루는 법을 익히는데 중점을 둔다.

⑥ 의복구입과 관리

자신의 몸에 알맞은 의복 고르는 법, 세탁, 다리미질, 수선법이 학생들의 훈련 과정에 포함되어야 한다. 또한 예단을 뜨거나, 커튼, 벽걸이, 뜨개질 같은 기능도 포함되어야 한다.

⑦ 책임감 있는 시민 정신

공동체의 구성원들에게 공헌하기 위해서는 학생들은 법률과 개인이 갖는 권리, 후보 등록, 투표, 시민으로서의 책임, 관습, 기타 적절한 시민정신을 함양하여야 한다.

⑧ 오락과 여가선용

현재 우리나라는 취직하기가 날로 힘들어지고 있긴 하나, 주당 근무시간이 점점 감소하는 추세이다. 그러므로 모든 학생들이 오락활동에 대한 지식을 갖추도록 하는 것은 매우 중요하다. 이러한 활동은 친구를 사귀거나 자신감 배양과 같은 기능을 배우는 데도 도움을 준다.

⑨ 지역이동(mobility), 여행

학생들은 도시간에, 한 지역내에서 여행 자원을 이용할 수 있어야 한다. 이들은 운전을 배우고, 교통법칙을 준수하고, 아동을 도울 수 있는 기관을 알아야 한다. 현재와 같이 자주 옮겨 다니는 세상에서 일과 오락, 시민정신을 실현하기 위해서는 효율적으로 움직이는 것이 매우 중요하다.

2) 개인-사회적 기능(personal-social skills)

독립심, 자존심, 사회성, 사귐성들은 사람이 공동체 안에서 살아가는 데 있어 중요한 기능이다. 이전에 열거한 것에 이어 이 커리큘럼에서 익혀야 할 사항은 다음과 같다.

① 자아인식(self-awareness)

학생들은 개인으로서 자신의 특성을 이해하고, 수용하며, 존경해야 한다. 학생들은 자신의 능력과 가치, 야망, 관심을 이해하고, 자신에게 의미있고 생산적인 삶의 방식을 형성하는 것이 중요하다. 자신이 누구이며, 삶에서 무슨 일을 할 수 있을지에 대해 배우는 것과, 사회적 친화력을 배양하는 것이 중요하다.

② 자기 신뢰(self-confidence)

장애인들은 종종 매몰차고 비인간적인 조소와 비난의 대상이 되곤 한다. 이들은 종종 주위로부터 일반인들과는 다르고, 무능하며, 소외된 사람이라는 생각을 갖게 하여 자신에 대해 실망하게 된다. 학생들은 학습과 행동에 있어 자신에게 긍정적인 강화와 동기 부여, 적절한 분위기를 제공해 주는 환경이 필요하다. 만일 학생들이 부정적 감정을 극복하지 못하고, 공동체에서 성취감을 맛보지 못하면, 많은 학생들이 공동체 생활에 적응하지 못할 것이다. 청년으로 성장하기 위한 크나큰 변화와 개인적 혼란을 이기고 사회속에서 개인으로서 역할을 확대, 개척해 나가는 것이 필요하다.

③ 사회적으로 책임있는 행동 수행 기능

학교에 다니는 많은 학생들이 사회적 에티켓과 적절한 사회적 행동을 이해하지 못하고 있다. 다른 사람의 특성을 이해하고, 다양한 상황에서 어떻게 반응하여야 하고, 어떻게 사회적 관계를 형성하고 유지해 나가는지, 약속을 정하고, 식사하는 에티켓은 이 부분에서 익혀야 할 내용들이다.

④ 좋은 인간관계 유지

사람과 더불어 잘 지내고자 하는 것은 내부분이 열망하고 있는 문제이다. 조사에 따르면, 많은 경우에서 이러한 능력의 결핍이, 특히 장애인들이 실직하는 주요 이유라고 한다. 레크레이션과 여가선용시 적절한 사교모임에 포함되는 것도 배워야 할 또 다른 요소이다. 많은 사람들이 어떻게 의미있게 우정을 발전시켜야 하는지 잘 모르고 있는 듯하다.

⑤ 독립심 배양

독립심 배양을 위한 집중적인 노력이 이루어져야 한다. 학생들은 스스로 자신의 일을 처리하는 정신을 배양하여야 한다. 예를 들어, 모임의 선택, 친구 선택, 지각하지 않고 출석, 입을 옷 선정과 같은 것에서도 자신의 행동에 대해 책임을 지는 것을 배워야 한다.

⑥ 문제 해결 기능 배양

주요 수행 기능 과정에서 많은 아이들, 특히 장애가 있는 어린이들은 자신에 대한 결정을 해야 할 기회가 많이 있다. 모든 학생들은 좋은 의사결정이 갖는 구성요소와 의사결정 단계, 의사결정에 있어 필요한 많은 요소들을 고려하는 법을 배워야 한다.

⑦ 타인과의 의사소통

학생들은 자신을 표현하고, 다른 사람을 이해할 수 있는 의사소통 기능을 배워 언어적, 비언어적으로 효과적 상호의사소통이 가능해야 한다. 타인의 생각을 이해하는 능력은 아주 중요하나, 장애인들에게는 상당히 어려운 일이 될지 모른다.

3) 직업지도와 준비

많은 사람들이 근로시장에서 자신의 참된 잠재력을 발휘하지 못하고 있다. 이들은 비숙련공이나 저임금 직위로 좌천되며 뒤쳐진 근로자가 된다. 만일 사람들이 자신의 진정한 잠재력을 발휘하려 한다면, 그들은 교육시스템을 통해 다양한 직무를 인식하고, 필요한 기능을 익히고, 여러 작업을 경험하여 논리적이고 자신에 맞는 직업을 선택하여야 한다. 그러므로 초기의 교육적 노력은 직업 인식과 직업평가, 작업적응(work adjustment), 직업교육과 훈련, 직업적성검사(job tryouts), 직업배치와 같은 영역에서 출발하여야 한다. 이 커리큘럼에서 중요한 것으로 여겨지는 사항은 다음과 같다.

① 직업적성 인식과 탐색

많은 청소년들은 일의 세계에 대해 매우 제한적으로 알고 있다. 이들은 정보와 경험도 부족하다. 현장 견학, 공공기관의 홍보, 하계 아르바이트 경험, 국가 고용서비스, 자료 필름, 문헌을 이용하여 교육할 수 있다.

② 직업선택과 계획

학생들은 자신만의 특수한 능력, 관심, 욕구와 이것들이 장래 인생 작업과 어떻게 관련이 있는지 인식하여야 한다. 학생들이 자신과 직업 선택에 있어 충분한 정보를 가질 수 있도록 교사의 지도가 필요하다.

<표 16.1> 생활중심 직업교육, 교육과정 영역, 주요 수행기능 및 하위기능

커리큘럼 영역	주요수행기능	하위기능						
1) 일상 생활 기능	(1)자기금전관리	1. 금전계산과 정확한 거스름돈 주고받기	2. 현명한 소비생활 이행	3. 기본적 금전 기록의 보존	4. 세금을 계산하고 지불한다.	5. 은행이나 신용금고 시설의 이용	6. 은행의 서비스의 활용	
	(2)가사도구의 선택과 관리, 유지	7. 가정(옥내 및 옥외)관리	8. 기본적인 설비 및 도구 이용	9. 적절한 주거환경의 선택	10. 집안의 시설설비	11. 가정관리		
	(3)자기 욕구의 충족과 관리	12. 신체적 적용, 영향 및 체중조절의 지식이해	13. 적절한 몸단장 및 위생상태 유지	14. 적절한 옷입기	15. 질병, 예방, 치료 의 지식	16. 자기안전의 실천		
	(4)자녀 양육(결혼 책임 인식하기)	17. 어린이 양육 준비(신체적 보호)	18. 어린이 양육의 심리적 측면 이해	19. 결혼 적응의 준비				
	(5)식료품의 구입, 요리	20. 식료품 구매	21. 부엌 청소	22. 음식 저장	23. 음식 요리	24. 적절한 식사습관	25. 균형있는 식사계획	
	(6)의복의 구입, 관리	26. 의복 세탁	27. 의복의 구입	28. 의복의 다림질, 수선 및 보관				
	(7)책임있는 시민적 활동 이행	29. 시민적 권리와 책임 이해	30. 중앙, 지방정부의 역할 이해	31. 법 지식 및 법 준수 능력	32. 시민으로서의 권리와 책무이행			
	(8)오락과 여가 활용	33. 유용한 지역사회 자원의 이해	34. 활동을 현명하게 계획하고 선택함	35. 오락의 가치 이해	36. 집단 및 개인행동에 적극 참여	37. 휴가 계획 세우기		
	(9)지역에서의 이동과 주변 익히기	38. 교통법규와 안전수칙의 이해	39. 여러 가지 교통수단에 대한 지식 및 활용	40. 지역사회의 구역알기	41. 운신			
2) 개인 · 사회적 기능	(10)자아 인식하기	42. 신체적·정신적 욕구와 확인	43. 흥미 및 능력의 파악	44. 정서의 파악	45. 신체 이해			
	(11)자신감 획득하기	46. 자기존중감 표현	47. 자기의 생각을 타인에게 표현	48. 칭찬하기 및 수용	49. 비판하기 및 수용	50. 자신감 증진		
	(12)사회적 책임행동 수행 기능	51. 타인의 권리와 존중에 대한 존중	52. 권위의 인정 및 지시 이행	53. 공공장소에서의 적절한 행동하기	54. 환영받는 성격 특성의 이해	55. 개인적 역할의 이해		
	(13)좋은 인간관계 기능 유지하기	56. 듣고 반응하기	57. 친밀한 대인관계 형성 방법의 이해	58. 우정의 형성 및 유지 방법 이해				
	(14)독립심 배양하기	59. 자아실현을 위한 노력	60. 자아조직의 이해	61. 다른 사람에 미치는 행동의 영향 인식				
	(15)문제해결 기능 배양	62. 조력자원의 활용	63. 결과에 대한 예	64. 대안의 개발 및 평가	65. 문제의 본질 인식	66. 목적 지향적 행동의 개발		
	(16)타인과의 의사소통하기	67. 위급상황의 인지 및 대응	68. 알기 쉽게 말하기	69. 의사소통의 대처방법의 이해				
3) 직업 지도와 준비	(17)직업적성 인식과 탐색하기	70. 작업의 수지 측면 확인	71. 직업 및 훈련정보의 원칙 확인	72. 작업을 통해 충족되는 개인적 가치의 확인	73. 작업을 통해 얻어진 사회적 가치의 확인	74. 직무의 서로 다른 작업 체제의 분류 이해	75. 지역에서 얻을 수 있는 직업기회의 발전	
	(18)직업선택과 직업계획 세우기	76. 실제적인 직업선택	77. 적절하고 유용한 직무 요구 조건 확인	78. 직업 적성 확인	79. 주요한 직업적 흥미 확인	80. 주요 직업적 요구의 확인		
	(19)적절한 작업습관과 행동 표현하기	81. 지시 따르기 및 규칙 준수	82. 출근 및 시간엄수의 중요성 이해	83. 감독의 중요성 인식	84. 직업적 안전에 대한 이해	85. 타인과 함께 작업하기	86. 질적 작업의 요구의 충실함	87. 만족스런 속도로 일하기
	(20)직장을 찾고 유지하기	88. 직업 탐색	89. 취업 지원(신청)	90. 취업을 위한 면접	91. 졸업후의 직업 적응 유지방법 알기	92. 경쟁적 작업기준의 이해	93. 고용변화에 적응하는 방법 알기	
	(21)적절한 신체적 및 조작 기능하기	94. 끈기와 인내심의 표현	95. 만족스런 균형과 조정의 표현	96. 정교한 수지기능 표현	97. 감각적 변별능력			
	(22)특정 직업기능 습득	그들이 배우고 있는 기능을 좌우하는 특수한 하위 기능은 업다.						

③ 적절한 작업습관의 행동 표현

학교에서 실행하는 교육 프로그램은 공동체 환경에서 나타날 수 있는 작업 환경을 꾸며서 적절한 작업행동을 익히도록 하는 것이 중요하다. 대체로 학생들은 훌륭한 작업자의 특성에 대해 잘못된 관점을 가지고 있으며, 입사 수준의 작업에 필요한 기능도 개발하지 않고 있다.

④ 고용 탐색, 확보, 유지(seeking, securing and maintaining)

학생들이 직면하는 가장 큰 문제 중의 하나는 어떻게 직장을 찾고 지원하며, 계속 고용되어 있는가를 잘 모르는 데 있다. 학생들은 고용을 확보할 수 있는 전략과 자신의 구직에 도움을 줄 수 있는 기관을 이용할 수 있어야 한다(예를 들어, 국가 고용서비스, 직업재활기관(vocational rehabilitation), 사회적 서비스, 재활기관(rehabilitation facilities), 구인광고).

⑤ 충분한 신체적-조작 기능을 갖춘다.

각 학교는 초등학교 프로그램부터 학생들의 정신적, 신체적 능력을 개발시켜야 한다. 많은 작업들이 상당히 미세하고 훌륭한 손재주와 서 있는 것, 밀기, 잡아당기기, 들기, 운반하기 등을 필요로 한다.

⑥ 특수 작업 기능 습득

특수 작업 기능을 익혀주는 것은 장래 삶에 있어 학생을 낙오되지 않게 하고, 후에 다른 직업을 배우거나 수행하는 데에서도 부적격자가 되지 않게 한다. 중등교육 프로그램에 참여하면서 직업교육과 실무교육을 받는 것은 궁극적인 학생들의 장래 직업배치에 있어 중요하다.

위에서 열거한 주요 수행 기능은 하위 능력으로 좀 더 세분할 수 있다. 예전에는 22개의 주요수행기능(primary competencies)에 102개의 하위영역이 있었다. 최근 연구에서 22개의 전문능력 중 몇몇 하위 영역은 삭제되고, 어떤 것은 새로 첨가되기도 하여 처음에 102개였던 것이 97개가 되었다. 새로운 주요수행기능에 대한 구체적 내용은 <표 16.1>과 같다.

2. 생활중심 진로교육 전통 모델

생활중심 진로교육 커리큘럼은 교사들에게 장애학생들을 학교에서 작업에 성공적으로 뛰어들 수 있도록 하는 효과적이고 기능적인 커리큘럼을 구성할 골격을 제공한다. <표 16.2>는 LCCE 주요수행기능과 진로발달의 4단계가 학문적인 커리큘럼에 어떻게 관련되는지를 설명하고 있다. 이 모델은 통합개념을 근간으로 한다. 다시 말하면, LCCE의 주요수행기능과 진로발달이 정규 과목에 융합되고, 학부모와 공동체가 참여하는 모델이다. <표 16.2>의 아래 부분은 진로교육의 수행에 있어 학교 관계자와 함께 누가 참여해야 하는지 보여주고 있다. 특수교사가 학생들이 21세가 될 때까지 주요 책임을 담당하고, 이후에는 직업재활상담가(vocational rehabilitation counselors)가 주요 책임을 담당하는 방법을 추천한다.

<표 16.2> 생활중심 진로교육 모형

단 계	초 등	중 등	고 등	고등부 이후	성인기
교육과정100% 50% 0%	기본적인 학습기술을 습득하도록 교육함 직업인식	작업탐색	직업준비	취업지도 추수지도 계속교육	
직업교육의 책임소재	특수교육이 우선적인 책임을 진다. 상담/일반교육이 이차적인 책임을 진다. 부모 기업/산업기관 지역 사회기관		특수교육 (1차 책임) 직업교육 일반교육/ 상담 부모 기업/산업기관 지역사회기관	특수교육 직업교육/ 직업재활 재활기관 부모 기업/산업 기관 지역 사회기관	직업재활인 (1차 책임) 독립적 생활 프로그램 발달지체/ 기타기관 부모 기업/산업체

생활중심 진로교육의 전통 모델은 성공적인 성인 역할을 위한 진로교육, 개발, 준비의 과정에 대한 연구와 조사 결과에 따른 12개의 중요 가정에 기초하고 있다(Brolin, 1989).

(1) 개인 특유의 능력과 욕구와 같은 작업 퍼스넬리티 개발은 출생 이후 아동기부터 형성되기 시작되므로 초기에 개인환경에 적절한 강화를 주면 충분히 성숙한다. 그러므로 학교와 학부모들이 초기에 적절한 진로발달과 성숙을 위해 필요한 경험과 강화를 제공하여야 한다.

(2) 개인의 진로는 직업 이상의 것이다.

진로는 가정이나 여러 공동체에 무보수로 일하는 것도 포함된다. 그러므로 개인의 진로는 보수를 받는 고용 뿐만 아니라 공동체의 편익을 위한 자원봉사자로서 가정이나 부업을 통한 생산적 작업 활동으로 구성된 여러가지 면을 갖고 있다. 많은 장애인들에게 이 개념은 매우 중요하다. 왜냐하면, 적어도 절반 가량이 고용되지 못할 것이나, 이와 같은 방법을 통해 작업 욕구를 충족할 수 있기 때문이다.

(3) 개인의 진로만족(career satisfaction)을 주는 잠재력과 욕구를 충족시키기 위한 기능을 습득하는 데는 진로발달의 4단계가 적용된다. 진로인식(career awareness)은 초등학교 때부터 시작되어 성인의 삶에까지 지속된다. 진로발달의 다른 3단계는 <표 16.2>에서 보는 바와 같이 시작되며, 개인에 따라 약간씩 다르다. 충분한 진로 인식과 진로 탐색(career exploration)은 직업교육과정을 성공적으로 이끄는 중요한 요소이다.

(4) 성공적인 진로발달과 생활 기능을 얻기 위해서는 네 가지 부분의 학습이 필요하다.

① 학문적 기능 ② 일상생활 기능 ③ 개인-사회적 기능 ④ 직업기능

학문적 기능은 읽고, 쓰고, 계산하고, 예술과 음악을 음미하는 것을 말한다. 일상생활 기능은 돈을 관리하고, 가정을 꾸려 나가며, 개인적 욕구를 충족하고, 음식을 준비하는 것과 같은 독립적 생활과 직장을 갖는 것을 말한다. 개인-사회적 기능은 자신과 사람들 사이의 관계를 알 뿐 아니라 문제를 해결하고, 독립적인 기능을 수행하며, 일과 삶에 필요한 자질을 갖추는 것을 말한다. 네 번째로 직업기능은 초기부터 시작하여야 하고, 직업에 대한 이해와 욕구, 태도, 능력을 개발하고, 장래의 직업을 성공적으로 수행할 수 있도록 학교 관계자들의 관심이 필요하다.

(5) 진로교육과 주요수행기능 지도는 대부분의 교과과정에서 융합되어 나타나야 한다. 전에 언급한 바와 같이 4가지 영역은 매우 밀접하게 연관되어 있으며, 동시에 가르쳐야 할 것이다. 예를 들어, 중요한 수학기능을 가르치는 것은 생활중심 진로교육 주요수행기능과 진로발달 단계에 맞추어 할 수 있다. 그러므로 진로교육은 분리된 하나의 과정이 아니다.

(6) 성공적인 진로개발과 전환교육은 학교, 학부모, 기업, 산업, 장애인 개개인을 위한 직업안내를 제공하는 공공기관 사이의 능동적인 유대관계를 필요로 한다. 그러나 사람들은 이러한 관계가 필요하다는 데 일반적으로 동의를 하지만, 실제 이것은 매우 달성하기 어려운 것이다. 이것은 '학교에서 작업에로의 전환운동'의 중요한 기초가 되었다. LCCE 모델에서 이같은 유대관계는 고등학교 시절에서 끝나는 것이 아니라 이후에도 지속되어야 하는 것이다. 교육은 학교 밖에서도 이루어진다.

(7) 실습경험학습(hands-on experimental learning)은 장애를 가진 학습자를 잘 가르칠 수 있는 방법이다. 많은 사람들이 직업적, 사회적 일상생활에서와 같은 실지 세계에서 동기 부여를 받고 친숙하게 학습활동을 수행할 수 있다. 교사는 가

능하면 이같은 많은 경험을 수업 계획에 포함하여야 한다.

(8) 메인스트림(mainstreaming)을 통한 정상화(normalization)는 성공적인 진로발달과 전환노력에 있어서 매우 중요하다. 장애가 있는 사람들은 성인으로서 살아남으려면 모든 형태의 인간들과 일하며 살아가는 법을 배워야 한다. 정규 교과교사는 이를 수행할 좀 더 나은 방법을 배워야 하며, 이를 위한 시간과 관심을 가져야 한다.

(9) 협동적 학습 환경은 장애를 가진 학습자의 높은 자존심과 좀 더 나은 상호작용, 수업, 학급에서 좀 더 올바르게 행동하는 법을 배우는 데 있어 경쟁적이고, 개인적인 환경보다 훨씬 성공적이다. 협동적인 학습환경은 비정상적인 학습자와 정상인의 학습 사이에 긍정적인 관계를 형성하게 한다.

(10) 공식적 및 비공식적인 진로/직업평가는 성공적인 진로개발과 전환 계획을 세우는 데 중요한 요소이다. 이 평가는 초등학교 후반기부터 실시되어 신상명세서로 관리되어야 하고, 고등학교 2, 3학년 때에는 표준화된 흥미 태도검사, 작업표본, 직무분석, 직무평가와 같은 신뢰할 만하며, 타당한 검사도구를 이용하여 전문 평가기관에 의해 공식적인 평가를 받아야 한다.

(11) 진로교육/전환교육 프로그램의 감사와 수행을 책임지는 조정자(coordinator)가 필요하다. 조정자는 프로그램을 수행할 팀을 구성해야 한다. 21세까지의 논리적 평가는 특수교사가 맡고, 이후는 직업재활상담자(vocational rehabilitation counselor)가 맡는 것이 좋다.

(12) 적절한 공공기관 사이의 동의와 여러 기관들의 현직훈련은 관련된 모든 사람들이 전환 프로그램의 목표와 역할, 책임, 위원회, 시설 자금에 대해 이해할 수 있게 하며, 마음을 같이 하는 데 매우 중요한 역할을 한다. 성문화된 지침서와 토론을 통해 수행방법이 도출되어야 한다.

LCCE 모델은 전환프로그램이 학생들로 하여금 훌륭한 성인이 되는 데 필요한 진로교육과 작업 퍼스넬리티의 개발을 위해 조직화되고, 체계적인 지도가 초등학교 때부터 시작되어야 한다고 보고 있다. 우리는 성공적인 고용이 학문적, 일상적 생활, 개인-사회적, 직업적 기능의 습득에 달려 있다고 본다. 이전의 특수교육 학생들은 대부분이 낮은 자아개념과 자신에 대한 불신, 다른 사람과의 의사소통의 무능력, 자신의 여가를 잘 선용하지 못하는 것 , 공동체에서 어떻게 독립적으로 자신의 삶을 꾸려가는가에 대한 지식 결여로 직장을 잃었다. LCCE와 같은 전인적 교육접근법은 학생들이 학업을 종료한 후의 삶에 있어 생산적인 일들을 수행하는 데 있어 많은 도움이 될 것이다.

3. 지도단원

여기서는 22개의 진로교육 주요수행기능을 지도하는 교사를 돕기 위해 개발된 주요수행능력 지도 단원 자료를 소개한다. 각 단원은 LCCE 커리큘럼의 개정판에 포함된 97개의 하위수행능력을 지도하기 위한 체계적인 자료이다.

1) 지도단원의 구조와 내용

각 단원은 목표(objectives), 활동/전략, 성인/동료의 역할 3부분으로 구성되어 있으며, 학생들에게 각 수행능력을 지도할 수 있도록 교사와 상담가를 지원하기 위해 만들어졌다. 각 능력개발을 지도하기 위한 특별한 방법이 있는 것은 아니며, 이것은 개별학교의 재량과 LCCE 계획에 따라 수행하도록 한다. 분명히 어떤 수행능력 단원은 초등부 때 가르쳐야 하는 반면, 어떤 것은 중·고등부 2, 3학년 때 지도해야 할 것도 있다. 어떤 능력과 하위능력을 어느 정도 성취하였는지 알 수 있도록 수행능력평가척도(competency rating scale, CRS)를 이용할 수 있다. 수행능력단원의 각 부분은 다음과 같다.

(1) 목표

각 수행능력단원은 하위수행능력 단원을 통해 목표가 제시되어 있다. 각 자료는 교사가 학생욕구에 따라 수업에 맞추어, 또는 이용 가능한 자료에 맞추어 사용할 수 있지만, 논리적인 순서로 배열하려고 시도하였다. 학생들이 학습능력을 배양할 수 있도록 세분해서 지도할 수 있으며, 아울러 개별학생들의 욕구에 부응하도록 새로운 목표를 추가할 수 있다.

(2) 활동/전략

교사와 상담가들은 활동/전략을 통해 학생들에게 그들이 필요로 하는 능력을 개발하게 할 수 있다. 여기서 제안된 활동/전략은 어떤 논리적 계층구조에 따라 나열한 것은 아니다. 학생들의 특성이나 이용 가능한 자료에 따라 좀 더 적절한 자료를 추가할 수 있다. 여기 제안한 활동/전략부문은 교사가 신속하게 다양한 과목을 적절히 지도할 수 있도록 준비한 것이다. 수업활동의 보조를 위해 주변 각 기관 담당자들을 이용하는 것이 좋다.

(3) 성인/동료 역할

학교 담당자는 지속적으로 학생들이 주요수행기능에 좋은 본보기가 될 수 있는 공공기관의 대표들과 접촉할 수 있는 기회를 자주 갖도록 노력해야 한다. 또한 특수교육을 받는 학생들이 장차 자신이 갖고자 하는 일들과 유사한 직업을 가진 산업체 사장들을 초대하여 수업시간에 그들이 하는 일들을 들어보아야 한다.

성인/동료 부분에는 어른, 진로전망(career perspective)에 대한 정보제공자, 유사한 경험을 했던 상급학생, 동료들이 포함될 수 있다(예를 들어, 형제자매, 정규수업을 받은 동료학생, 같은 반 학우들). 어떤 경우에는 부모님이 가장 적절히 도움을 줄 수 있는 보조원이 될 수 있고, 어떤 경우에는 부모님과 동료들이 수업에 함께 참여할 수 있다. 교사는 각 보조대상의 이용 가능성, 학생들의 수준이나 능력, 행동의 결과에 따라 가장 적절한 대상을 선정하여 이용하여야 한다. 같은 공동체 기관이나 사람에게 많은 활동이 요구될지도 모른다.

2) 종합 및 지도단원의 사용 안내 지침

생활중심 진로교육 커리큘럼의 목표를 달성하기 위해서 교사는 진로교육을 실시하면서 실질적인 관련 경험과 내용을 지도하도록 하여야 한다. 진로교육 지원은 현존하는 커리큘럼에 새로운 역할 의미를 도입하는 것이다. 이에 따른 변화의 과정으로 종합적 내용을 소개한다.

종합(infusion)이란 학생들의 진로발달 능력을 목적으로 하는 진로발달 목표를 현재 수행하고 있는 과목, 대상, 내용을 종합하는 것이다. 여기에서 제시하는 커리큘럼 개발 개념은 종합적인 진로교육 프로그램을 수행하기 위한 것이다.

주요수행기능의 개발과 이용에서 중요시할 점은 2가지가 있다. 하나는 각 단원 사이에 서로 어떤 관련성을 갖고 있어야 하고, 동시에 전반적 커리큘럼상에 어디에 위치해야 하는지도 정확히 알아야 한다. 하지만 어떤 단원은 하나의 영역에 분명히 연결할 수 있는 반면, 어떤 자료는 그 연권성을 잘 파악할 수 없는 것도 있을 것이다. 이 단원들은 기능습득의 진척도, 개념의 난이도, 지식의 응용력에 따라 수행과정을 조금씩 조정해야 할 것이다.

상황이나 기타 교육여건에 따라 효과적인 주요수행기능 단원의 이용은 달라질 수 있다. 여느 교육프로그램과 마찬가지로 교사와 상담자는 ①학생들의 욕구와 동기 부여 ②다양한 지도/학습형태 ③신체적, 정신적 환경요인 ④평균지능과 학교의 교육운영 방침에 따라 각 자료의 사용을 결정하여야 한다. 그러므로 교사와 상담가가 이 자료를 이용하면서 품을 수 있는 의문에 대한 대답은 ①학생들이 이용하기 쉽고, 성장에 도움이 될 수 있는 것 ②기존의 교사와 학생들간의 분위기(예를 들어, 이들의 지도/학습 형태) ③지방교육위원회의 요구와 기대에 따라 결정하면 된다.

교사들은 사용할 자료의 범위와 결과, 난이도, 수업과정 중에 수정 여부, 대체활동 이용, 시간 제약, 팀별지도와 같은 사항에 질문하고 관심을 표명할지 모른다. 이에 대한 적절하고 일반적인 대답은 교사들이 의사결정을 내리는 데 있어 자신의 개인적, 전문적 판단을 사용하라고 권하고 싶다. 교사와 상담가가 내리는 최선의 선택은 학생들의 진로발달에 도움이 될 것이다. 그러므로 학생들의 복지와 기존의 지도/학습 환경(각 기관, 학교교실)을 고려하여 커리큘럼을 이용하여야 한다.

진로교육 커리큘럼은 지역학교 커리큘럼의 개발이 지역학교 시스템에서 이루어져야 한다고 본다. 커리큘럼 변경에 대한 성공여부는 교사들이 커리큘럼의 변경에 어느 정도나 참여하느냐에 달려있다. 교사들이 커리큘럼의 목적, 목표, 지도방법을 결정하는 데 많이 참여하여 얻은 프로그램이 상업적으로 개발하여 채택된 프로그램보다 고품질의 진로교육 프로그램을 제공할 것이다. 주요수행기능 지도를 위한 커리큘럼의 골격이 제시되었으나, 이 골격은 지역 학교환경에 맞게 쉽게 조장할 수 있도록 만들어졌다.

다음 장에서 전개되는 주요수행기능단원은 22개의 영역별 생활중심교육을 위한 학습 안내서 역할을 충분히 할 것이다. 우리는 이와 같은 교육이 모든 장래 시민에게 좀 더 의미있는 교육이 되어 성공적인 결과를 가져오리라 믿는다.

4. 영역별 구체적 지도내용

LCCE 3개 영역의 97개 하위능력 가운데 자기금전관리의 금전계산과 거스름돈 주고받기(하위기능)에 대한 구체적 사상을 제시해 보면 다음과 같다.

영역: 일상생활 기능

주요수행기능: 1) 자기 금전 관리

하위능력: (1) 금전계산과 정확한 거스름 돈 주고 받기

목 적	활동 / 전략	성인 / 동료의 역할
1. 1,000원 이하의 지폐와 동전을 구분한다.	·가능한 한 실제 돈으로 실습한다. ·학생들은 1,000원 한도 내에서 금액이 기록된 동전과 지폐의 카드를 이용하여 돈과 관련된 퀴즈를 내고 답한다. ·학생들은 잡지조각을 사용하여 일정금액을 적고 여러 형태로 결합하여 1,000원이 되게 한다.	·부모나 동료는 학생에게 돈의 분류를 시범해 보인다. ·부모나 동료는 학생에게 여러 종류의 돈을 판별하고 기억해 내는 데 도움이 될 수 있는 놀이나 문제를 고안한다.
2. 5,000원이 넘지 않는 범위 내에서 동전과 지폐를 계산한다.	·학생은 가능한 한 실제 돈으로 실습한다. ·상자안에 있는 10원에서 1,000원까지의 동전 및 지폐 중의 하나를 끄집어 액수를 소리내어 서로에게 말하도록 한다. ·학생들은 1,000원 범위내에서 돈을 사용하여 사고 파는 놀이를 구상한다. ·학생들은 사고 파는 놀이를 행한다. ·학생들은 1,000원까지의 돈을 게시판에 부착한다.	·부모나 동료는 학생에게 종류와 단위를 다르게 하여 1,000원을 제공하고, 합한 금액을 답하도록 요구한다. 부모나 동료는 쇼핑을 하는 동안 5,000원 이하의 물품을 구매하도록 한 다음 필요한 돈을 계산토록 한다. ·부모는 쇼핑을 하고 5,000원 이하의 물품을 구매토록 한 다음 거스름 돈을 받고, 그 금액을 계산하게 한다.
3. 1,000원이하의 지폐와 동전을 주고 받을 수 있다.	·카드 위에 가계의 물품 항목과 가격이 적힌 카드를 이용하여 1,000원, 500원, 100원권 지폐와 동전을 주고 받는 것을 시연한다. ·학생들은 1,000원 이하의 범위내에서 정확하게 잔돈 교환을 시연해 볼 수 있는 '가게'나 '은행'을 운영한다. ·학생들은 1,000원 상당의 물품을 구입하고 잔돈을 받는 상황을 역할놀이로 행한다. ·학생들에게 잔돈 주고 받는 것의 중요성을 인식시킬 수 있는 가능한 모든 상황을 제공한다.	·부모나 동료는 1,000원 이하의 물품 구입을 하고, 가격에 맞게 대금을 지불하고, 잔돈을 받아서 받은 돈이 정확한 지를 확인하게 한다. ·1,000원 이하의 금전 단위 내에서 학생이 점원의 역할을 하는 동안 부모나 동료는 고객의 역할을 행한다. ·부모와 동료는 학생에게 여러가지 화폐 단위를 사용해 1,000원 상당의 상품구입에 대한 대금을 지불하게 한다.

영역: 일상생활 기능

주요수행기능: 1) 자기 금전 관리

하위능력: (2) 현명한 소비생활 이행

목 적	활동 / 전략	성인 / 동료의 역할
1. 상품의 가격표를 파악한다.	·학생은 여러가지 물품의 가격표가 붙은 용기를 가져와서 가격을 파악한다. ·학생들은 상품의 가격표가 표시된 종이를 수집해서 학교에 가져온다. ·학생들은 깡통, 박스 등의 '가격표'를 만들고 가격 표시란에 적절한 가격을 표시한다. ·학생들은 가까운 시장에 견학을 가서 가격표 읽는 법과 가격파악 방법을 실습한다.	·부모나 동료는 라벨과 가격표를 어떻게 하면 가장 잘 활용할 수 있는가를 설명한다. ·부모와 동료는 쇼핑을 할 때에 상품의 구매가격에 대하여 학생에게 질문을 한다. ·소비자보호단체 회원이 라벨을 읽을 때의 '유의사항'을 설명해 준다.
2. 유사한 품질의 여러가지 물품 중에서 어느 것을 선택하는 것이 가장 현명한 것인지를 파악한다.	·학급에서는 양과 질의 차이점에 대해서 논의한다. ·학생들은 잡지 및 신문광고, 깡통의 라벨, 품질설명서 등을 수집한 다음, 서로 가격, 양, 질 등을 비교한다. ·학생들은 몇 개의 합산된 가격(네 깡통에 1,000원)으로 제시되었을 때, 한 개의 가격이 얼마인지를 계산해 본다. ·학생들은 가상의 잡화점을 운영하면서 가격이 표시된 빈 깡통 등을 활용하여 식료품의 가격을 비교한다. ·학생들은 여러 가게로 견학을 가서 판매가격을 파악한다.	·부모나 동료는 가장 경제적으로 물품을 구매할 수 있는 방법에 대해 논의한다. ·부모나 동료는 쇼핑을 할 때 가장 경제적인 물품이 무엇인지를 학생에게 비교하게 한다. ·소비자보호단체 회원이 상품의 질에 대해 논의한다.
3. 식료품, 옷, 주택, 교통수단 등의 영역에서 구입 물품이 필수품인지, 사치품인지를 파악한다.	·학급에서는 식료품, 의복, 주택, 교통 등의 영역에서 표를 작성하여 사치품과 필수품을 비교한다. ·학급에서는 개개인의 생활형태, 경제와 관련지어 사치품과 필수품에 대해 논의한다. ·학생들은 '사치품' 구매를 호소하는 신문광고를 수집한다. ·학생들은 여러 슈퍼마켓에 견학을 가서 사치품과 필수품의 가격을 비교한다.	·부모나 동료는 어떤 물품이 사치품이고, 어떤 물품이 필수품인가에 대해 논의한다. ·부모나 동료는 학생과 함께 쇼핑을 간 다음에 여러가지 사치품과 필수품을 구분하게 한다.

목 적	활동 / 전략	성인 / 동료의 역할
	·학생들은 여러가지 식료품, 의복, 주택, 교통수단 등과 관련한 신문 및 잡지의 광고를 모아 게시판에 부착한다. ·학생들은 TV광고를 지켜 본 다음, 선전품이 필수품인지, 사치품인지를 논의한다. ·학생들은 TV, 상업광고, 신문 및 잡지에서의 과대 광고를 지적한다. ·학생들은 카드를 사용하여 사치품인지 필수품인지의 여부를 서로에게 질문하고 행한다.	
4. 할인 품목을 구매함으로써 절약한 금액을 계산한다.	·교사는 신문에서의 여러가지 할인 광고를 분류하여 제시한다. ·학생들은 신문광고란에 정상가격과 할인가격의 차이를 구분한다. ·학생들은 할인품목의 구매와 관련된 계획을 세운다. ·학생들은 두 개의 똑같은 물품의 항목을 기록한 목록을 작성하고, 한 개는 정상가격을 다른 하나는 할인가격을 기입한다 '할인품목'을 현명하게 구매했을 경우에 절약되는 금액을 쉽게 파악할 수 있게 하기 위함이다. ·학생들은 서로 신문에 기재된 할인품목하고, 정상가격과 할인가격을 비교하며, 가격인하 정도를 파악한다.	·부모는 학생과 함께 할인광고를 검토한다. ·부모는 학생과 함께 할인품목 구매를 포함시킨 쇼핑계획을 세운다. ·소비자교육 전문가가 할인 품목구매와 관련된 설명을 제공한다.
5. 세 곳의 상점 물품 가격을 비교한다.	·학생들은 신문광고에 나타난 다섯 개의 물품을 선정하고, 여러 상점의 가격을 비교한다. ·학생들은 세 개의 다른 가게로 견학을 가서 이미 작성하여 기록된 물품가격을 파악하고, 상호간에 가장 낮은 가격으로 파는 가게에 대하여 논의한다. ·학급에서는 실제 구매를 할 때의 가격에 대하여 논의한다.	·부모나 동료 그리고 학생은 세 개의 신문광고에 난 잡화점 가운데서 특정품목과 관련해 가장 싸게 구입할 수 있는 가게와 관련해 논의한다. ·부모나 동료는 학생을 세 개의 잡화점에 데리고 간 다음에 똑같은 품목에서 나타나는 가격 차이에 대하여 서로 논의한다. ·부모/동료 및 학생은 가계비 비교 구매실습에 대해 논의한다.

영역: 일상생활 기능

주요수행기능: 1) 자기 금전 관리

하위능력: (3) 기본적 금전기록의 보존

목 적	활동 / 전략	성인 / 동료의 역할
1. 현행 수입에 대해 개인의 월별 회계기록을 계획한다.	·학생들은 회계지출 목록을 작성한다(집세, 임대료, 식비, 청구비, 대부금 등). ·학생들은 수입원의 목록을 작성한다. ·학급에서는 월별 회계에서 포함되어야 할 수입 및 지출원에 대해서 논의한다. ·학생들은 모든 수입 및 지출원을 포함하는 세부적인 월별 회계표를 작성한다(거주비, 임대, 식료품, 청구서, 대부금 등). ·학생들은 가상적인 재정적 정보를 제공받고, 그 정보에 맞는 재정적 계획을 세운다. ·학생들은 한 주간의 수입 및 지출목록을 작성한다. ·학생들은 주어진 회계범위 내에서 상점으로 가서 특정 물품을 구입한다. ·학생들은 구매계획의 일환으로써 광고의 카탈로그를 이용하여 회계범위 내에서 적절하게 구입목록을 작성한다.	·학생들은 부모와 함께 가계의 회계표를 작성한다. ·지역사회의 회계상담가가 회계관리 기법을 예시한다. ·부모나 동료는 학생과 함께 지난 달의 회계계획과 집행결과를 검토한다.
2. 포함되어야 할 재정적 정보 및 기록을 파악한다.	·학생들은 포함되어야 하는 몇 가지 재정적 정보(담보, 청구서, 계약서, 임대, 임금 정보 등)를 담은 목록을 작성한다. ·교사는 수집된 정보를 활용할 수 있는 상황을 진술하고, 학생은 일련의 상황에 필요한 정보형태를 기록한다. ·학급에서는 재정적 정보의 적절한 유지절차에 대해 논의한다.	·부모는 학생에게 자신이 가지고 있는 재정적 정보를 알려준다. ·재정상담가 미래에의 계획, 세금의 목적, 구입에 따른 영수증 등에 대한 정보를 제공한다.
3. 월별에 따른 개인의 수입 및 지출원을 제공한다.	·학생들은 한 주간의 모든 수입 및 지출원에 대해 논의한다. ·학급에서는 수입 및 지출 기록을 유지함에 따른 이점에 대해 논의한다. ·학생들은 장부기입에 대해 논의하고, 장부기입된 정보가 어떻게 활용되는지에 관해 논의한다.	·부모들은 지출내역을 기록하게 되면 물품구입시에 어떻게 도움이 될 수 있는가에 대해서 논의한다.

목 적	활동 / 전략	성인 / 동료의 역할
4. 주요한 확정된 지출경비를 고려한 균형있는 예산을 편성한다.	·학생들은 확정된 지출경비를 고려하여 예산균형 여부를 파악한다. ·학급에서는 시간별 지출계획을 세우고 계획구성 절차에 대해 논의한다.	·학생들은 세금 등을 지불할 때에 부모와 함께 주요한 지출내용을 파악한다. ·신용카드 대표자는 언제 차용한 돈을 지불해야 하는지를 예시한다.
5. 재정기록에 사용되는 기본적인 용어목록을 작성한다.	·학급에서는 기본적인 재정기록 용어에 대해 논의한다. ·학생들은 개인의 월별 장부에 기본적인 재무기록 용어목록을 작성·유지한다.	·부모는 학생과 함께 기본적인 재무기록 개념에 대해 논의한다. ·부모는 학생과 함께 재무기록 내용을 검토한다.

영역: 일상생활 기능

주요수행기능: 1) 자기 금전 관리

하위능력: (4) 세금을 계산하고 지불한다.

목 적	활동 / 전략	성인 / 동료의 역할
1. 일반적인 세금을 종류를 안다.	·학급에서는 잡지, 그림, 실제 목록 등을 이용하여 여러 가지 세금의 종류를 게시판에 부착한다. ·학생들은 여러 가지 형태의 세금이 기록된 카드를 이용하여 상호간에 묻고 대답한다. ·교사는 학생에게 카드를 하나씩 제시하고, 제시된 그림이 어떤 종류의 세금과 관계있는지를 추측토록 한다.	·부모들은 세금을 지불해야 할 경우를 파악한다. ·세무서 직원이 나와 세금의 양식에 대해 강의를 한다.
2. 세금납부의 마감일과 벌칙을 알게 한다.	·학급에서는 일반세와 세금의 납부 마감일과 관련된 문헌을 수집한다. ·학급에서는 세금지불의 정당성, 세금 감면, 체납, 미납 등에 대해 논의한다. ·학생들은 세무서로 견학을 간다.	·부모는 세금고지서가 올 때를 알려주고 마감일과 예외에 대해 논의한다. ·부모는 학생과 함께 세금을 지불하는 태도에 대해 논의하고, 세금을 지불하지 않거나 수입을 조작했을 때 일어나는 상황에 대해 논의한다. ·세무서 직원이 관련사항에 대해 강의를 한다.

목 적	활동 / 전략	성인 / 동료의 역할
3. 세금고지서를 정리하는 데 도움이 될 수 있는 자원을 안다.	·학급에서는 수입세를 정리할 때 자문을 구함에 따른 이점에 대해 논의한다. ·학생들은 세금을 정리할 때 도움을 구할 수 있는 가용자원을 파악한다(예, 전화번호부). ·학생들은 세금산정 조력기관으로 견학을 간다. ·학급에서는 기관, 변호사, 회계사에게 어떻게 도움을 청하는 지에 대해 논의한다.	·부모는 세금조력 기관을 분류한다. ·세무서 직원이 시범을 보인다.
4. 세금고지서 양식을 작성한다.	·학생들은 여러 가지 세금관련서류를 직접 작성한다. ·학급에서는 그들이 세금작성양식을 알게 되었을 때의 이점에 대해 논의한다.	·학생들은 부모가 가족의 세금양식을 채우는 것을 관찰한다. ·부모는 이전에 완성했던 세금양식을 보여준다. ·세무관계 직원이 완성된 세금양식의 예를 제시한다.

영역: 일상생활 기능

주요수행기능: 1) 자기 금전 관리

하위능력: (4) 세금을 계산하고 지불한다.

목 적	활동 / 전략	성인 / 동료의 역할
1. 대출을 받을 수 있는 지원을 파악한다.	·학급에서는 대출을 받을 수 있는 가능한 근거에 대해 논의한다. ·학급에서는 대출을 청구할 때에 필수품과 사치품에 따른 차이에 대해 논의한다. ·학급에서는 대출을 해 주는 모든 기관에 대해서 논의한다. ·학생들은 신문의 광고에서 나타난 모든 대출기관에 대해 논의하고, 이러한 기관의 목록을 게시판에 부착한다.	·학생과 부모는 신문광고에서 대출광고를 찾는다. ·부모나 동료는 학생을 은행이나 신용회사로 데려가서 대출에 관한 정보를 획득한다. ·금융기관 직원이 신용대출, 담보대출, 이자율 등의 기준에 대해서 설명한다.

목 적	활동 / 전략	성인 / 동료의 역할
2. 신용카드의 장단점을 언급한다.	·학생들은 은행 및 신용기관으로 견학을 간 다음에 대부금 및 대출금 신청에 관한 정보를 제공 받는다. ·학생들은 은행 및 신용기관으로부터 신용카드 신청양식을 획득한다. ·학생들은 신용카드 신청서에 기록된 용어 및 조건에 대해 논의한다. ·학급에서는 신용카드 사용의 장점, 단점, 책임 등에 대하여 논의한다.	·부모는 신용카드 신청서 양식에 있는 단어 및 용어(예, 이자율)를 학생들이 이해할 수 있도록 돕는다. ·부모는 신용카드 이용에 있어서 책임에 대해 설명한다(지출, 도난 및 훔친 카드의 사용에 따른 결과 등). ·신용카드사 직원은 신용카드 발급의 절차와 카드사용의 책임에 대하여 논의한다.
3. 대출신청서를 완성한다.	·학생들은 은행 및 다른 금융기관으로부터 대출신청서를 가져온 다음, 대출담당자와 함께 대출과 관련된 용어에 대해 논의한다. ·학생들은 대출신청서에 나오는 용어(예, 이자율)를 파악한다. ·학생들은 대출신청과 관련된 용어와 용어의 뜻을 적고 게시판에 부착한다. ·학생들은 대출신청서에서 파악된 용어를 검토하고 비교한다. ·학생들은 은행직원과 고객의 역할놀이를 교대로 행한다. ·학생은 대출신청서를 완성한다.	·부모와 학생은 대출받는 절차에 대해 논의한다. ·부모는 학생을 은행 및 대출기관으로 데리고 가서 대출신청서를 직접 보여준다. ·부모는 학생과 함께 대출신청서를 검토한 다음, 대출신청서의 용어와 조건을 파악한다(예, 이자율). ·대출기관의 직원이 대출 절차에 대해 논의한다.

영역: 일상생활 기능

주요수행기능: 1) 자기 금전 관리

하위능력: 은행서비스의 활용

목 적	활동 / 전략	성인 / 동료의 역할
1. 수표계정을 개설한다.	·학생은 수표계정 개설 과정의 내용을 게시판에 부착한다(예: 주민등록번호 기록).	·부모는 수표계정을 개설하는 절차와 필요한 정보를 제공한다. ·은행직원은 수표계정을 개설하는 절차와 수표를 지급할 때의 이점에 대하여 논의한다.

목　　적	활동 / 전략	성인 / 동료의 역할
	·학생들은 '은행'을 모의로 설립하고, 수표계정을 개설하는 절차를 역할놀이를 통해 파악한다. ·학생들은 지역은행으로 견학을 간 다음에 수표계정을 개설하는데 필요한 모든 도구를 관찰한다.	·학생은 부모가 수표로써 돈을 지불하고, 수표책에다 사용금액을 기입하는 것을 관찰한다. ·부모는 학생이 수표계정을 개설토록 도와준다(경제적으로 가능한 경우에). ·부모는 학생들에게 은행과 거래토록 하고 감독한다.
2. 통장을 개설한다.	·학생들은 지역은행으로 견학을 가서 통장개설 과정을 파악한다. ·학생들은 통장 개설에 대한 절차를 게시판에 작성한다(예, 주민등록증을 지참한다 등). ·학생들은 은행놀이를 하면서 통장개설에 따른 절차를 점진적으로 익힌다.	·부모는 학생에게 통장 개설에 필요한 정보와 절차를 알려준다. ·부모는 가정에서 '저축예금' 창구를 개설하여 학생이 실제로 실습을 하게 한다. ·은행원과 저축예금 개설절차와 이자율에 대해 논의한다. ·부모는 은행에서 저축예금을 개설할 수 있도록 학생을 돕는다. ·부모는 학생이 은행에서 현금거래를 할 수 있도록 감독하고 돕는다.
3. 수표를 끊고, 예금을 하고, 수표 거래 내역을 기록한다.	·학생들은 은행으로 현장견학을 가서 수표를 발행하고, 예금을 하고, 당좌예금 계정 거래를 할 때 따라야 할 절차를 논의한다. ·학생은 수표를 발행하고, 예금을 하며, 거래를 기록하는 절차를 게시판에 부착한다. ·학급에서는 모의수표, 예입 전표, 금전출납기록 점검, 월별 은행잔고 등과 관련한 사항을 직접 실습해 본다. ·학급에서는 정확한 당좌수표 기록 유지의 필요성에 대해 논의한다. ·학급에서는 모의수표를 활용해 볼 수 있게 학생을 구성한 다음 수표를 이용해서 학급물품을 구매토록 한다.	·부모는 학생에게 수표를 발행하고, 예금하며, 거래를 기록하는 절차에 대한 정보를 제공한다. ·부모는 학생과 함께 당좌수표 거래와 기록에 대하여 논의한다. ·은행원은 수표를 발행하고, 예입하고, 거래를 기록하는 절차에 대해 논의한다. ·부모는 학생이 실제로 거래를 하고 기록을 할 수 있도록 돕는다. ·부모는 학생이 가계당좌수표의 균형에 관심을 갖도록 유도한다.

목　　적	활동 / 전략	성인 / 동료의 역할
4. 예입과 인출을 하며, 예금거래 내용을 기록한다.	·학급에서는 모의은행을 설립하고, 모조지폐를 사용하여 거래와 기록을 실습한다. ·학급에서는 이자율과 벌금에 대해서 논의한다.	·부모는 예금내역을 검토하여 학생과 함께 거래 내용을 기록한다. ·부모와 학생은 은행에서 예금 및 인출을 해보고, 실제로 예금거래 내용을 기록한다. ·은행직원과 통장 및 수표거래에 대해 학급에서 논의한다.

이하생략 ……

기타의 내용은 발달지체아 생활중심 진로교육프로그램(조인수·동아문화사 1996)을 참고하기 바란다.

참 고 문 헌

강열우 외 2인. **여가와 레크리에이션**. 대구: 새한출판사.

고선혜(2001). 한국여가 레크리에이션활동의 사회심리학적 특성에 의한 분류체계 개발. 박사학위 논문. 한국체육대학교.

구복자(1984). 레크리에이션 교육과 그 관련 영역과의 개념에 관한 연구. 전주교육대학교. 학생 지도 연구소.

권오중(2001). **여가 레크리에이션 총론**. 서울: 대경북스.

권요안(1999). 정신지체아 사회적응 행동 변화에 대한 연구. 석사학위 논문. 세종대학교 행정대학원.

권혁선(1988). 사회극화 놀이가 정신지체아의 사회적 능력에 미치는 효과. 석사학위 논문. 단국대학교 대학원.

김광득(2001). **여가와 현대사회**. 서울: 백산출판사.

김기봉(2000). 치료레크리에이션 프로그램이 만성 정신 장애자들의 자아존중감과 대인관계 만족도에 미치는 효과. 석사학위 논문. 서강대학교 신학대학원.

김미라(1999). 치료레크리에이션이 정신 분열증 환자의 사회적응과 긍정적 표정에 미치는 영향에 관한 연구. 석사학위 논문. 계명대학교 여성대학원.

김송석(2000) 특수학교 캠프에 관한 연구. 석사학위 논문. 단국대학교 특수교육대학원.

김영한(2001). 자기 교시 훈련이 뇌성마비아의 시각-운동 기능과 과제 지속 시간에 미치는 효과. 박사학위 논문. 대구대학교 대학원.

김정권, 한현민(1996). **특수아동의 이해와 교육.** 서울: 도서출판 특수교육.

김정권(1999). **완전통합교육과 학교교육의 재구조화**. 서울: 도서출판 특수교육.

김정권, 여광응, 조인수(1999). **새 교육과정의 운영과 지도**. 대구: 천우문예사.

김진호(2002). 정신지체아 교육의 연구동향 및 시사점. **현장 특수교육 11.** 78-82.

김혜경(2001). 정신지체학생의 자기결정훈련 효과. 박사학위논문. 대구대학교 대학원

남재섭(2000). 정신지체학교 교육과정 재량활동의 구성과 운영방안. 석사학위 논문. 대구대학교 특수교육 대학원.

노용구(1999). 노인 여가교육프로그램 개발에 관한 연구. 박사학위 논문. 고려대학교 대학원.

노용구(2001). **여가학**. 서울: 대경북스.

노용구(2002). **치료레크리에이션** 서울: 대경북스.

류현주(2003). 여가 활동 중심의 전환교육이 정신지체 학생의 대인관계 및 사회적 기술에 미치는 효과. 박사학위 논문. 대구대학교 대학원.

박미화(2002). 전환 교육 개념 변화와 모형비교. 한국지체부자유학회지, 40, 177-195.

박미화(2003). 전환교육모형 개발을 위한 지체부자유 학교 교사 지각 및 요구 수준 연구. 박사학위 논문. 대구대학교 대학원.

박석돈(1999). **장애학생 직업교육 이론과 실제**. 대구: 금강문화사.

서재임(2000). 그룹홈 정신지체인의 여가 활동 특성. 석사학위 논문. 우석대학교 대학원.

서진숙(1998). 치료 레크리에이션이 정신지체인의 대인관계전략에 미치는 효과에 관한 연구. 석사학위 논문. 이화여자 대학교 대학원.

신중재(1997). 레크리에이션 프로그램이 정신지체아의 사회 심리와 정서 및 적응행동에 미치는 효과. 석사학위 논문. 우석대학교 교육대학원.

여광응(1997). **정신지체아의 심리학적 이해**. 서울: 도서출판 특수교육.

여광응, 이영재, 정동영(2001). **정신지체아동의 학습과 인지**. 서울: 도서출판 특수교육.

오환석(2001). 정기적 치료레크리에이션 활동이 문제 청소년의 대인관계 개선에 미치는 효과. 석사학위 논문. 한남대학교 지역개발 대학원.

유애란 (2000). 미국 장애학생 전환 교육의 실제와 과제. **제 7회 국제 세미나 장애학생의 학교에서 사회로의 전환방안.** 47-78, 국립특수교육원.

윤 권(2000). 레크리에이션 활동이 사회적응 행동에 미치는 영향. 석사학위 논문. 조선대학교 교육대학원.

윤상섭(1998). 정신지체 청소년들의 여가 활동과 건강생활에 대한 의식 및 실태조사. 석사학위 논문. 경희대학교 대학원.

윤재섭 외 3인(2001). **치료 레크리에이션 프로그램 원리와 절차**. 대구: 새한출판사.

윤재섭(2002). 여가교육 모형의 분석. **한국 치료 레크리에이션 학회지, 제 1호,**

1-23.

이복희(2001). 신체 활동 중심의 치료레크리에이션 활동이 정신지체 아동의 적응 행동 및 정서적 행동에 미치는 효과. 박사학위 논문. 이화여자대학교 대학원.

이상춘, 조인수(1998). **정신지체아 교육**. 전주: 신아 출판사.

이종길(1999). 정신지체아의 집단 스포츠 활동이 사회적응행동 발달에 미치는 효과. **한국 특수 체육 학회지, 제 7권 제 1호,** 73 - 86.

이중묵(2000). 장애학생의 여가 권태감. 석사학위 논문. 단국대학교 대학원.

이충환(1998). 시각 장애인의 여가태도와 여가제약에 관한 연구. 석사학위 논문. 고려대학교 대학원.

임번장, 정영린(1995). 여가 활동 유형과 여가 만족의 관계. **한국 체육학회지, 제 34권 제 3호.**

임수원, 이정래, 송은주(2001). **여가 레크리에이션의 이해.** 대구: 경북대학교 출판부.

임신자(1997). 개별화된 수정을 통한 최중도 장애인의 여가 활동 교수 효과에 관한 일 연구. 석사학위 논문. 이화여자대학교 대학원.

장미영(1999). 척수장애인의 자아 개념과 여가제약 지각에 관한 연구. 박사학위 논문. 고려대학교 대학원

장우희(2002). 정신지체 학생의 여가교육에 대한 교사의 인식수준. 석사학위 논문. 대구대학교.

전헌선, 노선옥(2001). 지체부자유 아동을 위한 여가교육 모형 구안. **특수교육학 연구. 36(2),** 127-148. 한국특수교육학회.

전헌선외 4인(2002). **중복 · 지체부자유아 치료 교육**. 대구: 대구대학교 출판부.

정준구(2001). 정신장애인의 대인관계 향상을 위한 치료레크리에이션 프로그램의 영향에 대한 사례연구. 석사학위 논문. 숭실대학교 대학원.

조경선(2001). 치료레크리에이션 프로그램이 자폐아의 사회적응에 미치는 효과. 석사학위 논문. 경기대학교 대학원.

조용태(1996). 또래 거부된 정신지체아동의 행동 특성. **특수교육학회지 17(1),** 103 - 120.

조인수(1986) 학습자극의 내용과 제시방법에 따른 정신박약아의 선택적 주의 집중. 박사학위 논문. 대구대학교 대학원.

조인수(1998). **발달지체인 생활·직업재활훈련의 이론과 실제**. 서울:교육과학사.

조인수(1999). **발달지체인의 직업지도.** 대구: 명성사.

조인수(2000). **장애인의 전환교육**. 대구: 대구대학교 출판부.

조인수(2002). **전환교육과 서비스**. 대구: 대구대학교 출판부.

조인수(2002). **장애인 삶의 질 향상을 위한 전환교육과 서비스**. 대구: 대구대학교출판부.

조인수(2002). 전환 교육의 발달과정과 실천적 과제. **특수교육학 연구. 제 37권 2호,** 175 - 202.

조인수, 이응훈(2004). 성과중심 전환교육의 자기결정 구성요소와 지원전략. 두뇌한국21 특수교육 교육·연구단, **특수교육저널: 이론과 실천 제5권1호**.157-187.

조현희(1995). 정신지체인의 여가 활동 실태. 석사학위 논문. 단국대학교 교육대학원.

채준안(2000). **치료 레크리에이션 입문.** 서울: 인간과 복지.

최윤련(2002). 정신지체 학교 특별활동 운영실태와 개선방안. 석사학위 논문. 대구대학교 특수교육대학원.

최준호(1999). 장애자의 장애유형별 여가 활동 실태조사. 석사학위 논문. 인하대학교 대학원.

최진희(1994). 정신지체청소년을 위한 여가교육 프로그램에 관한 일 연구. 석사학위 논문. 이화여자대학교 대학원.

최태수(2001). 특수학교 학생의 여가 활동 참여 실태 및 여가장애. 석사학위 논문. 한국교원대학교 대학원.

특수학교 치료교육활동 교사용지도서(2000). 교육부.

한준수(2000). 정신지체인의 레크리에이션 프로그램 참가가 사회적응 행동에 미치는 영향. 석사학위 논문. 충남대학교 대학원.

허창기(1992). 지체장애학생의 여가 활동 유형에 따른 만족도 조사. 석사학위 논문. 단국대학교 대학원.

Agran, M., Fodor-Davis, J., & Moore, S.(1986). The effects os self-instructional training on job-task sequencing: Suggesting a problem-solving strategy. *Education and Training in Mental Retardation, 21,* 273-281.

Agran, M., & Martin, J. E. (1987). Applying a technology of self-control in community environments for individuals who are mentally retarded. In M. Hersen, R.M. Eisler, & P.M. Miller(Eds.), *Progress in behavior modification*(pp.108-151). Newbury Park, CA: Sage Publications.

Agran, M., Salzberg, C.L., & Stowitschek, J. J. (1987). An analysis of the effects of social skills training program using self-instruction on the acquisition and generalization of two social behaviors in a work setting. *Journal of The Association for Persons with Severe Handicaps, 12,* 131-139.

Angyal, A. (1965). *Neurosis and treatment. A holistic theory.* New York: Wiley.

Asendorpf, J. (1991). *Die differentielle Sichtweise in der Psychologie*. Gottingen, Germany: Hogrefe.

Baard, P.P., Deci, E. L., & Ryan, R. M. (2000). The relation of intrinsic need satisfaction to performance and well-being in two settings. Unpublished manuscript, Fordham.

Bedini, L. Bullock, C., & Driscoll, L.(1993). The effect of leisure education on factors contributing to the successful transition of students with mental retardation from school to adult life. *Therapeutic Recreation Journal, 27,* 70-82.

Berlyne, D. E. (1960). *Conflict, arousal and curiosity.* New York: Grove Press.

Braddock, D. (1977). *Opening closed doors: The deinstitutionalization of disabled individuals.* Reston, VA: Council for Exceptional Children.

Brolin, D. E.(1983). *Life centered career education : A competency based approach.* Reston, VA: The Council for Exceptional Children.

Bulluck, C. C., & Morris, L. J.(1992). *School-community leisure link leisure education program curriculum guide.* Chapel Hill. NC Center for Recreation and Disabilities Studies, Curriculum in Leisure Studies and Recreation Administration The University of North Carolina at Chapel Hill.

Bulluck, C. C., & Mahon, M. J.(1992). Decision making in leisure : Empowerment for people with mental retardation. *Journal of Physical Education, Recreation and Dance, 12,* 12-16.

Clark, G. M., & Kolstoe, O. P.(1995). *Career Development and Transition Education for Adolescents with Disabilities(2nd ed.).* Boston: Allyn & Bacon.

Collard, K.(1981). Leisure education in the school : Why, who and need for advocacy. *Therapeutic Recreation Journal, 15,* 8-16.

Corbin, R. D., & William, E.(1987). *Recreation : Programming and Leadership.* Englewood Cliffs, NJ: Prentice - Hall.

Coyne, P., & Rios. D.(1980). *Recreation and Public Law 94-142 : A Guide for recreation and leisure education for handicapped children.* Portland : Oregon Univ. Health Science Center.

Dattilo, J., & Barnet, L.(1995). Therapeutic recreation for individuals with severe handicaps: An analysis of the relationship between choice and pleasure. *Therapeutic Recreation Journal, 19,* 79-91.

Dattilo, J., & Murphy, W.(1991). *Leisure education program planning : A systematic approach.* State College PA; Venture.

Dattilo, J., & Peter, S. S.(1991). A model for including leisure education in transition services for young adult with mental retardation. *Education training in mental retardation. 26,* 420-432.

deCharms, R. (1968). *Personal causation: The internal affective determinants of behavior.* New York: Academic Press.

Deci, E.L.(1971). Effects of externally mediated rewards on intrinsic motivation. *Journal of Personality and Social Psychology, 18,* 105-115.

Deci, E.L.(1972a). Effects of contingent and non-contingent rewards and controls on intrinsic motivation. *Organizational Behavior and Human Performance, 8,* 217-229.

Deci, E.L.(1972b). Intrinsic motivation, extrinsic reinforcement, and inequity. *Journal of Personality and Social Psychology, 22,* 113-120.

Deci, E.L.(1975). *Intrinsic motivation.* New York: Plenum.

Deci, E.L.& Ryan, R.M.(1980). The empirical exploration of intrinsic motivational processes. In L. Berkowitz(Ed.), *Advances in experimental social psychology*(Vol. 13, pp39-80). New York: Academic Press.

Deci, E.L.& Ryan, R.M.(1985a). The general causality orientations scale: Self-determination in personality. *Journal of Research in Personality, 19,* 109-134.

Deci, E.L.& Ryan, R.M.(1985b). *Intrinsic motivation and self-determination in human behavior.* New York: Plenum.

Deci, E.L.& Ryan, R.M.(2000). The "what" and "why" of goal pursuits: Human needs and the self-determination of behavior. *Psychological Inquiry. 11*, 227-268.

Deci, E.L.& Ryan, R.M., Gagne, M., Leone, D. R., Usunov, J., & Kornazheva, B. P. (2001). Need satisfaction, motivation, and well-being in the work organizations of a former Eastern Bloc country. *Personality and Social Psychology Bulletin.*

27, 930-942.

Deci, E.L.& Ryan, R.M.(2002). *Handbook of Self-determination Research.* New York: The University of Rochester Press.

Driedger, D. (1989). *The last civil rights movement: Disabled Peoples' International.* New York: St. Martin's Press.

Driscoll, L., Bulluck, C. C., & Bedini, L. A.(1991). *The Wake leisure education program.* An integration part of special education Chapel Hill. NC Center for Recreation an Disabilities Studies, Curriculum in Leisure Studies and Recreation Administration. The University of North Carolina at Chapel Hill.

Duncan, D. J.(1978). Leisure types : Factor analysis of leisure profiles. *Journal of Leisure Research, 10(2),* 113-125.

Edginton, C. R., & Hanson, C. J.(1992). *Leisure Programing: Concept, Trends, and Professional Practice.* Dubuque, lowa : Washington, D C. Brown Company Publisher.

Falvey, M. A., & Coots, J.(1989). *Recreation skills.* In Falvey, M. A. *Community-based curriculum : Instruction strategies for students with sever handicaps(2nd ed).* 141-163. Baltimore : Paul H. Brookes Publishing Co.

Fink, B. (1989). *Das konkrete Ding als Interesengegenstand.* Frankfurt, Germany: Lang.

Fisher, C. D. (1978). The effects of personal control, competence, and extrinsic reward systems on intrinsic motivation. *Organizational Behavior and Human Performance, 21,* 273-288.

Ford, A., Brown, L., Pumpian, I., Baumgart, D., Nisbet, J., Schroeder, J., & Loomis, R.(1984). *Strategies for developing individualized recreation and leisure programs for severely handicapped students.* In N. Certo, N. Haring., & R. York(Eds). *Public school integration of severely handicapped students : Rational issues and progressive alternatives* 245-275. Baltimore : Paul H. Brookes.

Gama, G. D.(2000). Recreation and Leisure as a content area of transition planning for student with disabilities: A review of five transition programs. Unpublished doctoral dissertation. University of Minnesota

Gardner, W. I., Cole, C.L., Berry, D.L., & Nowinski, J. M. (1983). Reduction of disruptive behaviors in mentally retarded adults: A self-management approach.

Behavior Modification, 7, 76-96.

Grace, N., Cowart, C., & Matson, J.L. (1988). Reinforcement and self-control for treating a chronic case of self-injury in Lesch-Nyhan syndrome. *Journal of the Multihandicapped Person, 1,* 53-59.

Groeben, N. (1986). *Handeln, Tun, Verhalten und Einheiten einer Verstehend-Erklarenden Psychologie.* Tubingen: Francke Verlag.

Halloran, W.D.(1993). Transition services requirements: Issues, implications, challenge. In R.C. Eaves & P.J. McLaughlin(Eds.), *Recent advances in special education and rehabilitation*(pp.210-224).Boston: Andover Medical.

Halpern, A. S.(1994). The transition of youth with disabilities to adult life: A position statement of the Division on Career Development and Transition, The Council for Exceptional Children. *Career Development for Exceptional Individuals, 17,* 115-124.

Heider, F. (1958). *The psychology of interpersonal relations.* New York: Wiley.

Herbart, J. F., (1965/1806). Allgemeine Padagogik, aus dem Zweck der Erziehung abgeleitet. In J. F. Herbart(Hg.), *Padagogische Schriften*(Vol.2, p. 9-155). Desseldorf, Germany: Kepper.

Heyne, L., & Green, R.(1994). Research update : Friendship between adults with and without developmental disabilities. *Park and Recreation, 29, 14-24.*

Heyne, L., & Schleien, S.(1996). Leisure Education in the Schools : A call to Action. *Journal of Leisurability, 23, 3-14.*

Heyne, L., & Schleien, S., & McAvoy, L.(1993). *Making friends : Using recreation activities to promote friendship between children with and without disabilities.* Minneapolis : Institute on Community Integration.

Hidi, S., & Harackiewicz, J. M. (2001). Motivating the academically unmotivated: A critical issue for the 21st century. *Review of Educational Research, 70,* 151-179.

Hidi, S., & McLaren J.(1990). The effect of topic and theme interestingness on the production of school expositions. In H. Man이, E. DeCorte, N. Bennett, & H. F. Friedrich(Eds.), *Learning and instruction*(pp. 295-308). Oxford: Pergamon Press.

Hillman, W. A., & Peter, J. V.(1980). *Special education for leisure fulfillment : Inservice training manual.* Washington. DC : Institute for career and leisure development.

Hoge, G., Dattilo, J., Williams, R.(1999). Effects of Leisure Education on Perceived Freedom in Leisure of Adolescents with Mental Retardation. *Therapeutic Recreation Journal, 4,* 320-332.

Hughes, C., & Agran, M. (1993). Teaching persons with severe disabilities to use self-instruction in community settings: An analysis of applications. *Journal of The Association for Persons with Severe Handicaps, 18,* 261-274.

Hughes, C.A., Korinek, L., & Gorman, J. (1991). Self-management for students with mental retardation in public school settings: A research review. *Education and Training in Mental Retardation, 26,* 271-291.

Hughes, C., & Rusch, F. R.(1989). Teaching supported employees with severe mental retardation to solve problems. *Journal of Applied Behavior Analysis, 22,* 365-372.

Hughes, S., & Fullwood, H. L.(1985). *New thoughts on play and leisure activities for children and adults who are mentally retarded.* Atlington, TX ; Annual State Convention of Association for Retarded Citizens.

Ilardi, B. C., Leone, D., Kasser, T., & Ryan, R. M. (1993). Employee and supervisor ratings of motivation: Main effects and discrepancies associated with job satisfaction and adjustment in a factory setting. *Journal of Applied Social Psychology, 23,* 1789-1805.

Kahneman, D., Diener, E., & Schwarz, N. (Eds.), (1999). *Well-being: The foundations of hedonic psychology.* New York: Russell Sage Foundation.

Kasser, V., & Ryan, R. M. (1993). A dark side of the American dream: Correlates of financial success as a central life aspiration. *Journal of Personality and Social Psychology, 65,* 410-422.

Kasser, V., & Ryan, R. M. (1996). Further examining the American dream: Differential correlates of intrinsic and extrinsic goals. *Personality and Social Psychology Bulletin, 22, 80-87.*

Kasser, V., & Ryan, R. M. (1999). The relation of psychological needs for autonomy and relatedness to vitality, well-being, and mortality in a nursing home. *Journal of Applied Social Psychology, 29,* 935-954.

Kelly, M. J.(1992). The role of leisure education with family caregivers. *Journal of Physical Education, 63,* 47-56.

Koenigs, S., Fielder, M., & deCharmes, R. (1977). Teacher beliefs, classroom interaction and personal control. *Journal of Applied Social Psychology, 7,* 95-114.

Koestner, R., Ryan, R.M., Bernieri, F., & Holt, K.(1984). The effect of controlling versus informational limit-setting styles on children's intrinsic motivation and creativity. *Journal of Personality, 52,* 233-248.

Krapp, A. (1992). Interesse, lernen und leistung. *Zeitschrift fur Padagogik, 38,* 747-770.

Kruglanski, A. W., Friedman, I., & Zeevi, G. (1971). The effects of extrinsic incentive on some qualitative aspects of task performance. *Journal of Personality, 39,* 606-617.

Lefcourt, H.M.(1976). *Locus of control.* Hillsdale, NJ: Lawrence Erlbaum Associates.

Leisure Information Service(1976). *A System Model for Developing a Leisure Education Program for Handicapped Children and Youth.* Washington, DC: Hawkins and Associates Inc.

Lepper, M. R., Greene, D., & Nisbett, R. E. (1973). Undermining children's intrinsic interest with extrinsic rewards: A test of the "overjustification" hypothesis. *Journal of Personality and Social Psychology, 28,* 129-137.

Levinson, D. M.(1998). *Transition : Facilitating the Postschool Adjustment of Students with Disabilities.* Westview Press.

Mahon, M., & Bullock, C.(1992). Teaching adolescents with mild mental retardation to make decisions in leisure through the of self control techniques. *Therapeutic Recreation Journal, 26,* 9-26.

Meyer, L. H., & Evans, I. M.(1989). *Nonaversive intervention for behavior problems : A manual for home and community.* Baltimore : Paul H. Brookes Publishing Co.

Ministry of Education and Culture(1994). Leisure Education Curricula. National Commission for Leisure Education Curricula. In Ruskin, H & and Sivan, A(Eds)(1995) *Leisure Education toward the 21 century.* Department of Recreation Management and Youth Leadership. Provo, UT: Brigham Young University.

Mithaug, D.E.(1991). *Self-determined kids: Raising satisfied and successful children.* Lexington, MA: Lexington Books.

Moontgomery Country Association for Citizen.(1984). Someday I may want to know about ... leisure and recreational activities for children and adults with mental retardation. *A MCARC information sheet.* Rockville. MD : Author.

Moon, M. S., & Bunker, L.(1987). *Recreation and motor skill programing.* In M. E. Snell(Eds). *Systematic instruction of persons with severe handicaps,* 214-245. NY : MaCmillan Publishing Co.

Mundy, J.(1975). Education for Leisure, Indicators of Change in the Recreation Environment : A National Symposium. *HPER Series No, 6* College Park : Pensylvania State University, 27-30.

Mundy, J. F., & Leisure Education(1998) : *Theory and Practice.* U S. Sagamore Publishing.

Mundy, J. F., & Odum, L.(1979). *Leisure Education : Theory and Practice.* New Yok, John Wiley and Sons.

Munk, D.D., & Repp, A.C.(1994). The relationship between instructional variables and problem behavior: A review. *Exceptional Children, 60,* 390-401.

Nirje, B. (1972). The right to self-determination. In W. Wolfenberger (Ed.), *Normalization: The principle of normalization* (pp.176-200). Toronto, Ontario, Canada**:** National Institute on Mental Retardation.

Norma J Stumbo & Steven R Thomposon(1986). *Leisure Education : A Manual of Activities and Resources*(State College. PA : Venture Publishing).

Ollendick, T.H., & Schmidt, C.R.(1987). Social learning constructs in the prediction of peer interaction. *Journal of Clinical Child Psychology, 16,* 80-87.

Park, H.S., & Gaylord-Ross, R. (1989). A problem-solving approach to social skills training in employment settings with mentally retarded youth. *Journal of Applied Behavior Analysis, 22,*373-380.

Peterson, C. A., & Gunn, S. L.(1984). *Therapeutic Recreation Program Design principles and procedures(2nd ed)* Englewood Cliffs, NJ : Prentice Hall.

Peterson, C. A., & Stumbo, N. J.(2000). *Therapeutic Recreation Program Design principles and procedures(3rd ed).* Needham Heightsm MA : Ally & Bacon.

Prenzel. M. (1992). Selective persistence of interest. In K. A. Renninger, S. Hidi, & A. Krapp (Eds.), *The role of interest in learning and development*(pp.71-98). Hillsdale, NJ: Erlbaum.

Public Law 94-142. The Education of All Handicapped Children Act(1975).

Public Law 101-476. The Individual with Disabilities Education Act(1990).

Public Law 105-17. The Individual with Disabilities Education Act(1997).

Realon, R.E., Favell, J.E., & Lowerre, A. (1990). The effects of making choices on engagement levels with persons who profoundly mentally handicapped. *Education and training in Mental Retardation, 25,* 248-254.

Reis, H. T.,Sheldon, K. M., Gable, S. L., Roscoe, J., & Ryan, R. M.(2000). Daily well-being: The role of autonomy, competence, and relatedness. *Personality and Social Psychological Bulletin, 26,* 419-435.

Ruskin, H., & Sivan(1995). *Leisure Education toward the 21 century.* Department of Recreation Management and Youth Leadership. Provo, UT: Brigham Young University.

Ryan, R. M., & Connell, J. P. (1989). Perceived locus of causality and internalization: Examining reasons for acting in two domains. *Journal of Personality and Social Psychology, 57,* 749-761.

Ryan, R. M., & Frederick, C. M. (1997). On energy, personality, and health: Subjective vitality as a dynamic reflection of well-being. *Journal of Personality, 65*, 529-565.

Ryff, C. D., & Singer, B. (1998). The contours of positive human health. *Psychological Inquiry. 9,* 1-28.

■ 저자소개 ■

· 조인수 - 대구대학교 특수교육과 교수

전환교육(2005), 정신지체아교육(2005), 행동수정의이론과실제(2003), 수업지도의이론과실제(2002), 정신지체아직업지도의이론과실제(2000) 등 외 30여편의 저서가 있음

특별한 교육적 지원 요구 학생을 위한

여가 · 생활지도

발 행 / 2006년 3월 30일
저 자 / 조 인 수
발 행 인 / 이 용 두
등 록 / 경산 제11호
인 쇄 처 / 동아문화사
발 행 처 / 대구대학교출판부
주 소 / 경북 경산시 진량읍 내리리 15번지
전 화 / (053) 850—5661～5664
팩 스 / (053) 850—5669
정 가 / 14,000원
ISBN 89-7794-369-8-93370